ÉTAT NATUREL

DES PEUPLES.

TOME SECOND.

ÉTAT NATUREL,

DES PEUPLES,

OU TRAITÉ

Sur les Points les plus importans de la Société civile, & de la Société générale des Nations ;

Ouvrage dans lequel on tâche de ramener aux vrais principes de la Civilisation , en montrant , avec les erreurs des Peuples & des Ecrivains politiques sur cette matière , la possibilité & les moyens de les réparer.

TOME SECOND.

Immò verò plerisque ultrò etiam irrisui sumus ista commentantes , atque frivoli operis arguimur: magno quamquam immensi laboris , solatio , sperni cum rerum natura : quam certè non defuisse nobis docebimus. PLINE l'ancien.

A PARIS,

Chez SERVIERE, Libraire, rue du Foin-Jacques, Nº. 30.

M. DCC. XCII.

DE L'ÉTAT NATUREL DES PEUPLES,

OU

Essai sur les Points les plus importans de la Société Civile & de la Société Générale des Nations.

SECONDE PARTIE,

Contenant la suite des grandes imperfections de l'Etat Civil.

SECTION PREMIERE.

De l'influence de l'Etat Civil sur le Droit des Gens.

CHAPITRE PREMIER.

Réflexions & vérités certaines, qui auroient dû présider à la formation des Sociétés Civiles.

NOUS avons déja (1) reconnu la nécessité aux hommes de sortir de l'État de Nature, quand, devenus trop nombreux par la multiplication, & par

Nécessité de sortir de l'état de nature.

_____
(1) Chap. III & VI de la Section Sixieme, Premiere Partie.

l'addition de quantité d'autres familles rencontrées sur la route, ils ont voulu de gré ou de force, dans une très-vaste contrée, se lier, & ne faire qu'un corps. En supposant la terre habitée partout sur le globe dès la naissance du monde, il n'eût pas été possible, nous l'avons dit encore, que cette infinité d'hommes conservassent entr'eux une intelligence, comme celle qui est dans une seule & unique société civile. L'idée d'une espece de *grande République*, instituée par la nature, dont parle *Wolf*, & d'où il déduit assez mal-à-propos les fondemens de cette espece de Droit des Gens, que l'on appelle *Volontaire*, ne peut exister en fait; mais elle est très-propre à rectifier nos vues sur la vraie constitution du *Droit des Gens*; bien loin qu'on puisse y établir dessus ce Droit Volontaire. « La nature a bien établi, *dit Wat-* » *tel*, (1) une société-générale entre tous les » hommes, lorsqu'elle les a faits tels qu'ils ont » absolument besoin du secours de leurs sembla- » bles, pour vivre comme il convient à des » hommes de vivre ; mais elle ne leur a point » imposé précisément l'obligation de s'unir en » société civile, proprement dite. « Elle ne leur a point prescrit, il est vrai, de s'unir en une telle société civile, plutôt qu'en une autre, de toutes celles que nous connoissons ; mais elle a voulu qu'ils en formassent de particulieres, & en aussi grand nombre, & de la maniere que les lieux & les cir- constances le demanderoient, puisque cela étoit nécessaire, sans nuire à la *société générale* qu'elle recommande.

[marginal notes:]

Une seule Société civile du genre humain, impossible dans la pratique.

Mais l'idée en est très-utile.

---

(1) Cité dans la Section Cinquieme de la Premiere Partie, Chap. II.

Par ce partage, il étoit à remarquer deux relations : celle de tous les hommes enfemble qui
compofent le genre humain, les uns à l'égard des
autres ; & celle des différens corps entr'eux, parmi lefquels ils s'étoient partagés. Or, ces deux
relations étant, au fond, la même, puifque c'eft
toujours celle de la nature, il a pu fe faire que la nouvelle relation que les membres de chaque fociété
ont contractée enfemble, chacun, à l'égard de
fon corps, ait porté atteinte à ces deux relations
naturelles, & par conféquent être fort repréhen-
fible.

Dangers
de la né-
ceffité mê-
me, de fe
partager
en plu-
fieurs
corps.

C'étoit donc au choix d'une fociété civile convenable, que les hommes, dans tous les temps
& dans tous les pays, devoient donner tous leurs
foins. Leur maniere de s'arranger entre eux, ne
pouvant être indifférente au bonheur de l'efpece
entiere, il falloit trouver ce jufte milieu, où,
leur étant permis de fe lier par des loix communes & particulieres, ils n'entreprenoient rien, en
même temps, contre l'intérêt général des hommes.
Mais ces deux chofes font extrêmement unies &
dépendantes entre elles; & ce n'étoit pas l'ouvrage
de l'ignorance, de la brutalité, de l'ambition, de
la vanité, &c. Mais du défintéreffement & de la
réflexion, dont quelques hommes, du moins,
font capables en quelle fociété que ce foit.

Ce que
l'on avoit
le plus à
obferver
dans ce
partage.

Il n'eft pas de mon fujet d'entrer dans le détail
des diverfes conftitutions politiques, dont tant d'Auteurs nous ont donné les regles & les principes.
Je ferai feulement là-deffus quelques obfervations
dans le cours de cette Seconde Partie & dans la

Image
fuccinte de
ce que les
Sociétés ci-
viles de-
vroient

être pour
l bonheur
du genre
humain.

Troifieme. Pour le préfent, je me borne à dire que la meilleure de toutes, la plus conforme au bonheur de l'homme & à fa deftination, eft celle, où fa liberté naturelle fe retrouve dans fa liberté politique : où les Loix de l'équité & de la juftice font précifément celles qui font écrites : où les Loix écrites font fimples, claires, & en petit nombre : où l'égalité entre les citoyens fe mefure bien plus fur leur qualité d'homme que fur les biens & la fortune : où ce mot de *fortune*, par rapport à l'acquifition des richeffes & des honneurs, eft ignoré : où l'obéiffance au chef foit d'un feul ou de plufieurs, n'eft que l'obéiffance à la Loi : où, enfin, les befoins fe rapprochent le plus de ceux de la nature : & où les defirs font bornés comme eux.

La per-
fection du
modele,
raifon de
plus pour
le propo-
fer.

Je trace, peut-être, un tableau imaginaire ; mais pourquoi n'auroit-il pas exifté ? Je ne le vois point impoffible. A la vérité, il n'y a rien de ftable parmi les hommes, & leurs plus beaux établiffemens ont paffé comme eux ; mais il faut, du moins, leur préfenter le tableau : fi j'avois (1) à arranger des hommes en fociété, je les mettrois toujours dans la meilleure forme, je leur dicterois les meilleures Loix. Si la conftitution politique s'altere, l'on peut fe fouvenir du point dont on eft parti, il y a efpoir à la correction. Il en eft de cela, comme des penchans de l'homme, par rapport à la *morale*, qui s'applique à les régler : quelque indociles qu'ils puiffent être, il faut faire connoître le modele. La *morale Chré-*

(1) Derniere Partie, Section III, Chap. IV.

tienne, fans contredit la plus pure de toutes, puifqu'elle offre à imiter la perfection des vertus d'un Dieu, revêtu de l'humanité, mais toujours Dieu, fert néanmoins de regle & de flambeau à tous les hommes pour les éclairer & les conduire; & fait contre eux la matiere des plus grands reproches, quand ils s'en écartent.

Il en eft ainfi du fujet que je traite : quoiqu'on puiffe dire, après avoir lu mon Ouvrage, que les Nations ne cefferont pas pour cela de fe faire la Guerre, je ne dois pas moins leur expofer cette vérité : *Qu'elles n'ont pas le droit de fe faire juftice elles-mêmes, à moins des cas forcés de la légitime défenfe & de l'abfolue néceffité*, comme je l'ai dit tant de fois : vérité qui, fans doute, n'a pas échappée à tout efprit philofophe, à tout fage Légiflateur, à tout génie défintéreffé, mais que je ne vois pas que perfonne ait encore publiée.

Tel eft le fujet de cet Ouvrage.

J'ai paru ci-devant (1) faire l'éloge de l'état de l'homme réduit en fociété, & lui donner la préférence fur l'état de nature ; & d'un autre côté, (2) j'ai repréfenté ce changement comme préparant des larmes aux races futures ; mais là, je ne confidérois pas la fociété fur le pied où elles fe font établies enfuite ; & ici, je penfois aux excès dans lefquels on eft tombé, en s'arrangeant de tant de manieres injurieufes à la nature : on n'a pas pris garde, d'une part, que c'eft le fort des fpéculations les plus compliquées des hommes, d'être,

Chofe qu'on n'a pas vu, au fujet du fort de tous les établiffemens humains; excès, abus, &c.

(1) Premiere Partie, Section VI, Chap. II.
(2) *Ibid.*   Chap. III.

dans la pratique, fujettes à de plus grands inconvéniens, ou encore à de plus grands abus ; & de
l'autre, qu'on s'eft permis des chofes dont on
n'avoit abfolument pas le pouvoir. Le même acte
d'affociation, qui a rendu une multitude d'hommes dépendans les uns des autres, & affervis aux
mêmes loix pour leur bonheur commun, a jeté en
même temps, parmi eux, la pomme de difcorde, en
allumant leurs paffions, & donnant des accroiffemens immenfes à la *propriété*, qu'on a regardée
comme tellement importante, qu'à l'égal d'une
feconde vie, l'on a privé de la vie ou de la liberté civile, ceux qui ont ofé y porter atteinte.

Biens &
maux de la
fociabilité.

N'attaquons point encore cette exceffive rigueur :
elle eft en raifon de l'inégalité des biens, devenue
toujours plus extrême, & à laquelle il femble
qu'on ne veuille plus mettre des bornes. Mais
difons que ce nouvel état de l'homme, (depuis
l'établiffement des fociétés politiques) en augmentant les aifes & les commodités de la vie aux uns,
a rendu les autres plus miférables. La race humaine y a gagné en gros, mais elle y a perdu en
détail. La communication devenue plus libre, plus
néceffaire, plus facile, a adouci les manieres,
développé & étendu le génie. Les arts & les
fciences ont comme élevé l'homme au-deffus
de fon efpece : il eft un ange, un être raviffant,
quand il déploie les admirables fruits de fon invention, & les lumieres profondes de fon efprit : il
doit même à la fociété les plus beaux exemples
des vertus héroïques que l'Hiftoire nous prône,
& qu'il n'auroit pas eu occafion de produire hors
de-là. Mais, avouons-le, & l'Hiftoire elle-même
ne l'attefte que trop, fes plus belles actions font

démenties par une infinité d'autres qui font honte
à l'humanité , & qui n'auroient jamais exifté
non plus , dans l'état de nature. Plus il a été civi-
lifé , plus il a été inftruit, & plus fes vues ont été
redoutables. Ses paffions ont été plus à craindre ,
à mefure que les objets de ces mêmes paffions fe
font multipliés. L'orgueil, l'ambition, l'intérêt, la
vengeance , la volupté , &c. ont trouvé amplement
de toute part à s'exercer : le moyen qu'au milieu
de tout ce tumulte , la *pitié* , & toutes les vertus
bienfaifantes qui en découlent , puffent élever
leurs voix !

D'autre part, les hommes qui fe font mis enfemble, ou ceux qui ont voulu les gouverner, ont
adopté ; ceux-ci, des fyftêmes entiérement faux &
mauvais : les autres , des conditions injuftes &
cruelles que la raifon & l'humanité défavouent.

O hommes ! vous avez bien mal connu vos
intérêts, quand allant fi au-delà de la nature , &
fortant de fa fimplicité , vous avez pu vous
imaginer de n'être plus directement régis par le
Droit naturel ; & qu'il y avoit d'autres loix à fuivre pour les fociétés politiques ! c'eft pourtant ce
Droit feul qui fait leur bafe ; & c'eft lui qui, accommodé à des regles particulieres, qui en dirigent l'exercice au plus grand bien d'un chacun,
& de tous les autres Corps, dont le genre humain eft compofé, eft appellé *Droit des Gens.*

Mais ces regles font tirées du *Droit naturel,*
lui-même, & non de notre volonté & de nos accords particuliers toujours fujets à erreur.

Erreur des hommes qui for- merent des Sociétés civiles.

Nous avons, pour vérités inconteftables, que
des Corps politiques quelconques ont dû infaillible-

Vérités dont nous fommes fûrs.

CHAPITRE II.

Continuation du même sujet. De l'idée d'une espece de grande République de toutes les Nations, instituée par la Nature; & si le Droit des Gens peut être considéré, par rapport à elles, comme une espece de Droit Civil?

ON doit convenir que les premiers hommes qui s'unirent ensemble pour former des *sociétés politiques*, ou n'eurent pas le temps d'y réfléchir, parce qu'ils y étoient contraints par la force, ou s'engagerent à ce nouvel état, comme par une impulsion de nécessité, à mesure qu'ils ne se virent plus en sûreté dans l'état de nature, & qu'ils étoient d'ailleurs plus agissans que méditatifs. Il n'est donc pas étrange, s'ils s'égarerent; & s'ils n'eurent pas du *Droit des Gens*, l'idée qu'on en doit avoir.

Mais quand nous voyons des Philosophes qui, dans la tranquillité de leur cabinet, font profession d'instruire le monde, avancer sur cette matiere, les opinions que j'ai rapportées au commencement de cette Seconde Partie, & dans le cours de la Premiere, il faut avouer que rien n'étonne tant l'esprit humain, & n'est plus propre à décréditer la Philosophie. S'imaginer que (1)

Les premiers hommes pardonnables de n'avoir pas eu une juste idée du Droit des Gens.

Etrange égarement de nos Auteurs sur ce sujet.

_____

(1) Dion Chrysostôme.

ce Droit *foit l'ouvrage du temps & de l'ufage* , & que (1) *les Hiftoriens célebres fervent ici de beaucoup ;* admettre comme une *preuve* , que (2) *ce qui eft du Droit des Gens dans une partie de la terre, ne l'eft pas dans l'autre ;* rapporter (3) *au Droit naturel, ce qui eft conforme à une nature raifonnable ;* & au *Droit des Gens, ce qui eft fondé fur nos befoins* , comme fi nos befoins ne faifoient pas partie effentielle du *Droit naturel ;* donner ce nom-ci (4), *de Droit des Gens, à certaines Coutumes , fur-tout en matiere de Guerre ;* (5) diftinguer ce même Droit en deux fortes : l'un de *néceffité obligatoire par lui-même, & ne différant en rien du Droit naturel ;* l'autre , qui eft *arbitraire & de liberté , n'étant fondé que fur une efpece de convention tacite,* &c. : n'eft-ce pas dire tout autant d'abfurdités propres à nous faire rire , ou plutôt à nous faire trembler ?

Affocia-
tion monf-
trueufe du
*Droit na-
turel,* avec
nos établif-
femens ar-
bitraires.

Que deviendra , en effet, le *Droit naturel,* fi nous y mêlons de *l'arbitraire,* fi nous y pouvons joindre un Droit qui dépende du temps & des Coutumes , & que ce qui eft reçu dans une partie de la terre , ne le foit pas dans l'autre ? Une regle invariable de la nature peut-elle s'allier avec celles de nos volontés changeantes ? Et peut-il fe faire que la même Loi , qui eft *immuable ,* & d'où découle ce *Droit* qu'on appelle de *néceffité*

---

(1) Grotius.
(2) *Ibid.*
(3) Plufieurs Savans dans Puffendorf.
(4) *Ibid.*
(5) Burlamaqui.

obligatoire par lui-même, fe retrouve dans la plupart de nos ufages, & avec les effets de notre
volonté, fi fouvent injufte & inconfidérée? Je
n'en veux, pour exemple, que ce que dit *Puf-*
fendorf, dans ce que nous avons vu de lui au
commencement de cette Seconde Partie, fur certaines Coutumes, fur-tout en matiere de Guerre,
anxquelles l'on donne le nom de *Droit des Gens;*
fur les motifs de certains ménagemens de la part
des conquérans féduits par la gloire des armes;
fur les raifons de pouvoir même fe difpenfer de ces
ménagemens, & fur la diftinction finguliere qu'il
fait entre les Guerres *juftes* & les Guerres *injuf-*
tes, par rapport au privilege de méprifer ces
Coutumes, & de manquer au *Droit naturel.*
Grand Dieu! que devient alors la Loi inviola-
ble de la *Juftice*, feul fondement du *Droit na-*
turel?

Non: le *Droit des Gens* a des fondemens plus　*Le Droit*
folides: Il n'eft autre, je ne cefferai de le dire,　*de la Na-*
que le Droit de la nature. Elles ne fe font point　*ture*, feule
tirées, les Nations, de fon pouvoir, en s'arrangeant　regle.
comme elles ont fait en Corps de peuple; elles
reftent foumifes à ne fe diriger refpectivement,
& entre elles, que par le *Droit de la nature.*

J'ai prouvé en fon lieu (1) cette vérité impor-　Les Etats
tante contre la fauffe & pernicieufe opinion que　Souverains
les Nations où les Etats Souverains font des fujets　ne font
bien différens d'un individu humain; je ne crois　pas, quant
pas qu'il foit befoin d'y rien ajouter.　au *Droit*,
des fujets
différens
d'un indi-
vidu hu-
main.

(1) Premiere Partie, Section I, N?. III, Chap. I.

Je vais en examiner une autre, que je ne condamne point, mais dont je condamne la conséquence qu'on en tire, & la fausse application qu'on en fait, soit qu'on l'admette ou qu'on la rejette : il est question de cette idée, *d'une espece de grande République instituée par la nature, dont j'ai parlé, & d'où Wolf déduit le Droit des Gens,* qu'on appelle Volontaire. Selon lui, ce prétendu Droit est comme le *Droit civil* de cette grande République. Nous avons vu ci-devant (1) que *Wattel* ne trouve pas la fiction d'une pareille République, *ni bien juste, ni assez solide,* pour en déduire les regles d'un *Droit des Gens universel,* & nécessairement admis entre les Etats Souverains.

Wattel a raison, en tant que le Droit *civil* & le Droit *volontaire,* tiennent bien plus, comme cela est vrai, leurs Loix & leur autorité de nos arrangemens arbitraires, que de la nature & de la juste nécessité : seules directrices de nos opérations & de nos actes respectifs, les uns à l'égard des autres.

Mais il se trompe, comme *Wolf,* dans cette supposition que l'état Civil, où nous sommes, n'est point indigne de figurer parmi les arrangemens que la Loi naturelle avoue ; & c'est là-dessus que je vais combattre les diverses raisons que *Wattel* apporte, pour faire voir la différence qui est entre le *Droit Civil* qui régit les Nations en particulier, & celui qui régiroit toutes les Nations entr'elles.

---

(1) Chapitre II, Section Cinquieme de la Premiere Partie.

I. « Il eft de l'eſſence, *dit-il*, (1) de toute ſo-
» ciété civile, (*civitatis*) que chaque membre ait
» cédé une partie de ſes Droits au corps de la
» ſociété, & qu'il y ait une autorité capable de
» commander à tous les membres, de leur donner
» des Loix, de contraindre ceux qui refuſeront
» d'obéir. On ne peut rien concevoir, (*ajoute-*
» *t-il*) ni rien ſuppoſer de ſemblable entre les
» Nations. Chaque Etat Souverain ſe prétend, &
» eft effectivement indépendant de tous les autres.
» Ils doivent tous, ſuivant M. *Wolf* lui-même,
» être conſidérés, comme autant de particuliers
» libres, qui vivent enſemble dans l'état de natu-
» re, & ne réconnoiſſent d'autres Loix que celle
» de la nature même ou de ſon auteur. »

*Premiere
raiſon :
l'eſſence de
toute So-
ciété civile
toute diffé-
rente de ce
que ſeroit
la grande
Républi-
que des
Nations.*

Pour faire évanouir cette objection, il n'eft
qu'une choſe à dire : c'eft que notre *Droit civil* n'eft
pas le Droit civil de la nature. Qu'il n'y ait qu'une
ſeule ſociété générale du genre humain, ou pluſieurs, la Loi naturelle les commande tous également ; & c'eft elle qui décide ſouverainement, &
des actions des particuliers entr'eux, & de celles
de Nations entr'elles. Il y a véritablement dans nos
Etats civils, une autorité viſible, qui eft le Prince
ou les Magiftrats qui gouvernent ; & l'on ne voit
point pareille choſe entre les Nations qui font,
ſans aucune ſoumiſſion à un chef commun, ce qu'il
leur plaît, & ſe prétendent toutes indépendantes
l'une de l'autre ; mais la différence n'eft qu'appa-
rante : Les Nations ont un Code, qui eft celui du

Réponſe.

(1) Voyez, Chap. II, Section V, Premiere Partie de mon
Ouvrage.

Droit des Gens, c'eft-à-dire, de la nature même, &
qui n'eft point écrit ; & celui fur lequel en chaque
état, les particuliers, entr'eux, fe reglent, & qui
eft écrit, n'eft point le Code de la nature : écrivez
le premier, & que tous les peuples en aient un
exemplaire ; & pour le fecond, qu'il foit corrigé
& rendu conforme à l'état naturel où doivent être les
hommes depuis qu'ils font fortis, comme on dit, de
l'état de nature : Et vous verrez qu'il y aura plus
d'analogie, entre l'effence de toute fociété civile &
l'idée d'une fociété générale des Nations, qu'on n'y
en trouve. Car, après tout, qu'eft-ce que nous
voulons que foit, parmi nous, l'autorité vifible à
laquelle l'on s'eft foumis, fi ce n'eft l'organe &
l'expreffion même de la Loi qui nous commande
tous également, tant ceux qui gouvernent, que
ceux qui font gouvernés ? Et cette prétendue indépendance des Nations, qu'eft-elle auffi à fon tour,
qu'un vrai affujétiffement à la regle fouveraine, qui
lie les hommes entr'eux, & les foumet les uns aux
autres par des befoins réciproques, & par la néceffité de leur condition ? Je me réfere fur tout
cela à ce que j'en ai dit dans la Premiere Partie,
en combattant le *Droit des Gens volontaire.*

Il ne manqueroit aux Nations, à raifon de leurs
démêlés, que de gens commis pour être les dépo-
fitaires & les organes du *Code* dont j'ai parlé; à
qui l'on donneroit l'autorité de prononcer, conformément à ce Code. Mais j'ai touché auffi ce
point en parlant (1) des moyens de terminer toujours d'une maniere pacifique les conteftations des
peuples ; & je ne vois pas que n chofe foit

---

(1) Dans la Premiere Partie, N°. III de la Premiere Section.

impoſſible : tout dépendroit d'en être une fois d'accord.

Mais, dira-t-on, voudriez - vous donc réduire les actes humains, en toute ſociété politique, aux pures actions qui ſont du reſſort de l'humanité & de la Loi naturelle ? Et ne reconnoiſſez-vous pas la néceſſité d'admettre dans l'Etat civil des *actions indifférentes*, qui deviennent, en cet état, permiſes ou défendues, ſelon qu'on en eſt convenu, & que le beſoin des affaires communes, plus ou moins étendues, l'exige. *Ce ſeroit bien peu de choſe*, nous a-t-on dit, *ſi leurs devoirs mutuels ne s'étendoient pas plus loin que la ſimple liaiſon que la nature a établie entre tous les hommes, & s'il n'intervenoit aucun acte des uns par rapport aux autres.* Je ne dis pas que dans une ſociété civile, les ſujets ne puiſſent contracter autrement entre eux, que pour les choſes d'un abſolu beſoin, & qui ſont purement de l'humanité ; mais je dis que, dans ces choſes qui ne ſont pas de ce reſſort, la maniere de juger les hommes & de les traiter, eſt bien éloignée de cette inflexibilité & de cette rigueur qu'on y apporte ordinairement, fondé ſur ce que les Droits des particuliers, ou du corps entier de la Nation, qui donnent lieu à ſes jugemens, n'ont point la ſanction de la nature, (je m'exprimerai ainſi), pour opérer de tels effets. Il eſt bien juſte qu'un homme tienne ſa parole, qu'il rempliſſe un engagement promis ; mais la *force*, comme nous l'avons (1) vu, n'eſt point l'apanage du *Droit*,

Objection. Voyez Chap. XI, Sect. VI, Partie I.

Voyez auſſi Chapitre VIII, Section VI, Partie I.

Réponſe.

(1) Ci - devant, Chapitre XI, Section VI de la Premiere Partie.

quand celui-ci n'eft point dans les termes de la néceffité & du pur befoin : & la contrainte abfolue , ou par emprifonnement ou par la perte de la vie , répugne à l'état tranquille où eft naturellement celui à qui il ne manque , après tout , qu'une chofe fuperflue , ou à qui, en un fens , il ne manque rien. Je le montrerai dans peu par bien des exemples , où il eft évident que notre *Droit civil* infulte à la nature, en choquant fes plus chers principes , & les plus beaux Droits de la raifon. Tel eft le mauvais effet de cette Loi de *fimple permiffion* & du fyftême *des actions différentes* , contre lefquels je me fuis élevé plus haut. Toutefois il fera convenable (& la Loi naturelle ne s'y oppofe pas) que le *Droit civil* impofe certaines peines, à qui contrevient, fans néceffité à fes engagemens, comme je l'expliquerai ci-après (1). Je reprends l'examen des raifons de *Wattel* touchant fon opinion , qu'*on ne peut fe figurer un Droit civil entre les nations , tout comme il y en a un entre les mêmes fujets de chacune d'elle.*

Deuxieme raifon.

Réponfe.

Voyez ci-devant , Chap. I de cette Sect.

II. *La nature n'a point impofé précifément l'obligation de s'unir en société civile proprement dite.* J'ai déjà répondu que l'obligation eft pourtant réelle , non pas de s'unir en une telle fociété , plutôt qu'en une autre , mais de prendre telle forme d'Etat civil, qui fera le plus convenable à leur état naturel ; puifque fe trouvant dans la néceffité de fe féparer , & de former divers corps particuliers pour pourvoir ainfi en commun , cha-

_____

(1) Au commencement du Chap. III , Sect. Deuxieme.

cun

cun dans son corps, à la sûreté & aux besoins de la vie ; ce qu'ils ne sauroient faire de même dans la société générale des Nations. Ce qui est inévitable & de nécessité, est toujours censé prescrit par la nature, qui n'est autre chose en ceci que la volonté libre de Dieu dans la formation des créatures, & les conditions auxquelles il a rappporté leur existence.

III. *Si tous les hommes suivoient les Loix de cette bonne mere, (la Nature) l'assujétissement à une société civile leur seroit inutile.* Assurément il leur seroit inutile ; mais puisqu'ils sont exposés à manquer à ces Loix, & que leur liberté les égare souvent, il ne leur importe pas plus de s'unir en corps de société, que d'entretenir la société générale des Nations, dont ceux-là sont les membres, & avec laquelle il leur convient à tous de rester unis, pour ne pas ressentir au dehors des troubles qui interromproient leur paix domestique.

Troisieme raison.

Réponse.

IV. *Une société civile entre les Nations, n'est point aussi nécessaire, à beaucoup près, qu'elle l'a été entre les particuliers.* Elle n'est point aussi nécessaire en ce sens, que des hommes ont voulu, pour leur plus grande sûreté, faire cause commune, & agir, pour ainsi dire, toujours en corps dans leurs affaires avec les autres Nations ou avec leurs propres Concitoyens ; & que, d'un autre côté, les Nations se conduisent, chacune à part, comme il leur plaît, & sans dépendre aucunement de l'avis & du consentement des autres ; mais tant d'une part que d'autre, il y a erreur : soit que les hommes agissent en corps de Nation à Nation, ou bien en particulier, chacun à l'égard de son semblable, l'intérêt commun de

Quatrieme raison.

Réponse.

mande qu'ils se concilient , & qu'ils s'astreignent tous également aux regles du *Droit naturel*, qui est la base & le seul principe de toute société quelconque. L'assujétissement au *Droit civil* est subordonné à ces mêmes regles, & ne suppose pas qu'on puisse déroger aux Loix de la nature, dont personne ne peut se tirer, même contre soi.

Motifs de cette quatrieme raison.

Premier motif.

Réponse.

Wattel allegue divers motifs de son sentiment à ce sujet : c'est 1°. que les particuliers sont tels, & ils peuvent si peu de chose par eux-mêmes , qu'ils ne sauroient guere se passer du secours & des Loix de la société ; 2°. que le secours des autres sociétés politiques n'est point aussi nécessaire, que celui des particuliers l'est à un particulier. Je crois qu'ici il y a équivoque dans les termes, & qu'au bout du compte tout est parfaitement égal : ce *secours* & ces *loix* de la société, dont on nous parle, sont choses relatives ; & même l'on pourroit dire que, dans l'état de nature, un homme seul, c'est-à-dire, avec sa famille, (car la supposition d'un homme isolé & absolument seul, comme je l'ai dit ailleurs, est une idée chimérique), cet homme, dis-je, avec sa famille, seroit beaucoup plus en état de pourvoir à ses besoins qui seroient modiques, que ne peuvent faire les *Corps politiques* : ceux-ci tiennent une place immense ; la plupart des sujets sont occupés à des emplois de luxe, ou livrés à la fainéantise & à des frivolités ; ils sont divisés par gros pelotons sur certains endroits favoris de la terre ; par conséquent bien des parties incultes ou négligées, & un accroissement de travail pour ceux des citoyens qui sont chargés, non-seulement de leur propre subsistance, mais de celle des autres.

Et si nous regardons la question, par rapport au soin de se garantir des attaques du dehors & de pourvoir à sa sûreté ; je ne vois pas que les sociétés civiles aient moins besoin en cela du secours d'autrui que n'en auroient des particuliers vivans dans l'état de nature : c'est ici une affaire de calcul ; tout dépend du nombre & de la combinaison : si l'on suppose une Nation contre une autre Nation à-peu-près d'égale force, le secours des autres n'a pas lieu & l'on s'en passe ; que si, au contraire, une des deux se sent plus foible, elle se ménage de l'appui dans quelqu'autre, qu'elle tâche de mettre dans ses intérêts ; & c'est ainsi que les Nations présentes en usent dans toutes les occasions où elles se brouillent, & qu'on l'a toujours fait dans les temps anciens.

D'ailleurs, la *nécessité* dont il s'agit dans la proposition que je combats, à l'égard des hommes, qui, dans l'état de nature passerent à l'état civil, vient bien moins de ce qu'ils avoient absolument besoin de prendre ce parti, que de ce qu'il n'étoit pas possible, en fait, à tout le genre humain, de former une seule société civile ; mais une fois que les sociétés particulieres furent formées, il ne leur étoit plus si difficile de s'entendre, comme je crois de l'avoir observé ci-devant (1).

3. « Les États, *continue Wattel*, se conduisent » autrement que des particuliers. Ce n'est pas » d'ordinaire le caprice, ou l'aveugle impétuosité » d'un seul, qui en forme les résolutions, qui dé- » termine les démarches publiques : on y ap-

Troisieme motif de la quatrieme raison.

---

(1) Voyez, Premiere Partie, Section I, N°. II, Chap. I.

» porte plus de conseil, plus de lenteur & de cir-
» conspection ; & dans les occasions épineuses ou
» importantes, on s'arrange, on se met en regle
Réponse. » par le moyen des Traités ». En supposant ce
qui est en question, que les *Nations* se conduisent
effectivement comme on les représente, il semble
que leur état exigeroit moins qu'il y eût, entre
elles, une espece de *Droit civil;* mais Dieu sçait
si les choses se passent toujours ainsi. On doit se
souvenir (1) que dans l'état de nature les querelles seroient moins fréquentes, moins importantes,
moins dangereuses quant aux effets, les démêlés
& les affaires moins multipliées, les résolutions
mieux dictées par le vrai intérêt, &c. Si dans l'état
civil, l'on s'assemble, l'on délibere, l'on y apporte
de la lenteur & de la circonspection ; il arrive aussi
que ces délibérations sont souvent le fruit de l'intrigue ou de l'ascendant d'un seul ou de quelques-
uns qui, bien moins animés du bien public que
d'eux-mêmes, entraînent l'opinion des autres : & ces
Traités par lesquels on s'arrange dans les occasions épineuses; que sont-ils aussi, pour l'ordinaire,
& malgré les meilleures intentions, qu'une pépiniere
de nouveaux procès, ainsi que je l'ai déja dit
en un autre endroit (2)?

Quatrieme
motif de la
quatrieme
raison.

4. « Enfin, *dit Wattel*, l'indépendance est
» même nécessaire à chaque Etat pour s'acquitter
» exactement de ce qu'il se doit à soi-même, &
» de ce qu'il doit aux citoyens, & pour se gou-
» verner de la maniere qui lui est la plus conve-

_____

(1) Parallelle de l'état civil & de l'état de nature, au Chapitre III du Droit naturel, Section VI, Premiere Partie.

(2) Chap. II, N°. III, Sect. I de la Premiere Partie.

» nable ». J'ai fait voir ailleurs ce que c'eft proprement que cette *indépendance* des Nations, &
qu'elles ne font pas plus libres au bout du compte
que les particuliers qui les compofent : puifque,
fi c'eft en *fait*, elles n'ont pas plus à attendre d'attaquer & d'incommoder les autres, que n'auroient
des particuliers qui vivroient dans l'état de nature;
& fi c'eft en *Droit*, elles ne le peuvent pas mieux.
Ainfi la conclufion, par laquelle *Wattel* termine
fon difcours, *qu'il fuffit que les Nations fe con-
forment à ce qu'exige d'elles la fociété naturelle &
générale établie entre tous les hommes :* cette conclufion, dis-je, n'eft pas plus perfonnelle aux Nations qu'aux membres de toute fociété quelconque;
mais, par la raifon que, tant dans l'état civil,
que dans l'état de nature, les hommes font toujours hommes, & par conféquent fujets à fe manquer réciproquement, & que les Loix du Droit
naturel, ou ne leur font pas toujours préfentes,
ou ne leur font pas affez d'impreffion, je ne vois
pas qu'il foit fi déraifonnable d'admettre *l'idée d'une
efpece de Droit civil entre toutes les Nations,* qui feroit
le *Droit des Gens,* accommodé aux Loix de la
nature, & non pas celui de *Wolff* & de tous les
autres Auteurs, qu'ils appellent *volontaire;* tout
comme les Nations en ont un pour régler les particuliers entre eux, lequel ne doit pas fortir de cet
état naturel où ils fe trouvent. Il s'agit de bien
fixer ce *Droit civil,* & de lui donner la forme &
la jufte étendue qu'il mérite : il fera alors l'image
de l'autre, que nous ne pourrons plus nommer
Droit des Gens volontaire, puifque la volonté humaine eft capable d'y déranger les Droits de la
nature & de la raifon.

Réponfe.

Chap. I.
ut fuprà &
dans le pré-
fent.

Ci-devant,
Réponfe à
la premie-
re *raifon.*

B iij

Wattel, après avoir allégué les raifons qui l'ont empêché, dit-il, de fentir, la conformité qu'il peut y avoir, entre le Droit civil qui régit des hommes qui fe font mis en corps de fociété Politique, & le Droit fur lequel fe conduiroit une fociété générale des Nations; *Wattel*, dis-je, indique les *juftes caufes*, felon lui, *d'où fe déduifent toutes les modifications, toutes les reftrictions, tous les changemens, en un mot, qu'il faut apporter, dans les affaires des Nations, à la rigueur du Droit naturel, & dont fe forme,* ajoute-t-il, *le Droit des Gens volontaire.* Je vais rapporter quelles font ces *caufes* pour les examiner chacune à part; mais avant toutes chofes, difons que *Wolff*, dont il refufe d'adopter le fentiment à cet égard, penfe « qu'on ne fauroit déduire ces changemens que » de fon idée, d'une efpece de grande République » des Nations, dont les Loix dictées par la faine » raifon, & fondées fur la néceffité, régleront » ces changemens à faire au Droit naturel & né- » ceffaire des Gens, comme les Loix civiles dé- » terminent ceux qu'il faut faire, dans un Etat, » au Droit naturel des particuliers ». L'on voit que *Wolff* approche beaucoup plus de la vérité par cette idée; mais que fon défaut eft le défaut de tous les autres Auteurs, d'étendre trop loin ces changemens, dans ce qui regarde le *Droit des Gens*, tout comme on l'a fait pour le *Droit civil.* Examinons maintenant les caufes d'où, par rapport aux Nations, *Wattel* voudroit les déduire.

La liberté naturelle des Nations. Mais les Peuples auffi; comme je l'ai remarqué, font libres après avoir pris, chacun dans son état, des engagemens communs; & les Nations, entre elles, n'ont pas plus de liberté que ce que leur en laissent le Droit & la justice. Je me suis assez étendu sur ces mots de *liberté* & *d'indépendance*, & je ne crois pas nécessaire d'en dire ici davantage.

Les intérêts de leur salut commun. Il n'y a pas de salut plus sûr que celui qui se tire de la pratique de la Loi, & de la constitution même des choses, qui veut qu'on s'arrange comme on doit être, & comme il ne se peut qu'on ne soit pas. Or les intérêts du salut commun pour les Nations, est d'être soumises volontairement ou involontairement, quoi qu'elles fassent, à un Droit supérieur à elles, qu'elles n'ont pas encore, ou gravé sur la pierre, ou consigné dans des registres publics pour leur servir de bride à toutes, & de Juge dans les occasions de litige; mais qui n'existe pas moins, & qu'elles doivent rendre visible aux yeux, & constituer à cet effet, de la maniere que je l'ai dit. Ce sera-là cette espece de *Droit civil des Nations*, c'est-à-dire, le *Droit des Gens*, & non ce Droit des Gens *volontaire*, qui est si peu digne de faire leur bonheur.

Deuxieme cause.

Ci-devant, en examinant la premiere raison de Wattel.

La nature de leur correspondance mutuelle. Cette correspondance n'est pas telle qu'on se figure. Il ne s'agit pas de tant de choses superflues pour faire leur bonheur. Les nécessités de la vie, comme je l'ai exposé ci-devant, ne consistent pas à tant d'acquisitions; & *une vie aisée sans molesse*, quoi qu'en dise *Wattel* (1), est encore un être de raison;

Troisieme cause.

(1) Liv. I, Chap. VI, §. 72.

comment veut-il qu'elle contribue au bonheur des hommes, qu'elle les mette en état de travailler avec plus de foin & de fuccès à leur perfection?

Tome I, P. 170.

Ne nous dit-il pas lui-même, que *l'expérience montre qu'un peuple peut être malheureux au milieu de tous les biens de la terre & dans le fein des richeſſes : que tout ce qui peut faire jouir l'homme d'une vraie & folide félicité, forme un fecond objet qui mérite la plus férieufe attention du Gouvernement ?* Et in-

Ibid. p. 180.

diquant enfuite ce que c'eſt, « ce n'eſt point aſſez, » *dit-il*, d'inſtruire la Nation. Il eſt plus néceſſaire » encore, pour la conduire au bonheur, de lui » inſpirer l'amour de la vertu & l'horreur du vice. » Ceux qui ont approfondi la morale, *ajoute-t-il*, » font convaincus que la vertu eſt le véritable & » le feul chemin qui conduit au bonheur; en » forte que fes maximes ne font autre chofe que » l'art de vivre heureux; & il faudroit être bien » ignorant dans la politique, (*c'eſt toujours lui* » *qui parle*), pour ne pas fentir combien une Na- » tion vertueufe fera plus capable qu'une autre de » former un état heureux, tranquille, floriſſant, » folide, refpectable à tous fes voifins, & for- » midable à fes ennemis ». Il a raifon, fans doute; mais il veut placer la vertu avec trop de chofes incompatibles avec elle; & ce n'eſt pas de la vertu qu'il entend, qu'il faut dire les belles chofes qu'il lui attribue.

Ainfi la nature de la correfpondance mutuelle des Nations, n'étant pas non plus telle qu'il s'imagine, elle n'exige pas que dans leurs affaires, l'on faſſe des changemens fi confidérables à la rigueur, comme il dit, du *Droit naturel*; & cette caufe n'eſt pas plus jufte que les précédentes.

4. *Leurs devoirs réciproques.* Affurément, j'ai Quatrieme montré en quoi ils confiftent. Ils font tous fondés caufe. fur le *Droit naturel,* & on ne peut pas les étendre au-delà de la néceffité & de la convenance. Je me réfere aux Chapitres VI, VII, VIII & IX de la Section fixieme, premiere Partie.

5. Enfin, *les diftinctions du Droit interne &* Cinquieme *externe, parfait & imparfait.* J'ai montré ailleurs (1) caufe. toute l'indignité de ce fyftême, & combien il ren- verfe les idées d'ordre, de bienféance, d'honneur & de juftice, en accordant le Droit de contrainte à nos engagemens volontaires, même fur des chofes de peu de valeur, pour le refufer aux plus pref- fantes néceffités de la nature. Je ne puis mieux faire encore que d'y renvoyer le Lecteur.

Wattel n'a donc pas eu raifon de tant rejetter Conclu- l'idée de *Wolff*, touchant cette efpece de grande fion. République des Nations; pour le bonheur de la- quelle, celui-ci auroit voulu fuivre à-peu-près les mêmes principes qui ont fait établir un Droit civil en chacune d'elles. *Wolff* fe trompoit, encore une fois, dans fon application, quant à l'étendue im- menfe qu'il accordoit à la faculté de fe tirer du *Droit de la nature,* tant pour un état que pour l'autre; mais en corrigeant cet excès, il eft facile de faire de fon idée un principe raifonnable, de l'ufage duquel il ne s'étoit pas douté.

_____

(1) Premiere Partie, Section I, N°. II, Chap. II.

SECTION DEUXIEME.

Corruption de l'Etat Civil.

RÉFLEXIONS PRÉLIMINAIRES

Sur l'Etat Civil, & sur sa constitution en général.

LA suite naturelle des idées nous mene à considérer maintenant l'Etat civil en lui-même, & à rechercher sa constitution la plus légitime, puisque c'est de nos égaremens sur son sujet que sont sortis tous ces monstres qui défigurent si fort le Droit des Gens.

Objet de ce Chapitre.

Voyons ce que le *Droit naturel* a permis à des hommes qui ont voulu se lier réciproquement par des loix communes, & ne faire tous ensemble qu'un seul corps. Voyons tout ce qu'ils ont pu perdre pour gagner encore davantage; & jusqu'à quel point leur liberté & leur égalité ont pu être, par eux-mêmes, contraintes ou altérées.

Grande idée que donne Barbeyrac de l'Etat civil.

« C'est une chose qui demande beaucoup d'ex-
» périence, (*dit* Barbeyrac *en parlant de la per-*
» *fection de l'Etat civil*) & il n'y a nulle apparence
» que le plan d'un si bel édifice ait été conçu &
» exécuté tout d'un coup; puisqu'aujourd'ui qu'il
» est formé depuis tant de siecles, le commun

» des gens n'en comprend pas l'usage, la structure
» & les beautés : connoissance que les personnes
» mêmes qui ont quelque éducation, n'acquierent
» qu'à force de méditation & d'expérience ». L'on
a raison, en un sens, de donner une si belle idée
de cet état : le Gouvernement civil considéré d'un
seul point de vue, & d'un peu loin, présente aux
yeux un spectacle digne d'admiration, & qui'étonne.
Toutes les pieces de cette immense machine, pa-
roissent avoir une engrenure & une liaison propres
à les faire aller toutes au même but. La tête semble avoir pourvu à tout, & mis en chaque endroit
essentiel les ressorts dont l'action détermine tout le
reste. Une infinité d'agens de différens grades &
de différens pouvoirs, sont les canaux par où la
Puissance souveraine se déploie & agit : un seul
homme, ou quelques hommes seulement, chargés
de l'administration publique, operent ainsi jusqu'aux extrémités les plus reculées de l'Etat ; &
l'on voit une chose assez merveilleuse, mais qui
ne nous frappe plus, (parce que nous y sommes
accoutumés, ou que nous ne voulons pas y réfléchir) nous voyons, dis-je, un nombre prodigieux
d'hommes & de volontés ne faire en apparence
qu'un corps & qu'une ame.

Dans Puff. Tome III, p. 93, à la note, premiere colonne au commencement.

Mais c'est-là le plan idéal, c'est le système tiré
de notre maniere de concevoir la perfection ; indi-
diquant, non ce que nous sommes en effet, au milieu de tous ces beaux arrangemens, mais ce que
nous devrions être pour être bien. Des êtres égaux
& également libres, ne sont pas propres absolument à tenir la place d'êtres inégaux & contraints.
La force, l'habitude, la crainte ou l'amour sont
ici un frein, à qui nous avons l'obligation de la

Ce qu'il en est de vrai au fond.

concorde & de l'obéiffance (1) , nous ne fommes point nés naturellement pour jouer de faux
perfonnages : l'homme eft d'une nature fi excellente, qu'il a befoin de pouvoir, & par le cœur
& par l'efprit, acquiefcer aux difpofitions qu'il
trouve faites : ce qui ne fe peut bien qu'autant
qu'on les a dirigées vers fon bonheur. Quand ce
point eft malheureufement manqué, cet être excellent fe pervertit : il eft tout autre. Auffi entrons un
peu dans le détail , & nous verrons combien ce
bel ordre de la fociété eft démenti, dans fon objet & dans fa fin , tant pour le malheur de ceux
à qui l'exécution en eft confiée , que de ceux qui
doivent y adhérer. Toutes les parties de l'édifice
ont une correfpondance entr'elles : le but commun
eft le bien général; mais hélas ! un fecret penchant ou un fatal exemple , follicite fans ceffe à
s'arroger autant d'avantage & de fupériorité qu'il
eft poffible. L'on ne voit plus , dans le particulier ,
que des vues intéreffées ; le patriotifme eft mort
dans les cœurs. Vous diriez qu'on entre en lice pour
fe renverfer les uns les autres : on fe lie pour les
plaifirs, mais l'on s'attaque fourdement ou ouvertement pour les affaires : cela fe remarque par-
tout dans les Etats policés. Il arrive même que
ce bel ordre extérieur de la fociété , & les regles
établies font pour les forts une tentation continuelle d'en abufer , & pour les foibles une raifon
de les violer quand ils le peuvent. La forme

_____

(1) *La Bruyere*, dans fes *Caracteres*, a dit : « Le chef-d'œu-
» vre de l'efprit, c'eft le parfait Gouvernement ; & ce ne feroit
» peut-être pas une chofe poffible, fi les Peuples , par l'habitude
» où ils font de la dépendance & de la foumiffion, ne faifoient
» la moitié de l'ouvrage ».

prescrite en général , pour assurer les biens &
l'honneur est encore souvent la barriere derriere
laquelle se sauve le coupable, & par le moyen
de laquelle aussi l'innocent est condamné : le vice
heureux triomphe par cela même qu'il ne peut
être convaincu & traduit au Tribunal. Il faut sans
doute bien de l'habileté dans les Peres des Peuples & dans leurs Ministres, pour conserver à une
constitution civile , vicieuse , tous les dehors de
l'ordre & de la justice , & pour en tirer encore
des fruits consolans. C'est ce qu'on éprouve , du
moins dans nos Gouvernemens Chrétiens , dont
les illustres Chefs ne sont occupés que du bien public. Mais que sera-ce de ces constitutions civiles , toutes irrégulieres , entendues sous le nom de
despotisme , & où l'imperfection ne connoît point
de bornes ?

Triste condition humaine! Nous avons à com-   Réflexion
battre , & contre les sottises de l'ignorance, &
contre les folies du savoir. S'il nous importe d'être
instruits , il nous intéresse bien davantage de faire
un bon usage de nos lumieres , & de connoître ce
que comporte l'état de notre nature. Il ne suffit
pas de concevoir des plans : il faut savoir l'analogie qu'ils ont avec la nature humaine. L'on a
trouvé beau ce mot de *Solon* : *Qu'il ne croyoit*   Du mot
pas d'avoir donné aux Athéniens les plus excellen- de *Solon.*
tes Loix qu'il fût possible de leur donner ; mais
qu'il leur avoit donné les meilleures qu'il fût possible
de leur faire recevoir. Mais cette réponse prouve précisément pour ce que je dis : elle manifeste que le
fond étoit réellement mauvais , & que ce n'étoient
que des palliatifs dont il ne falloit, au bout du compte,
rien attendre de bon. Les Loix de *Solon* étoient infec-

tées du vice radical, & tenoient à la conftitution qui étoit mauvaife. On doit dire la même chofe de ces belles réflexions que les Auteurs nous donnent pour fervir de guide dans cette carriere. Avec des efpeces de vérités, qui n'ont de juftelle que par nos erreurs, ils ont laiffé dans la fauffe route. « Faut

» auffi connoître, (*dit Charron dans fon Livre de* » *la Sageffe*) le naturel de l'Etat, non-feulement » en général, mais en particulier, celui que l'on » a en main, fa forme, fon établiffement, fa » portée; c'eft-à-dire, s'il eft vieil ou nouveau, » échu par fucceffion ou par élection, acquis par » les Loix ou par les armes, de quelle étendue il » eft, quels voifins, moyens, puiffance il a; car » felon toutes ces circonftances & autres, il faut » diverfement manier le fceptre, ferrer ou lâcher » les rênes de la domination ». *C'eft pour cela,* remarque Barbeyrac, *que ceux qui font des Loix, ou qui gouvernent les Etats, doivent connoître à fond le naturel des Peuples qu'ils ont a conduire : les Légiflateurs & les Magiftrats, le Miniftre, qui ne font pas inftruits fuffifamment là-deffus, tombent dans un inconvénient très-fâcheux & inévitable.* « C'eft, *dit Le-* » *clerc*, que, fuppofant que les Peuples font tout » autrement difpofés, qu'ils ne le font en effet, ils » leur donnent des L   qu'ils ne fauroien obfer- » ver; après quoi, ou il faut punir une infinité » de gens, fans que l'Etat en tire aucun avan- » tage, ou voir l'autorité des Loix méprifée ». Mais, encore une fois, cela prouve qu'on veut toujours travailler fur un fond mauvais. De ces diverfes confidérations, dont parle *Charron*, les unes font de bon confeil, mais les autres portent fur des vices de civilifation : l'on ne peut, en les laiffant fubfifter, que faire un ouvrage inutile, ou

s'expofer à être foi-même le plus fouvent en contradiction. La feule bonne maniere de faire des
Loix propres au bonheur & à l'ordre des fociétés, c'eft de ne commencer cet important ouvrage, qu'après avoir cherché à délivrer les Peuples
de tant de mauvaifes inftitutions qui corrompent
les mœurs publiques : c'eft de tâcher de les ramener peu-à-peu , comme entre les mains de la
nature, pour prendre d'elle les arrangemens & les
formes convenables à leur état de corps politiques : c'eft, en un mot, de les rapprocher le plus
qu'il eft poffible de cette premiere fource.

Il faut donc aller à la caufe, & pour cela, **Définition**
favoir pofitivement ce que c'eft que l'*Etat civil.* Je **exacte de**
ne penfe pas qu'on puiffe en donner d'autre bonne **l'*Etat ci-***
définition que celle-ci : *C'eft l'état d'une multitude* **vil; & en**
d'hommes unis enfemble par un réglement commun, & **même-**
fous une certaine forme de Gouvernement, pour pro- **temps du**
curer davantage par-là leur bonheur. Mais le *bonheur* **Bonheur.**
confifte à avoir fon *néceffaire* dans les befoins abfolus
de la vie, & à être en *fûreté.* C'eft donc le réglement **Confé-**
commun qui doit aller à cette double fin : c'eft lui **quences.**
qui, quant à la *fûreté,* a deux objets : 1°. D'empêcher le plus qu'il eft poffible, que les membres de
la fociété puiffent fe nuire entr'eux; 2°. Que tous enfemble ils aient beaucoup moins à craindre les infultes des autres hommes en général. Et pour le *né-*
ceffaire dans les befoins abfolus de la vie, il doit
mettre chacun en état de pouvoir fe le procurer par
le travail ou l'induftrie honnête. Or, il y a dès-lors
un intérêt *général* & un intérêt *particulier* : la fcience
eft de les faire retrouver l'un dans l'autre. Qu'a-t-on
fait? ou plutôt qu'auroit-il fallu faire? C'eft de ne
prétendre point agir felon fon caprice; mais felon les

regles de la justice & du bon sens, c'est de ne pas se regarder comme *supérieur* au fond, & valant mieux intrinséquement que d'autres, parce qu'on sera chargé du soin des affaires publiques ; ou comme *inférieur*, parce qu'on obéit aux ordres d'un chef : tous ne pouvant agir ensemble pour la cause commune, il faut bien nécessairement que tout le corps donne à cet égard ses pouvoirs à quelqu'un ou à quelques-uns d'entr'eux ; par la même raison, le corps entier ne pouvant agir pour les affaires particulieres, il est de nécessité aussi qu'il laisse chacun en état de pourvoir à ses besoins & à ceux de sa famille. L'on voit alors que l'*égalité* & la *liberté* naturelles souffrent quelques modifications, sans changer pourtant de nature, & qu'au fond, chacun reste tout aussi libre & tout aussi égal à un autre, que s'il n'avoit point pris d'engagement dans le corps. Mais il est évident que les objets pour lesquels ils ont contracté ensemble, & sur quoi ils ont à se concilier chaque jour, doivent être la mesure de cette modification qu'a pu apporter à la liberté & à l'égalité naturelles, l'acte par lequel ils se sont associés. Or, ces objets sont, comme j'ai dit, de se procurer plus sûrement les nécessités de la vie, & d'être soi-même plus en sûreté. D'où il suit qu'ils ont donné le moins qu'il a été possible, de leur liberté & de leur égalité ; & qu'en donnant ce *moins*, ils ont tous prétendu retirer encore davantage ; car ils ne se sont établis ainsi que pour être mieux : en un mot, c'est à leur plus grand bonheur qu'ils ont visé.

L'état en généraldes Peuples. Je demande à présent s'ils ont entendu que les uns seroient puissans & riches ; les autres foibles & pauvres ; ceux-là accablés de travail ; ceux-ci plongés

plongés dans l'oisiveté ; d'autres jouissans de beaucoup d'honneur & de prérogatives ; & tout le reste
borné à payer les charges : les uns, maîtres & des-
potes ; les autres, valets & esclaves : enfin s'ils ont
voulu jamais accorder sur eux le droit de vie &
de mort ; consentir que le Souverain puisse livrer (1)
à quelqu'autre Puissance un d'entr'eux, en tirant au
fort (2), & celui - ci ne pouvoir s'y refuser,
comme on a osé l'avancer ; exposer à la torture
un innocent, tout comme on y met un coupable ;
faire passer la honte & la punition des crimes jusques dans les descendans d'un chef de famille ;
laisser pourrir dans une prison un débiteur insol-
vable, faute de pouvoir payer ses dettes, & mille
autres cruautés semblables : Toutes ces matieres
offrent un champ immense à mes réflexions ; je
me bornerai pourtant aux principales pour prouver ce que j'ai avancé, que *l'état civil* outrage en
général le *Droit naturel*, & est bien éloigné de lui
ressembler. Commençons par le *Droit de vie &
de mort*, qui, dans celui qui commande, est la
plus grande marque de Puissance ; & dans ceux
qui y sont soumis, la plus grande d'assujétissement.

*er tiére-
ment op-
posé à l'ob-
jet de cette
définition.*

*On va
examiner
les princi-
paux
points, si
contraires
à notre
bonheur.*

(1) Voyez dans Grotius, *De Jure B. ac P.* Tome II, p. 191.
(2) Voyez dans Puff. Droit de la Nature & des Gens, tom. III,
p. 277.

No. I.

Des Peines, & de la faculté de faire Grace.

CHAPITRE PREMIER.

Si l'on peut concéder à quelqu'un le Droit de vie & de mort ; & premierement, s'il existe un tel Droit dans la Nature ? Ce qu'on recherche d'abord dans le Pere à l'égard de sa femme & de ses enfans.

Du pouvoir du mari sur la femme. P O U R marcher avec ordre dans cette recherche, comme rien ne ressemble tant à un petit Etat qu'une famille, sur-tout lorsqu'on la considere séparée de toute autre, & dans une entiere indépendance; & que d'ailleurs la premiere de toutes les sociétés a été celle qui est entre le mari & la femme : il est à propos de commencer par examiner quelle est l'autorité naturelle du mari sur sa femme & sur ses enfans; & il est d'autant moins étonnant que j'en vienne là d'abord, que d'une part, comme chacun sait, il y a eu des Nations entieres parmi lesquelles cette autorité étoit absolue, & établie ainsi par une loi générale : comme par exemple, chez les Gaulois, où les maris avoient droit de vie & de mort sur leurs femmes, aussi bien que sur leurs enfans; & que de l'autre, *Sentiment de Puffen-* *Puffendorf* même, ne fait pas difficulté de dire, *que rien n'empêche qu'un mari ne stipule dans le contrat de mariage*, *qu'il aura fur fa femme une telle autorité.* Il nie feulement que le mariage par lui- même donne au mari un pouvoir fi étendu. En cela feul, il differe du fentiment de *J. Frid. Hor- nius*, dont il attaque les principes fur cette ma- tiere : lequel veut que le mari, comme tel, ait toujours *un pareil droit*, & *que ce foit en cela prin- cipalement*, *que confifte fon autorité, tant qu'elle n'a pas été reftreinte par les loix civiles ;* en forte néan- moins, fuivant l'explication de *Puffendorf*, *que ce droit ne s'étende pas jufqu'à exercer le parricide ; mais qu'il confifte feulement dans un pouvoir légiti- me, de punir de mort les crimes qui le méritent.*

Hornius ne trouvant rien dans la nature qui puiffe affujétir de cette maniere la femme au mari, en met la caufe premiere & immédiate dans Dieu, qui l'auroit ainfi ordonné. Sa raifon feule ne lui découvre qu'impoffibilité à ce profond affujétiffe- ment ; & *Puffendorf*, qui n'en donne pas d'autre caufe que le confentement exprès de la femme en fe mariant, eft infenfible aux raifonnemens de *Hornius*, & les combat.

Pour moi, il me femble que les principes de celui-ci font tellement forts, qu'ils prouvent même contre lui, en ce qu'il eft évident, que l'autorité du mari ne pouvant pas naturellement être fi abfo- lue, Dieu n'a point entendu la rendre telle par fa fentence (1). Cet Auteur s'eft jeté dans l'extré- mité rigoureufe, pour ne pas voir qu'il y avoit, dans l'état même des chofes, de quoi donner encore au mari une autorité raifonnable, & à la fentence, un fens jufte & modéré ; & *Puffendorf*

dorf, To- me III, p. 117.

J. Frid. Hornius, *De civita- te*, Lib. I, Cap. I, dans Puff. *ut fuprà*, p. 16. Sentiment de Hor- nius.

On peut combattre *Puffendorf* par *Hor- nius*, & celui-ci par lui- même.

(1) Voyez ci-après, p. 42.

a adopté l'opinion, *qu'un mari peut avoir un empire abſolu ſur ſa femme*, ſans prendre garde qu'il ne l'étaie que d'une raiſon ridicule, *le conſentement propre de la femme :* ce qui eſt, de plus, une pétition de principe ; car il faut toujours ſavoir ſi une telle convention eſt juſte. Le premier pourtant, en ſe trompant, raiſonneroit beaucoup mieux : une fois qu'il a poſé ſon faux principe, que Dieu a donné au mari un pouvoir abſolu ſur ſa femme, il a raiſon de dire, *que tout le conſentement qu'il y ait ici de la part de la femme, ſe réduit à accepter celui qui la demande en mariage ; par où elle s'engage tacitement à ſe ſoumettre au pouvoir qu'un tel homme aura de droit ſur elle en qualité de mari.* Mais voyons les raiſons ſur leſquelles il ſe détermine , & les réponſes de ſon adverſaire ; nous trouverons de quoi les confondre l'un & l'autre , & de quoi aſſeoir un jugement plus conforme aux regles.

En quoi ils conviennent.

Tome III, p. 151.

En premier lieu, ils conviennent tous deux qu'on a tort de vouloir que l'autorité du mari ſur la femme vienne de la nature. « Il a raiſon, *dit Puffendorf*, ſi par-là on entend que la nature elle-même donne l'empire au mari indépendamment » de toute convention & de la ſoumiſſion volon-taire de la femme ; car cela eſt contraire à l'é-» galité naturelle des hommes ; & de cela ſeul que » l'on eſt propre à commander, il ne s'enſuit pas » que l'on en ait le droit actuellement ». Mais

Puffendorf ne fait qu'une *diſpute de mot* contre *Hornius.*

Puffendorf ſe trompe auſſi en ce point comme *Hornius* ; & il ne fait, à mon ſens, contre lui qu'une diſpute de mot, en amenant toujours ce conſentement de la femme pour unique fondement de l'autorité du mari : car, ſur la premiere queſtion, je lui oppoſerai ce qu'il allegue contre *Hornius*, que *quand on traite de l'origine & du fondement du pouvoir ou de l'empire humain, on en cherche proprement la cauſe ſeconde prochaine & immédiate, & qu'on ſuppoſe toujours la cauſe premiere & univerſelle :* comme cela arrive toutes les fois qu'on prononce le mot de *Nature*, & qu'on lui attribue un ordre & une direction ſur tout ce qui a vie & exiſtence, ainſi que je l'ai fait juſqu'aujourd'hui.

Et quant au reſte, que j'appelle *diſpute de mot*, je dirai qu'il eſt bien entendu auſſi qu'il faut le conſentement de la femme, mais que ce conſentement eſt tacitement renfermé dans celui qu'elle donne de prendre un tel pour ſon mari ; parce que, ſoit qu'elle ſache ou qu'elle ignore alors toute l'étendue de ſa ſoumiſſion, les choſes n'en ſeront pas moins telles, & la volonté de Dieu qui l'a ainſi arrangé d'avance doit avoir ſon effet.

Mais il en va autrement que ne le penſent ces deux Auteurs : Quoique l'on comprenne les deux genres ſous le nom *d'eſpece humaine ;* & qu'à cet égard *l'égalité* ſoit propre, tant à l'un qu'à l'autre ; néanmoins, il eſt des dons de la nature & des facultés plus particulieres à l'homme, qui ſemblent déterminer en ſa faveur la prépondérance du commandement, & cela eſt aſſez fondé en raiſon : *ce ſeroit une choſe fort irréguliere,* dit Puffendorf, *qu'il y eût deux chefs dans une famille, ou qu'un membre de la famille ne dépendît point du chef.* Auſſi remarque-t-on dans les hommes, pour l'ordinaire, & plus de force de corps & d'eſprit, & plus de temps & de moyens pour vaquer aux intérêts

Comment ils ſe trompent l'un & l'autre. Diſtinctions eſſentielles marquées par la nature, pour ce qui eſt du pouvoir de l'homme & de la femme. Tome III. p. 15.

Ibid.
P. 14.

essentiels de la famille : les grosseses, les accou-
chemens, le soin de nourrir les enfans & de les
élever dans le plus bas âge, ce qui est uniquement la charge des meres, sont des occupations
& des embarras qui les obligent à être sédentaires
& à vaquer plus spécialement aux fonctions intérieures de la maison, & les empêchent de prendre
leur part de la défense commune, en cas d'accident, ou pour se précautionner. Au lieu que
l'homme, affranchi de toutes ces servitudes, prend
sur lui les travaux de force, les résolutions de conseil,
fait la garde, laboure son champ, va & vient,
amasse les provisions, repousse l'ennemi, &c.
Puffendorf dit, que « quoique d'ordinaire les hommes

Ibid.
P. 10.

» surpassent les femmes en force de corps & d'es-
» prit, cet avantage par lui-même ne donne au
» sexe masculin aucun empire sur le féminin »;
& il en apporte cette raison que nous avons vue,

Ibid.
P. 15.

que de cela seul que l'on est propre à commander,
il ne s'ensuit pas qu'on en ait le droit actuellement.
Cela est vrai, en général, & par rapport à tout
homme envers toute femme, avant qu'ils se soient

Genre
d'autorité
du mari
sur sa fem-
me; &
comment
elle est
produite.

pris l'un l'autre en mariage; mais du moment que
les deux parties sont convenues de s'unir, & se
sont données réciproquement l'une à l'autre, chacune reste dans les termes de sa condition & est
obligée d'en subir les loix : le sexe, que la nature a pourvu de plus d'aptitude & de moyen pour
le commandement, n'est pas moins soumis à accepter
cette charge, que l'autre plus délicat & plus sé-
dentaire ne l'est à adhérer à ce que le premier

Ibid.
P. 14.

résout relativement à sa place. *Puffendorf* ne dit-
il pas que *le sexe masculin est naturellement plus*
noble que le féminin ? D'où il ne s'ensuit pourtant
pas que le mari soit un maître, & la femme une

fervante, ils ont tous deux leurs fonctions féparées
& leur autorité. Ils doivent s'entr'affifter, s'entr'aider & fe foulager réciproquement en toutes
manieres. Mais, comme c'eft le mari qui forme
la maifon & le domicile, par les raifons qu'on
en trouve dans *Puffendorf*, il eft naturel qu'on le
regarde comme le chef; bien qu'au fond, il ne
foit pas plus maître que la femme, à caufe des
befoins où il eft d'elle & de toutes les néceffités
qui leur font communes.

Telle eft l'autorité naturelle qui peut compatir
avec l'égalité; & telle eft, à mon fens, celle qui
eft entre les mains du fouverain de la République,
de laquelle je parlerai bientôt. Or, cette autorité
du mari procede de fon rang & de fes attributs
perfonnels, & nullement du confentement de la
femme; mais auffi elle ne va pas plus loin que
le befoin du mariage ne le demande. *Le but du
mariage*, dit *Puffendorf, ne dem   nullement un
empire fi étendu*, (le droit de vie & de mort).
Comment trouve-t-il donc qu'il ne répugne pas
au *Droit naturel*, qu'une femme dépende de l'empire, proprement dit, de fon mari? Les accords,
les conventions, peuvent-ils faire trouver bien ce
qui eft mal, & contraire à la nature de la chofe?
Les arrangemens des hommes entre eux ne font
bons & permis qu'autant qu'ils ne contredifent
point l'intention du Créateur, c'eft-à-dire, le *Droit
naturel*. A quels excès une femme ne feroit-elle
pas livrée, fi elle pouvoit dépendre ainfi de fon
mari? A-t-on rien de plus cher que la vie; &
l'appréhenfion continuelle où elle pourroit être
d'un emportement de la part de fon mari, qui
la mettroit à deux doigts de fa perte, fans l'avoir

Sesbornes

Ibid.
P. 17.

Contrad
tion de
Puffendorf
avec lui-
même.

Ibid.
P. 15.

Le Droit
*de vie & de
mort* fur la
femme, in-
compati-
ble avec
l'objet &
le but *du
mariage.*

mérité, s'accorderoit-elle avec cette liberté d'efprit & cette gaieté de cœur dans lefquelles elle doit être envers lui ? Tout être, dans la nature, qui peut nous caufer la mort, eft un objet d'horreur pour nous. En vain *Puffendorf* avance-t-il qu'*une telle fujétion n'eſt pas plus incompatible avec l'amitié conjugale, que l'amour des fujets pour le Souverain avec l'obéiſſance qu'ils lui doivent.* Il y a bien de la différence dans la fuppofition d'une chofe à l'autre : l'obéiſſance des fujets, qui n'eſt le fruit que de la grande autorité du Souverain, dont les volontés font la loi, comme dans les Etats defpotiques : cette obéiſſance, dis-je, ne marche point avec l'amour. Si l'on aime les Rois qui gouvernent l'Europe, c'eſt parce qu'encore qu'ils foient les maîtres, & que la juſtice fe rende en leur nom; néanmoins, ils ne la rendent pas eux-mêmes, & ils en confient le glaive à des Officiers commis à cet effet, & chargés, d'ailleurs, de fuivre des formalités prefcrites pour le falut des Peuples. Mais une femme qui, dans fon ménage, fe trouveroit réduite vis-à-vis de fon mari, ou tout au plus encore, de fes enfans, auroit fa vie trop cruellement expofée, en dépendant ainfi de lui, pour pouvoir l'aimer à fon aife & comme elle devroit : car l'amour fuppofe la confiance & la fûreté. Si quelque chofe nous raffure à l'égard de Dieu, c'eſt que nous favons pofitivement qu'il eſt juſte & incapable de fe tromper ; au lieu que l'homme abufe de fes pouvoirs, fe laiffe aller à la colere, & eſt fujet à toutes fortes d'erreurs.

Ainfi, la comparaifon d'une femme, qui aimeroit encore fon mari, comme les fujets aiment leur Roi, ne vaut pas; & il répugne à la nature qu'elle

Ibid.
P. 15.

Fauffe comparaifon d'une telle fujétion, par rapport à l'amour, avec celle des fujets, à l'égard de leur Souverain.

Pourquoi on a tant de confiance en Dieu, juge fouverain de nos œuvres.

fût foumife à un *Droit de vie & de mort*, qui pourroit lui être fi funefte ; & plus encore, qu'elle pût
s'y affujétir elle-même valablement. Chacun fait
que rien ne fauroit valider ce qui eft en foi illicite
& contraire à l'ordre des chofes.

Je dis donc que l'autorité du mari fur fa femme   Réfumé.
eft prefcrite par la nature ; mais qu'elle eft auffi
vifiblement déterminée par elle uniquement : puifque fon but n'eft que le bien commun, & par conféquent, fon propre bien à elle ; ce qui exclut toute
idée de Droit deftructif & meurtrier. Cependant,   Raifonne-
voici comme *Hornius* raifonne pour croire, &   ment de
que l'autorité du mari vient immédiatement de   *Hornius.*
Dieu , & qu'elle emporte néceffairement le *Droit*
de vie & de mort.

Sur le premier point, il prétend qu'*il ne fauroit*   Sur la pre-
y avoir aucune autorité , ni publique, ni particuliere,   miere quef-
d'un homme, fans un établiffement divin très-exprès,   tion, que
& fans une intervention toute particuliere de Dieu.   l'autorité
Ce principe eft plus vrai que ne le penfe *Puffendorf;*   du mari
mais il doit être mieux entendu que ne l'entend   vient im-
Hornius : car dans l'ordre des créatures, & fur-tout   médiate-
entre celles de la même efpece, *l'égalité* eft un   ment de
attribut effentiel, auquel rien de ce qui eft humain   *Dieu.*
ne fauroit faire de changement. En conféquence   *Ibid.*
de quoi, Dieu n'ayant pas voulu que les hommes   P. 115.
puffent donner proprement de l'autorité à d'autres   Vérité de
hommes, il a tout réglé & tout déterminé lui-   fon princi-
même, foit à la naiffance des individus par leur   pe : que
conftitution propre , foit à la maniere dont ils   *nulle auto-*
s'arrangent entre eux, laquelle eft dépendante des   *rité humai-*
Loix de la *convenance* & de la *néceffité :* enforte   *maine ne*
que fi, lors des arrangemens publics ou particuliers,   *peut venir*
                                                          de l'homme
                                                          même.

ils rencontrent le point juſte de conformité aveɕ
ces Loix, ils n'ont fait alors que ſuivre ce qui étoit
établi par le Créateur; & s'ils s'en écartent, ils
prennent une fauſſe route, uniquement guidés par
leur ſens égaré; on peut dire qu'ils n'y mettent rien du
leur que le *mal*; & que ce en quoi ils méritent,
c'eſt de ſavoir (quand ils ont ce bonheur) aſſi-
miler leurs actions aux regles éternelles de l'ordre
par excellence; mais ils ne peuvent point, comme
il leur plaît, ſe lier, ſe délier, ſe ſoumettre, s'é-
lever, &c. Il faut, encore une fois, que leurs procédés, & je l'ai déja obſervé ailleurs, ſoient en
tout moulés ſur les établiſſemens divins, pour parler
de la ſorte.

Ibid.
P. 15.
Comment
il faut en-
tendre la
la ſentence
que Dieu
prononça
contre*Eve.*

Puffendorf obſerve que, *poſé même que Dieu eût
formellement preſcrit aux hommes d'établir quelqu'ordre parmi eux, il reſteroit toujours à voir quelles conventions les hommes ont faites enſemble pour exécuter ce
Commandement de Dieu.* Mais premierement, pour
ce qui eſt de l'autorité du mari ſur ſa femme, il n'y
a jamais eu de Commandement exprès & particulier de la part de Dieu qui la détermine : la ſentence que Dieu prononça contre *Eve*, après ſon
péché, n'eſt, ſi on le remarque bien, que l'expreſſion de ce qui ſe paſſoit alors dans la nature :
car nous avons toute raiſon de croire qu'auparavant
c'étoit comme par un miracle & par une faveur
ſinguliere du Créateur, qu'*Eve*, par exemple, pût
accoucher ſans douleur, & n'être point ſujette à
ſon mari, de la ſujétion que j'entends : tandis que
par les regles de l'*Anatomie*, d'une part; & ſelon
le *Droit naturel*, de l'autre, ces deux états, dans
Eve, étoient comme une ſuite néceſſaire de la
nature des choſes; au lieu que quand *Adam* &

Eve eurent péché, Dieu, pour les punir, retira cette faveur singuliere, & les laissa livrés à leur état propre & naturel, qui devoit être celui de tout le genre humain. Et en second lieu, pour ce qui est de la chose même qu'observe *Puffendorf, qu'il resteroit toujours à voir quelles conventions les hommes ont faites ensemble pour exécuter un Commandement exprès de Dieu, supposé qu'il leur eût formellement prescrit d'établir quelque ordre parmi eux,* cela, ce semble, est mal entendu & peu correct : car ce ne seroient pas les conventions par elles-mêmes, qui feroient, en pareil cas, que l'acte seroit bon, relativement au Commandement divin ; mais ce seroit sa conformité avec le Commandement qui feroit juger de sa bonté & l'admettre. Ainsi les conventions & les accords humains qu'on donne ici pour fondement immédiat de la puissance, par exemple, du mari sur sa femme, ne prouvent rien par eux-mêmes, & font au contraire un très-dangereux principe. D'où il suit que *Puffendorf*, qui, sans admettre la nécessité d'un empire absolu du mari sur la femme, l'adopte pourtant comme possible, se fonde sur de très-mauvaises raisons ; & que l'autre Auteur, (*Hornius*), en établissant ce même empire comme absolu, & le dérivant de Dieu même, avance, pour le prouver, une proposition entr'autres, qui a un sens plus juste & plus raisonnable qu'il ne l'a pensé.

Les conventions humaines, très-dangereux principe pour connoître l'ordre du Créateur.

En voici une autre qu'il ajoute, pour montrer que l'autorité en question ne peut venir immédiatement que de Dieu, & dont le sens bien entendu doit prouver qu'effectivement la femme ne donne rien de son chef, & que son consentement à cet

Autre principe de Hornius.

égard eſt une chimere, quant à la légitimité du pouvoir. *La femme*, dit-il, *n'a pas l'autorité du mari : donc elle ne peut le conférer à celui qui l'épouſe. Beau raiſonnement*, répond *Puffendorf ! Comme ſi les conventions humaines n'avoient pas la vertu de produire une qualité morale, qui, avant cela, n'exiſ- toit pas formellement.* Non, certes, elles n'ont pas cette vertu immédiatement & par elles-mêmes : il en eſt des conventions humaines comme du ciſeau d'un Statuaire, qui travaille ſur un bloc de marbre. Ce marbre renferme toutes les figures & tous les deſſeins poſſibles, il ne s'agit que d'en ôter, dans tous les cas, le ſuperflu ; mais il faut que le génie de l'ouvrier ſuive pas à pas la nature, & qu'il la faiſiſſe tou- jours comme elle eſt : ſans quoi ſes ouvrages d'i- magination ou de caprice ſeront des groteſques ridicules, qui ne préſenteront rien de vrai. Ainſi, les conventions hnmaines qui n'ont d'autre fonde- ment que la volonté, doivent rouler ſur les ſeu- les relations véritables, pour être juſtes ; & n'ont la vertu de produire une qualité morale qu'autant qu'elles rencontrent bien avec ce que la nature elle- même a déja preſcrit. Effectivement tout eſt déja marqué par elle, je l'ai déja dit. Il n'eſt queſtion que d'empêcher qu'il y ait, par exemple, ſur ce bloc de marbre, des parties ſuperflues qui ne ſont point dans les deſſeins admirables & ſimples tout- à-la-fois du Créateur. Il faut produire, c'eſt-à-dire, rendre viſible ce qui déja exiſte dans les idées éter- nelles : car ce ne ſont pas les productions de notre génie, en tant qu'elles ſont notre ouvrage, ou ce qui nous paroît beau à nous, qui l'eſt effecti- vement, mais ce qui porte en ſoi les caracteres ſenſibles du beau & par excellence.

Il eſt très vrai. Mal attaqué par Puffendorf

Sur ce raiſonnement, la réflexion que fait *Puffendorf* pour ſe moquer de celui de *Hornius*, eſt elle-même ridicule & porte à faux. Les *qualités morales* n'ont d'autre fondement que la nature & l'ordre immuable de Dieu. Les volontés par elles-mêmes n'y font rien, puiſqu'elles peuvent être mauvaiſes; & l'on ſent combien c'eſt un principe d'erreur que celui de *Puffendorf* : « qu'il ſuffit » que l'on promette à quelqu'un de ſe ſoumettre » à ſa volonté, & que l'on ſe dépouille ainſi » du *Droit naturel* qu'on avoit ſans cela de lui » réſiſter, s'il eût prétendu qu'on lui obéît ». C'eſt le plus dangereux de tous les principes que d'accorder ainſi à nos volontés changeantes & le plus ſouvent aveugles, le pouvoir de former des relations, en vertu deſquelles les hommes aient à ſe régler entre eux & à faire valoir des Droits les uns ſur les autres. Quand on dit donc que *la femme n'a pas l'autorité d'un mari*, c'eſt parce qu'effectivement il eſt très-vrai *qu'on ne peut conférer que ce qu'on a ;* & que ſi on veut que le mari ait de l'autorité ſur elle, ce ne peut pas être d'elle qu'il la tienne.

Vrai fondement des qualités morales.

Ut ſuprà, p. 16.

Mais une erreur en amene ordinairement une autre : on a voulu que l'autorité du mari allât juſqu'à pouvoir punir ſa femme de mort; Et voici comme *Hornius* prétend le prouver : *Toute autorité qui n'eſt ni empruntée, ni bornée par une puiſſance ſupérieure, emporte le Droit de vie & de mort.* Cette propoſition ne peut être véritable qu'à l'égard de Dieu qui nous a tous faits & tirés du néant. L'on conçoit aiſément que celui qui eſt auteur de la vie & de la mort peut donner l'une ou l'autre,

Suite du raiſonnement de Hornius.

Deuxieme queſtion : que l'autorité du mari, ſelon *lui, emporte né-* *Ibid.*

comme il lui plaît & felon nos mérites; mais je trouve une vraie extravagance à penfer qu'une créature ait ce Droit fur une autre créature, qui lui eft toute égale , & n'a rien abfolument au-deffus d'elle : car qu'eft-ce, entre les êtres de même nature , que le fupérieur & l'inférieur, fi ce n'eft deux êtres fonciérement égaux, qui, par leurs befoins réciproques & la néceffité de leur pofition, font obligés, l'un à avoir de la tête, & l'autre des bras; l'un à fervir la républiḍe ou la famille, comme nous l'avons dit par les facultés dont il eft plus excellemment pourvu pour de certaines chofes, & l'autre par celles qui lui font propres ou plus particulieres : en un mot, à vivre toujours enfemble comme freres , & ne faire, pour ainfi dire, qu'un corps, ainfi que le repréfente l'Apologue du corps humain, par rapport à fes diverfes parties ?

D'ailleurs, où a-t-il pris , *Hornius* , que l'autorité du mari *n'eft ni empruntée , ni bornée ? Elle ne vient point* , dit-il , *des hommes :* à la bonne heure. *Elle vient de Dieu :* cela eft vrai ; mais c'eft dans la nature qu'on la trouve : c'eft-là que cet Être fouverainement bon & fage a marqué vifiblement les bornes de ce pouvoir ; & fa fentence, qu'on trouve dans l'*Écriture*, pour le dire ici pour la derniere fois (1) , ne fit que rendre permanent ce qui étoit déja le réfultat des regles établies ; mais dont l'effet avoit été fufpendu en faveur du premier homme & de la premiere femme, comme cela s'explique affez de foi-même.

ceffairement le Droit de vie & de mort.

Le principe fur lequel il fe fonde, ne convient qu'à Dieu.

Faux que l'autorité du mari ne foit ni empruntée, ni bornée.

_____

(1) Ci-devant, p. 42.

Puffendorf auroit dû dire ces chofes - là pour remettre tout à fa place ; mais la force des conventions humaines a un terrible afcendant fur lui, comme fur la plupart des Ecrivains de ce genre : ne penfant point, dit - il, que le but du mariage demande un empire fi étendu ; il veut pourtant qu'il ne répugne pas à fa nature de l'établir de même. Enfin, comme pour marquer de la modération, il fe réduit à dire : que *fi une femme commet des actions énormes & infupportables, le mari pourra la chaffer de fa famille comme une ennemie, & la tuer même par le Droit de Guerre.* Pour *la chaffer* de fa famille, encore paffe (& il faudroit que ces *actions énormes* fuffent bien telles) ; mais la *tuer* par le Droit de Guerre, c'eft ce qui donne tout entier dans la doctrine meurtriere que j'ai combattue jufqu'aujourdhui : car le *Droit naturel* ne permet de verfer le fang humain qu'à fon fon corps défendant ; & pour conferver actuellement fa propre vie, & non pour fe défaire, de fang froid, ni en colere, de quelqu'un qui nous a manqué effentiellement, ou qui peut nous manquer encore. *Grotius* (1) obferve que, « fi la » Loi qui permet de tuer quelqu'un, le fait pour » donner quelque chofe au reffentiment d'une per- » fonne cruellement offenfée, elle met bien à » l'abri de toute punition devant le tribunal humain, » mais qu'elle n'empêche pas qu'il n'y ait du cri- » me, & que ce ne foit un véritable homicide. » Tel eft le cas, *dit - il,* d'un mari qui tue fa » femme furprife en flagrant délit, ou le galant » avec qui elle a commis adultere ».

Grand afcendant des conventions humaines fur *Puffendorf,* & fur la plupart des autres Ecrivains.

Ibid.
P. 17.

Autre mauvais fondement : le *Droit de Guerre.*

(1) Du Droit de la Guerre & de la Paix, Tome II. p. 80.

Conclu-
sion.

Ibid.
Note I,
du §. XIII.

Par tout ce qui vient d'être dit, il est prouvé qu'il n'existe dans la nature contre la femme, en faveur du mari, aucun droit de vie & de mort ; & que si les anciens peres de famille exerçoient un tel pouvoir sur leurs femmes, cela prouve seulement, comme le remarque *Barbeyrac*, au sujet de *Hertius*, (autre partisan de l'empire absolu) « que les maris s'étant mis sur ce pied-
» là, l'usage s'en introduisit ; de sorte que dès-lors
» les femmes s'y soumettoient tacitement, à moins
» qu'elles ne déclarassent, en se mariant, qu'elles
» ne vouloient pas suivre l'usage, comme elles
» le pouvoient fort bien. En un mot, *ajoute ce*
» *Commentateur,* il en est de même ici qu'à l'égard
» des enfans, sur lesquels un pere, comme tel,
» n'a nul droit de vie & de mort ». C'est ce qu'il nous reste à examiner dans ce Chapitre.

Du *pou-*
voir des
peres sur
les enfans.

Ses carac-
teres bien
différens
de celui du
mari sur sa
femme.

Si les raisons qu'on a données pour établir & étendre aussi loin qu'on a fait, l'autorité d'un mari sur sa femme, ont paru évidemment mauvaises, il semble d'abord qu'il en est un peu autrement de celles qui regardent l'autorité d'un pere sur ses enfans. Celle-ci a des caracteres qui la rendent bien supérieure & plus grave. L'union du mariage est une vraie société entre deux personnes également libres & indépendantes, qui s'engagent à avoir des enfans en commun, à les conserver, & à les élever chacun, selon le bien qu'il peut faire : au lieu que les enfans font une partie de leur propre substance & de leur sang ; ils n'existent qu'à cette occasion que le pere & la mere ont voulu s'unir. Il est vrai que ces aveugles ouvriers de leur existence n'ont pas entendu précisément de for-

mer

mer tel ou tel individu ; mais il n'eſt pas moins vrai auſſi qu'on doit regarder les fruits de leur union, comme un bien qui leur appartient excluſivement à toutes perſonnes, & à l'égard duquel il n'y a point de propriété, ni plus grande, ni plus réelle.

Je n'entre point dans la diſcuſſion de ſavoir lequel des deux a le plus contribué à leur formation, & qui doit naturellement s'arroger, à cet égard, le plus d'empire. Ils ſont faits, l'un & l'autre, pour partager les peines & les plaiſirs ; & c'eſt, ſelon les circonſtances & le beſoin, que le plus de ſervice & le plus d'autorité ſe font remarquer ou deſirer d'une part ou d'autre : à raiſon de quoi *Locke* dit fort bien *que pour parler exactement, il faudroit appeller cette autorité, le* pouvoir des parens, *& non pas le* pouvoir paternel : *inexactitude d'expreſſion* (obſerve-t-il) *qui peut avoir donné lieu de s'imaginer, que toute l'autorité ſur les enfans réſide dans le pere.* Mais il eſt pourtant vrai que celui-ci étant réputé le ſexe majeur & le chef de la famille, cette conſidération lui attribue une grande part de l'autorité commune : outre qu'il eſt même néceſſaire, en toute cauſe, que la déciſion ne ſoit point partagée, afin de pouvoir finir les diſputes.

Qui du pere ou de la mere a le plus d'autorité ſur les enfans ?

Dans Puff. Tome III, p. 62 à la note.

Or, laiſſant à part ces deux queſtions, qui ſont au fond aſſez indifférentes à l'idée de propriété qui ſe forme dans notre eſprit à meſure qu'on a des enfans, il ne s'agit ici que du genre d'autorité qu'il en réſulte, pour ceux qui les ont mis au monde, bien ſupérieure à celle qu'un mari a ſur ſa femme. Remarquez effectivement le

Combien plus la nature ſoumet les enfans au pere & à la mere, que la femme au mari.

respect filial, dont la nature nous pénètre pour nos peres & meres, & combien cette vénération est profondément gravée dans les cœurs. Une femme ne respecte pas de même son mari : il est entr'eux des droits & une familiarité qui s'y opposent ; & ils n'ont besoin, pour entretenir leur union, que de s'aimer & s'estimer réciproquement. Tout est grave, au contraire, tout est sérieux entre le pere & l'enfant : je veux dire, que leurs badinages mêmes se ressentent du commandement de l'un, & de l'obéissance de l'autre : le premier croit disposer d'une chose qui lui appartient, à la vérité, avec le ménagement que nous apportons à ce qui nous intéresse : chacun sait le foible que la plupart des peres ont pour leurs enfans. Le second est porté à la soumission par un intérêt volontaire : dans le bas âge, il a besoin de tout ; plus grand, il sent encore sa dépendance, fondée sur tant d'autres motifs de convenance, & entr'autres,

D'où a pu venir le Droit de vie & de mort accordé aux peres sur leurs enfans, par certains Peuples?

celui de reconnoître tout ce qu'on a fait pour lui : raison pourquoi la nature a mis en eux ce profond respect, & cette crainte filiale qu'accompagne toujours l'amour : aussi les peuples, qui avoient cru pouvoir laisser aux peres le *droit de vie & de mort* sur leurs enfans, n'avoient sans doute consulté que l'importance d'entretenir ce respect, & la tendresse paternelle, assez bon garant, dit *Puffendorf*, que les peres useroient bien de ce pouvoir.

Réflexion sur un autre abus : le trop grand affoiblissement du pouvoir des peres.

Disons-le ici, en passant ; c'est un grand préjugé contre nos Loix civiles, non pas d'avoir aboli ce pouvoir extrême, qui étoit un renversement de l'ordre naturel, mais de l'avoir si fort affoibli, que la nature souvent s'en récrie : cet affoiblissement a été la ruine des mœurs ; la premiere

de toutes les autorités, eſt la paternelle ; la premiere de toutes les obéiſſances, eſt celle d'un fils.

Cependant cette autorité paternelle, qui paroît
d'abord ſi puiſſante, ſe régit ſur d'autres principes
que ceux qui ont pu nous faire illuſion, & a un
fondement bien plus ſage. Quoique l'enfant ſoit
formé de la ſubſtance de ſon pere & de ſa mere,
dit *Puffendorf*, il leur eſt d'abord égal, en tant
que créature humaine. La vie qu'il a, ce n'eſt pas
proprement le pere & la mere qui la lui ont donnée, il la tient du ſouverain Être qui nous a tous
créés; en naiſſant, il a des droits ; ils n'ont empire
ſur lui que pour ſon bien, & l'autorité eſt toute
à ſon profit. J'ai dit ailleurs (1) ce que c'eſt proprement que ce Droit prétendu des peres. Ils ne
peuvent donc plus les expoſer ou les vendre, ni
les faire périr, ou leur ôter la vie : coutumes barbares, qui déshonorent l'humanité, & dont la
mémoire auroit dû s'éteindre à jamais !

marginalia: Véritables principes, & fondement aſſuré de ce pouvoir. Tome I, p. 58.

Nos Auteurs les plus raiſonnables ſur cette matiere, conviennent que le pouvoir paternel ne
s'étend pas juſqu'au *droit de vie & de mort ;* mais
ils n'alleguent cette exception qu'en faveur des
enfans en bas âge, *qui, faute de diſcernement, ne
ſont pas encore capables de ſe conduire, & d'agir
avec une pleine connoiſſance. Il faut diſtinguer,*
diſent-ils, *entre le pouvoir d'un pere conſidéré, préciſément comme pere, & celui qu'il a en tant que
chef de famille. . . . Une famille ſéparée & indé-
pendante, ayant quelque reſſemblance avec un petit*

marginalia: Diſtinction meurtriere; le pere conſidéré comme tel ; & le pere en tant que chef de famille. Ibid. P. 65. Ibid. P. 61.

---

(1) Ci-devant, ſixieme Section de la Premiere Partie.

Etat, celui qui en eſt le chef a auſſi, ſans contredit, un pouvoir qui tient un peu de la ſouve-
raineté. Les chefs de ces familles, dit - on encore,
peuvent avoir droit de vie & de mort, & une eſpece
de pouvoir légiſlatif ; comme auſſi celui de faire la
guerre, & de conclure des traités & des alliances.
L'on veut que cette autorité alors ſoit fondée ſur
une convention tacite qui ſe fait, lorſque le pere
étendant ſes ordres au - delà de ce qui ne concerne
pas l'éducation de ſes enfans, ils s'y ſoumettent
volontairement. Locke même eſt de cet avis, &

Dans ſon Traité du Gouverne-ment civil, Chap. VI de la Se-conde Par-tie.

décrit de quelle maniere des enfans ont pu d'eux-
mêmes être portés à vouloir former, conjointement avec le pere, un petit État, & lui en confier
le gouvernement. Ils ne croient pas, ces Auteurs,
que l'autorité Monarchique tienne rien de la nature
de l'autorité paternelle : au contraire, ils combattent cette opinion ; mais ils accordent à celle-ci,
en pareil cas, tous les pouvoirs de l'autre, en la
faiſant dépendre du même principe, c'eſt-à-dire,
l'accord & le conſentement.

Abſurdité de cette diſtinction

Or, ce principe qui a été faux, en parlant de
l'autorité du mari ſur ſa femme, l'eſt bien tout
autant à l'égard de celle du pere ſur ſes enfans.
Comment veut-on que la même perſonne ſoit dans
ſa famille deux êtres différens ? Qu'il ait un Droit,
que lui défend la nature ? Qu'il concilie des fonctions actuellement & eſſentiellement ſi contraires ?
n'eſt-ce pas vouloir allier des choſes incompatibles ? Mais comment auſſi des enfans donneront-ils
les mains à un établiſſement de cette ſorte ? Comment pourront-ils entendre qu'un pere ſoit capable de l'exécuter à leur égard ? Et eux - mêmes,
tandis qu'ils ſont libres de ſortir de la famille,

& qu'ils peuvent fubfifter ailleurs par leurs propres foins, comment fe détermineront-ils à fubir
une condition fi dure & fi étrange? Tout s'oppofe
à ces fuppofitions, & la nature y répugne. Mais
quand on les tiendroit pour vraies, c'eft-à-dire,
que ce *droit de vie & de mort* a pu exifter entre
les mains des peres en vertu du confentement des
enfans, il n'en feroit pas mieux fondé, comme il
paroît, par ce que j'ai déja dit du mari à la femme, & comme il paroîtra encore mieux par ce
que je dirai touchant la nature & l'étendue d'un
tel pouvoir dans les Souverains, que l'on établit
principalement fur ce confentement de la part des
peuples.

*Le confen-
tement pré-
fumé des
enfans,
mauvais
fondement
comme cela
fe déduira
des mêmes
raifons que
j'alléguerai
dans le
Chapitre
fuivant,
contre le
confente-
ment des
Peuples à
l'égard de
ce prétendu
droit.*

Pour le préfent, il s'agiffoit fur-tout de rechercher s'il exiftoit dans la nature un pareil *droit de
vie & de mort*; & nous avons trouvé le contraire:
du moins eft-il conftant que les maris & les peres
ne l'ont pas; c'eft déja avoir aux trois-quarts gain
de caufe que de s'être affurés de cette vérité:
car qu'elle eft la relation qui foit plus propre &
plus directe à cette bonne mere, la *nature*, pour
nous faire connoître ce qui eft au gré de fes
vœux?

Réfumé.

CHAPITRE II.

*Si le Souverain d'un Etat quelconque peut avoir va-
lidement le Droit de vie & de mort fur les Sujets.*

**Du *pou-
voir pater-
nel*, par
comparai-
fon a l'au-
torité
royale.**

**Puffen-
dorf, To-
me III,
P. 63, à la
fin de la
longue no-
te.**

***Ibid.*
P. 61, mê-
me note 2.**

**Ils font au
fond la
même cho-
fe.**

QUOIQUE l'autorité politique, dit *Locke* dans l'Ouvrage déja cité, ait commencé actuellement par le
Gouvernement des peres de famille, il ne s'enfuit
pas de-là que le Droit des Souverains foit fondé fur
le pouvoir paternel. Il le penfoit ainfi, ce Philofophe; parce qu'il ne voyoit rien de mieux, en
général, que la forme de nos Gouvernemens civils;
& qu'en effet, il y a bien loin d'eux à celui d'un
pere de famille. Il vouloit combattre une opinion
très-dangereufe, qui s'établiffoit dans des livres
(1) faits exprès, que tout Gouvernement doit
être abfolu & monarchique; fur le fondement
que le pouvoir paternel eft la même chofe que
l'autorité royale, & que ce pouvoir eft entiérement defpotique. *Sidney*, autre Auteur Anglois,
qui a réfuté la même opinion; *Grotius*, *Puffendorf*, *Barbeyrac*, & les autres qui ont marché
fur les traces de ces derniers, ont penfé auffi,
dans la même vue, que le Droit des Souverains
n'étoit pas fondé fur le pouvoir paternel. Mais
pour ne m'arrêter qu'à *Locke*, je dirai qu'il eût

(1) Depuis *Hobbes*, dit *Barbeyrac* dans cette note, un
Chevalier, de la même Nation, nommé *Robert Filmer*, a
publié un Livre intitulé *Patriarchat*, pour prouver que tout
Gouvernement doit être abfolu & Monarchique, &c.

pu, tout de même, venir à son but par une route oppofée, laquelle eût bien mieux valu pour le bonheur des peuples : c'étoit de foutenir , au contraire , comme je le penfe , que l'autorité royale eft, au fond, la même chofe que le pouvoir paternel ; & que la premiere n'eft point abfolue ou defpotique , puifque l'autre ne l'eft pas : un Roi n'étant véritablement que le pere de fes fujets. La religion , la morale & le fentiment intérieur nous dictent cette derniere vérité ; & c'eft toujours par elle que l'on tempere ce qu'a naturellement de trop dur ou d'effrayant toute autorité fuprême donnée à quelqu'un, ou à quelques-uns de notre efpece. Il eft queftion de faire ici un jufte difcernement de ce qui eft propre à ces deux fortes d'autorité , & de ce qui leur eft commun, & de bien apprécier ce en quoi elles different : l'on verra que la différence eft nulle , quant au fujet que je traite ; & que ce qu'elles ont de commun , fait précifément la bafe & le motif de toute puiffance humaine.

Locke trouve que *la fouveraineté & le pouvoir paternel n'ont pas le même but , ni le même fondement, ni la même étendue.* Il faut donc confidérer ce que c'eft que *but, fondement & étendue* par rapport à ces deux fortes d'autorité.

1. Le *but* eft, fans contredit, ce à quoi l'on vife. Or , le Pere & le Souverain ne peuvent vifer qu'à rendre leurs fujets heureux : l'un en les conduifant dès l'enfance jufqu'à l'âge de raifon, où ils peuvent agir d'eux-mêmes, & former d'autres familles ; l'autre en gouvernant des hommes faits, & difpofant de la partie , qu'ils lui ont confiée de

Examen & réfutation des différences qu'on y trouve.

Ut fuprà, p. 63 , même note, premiere colonne.

I.
Le *But.*

D iv

leur liberté, pour gérer les affaires publiques, relativement au bien & au profit de tous. De forte que des deux côtés il y a foin, adminiftration, pouvoir de gérer pour autrui, & la puiffance néceffaire à cet effet. La feule différence eft que c'eft (1) la *nature* qui donne ce pouvoir au pere, & que le Souverain d'un Etat le tient (1) de la volonté expreffe ou tacite des particuliers, comme je l'expliquerai ci-après; mais la fin eft commune, quoique l'objet foit différent. Quelle différence met-on entre un gardeur de troupeaux & un conducteur d'hommes ou d'enfans? Les fujets ne font pas les mêmes, mais les chefs font également obligés de bien conduire, & de donner à chacun ce qui leur convient pour leur bonheur.

2. Le *Fondement*.

2. Quant au *fondement* du pouvoir, il eft, par rapport au pere, dans la foibleffe de l'enfant; car une fois qu'il eft parvenu à l'âge de raifon, & qu'il n'a plus befoin de fecours, la nature le livre à lui-même, & l'oblige à faire ufage de fes forces & des connoiffances qu'il acquiert tous les jours; & dans le Souverain, ce fondement, comme nous l'avons dit, eft dans la volonté expreffe ou préfumée des fujets; mais il y a ici néceffité de part & d'autre; cette différence fe confond par elle-même, dans les circonftances & la nature des

_____

(1) On a vu ci-devant (p. 37.), que quand on traite de l'origine & du fondement du pouvoir ou de l'empire humain, on en cherche proprement la caufe feconde & immédiate, & qu'on fuppofe toujours la caufe premiere & univerfelle, qui eft Dieu. Ce qui s'applique, tant à la Nature, quand on parle d'elle, comme d'un être agiffant, qu'aux membres de tout corps politique, par rapport à l'autorité fouveraine.

êtres, qui veulent, des deux parts, que *quelqu'un agiſſe pour quiconque eſt hors d'état d'agir lui-même* : des enfans ſont dans l'impuiſſance de veiller à leurs intérêts, & de procurer leur ſalut : une multitude d'hommes, qui veulent former une ſociété civile, ne ſont pas plus capables de diriger enſemble les affaires publiques, & de pourvoir à leurs intérêts communs, s'ils ne chargent quelqu'un ou quelques-uns d'entr'eux de ce ſoin important & pénible, auquel, tout à la fois, ils ne peuvent vaquer ; ainſi, c'eſt proprement la *néceſſité* qui fait la baſe de l'autorité, tant du Souverain que du pere de famille ; & la différence qu'on y remarque, ne change rien à l'eſſentiel de leur conformité.

3. Pour l'*étendue* de ce pouvoir, elle ne peut pas être plus grande que le beſoin qui le fait naître. Si on la conſidere par rapport à ſa durée, il eſt certain que le pouvoir du pere a un terme, & que celui du Souverain dure toujours : en quoi, il y a ſûrement une grande différence ; mais la différence n'eſt qu'extérieure, pour ainſi parler, & ne fait rien à la nature de la choſe : car toujours eſt-il vrai que le Souverain & le pere ont une étendue de pouvoir qui ſe rapporte à leur *but* à-peu-près commun : outre qu'il n'eſt point contre l'eſſence d'un Etat qu'il ait un terme & une fin, puiſque l'expérience paſſée le prouve, & que tout ce qui eſt ſur la terre eſt ſoumis à cette ſuprême loi. Or, cette étendue de pouvoir, quant au degré de force, eſt donc abſolument la même, & ne ſauroit compatir avec aucune inégalité. Il ne reſteroit qu'un troiſieme point, qui eſt la multitude d'objets dont un Souverain eſt de beaucoup

3. L'E-tendue.

plus occupé qu'un pere de famille; mais ce fur-
croît d'embarras & de peines, n'eſt point l'ouvrage de la nature, & forme une différence qui
ne touche point à la queſtion; puiſque, ſoit peu
ou beaucoup, (indépendamment que c'eſt une
matiere à réforme conſidérable) le Souverain
comme le pere de famille, ne doit s'occuper que
de la félicité de ceux pour qui il a les rênes en
main.

Conclu-
ſion.

Tout conſidéré, les différences entre les deux
pouvoirs ſont de nulle conſidération pour nous, &
les conformités ſont eſſentielles, & appartiennent
à l'art de conduire les hommes, & de les mener à
leur bonheur. Ainſi, ſoit que la nature nous place
pour avoir ſoin de nos enfans, ſoit que le conſentement des hommes nous mette à même de
nous charger de leurs communs intérêts, il y a
reſſemblance exacte dans le but qu'on ſe propoſe,
& obligation des deux côtés de faire le bien de
celui ou de ceux dont nous manions les affaires.

Conſé-
quence
contre le
*droit de vie
& de mort*
dans le
Souverain.
Ibid.

Si le pouvoir du pere ne va donc point juſqu'au *Droit de vie & de mort*, celui du Souverain
n'y va pas non plus; & cette conſéquence eſt
encore appuyée ſur des raiſons tirées plus directement de la choſe même, comme je me propoſe
ici de le faire voir.

Définition
de ce *droit*
ſelon *Puf-
fendorf.*

Le Droit de vie & de mort, ainſi que nous
l'avons ſuppoſé juſqu'à préſent, *eſt un pouvoir
direct ſur le corps & ſur la vie, comme auſſi ſur
les biens des ſujets pour cauſe de crimes ou de délits:*
C'eſt ainſi que *Puffendorf* le définit.

Or, la peine étant un mal que l'on fait souffrir à quelqu'un malgré lui, il est difficile, dit le
même Auteur, d'expliquer comment on peut se
punir soi-même ; & par conséquent comment on
peut transférer à autrui un pouvoir que l'on n'a pas.

Mais il est aisé, remarque-t-il, de lever cette
difficulté, qui ne roule, selon lui, que sur une
fausse supposition. « Il faut savoir que, comme
» en matiere de choses naturelles, un corps com-
» posé peut avoir des qualités qui ne se trou-
» voient dans aucun des corps simples, du mé-
» lange desquels il est formé : de même un corps
» moral peut avoir, en vertu de l'union même
» des personnes dont il est composé, certains
» droits, dont aucun des particuliers n'étoit for-
» mellement revêtu, & qu'il n'appartient qu'aux
» conducteurs d'exercer ». Je trouve ce raisonnement sans preuve ; car la comparaison manque
entiérement de justesse : Dans les choses matériel-
les, les corps simples, dont le mélange forme un
corps composé, ont avant cela, chacun à part,
une vertu particuliere ; c'est au résultat de ces
diverses qualités réunies, qu'elles n'avoient pas
auparavant, qu'on a visé ; mais il n'en est pas de
même d'un corps moral, comme celui d'un Etat
composé d'une multitude d'hommes, dont les
volontés actuellement ne sont pas autres que de
se monter tous sur le même ton, & de dépendre
des mêmes loix : il n'y a point, en un mot, à cet
égard, de différence dans les volontés d'un chacun, qui sont, quant au moral, ce que sont,
dans le physique, les qualités particulieres aux
corps simples. Ainsi l'on ne peut pas conclure
d'une chose à l'autre ; & il reste toujours à savoir

comment on peut transférer à autrui un pouvoir que l'on n'a pas.

Le Souverain n'a de pouvoir que celui qu'on avoit déja sur soi-même.

Personne n'osera dire, ajoute Puffendorf (1), *qu'aucun particulier ait le pouvoir de se prescrire des Loix à lui-même ; & cependant aussi-tôt que plusieurs ont soumis leur volonté à celle d'un seul, celui-ci acquiert le droit de prescrire désormais des Loix à chacun d'eux.* D'abord, je ne vois pas pourquoi on ne pourroit pas se prescrire des Loix à soi-même. Il est bien permis de s'imposer certains devoirs, de travailler à rompre certains penchans, quoiqu'innocens, pour apprendre à se vaincre & à devenir ainsi peu à peu maître de ses volontés & de ses desirs. Ce que l'on transfere donc, en entrant en société Politique, c'est ce que l'on pouvoit déja sur soi-même : la seule différence est que le Souverain prononce pour tous dans ses Loix, & que le particulier, avant de s'être engagé en corps d'Etat, n'a que lui en vue. *Puffendorf* continue son raisonnement : *Ainsi quoiqu'aucun des membres dont une société se forme, ne puisse s'infliger des peines à lui-même ....* Mais sur ce sujet encore, comment ne seroit-il pas possible de se punir ? Y trouvera-t-on rien qui répugne à la liberté naturelle, à l'amour qu'on doit avoir de sa perfection ? Il est ici question de choses possibles, de punitions modérées, qui ne détruisent point l'individu, mais qui le matent, qui le corrigent : voilà donc encore ce qu'on peut transférer; & jusques-là, il reste toujours la difficulté à résoudre, qui est de savoir comment les particuliers ont pu, par

Ibid.

_____

(1) *Ibid.* Page 28.

des conventions, conférer le *Droit de vie & de mort* à l'Etat ou à ceux qui le gouvernent.

Car il est de fait que si l'on peut s'imposer certaines peines, se prescrire de certaines Loix, l'on n'a pas le droit de porter cette liberté jusqu'à s'ôter la vie : ce que la nature nous permet, dans le premier cas, est pour notre bien ; ces assujétissemens volontaires n'ont rien de dangereux pour nous; nous continuons à vivre les jours qui nous sont destinés : au lieu que le *suicide* (1) ne corrige rien; la mort du criminel n'est pas son amendement; & d'ailleurs cette action est un crime, qui offense Dieu directement, puisqu'il attaque son propre ouvrage, & qu'on s'arroge une autorité qui n'est due qu'à lui ; la vie qu'il nous a donnée étant un dépôt dont nous lui sommes comptables, & dont lui seul doit disposer. De sorte qu'il est très-certain que l'homme ne peut point exercer sur lui-même aucune sorte d'autorité qui aille à s'ôter la vie. C'est un renversement de l'ordre établi par le Créateur : l'homme coupable ne peut pas mieux exercer ce pouvoir sur lui-même : on ne peut jamais être juge en sa propre cause.

Comment arrivera-t-il donc, encore une fois, que cet homme, devenu membre d'une société civile, confere au Souverain un pouvoir qu'il n'avoit pas ? En vain traitera-t-on de faux raisonnement, ce qu'ont dit quelques-uns, que *pour pouvoir transférer un Droit, il falloit soi-même auparavant en être revêtu.* Cette proposition est d'une

Les peines mauvaises si elles ne sont utiles à celui qui les souffre.

Le suicide mauvais par nature.

Cette proposition : que pour pouvoir transférer un droit, il faut soi-même en être revêtu auparavant, traitée à tort de faux raisonnement.

(1) Voyez Partie I, Section VI, Chap. XI.

vérité inconteſtable & peut paſſer pour un axiôme.

Les exemples que *Barbeyrac* allegue pour montrer que l'objection eſt ſans force, ſont eux-mêmes ſans application dans cette cauſe, & ſans fonde-ment. « Un homme, *dit-il*, ne peut acheter rien

» de lui-même ; donc il n'a pu donner à l'ache-» teur le Droit que celui-ci a comme tel. Ou bien : » perſonne ne peut ſe contraindre lui-même ; donc » il ne ſauroit donner à un autre avec qui il traite, » le Droit de le forcer à tenir ſa parole ». Dans le premier exemple, le principe peut être vrai ; mais la conſéquence eſt fauſſe : C'eſt parce qu'il n'y a point d'analogie entre une choſe & l'autre. Ce ne ſont point les qualités qui ſe tranſmettent, mais les prétentions, mais les facultés ou pouvoirs. Quand on vend, ce n'eſt point la qualité d'ache-teur que l'on vend, c'eſt ſon Droit à la choſe vendue, c'eſt la propriété. Or la propriété, on l'avoit avant que de vendre. Ainſi, par la raiſon des contraires, ſi on n'a pas le droit ou la fa-culté de s'ôter la vie, même en forme de puni-tion, on ne peut le communiquer à d'autres : on ne peut, en un mot, aliéner qu'un *Droit*, c'eſt-à-dire, ce qui eſt permis & faiſable.

Pour le ſecond exemple, il eſt très-vrai qu'on ne peut ſe contraindre ſoi-même, ſi on entend par-là, ſe faire violence, comme feroit quelqu'un qui voudroit nous obliger par force à faire quelque choſe, c'eſt-à-dire, employer contre ſoi les mêmes rigueurs & les mêmes moyens dont cet autre uſeroit. Auſſi eſt-ce par ce principe que ſi celui, avec qui l'on a traité, uſe du prétendu Droit de nous forcer à tenir parole, il n'agit pas alors en vertu de notre ceſſion, nous ne lui avons pas donné ce droit. S'il l'exerce par nécessité & pour les besoins indispensables de la vie, il est. alors dans un des cas privilégiés de la *force*, & tout est permis à quiconque ne peut sans cela conserver sa propre vie. J'ai touché cette question ailleurs (1); mais s'il n'est pas dans le besoin pressant, ses voies de rigueur sont injustes. C'est de la probité seule du particulier, s'il vit dans l'état de nature, ou de l'autorité du Prince, ou des Magistrats, s'il est dans l'état civil, qu'il doit attendre sa satisfaction ; & c'est ce qui détermine le genre de contrainte que *l'autorité publique* peut décerner, le seul que les sujets aient entendu de transmettre & qui n'a rien de commun avec le prétendu Droit de faire mourir.

D'où l'on peut connoître le genre de contrainte que l'auto- rité publi- que a droit de décer- ner.

Nos Auteurs ont donc beau faire ; ils ne ren- verseront jamais ce qu'a de fort & d'invincible l'objection qu'ils ont fait semblant de mépriser. Il sera toujours vrai que si les peuples, avant la for- mation des sociétés, n'ont point eu, comme cela est, *le Droit de s'infliger la peine de mort*, chacun à soi-même respectivement, ils n'ont pu en re- vêtir *l'Etat* en le formant ; & que le Souverain n'a point, par conséquent, une puissance si étendue.

Conclu- sion.

On veut pourtant à toute force lui donner un titre qui l'y conduise : « Si ce n'est point, *dit-on*, » en vertu d'un pouvoir que chaque citoyen a » sur lui-même, ce seroit en vertu de celui que » chacun a de punir en autrui la violation des » Loix naturelles : Il n'est pas moins nécessaire » (*remarque Barbeyrac sur ce qu'en a dit Locke qui*

Autre faux système pour sou- tenir le droit de vie & de mort: le droit de punir en autrui la violation des Loix naturelles.

(1) Chapitres XII & XIII de la Sixieme Section, Premiere Partie.

Tome III, p. 285, à la note, premiere colonne.

Expofition felon Bar- beyrac, d'après Lock.

» *eft de ce fentiment*) pour le bien de la fociété
» humaine dans l'état de nature, que pour le bien
» des fociétés civiles, que les méchans foient
» punis, quand même la perfonne directement
» offenfée ne voudroit pas, on ne pourroit pas
» leur faire fouffrir quelque mal par elle-même ou
» avec le fecours de fes amis. On peut certaine-
» ment, on le doit auffi, s'intéreffer au bien de
» tous les hommes fans exception, & prévenir,
» autant qu'il eft poffible, les maux auxquels ils
» pourroient être expofés. Et fi cela eft, on peut
» auffi réprimer ou intimider par des châtimens
» convenables, la malice de ceux qui, du moins,
» par le mauvais exemple qu'ils donnent & par
» l'efpérance de l'impunité, feront caufe vraifem-
» blement que d'autres feront infultés, au mépris
» des Loix de la nature & de la fociété humaine ».

Ibid. Au bas de la premie- re colonne.

Barbeyrac, toujours d'après *Locke*, prétend que « de
» ces deux fortes de Droits, le premier, *je veux*
» *dire, celui de punir la violation des Loix naturelles*,
» paffe entiérement au Magiftrat, entre les mains
» de qui chacun s'eft démis lorfqu'il entre dans
» une fociété civile : De forte, *ajoute-t-il*, que
» toutes les fois que le bien public le demande
» ou le permet, le Magiftrat peut, de fa propre
» autorité, faire grace à un coupable ; au lieu qu'il
» n'en eft pas de même du Droit d'exiger la fa-
» tisfaction d'une injure & la réparation du dom-
» mage ; le Magiftrat ne fauroit en difpenfer l'of-
» fenfeur, & la perfonne léfée conferve fon Droit ;
» en forte qu'on lui fait du tort, fi on empêche
» qu'elle n'obtienne la réparation qui lui eft due ».
J'ai rapporté ce paffage tout au long, pour faire
mieux fentir, par cette diftinction qu'on y fait, le
genre de pouvoir qu'on prétend que les particuliers

liers déferent au Souverain, lors de la formation des sociétés civiles : *pouvoir* qui, selon nos Auteurs, renferme celui de mettre à mort un citoyen ou tout étranger, si le crime est d'une certaine nature. C'est donc à cette question qu'il importe de s'arrêter ; puisque c'est-là, à ce qu'il paroît, le dernier retranchement de ces adversaires ; & pour prévenir d'ailleurs ou pour détruire les impressions qu'elle peut faire naturellement sur les esprits.

On n'aura point, selon ce système, cédé un Droit qu'on n'avoit pas : la grande objection *que nul ne peut donner ce qu'il n'a point*, est ici éludée. L'on trouve le moyen de conférer un pouvoir sur soi-même, non directement, mais dans cette these générale *qu'on peut céder le droit de punir, en autrui, toute violation des Loix naturelles :* En sorte que, si on tombe soi-même dans ce cas, le Souverain, qui réunit en sa personne, ce que pouvoient, en particulier à cet égard, tous les membres de l'Etat avant leur association, a, en ce point, le droit de nous punir par la perte de la vie, si dans l'état de nature nous avions pu, en pareille circonstance, punir quelqu'un de même.

Ce Système très-captieux.

Puffendorf avoit dit : « Quelques-uns préten-
» dent que quand un Souverain ôte quelque chose
» à ses sujets en forme de punition, fût-ce la vie,
» il le fait en vertu de leur propre consentement,
» parce qu'en se soumettant à lui, ils ont promis
» d'acquiescer à tout ce qu'il feroit. ». A quoi il
répond : « Qu'il vaut mieux dire que, comme il
» dépend des sujets de ne donner à leur Souve-
» rain aucun juste sujet de les punir de mort,
» chacun regarde l'usage actuel de ce pouvoir, par

Tome III, pag. 281. *Puffendorf* assez en contradiction avec lui-même, sur cette

» rapport à lui ; comme un cas qui n'arrivera » jamais ». Mais *Barbeyrac* remarque, avec rai-son, que cette explication est vaine, parce qu'il doit suffire qu'un pareil cas puisse arriver ; & il reproche à cet Auteur de chercher à éluder l'obli-gation des sujets à souffrir la peine. C'est que *Hobbes* voulant que le *Droit de vie & de mort* ne vienne pas originairement du consentement des sujets, & qu'il soit uniquement fondé sur le Droit que chacun avoit dans l'état de nature, de faire tout ce qu'il jugeoit nécessaire pour sa propre con-servation ; *Puffendorf* pense sur cela : Que « le droit » de punir est différent du droit de se conser-» ver , & que le premier ne s'exerçant que sur » des sujets, ne sauroit être conçu dans l'indé-» pendance de l'état de nature ». *Barbeyrac* traite cette pensée de *fausse supposition*, & se flate de la détruire *dans sa Note trois, sur le Paragraphe IV*. Il est essentiel d'examiner ses preuves. Il faut qu'il nous montre deux choses : 1°. Que dans l'état de nature chacun a le droit de punir dans les autres les actions pernicieuses, encore que l'on n'en ait pas été soi-même offensé : 2° Que ce Droit peut aller jusqu'à infliger la peine de mort, si on le juge nécessaire au bien de la société. Nous verrons, ou que *Puffendorf* n'a pas été si dérai-sonnable de croire que dans les sociétés civiles, il n'y a point proprement d'obligation qui impose une nécessité indispensable de subir la peine que l'on a encourue, ou qu'il s'est terriblement mé-pris, s'il a cru qu'elle pouvoit aller à la mort.

Voici comme Barbeyrac débute, avant de ve-nir à ses preuves sur le fait du prétendu Droit dans l'état de nature, de punir les actions mau-

---

Margin notes:

Ibid. Note 4.

Ibid. Au texte.

Ibid. Au texte.

Deux points qu'il fau-droit prou-ver : 1°. le *droit de pu-nir dans l'état de nature ;* 2°, que ce *droit peut aller à la mort.*

Ibid. P. 287.

Début de *Barbeyrac* avant d'en venir aux preuves.

vaises dont on n'a pas été soi-même offensé. L'*Auteur*, *dit-il*, (parlant de Puffendorf) *aban-donne ici Grotius sans nécessité, ce me semble, quoiqu'il soit fort suivi en cela par les Auteurs qui ont écrit depuis sur le Droit naturel, & même par M. Titius, qui releve d'ailleurs bien des choses dans ses Observations sur l'Abrégé de Offic. Hom. & Civit. ; je les contredis néanmoins les uns & les autres avec d'autant plus de confiance, qu'outre l'avantage de défendre Grotius, je ne ferai que suivre en gros l'opinion de M. Locke.* Ces paroles montrent que *Puffendorf* n'a pas été seul à n'être point de l'avis de *Grotius* sur cette matiere : & c'est une considération pour nous mettre en garde contre le préjugé qui s'éleve en faveur de l'opinion que je combats, soit par le grand nom des deux Philosophes sur lesquels *Barbeyrac* s'appuie, soit parce que ce dernier a été lui-même suivi en cela de ceux qui sont venus après lui, comme *Burlamaqui*, *Wattel*, &c.

Les Loix Naturelles, dit ce (1) grand Philosophe, (c'est Barbeyrac qui parle) dans son second Traité sur le Gouvernement civil, Chap. II, §. II, & suiv. de l'original, *aussi-bien que toutes les autres Loix que l'on impose aux hommes ici-bas, seroient entiérement inutiles, si dans l'état de nature, personne n'avoit le pouvoir de les faire exécuter & de punir ceux qui les violent, soit à l'égard d'un particulier, soit par rapport à tout le genre humain, dont la conservation est le but de ces Loix communes à tous les hommes.* Je ne dirai point ce qu'on s'objecte ici, que *dans*

Tome III, p. 283, note 3.

Sa premiere raison pour prouver le droit de punir.

Ce qu'il s'objecte des *peines naturelles*

---

(1) *Locke.*

ou *divines* n'est pas à méprifer.

l'état de nature, *il y a non-feulement des maux attachés aux actions mauvaifes par une fuite néceffaire*, & que Puffendorf appelle pour cet effet des *peines naturelles*, *mais encore des punitions arbitraires que Dieu exerce en qualité de fouverain Legiflateur & d'Auteur de la Loi naturelle*, bien que ces deux verités foient inconteftables. Il en coûte fouvent beaucoup pour commettre une mauvaife action; les maux qui y font attachés nous précedent ou nous fuivent; & c'eft une penfée qui nous eft affez naturelle, quoi qu'en dife *Bernard*, qu'on cite ici, que *les malheurs qui nous arrivent font fouvent des châtimens que Dieu nous envoie*. Mais il faut répondre plus directement aux paroles qu'on rapporte de *Locke*.

Comment Dieu n'a pas voulu nous confier le *droit de punir*. La punition fe trouve dans la défenfe même de l'offenfé.

Je dirai donc que Dieu allant toujours aux regles les plus fimples, & connoiffant combien nous fommes fujets à errer, & incapables de nous tenir dans les bornes de l'ordre, pour peu que la paffion ou des vues d'intérêt s'en mêlent, n'a pas voulu nous confier un *Droit* auffi important que celui de *Punir*: il s'eft contenté de livrer le malfaicteur aux efforts naturels de la perfonne attaquée; & il a mis pour cela, en nous, une merveilleufe addreffe à nous défendre, & une difpofition toujours prochaine à repouffer les coups qu'on nous porte, comme à réparer les maux qu'on nous fait : ce qui ne fe paffe point fans qu'il en coûte ordinairement beaucoup à l'aggreffeur, & qu'il n'effuie lui-même bien des traverfes. La punition fe trouve ici dans la défenfe même, comme dans fon centre.

Deuxieme raifon de Barbeyrac pour mon-

Mais l'offenfé, dit-on, (1) *ne peut pas toujours venger l'injure par lui-même, ou par quelqu'autre*,

---

(1) *Ibid.* Pag. 284 , note 3, colonne , vers le milieu.

dont il foit en état d'implorer l'affiftance : tel eft du moins le cas d'un homme qu'on a tué. Cela eft vrai ; mais il eft un fils, fans doute, un parent, ou un ami, que la nature elle-même, en ce premier moment, arme d'une fainte colere, pour fervir comme de contre-poids à l'efpece de fupériorité que fe feroit aquife le coupable par ce forfait ; & il eft bien raifonnable que les plus intéreffés à la perte aient un pareil reffentiment, eux qui repréfentent en quelque forte l'infortuné qui a fucombé fous les coups. Si le pouvoir de *punir* n'a pour objet que la confervation des individus ; Qui plus que les parens ou les amis de la victime ou bien fimplement de la perfonne offenfée, ont à appréhender un pareil fort ? Ces premiers mouvemens font de la nature, & entrent dans ce que nous avons déja dit, qui conftitue les *peines naturelles* contre tout malfaicteur. Nous parlerons toujours ici comme n'étant pas encore engagés dans l'état civil.

« De plus, *ajoute-t-on*, pourquoi a-t-on droit » d'affifter les autres, encore même qu'on ne foit » pas intéreffé à l'injure ? N'eft-ce-pas parce que » l'intérêt de la fociété humaine le demande ? Or » le même intérêt fe trouve ici, lorfque l'offenfé » ou ne peut pas implorer notre fecours, ou né-» glige par indolence ou pour quelqu'autre raifon, » de penfer aux moyens de venger l'injure ». Je réponds que quand on implore notre affiftance, ce n'eft point précifément, parce que la fociété humaine y eft intéreffée, que nous devons l'acorder : c'eft parce qu'il y a des hommes qui fouffrent, & qu'il eft dans l'ordre que les plus foibles ne foient pas écrafés par les plus forts. Il faut qu'il y ait, pour cela, *néceffité.* Or, fi l'offenfé néglige de nous

trer la néceffité du droit de punir.

Réponfe.

Troifieme raifon de Barbeyrac pour prouver le droit de punir.

Ut fuprà, p. 284.

Réponfe.

E iij

appeller à son aide, c'eſt ſigne qu'il n'eſt pas dans le cas de trop craindre pour lui-même, ou d'avoir trop ſouffert des maux qu'on lui a faits.

Quatrieme raiſon de Barbeyrac pour prouver le droit de punir.

Mais, avons-nous vu, (1) « on peut certaine-
» ment, on le doit auſſi, s'intéreſſer au bien de
» tous les hommes ſans exception, & prévenir, au-
» tant qu'il eſt poſſible, les maux auxquels ils pour-
» roient être expoſés : &, ſi cela eſt, on peut auſſi
» réprimer ou intimider par des châtimens conve-
» nables, la malice de ceux, qui du moins par le
» mauvais exemple qu'ils donnent & par l'eſpérance
» de l'impunité, feront cauſe vraiſemblablement
» que d'autres feront inſultés, au mépris des Loix
» de la nature & de la ſociété humaine ». C'eſt à-
dire, que ſi nous ne puniſſons point le coupable pour
les maux qu'il nous a faits à nous-mêmes, ou à celui à qui nous ſommes immédiatement intéreſſés,
nous devons le punir pour les maux qu'il pourroit
faire dans la ſuite, & dont on le croit encore ca-

Réponſe. pable après cette action. Il y a dans cette ſuppoſition, quelque choſe qui n'eſt point naturel. Où doit-
on appercevoir des motifs de craindre pour la généralité des hommes, quand le particulier n'eſt pas
affecté de ſon mal, ou qu'il ne fait pas ſigne de
l'être, & qu'il ne cherche point à mettre par rapport à lui, dans l'impuiſſance de lui nuire encore,
ou dans la volonté de n'y plus revenir ? La marche
de la nature, à l'égard des moyens de conſervation, va de proche en proche, & commence toujours par celui qui eſt actuellement léſé. Otez cet
ordre ; que le plus intéreſſé ſe taiſe & ſouffre pa-

(1) Ci-devant, page 63.

tiemment, & que celui qui n'a encore rien reſſenti, veuille punir une faute qui n'a pas été commiſe envers lui ou ſur ſa perſonne, on ne reconnoît plus de regle & de proportion; les motifs diſparoiſſent, c'eſt-à-dire le vrai intérêt, qui eſt ſeul la mere de l'action. L'action de *punir* eſt une entrepriſe des plus importantes dans l'état de nature, comme dans les ſociétés civiles : elle intéreſſe d'autant plus la ſûreté perſonnelle, qu'elle nous expoſe, ſans le ſa-voir, à éprouver des mauvais traitemens de la part de ceux à qui nous n'avons rien fait, ou rien voulu faire; ou bien pour des cauſes ſouvent très-légeres, ou qui ſont ſans fondement. Je conviens qu'il ſeroit à ſouhaiter pour le bien du genre hu-main, que tout malfaiteur reçût dans l'inſtant la pu-nition qu'il mérite : mais où prendre le Juge, & le diſpenſateur des peines ? Cette objection n'eſt pas ſi foible ni ſi déraiſonnable : que « l'égalité des hom-» mes, dans l'état de nature, ne permet pas qu'on » s'érige en juge des actions d'autrui; & qu'il y » auroit à craindre les troubles, les déſordres, les » Guerres, qui naîtroient du Droit que chacun » auroit de punir tout autre ». Ecoutons la réponſe qu'on y fait : *mais cela prouve ſeulement qu'il n'y a rien dont les hommes n'abuſent;* à la bonne heure, ils abuſent de tout; mais c'eſt une raiſon de plus, pour qu'on ne leur permette que l'abſolu néceſ-ſaire. Plus on reſſerrera leur pouvoir, & moins ils ſeront redoutables; nous avons montré en quoi con-ſiſte ce *néceſſaire*. *Barbeyrac* continue de répondre, de cette ſorte : « Et d'ailleurs on ne prend pas » garde que les mêmes inconvéniens, les mê-» mes difficultés retombent ſur le Droit in-» conteſtable que chacun a de ſe faire juſtice à » ſoi-même. L'uſage de ce Droit eſt encore plus

L'objec-tion de l'é-*galité* des hommes, mal répon-due. *Ut ſuprà*, pa-ge 234, deuxieme colonne, vers la fin.

Aveu con-traire au Droit pré-tendu in-conteſta-ble de ſe faire juſti-ce à ſoi-même.

E iv

» dangereux, parce qu'on eſt plus ſujet à ſe faire
» illuſion, & à paſſer les juſtes bornes, dans une
» affaire où l'on eſt particulierement intéreſſé,
» que dans celle où l'on n'a aucun intérêt, ou
» ſeulement un intérêt commun & éloigné ».

Auſſi, répliquerai-je, ai-je condamné le Droit
de ſe faire juſtice à ſoi-même, tout *inconteſtable*
qu'on le nomme, & je l'ai déclaré pernicieux &
injuſte, depuis le commencement de cet ouvrage.
Que ſera-ce de l'autre *Droit de punir*, où, de
l'aveu de l'adverſaire, l'on n'a aucun intérêt, ou
ſeulement qu'un intérêt commun & éloigné ? C'eſt
parce qu'on eſt ſujet à ſe faire illuſion & à paſſer
les juſtes bornes dans une affaire où l'on eſt particulierement intéreſſé, qu'il faut reſtreindre, comme
je l'ai dit, le *pouvoir de juger en ſa propre cauſe*,
aux ſeuls cas de l'abſolue néceſſité que j'ai expoſés ; & pour tout le reſte, le bonheur du
Genre Humain demande qu'on s'en remette à

Différence
notable,
entre l'ac-
tion de ju-
ger des pré-
tentions de
deux con-
tendans,&
celle d'in-
fliger des
peines :
qui fait
que la pre-
miere eſt
permiſe,
& l'autre
condamna-
ble.

des arbitres ou à des amis communs. Quoiqu'on
doive être plus de ſang-froid, dans une affaire
qui ne nous regarde pas perſonnellement, *l'in-*
fliction des Peines eſt d'un ordre trop ſupérieur,
pour pouvoir être le partage de chaque homme
en particulier ; & ce perſonnage de réparateur
ou de défenſeur des torts ne compatit point ni
avec notre foibleſſe, ni avec nos mouvemens d'orgueil. Ce qu'il eſt poſſible ſeulement de confier
aux lumieres & à la diſcrétion d'autrui, c'eſt le
jugement d'un litige entre deux ou pluſieurs perſonnes : il eſt queſtion là d'adjuger à l'une &
d'ôter à l'autre ; cela ne demande pas d'affliger
une des deux par une peine expreſſe. Le débou-
tement de ſa prétention n'eſt pas une ſurcharge
qui empire, au fond, ſon état. Au lieu que dans

le cas où l'on punit quelqu'un d'une faute commise, c'est le faire descendre en quelque sorte au-dessous de sa condition, c'est le mettre plus bas, pour ainsi-dire, que lui-même : en un mot, ce que nous pouvons faire, en nous mêlant de la cause d'autrui, c'est uniquement le bien ; c'est de mettre chaque chose à sa place, mais non de faire du mal, c'est-à-dire, *d'infliger des Peines*, & de faire souffrir quelqu'un, sans utilité actuelle : car la punition suppose déja la faute commise, & ne l'empêche pas. Je parle toujours ici de l'*état de Nature*, où les hommes ne sont point liés entr'eux par des conventions particulieres. N'oublions point qu'il s'agit de savoir *si les hommes avoient le droit de punir avant la formation des Sociétés Civiles*; parce qu'on prétend, que c'est ce *Droit*-là même qu'ils ont déféré au Souverain, lorsqu'ils se sont engagés à vivre ensemble sous des Loix communes & positives.

Or, je ne trouve absolument point que ce Droitlà existe. Je dirai tant qu'on voudra, & cela est mon sentiment & juste, qu'*on doit s'intéresser au bien de tous les hommes sans exception ; & prévenir autant qu'il est possible, les maux auxquels ils pourroient étre exposés.* Mais la maniere dont on le voudroit est ici le point de la difficulté : elle est, selon moi, encore pire que le mal, & le remede plus fâcheux que la maladie. Le bien du Genre Humain ne se procure point par de tels actes. Les Peines naturelles, où jette une méchante action, & tout ce qu'elle a de périlleux, puisqu'on peut rencontrer par-tout, à peu près son égal, c'est-à-dire, un homme, sont les digues que Dieu lui-même a

Conclusion : *la punition en soi*, mauvais moyen pour procurer le bien du genre humain, étant exercée comme on l'entend.

visiblement établies contre les licences effrénées & les pertubateurs de l'ordre public.

Deuxieme point à prouver par les défenseurs du Droit de punir : *le pouvoir d'infliger la peine de mort.*

Mais quand on accorderoit à *Locke* ou à *Barbeyrac*, que *dans l'état de nature, il doit y avoir quelqu'un ici-bas qui soit en Droit de punir les crimes*; ce pouvoir (je dirai avec eux) ne seroit pourtant pas abfolu & arbitraire; Il ne seroit jamais permis de se laisser emporter à sa paffion, & de *punir excessivement une faute*. Tout ce qu'on pourroit faire en cette occasion, ne devroit tendre qu'à procurer la réparation du dommage, & à empêcher qu'on n'en causât de semblable à l'avenir.

Ut suprà, p. 284, note 3, premiere colonne, vers le milieu.

Pour cela il faudroit infliger au malfaiteur *des Peines capables de produire en lui du repentir, & d'empêcher qu'il ne retombât dans la même faute, comme aussi d'intimider les autres par son exemple.*

Ut retrò, vers la fin.

Or tout cela, que je prends des propres paroles de nos Auteurs, ne prouve point qu'il fût permis de punir *de mort* certains crimes. *Empêcher qu'on n'en causât de semblable à l'avenir* (parlant du dommage); ou ces autres mots; *qu'il ne retombât dans la même faute*, ne peuvent s'entendre de cette

On peut les battre par leurs propres paroles.

punition de mort, si l'on veut donner du sens & du serieux à leur discours. On ne veut point punir excessivement une faute, on veut produire du repentir. Il faut donc que le coupable soit vivant; il faut donc que la punition ne soit pas excessive. Tout l'avantage raisonnable qu'on doit se proposer à punir les fautes, c'est l'amendement de celui qui a eu le malheur de les commettre. Le *détruire*, c'est *ne pas le corriger*; & c'est se priver de la plus belle leçon ou du plus bel exemple qu'on puisse donner en pareil cas aux autres hommes.

Nos Auteurs ne voyant jamais qu'un côté, ils outrent tout. « Quand quelqu'un, *dit Barbeyrac*, » viole les Loix de la Nature, il témoigne par-» là qu'il foule aux pieds les maximes de la raifon » & de l'équité, qui font les regles que Dieu a » prefcrites aux Nations Humaines, pour la fûreté » commune des hommes; & ainfi il devient dan-» gereux au Genre Humain ». Il eft vrai que l'homme coupable d'un certain attentat, mérite bien qu'on fe méfie de lui, & qu'on le regarde comme pouvant en commettre un fecond, dans une femblable ou toute autre circonftance. Mais cet homme n'a pas pour cela foulé aux pieds les maximes de la raifon & de l'équité. Il n'a pas fait le mal pour le mal même. Il n'eft point de miférable exerçant un métier infâme & funefte au Genre Humain, qui ne gémiffe la plupart des jours de fa cruelle condition, & qui n'aimât mieux gagner autrement fa vie : Car enfin, je le répete, on n'eft ni affaffin, ni empoifonneur, ni traître, ni faux-témoin, pour le plaifir de faire périr des hommes. Ainfi il n'eft befoin que d'ôter les ob-jets de tentation, & de mettre un chacun dans une pofition honnête & facile, qui ne fe ren-contre guere que dans la privation ou le rejet des chofes inutiles & fuperflues : alors, aux premiers manquemens, il eft aifé d'oppofer des correctifs efficaces & modérés tout à la fois; le plus grand crime fera puni d'une peine légere; & l'on ne fera pas obligé, même après un homicide, d'en-fanglanter de nouveau la fcene :

Je ne penfe donc pas que cette Propofition

Faux & dangereux principe.

Ut retrò, p. 284, même no-te, vers la fin de la premiere colonne.

Propofi-

tion outrée qui en fuit.
Ibid.

Paroles de Caïn, mal entendues.

foit fi évidente & fi fûre : « Lorfqu'un homme » en tue un autre de propos délibéré, il mérite » d'être détruit comme les lions, les tigres & les » autres bêtes féroces, avec lefquels il ne fau- » roit y avoir de fociété, ni de fûreté ». Quand *Caïn* s'écria, après le meurtre d'Abel, *quiconque me rencontrera me tuera,* il ne vouloit pas dire qu'il fût permis de le traiter comme il avoit traité fon frere. *La voix de la Nature,* à qui on veut faire dire en cette occafion le contraire de ce que je penfe, étoit, que *puifqu'il avoit eu la foiblefle, ou l'aveuglement de commettre ce crime, un autre pourroit bien le commettre fur lui :* il avoit donné l'exemple de ce qui étoit poffible, non de ce qui fe devoit. Cette action, il craignoit de ne la ref- fentir fur lui-même : l'idée feule l'en faifoit trembler. Et comment auroit-il donc cru qu'on pût le met- tre à mort pour avoir fait mourir fon frere, lui à qui fa confcience repréfentoit déja cette action comme mauvaife ? Répandre le fang humain étoit pour lui un crime abfolu, & toujours crime ; & il n'imaginoit pas qu'on pût le verfer innocem- ment : il ne pouvoit faire cette diftinction, ouvrage de nos mœurs, que *ce qui étoit mal à l'égard de fon frere, pût être bon & louable envers lui.* D'ailleurs, qu'avoit-il à craindre à l'égard des *Peines* dans ce commencement du monde, où il n'étoit en- core qu'avec fon pere & fa mere, & en état de fe fauver par la fuite, ou de fe défendre fi on l'eût attaqué ? mais il avoit appris qu'on pou- voit être capable de lui ôter la vie, & cette image le troubloit. Ce n'étoit déja que trop d'être foumis à la perdre par la fatale néceffité de mou- rir, impofée à tous les hommes.

Barbeyrac prétend (1) que « les mêmes Loix de
» la nature qui défendent le crime, prescrivent
» aussi la maniere & le degré de la Punition;
» & que ces Loix sont au moins aussi intelligibles,
» & aussi évidentes à quiconque consulte les lu-
» mieres de sa raison, que les Loix positives,
» qui n'ont souvent d'autre fondement que le ca-
» price ou les passions vicieuses des Légistateurs ».
Il nous a pourtant dit, note 2, page 31 du tome 1,
(à propos de ce que les Légistateurs sont souvent
obligés de se tenir dans des généralités) *qu'il faut
avouer qu'à cause de cette variété infinie de circonstances, on ne sauroit jamais aller à la derniere précision dans l'examen de tous les cas particuliers.* Et
Puffendorf nous a observé, que « la proportion en-
» tre le crime & la Peine ne se détermine qu'a-
» vec quelqu'étendue; parce qu'il est impossible
» de marquer avec la derniere précision, com-
» bien il faut donner de coups, & avec quelle
» force on doit frapper, pour proportionner le
» châtiment à l'atrocité, par exemple, d'un cer-
» tain vol. Qu'on est obligé, en ce cas-là, de
» régler la sentence à peu près par l'énormité du
» fait, sans se mettre en peine du plus ou du
» moins de rigueur qu'il peut y avoir dans la pu-
» nition. C'est (*a-t-il déja observé*) que la fin pour
» laquelle les *êtres moraux* ont été institués, ne
» demandoit pas une précision qui allât jusqu'aux
» dernieres minuties, & qu'il suffisoit, pour l'u-
» sage de la vie humaine, de comparer & d'esti-

Proposi-
tion avan-
cée sans
preuve, &
avec la-
quelle*Bar-
beyrac* lui-
même ne
s'accorde
guere ail-
leurs.

Tome I,
p. 41.

Ce que di-
sent *Puf-
fendorf* &
*Cumber-
land*, n'y
met pas
plus de vé-
rité.

---

(1) *Ibid.*, pag. 284, deuxieme colonne, au commencement.

» mer un peu en gros les *Perſonnes* , les *choſes*
» & les *actions* ». *Cumberland* , auquel on (1) ren-
voye à ce ſujet (de Legib. nativ. Cap. iv, §. 4,
N°. 1 ,) eſt d'avis « qu'il n'eſt pas plus beſoin
» d'une préciſion entiere pour l'uſage de la vie,
» que pour meſurer la diſtance de deux lieux,
» ou l'étendue d'un champ ».

Diſtinc-
tion im-
portante à
faire, par
rapport
aux *êtres*
moraux,
ſur l'im-
poſſibilité
d'agir avec
la derniere
préciſion.

Je dirai à mon tour, ſoit : qu'on en uſe ainſi
dans toutes les matieres gracieuſes & bonnes
par elles-mêmes, à la Société Humaine ; cela ſe
doit. Il eſt impoſſible en effet, d'y appliquer ſcru-
puleuſement le compas & la regle, ſans y apporter du déſordre ou des déſagrémens conſidérables ; mais en ſera t-il de même pour les peines
& les châtimens, qui dégradent ou bleſſent l'humanité ? Et peut-on appeller des *minuties*, non pas
un ou pluſieurs coups de plus qu'on pourroit donner à un homme en le puniſſant, ou un degré
de force de plus avec lequel on les lui donneroit,
mais tous les genres de châtimens qui vont au
dernier ſupplice, & dont le nombre & l'uſage
dépendant de la volonté une fois connue du Souverain, ſont auſſi différens entr'eux & auſſi multipliés preſque, qu'il y a de Nations différentes
ſur la terre ? voit-on bien clairement, dans ces
mêmes Loix de la Nature, qui défendent le crime, *qu'elles preſcrivent la peine de mort pour des*
fautes paſſageres, quelque graves qu'elles ſoient
d'ailleurs par les effets & les conſéquences ? y
voit-on bien que *ce ſoient-là la maniere de la*
nature & le degré de punition qu'elle requiert ? « Lorſ-
» qu'un homme, *avons-nous vu*, en tue un

Tome
XIV, Pag.
284, note
3, colonne
1, vers la
fin.

—————————————————————————

(1) Puffendorf, Tom. I, pag. 30, note 2 du §. V.

» autre de propos délibéré, il mérite d'être dé-
» truit comme les lions, les tigres & les autres
» bêtes féroces avec lesquels il ne sauroit y avoir
» de société, ni de sûreté ». Il est certain qu'en
pareil cas, on a une terreur extrême de l'assa-
sin & qu'on le regarde comme un monstre. Mais
le premier mouvement de la nature n'est pas de
le mettre à mort; c'est de le fuir & de s'éloigner de sa vue autant qu'il est possible; on ne
souffre sa présence que quand on ne peut faire
autrement, & qu'il est question alors de se défendre. Bien loin donc qu'on songe à le tuer, on ne
pense, au contraire, qu'à le laisser, & ce n'est
pas le moyen de lui ôter la vie. Ceci n'a rien
d'opposé à ce que j'ai dit, en parlant du ressen-
timent que la nature donne aux plus proches ou
aux bons amis d'un homme tué, au moment que
l'action vient à leur être connue : le penchant qu'on
a naturellement à s'éloigner d'un meurtrier dis-
paroît à la vue de la cruelle offense qu'il vient
de faire ; l'on est comme incorporé dans celui
qu'il a mis à mort ; & le vif intérêt qu'on prend
à sa perte, nous fait passer par-dessus le risque
de nous commettre. Mais cette audace, cette
courageuse entreprise n'a lieu que dans le moment présent, & quand le sang bouillonne encore
dans les veines ; une fois qu'il est calmé, & que
l'esprit peut prendre le dessus, la raison veut qu'on
endure un malheur où il n'y a plus de remede ;
& la nature elle-même s'y prête : & cette obligation est bien plus grande, quand l'homme tué
n'est ni notre parent, ni notre ami, & qu'on n'a
de commun avec lui que d'être de la même espece. On le plaint, on gémit, mais on se sauve;
& l'on ne songe qu'à éviter le meurtrier comme

Le pre-
mier mou-
vement de
la nature
n'est pas
de tuer une
bête féro-
ce, mais de
la fuir.

Premiere
Part. Sect.
VI. Chap.
XIV, &
page 69
du présent
Chapitre.

j'ai dit. Sur quoi veut-on donc qu'un homme, qui en tue un autre de propos délibéré, soit détruit, quand nos premiers mouvemens, qui font comme les fauve-gardes de la nature, ne vont point à cette fin, & nous éloignent au contraire, de ce qu'il faudroit faire, fi la chofe étoit jufte & néceffaire ?

Nous remarquerons ici qu'il y a cette différence entre le *penchant de la nature* & les *confeils de la raifon*, que ceux-ci font faits pour régler les autres, quand l'action préfente de la part des premiers, ne va point à la vraie félicité de l'homme ; & alors la raifon tient certainement le premier rang ; elle eft deftinée à mettre un chacun dans fes véritables intérêts. Mais, (1) quand la nature nous porte elle-même à nous abftenir de toute action, toujours cruelle en foi, & fâcheufe à l'efpece humaine, fon indication, en ce cas, eft infiniment fûre & refpectable ; & le miniftere de la raifon ne fauroit intervenir au contraire, qu'à la faveur des fubtilités de notre efprit & de nos écarts indignes d'elle.

Ainfi, à confulter ces mêmes loix de la nature qui défendent le crime, le meurtrier ne doit point être mis à mort, comme on voudroit l'établir. S'il mérite une punition, elle ne doit point être de ce genre, & fa mort feroit un autre crime qui

---

(1) Voyez Puffendorf, tom. I, pag. 302, à ces mots : *de plus, quoiqu'un inftinct naturel nous porte,* &c. vers la fin de la même page ; & la première Partie du préfent ouvrage Sect. VI, Chap. X.

révoltero.

révolteroit tout autant l'humanité. Le Souverain dans un Etat , ne peut donc avoir validement le *droit de vie & de mort* fur les fujets , ni en vertu du pouvoir prétendu qu'on donneroit fur foi-même , ni en vertu du droit qu'on fuppofe que chacun a de punir en autrui la violation des loix naturelles.

Mais il nous faut confidérer la queftion dans d'autres circonftances , & favoir fi la nature des *Etats civils* ne demanderoit pas des exceptions à mes regles générales : en un mot , nous devons entrer dans les confidérations qui ont porté à for-mer ces Etats , pour reconnoître s'il eft un ordre de peines , & quelle eft fa néceffité & fa mefure.

CHAPITRE III.

S'il est un ordre de Peines ; & qu'elle est sa nécessité & sa mesure ? Où l'on continue de montrer, par les vrais principes, l'injustice de la Peine de mort, & de toutes celles que notre barbarie a inventées.

Nécessité, justice & avantages des peines dans un Etat civil, selon Puffendorf.

« **I**L est évident, *dit* (1) *Puffendorf*, que les » peines humaines, proprement ainsi nommées, » ne sauroient avoir lieu entre ceux qui vivent » dans l'indépendance de l'état de nature. Mais, » *dit-il* (2) *ensuite*, la conservation du genre » humain ayant demandé que l'on abolît l'éga- » lité & l'indépendance de l'état de nature, par » l'établissement de la souveraineté ; ce pouvoir » seroit fort inutile, s'il n'étoit revêtu du Droit, » *armé de forces nécessaires pour intimider les mé-* » chans, par la crainte de quelque mal, & pour » le leur faire souffrir actuellement. D'ailleurs, » *observe-t-il,* comme on a soin de publier & de » notifier à tout le monde ce que chacun doit » faire ou ne pas faire, & les peines qui attendent » les contrevenans ; *personne ne sauroit s'en pren-* » *dre qu'à lui-même,* lorsqu'en violant la loi de sa

Ibid. P. 282.

» pure volonté, il se rend sujet à la peine ». Cet Auteur a déja remarqué, dans le premier endroit,

(1) Tom. III, P. 282.
(2) *Ibid.* P. 293.

que « dans les fociétés civiles , outre qu'il eſt
» plus aiſé d'obtenir la réparation du dommage
» par la voie de la juſtice , que dans l'état de
» nature par la voie d'une guerre , où l'on ne
» trouve d'autre ſuccès que dans ſes propres for-
» ces ; *chaque citoyen a , de plus , autant que le*
» preſcrit la condition des choſes humaines , *de*
» *bonnes ſûretés contre les injures & les dommages*
» *qu'il pourroit recevoir à l'avenir ; & ces ſûretés*
» *conſiſtent , dit-il , dans les peines , dont les Loix*
» *menacent ceux qui les violeront , & que les Tribu-*
» *naux doivent infliger à ceux qui les auront encou-*
» *rues : Peines , ſelon lui , dont la crainte eſt le*
» *moyen le plus efficace pour diriger & pour répri-*
» *mer la volonté humaine , naturellement capable*
» *de ſe déterminer vers l'un ou l'autre des deux côtés*
» *oppoſés* ».

Voilà donc la *néceſſité des peines* déclarée par
la nature même du Gouvernement civil ; leur *juſtice* établie ſur ce qu'elles n'ont pas été ignorées
des contrevenans , & qu'ils étoient les maîtres de
ne pas les encourir ; & leurs *avantages* fondés ſur
les ſûretés qu'elles procurent tant pour le préſent
que pour l'avenir. Nous allons parcourir ces trois
différens chefs , pour nous bien convaincre s'ils
donnent réellement au but ; & ſi on n'a point
excédé en cela les bornes qui nous étoient preſ-
crites.

Sur le premier point, je dirai qu'on ne peut
guere ſe défendre de reconnoître qu'une ſociété
civile ne ſauroit ſubſiſter , ſi on ne donne à la
perſonne , ou aux perſonnes chargées des affaires
publiques & générales , & qui repréſentent à cet
égard tous le corps , ſi on ne leur donne , dis-je ,

*Du pre-
mier point:
néceſſité
des peines.*

le pouvoir de punir ceux d'entre les membres qui manqueront aux Loix établies. Autrement si chacun peut les violer impunément, que deviendra l'harmonie & l'accord de tous les Citoyens? Comment obtiendront-ils partie des fins pour lesquelles ils se sont mis ensemble? S'il n'y a plus de sûreté, il n'y aura plus de bonheur, ou il faudra qu'ils se séparent, ou qu'ils vivent perpétuellement en guerre, ce qui finira par les détruire.

Plus difficile ici de reconnoître d'où vient au Souverain le Droit de punir.

Il est donc incontestable qu'il faut des *Peines* dans un Etat ; & cette vérité rend encore plus embarrassante la question que nous avons traitée ; savoir, *d'où lui vient* au Souverain *le pouvoir qu'il a de punir ?* Sans parler du *droit de vie & de mort*, dont le rejet ou l'admission est indifférent à ce pouvoir. Ici, selon moi, il ne se tire pas, ni du consentement des sujets, ni du prétendu Droit dans l'état de nature, de punir une action mauvaise : celui-ci n'existoit pas alors; & quant à l'autre, « l'on ne peut pas dire proprement, *dit Puffendorf lui-même*, que personne » soit obligé de subir la peine, ou que la peine » soit une espece de dette dont le coupable est » tenu de s'acquitter. Car l'obligation, *remarque-* » *t-il*, ne regarde, à proprement parler, que » les choses auxquelles on doit se porter volon- » tairement, & de son pur mouvement; au lieu » que l'idée de la *Peine* suppose toujours une » répugnance dans celui qui la subit ».

Tom. III.
P. 224.

Grotius l'explique mal, & en a une fausse idée.

Grotius allegue, « qu'il y a ici quelque chose » qui approche de la nature des contrats ; & que » comme un vendeur est censé s'être engagé à » tout ce qui est essentiel à la vente, encore même

Ut suprà.
P. 291.

» qu'il n'ait rien spécifié ; de même celui qui a
» commis quelque crime , est censé s'être volontai-
» rement soumis à la peine, parce, *dit-il*, que tout
» crime un peu grave étant manifestement punissa-
» ble de sa nature, celui qui veut directement le
» comettre , veut aussi par une conséquence né-
» cessaire , encourir la peine qui y est attachée ».
Mais ce raisonnement est une vraie pétition de
principe : l'on conteste que celui qui commet un
crime ait voulu se soumettre au genre de *Punition* qui l'attend, & il manque entiérement de justesse : car il n'y a rien de semblable entre une
telle action, & celle de vendre ; puisque celle-là
peut subsister indépendamment de la punition ; &
que l'autre, au contraire, qui est la vente, ne
peut avoir lieu si les choses qui en sont une dépendance ou un accessoire nécessaire, ne sont réali-
sées. Ainsi il faut chercher une autre cause du
Droit de punir, dont est revêtu le Souverain. Il
vient de la nature même du contrat social, qui
veut que le corps entier de la Nation, représenté
par celui qui le gouverne, puisse non-seulement
contraindre chacun des particuliers à partiquer les
loix qui leur sont communes, mais même intimider par des menaces ou des punitions, ceux d'entr'eux qui les violeront d'une maniere funeste à
tout le corps, ou seulement à quelqu'un des membres ; sans quoi, comme nous l'avons dit, il ne
sera pas possible que la société se maintienne.

Ce *Droit
de punir*
(dans le
Souverain)
ne vient
pas propre-
ment de la
volonté
des sujets ;
mais de la
nature du
*contrat so-
cial :* c'est
une volon-
té forcée.

Les hommes ont donc voulu, non pas être
punis, mais qu'on pût les contraindre à l'être, &
user envers eux de toutes les violences nécessaires
à cette fin, quand ils se mettroient dans ce cas-là :
non, encore une fois, qu'ils aient entendu devoir

Exemple.

fubir la peine par juftice & motif de confcience ; mais feulement qu'ils auroient point à fe plaindre fi on les violentoit, puifque c'étoit-là une extrémité, à laquelle la confervation même de la fociété obligeoit de venir. Il en eft de cela comme de la grande preffe qu'on reffent dans certaines affemblées, que la curiofité, le plaifir ou la dévotion même, rendent trop nombreufes : on ne confent que forcément à y être à l'étroit, c'eft-à-dire, qu'on n'y confent point ; & toutefois on s'y foumet pour avoir l'avantage qu'on fe propofe. Si quelqu'un de ceux, qui font ainfi preffés & mal à leur aife, pouvoit fe donner plus de liberté, il le feroit fans doute, fans croire en cela de faire tort aux autres, encore qu'il ne pût en venir à bout qu'en

La juftice n'eft point proprement l'objet de la punition. les gênant encore davantage. Au lieu que l'infracteur des Loix civiles dans un Etat, après avoir réparé le mal s'il peut le faire, ou bien en ne le réparant pas, s'il y a impoffibilité, comme dans les meurtres, &c. ne nuit point au public, par cela même qu'il n'eft pas puni, ou qu'il évite la punition : le mal eft tout fait ; & s'il encourt un châtiment, c'eft par une vue de politique, c'eft par une infinuation de la prudence, & non par une regle abfolue de juftice.

D'où il fuit que le Droit de punir eft extrêmement refferré. Or, la juftice effentielle & primitive n'étant point ici la caufe de la punition ; le *droit de punir* ne peut avoir qu'une étendue très-bornée, & foumife à ce qu'exige uniquement le bien actuel & preffant de la nation.

Excès des maximes de nos Ecrivains, Et dans cet état, il eft clair que le *bien de la Nation* ne demandera jamais, en aucun cas, la mort d'un homme convaincu d'un crime. Il eft

mille autres moyens (1) de le punir, fans lui
ôter la vie. *Grotius* prétend « qu'il n'eft pas injufte
» par le Droit de nature, que chacun fouffre au-
» tant de mal qu'il en a fait, felon ce qu'on
» appelle *Droit de Radamante.* » Mais cette opinion eft, comme la plupart de celles qu'il a
avancées fur le fait de la *Guerre*, dénuée de
preuve. Les anciens *Pythagoriciens* n'étoient pas
mieux fondés, quand ils difoient que *la Juftice, en
matiere de peines, confifte à faire fouffrir au coupable le même mal qu'il a fait.* Grotius, non content de ce que je viens de citer de lui, ajoute
qu'*il n'eft pas jufte que le coupable n'ait pas plus
à craindre que l'innocent ;* & il s'autorife d'un paffage de *Philon*, Juif, dans l'endroit où il traite
de la Punition de l'Homicide ; & d'un autre, tiré
d'un Ouvrage qui porte le nom d'*Ariftote. Puffendorf, Barbeyrac,* & les autres qui font venus après
eux, ou ont écrit fur la même matiere, penfent
de même. Il s'enfuivroit que condamner à la mort
un affaffin, ne feroit pas le punir autant qu'il le
mérite ; & conféquemment il faut inventer des
punitions, ou qui foient encore plus terribles que
celle du dernier fupplice, ou bien qui fubfiftent
encore après fon trépas, & dont les effets fe font
fentir jufques dans les fiens. O hommes ! vous
avez bien peu connu votre bonheur & votre deftination, quand vous avez employé votre génie
à perfectionner les fupplices & les tourmens, &
trouvé bon qu'on rafinât tant fur les moyens de
faire fouffrir les coupables ! Tout votre efprit &

faute de
connoître
cette vé-
rité.

Tome I,
p. 98.

Tome
VIII, pag.
95.
Ibid.
Pag. 96.

Réflexion.

---

(1) Voyez ci-après, quelques pages avant la fin de ce Chapitre,
en parlant *de l'intérêt particulier*, par rapport à *l'intérêt
général.*

F iv

vos talens n'étoient pas faits pour augmenter le malheur du monde. Qu'a-t-on gagné avec ces roues, ces gibets, ces tortures, &c? Les prisons ne défempliffent pas, & toujours des exécutions fanglantes. Hé quel trifte fpectacle pour l'humanité! Etoit-ce donc ainfi qu'il falloit chercher à rendre votre condition meilleure? Plus vous avez verfé le fang des coupables, plus vous leur avez appris que le fang humain pouvoit être verfé. Ils ne fe font point frappés de la différence du *Droit*, mais de la reffemblance du *Fait* : & c'eft ainfi que dans la plupart des chofes notre cerveau nous agite, & nous détermine.

Naiffance de la peine du *Talion*, bientôt abolie, ou limitée, ou partagée.

Puffendorf, Tom. III., pag. 216.

On s'étoit d'abord imaginé que cette Loi du *Talion* (1), (qui n'étoit autre que ce même Droit de *Radamante*), avoit l'avantage de remplir entiérement l'égalité dans l'infliction des peines. On la regarda comme telle, d'abord à la naiffance des Sociétés, dont la fimplicité faifoit le partage, & d'où l'idée s'en étoit confervée & l'ufage même établi. Mais on ne fut pas long-temps à s'appercevoir ou de fa rigueur ou de fa modération : & même qu'elle ne pouvoit pas toujours être pratiquée, à mefure que l'inégalité des conditions & qu'un plus grand commerce entre les hommes s'introduifirent. Il fallut confentir à ce qu'on pût fe racheter de la *peine du talion*, par une amende. Ces expreffions, *Œil pour œil, dent pour dent* (Exod. XXI, 23, Levit. XXIV, 20), ne furent plus qu'une façon de parler proverbiale, dont le fens fe réduifoit à ceci : *Que la peine en gé-*

Ut retrò, note vers la fin de la feconde colonne.

(1) *Voyez* Premiere Partie, Section IV, Chap. II.

néral, doit être proportionnée à l'énormité du crime. Ce *Talion* fut même entièrement aboli à Rome , comme il paroît par les *Inſtitutes ;* & en d'autres lieux , on le permettoit à un certain point , on le défendoit dans d'autres : Enfin , il eſt décidé , & tous nos Auteurs en conviennent, qu'il ne ſauroit ſervir de regle juſte pour punir les crimes ; puiſqu'il y a même beaucoup de crimes , où l'uſage de cette peine ne ſerviroit qu'à les multiplier.

Ibid.
Pag. 227 ,
note 7.

Mais s'il étoit juſte de faire ſouffrir au coupable le même mal qu'il a fait, d'où vient qu'une vérité de cette importance rencontreroit tant de contradictions , ou ſeroit ſujete à des abſurdités ? D'où vient qu'elle ne ſeroit pas par-tout praticable ? C'eſt qu'elle eſt mauvaiſe en ſoi, c'eſt qu'elle eſt éloignée de la juſtice , ou plutôt que la juſtice proprement dite , n'eſt pas l'objet que l'on ſe propoſe dans la diſtribution des peines. Il n'appartient qu'à Dieu , qui eſt la juſtice même, d'infliger des peines en raiſon de ce qu'on s'eſt écarté plus ou moins des ſouveraines Loix qu'il a établies , néceſſaires à notre bonheur, & à l'obſervation deſquelles eſt attachée notre exiſtence & notre direction au bien. L'homme n'a le Droit , pour veiller à ſa conſervation , en ſe réuniſſant en corps de ſociété civile , que de faire ſouffrir à ſes freres , prévenus de crimes , des maux capables de les corriger & de les contenir. La vie n'a pas été en ſon pouvoir, il n'y a que celui qui l'a donnée qui puiſſe en diſpoſer, le ſouverain maître des hommes & des animaux.

C'eſt qu'elle eſt mauvaiſe en ſoi.

Toutefois, ça été cette opinion, d'abord ſéduiſante , *qu'il n'étoit pas injuſte , par le Droit de nature,*

Deux maximes qui l'ont intro-

duite , &
avec elle le
funeste
usage de
faire mou-
rir les *ho-
micides* :
d'où sont
venus aussi
tous les au-
tres abus
en ce gen-
re.

que chacun *souffrît autant de mal qu'il en avoit fait* : ou bien cette autre qui revient au même, & est encore plus positive, que *la Justice en matiere des Peines, consiste à faire souffrir au coupable le même mal qu'il a fait*, qui a introduit le funeste usage de faire mourir les homicides : & c'est de ce principe que sont sorties toutes les autres libertés qu'on s'est données depuis, de répandre le sang humain pour des crimes beaucoup moins considérables. Il étoit tout simple qu'on en vînt à ces excès, une fois que l'erreur primitive s'étoit glissée ; c'est un embrasement qui ne peut plus s'arrêter : éteignez la premiere étincelle, ou empêchez-la de naître, & il n'y aura point d'embrasement.

De la pre-
miere *ma-
xime.*

Il n'est pas injuste, par le Droit de nature, que chacun souffre autant de mal qu'il en a fait : Je le veux ; mais c'est dans une attaque actuelle, ou bien lorsque l'aggresseur pourroit être encore un sujet grave de crainte pour le défenseur ; & encore est-il sous-entendu toujours qu'il n'est pas nécessaire que l'indentité du mal soit observée : c'est-à-dire, que cet aggresseur souffre précisément le même genre de mal qu'il a fait souffrir ; il doit seulement être mis hors d'état de nuire ; & il est des voies toujours ouvertes pour cette fin, sans employer celle du sang, quand l'on n'est pas actuellement aux prises avec l'ennemi, ou le malfaicteur, & en risque soi-même de perdre la vie.

De la se-
conde ma-
xime.

La justice en matiere de Peines, consiste à faire souffrir au coupable le même mal qu'il a fait. Ceci sembleroit approcher davantage de l'*État civil ;* mais la vérité ne s'y rencontre pas mieux, comme nous l'avons vu. Il n'y est besoin que de moyens

propres à procurer le bien & l'honneur de l'humanité. Celui de répandre le fang, dans quelle vue
ou pour quelle caufe que ce foit, ne fera jamais
qu'un acte de barbarie, & un exemple dangereux
à donner.

Les premieres fociétés connurent mieux, en
cela, les bornes de l'autorité naturelle. Dieu voulut bien qu'on évitât le commerce & l'attouche-
ment même des meurtriers, mais non pas,
comme nous l'avons (1) vu, qu'on leur ôtât la
vie. Le Philofophe *Platon* établit la même chofe
dans les Loix de fa République en idée ; & cela
fe pratiquoit actuellement dans l'ancienne Grece,
comme il paroît par une Tragédie d'*Euripide*, où
il eft dit : « Nos Peres avoient fagement établi
» dans les temps anciens, que quiconque au-
» roit trempé fes mains dans le fang d'autrui,
» ne fe préfentât plus aux yeux de chacun dans
» le Pays : l'exil étoit la peine qu'on lui impo-
» foit pour expiation du meurtre, & il n'étoit pas
» permis de lui ôter la vie, comme il l'avoit ôtée
» au défunt ». (*Oreft. verf. 511, & feq.*) *Pline* a
remarqué que le premier jugement à mort fe fit
dans le Tribunal de l'Aréopage. (*Hift. Nat.*,
Lib. VII, Cap. LVI, p. 478, Edit. Hack). *Lactance* dit auffi que, pendant un temps, on avoit
cru qu'il n'étoit pas permis de faire mourir les
hommes, qui, *quelque méchans qu'ils foient,
font toujours hommes.* Le même Docteur Chrétien
parlant des anciens Romains, qui ne faifoient
mourir aucun Citoyen, obferve « qu'ils ne le ban-

Les faits anciens de l'Hiftoire, dépofent contre ces maximes, par rapport au Droit de faire mourir les homicides.

Grot., p. 98, 99 du Tom. I.

Ibid. note 7.

Ibid.

» niſſoient pas même formellement ; mais défen-
» doient feulement à chacun de fournir quoi que
» ce fût, pas même du feu ou de l'eau, à
» ceux qui avoient commis quelque crime digne
» de mort ; par où ils réduiſoient le criminel à la
» néceſſité de ſe bannir lui-même du Pays (1) ».
Thucidide a penſé « qu'il y avoit lieu de croire,
» qu'autrefois les plus grands crimes étoient pu-
» nis de peines très légeres ; mais que, comme
» elles faiſoient peu d'impreſſion, on en aug-
» menta, avec le temps, la rigueur ; ſi bien que
» la mort fût le ſupplice le plus commun (2) ».
En quoi cet Hiſtorien rend compte du fait ; mais
il ne nous en explique pas la cauſe : c'eſt-à-dire,

On dira ci - après, pourquoi les peines, très - légeres, commencerent à faire peu d'impreſ-ſion.

pourquoi *ces peines très-légeres commencerent à faire
peu d'impreſſion*. Nous en dirons quelque choſe
avant de finir cet Ouvrage. *Servius* le Grammai-
rien, obſerve en pluſieurs endroits de ſon Commentaire ſur l'*Enéide* de *Virgile*, que *toutes les
peines qu'on infligeoit parmi les anciens, étoient
pécuniaires*. Cela prouve qu'on faiſoit encore un
grand cas de la vie des hommes ; mais c'étoit, il faut
l'avouer, une bien mauvaiſe maniere de l'apprécier, puiſqu'on mettoit, pour ainſi dire, une matiere vaine à l'égal de ce qu'il y avoit de plus

Et ſur quoi pouvoient être fondées les peines *pé-cuniaires*, impoſées contre les meurtriers.

cher. Néanmoins il y avoit ſans doute quelque raiſon d'en uſer ainſi : de quoi nous parlerons également dans la ſuite. Le point à préſent, ça été de
montrer que le *fait*, ſur la queſtion dont il s'agit,
de ne point faire mourir les criminels, vient à l'appui
du *droit* que j'ai établi ; & que cette ſage économie

---

(1) Inſtit. Divin., Lib. II, Cap. X, num. 23, Edit. Cellar.
(2) De Bell. Peloponn., Lib. III, §. 15, Edit. Oxon.

de conſerver le ſang humain, a été long-temps pratiquée ; d'où j'infere que, dans ces premiers temps, les hommes étant plus près de la *nature*, ce qu'ils faiſoient alors d'humain étoit propremènt ſon langage & ſon inſtitution, & que nous n'avons pas aujourd'hui d'autres Loix à ſuivre.

En effet, ſi la néceſſité de nous mettte enſemble, en divers corps de Nation, pour nous gouverner au profit de tous, nous impoſe certaines obligations qui n'avoient pas lieu auparavant ; ou ſi d'un *Etat civil* d'abord tout ſimple, il a fallu paſſer inſenſiblement dans d'autres plus compoſés : il ne s'enſuit pas que nous puſſions porter nos changemens juſqu'à une choſe auſſi importante que la vie : il ne s'enſuit pas que nous euſſions alors le droit de faire ce qui ne nous étoit pas permis auparavant ; & qu'ôter la vie à un homme, ce qui eſt en ſoi un mal & un grand mal, pût devenir une bonne action, quand elle ſeroit commiſe contre les meurtriers. Il n'eſt pas raiſonnable non plus de ſuppoſer que des hommes aient auſſi voulu conſentir à ce qu'on diſpoſât de leur vie ; la néceſſité où ils ont été de paſſer dans l'*Etat civil*, & d'y ſubir bien des changemens, n'a jamais été au pouvoir de ces mêmes hommes : ils ont cédé en cela, à une impulſion que la nature des circonſtances a produites ; mais cette néceſſité n'a point eu lieu dans l'établiſſement de mettre à mort les criminels, ils ont ſuivi, dans cette pratique ſanguinaire, leur propre volonté, & une façon de penſer que l'ignorance ou l'aveuglement des paſſions a miſe en vogue : cette diſtinction eſt de la derniere importance ; car il n'eſt que trop ordinaire que l'on ſe croye ſuffiſamment autoriſé au

Ce qu'il faut penſer des premiers temps à cet égard.

Nulle liaiſon néceſſaire entre les changemens à faire par rapport à l'état politique des hommes, & l'établiſſement de mettre à mort les Criminels.

o

mal ; quand de deux chofes qui font comme con-
fondues enfemble , dont une eft bonne , l'autre
mauvaife , on peut alléguer la premiere en fa
faveur.

Comment la *juftice* entre dans l'infliction des peines. Tout cela vient de ce que la juftice , comme
j'ai dit (1), n'eft pas le but de la punition parmi
les hommes ; ils ne vifent qu'à leur fûreté ; or,
la mort du coupable n'eft point néceffaire à cette
fin. La juftice n'entre dans la diftribution des
peines , que pour ce qui eft de proportionner les
châtimens aux fautes ; la vie toujours refpectée :
& c'eft de ce point capital qu'il falloit partir comme
d'une borne au-delà de laquelle il n'étoit point
permis d'aller. Cela pofé , la néceffité des peines
dans tout Etat civil , fera une chofe reconnue ; &
l'on ne fe refufera pas non plus aux deux autres
raifons que *Puffendorf* en donne pour (2) les juftifier ou les rendre recommandables : avec cette
diftinction pourtant , que le Magiftrat ou le Prince
ait bien fu garder l'exacte proportion qui y eft
requife.

Du deuxie-me point. *Juftice des peines.* Car trouver (3) une raifon de juftice en ce que
*les Peines n'ont pas été ignorées des contrevenans, &
qu'ils étoient les maîtres de ne pas les encourir,* c'eft
Cette *juf-tice* établie fur une mauvaife raifon par *Puffen-dorf.* alléguer en preuve la voie de fait, l'excès de la
puiffance & l'abus du pouvoir. Dans les Etats les
plus défpotiques , l'on y connoît en général quelles
font les fautes qui attirent les plus grands châti-

---

(1) Ci-devant 7 à 8 pages plus haut.
(2) Ci-devant en commençant le préfent Chapitre.
(3) *Ut fuprà.*

mens ; & perfonne n'y a jamais payé de fa vie qu'il n'ait pu favoir auparavant dans quelles cir- conftances , ou à quels manquemens, une pareille peine étoit décernée. En vain aura-t-on foin de pu- blier & de notifier à tout le monde ce que cha- cun doit faire ou ne pas faire, & les peines qui attendent les contrevenans : fi ce qu'on nous or- donne ou qu'on nous défend n'eft pas relatif à nos obligations naturelles, & à notre conftitution humaine ; & fi la raifon épurée ne l'adopte pas ; ces peines qu'on a rendues publiques, feront tou- jours injuftes ; & malgré toute leur rigueur, elles Les peines *exceffives*, de nul ef- fet : Voyez auffi ci- après vers la fin de ce Chapitre. feront encourues. Il y a naturellement dans tous les hommes, un inftinct fûr, qui les fait apper- cevoir des moindres difproportions, qui les bleffent : quelque fenfibles qu'ils foient à la peine , quand elle fera difproportionnée, mais éloignée, l'im- preffion de ce qui les meut actuellement les dé- terminera davantage : & plus cette peine fera exceffive, par rapport au crime, moins elle fera de fenfation fur lui. Nous ne craignons bien natu- rellement, en ces fortes de chofes, que celles qui font juftes ; & notre efprit alors fe plie comme de lui-même à ce qu'on veut exiger de nous. C'eft ainfi que la *peine de mort*, toute terrible qu'elle eft, décernée contre les Déferteurs, n'a été encore d'aucune utilité pour les Etats ; puif- qu'au contraire, l'on remarque que depuis qu'elle eft établie, le nombre en eft devenu plus grand que quand on fe contentoit de les condamner aux galeres. *Montefquieu* en donne une autre rai- De l'efprit des Loix, tom. I, p. 176. fon, qui eft très-vraie auffi, mais à laquelle la mienne fert d'explication. « On établit, *dit-il*, » une peine cruelle qui arrête le mal fur le » champ ; mais on ufe le reffort du Gouverne-

» ment; l'imagination fe fait à cette grande peine
» comme elle s'étoit faite à la moindre; & comme
» on diminue la crainte pour celle-ci, l'on eft
» bientôt forcé d'établir l'autre dans tous les cas ».
D'ailleurs il prétend avec raifon, « qu'un Soldat
» accoutumé tous les jours à expofer fa vie,
» en méprife ou fe flate d'en méprifer le dan-
» ger; & qu'étant tous les jours, au contraire, ac-
» coutumé à craindre la honte, il falloit laiffer
» une Peine, qui faifoit porter une flétriffure
» pendant la vie ».

Réfuta-
tion de
deux rai-
fonnemens
de Mon-
tefquieu,
rendant à
juftifier la
peine de
mort.
Tom. I,
pag. 392.
Pemier
raifonne-
ment.

Je nie
qu'elle foit
tirée de la
nature de
la chofe.

Mais cet Auteur, fi judicieux, adopte pourtant le fyftême reçu de faire périr certains coupables. Il en allegue deux raifons qu'il importe
d'examiner, le fentiment d'un fi habile homme
n'étant point une chofe indifférente. « 1.º Les
» peines de ces derniers crimes (ceux qui attaquent
» la fûreté) font ce qu'on appelle des fupplices.
» C'eft une efpece de Talion qui fait que la fo-
» ciété refufe la fûreté à un citoyen, qui en a
» privé, ou qui a voulu en priver un autre.
» Cette peine eft tirée de la nature de la chofe,
» puifée dans la raifon, & dans les fources du
» bien & du mal. Un Citoyen mérite la mort,
» lorfqu'il a violé la fûreté au point qu'il a
» ôté la vie, ou qu'il a entrepris de l'ôter. Cette
» peine de mort eft comme le remede de la fociété
» malade ». Je ne vois rien dans tout cela de
bien convaincant : & il refte à prouver que la
peine de mort, dont on punit les homicides, foit
tirée de la nature de la chofe, puifée dans la raifon &
dans les fources du bien & du mal. La chofe eft
ici le meurtre; fa nature d'être contraire à la fûreté publique & particuliere : il faut donc trouver

uii

ûn moyen pour empêcher le meurtre. Ce moyen fera t-il la mort du criminel? La *raison* veut premierement, (comme le dit le même Montesquieu à propos des *Déserteurs*, ce que je crois pouvoir dire tout de même des *meurtriers*) *qu'on ne mene point les hommes par les voies extrêmes; & qu'on soit ménager des moyens que la nature nous donne pour les conduire.* « Qu'on examine, *dit-il*, » la cause de tous les relâchemens, on verra qu'elle » vient de l'impunité des crimes, & non pas de la » modération des Peines ». Il veut qu'on suive la nature qui a donné aux hommes la honte comme leur fléau; *& que la plus grande partie de la peine soit l'infamie de la souffrir.* Mais secondement, la *raison* nous défend de dépraver les esprits & de faire des leçons de cruauté, pour me servir des termes de *Lysandre*, dans une occasion, il est vrai, très-grave, mais où cette vérité condamnoit également la cruelle vengeance qu'il tira à son tour des *Athéniens* coupables. Le passage que cite immédiatement en cet endroit *Montesquieu*, peut fort bien trouver sa place ici: il est question là d'un grand nombre de coupables punis à la fois; je n'en envisage pas tant, & ce n'est pas le nombre qui doit décider ici de la chose. Les *Argiens*, dit Plutarqne, *ayant fait mourir quinze cens de leurs Citoyens, les Athéniens firent apporter les sacrifices d'expiation, afin qu'il plût aux Dieux de détourner du cœur des Athéniens une si cruelle pensée.* Ces Peuples avoient un sentiment de la cruauté, mais ils n'en avoient pas l'idée; ou s'ils en avoient une, elle étoit bien fausse & imparfaite; car leur cœur, par un aveuglement d'esprit, qui n'est que trop commun à toutes les Nations chez qui un pareil préjugé s'est établi, ne trou-

Et puisée dans la raison; la raison veut trois choses.

Premiere (Tom. I, p. 177).

Deuxieme Ibid. P. 178.

Ibid.

Voyez ci-après, vers la fin du cinquieme Chapitre.

Tome II.　　　　　　G

voit du mal à punir de cette maniere, qu'à caufe du grand nombre de perfonnes qu'il avoit fallu punir à la fois : comme fi la raifon de la punition n'étoit pas dans le crime lui-même, & que la punition étant jufte & néceffaire à l'égard d'un Citoyen coupable, elle ceffoit de l'être à l'égard de tous les autres pris enfemble. Je dirai en troi-

Troifie-me, fieme lieu, que la *raifon* nous a affez montré juf-qu'à préfent, par tout ce que j'ai dit, qu'on ne peut prendre fur foi d'ôter la vie à un autre, fous quel prétexte & pour quelle caufe que ce puiffe être, à moins des cas forcés, dont j'ai tant parlé, de la légitime défenfe; & que le précepte, *qui défend de verfer le fang humain*, étant général & abfolu, il ne peut être permis de le tranfgreffer pour punir des *homicides*; puifque leur mort n'eft au bout du compte, qu'un acte abfolument femblable, & qu'il eft ici queftion de n'en pas donner l'exemple, fi ce n'eft pour conferver fa propre vie : car alors, la punition encourue par l'aggreffeur entre néceffairement dans le plan de la Loi, qui eft, que tous les Indi-vidus eux-mêmes fe préfervent, autant qu'il eft poffible, d'être détruits.

La peine de mort n'eft pui-fée, non plus, dans les fources du *bien* & du *mal*. Or, il refte à confidérer à préfent, fi la *peine de mort*, eft réellement puifée dans les fources du *bien* & du *mal*, comme le dit le célèbre *Montefquieu*. J'ai déja obfervé que les hommes, en puniffant, ne puniffent pas proprement pour la juftice, mais pour leur intérêt & leur bon-heur. J'ai expofé les grands inconvéniens qu'il y auroit à leur laiffer la difpofition du premier mo-tif; & j'ai montré auffi qu'ils n'étoient pas capa-bles d'une vue fi relevée. Ils peuvent feulement connoître, à peu près, par rapport à eux, la juste étendue qu'exige la néceffité de punir ; & cette mefure eft toujours relative à la maniere dont ils voudroient du moins être traités eux-mêmes en pareil cas : c'eft-à-dire, avoir la vie fauve, & fouffrir le moins qu'il eft poffible. Le *mal moral*, comme le *mal phyfique*, eft une efpece de deftruction ; il n'y en a point dans les idées éternelles. C'eft le propre de toute créature d'être foible & fujette à faillir : la plus parfaite, c'eft celle qui manque le moins ; tout doit fe porter, de leur part, à parvenir à la fanté du corps & de l'ame. Or, les maladies de l'ame, & les infirmités du corps, ont tant d'analogie enfemble dans notre efprit, que c'eft éloigner l'idée de la poffibilité des premieres, que de ne point admettre les fecondes quand elles exiftent réellement : c'eft-à-dire, que prétendre pouvoir détruire le corps, c'eft fuppofer en même-temps que cet acte par lui-même n'eft point mauvais ; tandis que c'eft une regle fouveraine que le *mal* ne puiffe fe commettre en aucune façon. En vain veut-on diftinguer l'*action*, du *motif* : le *moral* ne peut point être ici en contradiction avec le *phyfique* ; & les principes de conduite, faits pour nous déterminer au *bien*, ne peuvent exiger des démarches qui foient fi diamétralement contraires à l'efprit du Divin Légiflateur, qui eft la confervation de fes créatures & leur correction. Les meurtres font oppofés à cet efprit ; mais les punitions de mort le font auffi : détruire le meurtrier, c'eft offenfer doublement la nature, c'eft faire périr deux hommes à la fois : le plaifant remede pour guérir la fociété malade ! Il lui faut conferver fes membres, & on ne craint point d'en multiplier la perte !

Ce n'eſt pas la ſociété, qui eſt malade, c'eſt
le ſujet. Parce que j'aurai une inflammation, un
engorgement à un bras, faudra t-il qu'on me
le coupe ? & ne dois-je pas plutôt travailler à le
rétablir dans ſon état naturel ? Le bien que nous
devons nous procurer, c'eſt le bien ſeul qui peut
le faire : il ne faut agir que par les voies les
plus douces, & qui ne reſſemblent en rien au
mal lui-même. On ne ſe décide à perdre un
bras que quand il n'y a plus moyen de le conſerver ; mais les hommes coupables peuvent-ils
jamais être dans cet état ? D'ailleurs, pour ſuivre
la comparaiſon, ſi l'on coupe un membre gangrené, c'eſt qu'il peut attirer la ruine de tout le
corps ; mais en eſt-il de même d'un ſujet prévenu d'un crime ? Il peut vivre ſans nuire par
cela même à ſes concitoyens : il n'eſt beſoin que
de s'aſſurer de ſa perſonne, ou de le bannir de
la ſocié. Le *couper*, ſi je puis me ſervir de ce
terme pour me faire entendre, c'eſt pour lui
uniquement, le ſéparer de l'enſemble ou le contenir de maniere qu'il ne ſoit plus libre de mal
faire. Lui *ôter la vie*, c'eſt ſuppoſer ce qui eſt
en queſtion, c'eſt prétendre qu'il ſoit entiérement *gangrené* dans l'ame : & il n'y a que Dieu
à qui cette connoiſſance & cette punition ſoient
réſervées.

Telles ſont les ſources du *bien* & du *mal*, où
nous avons droit de puiſer nos principes. Celles,
au contraire, du grand *Monteſquieu*, ſur la queſtion que j'examine, ſont pleines d'erreurs. Il eſt
prouvé auſſi que la nature de la choſe & la raiſon n'indiquent pas mieux la *peine de mort* pour
les homicides : elle ne peut donc pas en être tirée.

Je paffe au fecond raifonnement qu'il fait ailleurs (1) pour juftifier cet ufage.

2. « Ce qui fait, *dit-il*, que la mort d'un cri-
» minel eft une chofe licite, c'eft que la Loi qui
» le punit, a été faite en fa faveur. Un meur-
» trier, par exemple, a joui de la Loi qui le
» condamne; elle lui a confervé la vie à tous les
» inftans : il ne peut donc pas réclamer contre
» elle ». On diroit, à entendre ce langage, qu'*af-*
faffiner, ôter la vie, foit une chofe ordinaire, &
qu'on doive fe fentir beaucoup obligé de ce qu'on
n'attente pas à nos jours. L'état naturel de l'homme
eft d'être en regle : non pas tant de fe préferver
des crimes, que de pratiquer la vertu. Son mérite
confifte à ne nuire à perfonne, mais non à ne pas
voler, ni à ne pas tremper fes mains dans le
fang de fon frere. A-t-on beaucoup d'obligation,
en général, à qui ne nous trompe point ? Et répu-
tera-t-on honnête homme celui qui fe vantera de
n'être point méchant ? Cela étant, il eft faux que
la Loi qui condamne le meurtrier à perdre la vie,
la lui ait confervée à tous les inftans. A la bonne
heure, s'il avoit à vivre parmi des tigres & des
ours. Ces animaux fanguinaires, dans ce cas où il
trangrefferoit lui-même la Loi, feroient fondés à
la lui oppofer : ils lui diroient, avec raifon, *que
cette Loi qui le punit, a été en fa faveur, & qu'il
a joui de la Loi qui le condamne ;* mais ce font
des bêtes & des animaux indifciplinables ; &
l'homme eft l'animal raifonnable, doué naturellement de beaucoup d'intelligence & de douceur

_____

(1) Tom. II, pag. 35, Part. I.

G iij

Il ne doit reconnoître que des maximes conformes à l'excellence de fon être, & à la bonté de
fon naturel. D'ailleurs, n'eft-il pas vifible, dans
cet exemple du *meurtrier*, que ce n'eft pas la *peine
de mort*, ordonnée contre de tels coupables, qui
lui a, jufqu'alors, confervé la vie, puifqu'elle n'a
fervi de rien pour préferver l'infortuné qui eft
tombé fous fes coups?

**Conclu-
fion contre
*Montef-
quieu*; &
conféquen-
ces funeftes
de fes deux
raifonne-
mens à
l'appui de
la *peine de
mort*.**
C'eft donc une très-mauvaife raifon que de dire,
*que ce qui fait que la mort d'un criminel eft une
chofe licite, c'eft que la Loi qui le punit a été faite
en fa faveur.* Cette Loi, bien plutôt, a été faite
contre lui, & contre tout le genre humain: elle
a appris qu'*ôter la vie* n'étoit pas toujours un crime; par conféquent, que ce n'étoit pas une mauvaife chofe en foi, & dès-lors, qu'il y avoit des
cas où elle étoit faifable. De-là, l'idée du *bien* &
mal s'eft embrouillée: on a cru pouvoir faire, en
certaines occafions, ce qu'on a vu pratiquer dans
d'autres; chacun a eu fon objet & fes motifs: le
Duellifte a eu fon honneur à conferver; le voleur
fimple à fubfifter, le voleur meurtrier à fubfifter
& à fe garantir, dans le moment préfent de la
défenfe que pouvoit faire l'attaqué, & enfuite de
fes rapports & de fes perquifitions, &c. Tout
fourmille d'excufes & de raifons capables de
féduire, & qui malheureufement, dans de certaines circonftances délicates, ou bien preffantes,
n'entraînent que trop au crime les ames foibles ou
groffieres. Rien donc ne fauroit rendre licite la
mort d'un criminel. Il eft, au contraire, de la derniere importance pour le genre humain qu'on
réforme un pareil ufage, & qu'on en faffe perdre
entiérement le fouvenir. Ceci nous mene au

troifieme point que *Puffendorf* a relevé dans l'établiffement des *peines*, je veux dire, les *avantages qu'elles procurent à l'Etat civil.* Montrons
en quoi ils confiftent, & fi on les a obtenus.

Les avantages d'une chofe fe tirent de fon utilité & de fon efficacité. L'utilité fe rapporte à la
convenance, & l'efficacité au befoin. Or, pour
qu'une chofe foit efficace, il faut qu'elle rem-
pliffe, tout-à-la-fois, l'un & l'autre objet : mais
le befoin fuppofe qu'on eft dans la néceffité ; &
la convenance que la chofe eft dans l'ordre, &
va au bien général. Ainfi, pour connoître fi les
peines font avantageufes, (je veux dire, fi telles
peines, car il eft convenu, en général, que les
peines font néceffaires) il faut favoir fi elles réuniffent ces deux conditions.

Examen du troifie-me point : *Les avan-tages des peines*, d'où on ti-re, à mon avis, les avantages d'une cho-fe & à quoi on les con-noît.

Pour la premiere, qui eft la *néceffité*, je dirai
qu'elle confifte, à l'égard des *peines*, à deux
Points. 1°. D'être précifément tout ce qu'il faut
pour réprimer les vices ; & pour cela, de n'aller
pas au-delà du *pouvoir humain*, & de ne refter
pas, non plus, trop en-deffous. 2°. D'être ap-
pliquées à propos, & aux cas uniquement pour lefquels elles ont été faites : je ne dirai rien de ce
dernier point qui regarde la prudence & le difcernement du Juge, & forme la fcience-pratique du
Magiftrat. Quant à l'autre, qui conftitue le *Légiflateur*, fon obfervation conferve le *Droit naturel*,
& laiffe aux hommes toute leur liberté dans l'*Etat
civil*.

Ce que c'eft que la *néceffité* & la *conve-nance*, par rapport aux *peines*.

Mais, pour juger de cette *néceffité*, il faut la
voir dans fon rapport avec les hommes mêmes.
La *Convenance*, dont je parlerai enfuite, a trait

principalement aux idées d'ordre & d'arrangement que le Créateur nous laiffe appercevoir dans fes ouvrages , & dont notre éloignement ou notre proximité peuvent feuls décider de notre bonheur ou de notre malheur préfent.

Ce que c'eft que la peine

On définit (1), en général, la *peine*, *un mal que l'on fait fouffrir à quelqu'un avec autorité , & malgré lui, en conféquence d'un crime dont il s'eft rendu coupable.* Je trouve cette définition exacte, & plus fatisfaifante que celle (2) de *Grotius* ; puifqu'on y voit , & le *Souverain*, qui feul eft en droit de punir, & le *Coupable*, qui eft contraint, malgré lui, à recevoir la *punition :* ce qu'on n'apperçoit pas dans l'autre.

Voyez du Droit de la G. & de la P., Liv. II, Ch. XX, §. 1.

Les *peines* font de la nature des *remedes.*

Or , on ne punit point pour le plaifir de *punir*, & c'eft toujours en vue de quelque utilité que l'on maltraite ainfi, en pareil cas, fon femblable : d'où il fuit que les *peines* font de la nature des remedes (3), deftinés à guerir nos corps malades ; qu'ils ne font point bons , par eux-mêmes, & n'entrent point dans la claffe des chofes que l'on defire , leur miniftere étant fâcheux ; c'eft pourquoi l'on ne peut raifonner de leurs avantages , comme on fait des chofes naturellement bonnes & convenables à l'état réglé : celles-ci fervent en réjouiffant , les autres en affligeant. Ainfi , quand on eft

(1) Puffendorf, Tom. III , pag. 283.

(2) La *peine*, dit *Grotius*, à prendre ce mot dans fa fignification la plus générale, *eft un mal que l'on fait fouffrir à quelqu'un, à caufe du mal qu'il a commis.*

(3) Ci-après : *Deuxieme confidération.*

malade, la *Raison* veut, & la *Nature* indique de
n'employer des remèdes que qand on ne peut
l'éviter ; de n'ufer que de ceux qui, avec le moins
de dégoût ou de douleur, font le même effet; &
de ne prendre encore de ceux-ci actuellement
que le moins qu'il eft poffible.

Il en doit être de même des *peines* : il n'en faut
ufer qu'à la dernière extrémité ; nous devons pré-
férer celles qui, à vertu égale, font les moins
onéreufes à la fociété & au coupable, & encore
ne déployer, pour ainfi dire, de celle dont il
s'agira actuellement, que la plus petite quantité
poffible ; ce qui forme, à mon avis, trois confidérations effentielles, qu'il eft très-important
d'examiner, 1°. le *temps & l'occafion de punir ;*
2°. le *choix des peines* dans l'établiffement ; 3°. leur
ménagement à mefure qu'on les inflige. Il n'y aura
rien, je penfe, qui nous faffe mieux connoître nos
égaremens fur cette matiere que cet examen. Mais
comme l'ordre naturel, par rapport aux fociétés
civiles, où toutes les chofes doivent être arrê-
tées & prévues d'avance, nous préfente d'abord
la deuxieme de ces confidérations, je renverferai
l'ordre que j'ai pris; & mettant celle-là la premiere, je la remplacerai par la troifieme, & je
finirai par celle que j'ai d'abord expofée.

Trois confidérations effentielles qu'il en réfulte.

1°. Le *choix des peines.* « La crainte, dit Puf-
» fendorf (1), eft le moyen le plus efficace pour
» diriger & pour réprimer la volonté humaine,
» naturellement capable de fe déterminer vers

Premiere confidération : Le choix des peines.

(1) *Ut fuprà*, en commençant ce Chapitre.

De la crainte ; quelle est la meilleure à exciter ?

» l'un on l'autre des deux côtés oppofés ». Mais, premiérement, ce n'eft pas la crainte extérieure, fi on peut la nommer de la forte, qui opere cet effet : c'eft celle (1) qui, produite immédiatement par la vue intérieure du mal, eft fagement excitée par des menaces ou des punitions qui foient en proportion avec elle. La premiere eft comme *factice* : quelque grande qu'elle paroiffe, elle n'eft que l'effet du moment, & n'a pas plus de vertu fur nos ames pour les rendre meilleures, que n'en a fur le corps le plus bel avertiffement de la raifon, pour lui faire éviter dans l'inftant un coup fubit qui le menace. Il eft dans le cœur de tous les hommes un *intérêt* qui les jete, comme malgré eux, dans l'appréhenfion lorfqu'ils failliffent : les ames bien nées, fur-tout, l'apperçoivent, & fentent bien qu'il ne vient, ni de la vue des châtimens, ni de la cenfure publique, mais du reproche de leur confcience.

Méchant effet d'effrayer plus qu'on ne doit.

Ce n'eft pas qu'avec ces reproches fecrets, ces mêmes hommes fubiffent la peine volontiers : ils la fuiroient au contraire, s'il étoit en eux ; mais, quand elle eft mefurée fur la faute ou le délit, & qu'elle ne bleffe pas le *Droit naturel*, la douleur ou le chagrin qu'elle caufe laiffe encore à l'amour de la vertu toute fa force ; & l'on ne s'impute qu'à foi fon malheur : au lieu que, fi la peine eft mal appliquée, ou abfolument condamnable en foi, celui qui l'endure, plus frappé alors de

(1) Ci-après, Chap. IV, vers le milieu, où l'on voit en marge : *La crainte & la honte naturelle, feuls préfervatifs de toute mauvaife action.*

l'injuftice de la peine, que de fa faute, n'a pas
de quoi prêter l'oreille au langage intérieur de
la confcience : il voit, au contraire, une étrange
oppofition entre le *fait* & le *Droit :* il ne devroit
y avoir qu'un coupable, & il en apperçoit deux,
lui & la Loi : celle qui *punit* eft encore plus
défectueufe que lui-même ; le moyen que cette
confidération le corrige !

C'eft ce qui arrive principalement dans la *peine
de mort* , & dans tous les tourmens dont on l'accompagne fouvent, pour la rendre encore plus
terrible & plus douloureufe. Les miférables, il eft
vrai, qui les fubiffent, ne font que paffer, &
ils en fentent l'injuftice en ceffant de vivre : ou
bien ils meurent dans le préjugé, quand effrayés,
avec raifon, de l'idée des maux éternels que la
Religion leur préfente alors à propos, pour exciter leur repentir & les amener à une réfigna-
tion toujours préférable à l'endurciffement ou au
défefpoir, ils fe laiffent aller à cette confolante
penfée, (dans l'état forcé où ils fe trouvent), que
ce n'eft pas racheter trop cher leurs fautes paffées,
que de fe préferver des peines de l'autre monde,
par des fouffrances paffageres en celui-ci ; & d'acquérir par le facrifice de leur vie, une vie plus
glorieufe & plus durable. Mais ceux qui reftent,
les hommes les plus fages, comme les plus vicieux, ne peuvent goûter ce raifonnement, quoiqu'il contienne vérité au fond : ils font témoins
de ces exécutions fanglantes & cruelles, & s'en
étonnent : ils ont tout le temps d'y réfléchir ; &
les fréquens exemples qu'on en donne, ne fervent qu'à les faire gémir davantage fur le fort de
ces malheureux, que l'exceffive rigueur, quand
ils l'ont vue exercer fur les autres, n'a point

contenus. Mais, fi c'eft une peine perdue pour eux, il y a pour nous, ce méchant effet, que nous jetant tout entiers de ce côté, nous fentons diminuer; pour ainfi dire, l'horreur du forfait, à mefure que nous ne fommes plus bien à portée d'entendre ce cri fecret de la nature, qui nous porte à nous haïr nous-mêmes, quand nous fommes en faute, ou bien à juger, comme nous devons, du crime d'autrui.

La Loi injufte, encore plus révoltante, que le Magiftrat coupable des mêmes crimes qu'il punit.

Si rien n'eft plus indigne, comme le dit *Puffendorf* (1), ni plus propre à diminuer le refpect des Loix & du Magiftrat, que de voir ceux qui adminiftrent la juftice, entachés des mêmes vices qu'ils puniffent dans les autres, comme s'ils ne défendoient le crime (c'eft la penfée de cet Auteur) que pour fe réferver le droit d'en goûter feuls les douceurs : combien plus n'eft-on pas fondé à s'indigner contre la Loi, qui eft elle-même une injuftice, quand elle donne fur nos corps & fur notre vie, une autorité fans mefure, qui n'eft due à aucun homme fur la terre ? Le Magiftrat coupable des mêmes crimes qu'il punit, n'étouffe pas du moins le jugement intérieur de la confcience, quand la *peine* eft jufte en foi & proportionnée. On n'eft révolté alors que de fon audace & de la corruption du Gouvernement. Mais dans l'écart de la Loi, dans fes excès, dans fes entreprifes injuftes, outre que le Magiftrat peut encore s'en mettre à l'abri, le coupable eft alors entiérement livré à fes propres réflexions, fans appui, fans motif de confolation extérieure ; &

(1) Tom. III, pag. 295.

dans cet état, le défefpoir s'empareroit de fon ame, fi, comme j'ai dit, la Religion n'accouroit à propos à fon fecours pour le calmer & lui faire retrouver dans cette punition même, de quoi mériter au moins, d'être plus heureux & plus jufte dans l'autre vie.

Pour éviter ces écarts révoltans & indignes de la faculté de penfer dont l'homme eft doué, le meilleur moyen eft de rechercher les fins naturelles des *peines*, comme on recherche celles des remedes. En les développant, nous verrons combien la *peine de mort* eft abfurde & déraifonnable.

Ces *fins*, felon (1) *Puffendorf* font, « ou que » celui qui a commis le crime fe corrige ; ou que » les autres foient détournés, par fon exemple, » d'en commettre de pareils; ou que le coupable » foit mis hors d'état de nuire déformais à qui » que ce foit » ; & *Grotius*, dont il explique ou redreffe fouvent les penfées fur cette matiere, quoiqu'il le copie encore plus fouvent, dit que, « dans la punition on a en vue le bien du cou-» pable même, ou l'avantage de celui qui avoit » intérêt que le crime ne fût pas commis, ou » l'utilité de tous généralement ».

Fins des peines, felon Grotius & Puffendorf.

Il me femble que *Puffendorf* touche ici les vrais rapports d'utilité qu'on a en vue dans l'établiffement des *peines*; quoique la maniere dont *Grotius* s'exprime, paroiffe peut être encore plus réguliere, en ce qu'elle marque l'intérêt de toutes les perfonnes,

Défaut de vérité, en elles, par la peine de mort.

_____

(1) Tom. III, pag. 297.

favoir, celui du coupable, celui de la perfonne léfée, & celui de tout le monde en général. Néanmoins la *peine de mort* admife, (& *Puffendorf* ne la condamne pas), l'on peut dire qu'il y a dans leurs divifions, un défaut de vérité qui frappe ; & qui ne vient point de la nature de la chofe, mais du vice propre de cette peine extrême, laquelle les hommes ont ofé fe permettre.

Car, pour entrer en matiere, fi les *fins* qu'on nous expofe font juftes, elles le font pour ce genre de punition comme pour tous les autres : & de ce principe incontestable, il va naître contre leur fyftême des abfurdités & des contradictions énormes.

Premiere fin : la correction du coupable.

Abfurdité à cet égard par rapport à la peine de mort.

Ibid. Pag. 299.

D'abord, *Grotius* & *Puffendorf* difent tous deux formellement, *que le premier but des peines eft la correction du coupable;* & ils (1) ont raifon de remarquer *qu'on fe doit hâter d'éloigner tout ce qui fert d'attrait au vice pour empêcher l'habitude au mal de fe former ;* à quoi l'on ne fauroit mieux réuffir *qu'en ôtant la douceur du crime par l'amertume de la douleur :* ce qui fuppofe une punition capable d'opérer cet effet. Or il eft abfurde (je me fers des mêmes termes de *Puffendorf,* qui pourtant n'en fait pas le même ufage) *de vouloir réduire quelqu'un, pour le corriger, à un état ou il ne fauroit donner aucune marque de fon changement :* c'eft-à-dire, le *détruire.* Le but eft manqué entiérement : la *correction* fuppofe l'amour ; l'amour, le bien de la perfonne punie : & quel bien pour cette perfonne que de lui ôter la vie ?

_____

(1) *Ibid.* Pag. 298.

Ecoutons pourtant; l'illufion & le preftige font à leur comble : pour juftifier un pareil ufage, quelques-uns (1) foutiennent, que quand on eft devenu incorrigible, il vaudroit mieux être mort, *parce qu'on ne fait que croître de jour en jour en mé chanceté ; d'autant plus* (ajoute t-on) *qu'ordinairement de tels gens caufent beaucoup de chagrin & beaucoup de mal aux autres.* Grotius, il eft vrai, & *Puffendorf*, en rapportant cette façon de penfer, l'accompagnent de la réflexion qui fuit : *Que la charité ne permet pas de défefpérer, fans de très-grandes raifons, de l'amendement des pécheurs;* mais on ne voit rien en eux de cette vive indignation qui nous faifit à la vue de ce qui eft capable d'opprimer les hommes : au contraire, *Grotius*, après avoir dit (2) que cette forte de punition, qui a pour but le bien du coupable, ne peut pas s'étendre jufqu'à lui ôter la vie, ajoute immédiatement cette reftriction meurtriere : *fi ce n'eft indirectement, & en tant que l'on ramene à une idée pofitive, une idée négative toute oppofée.* Il ofe même faire une comparaifon indécente & libre, de ce qu'a dit le (3) *Sauveur du monde* de certaines ames endurcies, avec le raifonnement qu'on vient de voir; comme fi la réflexion de ce divin Maître, qui fe rapporte uniquement à l'état futur de ces malheureux dans l'autre vie, & qui ne change rien, pour lors, à leur condition actuelle, pouvoit s'appliquer au cas dont il s'agit, & nous au-

Opinion infoutenable, & qui eft le comble de l'illufion & de l'erreur, au fujet de cette méchante pratique de faire mourir les criminels.

Combien Grotius ici s'égare, & abufe d'une parole de Jefus-Chrift.

(1) Dans Puffendorf, Tom. III, pag. 299, & Tom. II, pag. 61.
(2) *Ibid.* Pag. 61, Tom. II.
(3) *Qu'il y a des gens* (Marc XIV, 21) *pour qui il vaudroit mieux de n'être point nés.*

torifer à leur donner cette singuliere marque d'a-
mour que de les priver de la vie. Il n'est pas
jufqu'à l'Apôtre *Saint Jean* que *Grotius* ne cite (1)
ici, & dont il appuie le témoignage de quelques paroles (2) de *Saint Chryfoftome*, fans s'appercevoir que, tant l'un que l'autre, ils font abf-
traction de toutes peines temporelles ; & n'envi-
fagent dans ces pécheurs incorrigibles, dont ils
parlent, que cet état affuré, pour ainfi dire, où
ils font d'être châtiés & perdus dans l'autre vie.

Ibid.

Et *Puffendorf*, comme s'il en avoit trop dit,
après la réflexion que nous avons vue au fujet de
la *charité*, prend la précaution, avant de finir cet
article (3), d'obferver que » quand il a dit qu'on
» fait mourir le coupable lorfqu'il eft devenu in-
» corrigible, il ne prétend pas pour cela, avec
» *Platon*, qu'on ne doive punir de mort que ceux
» qui ont contracté une fi forte habitude de quel-
» que vice. Cela peut être obfervé, *dit-il*, à
» l'égard des crimes légers ; mais on ne fauroit
» l'appliquer aux crimes atroces ; car un homme
» n'étant déclaré incorrigible qu'après plufieurs re-
» chûtes dans le même crime, il ne feroit pas,
» fans contredit, avantageux à l'Etat, d'attendre
» que des crimes énormes euffent été commis plu-
» fieurs fois par une perfonne ». C'eft ainfi que ces
Auteurs, amis de l'humanité, traitent ce premier
but des *Peines : la correction du coupable.* Ils veulent

*Puffendorf
auffi fem-
ble crain-
dre de n'ê-
tre trop in-
dulgent.*

(1) *Qu'il y a une forte de pécheurs* (Epître V, 16) dont
le péché va à la mort.

(2) Note 6, au même endroit, pag. 61 du Tom. II.

(3) *Ibid.* P. 199.

fon bien; mais ils le mettent à mort pour le corriger.
Quelle inconféquence !

Ils ne font pas plus heureux dans le fecond but, qui eft l'*avantage de la perfonne léfée*. *Grotius*, qui en fait un point de fa divifion, ne préfente qu'un objet imaginaire, fi nous fuppofons la *peine de mort* contre le coupable, & la mort auffi de la perfonne attaquée ; & cette *fin*, qui eft en faveur de celui qui avoit intérêt que le crime ne fût pas commis, quand le mal eft irréparable comme dans l'*homicide*, ne peut tout au plus qu'être confondue dans la derniere, qui eft l'*utilité de tous généralement*. *Puffendorf* ne tombe pas dans cet inconvénient, par l'autre *fin* qu'il a indiquée, & qui eft très-réelle (1) ; néanmoins il adopte la divifion de *Grotius* ; & s'emparant de fes mêmes raifons, pour en expliquer les divers points, il raifonne de celui dont il s'agit, comme s'il avoit réellement fon exiftence ; ce qui m'engage à faire à mon tour le raifonnement qui fuit : *Si l'avantage de la perfonne léfée confifte* (& cela eft vrai) *à* (2) *n'être plus expofée déformais à de pareilles infultes, ni de la part de celui que l'on punit, ni de la part d'aucun autre,* comment peut-on envifager féparément, dans la déduction que l'on fait des motifs qui ont engagé à établir les *peines*, l'intérêt de cette *perfonne léfée*, de l'intérêt général, lorfqu'elle a péri fous le fer de l'affaffin ? Evidemment ce motif eft une chimère, puifqu'on ne

Deuxieme fin : L'avantage de la perfonne léfée.

Inutilité de la peine de mort à cet égard, quand la perfonne léfée a été tuée.

_____

(1) Ci-devant, *que le coupable foit mis hors d'état de nuire déformais à qui que ce foit.*

(2) *Ibid.* Dans Puffendorf, pag. 199.

l'a que trop mife hors d'état d'être expofée déformais à de pareilles infultes. Et cependant *Puffendorf*, là même, ne fait pas difficulté de dire,
avec *Grotius*, *qu'on pourvoit aussi à la fûreté de
la personne léfée, en faisant mourir le coupable.* De
forte qu'il y a ici une remarque finguliere à faire:
en puniffant de *mort* le coupable, quand la perfonne léfée n'eft plus en état d'en profiter, c'eft
bien chofe fuperflue pour elle ; & toutefois l'on
a entendu, en trouvant cette *peine* jufte, que ce
ne fût pas inutilement, pour cette même perfonne,
qu'on févît ainfi. Il faut donc de deux chofes l'une:
ou que cette peine foit inutile, & par conféquent
déraifonnable, ou qu'on ait fuppofé qu'elle pouvoit avoir lieu pour des cas moindres que l'homicide ; & que celui qui avoit encore fes jours
entiers & fon corps fain, pût jouir de la mort d'un
autre qui l'auroit griévement offenfé. Mais alors,
que penfer d'une Loi qui autoriferoit, ou plûtôt
qui ordonneroit ou une punition fi grave qui feroit
fi abfolument inutile, ou une difproportion fi forte
entre la peine & l'injure ? Et n'eft-ce pas dans
cette irrégularité criante que l'on reconnoît fon
injuftice & fon excès ?

Ibid.
Pag. 300.

Il eft jufte pourtant que la *perfonne léfée* foit
confidérée dans les avantages que l'on s'eft propofé de tirer des *peines*. Ce n'eft pas affez que
l'on veuille garantir un chacun d'infultes ; que l'on
dégoûte même tout autre de la fociété de lui faire
un femblable tort ; il faut encore empêcher, autant qu'il eft poffible, que l'offenfeur qui a ofé lui
faire injure, foit tenté d'y retourner. Cela donc fuppofe toujours que cette même perfonne léfée eft en
vie ; & par conféquent, la mort du coupable ne peut
 être le moyen légitime de la conferver. Mais fi nous

la fuppofons 'périe des mains d'un affaffin , la mort du coupable eft alors un moyen très-certainement inutile ; & le but dont on nous entretient, eft une vifion ridicule & manquée.

Il refte la troifieme & derniere *fin* des peines, qui eft, *l'avantage de tout le monde généralement*, fuivant les termes de *Grotius* ; & *la fûreté & l'utilité publique*, fuivant ceux de *Puffendorf* : ce qui eft abfolument la même chofe. Ces deux Auteurs (& *Puffendorf* en ceci n'a fait que copier l'autre), conviennent entiérement « que ce but demande, » ou que le coupable lui-même foit puni d'une » maniere qui empêche qu'il ne faffe plus de mal » à perfonne, ou que les autres foient détournés » de fe porter à de pareilles actions envers qui » que ce foit par l'efpérance de l'impunité ».

Sur le premier objet, ils nous difent qu'on *y remédie par les mêmes moyens dont on fe fert pour mettre en fûreté la perfonne léfée ;* & fur le fecond, *qu'on y emploie des punitions exemplaires, que l'on fait à la vue de tout le monde.*

Il eft évident, à cet égard-ci, qu'il faut rendre les punitions *publiques* pour les rendre utiles, foit à tout le Corps des Citoyens, foit à la perfonne qui a été finguliérement offenfée ; & c'eft pour cela que l'on fait juftice ordinairement, comme on le dit (1), non dans la prifon, mais dans les places & les lieux les plus fréquentés. Si les Lacédémoniens (2) faifoient mourir de nuit les criminels,

Troifieme fin : L'avantage de tout le monde généralement.

Grotius, Tom. II, pag. 66. Puff. Tom. III, p. 300.

Ce que demande cette fin, felon ces deux Auteurs.

Moyens indiqués.

Les punitions publiques.

L'ufage des Lacédémoniens de faire mourir de nuit les cri-

___

(1) Puffendorf, Tom. III, pag. 300.
(2) *Ibid.* Pag. 301, à la marge.

minels, mal interprêté par Barbeyrac.

c'eſt par une raiſon bien éloignée, je penſe, de celle qu'en donne *Barbeyrac*, qu'*ils croyoient que l'horreur des ténebres ſervoit à rendre le ſupplice plus affreux*. L'auſtere vertu des Spartiates ſuppoſoit un motif plus noble : c'étoit faire honneur à l'humanité que de lui ſauver, en quelque ſorte, le déplaiſir d'une mauvaiſe action, & la honte de la voir punir : ils avoient une bonne opinion des hommes. Chez nous, au contraire, les exécutions de mort ſont des ſpectacles de curioſité & des fêtes pour la populace ; les gens même d'un certain rang y accourent, ſelon la dignité ou la condition du coupable. On accompagne ces ſupplices d'un terrible appareil, qui frappe & qui effraie dans le moment, mais qui n'eſt, après tout, qu'un témoignage de plus que nos mœurs ſont mauvaiſes, & que les hommes reſtent toujours tels qu'ils ſont.

La *peine de mort* rend cette *troiſieme fin* tout auſſi abſurde, inutile & déraiſonnable, que les deux premieres.

Mais, pour revenir aux moyens auxquels on nous renvoie, *pour empêcher que celui qui a fait du mal à quelqu'un n'en faſſe déſormais à aucun autre* : Je dis que, puiſqu'il eſt encore queſtion de la *peine de mort*, qu'on la met à la tête de ces mêmes moyens, nous devons tout de même trouver cette *troiſieme fin*, & abſurde par ſon inconſéquence, & déraiſonnable par ſon inutilité, & injuſte par ſon défaut de proportion : étant impoſſible qu'il y ait d'autres regles de ſageſſe à ſuivre : c'eſt ce qu'il me faut démontrer.

Objection & Réponſe.

La grande raiſon ſur laquelle j'ai appuyé tantôt mon raiſonnement, c'eſt que la perſonne étant morte, il étoit abſurde de faire périr l'aſſaſſin, puiſqu'il étoit impoſſible qu'elle tirât avantage de ſa punition ; & dans la queſtion préſente, toutes les perfonnes intéreffées à ce qu'un pareil forfait n'arrive plus, font en vie : de forte qu'il n'y auroit point ici de parité, & que je ne pourrois, ce femble, conclure de même. Expliquons-nous, pour tirer l'efpece d'embarras que cela préfente; & développons un fujet qui gagnera beaucoup à être connu, & dont la vérité eft la bafe.

Je dis en premier lieu, que dans une fociété d'individus, tous de même nature, il ne fauroit rien y avoir de vrai, de bon & de jufte, pour l'un d'eux en particulier, qu'il ne le foit auffi pour tout le corps enfemble. Il faut établir pour cela, comme un principe inconteftable, que la totalité n'eft ici qu'un nombre d'unités prifes enfemble, & abfolument analogues. Chacun fait que les propriétés de *l'unité* ne font pas autres intrinféquement, que celles du *nombre* dont les unités réunies font partie, chacune en particulier; & que les mêmes proportions dont celui-ci eft fufceptible, fe retrouvent pareillement dans la divifion de l'unité: c'eft-à-dire, que les fractions ne font au vrai, que les mêmes vérités répétées. La feule différence eft dans la *quantité* & l'*étendue* : les objets de ces vérités font plus ou moins grands, felon qu'il s'agit d'un tout, relativement à fes parties; ou d'une de fes parties, relativement à fes propres parties à elle. Mais une vérité dans le petit, ne l'eft pas davantage dans le grand, ni ne peut l'être d'une autre maniere; & il n'eft pas plus vrai, ou il n'eft pas autrement vrai, que les trois tiers font un entier qu'il ne l'eft, que le nombre de trois eft un compofé de trois unités : & quand je dis *un compofé*, l'expreffion eft encore impropre; car le mot fuppofe le plus fouvent un mé-

Définition de la totalité par rapport à fes membres.

Idée des nombres quant à leurs unités, & des unités quant à elles-mêmes.

lange, une *mixtion* d'une chofe dans une autre; ce qui ne fauroit être dans l'idée que nous avons de la quantité *morale* & d'une fociété d'hommes, relativement à chaque homme en particulier, puif-qu'ils reftent toujours les mêmes.

Application au cas préfent. Cela pofé, comment concevoir que s'il n'eft pas permis de punir de mort les criminels pour l'avantage de la perfonne léfée, il puiffe l'être pour le bien de tous, généralement ? Leurs inté-rêts font-ils différens ? Et la perfonne léfée eft-elle d'une autre efpece ? ou bien tous les autres enfem-ble font-ils d'une qualité fupérieure ? L'avantage de tout le monde, n'eft que l'avantage de tous en particulier. Or, fi l'avantage du particulier ne demande point cette punition, celui de tout le corps ne fauroit la demander : il y répugne même.

Ce que la Loi géné-rale envi-fage. En effet, il y auroit en cela une contradiction manifefte : ce ne font pas des petits intérêts d'un moment, & du caprice que la *Loi générale* envi-fage, en établiffant fes décrets ; elle va au bien effentiel, au bien propre & folide de la chofe, & c'eft toujours celui qui, dans le particulier, s'ac-corde entiérement avec le bien de tout le monde; & qui, dans le bien de tout le monde, fuppofe toujours celui de tous les particuliers. Le *vrai*, le **Ce que font le *vrai*, le *bon* & le *jufte*.** *bon* & le *jufte* font trois mots qui fe réuniffent au même but, & que l'on retrouvera toujours enfem-ble, quoi qu'on faffe : ils expriment abfolument la même idée, à différens égards. Par exemple, il eft *vrai* qu'il ne faut point voler ; cela fe fent par l'intérêt que nous avons tous, qu'on ne nous enleve point ce que nous poffédons, car autrement de

quoi ferions - nous affurés quand nous tiendrions
quelque chofe? & nous ne pourrions dire avoir
véritablement à nous que les alimens que nous
aurions pris pour appaifer notre faim : l'on fent
qu'il faut une certaine poffeffion affurée. Quant
à la *bonté* de cette maxime, elle fuit fans doute
de ce que nous venons de dire : fi elle contient
vérité, elle eft bonne. Le voleur ne fauroit la
trouver mauvaife, car elle vient à fon appui pour
les mêmes chofes qu'il poffede; & il n'a même
point entendu, en prenant celles des autres, qu'on
les lui volât. Et pour la *Juftice*, qui n'eft que
l'exacte obfervation de l'ordre & de l'harmonie
qui doivent régner par-tout, (fans quoi point de
lumiere & d'accord, & le monde entier n'eft qu'un
chaos & nne confufion) il eft inconteftable que la
maxime *de ne point voler*, fe trouve jufte dans
toutes fes parties, & câdre avec les idées naturelles que nous avons, que tout foit mis à fa place, & qu'on ne dérange point le bonheur particulier, non plus que le bonheur public, qui en
eft inféparable.

De cet exemple, il faut conclure que quand
nous trouvons *vrai* ce que nous avons dit, qu'il eft
inutile & déraifonnable de faire mourir les criminels pour l'avantage de la perfonne léfée, quand
cette perfonne n'exifte plus, cela eft *bon* & *jufte*
en même temps : *bon*, en ce que l'on ne fait point
alors un acte contraire au fens commun, & qu'il
n'en peut méfarriver pour perfonne ; au contraire,
puifqu'il eft d'autres précautions à prendre, dont
nous parlerons dans peu : & *jufte*, en ce que l'on
n'étend point un pouvoir au-delà de fes bornes,

Comment ils s'uniffent tous les trois, pour ne pas faire mourir les criminels.

& que nous n'entreprenons point fur les voies du Créateur.

Mais j'ai dit que la *Loi*, en établiffant fes décrets, va au plus grand bien & au vrai bien des parti-culiers, lorfqu'elle prononce pour le *général*. Elle ne ftatue jamais fur des fantaifies, je le répete, ni fur des intérêts mal entendus. Elle embraffe la généralité, fans perdre de vue les membres; & après tout, c'eft de ceux-ci qu'elle s'occupe : je parle, comme on le conçoit, de la Loi non écrit, de cette Loi qui eft gravée dans les cœurs, & qui devroit être le modele de toutes les Loix *pofitives*.

Or, il eft impoffible, encore une fois, que ce qu'elle entend être *vrai*, *bon* & *jufte*, pour les hommes en particulier, ceffe d'être tel, en les confidérant raffemblés en corps de nations. La verité ne change point par cet affemblage, ce font encore les mêmes hommes; & leurs intérêts per-fonnels, (je parle des vrais & des folides) font ceux précifément de la communauté. S'il eft mal de punir de mort les *homicides*, par rapport à la perfonne léfée, dans les cas mêmes où elle ne vit plus, il l'eft femblablement à l'égard du corps en-tier, quoique les autres vivent encore.

Pour le bien entendre, je dois dire que ce n'eft pas uniquement parce que la perfonne léfée eft morte, (dans ce cas de la feconde *fin des peines*) que celle du dernier fupplice eft mal entendue & déraifon-nable : c'eft qu'elle eft injufte au fond, abfurde, & abfolument mauvaife. Toutes les mauvaifes qualités , en fait du *moral* & de la *Loi naturelle*, accompagnent un mauvais principe ; le *vrai* , le *bon* & le *juste* dont j'ai parlé, se rappellent réciproquement , & se supposent l'un l'autre. Si le *juste* manque , la *vérité* & la *bonté* disparoissent ; comme sans la *bonté* , il ne peut y avoir ni *vérité* ni *justice*.

Or , j'ai prouvé ailleurs que la *peine de mort* est souverainement injuste. Comment pourroit - elle donc être fondée sur la vérité , & être salutaire aux hommes ? Conséquence sûre contre la *peine de mort*.

Voilà donc les *trois fins des peines* devenues absurdes , contradictoires, tout-à-fait déraisonnables : & néanmoins l'on doit convenir qu'elles sont bien & fidelement prises d'après la nature de la chose & le bon sens, & remplissent tout ce que l'on doit se proposer dans cette fâcheuse obligation de punir des hommes ; car *cette fin de maintenir le respect des Loix & de la Magistrature* (dont parle Puffendorf), est tacitement renfermée dans les autres, & l'on ne peut mettre en ligne de compte cette autre *fin, de satisfaire à la Justice, ou d'expier le crime ; c'est-à-dire, de redresser, pour ainsi dire, l'obliquité que l'on conçoit dans une action qui s'écarte de la regle ou de la loi ;* ce qui regarde uniquement la *Justice Divine*, ainsi que *Puffendorf* le dit , & que je l'ai observé en différens endroits de cet Ouvrage. Les *trois fins des peines* sont pourtant justes & bien trouvées. Tom. III, pag. 301, §. XII.

Mais , d'où leur viendra (à ces trois *fins* véritables) un contraste aussi étonnant , & un changement si considérable à l'occasion de la *peine de mort,* si ce n'est qu'on les a écoutées séparément, D'où leur vient la contradiction qui est entre elles,

par la *peine de mort ?*

& qu'on leur a donné, à chacune en particulier, une force & une action qu'on ne devoit chercher que dans leur enfemble ? Oui : la caufe fecrete qui a introduit cette peine énorme, eft qu'on ne les a pas confultées à la fois ; & qu'on n'a pas penfé que c'étoit dans leur union feule & leur parfait accord, que confiftoit la regle du *Droit de punir.* Cette vérité-ci eft fouveraine &

A quoi il falloit les comparer ?

palpable : regardez les trois *fins*, dans l'adminif-tration des peines, comme trois juges prépofés à connoître des crimes ou des fautes des particuliers, & dont l'intervention à la fois eft abfolument requife pour rendre un jugement valide. Si l'un d'eux manque, les deux autres font infuffifans : ainfi va la maxime commune que *tres faciunt capitulum*, & que deux ne peuvent

Néceffité de les admettre toutes trois au confeil, & de ne fe décider que par leur enfemble.

le faire. Il en doit être de même, quand il s'agit de punir un *homicide :* fi vous n'écoutez que la *fûreté publique*, c'eft-à-dire, l'avantage de ceux qui reftent, il pourra vous apparoître qu'on ne fera jamais mieux à couvert d'une pareille offenfe qu'en faifant mourir l'aggreffeur, puifqu'il fera impoffible qu'il commette jamais plus une action fi noire. Mais fi vous entendez ce que vous remontre la *premiere fin*, qui eft la *correction du coupable*, & fi vous vous rendez attentifs à ce qui fe voit évidemment dans la feconde, au moyen que *la perfonne léfée ne vit plus*, vous comprendrez bien vîte que le deffein de faire périr le coupable eft un renverfement de la raifon & de l'ordre public : car il eft toujours befoin, & il faut néceffairement *corriger* ce même coupable, qui eft un malade à guérir ; & il eft, d'autre part, contre le bon fens, de faire, par rapport à lui, quelque chofe d'inutile.

L'oubli, l'ignorance, ou le mépris de la vérité que j'expose, ont donné jour à tant de maximes sanguinaires que nous avons vues, & ont fait établir la *peine de mort*, & l'ont fait regarder comme très-légitime. Il n'est pas douteux encore, qu'en se frappant du dernier but des peines, qui est de préserver le corps entier de tout pareil attentat, on n'ait d'autant plus été enclin à sacrifier les deux autres fins, qu'on a été séduit par ce *principe*, vrai en soi, mais qui a besoin d'être entendu, que *l'intérêt particulier doit toujours céder au général, & que la perte d'un seul homme n'est rien pourvu qu'on sauve les autres.* Cette derniere proposition trouvera sa place ailleurs; mais pour l'autre, c'est-à-dire, *l'intérêt particulier*, &c. le principe n'est vrai qu'autant qu'il ne s'agit point de la perte de la vie en celui qu'on veut punir; & que l'intérêt général, non plus, n'exige pas un sacrifice de cette nature : ce que je ne pense pas pouvoir jamais arriver; car, comme nous l'avons dit (1), il est mille autres moyens de se garantir de toute récidive de la part d'un assassin, sans lui ôter la vie; & *Grotius* & *Puffendorf* en conviennent; puisqu'avec la *peine de mort*, ils indiquent les autres voies par lesquelles on le met dans l'impuissance d'exécuter ses mauvais desseins : comme en l'enfermant dans une prison; en lui ôtant les armes & tous les autres instrumens dont il pourroit se servir pour faire du mal; en l'envoyant dans quelque lieu éloigné, &c., ou enfin en lui

A l'oubli, ou au mépris de cette maxime, s'est joint encore le principe séduisant que l'intérêt particulier doit toujours céder au général.

Explication de ce principe; & conditions requises pour qu'il soit vrai.

Moyens, autres que la peine de mort, admis en même temps par Grotius & Puffendorf pour punir les crimes.

---

(1) Ci-devant, quatrieme ou cinquieme pages, en commençant ce Chapitre, où l'on voit en marge : *Excès des maximes de nos Ecrivains*, &c.

apprenant à devenir fage par l'expérience du mal qu'on lui fait fouffrir « ce qui a du rap- » port, *dit Puffendorf*, avec la correction. Et il » eft fi naturel, *ajoute-t-il*, de punir dans cette » vue que lors même que par un emportement » de colere & une ardeur de vengeance, on a » bien étrillé une perfonne de qui l'on avoit reçu » quelque injure, on ajoute enfin : *Reviens y une* » *autre fois* ».

Réflexion fur le peu d'effet d'une ou de plu-fieurs bon-nes vérités recon-nues, au regard de mauvais principes dont on refte en même temps im-bu.

Il eft bien étonnant qu'une vérité ne mene pas à l'autre : ou plutôt, qu'un efprit qui eft accoutumé à réfléchir, ne reconnoiffe pas, dans une ou plufieurs vérités qu'il avoue, une foule de conféquences bien liées, qui l'euffent facilement détrompé fur fes mauvais principes ! C'eft ainfi que je trouve nos deux célebres Auteurs, pref-que toujours en contradiction avec eux-mêmes, & c'eft le défaut de tous ceux qui font venus après eux. La *peine de mort* eft toujours, à leurs yeux, fondée en droit & en raifon ; & ils font pourtant des aveux qui la combattent fans ceffe !

Deuxieme Confidéra-tion : Eco-nomie dans la peine mê-me.

Paffons à la *deuxieme confidération* (1) *à l'égard des peines* : nous y verrons d'un trait lumineux la folie & l'énormité de cette *peine de mort*. Nous avons dit (2) qu'elles fuivent la nature des remedes, qui ne font point dans l'ordre des chofes deftinées à l'état réglé & à notre bonheur, puifqu'ils ne nous fervent qu'en nous faifant fouffrir. On ne fauroit donc raifonner des avantages des *peines*

---

(1) Prife de *Puffendorf*, comme on a vu au commencement de ce Chapitre.

(2) Ci-devant aux mots en marge : Les *peines* font de la nature des *remedes*.

par rapport à la société, comme on fait des choses
naturellement bonnes & d'un usage continuel. De
sorte qu'il est évident que la plus grande précision
est ici requise ; & qu'il n'est besoin, dans la nécessité de les employer, que d'en départir la plus
petite portion possible, de chacune d'elles ; c'est-
à-dire, de celle dont il sera alors question.

Il n'en est pas de même des alimens propres
à nous nourrir. La sage nature, pour l'homme
non civilisé, qui n'a pas encore gâté ses mœurs.,
le porte bien à ne manger précisément que ce
qu'il lui faut pour vivre, & à manger encore
les mets les plus simples ; mais, si venant à dé-
velopper ses goûts & à flater sa sensualité ; il passe
au-delà du besoin & à une nourriture recherchée,
cet excès ou cette délicatesse dans les vivres, si
c'est sa maniere accoutumée, ne sauroit absolument lui nuire, pourvu qu'il sache mettre entre
les repas de longs intervalles : à quoi la quantité
d'alimens, & les mets exquis, par eux - mêmes,
le déterminent assez.

Mais l'excès des remedes, ou les remedes
violens peuvent être meurtriers par eux-mêmes,
ou bien déranger entiérement la machine : Ils
augmentent la maladie, ou ils en occasionnent
de nouvelles, qui sont ou incurables ou plus
difficiles à guérir. Pour les remedes violens, ils
sont toujours trop dangereux. Quant aux autres,
le moins qu'on ait à leur reprocher, c'est d'avoir
fatigué inutilement ; & s'ils sont habituels, de nous
tenir dans une santé foible & chancelante.

Et quand j'ai dit que l'excès dans le manger
n'incommode point, pourvu qu'on en ait pris
l'habitude, & qu'on n'y revienne que bien tard, ne

On ne
doit pas
même.

pour les alimens, uſer actuellement de toute la force de ſon eſtomac.

feroit-ce pas que je me trompe ? Oui, ſans doute : il eſt toujours un trop, qui dans la quantité & la qualité des mets qu'on prendra, excede les forces actuelles de l'eſtomac ; & c'eſt les excéder que de les employer toutes actuellement à la nutrition de l'homme. Nous faiſons

C'eſt une regle qui s'étend ſur tout.

toujours mal ce que nous faiſons, quand nous ne reſtons pas en deſſous de notre puiſſance, comme il eſt facile de le remarquer dans les fonctions qui ſont laiſſées à notre libéral arbitre.

Les peines, même légitimes, doivent la ſuivre.

D'où j'infere que, pour les punitions même, qui par leur eſſence ſont permiſes, on ne doit point les employer dans toute leur étendue. Ce reſſort viſible, qui tient les hommes en crainte, s'affoiblit à meſure qu'il n'eſt pas ménagé ; & ſi on lui fait faire tout ſon effort, bientôt il n'en fera plus : (1) C'eſt la raiſon pourquoi les peines les plus rigoureuſes ne ſont pas plus utiles à la longue que les plus modérées ; & c'eſt pour n'avoir pas obſervé cette ſage regle, qu'on en eſt venu inſenſiblement à les porter à ces excès où nous les voyons, & à trouver même que la *peine de mort* n'étoit pas aſſez forte.

Mais comment la pratiqueroit-on pour la *peine de mort ?*

Mais, ſi l'on doit uſer même d'économie dans l'infliction actuelle de chaque *peine* permiſe, c'eſt-à-dire, n'en diſtribuer, pour ainſi dire, que par parcelles ; comment penſe t-on que cela ſe puiſſe, à l'égard des exécutions ſanglantes, dont la ſcene ne finit que par la ceſſation de la vie ? N'eſt-ce

---

(1) Voyez ci-devant vers la douzieme page de ce Chapitre, aux mots en marge : *les peines exceſſives de nul effet.*

pas ici le plus grand argument, ou du moins, celui qui fe faffe le mieux fentir, pour montrer que ce genre de châtiment ne peut entrer dans les moyens que la *raifon* & la *nature* indiquent pour remédier aux défordres des crimes, & prévenir les maux qu'ils pourroient entraîner ? L'on doit ufer avec tant de difcrétion des *peines*, qu'il n'en faut, comme j'ai dit, départir, même à chaque fois, que la plus petite partie poffible : Et l'on emploie la mort qui ne peut fe divifer & que l'on donne, par conféquent toute entiere ! Le malade creve effectivement, & c'eft un vuide de plus que l'on fait dans l'efpece humaine.

III. *Le temps & l'occafion de punir.* Il s'agit ici de favoir quand eft-ce que les peines doivent être prononcées par le Magiftrat ou le Souverain. Pour cela, il faut connoître quel but les hommes doivent fe propofer, en les infligeant, lorfque le dommage a été réparé, ou qu'il eft irréparable de fa nature. « J'avoue, *dit Puffendorf*, que quand on punit, » il faut néceffairement avoir égard au paffé, ou » au mal qui a été commis, fans quoi on ne » fauroit concevoir de véritable peine : mais on » doit auffi, en même-temps, prendre garde de » ne pas faire fouffrir fans néceffité un coupa- » ble, à la verité, mais toujours uni avec nous » par les liens de l'humanité commune, pour une » action qui ne fauroit plus être redreffée. *Platon* difoit que *celui qui châtie avec raifon, châtie non pour les fautes paffées* (car il n'eft pas poffible d'empêcher que ce qui a été fait n'ait été fait) *mais pour les fautes à venir, afin que le coupable n'y retombe pas lui-même, & que les autres pro-*

Troifiem*e* Confidéra- tion fur les peines : *ne les em- ployer que forcément.*

L'on en a penfé af- fez jufte, quand on a fuivi le fentiment naturel.

Tom. III, pag. 297.

Ibid.

fitent de fa punition (1). *Hobbes* (2), penfant à-
peu-près de même, s'énonce de cette maniere :
« Par la Loi naturelle, chacun eft tenu de par-
» donner les injures, moyennant qu'il ait de
» bonnes fûretés pour l'avenir ; & la vengeance,
» dans laquelle on ne regarde que le paffé, n'eft
» autre chofe qu'un vain triomphe & une fauffe
» gloire, qui ne fe propofe aucun but, & qui,
» par conféquent, eft contraire à la raifon».

Deux
points dé-
cififs pour
connoître
la néceffité
actuelle de
punir.

Ainfi, comme le dit (3) *Puffendorf*, le véritable
but des peines eft, en général, de prévenir les
maux & les injures que les hommes ônt a craindre les uns des autres. Mais quand eft-ce donc
qu'ils ont à craindre ces *maux* & ces *injures ?*
c'eft quand ils les voient commettre impunément,
& que ces maux font confidérables : il y a là une
regle (4) d'autant plus fûre, que ce font les deux
feuls points qui décident de la néceffité actuelle
de punir. Mais l'un ne va point fans l'autre : car
les dangers de l'impunité n'effraient que par ce
qu'ils fuppofent ordinairement la grandeur des
injures, ou qu'après une légere faute l'on s'en
permettra de plus grandes. Ceci conduit donc à
examiner trois propofitions de *Puffendorf*, qui, fi
elles étoient fondéês, feroient exception à cette
regle : nous allons les voir dans le Chapitre fuivant. Pour moi je foutiensqu'il ne fauroit y avoir
d'exception à la néceffité de punir.

---

(1) Ce langage exclut tacitement la *peine de mort.*
(2) Dans Puff. *Ibid.*
(3) *Ibid.* §. 9.
(4) Cette regle rappellée au Chapitre fuivant, à-peu-près
à un tiers du commencement.

CHAPITRE IV.

CHAPITRE IV.

Que la nécessité des peines interdit absolument la faculté de faire grace ; où l'on verra encore , en passant , l'injustice de la Peine de Mort.

LA regle que nous venons de poser en finissant le Chapitre précédent , pour connoître quand est-ce qu'il est actuellement nécessaire de punir , a pour fondement cette vérité , que je crois pouvoir donner comme un principe : que *tous les sujets d'un Etat ayant également part aux avantages que l'on retire de l'établissement des peines , ils doivent y être également soumis quand ils faillissent :* c'est-à-dire , qu'il ne doit y avoir entr'eux , à cet égard , aucune distinction de rang , ni de condition : pareilles exceptions étant encore plus insupportables , & plus fâcheuses pour l'espece humaine , que les préférences d'honneurs & de prérogatives qu'on accorde à la faveur ou à la naissance.

Fondement de la regle qui termine le précédent Chapitre , pour connoître la nécessité actuelle de punir.

Néanmoins *Grotius & Puffendorf* , & tous les Auteurs qui ont écrit sur le *Droit Naturel* & le *Droit Civil* , suivant le torrent de la Coutume , bien plus qu'un sage examen qu'ils n'ont point fait ; (car il y a des vérités réelles qui ne le font pourtant , que moyennant des conditions données) tous ces Auteurs , dis - je , ne font pas difficulté d'admettre en général la nécessité & la convenance de *faire grace* à de certains coupables , sans remarquer combien peu ces traitemens indulgens

Réflexion sur l'inconséquence & le peu de lumiere , avec lesquelles on a prétendu pouvoir faire des exceptions à cette nécessité ac-

cuelle de punir.

font affortis à l'excès de rigueur où nous avons porté les punitions ; quoiqu'encore, en cela même, l'on apperçoive le vice de nos établiffemens civils ou politiques : la *peine de mort* eft fi au-delà de toute proportion, que c'eft reconnoître, en un fens, lorfqu'on s'en écarte, l'injuftice de la peine, dans ces mêmes occafions où l'on fe la permet. C'eft un mal que de fe tirer de la Loi ; mais l'on avoue alors tacitement, que la Loi eft injufte : or la Loi eft invariable ; & s'il eft vrai qu'on doive, par fois, *faire grace*, il faut donc que la Loi elle-même foit mauvaife, & que les hommes aient mal conçu à cet égard ce qu'ils faifoient. Je vais rapporter les trois Propofitions de *Puffendorf*, qui établiffent des exceptions dans un genre de traitement qui doit être égal pour tout le monde.

Trois Propofitions, établies par *Puffendorf*, a cet effet.

Il dit (1) *qu'on n'eft pas toujours obligé de punir, fans rémiffion, les péchés qui, d'ailleurs, font puniffables par eux-mêmes, devant le tribnal humain.* Il établit enfuite (2) *comment on peut pardonner avant qu'il y ait des Loix pénales ; & enfin, (3) en quel cas auffi on peut pardonner les crimes commis contre une Loi pénale.* Nous allons le fuivre dans cette divifion, puifque les points qu'elle renferme font précifément ceux qui s'offrent à traiter. Mais je dois entrer dans un plus mûr examen, qu'il n'a fait lui-même, des raifons fur lefquelles il les appuie, pour voir fi elles font bien-fondées.

_____

(1) Tom. III, pag. 304, §. 15.
(2) *Ibid.* Pag. 305, §. 16.
(3) *Ibid.* Pag. 308, §. 17.

Sur la Premiere, l'Auteur la traite en général, indépendamment de toutes Loix positives : il la confidere purement en foi, & tout fe borne à deux queftions.

Premiere. *Qu'on peut quelquefois faire grace.*

1°. A combattre l'opinion des *Stoïciens*, qui foutenoient *qu'un homme fage ne pardonne jamais à perfonne*, & qui traitoient la *clémence* de vertu injurieufe aux Loix ou au Légiflateur. J'avoue que ce fentiment eft bien rigoureux & exceffif, & ne préfente d'abord que dureté & infenfibilité pour les hommes : image bien peu propre à unir des cœurs, & qui peut avoir de très-méchans effets. Néanmoins il me femble renfermer quelque vérité. Et quoi qu'en dife le Commentateur *Barbeyrac*, & *Seneque* lui-même, dont il rapporte les paroles, la diftinction des *Stoïciens*, que le *fage ne pardonnoit pas, mais épargnoit*, n'eft pas fi fubtile, & a un fens raifonnable, facile à expliquer. Ces Philofophes aufteres & inflexibles amateurs du bien, auffi inexorables pour eux-mêmes, que pour les autres, ne penfoient pas pouvoir pratiquer la vertu avec partage ; & toutes fortes de ménagemens leur étoient fufpects. Il falloit être ou homme de bien, & s'abftenir de toute foibleffe, ou être regardé comme indigne de porter ce nom. C'eft cette rigidité outrée qui leur faifoit avancer ce *paradoxe* (1) fi étonnant pour nous, *que tous les péchés font égaux* : ils vouloient par-là engager à s'abftenir des moindres vices, bien loin qu'on pût

De l'opinion des *Stoïciens*, que *le fage ne pardonne jamais*, & ce qu'ils penfoient de la *clémence*.

Il faut néceffairement entrer dans le fens de leur doctrine.

Premier Exemple : leur paradoxe : *que tous les péchés font égaux.*

_____

(1) Voyez combien je l'ai blâmé en lui-même, Chap. IX, Sect. VI de la Premiere Partie.

les croire capables de n'y appercevoir pas, entre
eux, des différens degrés; c'est qu'ils connoissoient
en cela le cœur de l'homme : ils savoient que pour
prévenir les grands désordres, il faut commencer
par attaquer les petits : la religion chrétienne nous
le fait toucher au doigt sensiblement ; enfin , la
morale des Stoïciens a été peu entendue & beaucoup critiquée. Il en est de leur opinion, à cet
égard, comme quand ils disoient : *que les Dieux*
me donnent la santé , les richesses , la vie , je saurai
bien me procurer la vertu. Ils n'ignoroient pas que
les hommes ne s'étoient pas faits eux-mêmes ; &
qu'après tout, toutes leurs facultés & leurs efforts
seroient inutiles, si les Dieux ne vouloient pas y
concourir; mais, au fond, rien n'est si expressif
que leur langage, en telle rencontre, pour mettre
le coupable ou le vicieux entiérement dans son
tort. Il est censé que l'Auteur de notre être ne
nous refuse jamais les secours dont nous avons
besoin pour bien faire. Bien plus, on sous-entend
qu'il répugneroit à sa souveraine bonté, comme à
sa justice , de nous laisser aller tout seuls: & ceci
même est impossible , vu sa qualité de *Créateur*,
& la nôtre de *Créatures*, qui nous soumet invinciblement à lui. Cela posé, comme Dieu nous donnera donc toujours l'assistance qui nous est nécessaire pour bien faire, si nous en avons la volonté, & que cela va sans dire, il semble qu'on est
bien pardonnable de ne pas l'exprimer, quand
nous voulons parler de ce dont nous sommes
capables, & des choses qui dépendent effectivement de nous; car, c'est une vérité incontestable,
& que la religion chrétienne admet volontiers,
qu'il dépend de nous d'être sages : cela dit , que
nous pouvons pratiquer la vertu , si nous le vou-

Deuxieme
Exemple :
leur espece
de souhait,
que les
Dieux me
donnent la
santé , la
richesse ,
&c. Je sau-
rai bien me
procurer la
vertu.

lons ; parce que nous fommes fûrs que Dieu le voudra auffi, fi nous fommes de bonne foi. Il eft donc de toute juftice, & la raifon le prefcrit, de donner un fens favorable à des paroles, dont l'intelligence, au fens littéral, va tout droit à condamner l'homme quand il s'égare ; & s'il eft trop dangereux de préfumer de foi dans les chofes qui nourriffent notre vanité & notre orgueil, comme quand il eft queftion de nous-mêmes ; cet inconvénient ne fauroit avoir lieu par-tout où il s'agit d'autrui, & de lui faire du bien : c'eft un bel effort que celui qui tend à être utile à nos femblables ; & l'orgueil, en ce genre, s'il pouvoit jamais y entrer, ne fera jamais dangereux. Car la *vertu* dans ce monde-ci, confifte principalement dans la pratique exacte des devoirs qui nous lient aux autres hommes ; & c'eft par cette route qu'on arrive à faire du bien à autrui.

Utilité de cette façon de s'exprimer. Courte idée de la vertu.

Mais je reviens à la premiere queftion, & à la diftinction qu'on nomme *fubtile*, que *le fage ne pardonne pas, mais épargne*. Cela fignifie, ce femble, que le fage, en pardonnant, n'entend point approuver le crime ; qu'il fait, au conrraire, tout ce qu'il faut pour en infpirer de l'horreur, & en préferver à l'avenir le coupable, & ceux qui pourroient y avoir intérêt : de forte qu'il *épargne alors*, c'eft-à-dire, *ne punit pas*. Les paroles de Seneque font claires ; & cependant il ne les entend pas en ce fens : *Parcit enim fapiens, confulit & corrigit. Idem facit, quod fi ignofceret, nec ignofcit* (1). Je prendrai la liberté, avec tout le ref-

Explication de la diftinction, que faifoient les Stoïciens, entre pardonner & épargner.

Dans Puff. Tom. III, pag. 304, note 3.

_____

(1) *De verbo (ut mea fert opinio) controverfia eft de te quidem convenit*, dans Puffendorf, *ut fuprà*.

pect que je dois à ce Philofophe, qui devoit favoir fa langue mieux que moi, de rappeller ici une obfervation de Grammaire, qui me paroît inconteftable : c'eft que le mot d'*ignofcere* en latin, eft bien le même que celui de *pardonner* en françois ; mais qu'il eft compofé, comme l'on fait, du verbe *nofcere*, qui fignifie *connoître*, & de la fyllabe *ig* pour *in*, qui eft privative : c'étoit donc dire, au propre, qu'on agiffoit alors tout comme fi l'on *ignoroit* la méchante action ; mais *ignorer* ce qui eft fous nos yeux, c'eft, en fait de mal, s'avouer infenfible à ce qu'il a de laid ; & le fage ne peut donner de lui cette idée. Le mot de *parcere* étoit donc le mot propre pour rendre parfaitement la penfée des *Stoïciens* : & voilà pourquoi il faut admettre cette différence entre l'un & l'autre ; quoique par-tout ailleurs ils s'en ferviffent également. Comment, en effet, en fuivant mon explication, celui qui feroit femblant de ne point voir une méchante action, travailleroit-il à corriger le coupable, & penferoit-il à veiller fur lui, comme à préferver les autres de la crainte d'une récidive ? Au lieu que cette bienveillance & cette attention de fa part conviennent fort à quelqu'un qui voit la faute, & ne la punit pas : il épargne alors le coupable, bien plus qu'il ne lui pardonne.

De la raifon qu'ils alléguent contre la clémence ; fe défendent mal. Ut fuprà, pag. 304.

Pour la raifon qu'ils alléguoient contre la *clémence*, *qu'elle confifte à ne pas punir un coupable, felon qu'il le mérite, & qu'on doit indifpenfablement rendre à chacun ce qu'il mérite;* c'eft fans doute fe mal défendre : & *Puffendorf* eft fondé à leur répondre, que la maxime qu'il faut néceffairement rendre à chacun ce qu'il mérite, n'a lieu qu'en matiere de *biens* ; car, quand il s'agit, comme il dit, d'un mal, qui ne tend pas à l'avantage de celui-là même qui le souffre, on peut certainement le lui épargner, sans commettre aucune injustice : quoique cela mérite encore quelque explication pour être entiérement vrai, & j'aurai occasion d'en parler bientôt. Mais cet aveu est du moins une condamnation tacite de toutes les peines extrêmes, de celle sur-tout du dernier supplice : car enfin, ce qui est vrai une fois, ne sauroit cesser de l'être.

Je ne suis pas si satisfait de ce que *Puffendorf* oppose en faveur de la *clémence*, sur le reproche que font, à cette vertu, les *Stoïciens*, comme nous l'avons vu, *d'être injurieuse aux Loix ou aux Législateurs, en ce qu'elle suppose que l'on trouve trop rigoureuses les peines portées par les Loix, ou que l'on accuse le Législateur d'établir des peines contre ceux qui ne le méritent pas.* « Rien n'empêche, » *dit-il*, qu'on ne relâche quelquefois légitime-» ment la peine portée par la Loi, toute juste » qu'elle est. Car les Loix reglent en général de » qu'elle maniere chaque crime doit être puni, » sans considérer les circonstances particulieres & » extraordinaires des temps, des personnes, de la » situation des affaires de l'Etat. Or, on ne fait » grace, *ajoute-t-il*, que pour certaines raisons » qui n'ont pas toujours lieu, ni à l'égard de tous » ceux qui peuvent commettre le même crime ». Je répondrai, sans être ennemi de la *clémence*, bien s'en faut ; mais pour mieux faire régner la douceur & la bénignité parmi les hommes, je répondrai, dis-je, que c'est précisément parce que les Loix ne considerent pas les circonstances particu-

Puffendorf n'a pas autant d'avantage sur eux, au sujet de l'autre raison qu'ils alleguent contre la clémence.

Ut suprà.

Ibid.

Sa réponse même prouve contre les Loix :

I iv

En ce qu'elles laiffent, quand on fait grace de la vie, une trop grande dif-proportion entre celui que l'on épargne, & celui que l'on punit.

lieres & extraordinaires dont on parle, qu'elles font défectueufes ; puifque, fans doute, fi on ne les avoit pas portées à un fi haut point de rigueur, on ne fe croiroit point dans la néceffité d'en affranchir certains coupables : ou fi l'on penfoit devoir jamais cette exception en leur faveur à caufe de leurs fervices paffés, ou pour quelqu'autre raifon femblable, il n'y auroit point, dans ce traitement, *d'inégalité* affez grande, pour pouvoir exciter, de la part des autres, les murmures fecrets, ou l'in-dignation affez naturelle en pareil cas, quoi qu'on en dife : comme quand on voit, par exemple, faire grace de la vie à quelqu'un pour les mêmes crimes qu'on punit dans les autres du dernier fup-plice. Peut-il y avoir entre ces deux états quel-que proportion ? & les fervices rendus feront-ils jamais affez grands, ou les crimes affez énor-mes pour pouvoir être mis en oppofition avec la vie ?

Preuve que fournit Se-neque pour fortifier l'opinion des Stoï-ciens. Puf-fendorf la combat en vain.
Ibid.
Pag. 304.

L'Auteur remarque enfuite ce qu'a dit *Seneque* pour fortifier l'opinion des Stoïciens, que *faire grace c'eft remettre la peine qui étoit due. Or, le fage fait toujours ce qu'il doit faire.* Il appelle cela un jeu de mot, & prétend que cette feconde preuve n'eft pas plus folide que la précédente : je ne l'en-vifage pas de même. D'abord, il eft inconteftable que le fage ne faffe toujours ce qu'il doit : l'obli-gation eft le flambeau d'un homme qui veut con-former toutes fes actions à la regle, & il s'ac-quittera de fon devoir, quoi qu'il arrive ; & pour ce qui eft *qu'on remet la peine qui étoit due quand on fait grace,* il me femble encore que cela eft auffi certain : car le mot de *faire grace* ne convient qu'à un Souverain, à tout chef, qui eft chargé des intérêts publics d'une fociété civile; & le pouvoir qu'ils ont de punir eft pour eux une véritable obligation. Qui mieux que ces adminiftrateurs fuprêmes, peuvent être défignés & entendus fous le nom de *fage* ?

Quand on dit que *la peine étoit due*, ce n'eft pas uniquement & abfolument par rapport au coupable. Le moyen, comme je l'ai déja expofé, de pouvoir féparer ce qui eft indivifible, c'eft-à-dire, les trois fins des peines, qui entrent toutes, & conjointement dans les motifs de leur création ! L'on convient que l'obligation de punir ne fuppofe dans le coupable aucun Droit à la peine, en ce fens, qu'il fût recevable · à fe plaindre comme d'une injuftice, de ce qu'on ne le punit pas : la nature qui abhorre les maux & les fouffrances, ne permet pas à notre être d'aller jufqu'à cette perfection, que de defirer, pour l'exemple, quand nous aurons péché, qu'on nous maltraite : ou bien, de vouloir, pou. · re propre avantage qu'on nous ramène, par un tel moyen, dans le chemin de la vertu : Un fentiment fi élevé, & un fi ardent amour pour la juftice, fuppoferoient qu'on eft précifément dans cet état de rectitude, & qu'on n'a pas befoin par conféquent de punition. D'ailleurs nous avons obfervé (1) que l'homme, en fociété civile, eft, par rapport aux peines, dans un état forcé ; & que fa volonté, dans ce confentement général, qu'on fuppofe avoir été donné au chef fouverain de punir les crimes, a été comme entraînée par la néceffité & la ·

Comment la peine eft due ; & quel eft le Droit du coupable à cet égard.

_____

(1) Au précédent Chapitre, vers le commencement.

nature de la chofe, qui ne permettoit pas qu'on pût tenir long-temps enfemble en corps de fociété civile fans ce moyen. Et dans ce fens, il paroît que le coupable, en tant que *citoyen*, a une raifon de s'étonner qu'on ne fuive point envers lui une obligation, à l'effet de laquelle il eft tant intéreffé quand il eft queftion des autres. Ce n'eft pas qu'il demande à être puni ; mais il apperçoit le défaut de rectitude, fi on ne le punit point. Et il fent bien que la violation de la regle à fon égard eft un principe de deftruction de cette même regle envers tous les autres.

Voilà pourquoi, comme citoyen, il réclameroit de fon Droit à cet égard, fi comme coupable il ne s'en fentoit retenu par une force invifible & involontaire : car il eft un exemple à donner, il eft un *bien public* dont il faut affurer le repos par un traitement commun & univerfel ; & puifque le coupable fait ici partie de ce public, & qu'on ne fauroit l'en détacher par la penfée, fans rompre le nœud qui le lie à tout le refte, & fans bouleverfer, pour ainfi dire, les idées, il fuit que le *Droit à la peine*, eft pour lui, dans ce rapport, une chofe auffi réelle que l'eft le droit qu'a tout le corps à ce qu'il foit puni : étant de fait que tous les membres d'un corps participent aux droits de ce corps.

Mauvaife raifon que donne *Puffen-dorf*, pour prouver qu'on ne fait point tort au cou- Ainfi il n'eft pas trop clair, comme on le conclut, qu'en lui faifant grace, on ne manque pas à fon devoir envers lui ; & la raifon qu'on en donne ne prouve rien : *Qu'il y a bien des chofes que l'on peut faire légitimement, fans y être toujours indifpenfablement obligé :* cela tombe fur des actions que nous faifons nous-mêmes, lefquelles n'ont que

nous pour objet, & où le prochain n'eſt pas
intéreſſé ; au lieu que quand il eſt queſtion d'autrui, & que nos actions ſont pour un autre, nos
démarches tirent à conſéquence, & il ne dépend
plus de nous, d'agir ou de ne point agir, ou
d'agir différemment de ce que la regle porte.
C'eſt ainſi que l'enfant, qui a beſoin d'inſtruction
& de correction, eſt dans le droit, envers ſon
maître, de ſe plaindre de ſa négligence, ou de
ſon trop peu de rigueur, s'il y manque. Et ce
cas, où ſe trouve cet enfant, ne diffère pas au fond,
celui des Citoyens, qui, membres d'une ſociété
civile, ſe ſont donnés un maître pour les diriger
& les conduire au bonheur commun par les voies
qui y ſont propres, en ſe dépouillant, comme
chacun a fait, du degré de liberté qui y pouvoit
mettre obſtacle.

pable en ne le puniſ-ſant pas. Ibid. Pag. 305.

De ſorte qu'on ſe trompe fort, quand on dit,
« que *l'obligation où ſont les Souverains à cet égard,*
» *ne regarde pas les coupables,* en même-temps
» qu'on aſſure, comme on fait immédiatement,
» *qu'elle regarde tout l'Etat ou toute la ſociété,* dont
» ils doivent procurer la conſervation & l'avan-
» tage par divers moyens, &c ». C'eſt reconnoître auſſi-tôt le contraire de ce qu'on a dit :
car l'on ne peut ſe diſſimuler que les coupables
ſont compris dans cette même totalité, au bien
de laquelle les Souverains ſont obligés de veiller.
Lors donc que ceux-ci ont pour les coupables
trop d'indulgence, ils violent non-ſeulement les
engagemens où ils ſont envers le corps entier de
l'Etat, mais en même-temps il ne ſe peut qu'ils
ne faſſent par-là du tort à ceux qu'ils épargnent.

L'obliga-tion de pu-nir intéreſ-ſe les cou-pables comme tout le corps des Citoyens. Ibid. Pag. 305.

Puffendorf finit cet article en disant, que *le bien de l'Etat permet & demande même que l'on fasse grace quelquefois, pourvu que ce soit à propos :* & *Barbeyrac*, sur ces derniers mots, faisant une note où son dessein est de parler des abus énormes que l'on fit des *asyles saints*, dans le Christianisme en faveur des plus grands scélérats, après avoir remarqué que l'usage des asyles est très-ancien, comme il paroît par la Loi même de *Moïse*, observe que leur *protection ne fut d'abord que pour des personnes, ou entiérement innocentes, ou dans le fait desquelles il y avoit plus de malheur que de faute,* ce qui est avouer que ces gens-là n'étoient pas coupables, mais que les coupables devoient être punis. Or, l'*Eglise*, qui ouvroit ainsi ses bras à ses enfans accusés de crimes, se conduisit sans doute de la sorte pour deux motifs qu'il est aisé de deviner : le premier, qu'elle avoit lieu de présumer que le coupable, qui venoit à elle, (s'il l'é-toit réellement) avoit un repentir sincere de sa faute, ce qui pourtant ne remplissoit pas l'objet de l'intérêt général ; & , s'il n'étoit pas coupable, il étoit naturel de vouloir le sauver des exécutions de la Justice. Et le second motif est vraisemblablement que s'agissant d'une peine énorme comme la mort, ou de peines disproportionnées au crime, quoiqu'au fond légitimes en soi, il étoit beau à la Religion de couvrir de son aide & de son appui des misérables, qui criminels ou non, avoient toujours trop à souffrir de la justice humaine, accoutumée de tout temps à passer les bornes dans la distribution & l'infliction des peines, comme dans les récompenses.

Ce font pourtant ces mêmes circonftances (1) qui m'éloignent d'adhérer à la propofition que nous examinons, *qu'on peut quelquefois faire grace ;* car fi la *peine de mort* étoit abolie, & qu'on la regardât comme contraire au *Droit naturel* & attentatoire à l'autorité du Créateur, & fi d'un autre côté, les autre peines qu'on établiroit pour punir les fautes, étoient en jufte proportion avec elles, foit dans la qualité, que dans la quantité *intrinfeques*, il n'y auroit certainement pas lieu, ou d'affranchir perfonne de la peine, ou d'être bleffé, qu'on difpenfât quelqu'un d'une foumiffion qui eft commune, ainfi que je l'ai déja touché plus haut. *Puffendorf*, en admettant de *pouvoir faire grace*, ajoute cette claufe : *pourvu que ce foit à propos :* or dans l'état où font aujourd'hui les peines humaines, il eft impoffible que cela le foit jamais, quand il s'agira de *faire grace de la vie*, par les raifons que nous avons déja vues, & celles que je pourrai dire encore. Suivons cet Auteur dans l'explication qu'il donne de cet à

C'eft précifément par le défaut que j'obferve dans la *juftice humaine*, que j'aurois du rebut pour la propofition *qu'on peut quelquefois faire grace*, toute favorable qu'elle paroifle.

---

(1) Il faut faire une différence entre *pofer des principes*, & *agir pour fauver des hommes*. L'Eglife faifoit toujours bien que de donner refuge à des gens condamnés à mort, ou qui devoient l'être, en vertu des Loix établies, quoique coupables ; puifque cette peine étoit par elle-même injufte. Aujourd'hui, & toujours, ce fera une bonne chofe que d'empêcher qu'on verfe le fang humain ; mais en montrant par le raifonnement, les défordres de la plupart des regles de conduite à l'égard de l'empire qu'on fe donne fur les autres hommes, je ne puis m'empêcher de faire remarquer le peu de convenance qu'a, avec les maximes des Etats fur ce fujet, cette liberté en général qu'on prend de faire grace : réflexion de ma part, qui, comme on peut le voir, eft bien plus en faveur de la propofition, dont il s'agit que contre elle ; de laquelle je ne trouverois l'exercice conféquent que dans une fociété civile toute compofée d'hommes vertueux.

propos ; & nous nous convaincrons toujours mieux que fi nous aboliffons la *peine de mort*, & qu'on proportionne bien les autres peines aux crimes, il ne fera pas fi déraifonnable de dire *que le fage fait toujours ce qu'il doit faire ; & que faire grace, c'eſt remettre la peine qui étoit due.*

Deuxieme Propofition de Puffendorf, qui va à faire grace : comment on peut pardonner avant qu'il y ait des Loix pénales ?

Dans cette feconde propofition, on voit dabord que *Puffendord* (1) voulant expliquer une penſée de *Grotius ;* favoir, que *le pardon auffi bien que la peine peut avoir lieu, ou avant qu'il y ait des Loix pénales ou depuis qu'elles font établies*, allegue, pour montrer la néceffité de fon explication, la maxime commune (à l'égard du premier temps) *qu'où il n'y a point de Loi, il n'y a non plus, ni crimes, ni peines, ni pardon.* Mais ce n'eſt pas affez de nous apprendre enfuite (2) que *dans les Etats où il n'y a point de Loix écrites, les Loix naturelles tiennent lieu de Loix civiles, felon lefquelles on adminiſtre la juſtice, & dont les juges puniffent la violation par des peines arbitraires :* Il falloit attaquer cette même maxime commune que je viens de rapporter, ou bien faire voir que le fens qu'elle renferme, n'eſt pas celui qu'elle préfente d'abord. Comment le Souverain d'un Etat pareil fauroit-il punir ou faire grace, s'il n'y avoit point de crimes ni de peines ? Le vrai, c'eſt que les Loix naturelles font la baſe des Loix écrites ; & que celles-ci, fans les autres, font des monſtres faits pour dévorer ou bouleverfer l'humanité. Pour les peines, elles peuvent n'être pas exprimées, mais elles fuivent la nature des crimes,

Défaut de Puffendorf, de ne pas condamner, ou de ne pas expliquer, du moins, la maxime commune ; qu'où il n'y a point de Loi, il n'y a non plus ni crimes, ni peines, ni pardon.

---

(1) Tom. III, pag. 305 , §. 16.
(2) *Ibid.* Pag. 306.

& c'eſt encore les Loix naturelles qui les déſignent.

Puffendorf (1) convient pourtant que dans cet état, le Souverain *a le pouvoir de punir les mé-chans ;* mais il n'eſt pas, pour cela, d'avis *qu'il ſoit dans une obligation indiſpenſable de punir tous ceux qui ont commis quelque crime.* Il nous faut exa-miner ſes preuves; nous trouverons, ſans doute, de quoi nous confirmer toujours davantage dans notre opinion : *L'obligation de punir* , dit-il , *dépend de la liaiſon qu'il y a entre la peine & les fins pour leſquelles elle a été établie.* Ce principe eſt incon-teſtable , & je l'admets comme lui. Venons aux faits : *Si donc , en certaines occaſions , ces fins ne ſont pas moralemeut néceſſaires* (& il en donne ici trois exemples), *rien n'oblige alors préciſément à punir.* Son raiſonnement ſera bon, ſi, en effet, il eſt des cas où la punition ne ſoit pas néceſſaire. Voyons quels ils ſont, ſelon lui.

I. « Lorſqu'un péché n'eſt connu que de très-
» peu de gens, il ſeroit dangereux de le publier
» en le puniſſant : car, *dit-il,* pluſieurs s'abſtien-
» nent de faire du mal, plutôt par l'ignorance du
» vice que par la connoiſſance & l'amour de la
» vertu. De ſorte que la punition d'un crime dont
» ils n'avoient pas oui parler, bien loin de les dé-
» tourner d'en commettre de ſemblables, les y
» porteroit au contraire, par un effet de cette cu-
» rioſité inſenſée que l'on a pour tout ce qui eſt
» nouveau, & du penchant que l'on ſent à faire
» ce qui eſt défendu ». Mais cette raiſon que

Quand dans cet état, ſelon lui, les fins de punir ne ſont pas néceſſai-res.

Premier cas : Le péché con-nu que de très-peu de gens.

Tom. III, pag. 306.

Les raiſons du Légiſla-teur pour s'abſtenir

---

(1) *Ibid.* que deſſus.

de parler des crimes peu connus, ne font point bonnes pour le Souverain.

Puffendorf allegue (1), en l'appuyant de l'exemple de *Solon*, qui n'avoit point fait de Loi contre le parricide, non de peur, comme il le lui attribue, *qu'il ne femblât vouloir donner envie de commettre ce crime, plutôt que de le défendre* (ce qui eft une pure réflexion de Ciceron fur ce fujet); mais *parce qu'il ne croyoit pas que perfonne fût capable de commettre un fi horrible crime :* cette raifon, dis-je, que *Puffendorf* allegue, pourroit être bonne, tout au plus, pour le Légiflateur qui eft actuellement à dreffer un Code de Loix pour la conduite d'un nouveau Peuple. Tandis qu'il eft occupé de ce foin important, aucun crime n'eft cenfé encore commis ; & la prudence veut qu'il ne fuppofe dans les Sujets, de mauvaifes difpofitions, que relativement aux foibleffes ordinaires à l'humanité, & aux manquemens qui ne heurtent pas trop la nature, ou tout au plus qu'à ceux dont on a déja vu des exemples, & qui font connus : quoiqu'encore, nous dirons tout-à-l'heure, que les deux caufes auxquelles on attribue le danger de prefcrire des peines, pour des crimes inouïs & extraordinaires, n'ont pas trop lieu ici, & font vaines. Il s'agit, dans cette queftion, de punir des crimes dont les punitions n'ont pas encore été ordonnées par des Loix pofitives, mais des crimes actuellement commis & connus ; du moins de quelque peu de gens, fi ce n'eft de beaucoup ; & cette pofition eft bien différente.

Dans le cas de *Solon*, il penfe aux fautes où les Citoyens peuvent tomber ; il ne les regarde

(1) Voyez *Ibid.*, note 3.

pas comme coupables, mais comme pouvant le devenir. Il prépare, à l'avance des châtimens, dont l'infliction falutaire puisse rébuter du crime, moins encore par la douleur, que par la honte qu'ils cauferont : il eft tout plein de l'avenir dans ce moment préfent, où il travaille à établir des Loix capables de faire le bonheur du Peuple. Le cas, au contraire, dont nous parlons, & que *Puffendorf* décrit, eft tout du moment : c'eft un Souverain qui a actuellement un crime à punir, bien que fans Loix pofitives ; & qui, pourtant fe croit obligé de ne le point punir, pour en étouffer le fouvenir dès fa naiffance, s'il eft poffible : de peur, comme on dit, d'infpirer du goût pour cette nouveauté, en la faifant connoître.

Il n'eft donc rien de femblable, en cet état, entre le Souverain & le Légiflateur ; & ils ne peuvent fe conduire par les mêmes principes. L'un ne parle point de certains crimes énormes, parce qu'il ne les croit, pour ainfi dire, pas poffibles ; & qu'il ne doit pas fuppofer les Sujets plus mauvais qu'ils ne font actuellement. L'autre ne fuppofe rien : les crimes font arrivés ; & il eft quelques hommes qui les favent. Cela montre que c'eft fe fonder fur une mauvaife raifon, pour ne pas punir, que d'alléguer *le danger de rendre public un crime.* Rappellons bien plutôt la regle que j'ai déja apportée, de *la néceffité de punir.*

J'ai dit (1) que cette néceffité fe tire du befoin de *prévenir les maux & les injures que les hom.*

Rappel de la regle pour connoître, *quand eft-ce qu'il faut punir.*

---

(1) Ci-devant dans ce Chap., à un tiers à-peu-près de fon commencement.

mes ont à craindre les uns des autres ; & qu'ils n'ont à craindre ces maux & ces injures, que *quand ils les voient commettre impunément, & que ces maux sont considérables.* Le plus ou moins de publicité d'un crime, le plus ou moins de connoissance qu'on en a, ne sont pas les motifs décisifs ; & si l'on pouvoit craindre la publicité, n'est-elle pas inévitable tout de même en ne punissant point? Une seule personne est capable de répandre bien loin un secret : à plus forte raison, un nombre comme celui qu'on peut entendre par les paroles de *Puffendorf : par très-peu de gens.* Et quel méchant effet, ou quel scandale pour ces mêmes personnes qui sauront le crime & ne le verront pas punir ! La plupart trembleront pour eux, si c'est un crime qui intéresse le prochain ; ils pourront se figurer d'être sans cesse l'objet ou la proie des malfaicteurs. Les autres se croiront permis les mêmes attentats : ils penseront qu'il n'y a qu'à oser, & que la même impunité leur est réservée.

La publicité, inévitable tout de même, en ne punissant point.

Crainte ou scandale que cause l'impunité.

J'avoue que, si, par supposition, le crime n'étoit connu que du Chef de la Nation, & ignoré de tout le reste, il conviendroit peut-être, selon sa nature, d'en user, à cet égard, comme s'il n'étoit pas arrivé : c'est-à-dire, prendre, le parti du silence, en imitant le Législateur dont nous avons parlé avec qui il se trouveroit à peu-près dans les mêmes circonstances. Mais cette supposition est impossible : dans tout attentat contre autrui, il y a au moins deux personnes, le coupable, & celui qui le voit. Si c'est un suicide, on reconnoît son genre de mort; si c'est un parricide ou un assassinat, on apperçoit la victime. Il faut donner des marques publiques d'indignation & intimider. Mais, quand on aban-

Impossible d'étouffer dans sa naissance, la connoissance d'un crime commis.

Dès-là commence

donneroit le motif du bien public, n'est-il pas l'obliga- encore celui de corriger le coupable, s'il existe ? tion de pu- Comment éviter de lui donner, comme à un ma- nir. lade, le remede qui lui convient ? Il doit sentir la peine de son crime, mais une peine proportionnée. Toutes ces fins sont liées comme nous les avons vues ; & quand l'obligation est d'un côté, elle est aussi de l'autre. Le Souverain doit nécessairement punir tout crime commis, quand il ne seroit connu que d'une seule personne.

Et qu'on ne croie pas que les deux causes (1), qu'on a citées, du prétendu danger de punir certains crimes inouis, soient bien réelles & justes ; c'est-à-dire, cette curiosité, que nous avons pour tout ce qui est nouveau, & le penchant que nous nous sentons à faire ce qui est défendu ; il faut expliquer ce que tout cela signifie.

Examen des deux causes auxquelles Puffendorf *attribue du danger à punir des crimes peu connus.*

Au sujet des parricides, pour lesquels *Solon* n'avoit point établi de peines, & à raison de quoi *Cice-ron* disoit que c'étoit un grand trait de prudence dans ce législateur, de n'avoir pas défendu une chose dont on n'avoit point encore vu d'exemple, *de peur que, s'il en eût parlé, il n'eût paru avoir dessein d'en faire prendre envie, plutôt que d'en dé-tourner ceux à qui il donnoit des Loix :* Assurément l'Orateur Romain se trompe dans sa pensée : *tuer son pere,* n'est pas une chose par elle-même aimable, au contraire elle révolte la nature & fait violence à un sentiment le plus doux, qui est l'amour. On ne sauroit craindre en ce genre, l'imitation, par cela seul,

Premiere Cause : L'amour *pour la* nouveauté.

Ciceron *sur cela, repris de sa réflexion sur* Solon.

---

(1) Puff. Tom. III, pag. 306, note 3.

qu'on donne connoiffance du crime : il faut bien
que des intérêts perfonnels & preffans , quoique
mal entendus, un emportement produit par un mal-
aife actuel, & qui prend fa fource de plus haut,
aient troublé le cerveau de ce malheureux fils, pour
l'avoir porté à une extrémité fi grande. De forte
que l'action elle-même nous rebute, & qu'il fuffiroit
de la connoître pour la haïr. Auffi *Solon* ne répon-
dit-il autre chofe , quand on lui demanda pourquoi
il n'avoit point établi de peines contre les parricides ? fi ce n'eft, *qu'il ne croyoit pas que perfonne*
fût capable de commetre un fi horrible crime : Il ne
dit rien du refte ; fa réponfe fait entendre, au contraire, qu'il n'auroit pas craint de donner du goût
pour ce crime, en en parlant; mais feulement, qu'il
n'avoit pas cru devoir en parler, parce qu'il le jugeoit inutile : en quoi il faifoit honneur à fes concitoyens.

La répon-
fe elle-mê-
me de So-
lon , fai-
foit enten-
dre le con-
traire.

Si l'on a de la curiofité pour tout ce qui eft nouveau, ce n'eft donc point pour les chofes qui naturellement coûtent trop à notre cœur : c'eft pour
celles qui n'ont rien de rebutant par elles-mêmes,
& qui paroiffent contribuer, ou à notre bien-être,
ou à nos plaifirs. On ne fe livrera, au contraire,
aux actions périlleufes, à de ces coups de mains qui
nous tirent du devoir & de la regle, que dans l'en-
nivrement d'une paffion folle ; que dans ces premiers mouvemens, qui troublent & renverfent notre
raifon : ce ne font pas ces forfaits que l'on aimera.
On fe fera laiffé aller à l'apât de l'or, à la bonne
chere, à la fenfualité, à la colere, à la foif de
régner, &c. Repréfentez-moi une fituation plus
heureufe ; des objets de commodité, de luxe, d'a-
grément, &c : fruits des Arts & des Sciences, &

Vraie ex-
pofition de
ce qu'eft
notre cu-
riofité
pour tout
ce qui eft
nouveau.

l'apanage d'autres hommes : oui, la *curiofité* que nous avons pour tout ce qui eft nouveau, m'entraînera, m'enchantera ; je ne ferai plus le maître de réfifter. Mais eft-ce le cas, pour des actions abominables, pour des actions qui font frémir la nature ? L'on a fait ici une bien fauffe application d'un vrai principe ; & c'eft, par de pareils abus, que l'on étaie, d'un air de vérité, des propofitions dénuées de preuve. Examinons l'autre principe, qui eft le *penchant que l'on fe fent à faire ce qui eft défendu.*

La *liberté* eft véritablement une faculté, un bien naturel à l'homme, & dont il eft difficile qu'on ne fente pas la perte, ou qu'on ne faffe tout ce qui eft poffible pour recouvrer la poffeffion. Mais, qu'on y prenne garde : fi les objets où cette liberté eft gênée, étoient plus juftes ; fi l'autorité qui la limite étoit fuivie de l'amour & de la charité, fans lefquelles elle n'eft que tyrannie, l'on ne feroit pas fi revêche contre le mors qui nous retient. La regle n'eft pefante que parce qu'elle eft trop dure & fouvent injufte, ou parce qu'elle eft exigée avec roideur & acception de perfonnes ; tous les jours l'homme voit des exemples de cette inégalité de traitemens & de conditions ; eft-ce miracle, s'il juftifie fi fouvent ce propos d'*Horace*, ce qu'ont penfé tous ceux qui ont écrit depuis qu'il y a des Sociétés, *Gens humana ruit per vetitum nefas ?* Remettez les chofes dans leur état naturel ; & la race humaine aimera & pratiquera l'ordre & la regle ; la liberté fupportera fans peine le joug raifonnable que la néceffité lui impofera.

Deuxieme Caufe : Le penchant à faire ce qui eft défendu.

Ce penchant, mal connu & mal réprefenté.

Mais, quand on dit *que ce penchant à faire ce qui eft défendu eft une caufe qui nous porte aux crimes,* c'eft encore ajouter, à une chofe imaginaire, un

Les reforts cachés, qui meuvent

K iij

notre ame,
plus di-
gnes qu'on
ne les fe-
roit, de la
fageffe du
Créateur.

effet imaginaire : on ne fe livre point aux crimes pour le plaifir de les commettre ; & la nature n'a jamais fait des cœurs, dont le but foit le mal en tant que *mal*. On fe propofe, dans le chemin du vice, une fatisfaction paffagere, une forte de bien-être qui tient à l'efprit ou au corps ; & une longue habitude à mal faire, plonge dans une efpece d'af-foupiffement la raifon & la confcience ; à un tel point qu'elles n'ont prefque plus d'empire. Mais, encore une fois, ce qui eft défendu, & qui eft vérita-blement mal, ne nous engage pas, par cela même qu'il eft mal & défendu : les refforts cachés, qui meuvent notre ame, font plus dignes de la fageffe du Créateur ; & l'homme n'y met que l'abus de fa faculté de penfer, & de fa liberté : fource de tous les défordres.

Examen
de la pen-
fée com-
mune que
*plufieurs
s'abftien-
nent de
faire du
mal*, *plu-
tôt par*,&c.

Premiere-
ment : *de
l'ignoran-
ce du vice.*

La crainte
& la honte
naturelle,
feuls pré-
fervatifs
de toute
mauvaife
action.

C'eft le défaut de cette diftinction, qui a accré-dité la penfée commune, que *plufieurs s'abftiennent de faire du mal, plutôt par l'ignorance du vice, que par la connoiffance & l'amour de la vertu*. Si l'on s'étoit donné la peine de l'examiner, l'on en auroit fenti tout le faux. La crainte & la honte, que Dieu a données à l'homme pour compagnes, font les feuls préfervatifs naturels de toute action mauvaife, & nous font un remede pour n'y pas retomber, quand elle eft commife. Les hommes, qui ont voulu, comme je l'ai dit (1), redoubler cette crainte par des tourmens fans mefure, n'ont fait que des hypocrites ou des fcélérats. C'eft la connoiffance de ces excès, qui les

_____

(1) Ci-devant, Chap. III, au titre en marge : Premiere Confidération ; *Le choix des peines.*

a précifément endurcis dans le crime, ou décidés
à n'avoir que des dehors trompeurs. La crainte en
même temps, que les hommes fe font avifés de
vouloir produire felon leur génie & leur goût, &
d'habiller, pour ainfi dire à leur fantaifie, a fait
difparoître la naturelle : on a mis, en fa place,
de faux fignes d'honneur & de probité; & ce n'eft
pas fans raifon que ce beau vers de *T. Corneille*
fait une fenfation fi agréable fur les efprits:

> Le crime fait la honte, & non pas l'échafaud.

Il ne frapperoit point tant, s'il n'étoit comme une condamnation de nos mauvais ufages. Une vérité auffi
fimple auroit-elle de quoi nous furprendre ? Mais plus
la peine eft extrême, plus on en veut groffir l'ignominie, & plus nous remarquons avec délice,
qu'on fache débrouiller le vrai à travers tous les
nuages qui le couvrent. La plupart des grandes &
héroïques actions ne tirent leur éclat que de là; &
nous admirerions beaucoup moins, fi nous avions fu
nous monter plus conformément à la nature & à
l'état propre au genre humain.

L'admiration pour un certain héroïfme, & pour des vérités de la derniere évidence, le prouve.

Ainfi, fi ce n'eft point par la connoiffance &
l'amour de la vertu que plufieurs, s'abftiennent de
faire du mal, c'eft moins encore par l'ignorance du
vice. Nous n'avons pas du goût pour le mal, à
raifon que nous le connoiffons; mais nos établiffemens vicieux ont fait, de l'honnête homme, un
être toujours prêt à broncher & capable d'erreur :
ce qu'il faut bien diftinguer. On ne va jamais
au bien par l'ignorance du mal : *l'ignorance* n'eft
bonne à rien. Quand on agit, c'eft qu'en général
on croit de bien faire; & il eft un motif qui femble
nous juftifier, même dans le crime. L'on fe trom-

L'Ignorance, par elle-même, ne mene à rien.

K iv

pe, fans doute, & les moyens dont on fe fert font dignes de la plus grande animadverfion ; mais ici même l'on s'apperçoit du vice : l'on fent la contradiction de fa conduite avec ce que prefcrivent les Loix ; & néanmoins l'on aimeroit encore mieux pouvoir les pratiquer, puifqu'on fe trouveroit par-là dans une fituation plus tranquille. L'on commet donc le mal fciemment ; mais fa connoiffance ne nous le fait pas commettre ; & l'ignorance où l'on feroit à fon égard ne nous rendroit pas plus fages.

Plus on fe rapproche de la nature, & plus la connoiffance du vice nous éloigne de lui. Où eft l'homme, qui, dans l'état fimple de la nature, puiffe pécher fans le favoir ? elle n'offre jamais à fes enfans qu'un petit cercle d'obligations, toutes faciles à faifir & à deviner ; & il ne fut point, dans cet état, de mortel affez ftupide pour méconnoître en lui qu'il faifoit mal quand il s'écartoit de la regle. N'être pas inftruit, ce n'eft pas être vicieux : on peut l'être en ne connoiffant point tous les degrés du vice, & en combien de fortes l'on peut faillir ; mais cette connoiffance pour un cœur droit, & dans une fociété d'hommes dirigés par les vraies maximes, bien loin de lui être fatale, ne le raffermiroit que plus dans le devoir.

Deuxiemement : De la connoiffance & de l'amour de la vertu. En général, nous allons au bien, par l'amour de nous-mêmes ; & l'intérêt, qui eft le principe de toutes nos actions, eft notre guide. C'eft à bien placer cet *intérêt* que confifte l'obligation de tout le monde : De favoir fi Dieu à bien fait de nous conftituer de la forte, c'eft une queftion téméraire & aveugle, qui décele pourtant la grandeur de notre origine & l'importance de notre fin ; mais il eft vifible qu'une créature raifonnable, partageant le noble foin de fa confervation, ne pouvoit guere être mue que par

le motif fenfible de ce qui la touche immédiatement
& avant toutes chofes. Cependant, comme nous naif-
fons, en même-temps pour vivre dans l'ordre &
felon la juftice, & que nous fommes obligés de ne
pas nuire à autrui; Dieu a, pour cela, mis en nous
un goût décidé pour le beau, le bon, l'harmonie
& l'accord, tout à côté de cet amour immenfe qu'il
nous a donné pour nous-mêmes. Or cet amour peut
bien interdire & obfcurcir celui de la vertu (qui n'eft
autre que le même goût dont je parle, lequel indique nos obligations envers le prochain); mais il
ne l'efface pas; & ce n'eft qu'à la longue & par
ces circonftances que j'ai dites, que nous devenons
fi indifférens pour elle.

Toutefois, il eft en nous le germe de cette difpofition précieufe pour le bien. Dans le filence des
paffions, & loin des occafions qui nous ont fait contracter des habitudes vicieufes, il fe réveille : une
action, bonne en foi, & qui s'accorde avec le bien
général, aura notre aprobation, & nous fera un
fecret plaifir : Pourvu qu'actuellement, elle ne nous
mette pas dans des befoins preffans, ou dans de
juftes alarmes pour l'avenir; la connoiffance de la
vertu fera fon effet; nous l'aimerons, & fon amour
nous la fera pratiquer; & je fuppofe en cette thefe,
une accoutumance au vice, des habitudes déréglées
prifes depuis long-temps; je fuppofe (ce qui va enfemble avec le refte.) un Etat civil avec toutes les
imperfections quon y trouve. Mais, fi nous nous re-
mettons au pli de la nature; fi coupant court à tout
ce qui nous féduit, nous diminuons les pieges qui
nous environnent, & tant d'occafions de chûte qui
fe préfentent de toute part, nous fentirons infailliblement bien davantage l'efficace de la connoiffance

Ce qu'il
faudroit
faire pour
la rendre
toujours
active.

de la vertu, & combien son amour est puissant. Il est donc, même dans l'homme vicieux, une inclination pour le bien ; mais sa connoissance ne le détermine pas toujours : elle est souvent confuse ; & comme il est libre, il erre, & marque son mauvais choix par des préférences contraires à ses vrais intérêts : d'où l'on voit que cette connoissance & cet amour de la vertu sont, au fond, des agens bien plus réels & plus déterminans, que l'ignorance du vice, qui n'est qu'un état passif & incapable de rien produire.

Il ne nous reste plus rien, sans doute, qui soit de quelque valeur, des raisons alléguées par *Puffendorf*, pour dispenser, au premier cas, le Souverain, de l'obligation de punir ; & il est suffisamment prouvé que le danger de rendre publics certains crimes, quand ils sont une fois connus, est vain & imaginaire. C'est l'impunité seule, c'est la nature du délit, qui mettent justement en crainte de ne les voir se multiplier & détruire le bonheur public. Passons au second exemple.

Deuxieme cas, où, selon *Puffendorf*, les *fins de punir* ne sont pas nécessaires : *quand en faisant grace, on peut procurer autant ou plus d'utilité.*

» Pour le second cas, *dit Puffendorf* (1), on peut » supposer un homme, qui demande grace en fa- » veur de ses services, où de ceux de ses parens ou » de ses ancêtres qui méritent récompense : car il » est quelquefois aussi utile (*ajoute-t-il*) ou même » plus avantageux à l'Etat de récompenser certaines » belles actions, que de punir certains crimes ; & » une injure est effacée par un bienfait reçu, non- » seulement depuis, mais encore auparavant ». En premier lieu, c'est un principe incontestable que les

<hr/>

(1) Tom. III, pag. 307.

actions font perfonnelles; & fi l'on fe tire de cette regle décifive pour apprécier le vrai mérite, il ne fera plus poffible de diftinguer, dans un Etat, les vrais & louables citoyens, de ceux qui n'en ont que le nom; & qui mollement affis fur les trophées de leurs ancêtres, ou fe contentent de briller d'une lumiere étrangere, ou fe flatent de pouvoir impunément tranfgreffer les Loix. Malheur à tout peuple qui a introduit dans fon fein une inftitution pareille, fi contraire à la raifon & à l'égalité! Si l'égalité peut fubfifter, à travers tant de différentes conditions & de rangs, ce n'eft que par la jufte attribution à chacun de ce qu'il mérite, & par la confiance où l'on fera que perfonne ne fe rendra recommandable, envers la Patrie, que par des fervices perfonnels.

Et que font-ce donc que des fervices qu'on n'a pas rendus foi-même? Avions - nous affifté au confeil de nos peres quand ils les ont rendus? & y avons-nous pu contribuer en quelque chofe, tandis que, ou nous n'étions pas nés, ou nous étions éloignés d'eux, ou bien encore dans l'enfance, dans une impoffibilité phyfique de leur être utiles? Le prix des actions (1) fe tire tout du moral, il n'y entre rien du phyfique. En venant au monde, l'on n'apporte pas avec le fang de ceux qui nous ont donné l'être, leurs vertus & leurs inclinations. Il faut foi-même aimer l'ordre & la regle; il faut agir & pratiquer comme eux. Que fi la naiffance influoit à nous rendre plus facile le chemin de la vertu, foit à raifon de ce qu'on auroit vu dans fa famille des exemples édifians, où que le fang qui coule dans

Combien les diftinctions qui paffent aux enfans, en récompenfe des vertus des peres, font contraires à la raifon, au bonheur des Peuples & au bien de l'Etat.

Voyez auffi le Chapitre fuivant aux premier & cinquieme exemples qu'on rapporte, au foutien des raifons extérieures, pour faire grace.

_____

(1) On confidere ici la caufe, & nullement les effets.

nos veines fût, pour ainfi dire, accoutumé invinciblement à fe porter au bien ; ce ne feroit qu'une plus grande honte à nous, de nous livrer à des actions indignes ; & bien loin que les fervices rendus par nos ancêtres fuffent un titre pour nous affranchir de la peine, ce feroit, au contraire, une confidération qui nous rendroit plus coupables,

Objection & Réponfe. Mais ces dignes ferviteurs de la Patrie, ces zélés citoyens, uniquement confacrés à fon utilité ou à fa gloire, ont peut-être entendu qu'on perpétuât leur récompenfe jufques dans leur poftérité ; & le bien public demande peut-être auffi qu'on conferve de cette forte le fouvenir d'actions mémorables, pour infpirer à tous l'envie de les imiter. Mais, vaines fuppofitions qu'on ne fauroit admettre fans renverfer les vrais principes, & fans ouvrir la porte à mille abus. Quelqu'un, qui a bien mérité de la république, ou s'eft propofé, en la fervant, fon avantage à elle, ou le fien propre, ou celui de fes enfans, & peut-être tous les trois à la fois. Les motifs qui nous conduifent dans la plupart de nos actions, font cachés ; & comme ils peuvent être louables, ils font auffi fouvent dignes de blâme ; de forte que ce n'eft pas la façon de penfer qu'on peut avoir eu, en faifant des actes utiles & glorieux pour la Patrie qui doit déterminer le genre & la durée de la récompenfe : c'eft le bien général, c'eft le bien particulier qui en doivent décider. A cet égard-ci, l'on a tout fait quand on a traité honorablement celui qui s'eft diftingué par fes fervices, que la récompenfe a fuivi de près, & qu'elle dure, pour le plus, autant que la vie, ou jufqu'à ce que lui-même y mette des bornes par des actions contraires aux premieres, s'il avoit le malheur de fe démentir. Quant à l'intérêt de la Patrie, il demande au contraire, qu'on se restreigne à la personne même qui a bien servi, pour les distinctions dont on l'honore : puisque ce ne seront pas des biens héréditaires, faudra-t-il bien qu'on s'évertue, & qu'on sorte de sa langueur pour attirer les regards sur soi, & mériter qu'on nous décore, ou qu'on nous mette un peu plus à notre aise, si notre revenu est trop modique. Nous ne sentons supérieurement que l'aiguillon de la nécessité : dès que nous sommes sûrs d'avoir, sans rien faire, ce que d'autres ne peuvent acquérir qu'en se remuant, nous ne produisons rien de nous-mêmes. Il est commode de recueillir sans semer ; & s'il est au fond plus délicat & plus flateur pour l'amour propre, de songer qu'on ne doit qu'à soi son élévation ou son bien-être, c'est un prestige bien difficile à vaincre que celui de son élévation dès la naissance : comme on s'est toujours vu plus considéré & mieux traité, par cela même l'on se figure presque d'être d'une nature supérieure aux autres, & qu'on a des titres qui nous dispensent des obligations communes : c'est le renversement de la raison que cette idée ; mais elle ne se présente pas moins ; & le Prince & tout Souverain ne peut y donner lieu sans nuire à sa propre grandeur & à la félicité de ses peuples. *Regle générale* : il faut donc récompenser ou punir, à raison seulement des actions personnelles.

En deuxieme lieu, c'est une suite de cette regle, *que l'on ne puisse compenser, dans la même personne, les mauvaises actions par les bonnes.* Si celles-ci ont eu leur récompense, la dette est payée ; & si elles ne l'ont pas eue, c'est qu'apparemment on ne les en a pas jugées dignes. Et vainement voudroit-on

On ne peut compenser, dans la même personne, les mauvaises

actions par les bonnes.

regretter fur des affaires finies en ce genre : le paffé ne doit ici fervir qu'à couvrir davantage de honte celui qui ne fe fera point foutenu dans fa vertu. Par rapport aux peines, & au mérite de les éviter, l'importance n'eft pas de rendre des fervices à la Patrie, de faire de belles actions utiles au public, ce font des devoirs pour tout citoyen ; mais d'abhorrer les crimes, de ne rien faire de contraire aux regles de l'utilité générale. De forte qu'on ne doit pas beaucoup vanter une action paffée, quelque belle qu'elle foit, fi elle a été fuivie d'une autre qui eft criminelle ; & réciproquement celle-ci, fi elle a précédé, n'encourra pas moins notre indignation. Chaque action a fon prix & fa valeur propre, à la différence, que quand un coupable commet enfuite des actions louables, il témoigne par ce changement d'avoir du repentir de fes fautes paffées, & nous engage naturellement à lui redonner notre confiance ; fur-tout s'il a pu donner des fûretés pour l'avenir, & que fon entour n'ait rien de fufpect. Quand on n'auroit point puni fes premieres fautes ; fi ce qu'il a fait depuis eft affez confidérable pour mériter qu'on le diftingue par une récompenfe, il ne faut pas qu'on s'en difpenfe par le fouvenir du paffé. C'eft le préfent (1) qui intéreffe, & c'eft toujours lui qui doit gouverner, à cet égard, nos jugemens.

Il en eft autrement hors de l'Etat civil.

Je parle, au refte, dans la fuppofition d'un Etat civil, où toutes les fins des peines fe correfpondent ; car, hors de-là, l'on ne doit point oublier que celui qui nous deffert actuellement, nous a rendu auparavant quelque fervice ; & on lui en doit encore

---

(1) Chap. fuiv., à ces mots en marge : *Les raifons extérieures font abfurdes ou extravagantes.*

de la reconnoissance, pourvu que le mal qu'on en reçoit soit supportable, & que nous nevoyions point en lui une intention de nous nuire encore : autrement, ce seroit un ennemi, avec qui il convient de se tenir en garde. Que si, au contraire, le bienfait vient après l'injure, c'est une raison très-forte pour oublier celle-ci & agir comme si on ne l'avoit pas reçue : bien entendu que les dispositions présentes, de la part de celui qui nous avoit offensé, se démontrent toutes changées & tournées en notre faveur.

On voit bien, par les notes 4 & 5 de *Barbeyrac* sur cet endroit, qu'il ne faisoit point de distinction (pour la pratique de cette maxime) de l'Etat de nature à l'Etat civil ; ou encore, qu'il ne remarquoit pas de différence, à cet égard, entre la maniere dont les particuliers doivent se comporter entr'eux dans un Etat civil, & celle dont l'Etat lui-même doit agir envers eux. *Seneque* est d'abord cité, comme étant d'avis *que l'injure efface le bienfait, quand elle vient après lui.* Ce Philosophe entend cela naturellement & d'un homme à un autre homme, puisque la question qu'il traite est énoncée de cette maniere : *Si l'on est obligé à quelque reconnoissance envers une personne, qui, après nous avoir rendu service, nous a depuis fait une injure ?* Il se trompe sans doute dans sa conclusion, comme cela se voit aux raisons que j'ai deja données en combattant le texte ; & il auroit dû au moins, poser des circonstances qui eussent pu, peut-être, en certains cas, la faire admettre. L'exemple que *Barbeyrac* apporte ensuite d'un passage de *Ciceron*, où l'Orateur dit : *Que quand même César se seroit laissé aller à quelque chose de contraire aux Loix,* on

Barbeyrac n'a point fait cette distinction.

Ibid. Pag. 307 note 4. *Seneque* cité, qui conclut mal.

Ciceron cité, aussi, qui se trompe sur la maniere

dont il veut qu'on juge de Céſar.

devroit l'oublier , en conſidération des belles choſes qu'il avoit faites depuis : Cet exemple eſt plus applicable au ſujet, puiſqu'il s'y agit d'un particulier, par rapport à la République ; mais ce que diſoit *Ciceron,* n'en eſt pas plus ſolide : *Céſar* devoit être jugé , & ſur ce qu'il avoit fait de bon , & ſur ce qu'il avoit fait de mauvais ; & ſi , par ſes belles actions , il avoit plus ſervi la Patrie qu'il ne lui avoit nui en violant ſes Loix , il méritoit encore un reſte de récompenſe ; & réciproquement il devoit recevoir une partie de la punition, ſi

Seul cas où l'on peut compenſer les mauvaiſes actions par les bonnes.

le mal l'emportoit ſur le bien : c'eſt-à-dire , que , ſoit que les actes de vertu viennent après ceux du vice , ou qu'ils aient précédé , il eſt permis de mettre les uns & les autres dans la balance , pour faire une eſpece de ſouſtraction ; mais j'entends que c'eſt la conduite entiere d'un homme qu'on a à juger, comme quand il eſt de retour d'une expédition, ou qu'il a fini une adminiſtration dont on l'avoit chargé : le procès s'étend alors ſur tout l'eſpace de temps où il a bien ou mal gouverné ; & c'eſt une néceſſité que de ne point ſéparer le mal du bien, tout en les diſtinguant , pour apprécier ſon vrai mérite. Hors de-là , comme nous l'avons expoſé , l'on eſt puniſſable , en tout Etat civil, pour les fautes que l'on a commiſes , quoiqu'on ſe ſoit diſtingué auparavant par ſes vertus: & réciproquement une belle action eſt digne d'éloge ou de récompenſe , bien qu'elle ait été précédée d'actes mauvais : ce dernier cas , eſt même favorable , en ce qu'il ſuppoſe une correction & un amendement comme j'ai dit.

Maxime , qu'il eſt

Un homme donc , qui demanderoit grace , en faveur de ſes ſervices, ou de ceux de ſes parens ,

ou

ou de ſes ancêtres, compteroit en vain ſur cette raiſon, qu'il eſt quelquefois auſſi utile, ou même plus avantageux à l'Etat de récompenſer certaines belles actions que de punir certains crimes. Cette maxime n'eſt point faite pour lui, & notre Auteur l'applique mal. Elle eſt vraie en ce ſens, que les actions ſont perſonnelles, & qu'on l'enviſage par rapport à l'obligation générale où eſt le Souverain de punir ou de récompenſer les Sujets. Dans cette néceſſité la maxime ne conſidere que l'avantage de l'Etat, relativement à ſa ſituation, & ne change rien aux devoirs qui en ſont une ſuite. Le Prince ne doit pas moins punir, quand le crime l'exige, bien que cet acte d'autorité ſoit fâcheux, & que l'Etat retirât peut-être en ce moment plus d'utilité d'une récompenſe donnée à propos, s'il étoit dans le cas de la donner : ces deux conditions ſont les termes de la comparaiſon, & c'eſt entr'elles deux, que s'étend la maxime qu'on vient de voir.

D'où il ſuit qu'elle a pourtant ſon application à l'égard d'un même citoyen qu'on voudroit juger, & qui, comme *Céſar*, nous préſenteroit, dans le cours d'une expédition, une diverſité d'actions bonnes & mauvaiſes, qu'il faudroit démêler & apprécier. Alors, ſans doute, il importe de faire un juſte diſcernement de ce que les bonnes actions peuvent avoir de ſupérieur en bonté ſur la malice des autres; ou de combien celles-ci paſſent en malice la bonté des premieres; & c'eſt toujours la ſomme du bien ou la ſomme du mal qui regle le jugement. Mais ce cas excepté, ou autre pareil, juſtice doit être faite ſelon le bien ou le mal actuel, ſans conſidération du paſſé; & le Sujet, recevoir la peine ou la récompenſe, pour cela ſeul qu'il aura fait, & ſelon qu'il a préſentement mérité ou démérité.

[marginal note:] quelquefois auſſi utile ou même plus avantageux à l'Etat de récompenſer certaines belles actions, que de punir certains crimes, mal appliquée. Comment l'entendre

La punition ou la récompenfe doit fuivre immédiatement le crime, ou la belle action.

Tout nous enfeigne qu'il faut conflater, à point nommé & à mefure qu'il eft commis, le blâme que le crime s'attire, quand on eft à portée de remplir, avec exactitude, cette fonction ; afin que le coupable & les affiftans foient beaucoup plus frappés de terreur ou de joie, en voyant avec quelle promptitude les bonnes ou les mauvaifes actions font récompenfées ou punies.

Troifieme Cas, où felon Puffendorf, les fins de punir ne font pas néceffaires: S'il y a quelqu'autre voie plus commode d'obtenir ce que l'on fe propofe dans la punition des crimes. Tom. III, pag. 309. Puffendorf relevé ici fur la maniere dont il exprime & conçoit la chofe.

Le dernier cas arrive, dit Puffendorf, lors, par exemple, que le coupable s'eft corrigé fur une fimple reprimande, ou qu'il a fait fatisfaction de bouche, & donné des fûretés réelles pour l'avenir, à la perfonne offenfée, fans que d'ailleurs le crime foit d'un exemple contagieux. On voit encore ici, par une citation de Seneque, que cet Auteur appuie fon raifonnement fur des maximes prifes de l'état de nature, & d'homme à homme, (bien qu'il n'entende pas qu'on y ait jamais le droit de punir), tandis qu'il ne pouvoit fe diffimuler, qu'il s'agiffoit, dans cette queftion, d'un corps de peuple gouverné par un Souverain, quoique fans Loix pofitives, mais intéreffé à ce que les actions des particuliers fuffent réglées.

Or, c'eft avec fondement que *Puffendorf* fait une remarque, à cette occafion, fur la valeur & l'étendue que peuvent avoir les tranfactions faites avec un accufateur, ou avec la perfonne léfée, au fujet d'un crime puniffable par les Loix; mais je ne fuis point de fon fentiment fur la maniere dont il s'exprime, laquelle renferme des idées fauffes, & induit à erreur: *Il eft permis ordinairement*, dit-il, *à l'accufateur, ou à la perfonne léfée, de décharger de la peine, pour ce qui regarde leur intérêt particulier,*

Sans préjudice néanmoins de l'intérêt public. Il est permis, je l'avoue, de ne point se plaindre, & d'endurer le mal généreusement, ou de recevoir une sorte de satisfaction; mais jamais on ne peut dire d'un particulier *qu'il peut décharger de la peine*, puisqu'il n'y a que l'Etat qui doive en connoître, & que lui seul peut absoudre ou condamner. C'est encore une expression peu juste que celle qui suit, & c'est la conséquence de l'autre : *ainsi les conventions des particuliers peuvent bien rendre la punition non nécessaire par rapport à la seconde fin des peines, mais non pas par rapport à la troisieme.* En rappellant ce que j'ai dit de l'union intime des fins des peines, & combien elles concourent inséparablement au même but, l'on verra qu'on ne peut parler de la seconde, comme pouvant souffrir le contraire de ce qu'exige la troisieme; & que, si la nécessité de punir se trouve dans celle-ci, elle doit infailliblement être dans l'autre.

Sur ce pied, voici ce que j'ai à dire : ou la faute est grave ou elle ne l'est pas. Si elle n'est point grave, la personne lésée a incontestablement le pouvoir de pardonner, & de s'arranger avec le coupable, comme elle voudra : le Souverain n'a point à s'en formaliser. C'est le cas de la clause, *sans que d'ailleurs le crime soit d'un exemple contagieux :* l'Etat n'y est pas alors intéressé ; mais en même temps, cela supposeroit que la personne elle-même n'y est pas intéressée ; car les deux fins sont inséparables, & veulent toutes deux la même chose ; & pour cela, il faut que la faute soit bien legere, puisqu'elle ne peut pas même toucher celui qui la souffre. Il y a ici, comme l'on voit,

Inconséquences & contradictions.

des inconféquences & des contradictions à tirer des paroles de nos Auteurs : car, comment entendre une action que *Puffendorf* appelle *crime*, & qui *n'eſt pas d'un exemple contagieux : une action que l'État eſt diſpenſé de punir, & au ſujet de quoi néanmoins le coupable donne des ſûretés réelles pour l'avenir à la perſonne offenſée ?* Cette idée-ci détruit la premiere ; & s'il faut donner des ſûretés, ces ſûretés pour le particulier, en exigent pour tout le monde : c'eſt donc un crime, une faute grave, puniſſable par les Loix, & dont l'Etat ſeul doit connoître. Et ſi ce qu'on dit n'être pas contagieux, ne l'eſt pas effectivement, ce n'eſt donc plus un crime, c'eſt une faute légere, & ſur quoi aſſurément il n'eſt pas beſoin de prendre des ſûretés pour l'avenir.

Réflexion ſur la facilité avec laquelle l'on donne & l'on reçoit l'erreur.

Voilà ce qu'il réſulte d'idées fauſſes & embrouillées. L'on parlera long-temps ſans rien apprendre aux autres. Que dis-je ? on leur apprendra ce qu'ils ne pourront jamais concilier avec la raiſon, s'ils veulent y réfléchir ; ou plutôt ils ne s'en donneront pas la peine, ils croiront tout ſans rien approfondir. Ainſi des principes erronés s'établiſſent ; & des choſes vraies dans un tel état ſeulement, ſont données & reçues dans d'autres, comme étant encore les mêmes. Le moyen que la vérité ſe découvre, & que les hommes guériſſent !

Puffendorf relevé auſſi ſur la maniere dont il expoſe le cas préſent.

Le cas auſſi, tel qu'on l'expoſe, (pour n'y trouver pas de la néceſſité à punir) : *s'il y a quelqu'autre voie plus commode d'obtenir ce que l'on ſe propoſe dans la punition des crimes*, cette maniere, dis-je, de l'expoſer, feroit entendre *qu'il eſt donc poſſible de ſe paſſer par fois des peines.* Mais ſi on le peut une fois, il fuit évidemment qu'on le pourra toujours. Nous ne connoiffons, dans l'Etat civil, de reffort puiffant pour diriger les hommes au bien, que la *crainte* & l'*efpérance*. On craint les peines, le blâme, le déshonneur : on eft alors entre la honte & la peur de fouffrir. Avec l'efpérance, nous nous flatons d'obtenir des récompenfes : l'on s'agite, l'on s'obferve, l'on fe rend vertueux, ou du moins on l'eft par les effets. Il n'y a donc que deux fortes d'actions, les *bonnes* & les *mauvaifes*. Ce n'eft pas qu'on puiffe récompenfer toutes les bonnes, on ne traite ainfi que celles qui, par leur objet & leur produit, ont intéreffé vivement la République. C'eft le fort de celui qui a été choifi & mis à portée de les rendre; il a rempli fa tâche, felon l'étendue & l'importance de fon obligation : voilà fon mérite; car du refte, tout eft obligation & devoir pour les hommes; & voilà auffi pourquoi on ne récompenfe pas les autres bonnes actions.

Si on peut fe paffer des peines une fois, on peut s'en paffer toujours.

L'on ne peut pas récompenfer toutes les bonnes actions.

Mais pour les actions mauvaifes, la néceffité de punir les regarde toutes. Par cela même qu'on ne récompenfe pas la plupart des bonnes actions, parce qu'elles font de devoir, on mérite punition auffi-tôt qu'on les néglige. Rien ne fauroit fur cela être indifférent à la République : les moindres imperfections l'intéreffent; & ce n'eft que l'accroiffement du vice qui a fait périr intérieurement les Etats. Je traiterai bientôt plus au long cet article.

Mais l'on doit punir toutes les mauvaifes.

Voyez ci-après le Chap. VII.

On conviendra donc que, fi l'on peut trouver une autre voie que celle de punir pour obtenir les fins des peines, c'eft le comble du bonheur pour un Etat, & le tréfor le plus ineftimable. Le

Tout confidéré, le cas d'exception allégué ici.

détruit lui-même la néceſſité d'en parler, s'il eſt réellement tel qu'on l'expoſe.

Souverain ſeroit déchargé d'une obligation fâcheuſe pour un cœur ſenſible, & les ſujets d'un aſſerviſ-ſement qui humilie l'homme & le rabaiſſe. Mais la ſuppoſition rendroit l'exemple inutile ; & n'étant point beſoin de punir, il n'y auroit pas lieu à en faire un troiſieme cas de *la diſpoſition des peines*, comme s'il étoit une véritable exception à la regle. Il n'y auroit pas, en ce ſens, d'*exception* ; & la regle, par rapport à ce cas, ne pourroit être ici citée : c'eſt, au reſte, ce qui ſe préſente à mon eſprit quand je conſidere la queſtion, & que je compare les idées de mon Auteur entre elles. Quelqu'un de plus méditatif que moi, pourra ſen-tir ſi je me trompe ; du moins, ſe convaincra-t-il qu'il n'y a pas beaucoup de clarté dans ce que l'on nous enſeigne ; & que les choſes que j'ai rele-vées, ſont mal digérées, & peu juſtes. Concluons qu'en tous ces cas, les punitions ſont néceſſaires & inévitables ; & que les raiſons de faire grace, tirées de notre nature, de nos ſervices, & de ceux de nos peres, ainſi que de la ſuppoſition qu'on obtienne les mêmes fins par toute autre voie que celles des peines, ſont dépourvues de fonde-ment, de juſteſſe & de vraiſemblance. Nous allons examiner la troiſieme Propoſition, qui tend auſſi à pardonner ; ſera-t-elle plus ſoutenue, & mieux penſée ?

Troiſieme Propoſi-tion de Puffendorf qui va à faire grace : en quel cas on peut par-

L'Auteur avoue qu'*il paroît plus de difficulté à dire comment on peut pardonner, lorſqu'il y a des Loix pénales expreſſes*, c'eſt-à-dire, dans leſ-quelles *la peine eſt formellement déterminée par la Loi* ; & la raiſon qu'il en donne, c'eſt que *ce n'eſt pas tant parce qu'il ſemble très-juſte que le Légiſlateur agiſſe lui-même, conformément à ſes*

Loix, que parce que les Loix perdent beaucoup de leur autorité, lorsqu'on en suspend l'exécution sans de très-fortes raisons. Ici, ce me semble, l'on appuie son sentiment, bien moins sur la cause elle-même, que sur l'effet : l'on apporte en preuve ce que l'expérience démontre, sans nous dire d'où cela provient, ni comment cela s'opere : nous ne sommes nullement instruits. Et qu'est-ce aussi que ces paroles : *Il semble très-juste que le Législateur agisse lui-même, conformément à ses Loix ?* Cela pourroit s'appeler *raisonnable*, pour signifier *qu'on est conséquent :* on doit l'être dans tout ce que l'on fait ; mais pour la *Justice*, elle ne s'y rencontre point par cela seul qu'on agira selon ses propres Loix : si ces Loix sont injustes, si elles violent le *Droit naturel*, l'on est souverainement injuste de les suivre, & de les faire exécuter. C'est qu'au vrai, ce n'est point parce que le Législateur viole lui-même ses Loix, qu'il est mal qu'elles perdent beaucoup de leur autorité, mais parce qu'il n'exécute pas des Loix justes, & propres à faire le bonheur public. La Justice, il est vrai, est censée accompagner les Loix *positives ;* & l'on regarde comme un présage assuré de la future décadence d'un Empire, le mépris & l'abandon de ses Loix ; mais il n'est que trop certain, on ne peut se le dissimuler, que la plupart des Loix humaines sont injustes ; & la remarque qu'on fait sur le danger de leur inexécution, ne peut intéresser véritablement, qu'autant qu'on perd, en effet, avec l'Etat, une association politique, capable de remplir notre bonheur.

donner les crimes commis contre une Loi pénale ?

Tome III, p. 308, §. 17.

Enavouant que ceci est plus difficile à dire, l'Auteur n'en donne pas de bonnes raisons.

Il faut donc toujours en revenir au fondement des Loix *positives*, qui est la Loi *naturelle*, pour

Nécessité de revenir à la Loi

L iv

naturelle pour juger de cela.

pouvoir dire, avec vérité, ce qu'on allegue en faveur de cette propofition, *qu'il paroît plus de difficulté à dire comment on peut pardonner lorfqu'il y a des Loix pénales expreffes.* Tout portant fur les principes fondamentaux du *Droit naturel*, s'il étoit permis de pardonner, ce ne feroit fûrement pas, parce qu'on pourroit, en cette occafion, fe tirer d'une Loi écrite ; mais parce que cette Loi écrite, fi on l'exécutoit, feroit injufte : elle feroit en contradiction avec la Loi naturelle. L'on ne fauroit

Importance pour les Princes, pour leurs Miniftres, pour tout Légiflateur, &c. de démêler, dans la régie ou l'établiffement des Etats civils, les véritables caufes du mal, par rapport au mérite ou au démérite des fujets.

trop démêler les véritables caufes du mal, fi l'on veut fe garantir d'erreur dans la régie ou l'établiffement des Etats civils. Il n'importe pas de connoître la regle établie, (cette connoiffance eft cenfée exifter) mais fon *efprit* & fa *vérité*. C'eft au Prince, c'eft à fes Miniftres, c'eft à tout Légiflateur, & à quiconque fait profeffion de rechercher les fources du Droit, & la vraie utilité pour les hommes, à ne point mettre la raifon des chofes là où elle n'eft point, & à placer l'importance des actions là où elle eft véritablement. En ne fe tenant qu'aux apparences, & donnant pour regle ce qui dépend d'un principe fupérieur, & eft par conféquent variable quand le principe l'abandonne, c'eft établir des nuages au lieu de la clarté ; l'incertitude là où il faut néceffairement fe conduire avec affurance ; c'eft préfenter aux hommes des motifs d'obéiffance bien plus propres à les féduire qu'à les gagner ; on ne fait en eux que des efclaves ou des enfans : la vertu ne s'acquiert pas de cette forte.

L'obéiffance aux Loix, de-

Je conviens, & je le prêche, que la foumiffion aux Loix établies eft, dans tous les Etats, d'un devoir indifpenfable, pour les fujets, qui

n'ont ni le temps , ni l'aptitude pour la plupart,
ni affez de fang froid pour en apprécier le mérite, en les comparant aux Loix naturelles, & les
mefurant fur la jufte étendue des befoins de l'uni-
verfalité. Il faut fans doute l'*obéiffance* la plus
prompte & la plus entiere, quand d'ailleurs les
Loix font revêtues de toute la fanction requife ,
& qu'il s'agit de fe décider dans le moment. Cette
fanction, au refte, les fuppofe juftes ; & vainement s'autoriferoit-on de la raifon de vouloir les
examiner, la chofe eft déja faite ; ainfi il ne refte
plus qu'à obéir.

Mais la raifon de l'obéiffance dans les fujets ,
n'en eft pas une qui rende légitime celle de maintenir les Loix en vigueur, & de craindre , par rapport aux Loix *pénales*, qu'elles ne perdent beaucoup de leur autorité en ne les exécutant pas foi-
même : on fe doit guider ici fur un autre principe.
La raifon d'obéir fuppofe celle du commandement,
mais ne le juftifie pas. L'autorité eft avant la foumiffion dans l'ordre naturel des idées : Je parle de
l'antériorité de temps. Toutes les puiffances humaines font prifes fur le foible crayon que nous nous
formons de la puiffance divine ; & malheureufement nous ne croyons jamais mieux qu'elles
lui reffemblent que par les effets capables d'effrayer ou d'étonner les humains. La Divinité eft
fûre de ce qu'elle fait ; elle eft avant fes créatures ; elle eft elle-même l'ordre , & le conçoit dans
fon fein ; elle ne peut nous vouloir du mal , ni
nous en faire. L'obéiffance à fes commandemens
eft une obligation qui fe tourne toute à notre
profit.

Il n'en eft pas toujours ainfi des Puiffances de

la terre ; mais pour fuivre la comparaifon, elles font donc cenfées être avant leurs fujets, & leurs volontés & leurs loix précédent les détermina- tions de ceux qu'ils gouvernent. Le mobile du *bien*, la regle de décifion vient donc de leur bon ou mauvais confeil, de leurs falutaires ou mauvaifes réfolutions : c'eft de ce regard que nous devons prendre la connoiffance du *vrai*, par rapport à ce qui arrive de l'inexécution ou de l'affoibliffement de leurs propres Loix, foit de leur part ou de la part des autres. Toute autre maniere d'en juger fera fauffe, & mal affortie à notre bonheur, fur-tout fi l'on confidere qu'il n'eft pas ici queftion de récompenfes & de traitemens en eux-mêmes, favorables à l'humanité. Quand on ne fe décidera à ne point fufpendre l'exécution de pareilles Loix, qui vont à diftinguer le mérite des fujets, que par le motif *de n'en pas perdre l'autorité*, ce fera tou- jours un effet utile ; & les conféquences n'en peu- vent pas être mauvaifes, fi les récompenfes, comme on le doit fuppofer, font accordées à des actions vertueufes, & bonnes en foi. Mais il n'en eft pas de même des Loix *pénales*, il nous importe qu'on ne les regarde pas du même œil ; & nous devons, comme je l'ai dit, établir la néceffité de les tenir en vigueur, par un principe plus relevé que celui *d'empêcher la perte de leur autorité*.

Cette obli- gation en- core plus grande par rap- port aux Loix pé- nales.

Raifon pourquoi on ne s'eft pas préva- lu ici de l'aveu mê- me qu'il eft plus difficile à

Cela étant, l'on a pris une mauvaife route pour nous faire entendre *qu'il y a plus de diffi- culté* à dire, comment, dans l'Etat civil, l'on peut exempter d'une Loi *Pénale*. Je n'y en trouve pas, au fond, davantage, que quand il n'y a point encore de Loix *pofitives* : & je conclus tout de même, que s'il n'eft point permis dans cet état-ci de

faire grace, il ne l'eſt pas non plus dans l'autre. *dire com-*
J'aurois pu, ce ſemble, tirer avantage de ces *ment on*
mêmes raiſons que j'ai combattues ; & l'on pen- *peut par-*
ſera, peut-être, qu'il étoit plus naturel de m'en *donner,*
prévaloir ; mais, bien que dans un ſens, elles *&c.*
puſſent ſervir à ma cauſe, je ne les regarde pas
aſſez ſûres, ni aſſez claires par elles-mêmes pour
nous conduire à la vérité, dans une matiere
de cette importance. Il ne faut à l'eſprit humain
que ce qui porte la plus grande évidence, & n'a
abſolument rien de ſuſpect.

Je dirai donc auſſi, avec *Puffendorf*, qu'*il eſt* Le prin-
très-vrai, & de la derniere conſéquence, de ne laiſſer *cipe, qu'il*
point perdre ou affoiblir l'autorité des Loix dans un *eſt de toute*
Etat. C'eſt un principe qui m'appartient, & qui *néceſſité de*
ne peut être dangereux entre mes mains ; mais il *maintenir*
doit être précédé de celui-ci, qu'*avant de les éta-* *l'autorité*
blir, ces Loix, *l'on doit les bien peſer, les rendre* *des Loix,*
juſtes, ſages & bonnes, en les tournant au plus *n'eſt vrai*
grand bien de la Nation ; & que, quand on eſt ſûr *qu'autant*
de cela, *il faut s'y tenir avec la derniere inflexibilité* *qu'il eſt*
& ſans exception de perſonne, ſoit qu'il s'agiſſe de *précédé*
punir ou de récompenſer. Il y a même motifs de *d'un autre.*
part & d'autre, à preſſer leur exécution, ſans
aucune ſorte d'égards. Dès-lors cette regle univerſelle
ſera ſûre, vraie, & digne d'attirer notre confiance,
en même-temps qu'elle imprimera le plus grand
reſpect.

Mais, à la différence de nos Auteurs, je tire Ma con-
de-là une nouvelle preuve, *qu'il n'eſt jamais permis* *cluſion*
de faire grace, & que le Prince ou le Souverain *bien diffé-*
n'eſt pas maître, pour quelle cauſe que ce ſoit, *rente,*
d'exempter quelqu'un d'une Loi penale : je me *mais plus*
ſûre ; qu'il

*n'eſt ja-
mais per-
mis de fai-
re grace.*

Puff. Tom.
III, pag.
308.

Comment
nos Au-
teurs éta-
bliſſent
leur ſyſtê-
me à cet
égard ? Et
défauts de
leur manie-
re de pen-
ſer & de
raiſonner
ſur cette
matiere.

flate d'être plus conſéquent & plus juſte. C'eſt ſentir tout le danger de ſe tirer d'une loi générale,
& reconnoître en quelque maniere ſon défaut de
titre pour s'en tirer, que de poſer, comme on
fait, *que le Légiſlateur ne doit ni abolir les Loix,
ni les changer, ni en ſuſpendre l'exécution, ſans
des raiſons conſidérables ; qu'autrement on peche contre les regles de la prudence du Gouvernement.* Mais
l'on s'aveugle étrangement, ou l'on ſe ſert d'un
principe bien équivoque, quand on nous dit *que
toutes les Loix humaines dépendent de la volonté
du Légiſlateur & dans leur durée ;* & l'on s'abuſe
fort, quand on ajoute : *Que comme le Souve...in
peut entiérement abolir une Loi pour de juſtes cauſes,
à plus forte raiſon peut-il ſuſpendre ſimplement les
effets de la Loi à l'égard de certaines perſonnes &
dans certaines circonſtances où il y a quelque choſe
qui le demande.* On ne peut pas égarer les hommes avec plus de ſang froid, ni leur faire avaler
le poiſon avec plus de confiance. Il y a dans
quelques-unes de ces propoſitions du vrai & du
faux : c'eſt ſelon qu'on l'entendra ; & puis, bien
peu de juſteſſe dans la concluſion ; *toutes les Loix
humaines dépendent de la volonté du Légiſlateur &
dans leur durée.* Si l'on entend par-là des établiſſemens utiles directement & par eux-mêmes,
ſans être abſolument néceſſaires ; que les ſujets,
qui y ſont intéreſſés, puiſſent s'en paſſer comme
y trouver leur compte ; qu'elles ne roulent que
ſur des points d'agrément, de commodités & d'induſtrie, ſans en être plus malheureux pour en
être privés ; alors certainement, il eſt loiſible au
Souverain ou au Légiſlateur, de créer des Loix
pareilles ou de les abolir, ſelon qu'il le jugera
convenable à l'état préſent : & dans ce cas, l'on

fent bien que les infractions n'étant pas fi importantes, fi les punitions en général font indifpenfables, l'inflexibilité à punir ne peut pas être dangereufe. Mais, fi l'on entend des Loix vraiment
néceffaires, dont l'objet eft le bonheur, l'ordre,
la paix, la liberté, la vertu des particuliers, &
fi elles ferrent proprement le nœud de l'affociation
ou qu'elles s'y rapportent, il ne dépend plus du
Souverain de les changer ou de les abolir ; & il
fuit que fi leur violation eft plus dangereufe, la
punition du coupable eft encore plus néceffaire
& inévitable, & l'inflexibilité à punir éloigne toute
idée de faire grace.

Or, fur quoi juge-t-on donc que, comme le
Souverain peut entiérement abolir une Loi pour
de juftes caufes, à plus forte raifon peut-il fufpendre fimplement les effets de la Loi, à l'égard de
certaines perfonnes, &c. ? Il n'y a point de conféquence d'une chofe à l'autre. L'*abolition* d'une
Loi fur des chofes non abfolument néceffaires eft
poffible, cela eft vrai ; mais tant que la Loi
fubfifte, fa violation demande d'être punie. Le
pouvoir d'abolir tire fa force de l'indifférence dont
eft, au fond, la Loi pour le maintien ou le bonheur de la fociété. Dans le cas même où le Souverain trouve bon d'exercer ce pouvoir, comme
il ne peut prendre pour regle que le plus grand
bien des fujets, c'eft pour lors une vraie obligation à lui de le faire ; car l'on ne fauroit croire
qu'il ait un droit, en ces chofes-là, de fuivre
fon caprice ; mais l'objet de punir la violation
de pareilles Loix, quand elles fubfiftent, eft
toujours un devoir, & un devoir indifpenfable ;
c'eft une fuite néceffaire de l'établiffement des

*Si le Sou-
verain,
par la rai-
fon qu'il
peut entié-
rement
abolir une
Loi pour
de juftes
caufes,
comme on
dit, peut,
à plus for-
te raifon,
fufpendre
fimplement
les effets
de la Loi
à l'égard
de certai-
nes perfon-
nes ?*

Loix, puifqu'il eft de leur effence, *d'être géné-*
rales & abfolues ; autrement il y auroit une manifefte contradiction entre le but & la conduite.
Nos obligations, comme nos devoirs, fe forment
tout premiérement, non du pouvoir phyfique,
ou de nos volontés changeantes, mais du fond
& de la nature des chofes, qui eft un empire qui
tombe tant fur le Souverain que fur les fujets, &
qui nous impofe à tous, avant toutes les regles
établies, ce que nous avons à faire. *Puffendorf*
obferve qu'*il paroît plus dangereux de laiffer im-*
punément violer une Loi à certaines perfonnes, que
de l'abolir tout - à - fait. L'on voit qu'il modifie
toujours une vérité qui perce comme d'elle-même,
pour l'accommoder aux principes reçus ; mais
moi, je la remets dans fon état naturel, en re-
tranchant ces mots, *à certaines perfonnes* & laiffant
le refte comme il eft : puifque dans le premier
cas, l'on donne occafion à de grandes plaintes ;
& que l'on fe fait non foupçonner, (car ceci
eft bien réel) mais accufer d'une injufte acception des perfonnes. *Grotius,* de qui *Puffendorf* a
pris ici ces principes, prétend que « la Loi, par
» cette exception, ne ceffe pourtant pas de fub-
» fifter, & cela, *dit-il*, à l'exemple de Dieu
» même qui, felon une remarque *qu'il cite de Lactance,*
» ne s'eft pas dépouillé de tout pouvoir à l'égard
» des Loix qu'il a données aux hommes, mais
» s'eft réfervé la liberté de faire grace ». Il n'y
a pas d'erreur plus funefte que celle de vouloir
mouler la puiffance humaine fur la puiffance
divine ; j'en ai déja dit quelque chofe ailleurs.
Mais les Loix de Dieu font toutes faites, il n'en
change pas ; & quand il nous fait grace, ce n'eft
point par une réfolution du moment. *Lactance,*

Puffendorf
femble
fentir la
force de la
vérité, en
la modi-
fiant, com-
me il fait,
dans une
obferva-
tion.

Grotius,
Tom. III,
pag. 27.

Il n'y a
pas de pire
erreur que
de vouloir
mouler la
Puiffance
humaine
fur la *Puif-*
fance divi-
ne.

au contraire, attribue à Dieu des actes momen-
tanés en vertu de Loix momentanées. Il parle-là
des juges subalternes, qui, n'ayant pas fait eux-
mêmes, les Loix établies, ne sont pas les maîtres
d'en dispenser. *Barbeyrac* (1), sur ces deux questions, lequel vaut mieux, ou *de laisser aux Juges
la détermination des peines pour chaque crime*, ou
*de régler le genre & le degré de punition par des
Loix expresses ?* dit, qu'il lui semble que, *tant
d'un côté que de l'autre, on doit laisser le moins
qu'il se peut, à la liberté des Juges*, & il est certainement fondé; mais il me semble aussi que
les mêmes raisons lient le Magistrat souverain à
l'exacte pratique de la Loi, afin qu'on n'encoure
pas de sa part les dangers qui résulteroient de la
liberté donnée aux subalternes, de délivrer de
la peine, &c. Car l'on doit convenir que le Souverain, quoique revêtu d'un caractere auguste,
& recevant peut-être (2) une plus grande abondance de graces du Ciel, est aussi entouré de
plus de tentations & de risques; qu'il reste toujours homme au fond, ainsi que ses Ministres, &
par conséquent qu'ils sont très-sujets à faillir;
avec la différence pourtant que leurs erreurs ne
sont pas si multipliées, soit à cause que les lumieres
& la probité sont plus l'apanage du trône, que
parce qu'ils sont en plus petit nombre, en comparaison des autres hommes.

Le Magistrat souverain, tout aussi soumis à suivre sans rémission ses Loix dans la punition des crimes, que les Magistrats subalternes.

(1) *Ibid.* Note 1, §. 24.
(2) Ce *peut-être* n'est que relatif à la disposition actuelle
du Souverain; car l'on est très-persuadé que Dieu verse plus
abondamment sur la tête de ceux qui gouvernent, ses graces,
à proportion du plus grand besoin qu'ils en ont.

Ce que dit S. Augustin, n'est pas mieux fondé.

Différence essentielle entre la maniere dont nous jugeons du mérite des actions, & celle dont Dieu en juge.

Grotius, toujours par comparaison avec la puissance divine, cite ensuite *Saint Augustin*, pour avoir dit en faveur de la puissance humaine, *que celui qui a le pouvoir de faire des Loix, n'est pas lui-même astreint à suivre les Loix.* Mais premiérement, ce langage n'est point digne de la Majesté souveraine de Dieu, qui ne peut vouloir que suivre les Loix qu'il a faites. C'est le propre des êtres bornés & dépendans, d'avoir des vues chancelantes & variables, & de rouler au milieu d'une infinité de caprices & d'incertitudes ; mais Dieu, qui n'a fait ses Loix que pour les suivre, les suit invariablement, & parce qu'elles sont toujours bonnes : autrement il y auroit contradiction dans sa conduite. D'ailleurs les regles de sa justice se dirigent sur de meilleurs indices, il voit l'intérieur des cœurs, il juge sur les consciences, ce n'est point l'action qu'il punit, c'est l'intention. De sorte que, quand il feroit grace là où nous punirions, ou qu'il puniroit des fautes que nous aurions pardonnées, c'est que, par rapport à sa vision infinie, ce qui nous paroîtroit, à nous, une exception de la regle, ne feroit pas le moindre objet à ses yeux & n'en feroit pas une ; de façon qu'on ne pourroit pas dire de lui *qu'il se tire de ses Loix.* Pour nous, au contraire, ne pouvant connoître le mal qui s'est commis, que par des actes extérieurs, & des témoignages sensibles ; c'est à eux que nous nous arrêtons pour reconnoître le coupable (& nous devons effectivement nous y arrêter) à moins que la bonne intention ne soit tout aussi évidente, ou aussi bien attestée. Les bornes de notre esprit & la maniere dont nous

nous fommes faits, nous trouvant revêtus d'un corps, demandent abfolument que la juftice humaine fe guide par nos œuvres, qui fe démontrent aifément bonnes ou mauvaifes. Ainfi c'eft un devoir indifpenfable à nous de nous affujétir à cette regle; & Dieu fe tire encore moins de celles qu'il s'eft formées, & qui font, pour fa fageffe, d'un poids & d'une néceffité fans mefure.

Et fecondement, je remarquerai que dans ce que l'on rapporte de *Saint-Auguftin*, il eft queftion de la *peine de mort*, & que c'eft en faveur d'un coupable condamné à cette peine que ce Pere penfe que la puiffance fouveraine peut révoquer fa Sentence. Quoique ce ne fût point raifonner conféquemment que de donner une pareille faculté à celui qui, le premier, doit être fidele & invariable obfervateur de fes Loix; néanmoins il eft pardonnable, fur une punition auffi rigoureufe, de fe livrer au fentiment naturel, qui nous porte à en voir délivrer le coupable; parce qu'elle eft, au fond & dans le fait, pleine d'injuftice, comme nous l'avons dit plufieurs fois. Cr, le témoignage de *Saint Auguftin* n'affermit en rien ce que nous enfeigne *Grotius*. La réflexion de *Symmaque* (1) *que les Souverains, en adouciffant la rigueur des Loix pénales, font une chofe & qui eft en leur pouvoir, & qui eft digne d'eux*, eft encore fondée fur les mêmes préjugés ou la même erreur: pour la rendre raifonnable, il faut encore fuppofer une peine extrême & abfolument indigne, comme la mort, ou des traitemens de toute barbarie, &

Comment on peut pardonner l'erreur de S. Auguftin, fur l'endroit cité.

De la réflexion de Symmaque, qu'il eft beau aux Souverains & digne d'eux d'adoucir la rigueur des Loix.

(1) Grotius, Tom. II, pag. 87, note 3.

rappeller le fentiment naturel qui les abhorre; mais alors il faudroit les abolir tout-à-fait. Mais fi les peines établies font proportionnées aux crimes, fi elles ne font pas injuftes par effence, que devient donc ce *beau*, ce *digne* des Souverains, d'adoucir la rigueur des Loix ? puifque n'étant point exceffives ou rigoureufes, ils font obligés, au contraire, à les fuivre eux-mêmes avec la plus grande fidélité : cette exactitude à punir, ou à s'en tenir précifément au degré de punition réglé par la Loi, eft un devoir pour eux indif-penfable, quoiqu'ils foient auteurs de la Loi; parce que cette même Loi, en un fens, exiftoit & l'on peut dire exiftoit véritablement, avant qu'ils la prononçaffent, étant fondée fur la né-ceffité & fe rapportant à tous les befoins.

D'une penfée de *Seneque* fur le pou-voir des Rois, *de fauver la vie à un homme malgré les Loix.*

Grotius cite enfin (1) une penfée de *Seneque* confeillant à *Néron* de fe mettre dans l'efprit, *que chacun peut bien en tuer un autre, au mépris des Loix ; mais que lui feul peut fauver la vie à un homme malgré les Loix.* On peut plaindre ce Phi-lofophe de mettre en avant une fi miférable penfée. Il eft encore entraîné par le fentiment intérieur, qui combat la *puiffance de punir de mort*, & nous fait, par conféquent, regarder comme belle, dans un Souverain, l'action d'en délivrer le coupable. Mais c'eft tomber dans un faux fens & une ridiculité impardonnable, que d'oppofer, comme il fait, le *pouvoir phyfique*, qui eft de tuer quelqu'un au mépris des Loix, au pouvoir, felon lui, légitime de *fauver la vie à un homme*

_____

(1) *Ibid.* Dans le texte.

malgré les Loix : ou , s'il avoit entendu, des
deux côtés, le *pouvoir physique ;* c'étoit enseigner
à *Néron* qu'il étoit au-dessus des Loix, & que lui
seul pouvoit les enfreindre : principe le plus dangereux, lors même que l'effet en est salutaire,
parce qu'il peut être employé, encore plus souvent
à faire le malheur des hommes. La grande regle,
c'est que la Loi soit générale & uniforme. *Mon-*
tesquieu, dans son *Esprit des Loix,* (1) après
avoir établi que, dans les Etats monarchiques,
le Prince ne doit pas juger lui-même, a fait,
entr'autres réflexions, celle-ci : « De plus il per-
» droit le plus bel attribut de sa Souveraineté, qui
» est celui de faire grace : il seroit insensé qu'il
» fît & défît ses jugemens : il ne voudroit pas être
» en contradiction avec lui-même. Outre que cela
» confondroit toutes les idées ; on ne sauroit si
» un homme seroit absous, ou s'il recevroit sa
» grace ». Ceci n'a encore qu'un clinquant de
vérité, & le fondement manque dans l'essentiel :
car les inconvéniens, qu'il releve, subsistent &
subsisteront toujours, tant que le Prince se croira
permis d'absoudre le coupable, condamné légitimement par ses Tribunaux. Premiérement, comment
séparer (dans l'idée de l'autorité souveraine qui
juge) le Prince, des Magistrats qu'il a commis
pour rendre ces jugemens, puisqu'ils ne sont que
ses représentans dans cette partie, qu'ils agissent
& parlent en son nom, & qu'il est censé avoir
prononcé lui-même, quand ils prononcent ? Et
secondement, ou le coupable a mérité la peine
ou non ; s'il l'a méritée, l'arrêt qui l'a condamné
étoit juste ; pourquoi seroit-il donc révoqué ?

Montes-
quieu rele-
vé , &
combattu
parlui-mê-
me , d'a-
voir nom-
mé l'action
de faire
grace , le
plus bel
attribut de
la Souve-
raineté.

(1) Tom. I, pag. 163, 164.

L'action de *faire grace*, n'eſt pas autre que de déclarer que cet arrêt ne doit pas être exécuté; mais cela ſuppoſeroit qu'il ſeroit injuſte; & toute-fois l'on entend que le Prince fait un acte de gé-néroſité en pardonnant. On veut qu'il puiſſe agir alors differemment & au contraire de ce qu'ont fait ſes Magiſtrats, ſans que le coupable en ſoit pour cela moins criminel au fond : c'eſt bien, ſans doute, être en contradiction avec ſoi-même? c'eſt confondre toutes les idées, & mettre les ſujets dans cette poſition de ne ſavoir ſi un homme ſera abſous, ou s'il recevra ſa grace, qui ſont les inconvéniens dont parle *Monteſquieu*.

Le plus bel attri-but de la Souverai-neté eſt de rendre la juſtice.

Réflexion.
Le plus bel attribut de la Souveraineté eſt de rendre la juſtice ; mais il doit donner à chacun, ſelon ſes œuvres ; & *faire grace*, c'eſt renverſer cet ordre, puiſque ſans doute le coupable ſe trouve dé-claré atteint du crime dont on l'accuſe, & que rien au monde ne ſauroit alors le rendre innocent. Si l'on s'étoit bien convaincu de ces principes, l'on ſe ſeroit abſtenu des grandes punitions; & toutes les peines barbares, de *mort*, de *torture*, &c. auroient été bannies de chez les hommes. Falloit-il faire acheter, à ce prix, quelques lettres de grace ; & pour rehauſſer, en certaines occaſions bien rares, la bénignité des Monarques, ou de tout autre Souverain, répandre ſur toute la ſurface du globe une infinité de châtimens, qui font frémir la Nature !

CHAPITRE V.

Des Raisons intérieures & des Raisons extérieures, qui, selon Grotius, *dispensent de la Peine. Injustice encore de la Peine de mort.*

Suivons nos Auteurs dans leurs plus forts retranchemens, & voyons s'ils pourront jamais parvenir à donner un air de vérité à leurs idées. L'on entre dans un nouvel Examen.

« *Grotius,* dit *Puffendorf* (1), distingue deux » raisons qui autorisent à exempter quelqu'un de » la peine que la Loi exige : les unes qu'il appelle » *intérieures,* les autres *extérieures.* Les raisons » intérieures consistent, selon lui, en ce que la » peine seroit trop rigoureuse par rapport au fait » dont il s'agit, quoique d'ailleurs en elle-même » elle n'eût rien d'injuste, puisqu'elle est formel- » lement & légitimement ordonnée par la Loi ; » mais, à mon avis, (*remarque Puffendorf*) si la » peine est trop rigoureuse, à prendre la Loi dans » toute son étendue, il vaut mieux alors corriger » la Loi même, que de faire grace à quelque peu » de gens, pendant que les autres sont sujets à » une punition dure & injuste ». Cette observation est juste ; mais il auroit dû dire, *Puffendorf,* pour joindre de plus près la vérité, que non-seulement *cela vaut mieux,* mais que c'est un devoir

Raisons *intérieures* & raisons *extérieures* qui dispenseroient de la peine, selon *Grotius.*

Puffendorf ne dit pas assez en disant simplement d'une Loi trop dure, *qu'il vaut mieux cor-*

_____

(1) Puffendorf, Tom. III, pag. 309.

riger la Loi même, que, &c. C'eſt un devoir de l'abolir tout-à-fait.

Mais il ne veut bientôt, que des raiſons extérieures, pour s'autoriſer à diſpenſer de la peine.

indiſpenſable de le faire ; & que tous les momens qu'on tarde à abolir une Loi injuſte, ſont autant de coups de poignard portés à l'humanité.

Puffendorf continue de cette ſorte : « Que ſi » dans une certaine action il ſe trouve des cir- » conſtances particulieres, qui la rendent moins » atroce que la Loi ne la ſuppoſoit, l'équité ſeule » oblige les Juges, non à remettre entierement la » peine, mais à l'adoucir, ſans que, par-là, on » faſſe rien contre l'eſprit de la Loi » : il a certainement raiſon encore ; mais bientôt il s'égare comme *Grotius : il vaut donc mieux dire*, (conclut-il) *qu'il n'y a proprement que des raiſons extérieures qui engagent à pardonner.* Ce raiſonnement ſeroit fort bien, s'il n'aboutiſſoit à adopter le ſyſtême de l'*exemption*, & à trouver poſſible qu'on faſſe grace, contre la Loi, qui veut qu'on puniſſe tout audacieux qui la viole, & ne peut compatir avec aucune ſorte de ménagement. *Puffendorf* ſe jette dans les exemples, où il croit qu'il eſt permis d'exempter de la peine, comme quand le coupable a rendu quelque ſervice, ou s'eſt trouvé dans une ſituation qui le recommande, ou bien qu'il donne de grandes eſpérances pour l'avenir, &c. : toutes raiſons qu'on appelle *extérieures* (1). Nous verrons ces exemples tout-à-l'heure ; faiſons auparavant quelques réflexions ſur ce qu'on nous dit, de la diſtinction qu'il y a à faire dans la diſpenſe de la Loi.

Réflexions ſur ce que remarque *Grotius* de la diſtinction à fai-

Grotius remarque (2), « qu'autre choſe eſt » de diſpenſer de la Loi pour de bonnes raiſons,

_____

(1) Grotius, Tom. II, pag. 88, §. 26.
(2) *Ibid.* Pag. 89, §. 27.

» ou même pour des raisons preſſantes ; & » autre choſe de déclarer qu'un certain fait n'a » jamais été compris dans l'intention de la Loi ». Il blâme *Vaſquez* d'avoir dit, *qu'il n'y avoit point d'autre cauſe légitime de diſpenſer d'une Loi, que celles qui ſont de telle nature que ſi on avoit conſulté le Légiſlateur, il auroit répondu que ſon intention n'étoit pas de faire obſerver la Loi en de pareils cas.* Ce Juriſconſulte, dit-il, *ne diſtingue point entre une interprétation favorable ſelon les regles de l'équité, & une indulgence par laquelle on relâche de la Loi.* Il (1), (Grotius) veut que les raiſons *extérieures* ſoient ſur-tout de grand poids pour engager à pardonner, lorſque le but ou le motif de la Loi ceſſe, du moins en particulier, dans le fait dont il s'agit ; & la raiſon qu'il en donne, c'eſt que « quoiqu'il ſuffiſe, pour mainte- » nir la Loi en force & vigueur, que la raiſon » générale, pourquoi elle a été abolie, ſubſiſte » ſans être combattue par une raiſon contraire ; » cependant le défaut de l'inconvénient que le » Légiſlateur a eu en vue de prévenir, encore » même qu'il ne ceſſe pas d'avoir lieu en général, » fait que l'on peut exempter de la Loi plus aiſé- » ment, & ſans compromettre beaucoup ſon au- » torité ». Le Traducteur (*Barbeyrac*), pour donner une intelligence à ce paſſage, rapporte dans une Note, l'exemple des loix *ſomptuaires*, que *Puſſendorf*, & d'autres après lui, ont citées, & dont la *raiſon générale*, dit ce premier, *ſub- ſiſte tant que les citoyens, en général, ne ſont pas aſſez riches pour faire, ſans s'incommoder, les*

re dans la diſpenſe de la Loi.

Comment il entend que les raiſons ex- térieures ſ ſont de grand [...]

Barbeyrac apporte ici l'exemple des Loix ſomptuai- res, note 3

_____

(1) *Ibid.* Pag. 88, §. 26.

M iv

dépenfes qu'on leur défend ; encore qu'il puiffe y avoir quelques particuliers fort riches, pour qui ces dépenfes ne font rien. Il faut avouer qu'il y a, dans ce raifonnement, & dans l'objet fur lequel il roule, bien peu de mérite & de folidité pour attirer notre confiance ; & qu'il vaudroit bien mieux n'avoir jamais rien dit, que de s'occuper de vues fi incertaines & fi peu fûres, capables uniquement de nous égarer : parlons un langage plus clair. Toute Loi doit être générale, c'est un principe inconteftable ; mais cela fuppofe que la raifon de la Loi fubfifte toujours générale, fans quoi la Loi fe refferreroit, & ne s'étendroit plus fur la généralité des fujets : c'est pourquoi des Loix fomptuaires dans un Etat, où quelques particuliers font affez riches pour ne pas fe reffentir de l'inconvénient qu'elles veulent prévenir, font des monftres, ou des corps informes, en fait de loix, qui ne vont qu'imparfaitement au but, ou plutôt qui n'y vont point du tout : car c'est le manquer, que de ne le pas remplir entièrement. On veut donner à tous une regle qui ne leur convient pas également. Le mal eft dans la chofe même : ou il faut commencer par établir une égalité de biens parmi les citoyens, ou il ne faut point de loix fomptuaires (1). Si vous fuppofez qu'il eft un nombre

Mais tout cela eft mal penfé.

Principe inconteftable : *Toute Loi doit être générale*, & *fa raifon auffi*.

Les Loix fomptuaires, fans l'égalité des biens, font des monftres, en fait de Loix.

Voyez ci-après, où il en eft encore queftion (fixieme Exemple,

(1) Je fais qu'on peut encore établir des Loix fomptuaires, avec l'inégalité des biens, comme on la voit dans nos Etats civils, en conformant ces Loix à cette inégalité même ; c'est-à-dire, qu'elles fuffent plus ou moins indulgentes, felon le rang & les facultés des citoyens. Mais rien n'approcheroit plus de la fervitude, que cette différence injurieufe à la liberté honnête des fujets dans tout Gouvernement raifonnable ; & cela même feroit un vice contraire à la concorde publique & à l'émulation pour les grandes vertus : On en a bien fenti les inconvéniens par le paffé.

de gens en état de supporter une certaine dépense
que la Loi veut empêcher dans les autres, parce
qu'ils ne sauroient le faire sans s'incommoder, la
Loi devient alors particuliere ; elle est injuste ;
elle ne se rapporte pas à l'intérêt de tous : ceux qui
sont riches la trouveront extraordinaire & tyranni-
que ; & les autres se trouveront blessés par cela
même, qu'ils sont exposés à être seuls à la suivre.
Peut-on appeller une Loi celle dont la raison ne
s'étend pas sur tous ? Et n'est-ce pas une dérision
de nous donner en appui de ce que dit *Grotius*,
une chose qui n'a point de réalité & de consis-
tance ? ou bien, *Grotius* ne sait ce qu'il pense,
quand il trouve, *que l'inconvénient que le Législateur a eu en vue de prévenir, peut bien n'avoir pas
lieu en certaines occasions, lors même que la raison
générale pourquoi la Loi a été établie, subsiste
dans toute sa force, & n'est point combattue par
une raison contraire.* A-t-on rien imaginé de plus
risible, que de ne point voir qu'à l'égard de
ceux qui sont riches, (pour prendre encore
l'exemple des loix *somptuaires*) il y a une raison
contraire à la raison générale de la Loi ? Et
peut-on s'éblouir au point de penser que le but
ou le motif de la Loi, en cessant en particulier
dans le fait dont il s'agit, c'est-à-dire, (comme
l'observe *Barbeyrac*) *par rapport à la personne qui
a fait quelque chose contre la Loi, ne laisse pas de quoi
subsister par rapport à tout autre qui auroit violé la
Loi dans le même temps ?* N'est-ce pas ici se jouer
des mots & des idées ? ou la chose qui est défendue est un mal ou elle n'en est pas un : Si elle
est un mal, toute personne qui la commettra est
coupable ; & si elle n'est pas un mal, il n'y a
point lieu d'appliquer la Loi, & il n'y a point de

au soutier
des *raisor.
extérieu
res*).

L'on se
joue des
mots & des
idées, en
raisonnant
comme
l'on fait.

Grot. To-
me II, p.
88, note 2.

La Loi est
invariable,
en elle-mê-
me, dans
ce qu'elle
défend,
comme
dans ce

qu'elle or-
donne.

coupable, quoi qu'on faſſe. Mais puiſque toute Loi
ſuppoſe le deſſein d'éviter un mal, établiſſons que
ce qu'elle défend eſt réellement mauvais : comment pourra-t-on concevoir qu'il ſoit un cas où
elle ceſſe de trouver mal ce qu'elle jugera mal
dans tous les autres ? La fera-t-on ainſi déraiſon-
ner ? Et lui prêterons-nous toujours nos caprices?

Deux cho-
ſes que ce-
la nous
montre
pour toute
Loi.

Cela nous montre deux choſes : La premiere, qu'*il
faut qu'une loi n'ait jamais pour but ou pour motif, qu'un ſujet grave & eſſentiel, & que tout le
monde, ſans exception, trouve ſon bien à la pratiquer ;* & la ſeconde, que *ſi quelqu'un allegue
jamais en ſa faveur quelque cauſe de diſpenſe, ce
ne puiſſe être que celles dont parle* Vaſquez, *qui*

Ibid.
Pag. 89.

*ſont de telle nature que ſi on avoit conſulté le
Légiſlateur, il auroit répondu que ſon intention
nétoit pas de faire obſerver la Loi en de pareils cas.*

Comment
ſe forme
*l'excep-
tion légiti-
me* d'une
Loi *pénale,*
nonobſ-
tant l'acte
extérieur
qu'elle
condamne.

Un exemple va le démontrer : c'eſt certainement
un mal que de tuer, de voler ; & c'eſt pourquoi
les Loix l'ont défendu ſous des peines très-rigou-
reuſes ; mais celui qui, par malheur, tombant
de fort haut ſur quelqu'un qui ſe trouve deſſous
lui, le tue par ſon propre poids, ſans néanmoins
ſe trop incommoder ſoi-même : celui qui, réduit
à une extrême pauvreté, ſans qu'il y ait de ſa
faute, & ne pouvant, par le travail, ſe procurer
de quoi vivre, ſoit pour être vieux, ou très-in-
firme, tandis que perſonne ne l'aſſiſteroit, déro-
beroit, dans un moment preſſant, pour conſerver ſa vie, de quoi appaiſer ſa faim, & le déro-
beroit ſans faire violence & aucun tort extérieur:
ces deux hommes, dis-je, peuvent-ils être cenſés
compris dans le ſens de la Loi ? & ne ſeroit-ce
pas une injuſtice de leur faire ſubir la peine qu'elle
décerne contre les coupables ? C'eſt ici, & dans

d'autres cas pareils, que le Légiflateur a entendu de ne point faire obferver la Loi : en effet, ce ne font pas des hommes innocens qu'elle veut punir : ce font ceux qui, de propos délibéré & fans y être contraints par l'abfolue néceffité, commettent le mal. Je fais bien, & je l'ai dit quelque part dans cet Ouvrage (1), qu'il eft néceffaire, pour établir invariablement fur la terre la connoiffance du mal, d'en juger toujours relativement au préjudice qu'il en revient à autrui ou à nous-mêmes : comme fi quelqu'un affaffine ou s'il fe défait lui-même, il eft évidemment dans la voie défordonnée & criminelle ; il eft devenu coupable par cela feul qu'il fe livre à des *actes extérieurs*, fi funeftes au genre humain. Que fi au contraire ces mêmes actes font produits involontairement & par des circonftances malheureufes, comme fi à la chaffe & tandis que rien n'indiquoit un homme couché ou endormi auprès d'un buiffon, celui-ci reçoit malheureufement le coup meurtrier, qui n'étoit deftiné qu'à l'animal qu'on pourfuit ou qu'on recherche : ou bien fi quelqu'un vifitant une arme, un piftolet par exemple, qu'il ne croit point chargé, le tire imprudemment de maniere que le coup porte fur une autre perfonne & la tue, &c. il eft vifible que, dans ces deux cas, l'intention manque aux deux agens malheureux, pour être coupables ; & que bien que les actes extérieurs foient mauvais, & les effets abfolument les mêmes que dans la premiere fuppofition ; néanmoins l'on ne peut pas dire qu'ils aient commis le crime & violé la regle ; ils n'ont voulu ni tuer ni affaffiner. De forte qu'il eft bien

Ce qu'il faut penfer de la néceffité (pour connoître le mal), d'en juger d'abord par les actes extérieurs.

La juftice humaine procede fagement de cette forte.

(1) (Chap. VII, Sect. VI de la Premiere Partie.

vrai, je le répete, que l'intérêt de la société demande que ce soit à des signes extérieurs qu'on juge de ce qui est nuisible aux hommes ; & on a eu raison de croire que le délit supposoit un coupable ; & la justice humaine est bien fondée à prendre pied de-là pour en rechercher l'auteur : sa conduite est alors celle de la raison, & est conforme à nos procédés nécessaires. Mais, en

Mais la maxime du Droit, *de facto oritur jus*, regle puis tout.

même-temps, la maxime du Droit, *de facto oritur jus*, est fort sage. Elle vient éclaircir tout ; c'est en épluchant bien le fait, & en approfondissant les circonstances que l'on découvre dans celui qui l'a commis, le tort qu'il a visiblement, & le degré comme le genre de punition qu'il mérite, & même s'il mérite d'être puni. Aussi n'ai-je pas entendu, dans mes exceptions, en parlant le langage de *Vasquez*, que si les auteurs involontaires & malheureux d'un mal dont quelqu'autre a souffert, ne font point compris dans le cas que le

A quoi l'on reste encore soumis, lors même que la Loi n'a pas entendu nous regarder comme coupables.

Législateur a voulu punir, ils soient dispensés pour cela d'apporter quelque soulagement à la personne lésée, ou à sa famille, quand ils sont en état de le faire : & la même Loi qui les dispense de la peine, les contraint, de l'autre côté, à ce dédommagement dès qu'ils le peuvent. On n'est entiérement justifié, qu'autant qu'on a réparé, selon son pouvoir & ses facultés, le mal qu'on a fait, ou qu'autant qu'on est dans l'impossibilité réelle d'y apporter le moindre soulagement ou la moindre consolation.

Grotius & Puffendorf ne rencontrent pas

Tout considéré, il paroît que *Grotius & Puffendorf* ne font pas plus fondés l'un que l'autre, & que leurs idées sont également confuses & sans vérité. Le premier trouve mal que *Vasquez* n'ait

reconnu, en quelque forte, pour caufe légitime
de difpenfer d'une loi, que les *raifons intérieures;*
& *Puffendorf* ne voudroit admettre que les *extérieu-*
res. A la vérité, l'exception de la loi, en faveur
de quelqu'un, qui paroît d'abord l'avoir violée,
du moins par les effets, eft au fond mal nommée:
elle donneroit à entendre que la Loi a eu de la par-
tialité; & que ce qu'elle a défendu à la généralité,
elle l'a tolérée dans quelques-uns. Il faut s'énoncer
d'une maniere plus nette & fans équivoque; les
mots de *difpenfe & d'exemption* ne font pas meilleurs.
Il eft donc vrai que lorfque le Légiflateur, interrogé
fur le fens de fa loi, diroit *que fon intention n'étoit*
pas de la faire obferver en de pareils cas; c'eft que
réellement le prétendu *coupable* n'étant point coupable, la loi n'a point à punir en lui, & n'a pas
plus d'action à fon égard, par rapport à la peine,
qu'elle n'en a envers ceux qui ne l'ont point violée:
il n'y a pas fujet, en un mot, à punir; & dans
ce fens, comme il n'y auroit point, au vrai, d'exception ou de difpenfe, il fembleroit que le partage
des raifons en *intérieures & extérieures*, par rapport
aux premieres, feroit inutile, puifqu'elles-mêmes
ne feroient pas qu'on fît grace à un homme coupable, mais que, par elles, il ne le feroit pas du
tout. Au lieu que les raifons *extérieures*, au fens de
nos Auteurs, fuppofent, comme cela eft, que la
perfonne eft coupable, mais qu'on lui pardonne
pour des confidérations; de forte que *Puffendorf*,
vu l'ufage où l'on eft de faire grace pour ces dernieres raifons, beaucoup plus frappé de leur exiftence & de la néceffité d'en faire mention, penfe
qu'elles feules ont la vertu de procurer le pardon.
En effet, *faire grace* ou *pardonner* feront toujours
des termes qui fuppofent le crime; & fi les raifons

mieux ici,
l'un que
l'autre.

Ce que
pourroit
penfer *Puf-*
fendorf, de
l'inutilité
des *raifons*
intérieu-
res, ne
l'autorife
point à ad-
mettre les
extérieu-
res.

extérieures devoient être admises, il n'y auroit certainement rien de mieux nommé; mais c'est en elles que l'erreur réside : le *pardon* est une violation de la regle, comme je l'ai assez montré. Or, comme il est impossible que la raison générale de la loi subsiste, en même-temps qu'elle cesse en quelques cas particuliers ; & que ce que dit là *Grotius* est contradictoire : il faut nécessairement bannir la distinction qu'il fait dans la dispense de la loi ; & n'y ayant point de cas où l'indulgence, par laquelle, selon lui, on relâche de la loi, doive être admise, (ce qui seroit ces raisons *extérieures* dont il parle) il ne resteroit plus que l'interprétation favorable selon les regles de l'*équité*, qui est précisément ce qu'on appelle *raisons intérieures*, & ce qu'a fort bien entendu le Jurisconsulte *Vasquez*, au sentiment de qui je me range d'autant plus volontiers, que je ne trouve que là le vrai & le solide. Mais, quant à la dénomination de *raisons intérieures*, comme la condition humaine demande un langage pour le service de la vie, & qu'on ne sauroit sans cela faire connoître nos situations & l'état des choses, l'on voit bien qu'il n'est pas possible d'exprimer autrement ces cas, où ayant commis le délit défendu par la Loi, on n'est pas néanmoins coupable, & le Législateur n'a point entendu nous punir. Quoiqu'absolument l'on ne soit point alors au rang de ceux qui méritent d'être jugés, puisqu'on est innocent, toutefois le matériel du crime existant ; il nous faut une dénomination qui rende ce que nous entendons, pour dire qu'on n'est pas alors coupable; & celle de *raisons intérieures* paroît non-seulement convenable, mais nécessaire : c'est donc la seule que nous adoptons. Venons à présent aux exemples qu'on allegue pour justifier les raisons *extérieu-*

Et ce qu'a dit *Grotius*, en faveur des *raisons extérieures*, est contradictoire.

Vasquez, le seul qui ait bien déterminé, quand est-ce que la Loi n'entend point de punir.

La dénomination, en ce sens, de *raisons intérieures* nécessaire.

res. Ils ne pourront jamais faire que ce qui eft faux foit vrai ; & eux-mêmes ils feront fouvent déraifonnables.

Le premier, c'eft *les fervices paffés du coupable ou de quelqu'un de fa famille.* Nous avons fait voir la ridiculité de comprendre dans fon mérite celui de fes ancêtres, & de vouloir qu'on lui tienne compte de leurs vertus : j'ai montré que, bien loin que cette confidération foit utile à celui qui la réclame, ce feroit, au contraire, une raifon de plus pour le punir des mauvaifes actions, qui font indignes du fang dont il eft forti. Et pour les fervices perfonnels, j'ai expliqué comment ordinairement ils font inutiles en pareil cas, & quand feulement on pourroit, en quelque forte, y avoir égard. Mais j'ai obfervé que ce n'eft qu'en faveur de ceux qui ont été chargés d'une commiffion ou d'un emploi de quelque durée. Communément c'eft le *Préfent* (1) qui nous juge ; & les hommes, dans la fociété civile, font puniffables ou dignes de récompenfe ou d'éloge, à mefure qu'ils agiffent ou qu'ils viennent d'agir : c'eft le moment toujours alors de les connoître. Le bien de la Nation demanderoit cette exactitude à les fuivre, c'eft-à-dire, à ne laiffer jamais accumuler, dans un Particulier, des actions qu'il faudra punir : auffi eft-ce affez à quoi l'autorité publique veille. Celui donc qui voudroit qu'on le difpenfât de la peine pour des fervices rendus par quelqu'un de fa famille ; celui qui allégueroit, dans la même vue, fes propres fervices, reftans néanmoins toujours coupables du

Examen des Exemples qu'on rapporte au foutien des *raifons extérieures.*

Premier Exemple : *Les fervices du coupable ou de quelqu'un de fa famille.*

Chapitre précédent ; *Deuxieme cas fuppofé par Puffendorf,* &c. & dans le préfent, ci-après, fon cinquieme *Exemple,* &c.

Les *raifons extérieures* font ici abfurdes ou extravagantes.

(1) Chap. précédent, *ut fuprà.*

crime dont ils feroient accufés, ne fauroient trouver, dans les raifons *extérieures*, de quoi fonder
une prétention raifonnable. Il faudroit pour cela
détruire les grands principes, ces éternelles vérités:
que *toute action eſt perſonnelle*; que *l'inſtant où l'on
faillit eſt celui où l'on eſt puniſſable*; que *toute faute
mérite ſa peine*; & que *ce n'eſt point par le paſſé
qu'on juge ſi l'on eſt en regle, mais par le préſent qui
eſt ce qui nous intéreſſe.*

Deuxieme Exemple: (Puffendorf *Ibid.*) *Une rare induſtrie, des quali-tés ex-traordi-naires, &c.*

Le fecond exemple, c'eſt *une rare induſtrie, des
qualités extraordinaires, ou quelqu'autre choſe qui
rend le coupable particuliérement recommandable.* On
doit juger par les notes, qui font en cet endroit,
& par tout le texte, que la punition, dont on entend affranchir le coupable, eſt de celles qui vont
à la mort, ou qui y expofent: car, autrement, je
ne vois point pourquoi on craindroit de punir un
homme de talent, d'une rare induſtrie, ou qui
auroit quelque qualité extraordinaire. On ne fe priveroit d'un citoyen ſi utile que pour un temps, en
ne le puniſſant que d'un emprifonnement de quelque durée; & l'on ne s'en priveroit pas du tout,
ſi la peine étoit momentanée & courte. Il paroît
bien auſſi que c'eſt l'avantage du corps entier que
l'on a ici en vue; & nos Auteurs ne fe font jamais
propofé, en même-temps, dans leurs exceptions,
l'intérêt du coupable même; mais, comme je l'ai
dit, on ne peut les féparer: & c'eſt par cette raifon
victorieufe que la *peine de mort* eſt ſi démefurée &
ſi injufte. Dans cette poſition pourtant, ces mêmes
Auteurs raifonnent mal, & font inconféquens:
toute effrénée que foit cette licence de punir de
mort, comme ce n'eſt point par le genre de la
punition que la réfolution de punir a lieu, mais

par

par là néceffité de punir, ils auroient dû reconnoître tout de même que cette néceffité de punir
fubfifte indépendamment de toute qualité & de toute
induftrie dans le fujet, puifqu'il eft coupable &
dans le cas prévu par la Loi. Pour moi, qui condamne hautement la *peine de mort* & toutes les autres
punitions barbares qui en approchent, je n'aurai
point de répugnance à demeurer ferme dans mes
principes, & à affurer qu'on doit punir fans miféricorde tous ceux qui n'auront point de raifons *intérieures* à alléguer en leur faveur, & je crois d'être
en cela bien plus conféquent. Les raifons *extérieures*
fe préfentent d'autant plus mal ici, qu'il eft poffible, en puniffant, de jouir encore des talens &
des rares qualités du coupable; & que l'intérêt général, quand on le pourroit féparer de celui du
particulier, ne demandéroit pas une telle violation
de la regle.

Le troifieme exemple eft *une grande efpérance qu'il
donne d'effacer fon crime par de belles actions.* Ici l'on
fembleroit fe rapprocher un peu de l'intérêt du
coupable ; & dans ce grand principe du *bien public*, qui, mal entendu, a égaré nos maîtres, il
y entreroit du deffein d'épargner le criminel, parce
qu'il peut fe corriger un jour & fe rendre recommandable. Mais une pareille vue, toute louable
qu'elle eft, eft encore inconféquente avec le
principe, puifqu'il eft toujours queftion de la *peine
de mort*, & qu'il faudroit, ou qu'on ne l'eût point
établie, ou qu'on ne s'en tirât jamais pour quelle
caufe que ce fût, quand les raifons *intérieures* ne
viendroient pas au fecours du coupable: ou fi l'on
n'entend pas une peine *capitale*, quelle raifon peut-
il refter pour ne le pas punir ? Tandis que la Loi

*Troifie-
me Exem-
ple : Une
grande ef-
pérance
qu'il donne
d'effacer
fon crime
par de bel-
les actions.*

L'intérêt
qu'on pa-
roît pren-
dre ici au
coupable
eft tou-
jours une
inconfé-
quence
avec le
principe.

générale ne peut le regarder comme innocent, ni le rendre tel ; & qu'en le puniſſant, rien n'empêche qu'il ne ſe diſtingue dans la ſuite par de belles actions ? Et bien au contraire la *punition* conduit à cela : elle a pour but la correction du coupable ; & quand elle eſt proportionnée au crime ou à la faute, & raiſonnable en ſoi, elle a certainement cet effet. Quelle eſt donc cette nouvelle maniere de penſer, de croire qu'il ne faille pas préciſément faire ce qui a un tel degré d'utilité, parce qu'on ſe flate de réuſſir tout de même ſans ce moyen ? Eſt-ce que l'eſpérance, qu'on peut avoir, peut tenir lieu du moyen lui-même ? D'abord, par rapport à l'Etat, les voies directes & ordinaires doivent nous ſatisfaire bien plus que celles qui ne portent point avec elles aucun indice d'efficacité : nous ſavons qu'on eſt naturellement ſenſible à eſſuyer une peine ; que quand la Loi eſt générale, & l'application faite à propos, l'impreſſion que la punition fait ſur nous réveille notre amour-propre, ſans nous aigrir ; & le ſouvenir qu'il en reſte eſt un moniteur ſans ceſſe en action, non-ſeulement pour nous empêcher de retomber, mais pour nous engager à des actions vertueuſes : & pour le coupable, il a beſoin de ſentir qu'il s'eſt écarté de la regle. La regle, au contraire, eſt mépriſée, ſi elle n'a pas ſa force & ſon autorité par-tout & envers toute perſonne. Quelle préſomption & quelle arrogance ne mettra-t-on point dans l'ame de ce citoyen affranchi de la peine par un tel motif, quand il verra que c'eſt en ſa faveur qu'on ſe tire de la Loi générale, & qu'il a pu impunément commettre un crime, par cela même, qu'il eſt propre à de grandes choſes ? Croiroit-on que d'une raiſon capable de faire redoubler d'attention à punir ſelon

La punition, au contraire, bien réglée, eſt très-propre à la correction du coupable.

Mauvais effet dans le coupable, de le vouloir épargner, parce qu'on eſpere bien

l'exigence du cas, il se tirât un titre pour demander de lui pour le pardon du coupable, & le mettre dans cette la suite. position injurieuse à tout le monde d'avoir commis le mal sans péril ? N'est-ce pas bouleverser toutes les idées d'ordre, de justice, de convenance, de proportion ? N'est-ce pas que les raisons *extérieures* sont ici les plus folles visions qu'on puisse imaginer.

Le quatrieme exemple est, *l'intercession puissante de quelques personnes de crédit.* C'est encore ici une de ces prétentions ridicules, qu'on peut traiter de folies, parce qu'elles renversent toutes les regles & qu'on ne sauroit les soutenir d'aucune sorte de raison : en premier lieu, les fautes sont personnelles, comme nous avons dit ; & en deuxieme lieu, tout le monde est intéressé à leur punition : celui qui demandera ici une grace pour un autre, ne sait ce qu'il veut, ou plutôt il veut une chose que combat le bien public, & son bien à lui ; & quand il pense que sa recommandation peut être de quelque poids, où a-t-il pris que ce qu'il mérite en son propre, puisse contre-balancer le démérite d'un autre ; & qu'il y ait entre lui & le coupable, quelque rapport de nécessité ou de convenance à cet effet ? Je n'ignore pas les égards qu'on doit, dans la société, à l'intervention d'un ami ou d'une personne puissante, & l'influence naturelle qu'ont sur nous, en général, les recommandations : elles naissent d'un fonds d'humanité, & montrent qu'on est sensible encore à des intérêts étrangers : ce qui est la plus belle disposition que l'on puisse desirer parmi les hommes. L'on ne sauroit donc trop l'entretenir & l'honorer ; mais il ne faut point confondre les objets : c'est

Sidenotes: Quatrieme Exemple : L'intercession puissante de quelques personnes de crédit. C'est encore ici une prétention ridicule.

Les recommandations nécessaires dans la société ; mais supposent que celui en faveur de qui elles sont, est innocent, pour être raisonnables.

pour le malheureux, pour celui qui eſt perſécuté par l'injuſtice, qui eſt en bute aux diſgraces de la fortune, & non, pour le coupable, qu'on s'intéreſſe : la recommandation ſuppoſe le ſujet vertueux, ou du moins, qu'il n'eſt pas prévenu de crime ; & l'on rougiroit de paroître prendre part à quelqu'un qui auroit encouru l'indignation de la Loi. Ce que j'obſerve eſt ſi bien fondé, que *Ciceron*, en donnant des préceptes à un défendeur, qui, étant convaincu du crime dont on l'accuſe, en demande le pardon, parmi les diverſes raiſons qu'il lui fournit, (qui ſont la plupart de celles que Puffendorf rapporte) repréſente toujours cet accuſé, non comme ayant été véritablement porté au crime, mais comme y étant tombé par des inſinuations ſupérieures, ou par un bon motif, ou par une certaine fatalité inévitable : ſans cette honnête couleur, en effet, comment ſe flateroit-on de faire illuſion aux Juges, & d'obtenir diſpenſe de la Loi ? Toutes les précautions oratoires en pareils cas, nous montrent que l'on voudroit donner, s'il étoit poſſible, aux *raiſons extérieures*, l'air & les apparences des *raiſons intérieures* : il faut toujours faire entendre que l'accuſé, en commettant le crime, a été plus malheureux que coupable, qu'il n'a, pour ainſi dire, fait que le phyſique : c'eſt ce ton, c'eſt cet aſpect, qui nous trompent, & qui font qu'on ſe laiſſe fléchir ; mais alors, il y a impoſture dans le fait, & ſurpriſe ou ſéduction dans le Juge : on a trahi la vérité. Je dis donc que les recommandations ſont utiles, qu'elles ſont honnêtes, que l'uſage s'en doit perpétuer, mais que leur miniſtere n'eſt que pour la vertu & l'innocence ; & que là ou il y

Cela ſe voit dans des préceptes, que *Ciceron* donne à un Défendeur *pour ſe faire accorder le pardon d'un crime dont il eſt convaincu.*

Voyez la note 3, dans Puff. Tom. III, pag. 309.

a du crime & un coupable, elles doivent ſe taire & laiſſer juger.

Seroit-ce que l'on craindroit d'indiſpoſer une perſonne puiſſante en lui refuſant ? Mais, d'abord, il y auroit injuſtice manifeſte de ſa part, & tout le tort ſeroit de ſon côté ; puiſqu'elle demanderoit une choſe contraire aux regles : ou cette perſonne de crédit eſt de la nation, ou elle n'en eſt pas ; ſi elle n'en eſt pas, ſon interceſſion eſt des plus vaines, ſa voix n'eſt point de compte, & c'eſt ſe mêler d'un fait qui ne la regarde pas du tout. Les liaiſons d'amitié, ou celles d'alliance qu'elle pourroit avoir d'ailleurs avec l'accuſé, ne l'autoriſent pas mieux à demander ſa grace s'il eſt coupable. Ses ſollicitations ne ſeroient honnêtes qu'autant qu'elle ſe trouveroit unie, de façon ou d'autre, avec un homme que le ſort, ou des ennemis perſécuteroient. Que ſi cette perſonne de crédit eſt du nombre des Citoyens, elle contredit ouvertement les bonnes maximes ; elle fait une tentative, pour ainſi dire, de rébellion, & tâche d'inſinuer une choſe qui eſt d'un très – dangereux exemple. La paix & la ſûreté intérieure de l'Etat ne ſeront jamais plus fermes, que quand les Loix ſeront invariables, & tout le monde perſuadé d'avance qu'il n'y aura point d'exception pour perſonne.

Tort manifeſte qu'auroit la perſonne de crédit, de trouver mauvais qu'on lui refuſe.

L'on nous renvoie en marge, (dans *Puffendorf*) à un paſſage de *Tite-Live*, où il raconte que « le » Dictateur *Papirius*, tout réſolu qu'il étoit de » punir de mort, ſuivant la rigueur de la Loi, » le jeune *Brutus* maître de la cavalerie, pour » avoir oſé attaquer l'ennemi en ſon abſence,

Objection d'un paſſage pris dans Tite-Live ; & Réponſe. (Au ſujet de Papi-

» quoique cette entreprife lui eût réuffi, fe laiffa
» néanmoins gagner aux prieres & aux fupplica-
» tions du pere de l'accufé, homme d'un grand
» mérite, & des Tribuns & autres principaux
» perfonnages de la République, qui, tous en-
» femble, demandoient la grace du fils, en con-
» fidération de fa jeuneffe & de ce qu'il avoit
» fi bien fervi la Patrie ». Mais il faut obferver
qu'il étoit là queftion d'une peine énorme, d'une
réfolution qui alloit à punir du dernier fupplice
une faute, qui, après tout, n'étoit rien par les
bons effets qui s'en étoient enfuivis, & que s'étoit
propofés *Fabius* lui-même. Eft-il une pofition
plus intéreffante ? Et le cri de la nature ne s'é-
leve t-il pas avec violence contre un traitement
qui feroit au fond la plus grande ingratitude ?
C'eft que la *peine de mort* eft en foi injufte &
inadmiffible dans tous les cas, mais plus encore
dans tous ceux où le coupable nous a obligés par
fa faute. La Loi que réclamoit *Papirius* étoit violente & mauvaife de fa nature : il auroit fallu l'a-
bolir. Toutefois tant qu'elle ne l'étoit pas, ce
Dictateur, en voulant l'éxécuter, s'il ne faifoit pas
au fond un acte de juftice, agiffoit du moins
conféquemment, comme j'en ai fait la remarque
ailleurs, à propos de quelqu'autre chofe : il avoit
en vue d'entretenir la difcipline militaire, & ce
but étoit excellent ; je l'adopte auffi & l'établis
de même. Il ne lui manquoit que de vivre dans
ue Etat civil, où les peines fuffent douces, &
celle de mort profcrite ou entiérement ignorée ;
il n'auroit pas eu à entendre tant de prieres &
de fupplications, de la part de ceux qui s'intéref-
foient au coupable ; les entrailles publiques ne fe
feroient pas foulevées, pour ainfi dire ; & l'on

auroit cru pouvoir, fans manquer de reconnoiffance, faire fubir au citoyen, qui fe feroit écarté
de la regle, la peine qu'il fe feroit attirée par fon
imprudence. Sa léfion n'auroit pas été plus forte
que la faute; il auroit pu foufcrire lui-même fans
emportement à fa propre condamnation.

Mais je veux que la perfonne de crédit, dont on
nous parle, ne foit pas du corps de la nation, &
tienne un rang fi élevé dans fon pays & foit fi puiffante, qu'on ait à redouter fa vengeance, fi on
lui refufe. Qu'arrivera-t-il dans cette conjonćture ?
faudra-t-il qu'on viole fes propres regles ? faudra-t-il qu'on ne fe laiffe conduire que par des
impreffions étrangeres ? & que deviendront les
Loix & les meilleurs établiffemens, fi l'on fe détermine par de pareils motifs ? Si ce malheur
arrive qu'une nation voifine prenne de l'humeur
& nous en veuille, parce que nous aurons déplu ainfi
à fon chef, ou à quelqu'un qui a beaucoup d'influence dans fon Gouvernement; ce fera un de
ces triftes événemens de la vie, où en faifant
fon devoir, l'on ne laiffe pas que de s'attirer
des ennemis; & il faut favoir alors être prêts à
tout, refter fermes contre le péril, & prendre
néanmoins toutes les mefures que dićte la fageffe,
pour ne pas fuccomber. La voie du bien & de
la vérité fera toujours la feule bonne à fuivre,
quoi qu'il arrive; & les Etats, dont les Loix font
juftes, plaifent trop fans doute à la Divinité,
pour qu'elle permette jamais que d'une action louable, en foi, il en naiffe un incendie
comme celui qu'on pourroit craindre. Les *raifons*
extérieures font donc encore, dans cet exemple,

N iv

*Autre ob-
jećtion, en
fuppofant
que la per-
fonne de
crédit s'in-
téreffant
au coupa-
ble & étant
d'une au-
tre Na-
tion, y
tînt un
rang fi éle-
vé, qu'on
eût à ap-
préhender
fa ven-
geance,
&c.*

*Réponfe.
Les voies
droites &
régulieres
font les.
feules à
fuivre.*

contraires aux bonnes regles & à la faine morale.

Pour cinquieme exemple : *Il y en a*, (dit Puffendorf) *qui ont obtenu grace en faveur de la réputation*, & *de la gloire de leurs ancêtres*, *ou à cause qu'ils étoient les seuls qui restoient d'une famille illustre.* Je ne parlerai point du premier motif que j'ai assez combattu ; mais il n'est pas inutile de dire un mot de l'autre, qui est encore d'une nature à faire illusion. Qu'il est difficile de se défendre contre tout ce qui réveille en nous l'idée de grandeur & de célébrité! Et que le préjugé a alors d'empire sur les hommes! chacun éprouve le respect qu'on sent pour une famille distinguée par les grands hommes qui en sont sortis ; & celui par qui elle finit, nous paroît, à cause de cela même, beaucoup plus cher, sans égard à ce qu'il peut être en lui-même : c'est un hommage involontaire que l'on rend, pour ainsi dire, au mérite de ceux qui ne sont plus ; mais ce sentiment si honorable à la vertu, & qui est utile à la Patrie, veut être dirigé par la raison ; & quand ce reste d'une famille illustre s'en est rendu indigne par un crime, il mérite d'être puni, peut-être encore avec plus d'exactitude & d'éclat qu'aucun autre : j'en ai déja dit les raisons ailleurs.

La *Peine de mort* souverainement injuste, donne lieu, sans doute, à l'introduction des *raisons extérieures* ; & par la même raison qu'on avoit franchi les bornes dans le pouvoir de punir, on sortit aussi de l'ordre & de la regle, en s'attribuant la faculté de *faire grace* : l'on peut dire que ces

Cinquieme Exemple (Tom. III, pag. 309, 310.) *Accorder grace, à cause des ancêtres, ou parce que le coupable reste seul d'une famille illustre.*

Voyez au précédent Chapitre&dans celui - ci, un peu plus haut.

On ne doit pas faire plus de cas de cette considération, que de celle des vertus des ancêtres.

Il étoit dans la nature de la chose, qu'on fit grace de la peine de mort, en

deux chofes devoient aller enfemble, & que quand on touche à un des extrêmes, il faut qu'on paffe infailliblement dans l'autre. L'on étoit bien inconféquent avec foi-même, mais non pas avec fon état d'imperfection; & une fois le principe pris, comme il étoit mauvais, il étoit naturel qu'on l'abandonnât dans de certaines occafions. Que fi l'on fe déterminoit enfin à bannir la *Peine de mort*; & que regardant en horreur de verfer le fang humain, même des plus fcélérats, l'on n'eût plus de châtimens qui allaffent à faire punir les coupables, ou même à les perdre pour toujours pour la fociété, l'on verroit bien vîte tomber les futiles raifons qu'on adopte fous le nom de *raifons extérieures* : car, d'après mes principes, & felon mon plan, elles font tout-à-fait extravagantes, puifqu'elles le font déja dans le fyftême actuel, où elles font contrafte avec la cruauté de la Loi, & où le Légiflateur ou le Souverain font fans ceffe en contradiction avec eux-mêmes.

certaines circonftances, par la raifon que cette même peine étoit fi difproportionnée & fi injufte.

Mais fi on abolit cette peine, les *raifons extérieures* tombent d'elles-mêmes.

Après cette raifon *extérieure* que l'on nous a donnée en exemple, & que je viens de réfuter, *Puffendorf* nous parle des loix *fomptuaires*, & de ce cas, (qui fera le fixieme exemple) *où celui qui les a violées eft fi riche, que les dépenfes fuperflues ne l'incommodant point en aucune maniere, on peut lui pardonner plus aifément, & fans porter un grand préjudice à l'autorité des Loix.* J'ai déja montré le ridicule de cette prétention, & combien des *Loix fomptuaires*, dans la fuppofition que l'on fait, font un corps monftrueux & injufte. J'ai fait voir en même-temps combien l'on a déraifonné, en penfant que la Loi fubfifte *générale*, tandis que fa raifon ceffe en certains cas

Sixieme Exemple : (*Ibid.* P. 350.) *Les Loix fomptuaires à l'égard de ceux qui font affez riches, &c.*

Voyez troifieme ou quatrieme pag. de ce Chap.

particuliers : ainfi je n'ai plus rien à dire fur ce fujet.

Septieme & huitieme Exemples(*Ibid.*) qui pourroient être mis au rang des raifons intérieures.

Le feptieme , *une ignorance ou une inadvertance,comme celle de Charondas.*

Mais la Loi de ce Légiflateur étoit infenfée , comme la punitionqu'il exerça fur lui-même, en vue de fa Loi.

Enfuite *Puffendorf* allegue deux autres raifons, mais dont la derniere fur-tout pourroit être mife au rang des *raifons intérieures :* elles formeront les feptieme & huitieme exemples. 1°. *Lorfque le crime a été commis par une ignorance qui n'eft pas, à la vérité , entiérement excufable , mais qui vient de pure négligence ;* 2°. *lorfque le coupable a péché par l'effet d'une foibleffe d'efprit, qu'il lui eft bien difficile de furmonter.* L'on rapporte pour le premier cas, l'exemple de *Charondas* , qui s'en alla, fans y penfer, avec l'épée au côté, à l'affemblée publique, contre une Loi qu'il avoit lui-même fait établir : or cette Loi portoit la *Peine de mort.* Le Légiflateur des *Thuriens* crut n'avoir pas d'autre parti à prendre, en cette conjončture, dès qu'on lui eut fait appercevoir fa méprife, que de fe paffer cette même épée au travers du corps, & il périt ainfi par fon propre fait. Mais cette loi qu'il voulut fuivre à la rigueur, étoit furieufe, & il tomba, en fe puniffant lui-même, dans un autre excès également condamnable : parce qu'en ce cas-là même, ce n'étoit pas à lui à terminer fa vie, dont il étoit refponfable à fes citoyens & à Dieu. Il fut véritablement plus conféquent avec fon principe ; mais il fe trompa encore dans le moyen ; & fa premiere erreur étoit des plus infenfées, puifqu'il défendoit, fous peine de la vie, une chofe qu'il commit lui-même fans y penfer, & qui étoit, au fond, de fi peu de valeur, par rapport à la *Peine,* qu'on étoit capable de s'y laiffer aller par inadvertance. Eft - ce donc là le légitime ufage des Peines? Et faut-il tendre des pieges à l'humanité, en faisant que des actions qui ne sont pas, par elles-mêmes, criminelles, deviennent des crimes atroces, punissables par la perte de tout ce ce qu'il y a de plus cher, qui est la vie ?

Pour le huitieme exemple, qui seroit de tomber dans le crime *par l'effet d'une foiblesse d'esprit, bien difficile à surmonter;* il est évident qu'on est dans le cas alors des *raisons intérieures,* & que le Législateur n'a pas entendu de faire subir à ce coupable la rigueur de la Loi. La mort qui est pour tous une peine cruelle, le seroit donc bien plus pour lui, puisqu'il est censé qu'on doit être dans son bon sens, ou du moins avoir la raison commune, en vertu de laquelle on apperçoit ce qui est mal, pour pouvoir mériter d'être puni si on faillit. C'est par ce motif que les fous & les enfans, avant l'âge de raison, ne sont point condamnés, même parmi nous, aux peines ordinaires, s'ils violoient les Loix : on les enferme ou on les punit d'une autre sorte ; mais pour les imbéciles, ou ceux qui sont atteints, comme l'on dit, *d'une foiblesse d'esprit qu'ils ne peuvent presque pas surmonter,* on ne doit point les laisser à leur propre conduite ; il faut qu'on s'assure de leur personne, & qu'on les mette hors d'état de nuire : prévoyance qui satisfait à la fois, & le propre bien de ces infortunés, & celui du public.

Enfin, dit *Puffendorf,* pour neuvieme exemple, « comme l'utilité de l'Etat est la vraie mesure » des peines que les Tribunaux humains décer- » nent, elle demande souvent que *l'on fasse gra-* » *ce, à cause du grand nombre de coupables.* Car, » ajoute-t-il, quoique ce ne soit pas une excuse

Huitieme Exemple : L'effet d'une foiblesse d'esprit, qu'il est bien difficile de surmonter.

Ceci tout entier, une raison intérieure.

Mais le coupable doit être enfermé, si le crime est grave, tout le temps qu'il sera dans cet état.

Neuvieme Exemple : (*Ibid.* Tome III, p. 310) le grand nombre des coupables à punir.

» valable en elle-même, de dire qu'il y en a bien » d'autres qui ont commis le même crime, la prudence du Gouvernement veut que l'on prenne » garde de ne pas exercer, d'une maniere. qui » détruife l'Etat, la Juftice qui a été établie pour » la confervation de la fociété humaine ». Je vais, non pas blâmer qu'on ne puiffe point en pareil cas, puifqu'on y entend une punition de mort, & un crime qui eft, pour ainfi dire, général, comme celui *d'une armée entiere qui fe révolte contre fon chef* : Exemple allégué par *Seneque*, où il eft d'avis, avec raifon, qu'il faut néceffairement *pardonner*; je vais, dis-je. non pas blâmer cette impunité, mais montrer que les raifons, fur lefquelles on la fonde, font très-mauvaifes.

Nous avons déja dit un mot (1) de cette confidération du grand nombre des coupables, & remarqué que la raifon de la punition étant dans le crime même, fi la punition étoit jufte & néceffaire à l'égard d'un citoyen criminel, elle ne ceffoit pas de l'être par la multitude : cette propofition me paroît fans réplique, il faut pourtant que je la développe. On punit quelqu'un à caufe de fon crime, & parce que ce crime eft non-feulement d'un dangereux exemple à la fociété humaine en général, mais nuifible à quelqu'un ou à quelques-uns d'entre les particuliers : il y a là la raifon & le but de la punition. Punir quelqu'un parce qu'il eft coupable, ce ne feroit pas affez dire ; il faut favoir encore pourquoi on punit un coupable. C'eft donc à ce dernier motif que l'on

(1) Ci-devant, Chapitre III.

reconnoît essentiellement la *Société*, l'*Etat*, sans quoi, n'y ayant point d'Etat ni de Société, il n'y auroit non plus de punition, quoiqu'il y eût des coupables; & tout se borneroit à la juste défense de soi-même, & aux précautions que la sagesse & la nature inspirent à toute personne pour se garantir du mal.

Mais l'Etat civil supposé, la raison de la punition subsiste; & tout le monde est coupable, si tout le monde a encouru la peine de la Loi. Pourquoi donc ne puniroit-on pas tous les citoyens ou tous les sujets d'une armée, s'ils ont manqué? ou c'est parce que la prudence du Gouvernement, (c'est ce que dit *Puffendorf*) veut que l'on prenne garde *de ne pas exercer d'une maniere qui détruise l'Etat, la Justice qui a été établie pour la conservation de la société humaine;* ou parce qu'il n'y a plus dans le Souverain, ou celui qui le représente, cette force coactive nécessaire pour infliger des peines.

Or, dans le premier cas, la maxime ne tire évidemment sa vérité que de l'abus énorme où les hommes sont tombés, en punissant de mort leurs semblables. Elle porte sur une erreur de notre part, & sur un acte désordonné; disons plutôt, sur un crime : que deviendra-t-elle donc si nous réformons ce cruel usage, & que nous nous mettions en regle du côté de nos pouvoirs permis? N'y ayant plus lieu à *détruire*, il n'y aura plus à exercer cette sorte de prudence dont on nous parle; & le mal qu'on craignoit étant dissipé, il ne restera que la raison de punir, soutenue du but pour lequel les punitions sont établies.

Deux raisons pourquoi l'on ne puniroit pas tout le monde, si tout le monde étoit coupable.

Mais dans la premiere (qui est de Puffendorf) il n'y a vérité que par la peine de mort que nous avons introduite.

C'est dans cette même raison que nous aurions dû reconnoître l'énormité de la *peine de mort*, bien loin qu'elle nous autorise à rendre inutile la raison de la punition.

Il suit donc que la raison, sur laquelle on fonde la nécessité de *faire grace*, quand il s'agit d'une multitude de coupables, est fort mauvaise, puisqu'elle n'est point vraie par elle-même, & qu'elle dépend d'un désordre, dans lequel nous vivons à cet égard, comme s'il n'y avoit rien de mieux à faire. Cette raison n'est point *positive*; elle ne peut nous servir de regle, & nous éclairer pour assurer nos démarches, & nous empêcher de tomber dans l'erreur. Bien loin qu'elle nous serve de titre pour nous dispenser de punir, nous aurions dû reconnoître en elle, par cette même impossibilité de punir tout le monde, que la *peine de mort* étoit un mauvais moyen par lui-même, de réprimer les vices, & de rendre les hommes plus sages; puisqu'il étoit un cas où il falloit faire périr l'Etat entier, en punissant tous les sujets, ou que si on ne le faisoit pas, c'étoit parce que réellement il n'y avoit pas moyen d'en venir à bout.

Cette raison de la punion est invariable, & celle qu'on s'est imaginée, pour *faire grace* est évidemment fausse & suspecte.

Quelle sorte de raison est donc celle qui, à l'égard d'un particulier ou d'un petit nombre, nous fait agir d'une maniere, & qui, à l'égard d'une multitude, ou de tout le corps entier, nous meut tout différemment? Pense-t-on que la vérité soit variable, & que dans l'infliction des *peines*, nous puissions avoir deux poids & deux mesures pour nous y déterminer? Ou il faut ne punir jamais d'un tel genre de punition, ou il faut qu'on l'applique à tous les sujets à la fois, si le cas arrive, comme pour un seul. Je parle, comme il est évident, du pouvoir *de droit*, & non du pouvoir *de fait*. Or nos Auteurs établissent sur le premier leur décifion, quand ils nous difent que le Souverain, au cas fuppofé, eft obligé de faire grace : ils établiffent qu'*il ne doit point punir, parce qu'il exerceroit une juftice qui détruiroit la fociété entiere, au lieu de la conferver ;* ils veulent bien que ce ne *foit pas une excufe valable en elle-même, de dire qu'il y en a bien d'autres qui ont commis le même crime ;* mais ils penfent qu'*en cette occafion la même raifon change de langage & demande une route toute oppofée.* Il eft inconcevable qu'on ne fe foit pas apperçu de l'immenfe contradiction qu'on prête ici à la Loi, ou qu'on ait ofé aller toujours fon train. Je le paffe aux hommes, qui, dans le tourbillon du monde, fe font trouvés ou à la tête des affaires publiques, ou en ont été fimples fpectateurs ; mais je ne vous le pardonne pas à vous, Légiflateurs, Philofophes, confacrés à l'étude du *Droit,* qui vous donnez pour nos maîtres, & avez manié chaque jour, & à loifir, dans votre cabinet ou dans nos écoles, ces mêmes queftions qui nous occupent aujourd'hui : c'eft un aveuglement ou une foibleffe que rien ne fauroit juftifier.

Reproche aux Légiflateurs & aux Philofophes qui ont écrit fur ces matieres.

N'eft-il pas évident que fi on ne punit point une armée entiere qui s'eft révoltée contre fon chef, ou la plus grande partie des fujets, coupable de rebellion envers le Prince, ce n'eft point qu'on ne doive pas le faire, mais parce qu'on n'en a plus le *pouvoir de fait ?* Il y a ici impoffibilité dans la chofe même. Comment puniroit-on des gens qui font devenus les plus forts, & qui ont repris en quelque façon, une autorité que l'on ne pouvoit exercer que par leur obéiffance ? Je n'envifage ici que la conftitution phyfique des

Evident que la raifon de faire grace eft l'impoffibilité même de punir.

Etats, où la volonté humaine a eu, dans le principe, tant de part; & je rapporte la rebellion d'une armée entiere, non à fon Général, mais au Souverain, de qui l'autre n'eft, en ces occafions, que le repréfentant, & qui n'eft guere plus en état de faire juftice, au retour des troupes, fi elles ne veulent point recevoir la punition qu'elles méritent.

Ce n'eft qu'à la faveur de cette impoffibilité, à l'égard d'une multitude que l'on reconnoît l'injufticedelapeinedemort? comme fi la poffibilité à l'égard d'un feul ou d'un petit nombre de coupables, rendoit cette même punition légitime.

Mais il eft évident encore qu'elles le refuferont toujours, & qu'on ne pourra jamais la leur infliger, tant qu'elle confiftera en une *peine de mort?* Le moyen qu'une multitude d'hommes, qui fe fentent la force de réfifter, confentent pour être punis, à perdre la vie, qui eft une peine hors de toute proportion, laquelle met fin à toutes nos efpérances, & au defir même de fervir la patrie, fi l'occafion s'en préfentoit! Un homme, ou quelques hommes feulement la fubiffent, parce qu'ils ne peuvent faire autrement. L'impoffibilité, de la part des coupables, à fe fouftraire à la peine, femble ici nous avoir conduits dans l'établiffement de la peine même. Son énormité a difparu, tant qu'elle a été praticable; mais fon injuftice a fauté aux yeux, quand on a eu affaire à la pluralité qui n'étoit plus docile; & l'on a conclu tout d'une fuite alors qu'il ne falloit point perdre l'Etat par cela même, qui étoit fait pour le conferver.

Il n'y a eu ni engagement général, ni engagement parti-

Que les Souverains, que toute Puiffance légitime, brifent donc un engagement, qu'aucun particulier n'a pu vouloir, (1) fi la nation entiere

_____

(1) Ci-devant, Chapitre II, p. 63.

n'a pu le contracter. C'eft la force qui l'a inventé, & qui feule l'a foutenu. Le *Droit naturel* s'y oppofe ; & toutes les lumieres de la *Raifon* & de la *Loi chrétienne* le condamnent.

culier au fujet de cette peine.

Cette *peine de mort* abolie, le droit de punir ne fera plus un vain titre, dans le Souverain, à l'égard de la multitude des fujets devenus coupables. Il ne fera plus impoffible abfolument à ceux-ci de foufcrire à un genre de punition fupportable, s'ils font réellement en faute ; & ils n'auront pas un invincible rebut à fléchir d'eux-mêmes fous la main qui les maîtrifera en pere, & qui ne voudra que leur correction & leur falut. Il eft fans doute des petites punitions capables d'opérer les plus grands effets, quand celui qui commande, & ceux qui lui obéiffent font réciproquement perfuadés que l'amour feul les dirige, & vife au bonheur particulier en même-temps qu'il remplit le bien général : car je l'ai déja dit, en fait de punitions & de contraintes furtout, l'on ne peut féparer ces deux chofes.

En l'abolillant, le Droit de punir n'eft plus un vain titre entre les mains du Souverain, à l'égard de la plus grande partie des fujets coupables.

Ainfi, il eft de fait que la feule raifon pourquoi on ne punit pas un grand nombre de coupables, comme feroit une armée entiére, &c. c'eft que, par rapport à la *peine de mort*, cela eft réellement impoffible ; mais que pour le droit de punir d'une punition raifonnable & jufte (d'où fe forme l'obligation du Souverain à cet égard) il exifte inconteftablement : de forte que le motif, qu'on veut, qui le détermine à ne pas punir, n'eft pas le véritable, & ne doit fervir au contraire qu'à nous démontrer que la *peine de mort* eft abfolument injufte & mauvaife en foi.

Conclufion, contre la *peine de mort*, au regard de ce dernier exemple des raifons extérieures : *le grand nombre des coupables.*

Tome II.   O

CHAPITRE VI.

Ce qu'il faut penfer de ces cas, fuppofés par Puf-
fendorf, où dans l'impoffibilité même de punir,
il feroit indifpenfable, pour le bien de la Généralité
ou de l'Etat, de faire grace aux Coupables. L'on
voit encore ici l'injuftice de la Peine de Mort.

Du cas où l'on s'ex-poferoit tous à pé-rir, pour vouloir pu-nir un cou-pable.

L'Exem-ple du Pi-lote fur mer, cou-pable d'un crime, mais né-ceffaire à conferver pour la conduite du vaif-feau, n'of-fre pas pour lui

PUFFENDORF, dans l'exemple que nous venons de rapporter dans le chapitre précédent,
nous parle d'une (1) *telle fituation, que ceux qui*
ont droit de punir, ne puiffent le faire fans fe per-
dre eux-mêmes : comme il arriveroit fi lorfqu'on
eft fur mer le Pilote avoit commis quelque crime,
& *que n'y ayant fur le vaiffeau aucune autre per-*
fonne capable de le conduire, on voulût néanmoins
punir le coupable. Il décide fort juftement qu'on
n'eft pas plus obligé alors d'ufer du glaive de la Juf-
tice que d'attenter à fa propre vie, parce que ce
feroit vouloir perdre tous ceux du vaiffeau. Il a raifon,
mais cette fuppofition eft faite à plaifir, & ne
va pas bien au cas de l'impunité réelle qu'on
eft obligé d'accorder, felon *Puffendorf.* 1°. Il ne
tombe pas fous les fens qu'il n'y ait à bord d'un
vaiffeau qu'un feul homme qui entende la na-
vigation : cela eft du nombre des êtres imaginaires
qui n'arrivent jamais. 2°. Aucun Capitaine n'a,
fuivant nos propres Loix, le droit de punir de

_____

(1) *Ibid.* P. 511.

mort, quelqu'un de son équipage qui a commis un crime capital : il faut qu'il le ramene dans les États de son Souverain, pour que le procès y soit fait dans les regles établies ; & que les Magistrats destinés à ces sortes de jugemens prononcent la sentence. 3°. En conséquence de cette obligation, le Pilote, qu'on suppose être seul en état de conduire le navire, ne pouvant pas regarder l'impunité qu'on lui accorde en ce moment & pendant le voyage comme réelle, se garde bien de tourner le bord vers sa patrie : il gagne une terre étrangere ; & ceux qu'il conduit sont à son égard dans un état tout-à-fait passif : il n'y a proprement pas d'impunité. 4°. Mais, si l'on tire cette question du rapport qu'elle a avec *l'Etat civil,* & qu'on ne suppose point de nation en forme, la *punition* & le *droit de punir* n'auront pas plus lieu l'un que l'autre ; l'on s'y trouve dans l'*Etat de nature* ; cette petite société renfermée dans un vaisseau, n'est que momentanée ; l'on y est astreint aux simples Loix de la *défense naturelle* ; par conséquent, si le Pilote assassin, dont on nous parle, n'a pas été mis à mort sur le champ, par un effet de ces premiers mouvemens qui éclatent à la vue de pareils forfaits, & dont on n'est pas souvent le maître, alors on n'a plus de droit sur sa vie ; & tout ce qu'on peut faire, en arrivant à terre, c'est de se séparer de lui, & de prendre au reste, toutes les précautions raisonnables, pour n'être plus exposé à l'avenir, à des écarts pareils, s'il étoit capable de s'y livrer de nouveau.

Mais, en supposant l'*Etat civil*, & que le crime, dont il se seroit rendu coupable, ne mé-

une impunité assurée & de droit.

Ce ne seroit que dans l'Etat de nature.

Dans l'Etat civil

O ij

pour un crime qui, (suivant le langage ordinaire) ne mérite-roit pas la mort; l'im-punité n'eſt pas plus légiti-me.

ritât pas la mort, pour parler le langage de nos inſtitutions, & qu'il n'eût à craindre à ſon re-tour, qu'une peine ſupportable, ſi le Prince ne vouloit pas ratifier le pardon qu'on lui auroit ac-cordé, il faut bien ne pas le punir dans le voyage pour le mettre en état de conduire heureuſement le vaiſſeau, quelque route qu'il prenne d'ailleurs; mais il ſera toujours vrai que l'impunité préten-due manque encore à ſon égard, de cette aſſu-rance qui ne s'acquiert que de l'autorité ſuprême, conſidérée dans la multitude & miſe toute entiere ſur la tête du Souverain, qui la repréſente; & que cette impunité n'eſt que le fruit alors de la néceſſité urgente où l'on a été de ſe conſerver ſoi & les autres, & point une ſuite de l'obliga-tion qui ſoumet un Prince à punir indiſtinctement tous ceux qui failliſſent : je veux dire, que le pardon eſt ici forcé & contraint, & que le dé-faut de liberté le rend néceſſairement invalide. Ainſi le *Droit* ne peut pas même venir à l'appui d'une telle ſituation critique, que nous venons de rapporter pour décharger le coupable de la peine : & la raiſon *extérieure* ne vaudroit pour lui que dans le moment du danger, & durant tout le temps qu'on ſeroit, pour ainſi dire, ſous ſa dépendance.

Deux au-tres cas ſuppoſés par *Puf-fendorf,* manquant également de vrai-ſemblan-ce ; mais

L'on doit porter le même jugement de ce qu'ajoute *Puffendorf,* (1) en finiſſant cet article, que *le Magiſtrat doit diſſimuler bien des choſes, lorſqu'il ne pourroit,* dit-il, *en prendre connoiſſance, ſans expoſer l'Etat à périr, ou que ceux qui ſont*

---

(1) *Ibid.* P. 311.

entachés de certains vices , se trouvent nécessaires pour la conservation de l'Etat. Ces suppositions , en premier lieu, sont tout-à-fait idéales , & ne se rapportent point à la vérité : il n'est point vraisemblable que le Souverain (si l'Etat n'est point partagé en factions) soit dans le cas de craindre pour l'Etat même, en punissant un sujet , quelqu'élevé qu'il puisse être ; & il ne se rencontrera pas, je pense , qu'on ait absolument besoin , pour la conservation de l'Etat , de tenir en place des gens dont les vices sont punissables ; & qu'il faille pourtant ignorer pour ne les pas punir ; je ne trouve en tout cela rien de naturel , & qui se rapporte aux idées communes. Il est certain que des sujets criminels ne peuvent jamais directement ou indirectement être utiles aux Etats civils, & que ceux qui les gouvernent ne doivent fonder leur repos que sur des Ministres ou des Officiers vertueux. Toute proposition qui ira à suspendre ou à contredire ce principe ne peut qu'être suspecte & pernicieuse : elle ne se soutiendra qu'à l'aide de circonstances , qui ne pourront jamais se trouver ensemble.

Mais , en deuxieme lieu, j'assure que l'espece de pardon tacite, dont il seroit ici question , n'est pas plus légitime ; & que quand on se trouveroit réellement dans la situation qu'on dit, les coupables n'en mériteroient pas moins d'être punis, en *droit* , quoiqu'ils ne le fussent point en *fait ;* & que leur impunité ne seroit qu'une punition différée. Ainsi l'on n'en peut rien conclure en faveur des raisons *extérieures*, qui en tous les cas , ne peuvent exempter personne de la peine, une fois que le crime est commis & avoué.

où enfin l'impunité ne seroit pas mieux de *droit* & ne pourroit passer que pour une punition différée.

O iij

La peine
de mort
abolie, *les trois fins des peines* rentrent dans leur état naturel, & ont une vraie confiftan-
ce.

Je crois d'en avoir affez dit, pour qu'il foit clair que c'eft l'injufte établiffement de la *peine de mort*, dans les Etats civils, qui a fait adopter les diverfes raifons qu'on a trouvées de *faire grace :* mais qu'en même-temps, ces exemptions, en faveur de certains coupables, font elles-mêmes des injuftices & des contradictions criantes. Je crois auffi qu'il eft prouvé qu'on doit la bannir à jamais de chez les hommes : oui, cette peine monftrueufe abolie & la vie du criminel refpectée, les *trois fins*, que nous avons vues, & qui entrent néceffairement toutes à la fois, & comme par *indivis* dans l'ordre & l'infliction des châtimens humains, peuvent avoir leur effet : & tous les autres moyens, dont on fe fervira pour la correction du coupable & la fûreté des citoyens, feront fupportables.

'Toutes les autres peines, utiles, en les appliquant à propos.

En effet, il n'en eft point, de toutes les autres (1) peines, qui ne puiffe convenir à la néceffité où l'on eft de punir des hommes : elles peuvent concilier parfaitement, en les réglant, les divers intérêts qu'on a droit de fe propofer : & fans donner plus d'avantage aux uns qu'aux autres, la balance fera gardée entre le coupable, la perfonne léfée, & tout le corps des citoyens : un même but les embraffe tous, qui eft leur *confervation*, leur *correction*, leur *inftruction*. Ce n'eft pas affez que de fonger au plus grand nombre, il faut porter fa vue encore fur le petit : nous avons

(1) On n'entend point ici des peines *barbares*, quoique ne donnant pas la mort, lefquelles doivent toujours être rejettées, par la raifon même qu'elles font barbares.

tous part à la follicitude de la *Loi* , dont nous
fommes tous les enfans ; & le coupable eft encore du nombre, lui , qui eft malade & a befoin
de guérifon. Si la perfonne qu'il a offenfée , a eu
le malheur de périr fous fes coups , fes befoins
ceffent ; & fi , par fa mort , quelqu'un des fiens
eft dans l'indigence ou dans la mifere , il eft
poffible d'y apporter du foulagement de quelque
endroit : tout comme , fi elle vit , on condamne
le coupable à réparer le dommage qu'il a fait ,
s'il eft d'une nature à l'être & s'il en a les moyens ,
ou à lui donner tel équivalent raifonnable. L'on
trouve ainfi , dans les expédiens que nous avons
vus (autres que la mort) & dans ceux qu'on
peut établir felon les temps , les lieux , & les
conjonctures , de quoi maintenir le bon ordre ,
l'équilibre , la fûreté publique & particuliere ; &
par - deffus tout , l'honneur de l'humanité.

CHAPITRE VII.

Comment il faut entendre la Propoſition, qu'on ne peut pas punir, dans les Tribunaux, toute ſorte de péchés? Et ſi les Vices appellés Communs, & qu'on dit une ſuite de la corruption générale de l'homme, comme l'Avarice, l'Ambition, l'Inhumanité, l'Ingratitude, &c. ne doivent pas y être compris?

On n'a parlé juſqu'ici que descrimes; ſçavoir, ſi cette autre propoſition eſt vraie; qu'on ne puiſſe pas punir, dans les Tribunaux, toute ſorte de péchés?

TOUTES les autres peines, avons-nous dit (la *peine de mort* abolie), pourront remplir les trois fins naturelles que les peines en général peuvent avoir. L'attention c'eſt de les bien proportionner, tant dans leur qualité que dans leur durée, aux crimes qu'on aura à punir. Nous avons entendu, ſous ce mot, juſqu'ici, les grandes infractions de la Loi, les violations qui portent le plus ſur le bonheur public & particulier, en un mot, ces attentats, qui déchirent la ſociété civile. Nous avons établi qu'aucun de ces manquemens conſidérables ne peut reſter impuni, & que les coupables ne doivent jamais obtenir grace, ſous quelque prétexte, & pour quelle cauſe que ce ſoit.

Mais n'y auroit-il que les crimes & les délits de puniſſables par les Loix, & dignes de l'animadverſion publique? Tandis que nous déchargeons les humains de la cruelle ſujettion d'expier leurs crimes par la perte de la vie, n'avons-rous pas à exiger d'eux, ou plutôt, n'eſt-ce pas une ſuite de nos principes, qu'ils foient, d'un autre côté, plus expofés à la peine, & qu'il y ait des punitions établies même pour les manquemens, qu'on appelle *légers* en comparaifon des autres, c'eft-à-dire, pour ces écarts regardés jufqu'ici comme des *foibleffes inféparables de la condition humaine*, lefquelles, dit-on, *on ne fauroit punir?*

Nous affurerons là-deffus nos idées, dans l'examen que je vais faire de cette autre propofition de *Puffendorf*, rapportée à la tête de ce Chapitre, *qu'on ne peut pas punir dans les Tribunaux toutes fortes de péchés*. Rien n'eft meilleur, dans la recherche de la vérité, que d'approfondir les fujets auffi avant qu'il eft poffible, & de n'admettre que ce qui a fouffert la plus grande difcuffion. Le philofophe, en traitant les matieres qui font du reffort de la *raifon*, eft obligé à ne fe rendre que par les lumieres de cette fage directrice ; & quiconque médite fur nos inftitutions Potiliques ou civiles, ne peut connoître fi elles font vicieufes ou mauvaifes, qu'en les regardant d'abord comme fufpectes, & les attaquant par tous les endroits qui lui donnent prife, avec les armes de la bonne foi, mais avec tout le courage de la probité & de la vertu.

Puff. Tome III, p. 302. Voyez auffi Grot. Tom. II, pag. 81, §. 18.

Dans les matieres qui font du reffort de la *raifon*, ce qu'on doit faire.

Quoi de plus propre à gagner notre fuffrage que la propofition que je combats ? Elle tend à notre liberté, & à nous délivrer des craintes perpétuelles, où l'on pourroit être de n'encourir toujours quelque peine. Je conviens, avec *Grotius* & *Puffendorf*, « que les actes purement internes, ou » les fimples penfées, ne doivent pas être l'objet » des Loix : telle que l'idée agréable qu'on fe fait

Premiere Certitude : *Les fimples penfées ne peuvent être fujettes à la peine devant les hommes.*

» d'un péché ; l'envie qu'on a de le commettre ;
» le deffein qu'on en forme, fans en venir à l'exé-
» cution ». Tout cela, comme on le dit, ne peut
être fujet à la peine devant les hommes, quand
on en auroit connoiffance ; parce que ces mouvemens intérieurs ne faifant du mal à perfonne, il
n'y a perfonne auffi qui ait intérêt qu'on les puniffe.
Dieu feul, qui voit les confciences, en eft le juge ;
& il n'appartient qu'à lui de les réprimer, à proportion qu'on s'eft écarté de l'ordre. Il nous faut,
à nous, des *actes extérieurs*, pour nous intéreffer ;
& fans les faits (qui feuls peuvent nous nuire),
toutes les réfolutions & les volontés criminelles,
font, par rapport à nous, comme non avenues (1) :
de forte que je ne les comprends point dans les
chofes qu'on ait à punir.

Deuxieme
Certitude :
Toutes les
actions
contraires
à nos de-
voirs mu-
tuelle & à
nos de-
voirs de
pratique
envers
Dieu, qui
n'ont que
nous pour
objet dans
cette vie,
méritent
d'être pu-
nies par
les hom-
mes.
Ibid.
Pag. 303.

Mais, hors de ces cas uniques, toutes les actions, qui porteront à des effets fenfibles, contraires à ce que nous nous devons réciproquement,
ou qui nous feront manquer à nos obligations envers l'Être fuprême dans la partie qui ne regarde
que nous en cette vie, fuivant la divifion que
j'en ai faite, mériteront l'animadverfion publique.
Puffendorf a avoué, à propos d'un paffage de *Gro-*
tius, qu'à la réferve des fimples penfées, *il dou-*
toit qu'il y eût quelque chofe qui ne tendît pas di-

(1) Ceci doit s'entendre des pures penfées, des pures volontés de nuire ou de commettre le mal ; car fi quelqu'un,
fans en être venu à bout, avoit fait des démarches, des
préparatifs, des tentations, &c. ; encore que l'exécution ne
fe fût pas enfuivie, il feroit alors puniffable par la Loi,
parce que fa volonté ou fa penfée auroit été manifeftée par
quelque *fait*.

rectement ou indirectement au préjudice de la société humaine,

Or, il y a deux questions à examiner : 1°. Si tout ce qui tend au préjudice de la société humaine ne mérite pas d'être corrigé par les Loix ? 2°. Si les vices communs qu'on appelle *une suite de la corruption générale des hommes,* comme l'avarice, l'ambition, l'inhumanité, l'ingratitude, l'hypocrisie, l'envie, la médisance, l'orgueil, la colere, les animosités, &c. *qu'il faut,* dit-on, *nécessairement laisser impunis,* ne tendent pas au préjudice de la société humaine au point de mériter que les Loix les corrigent ?

Sur la premiere question, j'avoue qu'il y a une exception à faire ; & je serois d'avis, avec *Puffendorf, qu'il seroit trop rigoureux de punir les fautes les plus légeres, que la fragilité de notre nature ne nous permet pas d'éviter entiérement, quelqu'attention & quelqu'application que l'on ait à son devoir :* par quoi l'on doit entendre ces manquemens minutieux, & ces petites irrégularités qui ne gissent que dans les manieres, & sont le fruit ordinaire de l'humeur ou du tempérament, de l'inattention ou de la précipitation avec laquelle on agit : dans ces fautes, jamais l'intention de faire de la peine aux autres n'est de la partie. Assurément, c'est ce qu'ont entendu le Milord *Shaftsbury* avec son *idée de deux hommes, l'un sage & l'autre fou, qu'il y avoit,* selon lui, *dans chaque personne ;* & l'Empereur *Julien,* lorsqu'il assuroit, *qu'il n'y a pas moyen de gouverner des chevaux, des bœufs, des mulets, & moins encore des hommes, si on ne leur laisse quelquefois satisfaire leurs desirs.* L'exemple,

Deux Questions à examiner.

Premiere. *Si tout ce qui tend au préjudice de la société humaine ne mérite pas d'être corrigé par les Loix ?*

Seule exception ici à faire.

Puff. Tome III, p. 303, note 4.

Ibid. Dans le texte, & note 3.

qu'il alléguoit des médecins, *qui permettent à leurs malades quelques petites chofes, pour les rendre obéif-fans dans celles qui font de grande importance*, en eft une preuve : on ne laiffe les malades fe contenter en certaines chofes, à agir à leur fantaifie, que là où la maladie n'en peut recevoir aucune forte d'accroiffement, ni en être de plus longue durée. Ainfi, ces petites fautes auxquelles les hommes font inévitablement fujets, bien que fouvent, par des points d'honneur mal-entendus, ou par des liaifons imperceptibles dans nos paffions, elles foient la fource de querelles & de divifions : ces petites fautes, dis-je, ne peuvent être l'objet des Loix, qui veulent d'abord, pour punir ; 1°. *que la volonté accompagne l'action* ; 2°. enfuite *que l'action foit par elle-même & directement mauvaife* ; 3°. enfin *que fon irrégularité foit dangereufe & importante.*

Mais à ces trois caracteres, ne fauroit-on reconnoître la néceffité de punir cette foule de *vices communs*, qui font le fujet de la feconde queftion que j'examine ? *Puffendorf* dit que *les effets en font fi ordinaires, qu'un Souverain feroit réduit à régner dans un défert, s'il vouloit punir rigoureufement tous ceux qui y font fujets* ; & il prétend « qu'il n'y a » que les motifs de la Religion chrétienne, qui » puiffent efficacement détourner ou guérir les » hommes de ces fortes de vices, qui font les » mêmes (ajoute-t-il) que Notre-Seigneur *Jefus-* » *Chrift* travaille fur-tout à déraciner par la fain- » teté de fes préceptes ». Je demanderois volontiers fi ce divin Légiflateur a entendu, en apportant fa morale aux hommes, qu'elle ne fût point propre (1) à la conduite des Etats ; & qu'on dût la regarder fimplement comme une perfection capable de faire des Saints fur la terre , mais non des Corps de citoyens ou des Peuples , recommandables par la force & la folidité de leur union, & par la pureté d'intention dans chacun des membres ? Cette façon de penfer choque trop les premiers principes ; & ceux qui ont avancé qu'on ne gouverne pas les Etats comme on dirige une Communauté de Religieux, n'ont jamais compris les vrais fondemens de la morale humaine , & ne fe font arrêtés qu'à des points d'inftitution , bons à la vérité pour le but qu'on s'eft propofé , dans la plupart, mais arbitraires & indifférens à l'effentiel de la *politique* , qui eft deftinée à entretenir les hommes en paix & à les régler : ces fondemens, il faut les chercher dans le cœur humain , & les affurer par les mœurs. La probité, & la vertu feules , les conftituent à part : ce qu'a de fingulier la regle d'un Ordre Religieux , pour la plus grande pureté de ceux qui l'embraffent, le fond du gouvernement eft le même. Il y a un Supérieur général, des Miniftres , des Servans ; & tout le refte , qui font ceux qui font faits pour obéir & pratiquer les loix communes à tous. Les mêmes principes lient ces pieux perfonnages entr'eux & avec leur chef ; ils obligent de même tous les membres d'un Etat quelconque. Il ne fauroit y avoir, des deux côtés, une conftitution ferme & tranquille , fi l'on n'y eft généreux , défintéreffé , humain, reconnoiffant, fincere, officieux, modefte, doux & fans aigreur. Toutes les vertus font unies

Erreur de ceux qui difent, que les Etats ne fe gouvernent pas comme un Ordre Religieux.

Les obligations, au fond, font les mêmes.

(1) Voyez Premiere Partie, Sect. IV, Chap. I.

entr'elles, & les imperfections aussi ; & le seul moyen de prévenir les grands désordres , c'est de commencer par se garantir des petits (1). *Jesus-Christ*, qui connoissoit à fond notre nature & la dépendance mutuelle des choses , savoit qu'avant d'être citoyen , il faut être homme ; & que jamais les Gouvernemens ne seront réglés , heureux & solides , tant que leurs Loix ne veilleront pas sur les *mœurs*. Voilà ce qu'il nous désignoit , en venant à la racine du cœur , pour en extirper les premiers vices ; bien loin qu'on pût en inférer que sa morale ne convenoit point à la politique. J'ai fait voir dans la Premiere Partie de cet Ouvrage , que ses préceptes n'étoient au fond que la *morale naturelle* ; mais revêtue de ce haut degré d'excellence , *le renoncement à soi-même* , & *l'amour de ses ennemis*, qui sont des vertus surnaturelles qu'on ne peut acquérir que par sa grace. Hors de là , tout est conforme & absolument d'accord : c'est

Il faut aller à la correction des mœurs, pour la solidité de tout Gouvernement.

(1) La vérité de cette proposition se fait principalement sentir , en remontant à la naissance d'une société civile, par exemple , dont les membres seroient d'abord vertueux ou contenus par de bonnes Loix sur les mœurs. Considérez tous ensemble , tant celui ou ceux qui gouvernent , que les sujets; il est certain que les petites infractions meneroient aux plus grandes, & que le mal iroit en augmentant, si on ne l'arrêtoit dans son principe. Mais quand le désordre des mœurs a gagné jusqu'à la tête , je veux dire, à l'Etat lui-même & au Gouvernement ; c'est alors que la réforme ou la guérison ne peut raisonnablement s'attendre que du Gouvernement même , & que la politique entretiendra toujours les hommes dans le vice , tant qu'elle donnera l'exemple. C'est le cas des Nations corrompues comme nous sommes ; mais les vues de J. C., dans ses préceptes , sont toujours les mêmes; & la racine du mal public ou politique dans un Etat , part des premiers manquemens à la Loi des mœurs & à la négligence qu'on a apportée à son observation. Il s'ensuit nécessairement qu'il a entendu que les Etats civils corrigeassent leur morale , quand elle est mauvaise.

la nature qu'il tâche de remettre dans l'ordre & dans son état primitif. L'on ne peut donc pas dire que la sainteté de sa Loi, & la rectitude qu'elle demande ne soient point propres à entrer dans le plan des *Etats civils* ; & que ces établissemens nécessaires ne puissent se soutenir que par des maximes toujours contraires à ce qu'il prêche à chacun de nous en particulier. Nous avons (1) déja vu que le célebre *Montesquieu* en a jugé autrement, & qu'il a pensé *qu'il n'y auroit rien de plus solide & de plus redoutable qu'une société civile, composée toute de véritables Chrétiens.*

Le récit qu'on nous fait de la beauté du Gouvernement des anciens *Egyptiens,* nous mene droit à comprendre cette vérité; ils faisoient le procès aux morts; & l'on les louoit ou l'on en condamnoit la mémoire, selon qu'ils avoient bien ou mal vécu. On les privoit même de la sépulture, si leur conduite avoit été mauvaise. Une attention portée jusqu'après la vie, supposoit la force & la bonté de leur régime : aussi s'appliquoient-ils à combattre tout ce qui étoit nuisible aux vertus sociales : ils eurent principalement en honneur la reconnoissance. « Comme la vertu, *dit Bossuet,* est le fondement » de toute la société, ils l'ont soigneusement cul- » tivée. Ce n'étoit pas à marquer de l'horreur pour » les plus grands crimes qu'ils avoient destiné leurs » Loix, mais à inspirer du mépris & de la honte » pour ces actions, moins atroces à la vérité, mais » toujours funestes, & qui sont souvent le germe » des plus grands forfaits ». *L'exactitude,* dit

Aveu du célebre Montesquieu, en faveur d'un *Etat civil,* composé tout de véritables Chrétiens. *Esprit des Loix.*

Tom. II, Part. II, pag. 71.

Image de cette possibilité dans le beau Gouvernement de l'ancienne *Egypte.*

Bossuet, Histoire Univ., p. 441 & suiv.

Ibid. Pag. 464.

P. 445.

(1) Premiere Partie de cet ouvrage, Sect. IV, Chap. I.

Exposition des *vices appellés communs,* & qu'on dit *une suite de la corruption générale des hommes.* Ce qu'ils font en eux - mêmes, & par rapport à la société?

encore *Boffuet, qu'on y avoit à garder les petites chofes, maintenoit les grandes.* Il a raifon : pour être fidele à l'Etat, il faut être fidele à fes amis, à fes parens; il faut avoir le cœur pur & défin-térefté ; il faut, en un mot, s'abftenir tout pre-miérement des moindres pas qui nous écartent du chemin de la vertu : & l'on appelle les écarts, *des vices communs, & une fuite de la corruption gé-nérale des hommes !* comme s'il étoit impoffible de les éviter, ou qu'ils ne fuffent pas, au fond, fi criminels ni fi redoutables ! Voyons donc ce qu'ils font en eux-mêmes & relativement à la fociété.

I.
L'avarice.

L'*Avarice.* Elle voudroit engloutir, dans fon fein, toutes les richeffes ; & moins riche de ce qu'elle poffede, que pauvre de ce qu'elle n'a pas, (pour me fervir de l'expreffion de *Rouffeau* le Lyrique) elle exerce journellement des duretés & des injuftices, qui égalent prefque les affaffinats & les vols publics ; & font d'autant plus à craindre, qu'elles fe paffent dans le filence, & que ceux qui les effuient n'ont ni la volonté ni la force d'y réfifter. Paffion baffe & honteufe, elle forme ou entretient dans les cœurs les plus mauvaifes difpo-fitions, & aucune vertu n'eft à l'épreuve de la foif de l'or. Qui pourroit donc la regarder comme non puniffable dans les Etats civils ? Il eft vrai qu'en général les loix féviffent contre elle, quand il y a des extorfions énormes, & que fes ufures font manifeftes; mais outre que ce n'eft pas affez, le même argent qu'elle a ufurpé, peut être un moyen puiffant, & fouvent infaillible, de fe préferver de la peine, ou de faire taire les Loix.

II.
L'ambi-tion.

L'*Ambition.* Cette paffion ne fe cache point,
elle

elle est fiere & hardie; mais ses menées sont injustes, & ses ressorts toujours cachés. Elle emploie
indifféremment le bon & le mauvais à ses desseins
pervers; & pour arriver à son but, elle est prête
à sacrifier tout le monde. La fausseté est son partage; l'orgueil, son aliment; & la cruauté, sa
compagne. Elle ne vise qu'à l'autorité, & il n'est
point, dans un particulier, de vice qu'il soit plus
pressant, en tout Etat civil, de réprimer, quand
il est porté à un certain point. Mais avant d'y
être, les accroissemens n'ont-ils pas été succes-
sifs? Et pour être d'abord moins grands, a-t-on
plus dû les méprisér? l'Histoire en fournit de terribles exemples. L'*Ostracisme* des Grecs étoit une
sage mesure que l'Etat prenoit pour arrêter ou prévenir les progrès de l'ambition; mais il auroit
encore mieux valu remonter au principe, & guérir le mal dans sa source.

L'*Inhumanité.* Le mot seul emporte ici sa condamnation, & nous fait gémir sur la condition
humaine, qu'on place une telle dépravation, au
nombre des vices appellés *communs*, qu'on ne
sauroit, dit-on, punir, parce qu'ils sont une suite
de la corruption générale des hommes. O étrange
aveuglement, qui vient de cela même qu'on s'est
mis hors du droit chemin, & qu'on a contracté
& entretenu des inclinations vicieuses, au point
de les regarder comme une dépendance de notre
être! Nous nous autorisons, pour ainsi dire, à
les voir & à les laisser impunies, par la raison
que nous nous les sommes données, & que nous
n'avons pas pris soin à nous en délivrer. Du moment qu'on se les figure sous cet aspect, il est conséquent que l'indignation diminue; mais la *nature*

III.
L'inhuma-
nité.

Tome II.   P

ne revendique - t - elle pas ſes droits ? Et quel
moyen d'être ſourds à ſa voix, & de s'abandonner entiérement à des préjugés ſi terribles & ſi
déshonorans, tout-à-la-fois, pour notre eſpece !
Dès-lors que l'inhumanité ſe préſente, les cruautés les plus inouies ſe commettent, & ſe regardent
de ſang-froid : elle eſt capable de tous les outrages
poſſibles contre nos ſemblables, & c'eſt la diſpoſition la plus oppoſée au bonheur public & particulier.
Comment donc ne s'aviſeroit - on pas d'attaquer
ce monſtre dans ſa naiſſance, & d'intimider par
des exemples ceux qui paroîtroient en être infec-
tés ? C'eſt ici que la maxime eſt principalement
néceſſaire, *Pricipiis obſta*, &c.

L'*Ingratitude.* Rien ne marque plus un mauvais cœur, & une oppoſition au but des ſociétés
civiles que ce vice. « La gloire, (*dit Boſſuet par-*
» *lant des Egyptiens*) qu'on leur a donnée d'être
» les plus reconnoiſſans de tous les hommes, fait
» voir qu'ils étoient auſſi les plus ſociables. Les
» bienfaits, *ajoute - t - il*, ſont le lien de la con-
» corde publique & particuliere. Qui reconnoît
» les graces, aime à en faire ; & en banniſſant
» l'*ingratitude*, le plaiſir de faire du bien demeure
» ſi pur, qu'il n'y a plus moyen de n'y être pas
» ſenſible ». Mais, par cette raiſon, l'*ingratitude*
doit être bannie avec le plus de force ; elle mérite d'être punie comme toutes les autres fautes
commiſes contre les Loix, mais avec la proportion qu'elle demande : c'eſt que celui qui en eſt
atteint, manque du ſentiment le plus doux de la
nature, qui nous a faits de ſorte, que les cœurs
non pervertis encore par nos cruels ou inſenſés
uſages, ſe ſentent attendris à la vue de ceux qui

leur ont donné le jour, ou qui les ont nourris, ou vêtus, ou enfin, qui les ont affiftés de quelle maniere que ce puiffe être dans des occafions effentielles. *On ne mérite plus de reconnoiffance*, dit-on, *dès qu'on l'exige :* mais c'eft pourquoi auffi l'*ingrat* eft fi puniffable, lui qui nous la refufe, & nous met, par fon injuftice, dans la fâcheufe difpofition de nous repentir, en quelque forte, de nos bienfaits : il refferre les cœurs, & rompt le nœud invifible qui lie les hommes, *la néceffité & le befoin* où ils font les uns des autres. Qui ne voit en cela l'importante obligation de réprimer ce vice ?

L'*Hypocrifie*. On la nomme (1) *un hommage que le vice rend à la vertu.* Mais quel hommage ! *En la poignardant*, a obfervé (2) un bel efprit du fiecle. Effectivement, c'eft ici le comble de la méchanceté & de la noirceur. En affectant toutes les vertus, l'on n'en a aucune dans le cœur : la régularité, l'amour du bien ne font que dans les difcours & dans les manieres ; les actions font toutes mauvaifes, auffi-tôt qu'elles fe paffent ou dans le filence ou à l'écart. L'*hypocrite* veut jouir à la fois & de la récompenfe de l'honnête homme, qui eft l'eftime publique, & des avantages du vicieux, s'il en eft pour lui ; & ce perfonnage eft d'autant plus à craindre, que fecouant le remords, il marche en affurance dans le chemin du crime, par cette même confidération qui raffermit les autres dans la vertu : quel plus grand ennemi des

V.
L'hypo-
crifie.

(1) Le Duc de la Rochefoucaut, dans fon Livre des *Maximes.*
(2) Jean-Jacques Rouffeau.

P ij

mœurs ? Il ne se livre point à des forfaits éclatans, il ne rompt point visiblement les barrieres
de l'honneur & de la probité, mais il les sappe
dans le détail : & il est dans le silence tout ce
qu'on peut être, quand on ne s'abstient que des
crimes attentatoires à la sûreté publique. Il les com-
mettroit encore, si la crainte des peines ne le
retenoit, ou qu'ils ne fussent pas d'une nature à se
manifester d'eux-mêmes. Pourquoi donc les Loix
civiles ne puniroient-elles pas un vice qui dés-
honore tant l'humanité, & dont le poison lent &
si dangereux, est capable de faire les plus grands
ravages ? Si la *vertu* est la seule idole que l'homme doit se faire, après Dieu, sur la terre, *l'hypocrisie*, qui la contrefait pour mettre à sa place
le *vice*, est l'attentat le plus énorme que les Loix
doivent punir.

VI.
L'envie.

L'*Envie*. Ce vice semble d'abord moins redoutable. On le peint sous la figure d'un homme se
rongeant lui-même, & séchant sur pied, de voir
les autres plus élevés, plus riches ou plus heureux que lui. Mais c'est un ressort comprimé qui
tâche toujours à se détendre ; & ses effets sont bien
moins pernicieux encore pour lui-même, que pour
les autres. L'état d'un homme envieux le consume,
il dévore des yeux tout ce qu'il voit. Ce n'est
point parce qu'il manque de certaines choses qu'il
se regarde comme malheureux, mais parce que les
autres en jouissent. Cette passion ne tombe donc
pas précisément sur les biens & sur les honneurs,
mais sur les hommes mêmes qui les possèdent.
Quelle disposition fatale à l'esprit d'union & de
paix qui doit animer tous les cœurs pour le maintien de toute société civile ! Aussi, que ne font

pas les *envieux ?* que ne difent - ils point ? que ne
penfent-t-ils point? eft-il quelque objet , de la vérité
& du droit, de facré pour eux ? & ne mettent-ils
pas en ufage les voies les plus odieufes pour ra-
baiffer ceux qu'ils jaloufent, s'ils ne peuvent s'élever jufqu'à eux ? il eft vrai que manquant de cette
force d'ame , qui fait furmonter les obftacles , ce
genre d'hommes eft incapable d'employer des
moyens violens & tumultueux, par cela même,
trop redoutables ; mais ils s'attaquent aux plus petites chofes ; ils fuppofent des vices , ils empoifon-
nent les vertus ; ce font comme de ces mouche-
rons dont la perfécution , dans le printemps ou
en automne, nous pourfuit jufques dans le fein du
repos , & eft fouvent au-deffus de toute notre
conftance. Cette paffion fait, en un mot, d'un
honnête homme un méchant, & attaque le bonheur particulier, fans lequel il ne fauroit y en
avoir de public.

La *Médifance.* Dire la vérité fur les actions d'autrui quand la Loi nous oblige à parler, ou nous
en entretenir dans nos familles, ou avec nos amis
feulement, pour notre fûreté réciproque ou pour
notre inftruction : c'eft un devoir indifpenfable ;
mais la dire hors de ces occafions , & pour le plaifir
feulement de déprécier les gens, ou de les tourner
en ridicule : c'eft ce qu'on entend par le mot de
Médifance, & par où l'on fe montre l'ennemi du
genre humain , & incapable de former jamais
des liaifons durables. Une difpofition fi dure révolte tous les efprits, & nous fait haïr de tout le
monde. *L'homo fum* , &c. de *Térence*, nous fait
fentir merveilleufement cette vérité. Il n'eft
point de tendreffe & d'attachement en celui qui

VII.
La médi-
fance.

ne se croit point sujet aux foiblesses de l'humanité, & qui regarde toujours la chûte des autres, comme des fautes où il ne peut tomber : j'entends, sur-tout, ces légers manquemens, qui arrivent plutôt par un effet de la fragilité de notre nature, que par celui d'une volonté déréglée, desquels nous avons jugé, avec nos Auteurs, que la punition ne doit pas avoir lieu : en quoi le *médisant* est encore plus punissable de se trouver ainsi en guerre ouverte, pour ainsi dire, avec la *Loi*, & plus sévere qu'elle : & son rôle est si odieux, que n'aimant jamais à voir les autres vertueux, il ne se pique pas plus de l'être, & se permet d'autres défauts, s'il n'a pas ceux qu'il releve dans les autres. Mais sa noirceur se fait redouter bien davantage, quand la liberté qu'il se donne de parler d'autrui, le porte sur des actions ou des discours mauvais, à la vérité, mais que les *Loix pénales* n'ont pas regardé comme des crimes à punir. J'avoue que, selon ma façon de penser, ces mêmes discours & ces actions méritent d'être punis ; & que le *médisant*, en ce cas, ne sembleroit pas avoir plus de tort, qu'on n'en a aujourd'hui de divulguer les crimes ; mais il y a cette différence que ces manquemens-ci sont des excès si violens, qu'il importe à la Société entiere de les faire connoître : cette obligation a lieu, que l'on admette mon systême ou non, à l'égard des fautes légeres : au lieu que ces *fautes légeres* n'étant point, par elles-mêmes, redoutables, il n'y a pas de nécessité que les particuliers les rendent publiques ; & il n'est que de l'office de la loi, représentée par le Prince ou le Magistrat qu'il commet, de les faire remarquer en les punissant. A cet égard, les membres de la Société ne sont point

tenus à relever les défauts d'autrui ; & s'ils s'en
avifoient, dans mon fyftême, ils tomberoient tout
de même dans le crime de *Médifance*. Car c'est un caractere propre à ce vice de s'attaquer à des actions
ou des difcours encore inconnus, & qui n'ont pas un
degré d'imperfection capable de révolter l'humanité : outre que le *médifant* ne releve point les fautes
d'autrui, comme nous l'avons dit, dans la vue de
l'utilité publique ; mais, ou pour fe faire écouter
dans un cercle, ou par malice, ou par indifcrétion, &c. qui font des caufes ou des motifs très-
défectueux en eux-mêmes, & dont les effets peuvent beaucoup plus nuire au particulier dont il
s'entretient, que fervir à la pluralité qui écoute.
De forte que ce caractere eft infiniment odieux
& mauvais en foi, digne par conféquent que les
Loix civiles le puniffent, quand il eft bien avéré
& reconnu, comme cela eft très-poffible par fa
nature.

VIII.
L'orgueil.

L'orgueil. Quand on entre dans le cœur humain, & que l'on confidere les divers mouvemens dont il peut être agité pour ou contre le
bonheur de la fociété civile, il n'en eft point,
ce femble, de plus infupportable que ce vice. Il
eft dans le fujet qu'il domine, comme un charme
qui lui perfuade d'être au-deffus des autres, moins
par fa qualité d'homme, puifque les autres le font
comme lui, & par les avantages de la naiffance
ou de la fortune, qui font des chofes communes
à bien d'autres, que par une certaine bonne opinion de foi-même ou une eftime finguliere qu'il
tire de fon propre fond ; auffi, ce *vice* part-il ordinairement de l'efprit, & fes racines font des plus

profondes. Mais fes impreffions ne croiffent pas avec les lumieres, il n'en veut pas à la vérité qui le détromperoit : fa fphere eft un faux favoir, & fa force eft toute dans fon amour - propre. De forte qu'il veut toujours être & le plus grand, & le plus adroit, & le plus habile, & le plus heureux, & le plus refpectable, &c. Il ne s'occupe que de lui & méprife tout le refte. Ce n'eft pas qu'il cabale ou qu'il s'intrigue pour s'élever, comme l'*ambitieux*, au-deffus de fa condition : l'*orgueil* foutient l'ambition, mais n'y mene pas néceffairement ; & l'on trouve cette paffion fiere & hautaine jufques dans les fers & dans la mifere. Il eft ainfi de tous les états & de toutes les profeffions, & fon regne eft plus univerfellement répandu.

Mais s'il ne cabale point, & s'il eft ordinairement porté à laiffer les chofes comme il les trouve, de maniere que tout feul il ne foit pas propre à renverfer la république, ou a déranger les établiffemens civils, il eft pourtant le fléau du commerce de la vie civile, par les airs impérieux ou infultans & les mépris qu'il affecte pour tout ce qui n'eft pas lui ou fon ouvrage. Il faut ou qu'il vive feul ou qu'il domine par - tout où il eft : trifte extrémité pour des hommes qui font nés égaux, & qui ont été faits pour vivre enfemble ! Dès-lors il eft impoffible que la paix regne, & que la fociété fe foutienne avec des gens de ce caractere. Il importe donc que les Loix le puniffent : & la meilleure maniere, felon moi, c'eft par fon contraire, qui eft l'*humiliation* & l'*abaiffement*.

IX.
La colere.

La *Colere*. Cette paffion eft terrible quand elle s'éveille ; mais elle n'eft point habituelle, comme a plupart de celles que nous venons de relever, & dépend moins de la volonté ; de forte qu'elle n'eft point, en foi, fi criminelle. Sa fin ou fon intention eft ordinairement bonne : elle ne pêche que dans l'excès ou dans l'application. On remarque même qu'elle n'eft jamais plus furieufe que quand elle part d'un bon & excellent naturel. Mais n'eft-ce pas une raifon de plus pour que fes emporte-mens, qui ne connoiffent prefque plus de bornes, femblables à un orage qu'on doit tâcher de pré-venir, foient de bonne heure réprimés par la crainte des *punitions* & des *cenfures*, qui font les deux feuls moyens que la prudence humaine ait à employer ? Et n'eft-ce pas un devoir indif-penfable de mettre, au rang des chofes que la Loi doit corriger, une paffion qui trouble le cer-veau de l'homme le plus fage, & lui peut faire commettre dans le moment, les mêmes crimes où les méchans s'abandonnent de fang-froid ? L'on fait ce que caufa la colere d'*Achille*, l'emporte-ment d'un *Alexandre*, &c. Combien de pareils at-tentats commis par des gens d'un ordre inférieur ! Et que de fang répandu, ou de querelles excitées dans les conditions les plus communes !

Les *animofités*. C'eft ici un penchant entiérement oppofé à la réconciliation, & par cela même des plus condamnables. Ce vice tenant encore plus de l'efprit que du cœur, il ouvre fans ceffe la porte à la vengeance ; & eft d'autant plus cruel qu'il croit faire des actes de juftice en fe procurant une fatisfaction qu'il fe figure lui être due : & pour des torts vrais ou imaginaires, dont il veut feul être le juge, il cherche à faire, pour ainfi dire,

X.
Les animo-
fités.

une compenfation de ces torts prétendus avec la
punition qu'il y deftine ; de forte que fon reffentiment date d'auffi loin que le fouvenir. Il n'eft
point de prefcription contre fon aveuglement in-
figne, & il conferve dans l'ame la haine la plus
invétérée & la plus intraitable. Quel plus grand
ennemi de la paix & de la concorde ! & dans
quel pays habiter, fi tous les hommes étoient de
ce caractere ? Il eft très-important que l'Etat, ou
le Souverain, n'oublie pas les fautes des particuliers, quand elles intéreffent ; c'eft-à-dire, qu'il
les puniffe ; mais les particuliers entr'eux, fe doivent pardonner toutes celles, où il eft poffible,
ou de recevoir quelque dédommagement volontaire,
ou de s'en paffer, quand le coupable le refufe.
L'Etat doit être inflexible & ne jamais faire
grace ; mais plus c'eft là un principe abfolu & de
droit, & plus ceux qui compofent l'Etat, doivent être dans la belle difpofition de n'en jamais
tirer vengeance en leur particulier. Effectivement,
la *Loi*, comme je le fuppofe, étant chargée de ce
foin, ce n'eft plus à eux à s'en occuper. C'eft
une faculté dont ils fe font démis entre fes mains
& qu'ils ne peuvent reprendre que dans ces momens preffans, mais rares, où la néceffité de
fe défendre les y oblige pour conferver leurs jours
en péril. Hors de ces feuls occafions, l'*animofité*
eft un crime, qu'il faut fe hâter de punir, foit
pour apprendre aux autres qu'ils n'en doivent point
avoir, puifqu'en cela ils entreprendroient fur les
Droits du Prince ; foit pour garantir les particuliers
des triftes excès où elle nous porte.

Conclu-
fion de ce
Chapitre.   J'ai donc trouvé jufqu'ici , que tous les vices

communs, dont parle *Puffendorf*, méritent d'être punis, non pas autant que les attentats & les crimes, mais avec le même soin & la même inflexibilité. Il me reste à examiner si les raisons, pour lesquelles, cet Auteur pense que nos Loix ne les punissent pas, sont bien justes & recevables.

CHAPITRE VIII.

Où l'on combat les raisons pourquoi, selon Puffen-dorf, *l'on ne punit point, dans les Tribunaux, les Vices* Communs, *&c. desquels il est parlé dans le Chapitre précédent.*

Premiere Raison : La prati-que des choses op-posées, plus glo-rieuse.

Puffendorf Tom. III, pag. 303.

I. AFIN QUE *la pratique des choses opposées, soit plus glorieuse & plus louable, par l'entiere li-berté avec laquelle on s'y porte :* premierement, cette raison prouveroit trop, parce que si elle valoit dans ces occasions, elle devroit valoir dans toutes les autres, où les Loix appliquent le glaive de la Justice ; & il n'est pas plus besoin de la restreindre, une fois qu'elle est jugée convenable, qu'il n'est permis de partager la vérité & de trouver un milieu à la vertu. L'action du *vrai* est toujours uniforme & ne se contredit jamais. Il faut dans les êtres *moraux*, une certitude & un point fixe comme dans les corps *physiques*. Un motif qui me décide d'une telle maniere, dans une situation donnée, & que je trouve excellent & de devoir, doit me déterminer toujours quand je serai dans les mêmes circonstances. Ce principe inaltérable pour les particuliers, l'est encore plus, si on peut le dire, pour les *Etats*, dont les dé-marches, exposées aux yeux des sujets, sont comme le modele de ce qu'on a à faire, & doi-vent être par cette raison, toutes régulieres & conséquentes. Plus il y aura d'unité dans l'esprit

de la *Loi* & plus les Loix feront refpectables.
Et les circonftances, par rapport à ces vices
communs, qui donnent lieu à l'exception que j'examine, font bien, au fond, les mêmes ; car, ce
n'eft point le plus ou moins de vice que les actions humaines peuvent avoir, comme dans les
maladies, le plus ou moins de dérangement dans
le corps, qui rend néceffaire l'ufage des remedes :
c'eft parce qu'on n'eft plus dans l'état de rectitude où l'on doit être, qu'on s'eft permis des
écarts qui déshonnorent la raifon, & font pernicieux ou incommodes à l'humanité ; c'eft enfin
parce qu'on n'a plus, dans fon entier, cette fanté
d'ame, pour ainfi parler, fi néceffaire au bonheur
général.

Mais, fecondement, de ce que le Légiflateur
n'aura point établi de peines contre tel & tel
vice, s'enfuit-il qu'on ait une entiere liberté de
s'y livrer ? (car, fi je l'ai entiere cette liberté,
lorfque je m'en abftiens, je dois l'avoir tout de
même lorfque je m'y porte). Et peut-on dire
qu'il foit permis d'être *avare, ambitieux, inhumain, ingrat, hypocrite* & tout le refte, de ce qu'on
peut être tout cela impunément ? Malgré toute
l'imperfection de nos Loix & la corruption de
nos mœurs, une certaine indignation naturelle
s'éleve contre des vices que nous devons blâmer ;
& l'on fent, dans fa confcience, un langage bien
plus fort que toutes les Loix, qui nous crie qu'ils
font déteftables, & les charge du plus grand mépris. Nous avons beau nous taire fur ce qui eft véritablement honteux & nuifible à l'efpece humaine : la
Loi Naturelle parle en ces occafions, & réprouve le
vicieux, que nos foibles & imparfaits établiffemens
n'ont pas condamné.

Cela étant, d'où se tire la gloire & le mérite d'un bonne action, si ce n'est de sa seule conformité à la regle , & du juste usage que l'on a fait en cela de sa liberté ? S'exposer aux plus grands dangers pour délivrer un malheureux qui périt , ou ne point faire usage de sa liberté , afin de maintenir en force & vigueur dans la société un principe salutaire, c'est, sans doute , ce qu'on peut nommer des actions beaucoup plus glorieuses, que si on les avoit commises hors de ces circonstances ; la vertu brille là d'un éclat immortel ; & c'est (1) atteindre le rang suprême que de surmonter ainsi les obstacles. Mais s'abstenir d'actions toujours mauvaises, soit que la Loi les déclare telles ou non ; ne point user d'un pouvoir physique , qui seroit en opposition avec le pouvoir moral, c'est agir seulement comme on est obligé de faire ; & le seul éloge que l'on mérite , c'est qu'on reconnoisse qu'on a été plus éclairé & plus avisé que la Loi écrite , ou qu'on a présumé bien de son intention : enfin, qu'on s'est montré véritablement homme & raisonnable.

Deuxieme Raison : ne pas rompre la tête aux Juges d'une infinité de procès , ou pour des affaires de peu de conséquence.

II. *Ou afin que les Juges n'aient pas la tête rompue d'une infinité de procès , ou pour des affaires de peu de conséquence.* Sur le premier chef , je réponds deux choses : la premiere , que si l'arrangement civil , par rapport aux Loix , étoit porté à ce point *de punir ces vices communs que l'on a cru devoir excepter de la Loi générale* , la justice humaine ne seroit pas plus chargée d'affaires ; & peut-être

_____

(1) *Sic itur ad astra.*

en auroit-elle moins encore : parce que ces grands crimes, qui excitent fi fouvent le Miniftere public, diminueroient dans la proportion, & n'affligeroient prefque plus la terre. C'eft une néceffité que plus la Loi travaillera à épurer les confciences, & fuivra de près les actes humains, plus ceux-ci foient à leur tour & plus retenus & plus réglés ; & que les fujets, par la raifon qu'ils auront fans ceffe la Loi au-devant d'eux, la refpectent davantage. Tel eft le cours des chofes ; & ce qui fe pratique dans les fociétés des Communautés Religieufes en eft une preuve. Inutilement oppoferoit-on encore une différence de nature entre ces Corps & les Etats civils : je n'y en vois point d'effentielle par rapport à la conftitution, comme je l'ai (1) démontré ; & je fuis d'avis que ce qui eft vrai dans le petit, l'eft également dans le grand, quoiqu'avec plus de peine, fi l'on veut, ou plutôt avec plus de précifion & d'exactitude.

La feconde chofe que j'ai à répondre fur le premier chef de la raifon alléguée, c'eft que dans la fuppofition que je fais, les hommes auroient beaucoup moins de querelles & de procès entr'eux ; foit parce qu'ils feroient fonciérement plus fages, que parce que, moins livrés à des objets d'intérêt & de cupidité, qu'il faudroit néceffairement réduire pour les mettre dans la fphere la plus convenable à l'état heureux, ils n'en auroient plus tant d'occafions : ce qui eft le plus grand remede que la *politique* puiffe employer.

Et pour ce qui eft de ce qu'on dit : *Que ce feroient des affaires de peu de conféquence, dont s'oc-*

_____

(1) Au précédent Chapitre, pas loin du commencement.

cuperoient les Juges , s'ils s'amusoient à punir ces *vices*, appellés *communs* , &c. Je demande , après tout ce que j'ai remarqué , si l'on pourroit avoir cette idée d'objets de la vigilance du Magiſtrat, qui ne tendroient qu'à rendre les hommes meilleurs , ou qui les ſuppoſeroient tels , & à les empêcher de tomber dans de plus grands crimes ? Je conviens que la matiere de leur application & de leur exercice, ne ſeroit point (par comparaiſon avec les excès auxquels la malice humaine aujourd'hui ſe livre) ſi frappante , ni ſi conſidérable : mais , en fait de morale, n'eſt-il donc rien de conſéquence que ce qui eſt capable d'épouvanter les hommes , & de leur porter les plus grands coups ? N'eſt-ce pas plutôt à prévenir ces déſordres qu'il faut , dès le commencement , que la regle s'applique , & ne doit-on pas appréhender bien plus les ſuites du premier relâchement ?

Troiſieme Raiſon : *La choſe de difficile diſcuſſion.* III. *Ou parce que la choſe eſt d'une très-difficile diſcuſſion.* Je ne vois pas ce qui pourroit embarraſſer ici le Juge dans les recherches néceſſaires pour rendre ſon jugement. La connoiſſance d'un fait, comme ceux des vices, que nous avons vus, n'eſt pas aſſurément plus difficile , que celle des plus grands crimes. Si je ſuis *avare* , *ambitieux* , *inhumain* , *ingrat* , *hypocrite* , &c. je le ſerai ſans doute par des actes apparens ; & les témoins, qui, en toute autre cauſe concernant les faits , ſont la ſeule voie d'uſage & poſſible pour connoître la vérité, dépoſeront également contre moi, ſi je ſuis coupable. Il y a , de part & d'autre, des ſignes ſenſibles , & en celui qui eſt dans le vice , & en une ou pluſieurs perſonnes qui en ſeront léſées : on n'eſt point *avare* communément ſans avoir fait

fait des *usures* ; l'*ambitieux* cherche à s'élever aux
dépens des autres ; l'*inhumanité* a des traits trop
caractérisés , pour qu'on puisse la méconnoître ;
l'*ingrat* révolte tous les bienfaiteurs ; l'*hypocrite*
joue Dieu & les hommes , &c. Tous ces mor-
ceaux de la coupable humanité font clairs & visi-
bles , & n'offrent rien qui mérite plus de discussion
que tout le reste.

IV. *Ou à cause que le mal est si fort enraciné ,
qu'on ne sauroit entreprendre d'y remédier sans troubler l'Etat.* C'est la derniere raison de *Puffendorf* ,
pour trouver bon qu'on ne punisse pas ces sortes
de crimes ; & c'est aussi la seule qui mérite quelque considération. J'avoue que dans l'état actuel
des choses , & au point où en font nos institutions *politiques & civiles* , si l'on s'avisoit d'y apporter tout-à-coup une grande réforme , & qu'on
vît la Magistrature prendre connoissance d'actes ,
qu'on a regardés jusqu'aujourd'hui comme ne devant pas être l'objet des *Loix pénales* , il se feroit
dans les esprits une révolution capable d'ébranler
la concorde publique ; & une pareille entreprise
pourroit avoir , dans ces circonstances , de fâcheuses suites : c'est le cas de rappeler les grandes vérités que nos Auteurs ont apperçues en parlant des devoirs des Législateurs , & desquelles ils
ont si mal profité , quand ils ont voulu nous donner des leçons sur la conduite intérieure des *Etats*.
Je me propose , avant de finir cet Ouvrage , de
présenter un tableau (1) succinct de la meilleure
maniere dont il me semble qu'on pourroit aujour-

Quatrié-
me & der-
niere Rai-
son : *Le
mal trop
enraciné ;
& la crain-
te de trou-
bler l'Etat.*

(1) Voyez Chap. III , Sect. Premiere de la Troisieme
Partie.
Tome II.   Q

d'hui faire les changemens convenables & néceſſaires,
pour arriver au but de toute ſociété civile, qui eſt
le bonheur des Peuples & leur force.

Mais indépendamment de cette poſſibilité, les
vérités que j'ai établies, & qui me perſuadent que
la légiſlation doit s'étendre juſqu'à punir auſſi les vices
qu'on appelle *communs*, ont une ſolidité qu'elles
ne tirent que d'elles-mêmes. Il ne s'agit pas, en
ce moment, de réformer & de corriger des établiſſemens vicieux, qui ſont trop enracinés; il
faut conſidérer la queſtion, par rapport à un Peuple nouveau, & avant toute inſtitution humaine;
& ſous ce point de vue, l'on conviendra qu'il
eſt très-ſalutaire que la juſtice humaine tienne en
bride les paſſions des hommes, en ne ſouffrant
pas qu'ils puiſſent être cruels, avares, ſourbes,
ingrats, &c. *impunément.* La perfection morale eſt
une; toutes les diverſes vertus en ſont, pour
ainſi dire, les parties. Mais ſi les plus grands crimes l'attaquent & la dégradent, les petits l'attaquent & la dégradent auſſi : les manquemens divers, de quelle nature qu'ils ſoient, ſont tous analogues, & forment, *par contraire à l'idée de perfection qu'on a*, ce qu'on entend par *imperfection
morale*, en général. Ne puniſſez-vous que les
grands écarts ? C'eſt donner à entendre que les
autres ſont légitimes ou permis; & ſi l'on ſe croit
en ſûreté ou dans la regle, lorſqu'on en eſt dehors, bientôt on paſſera plus avant dans le chemin du vice. Tout dépend des idées que l'on nous
donne des choſes, & nos actions ſont toutes cal-
quées ſur les images que nous nous en faiſons. C'eſt
pourquoi il importe tant que ces premieres idées
ſoient bonnes & juſtes. Si l'on avoit porté ſes
vues de ce côté-là, & réfléchi mûrement ſur cette

matiere, l'on n'auroit jamais dit ce que j'ai relevé de *Puffendorf*, qu'un *Souverain feroit réduit à*
régner dans un défert, s'il vouloit punir rigoureufe-
ment tous ceux qui y font fujets (parlant de ces
vices appellés *communs*, comme l'orgueil, l'ambition, l'avarice, la médifance, &c.), & l'on
n'auroit point donné pour raifon *que les effets en font*
ordinaires. On a penfé, en cela, comme le Peuple ; & je ne peux revenir de ma furprife, qu'on
ait été fi aveugle, en même-temps qu'on montre
tant de lumieres & d'application en d'autres chofes.

Ci-devant,
Chap. VII,
aux mots
en marge :
Deuxieme
Queftion,
fi, &c.

No. II.

Des Conditions de Maître *&* de *Valet, de* Despote *&* d'Esclave. Du Droit de Conquête.

CHAPITRE PREMIER.

Réflexions Générales sur ces Conditions.

Besoin que nous avons de nous instruire sur cette matière.

QUAND nous avons vu, non - seulement les peres exercer une puissance absolue sur la vie de leurs femmes & de leurs enfans, mais les Auteurs qui ont recherché les causes du *Droit naturel* & du *Droit civil*, établir, qu'un pareil pouvoir n'excédoit pas les bornes de la nature, ou des conventions humaines, & même qu'il venoit immédiatement de Dieu, nous ne devons pas être surpris, ni qu'il se soit élevé, dans les diverses sociétés, des conditions aussi révoltantes, & si contraires à l'égalité naturelle, que celles de *maître* & de *valet*, de *despote* & d'*esclave*; ni qu'on se soit imaginé d'avoir sur l'esclave cet affreux *droit de vie & de mort* dont on a si long-temps joui; & sur le valet, une autorité & un commandement, qui, excepté la mort, se croiroit presque tout possible, si la justice humaine n'y avoit pourvu.

Mais, s'il a été aisé de renverser cette odieuse puissance de pere & d'époux, il ne le sera pas moins d'abattre celle de *defpote*, & de réduire le *maître* au véritable point d'autorité que le fens raifonnable de cette dénomination lui donne.

On ne connoît point d'efclave en France & dans tous les Royaumes bien policés. La condition de valet eft libre ; mais nous retenons, hors de chez nous & dans des pays lointains, où nous avons cru pouvoir dominer, l'*efclavage* réel fur un genre d'hommes, qui n'ont de différent de nous que la couleur ou quelques particularités phyfiques. Dans quelques-uns même de ces Royaumes bien policés, on voit cet empire établi à-peu-près fous un autre nom ; & par-tout ailleurs, où les Nations font fubjuguées, les Peuples vivent dans le plus grand affujétiffement. Ainfi, foit l'efclavage *civil*, foit l'efclavage *politique*, l'idée & l'effectif de la *fervitude* en reftent ; nous ne fommes pas même plus conféquens que les autres hommes, fur qui nous croyons fi fort l'emporter par les lumieres & le gouvernement. Et pour l'état de *valet*, bien qu'il ne prive pas de la liberté d'en fortir, ou de paffer dans un autre fervice, la maniere dont on regarde cette profeffion, & l'air & le ton avec lefquels on la traite, en général, difent affez dans quelle abjection on la met, & les fentimens d'orgueil qu'elle infpire en ceux au regard de qui elle a lieu. La Religion & le bon fens ont beau nous rappeler à notre commune origine ; tant que nous voyons les effets en contradiction avec elle, & que l'image de la fuprême autorité dans le defpote, & du commandement rigoureux & indifcret dans le maître fe font remarquer, nous ne pouvons nous préferver de l'impreffion meurtriere de la coutume ; & l'homme le plus fage a bien à fe défendre de fes propres

préjugés, à cet égard, quand il eſt à même d'e-
xercer ces prétendus droits ſur d'autres hommes.

Il eſt donc indiſpenſable de nous arrêter ſur ces
étranges conditions, pour en conſidérer l'origine,
la nature, les réſultats, &c. Et comme la pire
de celles qui vont à humilier notre eſpece, eſt
l'*eſclavage*, nous la réſerverons pour la derniere ;
& nous commencerons par celle de valet, qui
rappele auſſi-tôt celle de maître : & nous verrons
ſi, dans l'*Etat de nature*, où dans l'*Etat civil*, on
peut les trouver fondées & néceſſaires : & en ce
cas, ce qu'elles ſont véritablement. Les Auteurs,
qui ont écrit ſur ces conditions ſerviles, les ont
traitées enſemble & à la fois ; en ſorte qu'ils ſemblent les confondre preſque toujours, & vouloir
les réſoudre par les mêmes principes ; mais il faut
néceſſairement les ſéparer pour les bien connoître,
d'autant qu'elles ont des caracteres tout-à-fait
différens, & que l'une n'eſt pas l'autre.

CHAPITRE II.

De la Condition de Maître & de celle de Valet. Ce qu'elles font dans l'Etat de Nature & dans l'Etat Civil.

« L ES principales parties d'une famille , *dit* » *Puffendorf* (1) , font , comme nous l'avons vu , le » mari , la femme & les enfans qui naiffent de leur » union : mais il y entre encore , *obferve - t - il* , » des membres moins confidérables , que l'on » nomme Serviteurs , parce qu'en effet ils fervent » les chefs de la famille ». Comment donc ces gens étrangers à la famille y font-ils entrés ? C'eft ce qu'il nous faut rechercher d'abord.

Quelle peut être l'origine de la condition fervile ?

1. On affigne diverfes caufes , qui ont introduit cette condition dans le monde. La Philofophie plus éclairée a enfin diffipé l'opinion monftrueufe *qu'il y avoit des hommes ferviles par nature , & qu'ils étoient faits , en naiffant , pour fervir les autres , & leur obéir.* C'étoit méconnoître que le plus de lumieres ou le plus de force ne donnent pas le droit de commander ; & que de ce qu'une chofe même eft avantageufe à quelqu'un , il ne s'enfuit pas qu'on puiffe la lui faire accepter par force. C'eft un point reçu par-tout , que comme tous les hommes ont naturellemment une

Opinion monftrueufe , qu'il y a des gens ferviles par nature.

Puffendorf, Tome II, p. 31.

_____

(1) Tom. III , pag. 70.

égale liberté, il eſt injuſte de prétendre les aſſujétir à quoi que ce ſoit, ſans un conſentement de leur part, ſoit exprès ou tacite; Les Juriſconſultes Romains avoient reconnu cette vérité, que, ſelon le *Droit naturel*, tous les hommes naiſſent libres. On (1) trouve ſeulement ſurprenant, qu'en parlant de la ſervitude ou de l'*état ſervile*, ils ne faſſent mention nulle part de celle qui eſt volontaire dans ſon principe; & qu'ils ne la traitent que comme un effet de la *Guerre*, & de la ſupériorité qu'on s'eſt acquiſe ſur ſes ennemis. On penſe que cela vient, peut-être, des idées de leur Droit civil, ſelon lequel perſonne ne pouvoit directement vendre ou transférer à autrui ſa liberté par aucune convention; comme le ſuppoſeroit l'exemption citée d'un jeune homme qui, ayant vingt ans paſſés, ſe laiſſoit vendre comme eſclave par un tiers de qui il recevoit une partie du prix, & que la loi déclare alors vérirablement eſclave, en punition de la tromperie qui accompagne le mépris qu'il a fait de ſa liberté. Mais ce n'eſt pas de cela qu'on doit tant s'étonner, puiſque chez les Romains, ſuivant la coutume de ce temps-là, les fonctions de valet ou de domeſtique ſe faiſoient toutes par les *eſclaves*, & qu'on n'avoit pas d'autre mot pour exprimer ceux qui, par état, ſont obligés de ſervir les autres: on doit être étonné qu'ayant l'idée de la *liberté*, & la mettant pour eux-mêmes à ſi haut prix, ils n'en fiſſent aucun cas dans les autres, & cruſſent pouvoir l'enlever à ceux que le ſort des armes ſoumettoit à leur diſcrétion: ils paroiſſoient en cela bien inconſéquens avec eux-mêmes. Quoique, d'un

Ibid. Note 2.

Pourquoi les Juriſconſultes Romains n'ont parlé nulle part de la *condition ſervile volontaire*, & n'ont rapporté l'origine de cette condition qu'au *Droit de la Guerre?*

Voyez *Ibid.* Page 76, note 4.

(1) *Ibid.* Tom. III, pag. 79, note 1, du §. 3.

autre côté, si la liberté n'est pas un vain nom,
c'est-à-dire, l'*égalité*, (car une de ces idées suppose l'autre) l'on peut dire qu'en la voulant maintenir parmi eux, & la faire respecter pour ce
qu'elle valoit, c'étoit s'y prendre d'une maniere
assez juste, que de ne présenter la violation de
cette noble prérogative que dans des sujets qui
n'étoient pas de leurs corps, & de faire faire à
des gens que la nécessité y obligeoit, des fonctions qui ne s'accordent pas avec la liberté &
l'égalité naturelles. Ainsi ils attribuoient la premiere origine de la *servitude*, c'est-à-dire, de cette
condition forcée de servir les autres au *Droit de
la Guerre*. Nous verrons puis, si c'est une origine
bien raisonnable, en parlant de l'*esclavage*, & si
elle donne des droits fondés.

2. La condition de servir les autres ayant donc
été ou *forcée* ou *volontaire*, il reste à nous entretenir de cette derniere cause, dont on peut néanmoins se figurer diverses especes dans la liberté
de s'assujétir à autrui. Les situations n'ont pas été
toutes uniformes, & l'on s'y est porté pour des raisons ou par des circonstances différentes entr'elles.
« Lorsque le genre humain, *dit Puffendorf*, s'étant
» multiplié, on eût commencé à se lasser de la
» simplicité des premiers siecles, & à chercher
» tous les jours quelque nouveau moyen d'augmen-
» ter les commodités de la vie, & d'amasser des
» richesses ; il y a beaucoup d'apparence que les
» gens un peu riches, & qui avoient de l'esprit,
» engagerent ceux qui étoient grossiers, & peu
» accommodés, à travailler pour eux, moyennant
» un certain salaire ». Le Commentateur observe
un peu auparavant, que « quand on considere la

*De la con-
dition ser-
vile volon-
taire.
Comment-
elle s'in-
troduise?*

*Tom. III,
pag. 77, §.
4.*

On la rap-
porte à un
mauvais
principe &
qui n'est
point natu-
rel, bien
qu'on en
légitime
l'usage.

Ibid.
Pag. 70,
note 1.

» maniere dont se font tous les établissemens
» humains, & les circonstances où bien des gens
» devoient se trouver par une suite nécessaire de
» la multiplication du genre humain ; on ne peut
» guere douter que la servitude ne se soit intro-
» duite peu-à-peu, & par degrés, & qu'elle n'ait
» été d'abord fondée sur des conventions libres,
» quoique la nécessité pût souvent y donner lieu ».
Il a raison en cela ; mais, tant la multiplication
du genre humain, que le dessein formé en ceux
qui avoient de l'esprit & des richesses, de se faire
servir par les autres, n'entrent point naturellement
dans l'ordre des choses, qui ont pu amener insensiblement des hommes à faire pour autrui des
fonctions que chacun faisoit & devoit faire pour
soi-même. En supposant l'aggrandissement de l'espece humaine, on pense en même-temps à une
étendue de pays immense qu'on pouvoit encore
habiter. Les richesses, d'ailleurs, & l'esprit ne vont
pas nécessairement ensemble ; & l'expérience a fait
voir, comme elle le montre encore, que celui-ci
en est le plus souvent séparé. C'étoit bien plutôt

Circons-
tances plus
naturelles,
& justes
qui y ont
donné lieu.

une vie active, une multiplicité de bras dans la
même famille, composée des seuls enfans, une
fécondité naturelle dans les troupeaux, ou la fer-
tilité propre du terrain, & une application constante des sujets qui travailloient ensemble ou séparément au bien de la chose, qui ont donné au
chef une plus grande propriété, & des ressources
au-dessus des autres. A la vue de cette abondance, ceux qui n'avoient point eu d'enfans, ou
qui n'étoient point portés au mariage, ou bien
qui ne se sentoient point propres à élever une
famille, & à avoir la charge de son entretien :
joignez, si vous voulez, une certaine paresse

d'ame, qui, pour nous-mêmes, nous jette dans l'indifférence, & nous fait trouver plus commode de fuivre un train, que de le faire aller : à la vue, dis-je, de cette abondance, ceux qui étoient dans les difpofitions dont je viens de parler, fe propoferent bien facilement & d'eux-mêmes, au fervice des autres ; & alors il fe fit véritablement ce contrat dont parle la *Loi*, & que cite *Puffendorf*, *de faire*, *afin que l'on nous donne*.

Cet exemple eut des imitateurs : d'autres qui avoient une famille, dont l'entretien leur devenoit comme impoffible, ou qui les accabloit, depuis que des inondations, des grêles, des ftérilités avoient fait périr les efpérances de leurs moiffons ou de leurs troupeaux, ou bien même, depuis une trop grande multiplication d'enfans dans un pays trop refferré, qu'ils n'étoient pas bien aifes de quitter, pour en aller chercher un nouveau, ce qui n'étoit pas fans peine & fans inconvénient : ces autres, dis-je, voyant une reffource ouverte dans les fervices qu'ils pouvoient rendre aux familles plus accommodées, s'y jetterent, foit en leur donnant de bonne heure de leurs propres enfans, foit en y paffant eux-mêmes, & fe trouvant ainfi, ou tous réunis dans une même famille, ou tous féparés en plufieurs.

Jufques-là, les caufes font naturelles & juftes : l'efprit d'autorité & d'orgueil n'avoit pas agi dans le cœur de l'homme pour en faire un maître ; tout venoit d'un befoin réciproque, & de la convenance des parties, qui fembloient faites les unes pour les autres : en forte que l'une donnoit pour les bras qui venoient à fon fecours, & dont elle tiroit parti, la nourriture & l'entretien dont elle

Le defir de fe faire fervir par d'autres, en les nourriffant, n'a pu venir que fubfidiairement

& à mesure que les mœurs se font gâtées.

avoit de trop, & qui manquoient aux autres. Il eſt vrai que la penſée de ſe faire ſervir par d'autres, ou le deſſein formé de ſe les attirer par les richeſſes , put ſe préſenter enſuite dans l'eſprit, mais ce ne fut que ſubſidiairement ; & nous cherchons ici les cauſes purement *naturelles* , & ce qui a pu, en premier lieu, introduire cette étonnante condition de ſervir les autres, & de faire partie de leur famille , ſans en être véritablement.

C'eſt dans cette ſource ingénue & de bonne foi que nous devons chercher les regles de cette eſpece de contrat, & les obligations comme les droits qui en naiſſent ; il ne faut pas attendre qu'on ſe ſoit tiré, comme l'on dit, de la ſimplicité des premiers ſiecles, & qu'on eût cherché tous les jours quelque nouveau moyen d'augmenter les commodités de la vie, & d'amaſſer des richeſſes : long-temps avant ces reſſorts cachés & éloignés, l'on vit des hommes ſe déterminer au ſervice d'une famille pour avoir de quoi vivre. Il s'en préſenta des exemples dans les temps de la plus grande ſimplicité ; les cauſes que j'en ai dites s'en offroient naturellement & d'elles-mêmes ; & je ne penſe

Danger de ſuppoſer un pareil deſſein pour principe, & pour cauſe première de la *condition ſervile*.

pas qu'on puiſſe ſe fixer à un point de vue plus propre à nous faire connoître ce que nous cherchons. Si nous y mettons du deſſein, de la fineſſe de la part de l'homme riche, une intention de ſe ſoumettre, pour ainſi dire, le pauvre, en lui faiſant faire ſes propres travaux , & ſes volontés, pourvu qu'on le nourriſſe & l'entretienne, le contrat devient onéreux, il charge celui-ci. On a de la peine à en débrouiller l'injuſtice , parce qu'on fait tout dépendre des conditions & des accords ; & l'homme riche aura été ſûrement porté à trop exiger. Ainſi rien de plus néceſſaire que d'établir,

dans les contraĉtans, la bonne foi avec la liberté,
& de fuppofer chacun, de part & d'autre, dans
fon état paifible & naturel.

Mais l'engagement ne fut point cenfé fait pour
la vie : on ne peut admettre qu'un homme fe
dépouille pour toujours du pouvoir de travailler
pour foi, & de monter un ménage, ni qu'il pré-
tende affujétir fes enfans à cette renonciation. Le
mal préfent eſt tout ce qui nous affeĉte dans
l'ordre naturel ; nous ne fommes fenfibles qu'à
nous procurer un bien‑être, qui nous préferve
actuellement de ce que nous fouffrons ou que nous
craignons ; & l'on ne fauroit le préfumer dans
cet afpeĉt de l'avenir, où l'on ne trouveroit, au
contraire, que ce qu'il y a de propre à en
dégoûter : comme la dureté, les caprices, l'air
hautain, le ton querelleur, l'indifcrétion, les em-
portemens, l'inhumanité même d'un maître impérieux & colere ; qui pourroit être encore, ou
avare ou peu ménager de fon bien, ou même tomber dans les difgraces de la fortune & dans la mifere, par un effet de la feule caducité des chofes
du monde. Quelle apparence qu'on fe foumît ainfi
à toutes les viciffiudes d'une famille & à toutes
les injuftices d'un maître à perpétuité ! outre qu'un
engagement de cette efpece, fait avec le pere,
pourroit-il être regardé comme liant le fils ? & celui-ci
feroit-il obligé de retenir à fon fervice des gens
avec qui il n'auroit point traité, & qui lui feroient
inutiles ou défagréables ? *Puffendorf* conclut donc
mal-à-propos à l'endroit déja cité (1) *que plu-*

*De la na-
ture de la
condition
fervile.*

*Erreur fur
ce fait de
Grotius &
de Puffen-
dorf.*

_____

(1) Tom. III, pag. 71, §. 4.

Grot. Tome I, p. 358 & 361.

fieurs fe réfolurent infenfiblement à entrer fur ce pied-là, pour toûjours, dans la famille de quelqu'un, à condition, &c. Et *Grotius*, de qui il a pris cette penfée, n'eft pas mieux fondé à diftinguer, comme il fait entre la *fervitude parfaite* & la *fervitude imparfaite :* comme fi ces deux états pouvoient avoir quelque chofe de comparable entr'eux, & que le premier fût fondé en raifon & en droit naturel, ou que l'autre fe rapprochât de cette fervitude abfolue & permanente où l'on a trouvé bon de confidérer & de ténir ces derniers hommes. On n'a pas vu que cette fujétion à perpétuité n'a pu être qu'un effet de la violence & de la contrainte, & nullement dans le principe, une réfolution libre & raifonnée en celui qui y eft réduit : c'eft la *Guerre* qui a introduit cette forte de *fervitude*, dont nous parlerons bientôt ; laquelle, par cette raifon, ne différoit point de l'*efclavage* ; & c'eft pourquoi elle a été traitée fur les mêmes regles & par les mêmes principes.

La condition que fuppofe Grotius pour rendre plus vraifemblable la fervitude volontaire perpétuelle, en la rendant plus honorable, eft eft un vrai être de raifon.

En vain, *Grotius*, comme pour donner du relief à cette fujétion *volontaire perpétuelle*, la feroit-il confidérer fous cette vue : « la plus honorable, *dit-il*, eft lorfque quelqu'un, qui eft » maître de lui-même, fe donne à un autre ; » en forte qu'il veut devenir membre de la fa- » mille, & dépendre de lui déformais, comme » un fils, en âge mûr, dépend de fon pere (1) ». Il n'eft pas poffible dans le particulier, & d'homme à homme, quand on fe tire de la vérité de la nature, qu'on ait à s'en promettre les Loix & à

_____

(1) *Ibid.* Pag. 358.

compter fur leur exécution : Ces fictions de notre
efprit , hors le cas de la République & de fon
chef, par rapport aux membres, (qui eft un état
indifpenfable & néceffaire, comme nous l'avons
vu), font des êtres de raifon & en pure perte.
On convient, en parlant de *l'adoption* , qu'on croit   *Ibid.*
ici fortifier ce qu'on avance, « que le pere qui
» a donné fon fils à un autre, qui l'a adopté de
» cette maniere , ne lui transfere pas par-là en-
» térement tous fes droits paternels, & ne fe dé-
» gage pas lui-même de tous les devoirs auxquels
» il eft tenu comme pere ». Le tranfport n'eft
donc pas entier : l'enfant adoptif n'eft pas tellement propre à la perfonne qui l'adopte , qu'elle
ait fur lui le pouvoir de pere ; ce prétendu pere
n'eft pas fi fort lié à l'enfant , qu'il ne foit
point poffible à celui-ci de ne le reconnoître pas
en tout pour fon fupérieur : les rapports font de
convention & imaginés , & la nature ne les confirme pas. Il en eft de même de ce ferviteur,
qu'on fuppofe avoir voulu fe donner, de maniere
qu'il devienne membre de la famille d'un autre,
& dépendre de lui déformais en le fervant ,
comme un fils en âge mûr dépend de fon pere,
quand il n'a point encore quitté la maifon. On
ne doit pas s'attendre que le Maître conçoive pour
cet étranger cet amour qui nous eft involontaire
à l'égard de nos enfans , & qu'il le traite avec la
même tendreffe : auffi ne dépend-il pas du pere
de rompre le nœud qui le lie à fes enfans ; & il
fera toujours le maître de n'avoir plus rien de
commun avec fes domeftiques. Il peut fe féparer
de fes enfans , c'eft-à-dire, les mettre dehors ;
mais il fera toujours leur pere, quoiqu'ils vivent
ailleurs : au lieu que tout rapport & tout engage-

ment ceffent entre lui & les autres, quand il ne les voudra plus avoir à fon fervice. Il les regarde comme étrangers, & ne fe croit obligé à rien envers eux, qu'à leur donner la nourriture & l'entretien. C'eft pourquoi *Puffendorf* remarque que, « comme la fujétion des domeftiques eft ordi-
» nairement beaucoup plus grande que celle des
» enfans, on regarde la fociété des maîtres & des
» ferviteurs comme l'image d'un gouvernement
» plus rude que celui qu'exercent les peres & les
» meres, dont la plupart traitent leurs enfans avec
» beaucoup de douceur ». Et en effet, les établif-
femens humains, qui n'auront pas la nature & la néceffité pour bafe, ne pourront l'avoir pour mo-
dele ; & toute imitation en ce genre fera vaine & dénuée de folidité : difons mieux, on ne pourra s'établir fur une pareille origine.

Tome III, p. 79.

Quand même certains hommes auroient eu la penfée ou la volonté de s'engager à perpétuité, eux & leurs enfans, en paffant au fervice d'autrui, il n'y auroit pas de quoi fonder l'établiffement d'une pareille fervitude.

Il n'y auroit donc point eu, felon moi, de *fervitude parfaite, volontaire ;* ou fi jamais quelques-
uns de ceux qui fe foumirent à la condition de fervir les autres, moyennant qu'ils fuffent membres de la famille, ont eu cette penfée de s'affu-
jétir toute la vie, eux & leurs enfans nés & à naître, ils fe font égarés en cela, & leur penfée n'a pas pu légitimer l'engagement ; ce n'eft pas de ce que les hommes ont fait de contraire à la raifon & au Droit naturel, que nous devons tirer la fource des chofes ; & nous ne trouverons pas dans leurs illufions & leurs écarts la nature des conditions différentes qui ont dû être parmi eux: nous imiterions en cela tous nos Ecrivains politiques, qui n'ont pas ceffé, marchant, les uns à la fuite des autres, de fonder la juftice de la plupart de nos ufages fur ce que les hommes les
ont

Ont pratiqués dans tous les temps, & qu'on les pratique encore assez généralement par-tout. On a mis, par cette cause, l'*esclavage* dans la *servitude volontaire*, en donnant à celle-ci le nom de *parfaite*, qui signifieroit *perpétuelle*, pour la distinguer de la servitude *forcée*, qui naît de la guerre, & qui est perpétuelle aussi. Mais, en traitant de l'*esclavage*, nous verrons encore mieux l'illusion de la *sujettion volontaire à perpétuité*, parce que, sur certaines choses importantes, & que le Créateur n'a pas prétendu de soumettre à notre puissance, ce que d'autres ne peuvent pas exiger de nous, il ne nous est pas permis, non plus, de le vouloir & de nous y engager.

Pour achever de donner quelque crédit à cette *servitude volontaire perpétuelle*, ou pour diminuer l'idée désavantageuse qu'on en peut prendre, *Grotius* (à propos de ceux qu'on prétend qui se vendoient eux-mêmes, ou qui jouoient leur liberté en un coup de dez, &c.) *après avoir dit que la servitude parfaite consiste à être obligé de servir toute la vie un maître pour la nourriture & les autres choses nécessaires à la vie, qu'il doit fournir à l'esclave*, remarque que *cette sujettion ainsi entendue, & renfermée dans les bornes de la nature, n'a rien de trop dur par elle-même : car*, dit-il, *l'obligation perpétuelle où est l'esclave de servir son maître, est compensée par l'avantage qu'il a d'être assuré d'avoir toujours de quoi vivre ; au lieu que les gens de journée ne savent la plupart du temps comment subsister.* Cet Auteur, avec un génie profond, une érudition immense, avec tous les matériaux propres à faire un excellent Ouvrage, tombe néanmoins dans les préjugés communs aux hommes vulgaires,

Erreur encore de *Grotius* sur la prétendue *servitude volontaire à perpétuité*, pour la vouloir rendre moins odieuse & moins pesante.

Tom. I, pag. 358, §. 27, &.

& ne démêle point les illusions de la coutume, des simples intentions de la nature que nous ne connoiſſons presque plus. Quelles ſont les bornes dont il parle ? A-t-on rempli tout ce qu'on doit, pour donner la nourriture & l'entretien à quel-qu'un, dont le travail uniquement conſacré à notre profit, ou nous épargne la peine de tra-vailler auſſi, ou nous fait amaſſer beaucoup au-delà de ce que les beſoins naturels demandent ? Et eſt-on véritablement ce qu'on doit être, quand, ſemblables à des bêtes de ſomme, nous n'avons des mouvemens que pour autrui, nous ſommes comme des êtres paſſifs, & nous ne tenons la nour-riture, l'habillement & les autres néceſſités de la vie, que de l'intention immédiate d'un maître, qui s'engraiſſe, pour ainſi dire, à nos dépens ? Eſt-on ce qu'on doit être, que de ſervir à ſon luxe, à ſes plaiſirs, à ſes paſſions, que de ne pouvoir être ſoi-même une famille ſéparée, & recueillant pour ſoi & ſes enfans le fruit de ſes occupations & de ſon induſtrie ? Toutes ces queſtions ſe réduiſent à demander : 1°. du côté du maître ; *Quand eſt-ce qu'il peut ſe faire ſervir*, & 2°. par rapport aux domeſtiques, *quand eſt ce qu'ils peuvent prendre une pareille condition ?*

1°. A l'égard du maître, la nature banniſſant, ſans doute, toutes les ſuperfluités de la vie ; & chacun devant faire pour ſoi, ce qu'il eſt en état d'entreprendre pour ſes beſoins, il ſuit que tant que ſes bras & ceux de ſes enfans ſont capa-bles d'y fournir, il ne peut, ſans intervertir l'or-dre des choſes, appeler quelqu'un à ſon aide ; parce que dès-là, néceſſairement, ou quelqu'un d'entr'eux reſtera ſans rien faire ; ou tous enſemble ils ne feront pas ce qu'ils devroient ; la pareffe gagnera infenfiblement , à mefure qu'ils exerceront moins leurs forces , ou l'intention de travailler. C'eft un principe naturel que le travail amene la fub-fiftance ; mais quand elle vient fans qu'on en prenne la peine , on perd ce principe de vue , le fentiment intérieur s'en diffipe. Il femble , au contraire, qu'on n'eft pas fait pour contribuer à fe la procurer ; & que les fecours & les fatigues des autres nous appartiennent, moyennant qu'on les mette en état d'agir & de recommencer le tra-vail par de nouveaux alimens qu'on leur fournit. Le *moral*, comme l'on voit , eft ici extrêmement lié avec le *phyfique*, & l'on ne fauroit déranger l'ordre naturel , fans troubler toute l'harmonie des *mœurs* ; fur-tout fi l'homme pouffant fes defirs à poffléder plus qu'il ne lui eft néceffaire, il affu-jétit d'autres hommes , non-feulement à employer leurs bras & leur induftrie aux chofes qui lui font de premier befoin, mais à en groffir la quantité, & à en recueillir encore beaucoup d'autres, dont il peut abfolument fe paffer. Alors la fainéantife & l'orgueil montent à leur comble ; il ne refpire que pour amaffer. L'ufage des ferviteurs eft infi-niment dangereux dans l'excès où l'on a porté l'abus de la propriété.

2°. Et pour les domeftiques, nous pouvons donner comme une vérité fûre, que fi c'eft un principe reçu & une obligation facrée , impofée par le Créateur, que *l'homme gagne fon pain à la fueur de fon vifage*, ce n'eft pas un moindre principe , ni une moindre obli-gation, que *chacun doit gagner ce pain directement par foi-même & non par autrui, quand rien ne nous oblige à intervertir cet ordre*, qui porte fur

Par rap-port aux domefti-ques.

Quand eft-ce qu'on peut entrer au fervice d'autrui ? Principes.

R ij

l'égalité de notre nature , & la fource commune d'où nous fortons. Chaque être animé , dans le monde , doit agir pour les fins qui le regardent perfonnellement lui-même : auffi l'inftinct , dans les animaux , ne manque pas de les y conduire d'une maniere fi réglée , qu'on voit bien qu'ils ne s'en écartent que pour fuppléer à la foibleffe de leurs petits , hors d'état de pourvoir eux-mêmes à leurs befoins. Si on en voit de tournés au fervice de l'homme , c'eft l'homme qui les y a foumis , & qui les y plie de bonne heure. On fait que leur volonté n'y entre pour rien ; puifqu'on les regarde comme des machines , & que quand même ils fauroient ce qu'ils font , ils font toujours portés à fecouer le joug , quand il eft trop pefant , & à s'échapper , quand ils le peuvent.

Ainfi de même , l'homme doit travailler pour autrui , quand il voit fon prochain dans l'impuif-fance de fe fecourir comme dans les maladies , dans la vieilleffe , dans l'enfance. A ce dernier égard , le penchant même nous domine , le pur inftinct nous y conduit ; au lieu que dans les deux autres cas , la faculté de raifonner fe joint à la pitié naturelle pour nous faire accomplir des devoirs qui ne vont pas à notre utilité propre , comme quand il s'agit de nos enfans ; en quoi , certes , je trouve la fupériorité de notre nature bien marquée fur celle des animaux qui vont in-vinciblement à leur but & ne font rien au-delà : tandis que nous , avec notre intelligence , nous favons prendre des peines & nous tourner à un travail , dont le fruit immédiat n'eft pas pour nous ; mais qui devient indifpenfable en ces oc-cafions pour la confervation de l'efpece humaine.

Il suit de ce que nous venons de dire, qu'on ne peut appliquer immédiatement son travail pour autrui que dans l'absolue nécessité & lorsqu'on le voit dans le besoin. Autrement on nourriroit sa paresse comme j'ai dit, & ce seroit ouvrir la porte à tous les abus. Mais si on a cette faculté pour les autres (& alors on la décore du nom de *charité*, de *générosité*, &c. parce qu'en effet, on semble s'oublier soi-même) on ne l'a pas moins pour soi : comme si l'on se sent un invincible rebut pour le mariage ; que l'on soit estropié & hors d'état de faire certains travaux plus propres à nous donner la nourriture, tandis qu'on en peut faire d'autres dont un maître pourra s'accommoder ; si absolument l'on est sans bien & sans fonds de terre, ou simplement avec un terrain modique & insuffisant à nous nourrir, &c. Dans tous ces cas, ou bien d'autres, le besoin pressant de la vie nous jette, comme malgré nous, dans la famille d'un autre, & nous embrassons la condition de le servir comme une ressource qui nous tient lieu des moyens que nous n'avons point, de jouer notre propre rôle, pour ainsi parler, qui est d'être chef de famille & de se mettre dans la véritable place où originairement la nature nous appelloit.

C'est dans ce point de vue seulement que je trouve la condition des serviteurs permise & louable, parce qu'elle rentre dans l'ordre naturel, & supplée à ce qui nous manque : un homme alors vend sa peine & son industrie à celui dans la maison de qui il passe ; & chaque jour il fait comme un échange de son labeur, avec la subsistance & l'entretien qu'il en reçoit.

Comment naît le droit de servir les autres pour soi.

R iij

Mais cet engagement, comme l'on voit, n'est point cenfé fait à perpétuité. Il ne fauroit être d'une nature différente que les befoins qui l'occafionnent. Il fe rompt réciproquement au moment que l'un des deux le defire ; en obfervant toutefois les égards que les temps, les lieux & les autres circonftances peuvent demander.

Les domeftiques, dans les premiers temps, auffi libres que ceux d'aujourd'hui, de fortir de la maifon de leurs maîtres ; mais n'en ufoient guere : pourquoi ?

Mœurs des Ifraélites, pag. 11.

Ibid. Pag. 37.

Je ne vois là que la condition de nos domeftiques ordinaires, qui entrent & fortent de notre fervice quand il leur plaît ; mais avec cette différence que les temps & les mœurs étant bien changés, la même liberté, qui en eux autrefois n'étoit pas infolente & volage, & par conféquent fans abus, eft aujourd'hui défordonnée & fujette à tous les inconvéniens de la plus haute licence ; & au refte, cela ne devoit être autrement : dans la fimplicité des premiers temps, les maîtres travailloient comme les domeftiques, & partageoient leurs fonctions : « Les héros d'Homere, *dit Fleury,* » fe fervent eux-mêmes pour les befoins ordinai- » res de la vie, & l'on voit agir de même les » Patriarches.... Leurs valets, *obferve-t-il,* fer- » voient à les aider, non pas à les difpenfer » du travail » plus bas, il dit, que « tout ce » qui fert à la nourriture, fe faifoit dans les » maifons ; *que* la plupart des métiers leur étoient » utiles : les femmes faifoient le pain & prépa- » roient à manger : elles filoient la laine, fabri- » quoient les étoffes, & faifoient les habits : les » hommes faifoient le refte ». Ainfi, dans une famille, où les chefs s'adonnoient auffi-bien aux travaux pénibles & à toutes les fonctions de la vie, que les domeftiques, & où d'ailleurs, ces fonctions ne rouloient que fur des chofes de pre-

mier befoin ; le domeftique ; pour ainfi dire, fe
trouvoit au niveau du maître, & il ne fe reffen-
toit pas de l'immenfe diftance qui eft aujourd'hui
entre ces deux conditions. On obferve encore à-
peu-près cette efpece d'égalité dans nos granges,
& parmi nos gens de campagne, où les ferviteurs & valets, affis à côté du fermier, mangent
& boivent à fa table, font admis à tous fes propos & amufemens : n'y ayant entr'eux, d'autre
différence, fi ce n'eft que le maître difpofe des
hommes & du genre de travail, & a le foin général du ménage ; car, fur tout le refte, ils font
affranchis de ces regles gênantes de bienféance
& de refpect, par nous imaginées, & fi bien
gardées par les ferviteurs du plus haut rang. Si les
valets de nos fermiers, nonobftant cela, ne font
pas fi attachés à leurs maîtres que l'étoient ceux
des premiers hommes, nous ne devons l'attribuer
qu'au changement de mœurs, dont j'ai parlé,
& à nos manieres tout-à-fait différentes, dont
la contagion gagne infenfiblement jufqu'à ces mêmes
gens de campagne, quoique mille fois moins que
nous, livrés à la moleffe, aux plaifirs & à toutes
les aifes de la vie. Le voifinage, dans lequel ils
font de nous, doit néceffairement fe reffentir de
ce que nous fommes ; & il eft impoffible qu'ils
ne foient pas portés à nous imiter. Une infinité
de circonftances rendent probable que les premiers
domeftiques furent & demeurerent attachés à leurs
maîtres, quoiqu'ils fuffent libres de fortir de leur
famille : au lieu que les nôtres, par la raifon des
contraires, ont dû s'y affectionner beaucoup moins,
& paffer fucceffivement des unes aux autres, fans
y prendre jamais d'attachement : cela fe fent, il
eft inutile que j'y infifte davantage.

R iv

La fujé-
tion d'un
domefti-
que à per-
pétuité, a
quelque
chofe de
trop dur,
& fort des
bornes de
la nature.

Mais, par tout ce que j'en ai dit, il eft évident que *Grotius* a bien mal connu la nature, dans l'idée qu'il nous a donnée d'une prétendue fervitude *volontaire perpétuelle*, comme s'accordant fort bien avec la raifon & avec la nature elle-même. Il eft faux que cette fujétion n'ait rien de trop dur, & qu'elle ne forte pas des bornes prefcrites. Quand il dit que les gens de journée ne favent la plupart du temps comment fubfifter, entendroit-il qu'il vaut encore mieux être efclave ou domeftique perpétuel ? Eft-ce donc par des motifs d'accidens que nous devons apprécier les chofes ; & la vérité dépendra-t-elle de l'inconftance ou de la fragilité de nos établiffemens, ou de celles des caufes fecondes ? Il eft fort poffible qu'un homme de journée ait, certains jours, peine à fubfifter ; mais un pere auffi pourra être défobéi par fon fils, s'enfuivra-t-il qu'il ait moins autorité fur lui, & le fils aura-t-il le droit de le méconnoître ? De même l'homme de journée eft-il moins à fa place, parce que certaines circonftances l'empêchent un tel jour de gagner fa vie ? Et le *Serviteur volontaire* fera-t-il bien dans la fienne en rendant fa fujétion perpétuelle, parce que le maître lui fournira chaque jour la nourriture & les autres chofes néceffaires à la vie ? Ce n'eft pas ainfi que nous devons connoître la deftination dès êtres, & l'état que chacun peut naturellement embraffer : il faut remonter au principe, confidérer la fin des chofes, & favoir diftinguer les moyens que la nature-elle-même apprête.

De l'hom-
me de jour-
née. Com-

L'homme de journée, par exemple, tout *mercenaire* qu'on le nomme, travaille pour lui ; &

quoique dans une efpeçe de dépendance, il eft
tout auffi libre que celui qui cultive fon propre
champ & recueille pour fes befoins. N'ayant pu
avoir fa part des reffources premieres qui font les
fonds de terre, & toutes les places fe trouvant
prifes, il vend chaque jour fes bras à celui qui
fait les payer : il laboure le champ d'autrui, il
fend du bois, il tranfporte des fardeaux, &c.; ou
bien, s'il fait un métier, tandis que d'autres l'igno-
rent, il vend le fruit de fon favoir; & ce qu'il
a préparé, quoiqu'immédiatement incapable en
foi de le fubftanter & de l'entretenir, y fervira
néanmoins, en le cédant à celui qui en place
lui donnera les chofes qui y font propres. Tous
les hommes affurément font obligés d'exercer leurs
forces & leur génie pour eux-mêmes, comme j'ai
dit : il feroit plus dans la nature que chacun fît
dans fa famille toutes les chofes néceffaires, &
fe paffât de fecours étranger; l'occupation jour-
naliere & non interrompue ne laifferoit point de
place à la pareffe; & par elle les paffions fortes
& dangereufes ne naîtroient jamais. Les mœurs
feroient dans le meilleur ton. Mais puifque, vu
la légereté & l'inconftance de l'efprit humain, &
mille autres caufes accidentelles, il eft comme
impoffible que chacun refte perpétuellement fon
propre provifeur, qu'il foit fon laboureur, fon
pâtre, fon tifferan, fon cordonnier, &c. quand
la naiffance ou les autres accidens de la vie le
mettront dans cet état à n'avoir rien de ce qui
peut par foi-même lui faire remplir fa premiere
deftination : alors, certes, il fera dans la nature
qu'il travaille pour les autres ; foit en vendant
fes forces ou le produit de fes forces ; ou bien les
fruits de fon génie & de fon efprit. Sa condition

ment il fe
forme, &
ce qui l'au-
torife ?

eſt en regle, elle eſt honorable & utile ; & tout auſſi honorable qu'une choſe peut l'être, quand elle allie les moyens honnêtes & néceſſaires à une ſi honnête & néceſſaire.

Caractere propre de la liberté de faire échange de ſon travail, ou du fruit de ſon travail. Voilà comment on peut céder ſon travail ou le fruit de ſon travail. Si la néceſſité, tant pour entrer au ſervice d'autrui que pour lui vendre les fruits de ſon induſtrie ou de ſes forces, n'a pas lieu ; nous ne ſommes plus à notre place, l'ordre naturel eſt interverti ; & il s'enſuit des conſéquences infinies & très-graves, dont nous pourrons parler dans le Chapitre ſuivant.

Ce que j'ai voulu fixer ici, c'eſt l'origine & la nature de l'*Etat ſervile* ou *domeſtique*, qu'il étoit important de bien connoître pour en déduire les propriétés & les ſuites : Nous allons les voir.

Propriétés & ſuites de la condition ſervile volontaire. *Le but d'une telle ſociété fait voir aiſément*, dit Puffendorf (1), *quelle eſt naturellement l'étendue du pouvoir des maîtres ſur leurs ſerviteurs.* Il obſerve fort bien qu'*un maître a droit d'exiger de ſes ſerviteurs toute ſorte de travail & de ſervice, pourvu qu'il ait égard à leurs forces & à leur adreſſe naturelle.* Et ſon Commentateur (2) ajoute cette reſtriction qu'il ſuppoſe dans l'intention de l'Auteur : *bien entendu qu'il n'exige rien d'eux qui ſoit contraire au Droit naturel, ou aux Loix de l'Etat, en un mot, à ce qui eſt d'ailleurs de leur devoir :* Or ces paroles, qui dans le ſens de ces Auteurs, ne ſe rapportent pas au mien, ou entiérement au mien, demandent fort d'être expliquées.

---

(1) Tom. III, pag. 72.
(2) *Ibid.* Note 3.

Premiérement, je regarde comme un principe
certain & un préalable néceſſaire, que toute introduction de domeſtique dans une maiſon, doit
ſuppoſer dans le maître, ou la volonté & l'uſage
de faire les mêmes fonctions, ou l'impoſſibilité
réelle & abſolue de les faire ou de les faire en
entier. Il eſt le maître : mais la nature ne le place
qu'à côté de ſon domeſtique pour ſe décharger
ſur lui du ſurplus du travail auquel il ne peut
vaquer : leurs occupations ſont ſemblables, & ne
ſont que partagées. Quand je dis qu'elles ſont *ſem-*
blables, j'entends qu'elles ne conſiſtent point à
prendre garde ſeulement que les autres travaillent
à occuper ſon eſprit du train & de la conduite
du ménage, à diſtribuer la beſogne aux uns, à
réprimander les autres, à les inſtruire, &c. c'eſt
quelque choſe ; mais il faut que le corps travaille auſſi, & que la force ou l'adreſſe s'emploient tout, de même que le font ceux qu'il reçoit à ſon ſervice : en un mot, je renvoie à l'exemple de nos métayers & gens de campagne, dont
la vie laborieuſe & ſimple n'eſt pas différente
de celle de leurs domeſtiques.

Préalable néceſſaire dans le maître.

1°. Qu'il travaille comme les domeſtiques, & indifférem-ment aux mêmes choſes.

Secondement, cela ſuppoſe des mœurs ſimples,
peu d'ambition, le deſir ſeulement de vivre &
d'élever une famille, ou de parvenir ſoi-même à
un âge avancé. Le travail n'eſt que pour le *néceſ-*
ſaire, & les plaiſirs que pour le *délaſſement* du
travail. On a des manieres vraies & naturelles,
elles repréſentent ce qu'elles doivent ſignifier. D'un
autre côté, le fils eſt toujours le préféré pour
le travail ; & puiſqu'on n'appelle du ſecours que
parce qu'on ne peut agir ou tout faire par ſoi-

2°. Qu'il faſſe tra-vailler de même ſes enfans, par préfé-rence aux domeſti-ques, & aux mê-mes ouvra-ges.

même ; il est raisonnable qu'on charge des occupations les plus sérieuses ceux qui tiennent le
plus immédiatement à nous. L'application & l'emploi des forces sont même des droits qui carac-
térisent la qualité de maître : c'est de lui qu'on
doit sur – tout apprendre qu'on ne peut acquérir,
par quoi que ce soit, le singulier honneur de rester
sans rien faire ; puisque la raison même , pourquoi il se fait servir , est une preuve qu'il est
obligé de travailler.

Disposi-
tion de
l'homme
au travail
dans l'état
primitif ;
& ses oc-
cupations,
toutes de
force.

Ainsi les domestiques , dans une maison , ne
peuvent dans ce sens avoir part au travail qu'a-
près les maîtres ; & c'est une suite de la nature
de la chose que quand ils seront employés , le
pere & les enfans le soient aussi , ou qu'ils soient
dans l'impossibilité absolue de l'être. Il est naturel
qu'on aime mieux faire ce qui nous intéresse que
de le confier à d'autres ; & dans l'état primitif
des hommes, outre que la possibilité d'agir en-
traînoit la volonté , c'est que les objets, qui
devoient les occuper , exigeoient tous des forces, &
un exercice du corps, avec quoi la paresse ne
sauroit s'allier. D'ailleurs , il est rare qu'on ne
réussisse pas mieux aux choses que l'on fait soi-
même , quand nous travaillons pour nous. De
sorte que , pour connoître le véritable pouvoir
des maîtres sur les domestiques , & savoir quand
est-ce qu'il s'accorde avec le *Droit naturel* , il est
nécessaire de remonter aux principes que je viens
d'établir , & nous supposer dans la plus grande
simplicité de mœurs.

Restric-
tion im-
portante à

Je dis donc « qu'il est très-vrai qu'un maître a
» droit d'exiger de ses serviteurs toute sorte de

» travail & de service, pourvu qu'il ait égard à
» leurs forces & à leur adresse naturelle ». Mais
il faut ajouter à ces paroles celles-ci : *Pourvu qu'il
ne reste pas sans rien faire lui-même ; & que les ouvrages qu'il leur ordonnera soient absolument nécessaires.*

Il suit alors, qu'ils ne doivent pas moins être
nourris & entretenus, quand même ils ne tra-
vailleroient pas : mais que le maître est obligé de
les occuper, quoique seulement après lui ; ou de
les renvoyer, quand ils lui deviennent inutiles.

L'occupation supposant le besoin, & le besoin
la nécessité, le maître n'a point le pouvoir de leur
imposer des travaux superflus ; & tout doit porter à une utilité présente, ou future, pour un
temps auquel la rigueur des saisons ne permettra
plus les travaux indispensables au soutien de la
vie. Cependant l'*utile* peut s'allier avec l'*agréable*,
& il faut voir ce que j'en dirai, Chap. 11, N°.IV,
de cette Seconde Section.

En ce cas, le maître est plutôt l'ami du
serviteur & celui-ci le sien, que le chef & le
souverain. Il n'a pas de propriété sur sa personne,
il n'a que le droit à ses œuvres quand elles lui
sont nécessaires ; & ils sont également libres,
l'un de sortir de la maison, & l'autre de le renvoyer, en rompant néanmoins cette espece de
société avec les égards qu'on se doit réciproquement, comme je l'ai déja dit.

Mais le domestique n'a pas le droit de se refuser au service : les obligations du maître, dont

*ajouter à la liberté, qu'a le maître d'em-
ployer ses domesti-
ques com-
me il veut.*

*Consé-
quences.
Premiere :
Obligé de
les nour-
rir, occupés
ou non ;
mais doit
les occuper
ou les ren-
voyer.*

*Deuxie-
me : Ne les
occuper
que pour le
nécessaire.*

*Troisie-
me : N'a
droit que
sur leurs
œuvres, &
non sur
leurs per-
sonnes.*

*Quatrie-
me : Ceux
ci pourtant*

ne peuvent qu'obéir, ou se retirer.

nous venons de parler, n'autorisent point ce domestique à peser tout ce que l'autre peut ou ne peut pas, par rapport à sa qualité de *maître* : il doit obéir ou chercher une place ailleurs. Comme il faut que les choses aillent, & que dans toute association le mouvement est nécessaire, il faut que celui qui n'est pas originairement de la famille, souscrive aux volontés, qui ne sont pas évidemment folles, de celui qui le nourrit & l'entretient pour cela. Quand un maître ne se feroit servir que par oftentation, que par paresse, le domestique, qui le sert, doit toujours continuer son service : pourvu qu'il soit lui-même dans la nécessité d'exercer cette profession, & qu'il ne voie point d'autre place où le maître soit plus en regle ; car enfin il faut qu'il vive.

Cinquieme : Les domestiques peuvent acquérir.
Puff. Tome III, p. 73.

S'il est libre de sortir, il n'est point mercenaire perpétuel ; & par conséquent il est ridicule de vouloir que, *pendant qu'ils demeurent au service de leur maître, ils n'acquierent que pour lui.* Ils peuvent acquérir des gages, épargner sur la nourriture, si le maître la donne en argent ou en quantités déterminées & convenues, &c. Les étrennes font à eux, ils héritent, ils recueillent ce qu'un parent ou un ami leur laisse ; en un mot, il n'y a que ce qui provient immédiatement de leur travail qui ne peut pas leur appartenir.

Sixieme : Plaisante observation de dire, qu'ils ne puissent être ven-

N'est-il pas ridicule encore d'entendre dire : *Il ne semble pas même que le maître puisse légitimement les vendre ou les donner à un autre maître,* comme s'il pouvoit y avoir du doute à la libre condition des domestiques, & que les personnes tombassent en propriété aussi-bien que les choses inanimées, dont on fait paſſer l'uſage à qui il nous plaît ? Il eſt vrai que *Puffendorf* ajoute cette reſtriction : *A moins qu'ils n'y conſentent eux-mêmes*, laquelle détruit du moins au fond ce qu'il vient de dire ; car on n'a point la puiſſance d'une choſe, s'il faut le conſentement d'un autre pour la faire ; mais de plus, il eſt contre la nature, & c'eſt un renverſement de la raiſon que de ſe vendre, comme je le dirai bientôt ; & par conſéquent on ne ſauroit pouvoir ſur quelqu'un, ce qu'il ne peut pas vouloir lui-même.

dus, quand même ils y conſentiroient, comme s'il pouvoit y avoir du doute.

Enfin, il reſte l'article de la correction & du châtiment, ſur quoi il n'eſt pas moins important de connoître la juſte étendue du pouvoir du maître. « Le maître, *dit* (1) *Puffendorf*, peut les traiter » avec quelque rigueur, ſelon le naturel de cha- » cun : mais cela ne va pas juſqu'à lui donner » droit de les faire mourir ; & la plus grande » peine pour de tels ſerviteurs, c'eſt d'être chaſſés » de la maiſon de leur maître, & abandonnés à » leur propre fainéantiſe ». Ce diſcours eſt raiſonnable ; mais l'auteur ne déterminant point juſqu'à quelle rigueur on peut les traiter quand ils manquent, le commentateur *Barbeyrac* renvoie ici à *Puffendorf* lui-même, dans ſon autre Ouvrage de l'*Abrégé des Devoirs de l'homme & du citoyen*, liv. II, chap. IV, §. 2, où cet auteur eſt d'avis, à l'égard des mercenaires à temps, *qu'il eſt permis aux maîtres de châtier avec modération ces ſortes de domeſtiques*. *Barbeyrac* n'eſt pas éloigné de ce ſentiment, & nous rapporte néan-

Septième : *Ne peuvent être battus, ni mal-traités, en forme de punition ou de correction.*

Du ſentiment de *Titius*, qui l'établit ainſi, en combattant *Puf-*

---

(1) Tom. III, pag. 72.

fendorf qui pense le contraire.

moins celui de *Titius* (obferv. 529) qui le
condamne : lequel me paroît beaucoup plus fondé. Je vais rapporter les propres paroles du commentateur : « L'obfervateur, *dit-il*, ne convient
» point que ce foit une fuite directe des droits
» du maître, (de châtier) : car, *dit-il*, outre
» que la permiffion d'en venir là ne femble pas
» devoir être accordée aux maîtres dans un Etat
» bien policé ; le but d'une telle fociété ne de-
» mande pas naturellement que le maître ait un
» fi grand pouvoir fur fon domeftique : il fuffit
» que celui-ci foit obligé de réparer d'une ma-
» niere ou d'autre le dommage qu'il a caufé par
» fa faute. Que s'il s'attire des coups en faifant
» à fon maître quelqu'outrage ou quelqu'injure,
» le maître ne les lui donne pas en forme de
» *peine*, proprement ainfi nommée, dont l'in-
» fliction appartient uniquement au Magiftrat ;
» mais par une efpece de droit de guerre, qui
» permet de repouffer avec modération les in-
» jures qu'on reçoit de la part de qui que ce
» foit ». *Barbeyrac* répond à cela que « la vérité
» eft qu'il faut voir ici ce que l'ufage & les loix
» ou les coutumes de chaque pays permettent ;
» mais que rien n'empêche, à fon avis, qu'un
» tel domeftique ne foit cenfé avoir confenti à
» ce que fon maître le châtiât, quand il lui en
» donneroit fujet : de même que, par une fuite
» du contrat, il s'engage à lui obéir & à le
» refpecter comme fon fupérieur, pendant tout
» le temps qu'il fera à fon fervice » ; & voici
la réflexion par laquelle il termine fa note « : Rien
» n'eft plus infolent, *dit-il*, qu'un domeftique,
» qui, quoi qu'il faffe, n'a point à craindre de
» châtiment de la part de fon maître. L'obliga-
» tion de réparer le dommage qu'il lui aura caufé
» par

Réponfe de Barbey-rac au fe-cours de Puffen-dorf.

» par malice ou par négligence , n'eſt pas un
» frein aſſez fort pour le tenir en crainte & en
» reſpect , d'autant plus que , d'ordinaire , ces
» ſortes de gens n'ayant rien , le maître ne trouve
» pas ſur quoi ſe dédommager ».

Je n'ai point l'Ouvrage de *Titius* pour voir s'il
n'en dit pas davantage , que ce que je viens
de rapporter pour appuyer ſon ſentiment ; mais
il me paroît qu'il touche aux deux points uniques
par leſquels cette queſtion doit ſe décider. Il
faut ſavoir *ſi le but d'une telle ſociété demande*
naturellement que le maître ait un ſi grand pouvoir
ſur ſon domeſtique : voilà pour l'état de nature ; &
ſi la permiſſion d'en venir là ne regarde pas unique-
ment le Magiſtrat : ce qui eſt pour l'état civil.

J'ai traité juſqu'ici ce ſujet dans le premier rapport ; & les principes que j'ai expoſés , démontrent qu'effectivement l'origine & la nature de
cette eſpece de ſociété ne donnent point au maître
le pouvoir de châtier ſon domeſtique. Quand *Bar-*
beyrac penſe que *rien n'empêche que celui-ci ne*
ſoit cenſé avoir conſenti à ce que l'autre le châtiât,
là où il lui en donneroit ſujet, c'eſt avancer préciſément ce que l'on conteſte & qu'on ne ſauroit
prouver : car quand même il y auroit tel domeſtique aſſez ſimple , ou aſſez embarraſſé de
ſa perſonne pour ſouſcrire à cette condition, cet
acte attentatoire à la liberté naturelle , & ſortant
des bornes de la néceſſité , ſeroit mal en ſoi ,
& également condamnable. Il n'y a point d'in-
duction à tirer d'un ſemblable droit en faveur du
maître , de ce que par une ſuite du contrat, le
domeſtique s'engage à lui obéir & à le reſpecter
comme ſon ſupérieur ; pendant tout le temps qu'il

Tome II.   S

Diſcuſſion
des deux
ſentimens.

Titius
touche aux
deux vrais
points de
la queſ-
tion.

Barbeyrac
ſuppoſe ce
qu'il faut
prouver.

fera à fon fervice : ces deux chofes n'ont aucune affinité entr'elles , & l'une ne conclut pas l'autre. *Obéiffez ou fortez de la maifon* , dira le maître ; *c'eft-là une fuite de votre engagement* ; mais il ne peut point battre, fi le domeftique fait l'un ou l'autre. Que fi ne fortant point il s'obftine à ne vouloir pas obéir, alors il fait un acte de guerre & d'ennemi ; & il faut néceffairement employer contre lui la force & la violence pour le décider à l'un des deux partis , & c'eft un mal où il fe plonge lui-même, puifqu'il nous met dans le cas de la *défenfe naturelle*, qui fur ce fait, roule à être maître chez foi , & à ne pas nourrir des bouches inutiles.

Dans quel cas le maître peut ufer de violence.

Le motif feul de de *correction* , même après une infulte ou un manque de refpect , infuffifant pour donner droit de battre.

Mais fi le maître, pour une infulte ou un manque de refpect fimplement , veut le punir par des coups , dans l'efpérance de le corriger , parce qu'il feroit bien aife de le garder , ce motif tout raifonnable qu'il paroît, n'eft pas plus légitime : il ne peut que lui pardonner fa faute, fous peine de le mettre dehors à la première récidive , ou bien le chaffer dès le moment même. L'action de *battre* n'eft dévolue qu'au pere fur fon enfant, quand celui-ci, par fon âge, eft incapable d'entendre raifon. Le pere eft obligé de le corriger pour fon propre bien, par cela même qu'il eft foible ou emporté par fa paffion ; & la violence dont il ufe alors envers lui, eft un devoir, dont l'enfant feroit fondé à demander l'acquittement, fi fa jeuneffe ou fon aveuglement lui permettoit de le fentir. Mais il n'en eft pas de même des domeftiques : ils font ordinairement hors de tutele ; & fi quelqu'un d'entr'eux fe trouve, par hafard , entrer fort jeune au fervice d'autrui, de

Exception feulement à l'égard

manière qu'il ait encore befoin de correction, comme s'il étoit fous les yeux du pere, alors le maître en tient la place & eft obligé d'en faire les fonctions, tant que l'autre ne fort point de fon fervice, ou qu'il lui eft confié ; & c'eft un devoir dont il peut auffi peu fe difpenfer que le pere : au lieu que le cas de l'enfance ou de la grande jeuneffe ceffant, les domeftiques qui font en âge de fe conduire eux-mêmes, n'ayant plus befoin de cette forte de correction qui fe fait par les coups, n'en peuvent pas recevoir de la part du maître ; & ils n'y feroient expofés que dans une efpece de *guerre* & d'*hoftilité* de leur part, comme s'ils tomboient dans le cas de ne vouloir ni fortir ni obéir, dont j'ai parlé ; ou dans cet autre qui feroit accompagné d'injures ou de propos infultans, duquel il refte à parler.

d'un domeftique, encore enfant, dans tous les cas.

Dans quel cas encore, le maître peut ufer de violence envers un domeftique.

Je fuppofe donc qu'un domeftique, non-content de refufer les chofes qui lui font ordonnées, tandis qu'il ne voudroit pas quitter la maifon, s'émancipât encore jufqu'à outrager le maître en paroles, ou même jufqu'à le menacer ; alors il faut diftinguer deux cas & deux pofitions : dans l'*état de nature*, il eft certain que le maître ne pouvant fouffrir un fujet inutile chez lui & rebelle, il eft forcé de l'attaquer comme un ennemi qui l'outrage & lui porte les premiers coups ; mais ce ne font point les injures ni les menaces, proprement dites, qui l'autorifent à cet acte de vigueur : fon droit dérive de la néceffité de fe délivrer d'un domeftique infolent qui mangeroit fon pain fans le fervir. Pour les injures & les menaces, fi elles viennent avec la volonté de fortir de la maifon, elles ne donneroient pas

Explication :

1°. Dans l'état de nature, la défobéiffance, avec réfolution de ne pas fortir, quoiqu'accompagnée feulement d'injures & de menaces, eft pourtant ce qui feul autorife le maître à frapper.

Et quand

le domef-
tique qui
injurie &
menace en
même-
temps
qu'il ne
veut pas
obéir, eft
difpofé
néanmoins
à fortir,
ces mêmes
injures &
ces mena-
ces n'auto-
rifent le
maître à
battre,
qu'autant
qu'il en
iroit de
fa vie ou
de fon re-
pos à les
endurer,
&c.

2°. Dans
l'Etat civil,
moins per-
mis encore
de fe faire
juftice.

Réponfe à
la réfle-
xion de
Barbey-
rac, fur
l'infolence
d'un Do-
meftique
qui n'a
point à
craindre
d'être châ-

mieux au maître le droit de les repouffer par
des coups, fi dans le moment qu'il les entend
ou qu'il le voit, il n'a point à craindre pour
fa vie ni pour fon repos, & qu'il foit entiérement de fang-froid ; car il faut noter, à l'égard
de cette derniere circonftance, que s'il arrivoit
au contraire que fa bile s'échauffât par l'arrogance
& l'indignité outrée du domeftique, les coups
qu'il porteroit fur le champ fur lui ne feroient
pas confidérés comme une juftice qu'il dût fe
faire, mais comme l'effet d'un premier mouvement, que l'autre fe feroit attiré & qui femble deftiné à fervir comme de contre-poids à la
témérité de celui qui ofe s'y expofer : je parle de
l'état de nature.

Mais dans *l'état civil*, on peut encore moins
fe faire juftice. Le premier mouvement qui, dans
le maître, le porte à décharger des coups fur
fon domeftique, au moment qu'il s'en voit cruellement offenfé ou menacé, eft foumis à la plus
exacte néceffité de fe défendre. Comme les em-
portemens peuvent aller contre la vie, & que
la vie des particuliers, dans un état bien réglé
eft fous la protection du corps entier de la nation, ou du Souverain, il importe que le maître
ne foit pas en même-temps juge & partie. S'il n'eft
rien de plus infolent qu'un domeftique, felon la
réflexion de Barbeyrac, *qui, quoi qu'il faffe, n'a*
point à craindre de châtiment de la part de fon
maître ; rien auffi n'eft plus dur & plus tyran-
nique qu'un maître qui fe croit tout permis. Affurément l'on peut avancer que tant que les maîtres
feront à leur place, qu'ils uferont de bonté &
d'égards envers leurs domeftiques & les traiteront

en amis & en peres, plutôt qu'en supérieurs, *tié par son*
en ne leur donnant même que de bons exem- *maître,*
ples, ceux-ci feront plus à leur devoir & plus *quoi qu'il*
fages; ils aimeront leur fervice, ne donneront *faffe.*
jamais au maître l'occafion de s'emporter, &
moins encore de les battre. D'ailleurs tout ce que
j'ai expofé fait voir que ce *quoi qu'il faffe*, en
parlant du *domeftique*, n'eft pas fi général qu'on
le fuppofe; puifque dans l'état civil, comme
dans l'état de nature, il eft des cas où certainement le maître, foit par une jufte défenfe,
foit par un premier mouvement, qu'il eft impoffible de retenir, peut lui faire porter la peine
qu'il mérite : alors le Prince autorife toujours ces
fortes de punition.

Et de plus, fi le Magiftrat ou le Souverain a
feul le droit, dans tout état bien policé de
punir les fautes; n'eft-ce pas encore un motif
bien fort pour le ferviteur de s'abftenir de manquer au maître, étant affuré qu'il y a un tribunal où il fera jugé fans miféricorde ? Quand
les maîtres feront tels qu'ils doivent être, leur
feule affertion fuffira pour condamner le domeftique; & ce témoignage unique me paroît bien
propre à le contenir.

Quant au dédommagement que ces fortes de *Autre*
gens font ordinairement dans l'impuiffance de *Réponfe*
fournir pour les chofes qu'ils gâtent ou rompent *fur l'im-*
par malice ou par négligence, c'eft un inconvé- *puiffance*
où ils font
nient qui doit céder à de plus grands, & qui *ordinaire-*
ne feroit pas fi commun néanmoins, fi les chofes *ment de*
étoient montées, comme il le faudroit pour être *dédomma-*
en regle. La même crainte des châtimens du *ger le maî-*
tribunal public feroit fans doute l'effet de la ven- *tre, pour*
ce qu'ils
gâtent ou

rompent par malice ou par né-gligence.

geance particuliere. Bien mieux : s'il eſt naturel qu'on pardonne à quelqu'un la vengeance dans le moment de l'action , quand on a été ſoi-même l'aggreſſeur , & que nous revenant à nous-mêmes du mal immédiatement pour en avoir voulu faire , nous laiſſions tomber notre reſſentiment ; la vengeance au contraire qui vient après coup , c'eſt-à-dire , quelque temps après l'offenſe & comme de ſang-froid , nous irrite très - certainement , quelque aggreſſeur que l'on ſe reconnoiſſe. Il y a cette différence entre le tribunal public & le tribunal particulier , ſi je peux m'exprimer de la ſorte , qne celui-ci ne ſauroit infliger la peine que dans le moment même de l'offenſe & ſans réflexion , pour ne pas ſe faire haïr davantage ; & que l'autre au contraire ne rend ſes arrêts qu'à loiſir & tout mûrement , & que c'eſt par-là même qu'il appaiſe les murmures de la conſcience dans le coupable, pourvu que la punition ſoit faite à propos & avec proportion.

La diffé-rence en-tre la ven-geance de l'Etat, & celle du particulier, va au ſen-timent d'interdire la punition au maître.

Du Droit de Guerre, en vertu duquel on peut, ſelon Puffen-dorf, en certains cas, faire mourir ſes domeſti-ques ; & non pas en vertu de l'autorité de maître.

Puffendorf, qui eſt convenu que l'autorité du maître ſur le domeſtique ne lui donnoit pas droit de le faire mourir , revient ici à lui, & fait une diſtinction , qui lui redonneroit ce droit , ſous une autre vue. Voici comme il s'exprime : (1) » Enfin , s'ils commettent quelque crime atroce » contre d'autres perſonnes , qui ne ſont pas » membres de la famille , le maître n'a pas non » plus , en ce cas, le droit de vie & de mort » ſur eux : il peut ſeulement & il doit même, » pour ne point s'attirer de querelle en ſe rendant

_____

(1) Tom. III , pag. 73.

» fauteur de leurs injuſtices, les chaſſer auſſi-tôt
» de chez lui, ce qui eſt les livrer, en quel-
» que maniere à l'offenſé. Mais, s'ils ont fait
» quelque grande injure à lui, ou à ſa famille,
» *il lui eſt permis alors de les faire mourir par*
» *droit de guerre*, & non pas en vertu de l'au-
» torité de maître ». Comme ce ſyſtême de *punir de mort*, ſoit dans l'état de nature, ſoit dans
l'état civil, a été foudroyé ſelon mes principes,
il eſt évident que ce prétendu droit dans le maître, en telle circonſtance, eſt une chimere ; &
il ſeroit inutile de s'y arrêter ; mais on ſe fonde ſur un *état de guerre*, on cite l'*Ecriture :* c'eſt-
là à peu près, dit *Puffendorf*, l'étendue que les
Ecrivains ſacrés donnent à la ſujétion des ſerviteurs ou des eſclaves, & au pouvoir des maîtres. On repréſente le ſerviteur ſous le nom d'eſclave, on le donne ſous une autre idée ; il faut Matiere du Chapitre ſuivant.
donc conſidérer ce nouvel être, approfondir &
diſcuter s'il peut y avoir des *eſclaves ;* ce que c'eſt
que ce *droit de guerre ;* quel a été le ſens des
livres ſaints ? C'eſt ce qui fera la matiere du
Chapitre ſuivant.

CHAPITRE III.

De la Condition de Despote, *& de celle d'*Esclave : *s'il y a des Esclaves par nature ; & s'il ne répugne pas à la justice naturelle, que des hommes deviennent Esclaves par un fait humain ?*

Idée du mot de *Despote* & de celui d'*esclave.*

ON entend communément par *despote*, un Souverain d'un Etat quelconque, qui régit sans Loix, & par sa seule volonté ; & l'*esclave*, dans ce rapport, est le sujet qui vit dans ce qu'on appelle l'*esclavage politique.* Mais je prends la signification de ce mot dans un sens plus étendu, & j'entends par *despote* tout maître absolu qui commande sans autre regle que son bon plaisir : soit qu'il agisse en chef de Nation, ou comme particulier dans sa famille, ou vis-à-vis d'un autre particulier. Ainsi l'*esclave* est civil ou *politique.* Mais premiérement, il faut connoître s'il en est de naturel.

Est-il d'esclave *par nature ?*

Voyez encore ci-après, p. 283 & 289.

Distinction ridicule & funeste de *Grotius* sur ce sujet. Tom. II, p. 162.

Ça été un principe assez généralement reconnu que, selon le *Droit naturel*, tous les hommes naissent libres. Mais *Grotius* s'est avisé sur cela d'une belle distinction, qui, si elle étoit vraie, renverseroit entiérement un principe si salutaire. « Cela » doit s'entendre, *dit-il*, d'un Droit naturel qui » précede tout acte humain, & d'une exemption » d'esclavage, mais non pas d'une incompatibilité » absolue avec l'esclavage ; c'est-à-dire, *selon lui,* » que personne n'est naturellement esclave, mais » qu'aucun n'a droit de ne le devenir jamais ; car

» en ce dernier fens, *dit-il*, perfonne n'eft libre ».
Avec la permiffion de ce grand homme, je dirai
qu'on ne peut pas faire un plus grand tort à la
raifon & à l'humanité ; on ne peut pas bouleverfer
davantage les idées, & renverfer le fondement de
notre bonheur. Celui qui veut marquer les limites
du *Droit de la Guerre*, & affurer le *Droit de la
Paix*, apprend que fi la nature nous a fait libres,
les hommes peuvent nous rendre efclaves ; & que
ce beau privilege que nous tenons de fa libéralité
& de fa fageffe, nous le pouvons perdre par nos
inftitutions & nos folies, fans pouvoir en appeler
au *Droit naturel* ; puifque, felon lui-même, en
un fens, *perfonne n'eft libre*. Ce raifonnement me
paroît fi extravagant (qu'il me foit permis de le
dire) que je trouverois fuperflu d'y répondre, fi
l'efprit humain ne fe faifoit aux propofitions les
plus infenfées & les plus funeftes ; fur-tout quand
elles font confacrées par la coutume & l'opinion
des hommes célebres. Mais c'eft par cela même
qu'il eft important de relever celle-ci.

Voyez
Puff. Tom.
II, p. 32.

On diroit, à entendre *Grotius*, que l'homme
eft fait pour être indifféremment libre ou efclave ;
& qu'il ne répugne pas plus à fa nature d'être
affujéti à autrui, & de dépendre de toutes fes
volontés, que d'être libre : il femble encore que
le paffage immédiat de l'*état de nature* à l'*Etat civil*, ou de cet état où l'on fuppofe des actes humains, eft l'*efclavage*. Toutes ces idées font auffi
confufes qu'elles font perverfes. J'ai beaucoup
parlé ailleurs de la liberté naturelle, politique ou
civile : on peut y recourir. Quand on dit que *naturellement tout homme naît libre*, c'eft qu'en vertu
de notre commune origine, & de ce que nous

Démonf-
tration de
fon erreur.
*Liberté na-
turelle*, ce
que c'eft ?

ſommes tous compoſés du même limon , ayant même facultés , &c. l'un n'eſt pas plus homme qu'un autre , & par conſéquent il y a *égalité ;* & s'il y a *égalité , des mains de la Nature ,* il y a ſûrement *liberté ;* c'eſt-à-dire , la puiſſance de ſe conduire ſelon ſes lumieres & ſa volonté , & non par impreſſion d'autrui , en ſuppoſant que l'on ne ſoit , ni enfant , ni fou ou imbécille , ni malade ou infirme , & hors d'état par quelqu'accident de ſe diriger ſoi-même ſelon l'intention de la Nature : voilà la premiere liberté que j'appelerai *naturelle.*

Cette liberté naturelle ſubſiſte dans *l'Etat civil.*

Or , cette liberté ne change pas dans l'Etat civil : en s'uniſſant en corps de Nation , les hommes reſtent encore libres de former une famille ; de ſe diriger pour le plus grand bien de leurs enfans & de leurs propres perſonnes ; ou bien de reſter ſeuls comme il leur plaît davantage , en obſervant toutefois de ne point heurter les réglemens généraux dont ils ſont convenus , en s'aſſociant , ou ceux qu'on a établis depuis , comme en étant une ſuite néceſſaire. Cette dépendance , qui eſt volontaire , les rend tout auſſi libres que celui qui commande ; parce que , quand même celui-ci leur impoſeroit un joug trop dur , ils ont le droit de repréſentation ; & qu'après tout , la force & la violence , en pareil cas , ne ſauroient faire un titre contr'eux ; nonobſtant toute obligation de leur part à endurer avec patience & à obéir entiérement : cette obligation eſt ſacrée , ils doivent reſter ſoumis ; mais celui qui commanderoit de la ſorte , ſeroit alors hors du droit & de la juſtice.

Nos *aЄes*

Ainſi donc l'homme reſte libre en ſortant de

l'état de nature, & passant dans l'Etat civil. Il ne faut pas raisonner, d'après tout ce que l'injustice ou la soif de régner ont pu faire, pour connoître nos véritables droits ; mais d'après tout ce qu'on a pu faire légitimement. Or, ce ne sont pas les actes humains qui peuvent établir ce que nous sommes par nature : ils ne peuvent le changer au contraire ; & c'est la nature seule, ou le *Droit naturel*, qui est la regle de ces actes humains. Comment donc oser dire que *Personne n'est naturellement esclave, mais qu'aucun n'a droit de ne le devenir jamais ?* D'où veut-on tirer le droit d'assujétir quelqu'un à son empire, d'en faire un être *passif ?* Etre esclave n'est pas un état indifférent en soi : c'est un renversement de l'*état naturel* ; c'est la nature malade. Si l'on disoit, par exemple, que l'on ne naît pas ordinairement fou ou aveugle, il ne s'ensuivroit pas, je l'avoue, qu'aucun eût droit de ne le devenir jamais ; mais outre que ces accidens sont naturels, en ce qu'ils arrivent sans la volonté des hommes, c'est qu'il est évident qu'il y a alors un désordre dans quelque partie physique de nous-mêmes, & que ce n'est pas ainsi que nous devons être faits.

Il en est de même de l'état d'*esclave*. Il est convenu que nous naissons tous *libres*. C'est-là une prérogative qui nous est propre & essentielle comme la santé l'est au corps. En dépouiller quelqu'un, c'est le rendre malade, c'est déranger son économie, & le tirer de cette indépendance où la nature a entendu le placer. Que si l'on veut juger du *Droit naturel* par lui-même, il est absurde d'y associer les actes humains ; Et dire, comme *Grotius*, qu'on doit entendre la liberté dont on

humains ne nous font pas connoître ce que nous sommes.

Absurdité de les prendre pour regle.

parle d'une *exemption d'efclavage* , *& non pas d'une incompatibilité abfolue avec l'efclavage* , c'eft confondre le *fait* avec le *droit* , & faire dépendre la connoiffance du *Droit naturel* de nos actes inhumains ou ridicules.

Contradiction dans les propos même de Grotius. D'ailleurs , il y a contradiction dans les propos même de *Grotius :* fi la liberté dans laquelle on naît *n'eft qu'une exemption d'efclavage* , il eft conféquent qu'on n'aura jamais droit de nous y mettre. Qui dit *exemption* , dit la privation non-feulement actuelle de ce que nous devrions ne pas avoir , mais même future. Il eft certain que dans l'ufage de ce mot , il eft fous-entendu qu'on jouira toute la vie du privilege y attaché , tant que les mêmes circonftances , qui l'ont introduit , dureront.

Son expreffion , encore impropre , fuppoferoit ce qu'il n'entend pas , que l'Etat naturel foit l'efclavage. Mais de plus , & au vrai , l'expreffion eft tout-à-fait impropre : elle fuppofe une exception à la commune loi ; & en parlant de la liberté de l'homme , elle donneroit à entendre que fon état naturel eft l'*efclavage.* Dire que l'*homme naît avec l'exemption d'efclavage* , c'eft avancer que le fond de fon état eft l'*efclavage :* la nature , en ce fens , le mettroit libre fur la terre , comme elle l'y met nud ; & il y feroit afjervi enfuite , comme il y eft habillé. Mais le fentiment intérieur fe souleve contre cette idée ; & le fens commun s'oppofe à ne point voir d'incompatibilité abfolue entre l'état de liberté où il naît , & celui d'efclavage où on le plonge ; puifque la premiere qualité eft entiérement contraire à la feconde ; & qu'en lui donnant celle-ci , il faut néceffairement qu'il perde l'autre.

Maniere *Puffendorf* veut fe mettre fur les rangs ; &

voici comment il explique la chose : En parlant de
cette diſtinction de *Grotius*, « on pourroit, *dit-il*,
» exprimer autrement cette penſée. La nature fai-
» ſant naître les hommes dans une parfaite éga-
» lité, & l'eſclavage ſuppoſant quelqu'inégalité,
» (car tout eſclave a néceſſairement un ſuperieur ;
» au lieu que pour être libre , il n'eſt nullement
» néceſſaire d'avoir un inférieur, il ſuffit de ne re-
» connoître perſonne au-deſſus de ſoi), on con-
» çoit tous les hommes comme naturellement li-
» bres avant qu'aucun acte humain les ait aſſu-
» jettis à autrui. Or, l'aptitude naturelle (*remar-*
» *que-t-il*) ou la poſſeſſion des qualités néceſſaires
» à un certain état ne ſuffit pas pour mettre ac-
» tuellement dans cet état-là. Par cela ſeul qu'on
» eſt capable de gouverner un Royaume, ou de
» commander une armée, on n'eſt pas d'abord
» Roi ou Général, &c. » N'a-t-on pas lieu d'être
émerveillé de la profondeur de cette découverte,
& de la ſage application qu'on en fait ? La liberté
naturelle, dans laquelle on naît, n'eſt donc qu'une
aptitude ? Nous pouvons être libres ; mais nous
ne le ſommes, libres, qu'autant qu'on ne nous a
point aſſervis. Il faut attendre la réſolution des
hommes, ou le haſard des circonſtances, pour
ſavoir ce que nous devons être. Mais encore une
fois, ce n'eſt pas de ce que nous pouvons devenir
que ſe tire l'ordonnance de la *nature*, & ſon intention ſur l'état où elle nous veut, en ſortant de
ſes mains : c'eſt un état déclaré dès-lors, & qui
eſt *excluſif de tout eſclavage*. Elle nous enſeigne
en ce moment, que le changer, pour y ſubſtituer
des fers, c'eſt détruire ſon établiſſement & ſes
loix, & rompre le ſceau & le gage de notre bonheur. Mais , en rétorquant l'argument, par cela

*dont Paf-
fendorf ex-
plique la
penſée de
Grotius.
Tome II,
pag. 32.*

*Jugement
& Réfuta-
tion de cet-
te belle dé-
couverte.*

seul qu'on est capable d'être réduit en servitude; d'être mis en pieces ou écrasés; par cela seul qu'une ville entiere peut être incendiée; & les choses les plus sacrées, brisées & foulées aux pieds, &c. s'enfuit-il qu'on puisse commettre toutes ces horreurs? L'*aptitude* que je pourrai avoir à être mis en *servitude*, ne me déclare pas sujet de l'*esclavage*, & ne justifie nullement quiconque voudroit me ravir la liberté. Les *aptitudes* en autrui, qui vont au bien & à sa félicité, sont les seules qu'il nous soit permis de mettre en œuvre: les autres nous sont défendues; &, dans le fond, peut-on nommer ainsi ces dernieres? Le mot d'*aptitude* se prend toujours en bonne part; & s'en servir ici comme l'on fait, c'est nous jeter dans l'illusion de croire que de ce qu'une chose est propre par notre volonté à un tel usage, quoique mauvais, la prétendue aptitude de cette chose à cet usage, n'est pas mauvaise; & de l'estime de la qualité, on passe à celle de l'usage même. De sorte qu'on sent combien cette façon de raisonner, dont se sert *Puffendorf*, non-seulement est fausse & injurieuse au bon sens, mais funeste & très-dangereuse aux hommes. Il est vrai qu'il dit en finissant:

« Qu'il faut toujours tenir pour une chose constante que cette simple aptitude naturelle à commander ou à obéir, ni ne donne aux uns aucun droit parfait de prescrire des loix aux autres, ni n'impose à ceux-ci aucune obligation de se soumettre à l'empire des premiers ». Mais que doit-on attendre d'un pareil aveu, quand on a déja parlé de la chose en question, indifféremment comme étant du nombre de celles qui entrent dans l'arrangement de la nature, & qu'on prend ou qu'on laisse, selon certaines circons-

tances : en un mot , comme n'étant point mauvaises
par elles-mêmes ? C'est-là le mal de la distinction
de *Grotius*.

Cet Auteur-ci rapporte, immédiatement après,
ce mot d'un ancien Rhéteur, « que personne n'est
» naturellement ni libre, ni esclave ; mais que la
» fortune impose ensuite à chacun l'un ou l'autre
» de ces noms ». Et *Puffendorf* en donne l'explication suivante : « C'est que, tant que les
» hommes étoient parfaitement égaux & indépen-
» dans les uns des autres, on ne pouvoit conce-
» voir entr'eux aucune distinction fondée sur un
» état opposé à l'égalité naturelle ; mais aussi-tôt
» que quelques-uns furent soumis à d'autres, ils
» commencerent à être nommés *esclaves ;* & ceux
» qui demeuroient encore dans l'égalité naturelle,
» furent appellés des personnes *libres* ». Mais ce
n'est pas de quoi il s'agit. Tout le monde entend
bien comment ces dénominations se formerent.
Il falloit nous dire comment il se peut qu'on ne
soit *naturellement ni libre, ni esclave :* car cela
implique contradiction. On étoit du moins libre,
si on n'étoit pas esclave ; la premiere qualité est
positive , & je soutiens que la seconde ne l'exclut
pas. On auroit beau garroter un homme & l'empêcher de marcher, la liberté actuelle dont on le
priveroit n'est pas celle qu'il réclameroit ; il iroit
droit au principe , & réveilleroit en sa faveur les
sentimens d'humanité qui ne s'excitent que par les
priviléges généraux & communs à tous les hommes.
Mais d'ailleurs *Puffendorf* expose qu'on étoit alors
parfaitement égaux & indépendans les uns des
autres : on étoit donc *libres ?* Et si on étoit libres,
on n'étoit pas *esclaves ?* Il n'est donc pas vrai que

Du mot
d'un an-
cien , que
*personne
n'est natu-
rellement
ni libre,
ni esclave.*
Grot.
Tom. II,
p. 162 , §.
11.

Puff. Tom.
II, p. 32.

L'explica-
tion que
Puffendorf
en donne,
tout-à-fait
étrangere
& contre
lui.

perſonne n'eſt naturellement ni libre, ni eſclave?

Du mot
rapporté
enſuite que
ſi l'un eſt
libre &
l'autre eſ-
clave, c'eſt
un effet de
la Loi.
Ibid. P. 32.

Le mot que *Grotius* rapporte, après celui-là,
comme étant d'*Ariſtote*, eſt plus raiſonnable; mais
par-là même, il ne vient pas à ſon ſecours : *Si
l'un eſt libre & l'autre eſclave, c'eſt un effet de la
Loi.* Puffendorf, continuant d'expliquer à ſa maniere, donne de celui-ci cette raiſon : « Car ſi

Puffendorf
s'éloigne
encore ici,
& s'em-
broüille.

» l'eſclavage n'avoit pas été introduit par un éta-
» bliſſement humain, la condition des hommes
» auroit été tout-à-fait ſemblable à cet égard; &
» l'on n'auroit pas pu diſtinguer *l'eſclavage* d'avec
» la *liberté,* parce qu'il n'y auroit point eu d'eſ-
» clâves ». Aſſurement, c'eſt ne nous rien dire
de nouveau & qui ne ſoit très-inutile, en même-
temps qu'on s'exprime fort confuſément & d'une
maniere peu juſte : car pour ne parler que de
ce dernier point, comme il eſt poſſible qu'on
n'eût pas mieux eu alors l'idée de *liberté* que celle
d'*eſclavage,* il n'eſt pas vrai qu'on puiſſe dire *qu'on
n'eût pu faire cette diſtinction* dont on parle; puiſque, pour ne pouvoir la faire même, il faut être
en état de cela : c'eſt-à-dire, avoir la connoiſſance du moins de la *liberté;* & cette connoiſſance
emporteroit l'autre. Mais on pourroit auſſi avoir
eu l'idée de la liberté, quoiqu'il n'y eût point eu
d'eſclaves : & dans cette ſuppoſition encore, *Puffendorf* auroit dit faux, puiſqu'on auroit pu faire
cette diſtinction. C'eſt donc, tout-à-la-fois, ſe
mal entendre ſoi-même, & s'écarter de la queſtion, pour ne nous rien dire qui nous inſtruiſe. Il
falloit trouver l'intention de ceux qui ont dit ces
paroles : *Si l'un eſt libre & l'autre eſclave, c'eſt
un effet de la Loi. Barbeyrac* obſerve qu'*Ariſtote*

Note 4 du
ne dit pas cela de ſon chef, mais qu'il rapporte
l'opinion

l'opinion de quelques autres, qui croyoient *que tout esclave est contraire à la nature;* & voilà précisément le vrai sens des paroles. Ce n'étoit pas de la liberté naturelle que ces gens-là entendoient parler, mais de la civile, par opposition à l'*esclavage* qui étoit une invention de la Loi. C'étoit pour dire, que, si les hommes ne l'avoient pas établi de même, il n'y auroit eu que des gens libres, & tels que la nature les supposoit en les mettant au monde. *Puffendorf* observe bien ensuite, comme par surabondance, « qu'on pourroit » dire encore que les Droits de la liberté & de » l'esclavage, tels qu'on les voit établis présente- » ment dans les Etats, ont été réglés par les Loix » civiles, & que c'étoit-là la pensée de ceux dont » *Aristote* parle ». Mais ce n'est pas assez; ils ont voulu dire que *la liberté est naturelle à l'homme, & qu'on y a fait injure en faisant des esclaves;* & c'est de quoi il s'agit ici.

§. 11, Tome II, p. 162 de Grotius.

Vrai sens des paroles.

Ce que dit ensuite *Puffendorf* sur cela, insuffisant. Tome II, pag. 33.

Aristote a parlé d'*esclaves par nature;* & cette opinion (1), peut-être mal entendue, a eu, sans doute, comme la plupart des siennes, le sort d'être long-temps la regle des jugemens humains; de sorte qu'on a pu s'autoriser des paroles de ce grand homme, pour traiter ou regarder inhumainement des Nations appelées *Barbares,* & pour s'asservir certains hommes, à l'effet de les consacrer tout entiers à son service. *Puffendorf* tâche de le justifier en ces termes : « peut-être qu'il y au- » roit moyen de donner un tour plus favorable

D'*Aristote,* sur ce qu'il a parlé d'*Esclaves par nature. Ibid.*

Puffendorf encore, l'explique mal.

_____

(1) J'en parle encore à la Troisieme Partie, Section II, Chapitre IV.

» au fentiment d'*Ariftote*, en difant, qu'il a voulu
» diftinguer deux fortes d'efclavages; l'un naturel,
» l'autre qui vient de la Loi. L'efclavage naturel,
» ce feroit, lorfqu'une perfonne d'un naturel grof-
» fier & ftupide, mais d'un corps robufte, obéit
» à une autre perfonne capable de commander;
» de forte que, par ce moyen, chacune d'elles
» vit dans un état commode & conforme à fa
» condition naturelle. L'efclavage qui vient de la
» Loi, ce feroit, lorfque par l'injuftice de la for-
» tune, ou à caufe de la condition d'une mere,
» un homme d'un efprit grand & noble, eft con-
» traint par la crainte, ou par les Loix, d'obéir
» à un maître moins fage & moins éclairé : en
» ce cas-là, un tel efclave ne peut que nourrir
» une haine fecrete contre fon maître ; au lieu
» que quand l'une & l'autre de ces conditions
» refpectives fe trouvent établies entre des gens qui
» font naturellement propres à celle qui leur eft
» tombée en partage, il fe forme une efpece d'a-
» mitié entre l'efclave & le maître ». Mais cette
explication n'eft point fatisfaifante : pourquoi don-

Le nom d'*Efclave*, mal donné à celui qui n'a fait que confentir à obéir, par-ce qu'il ne fe fentoit pas propre à commander. ner le nom d'*efclave* à celui qui, dans un arrangement qui fe fait de gré, ne prend le parti d'o-
béir à un autre, que parce qu'il eft moins propre
à commander, ou qu'il s'en reconnoît incapable ?
S'il s'y détermine de lui-même, il eft libre ; ou
bien, fi l'on l'y a contraint, & qu'il foit véritablement dans cet état que défigne le nom d'*Efclavage*, c'eft alors une injuftice & une entreprife
infoutenable : & fi la Loi autorife cet efclavage,
qui eft le cas de l'*efclavage de la Loi*, il eft vifible
que la Loi eft défectueufe, qui ordonne ou autorife
ce qui eft mauvais. Il falloit dire, *s'il peut y avoir
naturellement des efclaves*, & non, *fi les hommes*

en ont fait. Ariflote, dans tous les fens, nous auroit donc fourni des leçons funeftes & très-coupables
envers l'humanité, lefquelles on ne doit jamais
ceffer de voir de la forte ; cependant *Barbeyrac*
releve en fa faveur, qu'il y a une Lettre de *Daniel
Heinfius*, inférée dans les *Variæ lectiones* de *Janus
Rutgerfius*, Lib. IV, Cap. III, où l'on fait voir
« qu'*Ariflote* ne veut point parler de la condition
» naturelle de ceux qu'il qualifie *efclaves par na-*
» *ture*, mais de leur *naturel fervile* ; & que l'on
» tâche de concilier les maximes de ce Philo-
» fophe avec ce que difent les Jurifconfultes Ro-
» mains, *que l'efclavage eft contraire à la nature* ».
Mais quoi qu'il en foit, la dénomination eft toujours imprudente ; & l'on fe doit abftenir avec le
plus grand foin, fur-tout dans des matieres auffi
importantes, de tout figne capable de donner de
fauffes idées. Ainfi il eft fuffifamment prouvé que,
felon le *Droit naturel*, tous les hommes naiffent
libres ; mais qu'il n'eft pas queftion là d'une *exemption d'efclavage*, ni de ce prétendu tempérament
découvert par *Grotius*, que la liberté naturelle n'eft
pas incompatible avec l'efclavage, qui font des
imaginations creufes & abfolument déraifonnables.

*Ariflote
juftifié par
Daniel
Heinfius*,
note I, §.
8 du To-
me II de
Puff. p. 31.

Si la nature réprouve l'*efclavage*, l'*efclavage*
eft donc l'ouvrage des hommes, & il n'eft pas
poffible qu'il foit bon. En vain l'a-t-on voulu fonder
fur le libre confentement des parties, fur la néceffité de fe vendre foi-même pour tenir lieu d'acquittement de fes dettes envers un créancier impitoyable, ou pour racheter fon pere ou toute
autre perfonne chérie qui eft dans les fers. On
ne peut pas, pour une bonne fin, employer des
moyens mauvais en eux-mêmes ; il faut favoir

*L'efclava-
ge* étant
contre na-
ture, il ne
peut être
bon.

T ij

Voyez Chap. IV, vers le milieu.

n'ufer que des bons & des légitimes. J'en dirai un mot après que j'aurai parlé de l'efclavage, relativement au *Droit de la Guerre*, en vertu duquel on a cru pouvoir rendre *efclaves* les prifonniers.

Dans quel efprit on l'établit, & fuivant lequel on en ufa : Ceci dérive de la *Guerre*.

« On trouve, *dit* (1) *Puffendorf*, tant de commo- » dité à faire par autrui, ce que l'on auroit été » obligé de faire foi-même, qu'à mefure que les » Guerres fe multiplioient de tous côtés, on éta- » blit infenfiblement la coutume de donner aux » prifonniers de Guerre la vie & la liberté cor- » porelle, à condition de fervir toute leur vie ceux » entre les mains de qui ils étoient tombés. Comme » on confervoit quelque refte des fentimens d'ennemi » contre ceux que l'on réduifoit en fervitude de » cette maniere, on les traitoit ordinairement avec » beaucoup de rigueur ; la cruauté paroiffant ex- » cufable envers des gens de la part de qui l'on » avoit couru rifque d'éprouver le même fort & » de fe voir dépouillé de fes biens ou de fa vie : » De forte qu'avec le temps on crut pouvoir im-

Suites qu'on fe crut per- mifes : au- tant de points que nous exa- minerons.

» punément tuer ces efclaves par un mouvement » de colere ou pour la moindre faute. Cette li- » cence une fois introduite & autorifée, on l'éten- » dit, fous un prétexte moins plaufible, à ceux » qui étoient nés de tels efclaves, & même à » ceux que l'on achetoit ou que l'on acquéroit de » quelqu'autre maniere ; quoiqu'en certains Etats, » elle fût enfuite réduite à certaines bornes, & en » d'autres entiérement abolie ». J'ai rapporté en entier ce paffage, parce qu'on y voit le véritable efprit qui a fait enfanter l'*efclavage*, & fuivant lequel on s'en eft fervi, & qu'il préfente les divers points que nous devons examiner, comme étant des fuites qu'on s'eft cru permifes.

_____

(1) Tom. III, p. 73, §. 5.

II. *Grotius* a avoué que *naturellement les hommes ne font point efclaves ;* mais cet aveu, à la faveur de la diftinction qu'il a trouvée, ne le lie point : il dit dans le Chapitre VII du Liv. III, *qu'il ne répugne pourtant pas à la juftice naturelle, que des hommes deviennent efclaves par un fait humain.* J'aurois à renvoyer ici le Lecteur à tout ce que j'ai dit de la juftice en général, & de la juftice particuliere, dans la Premiere Partie de cet Ouvrage, où j'ai affez montré que la *juftice naturelle* n'eft autre que la conformité de nos actions avec le *Droit naturel,* du moins en tant que nous n'en renverfons pas les principes ; & que ce que nous y pourrions mettre du nôtre ne dérange en rien l'effentiel de nos attributs & de nos Droits. Mais il fuffit d'expofer les raifons que l'on nous donne de la légitimité de l'*efclavage* produit par la *Guerre,* pour le décréditer & le renverfer tout-à-fait.

Il n'eft pas jufqu'au fage *Locke,* qui n'ait avancé ces pitoyables raifons : « le captif ayant mérité, » *dit-il,* (*dans fon Traité du Gouvernement Civil*) » de perdre la vie, comme on le fuppofe, on ne » lui fait aucun tort de le rendre efclave : & s'il » trouve l'efclavage plus infupportable que la vie » n'eft douce, il eft en fon pouvoir de s'attirer la » mort, en défobéiffant à fon maître ». *Barbeyrac,* fur un article de *Grotius,* où celui-ci prétend que ce ne font pas feulement ceux qui fe ren-» dent, ou qui fe foumettent eux-mêmes à l'ef-» clavage par une promeffe, qui font réputés » efclaves, mais tous ceux généralement qui fe

S'il ne répugne pas à la juftice naturelle qu'il y ait des efclaves par un fait humain, comme le penfe Grotius, Tome, II, pag. 331.

L'expofition feule des raifons que les partifans de cette opinion alleguent au fujet des efclaves, même faits à la Guerre, décrédité & ruine l'efclavage.

Premiere Raifon, felon Locke & Barbeyrac, dans Puff. Tom. III, p. 75, note 4.

Qu'il leur étoit permis de fe faire tuer

T iij

s'ils ne vouloient être esclaves.

Dans Grot. Tom. II, pag. 331, note 2.

» trouvent pris dans une guerre publique & en
» forme; c'est-à-dire, du moment qu'on les a me-
» nés dans quelque lieu, dont l'ennemi est maî-
» tre » : _Barbeyrac_, dis-je, (après avoir remarqué qu'ici, comme en matiere des autres choses
que _Grotius_ rapporte à son _Droit des Gens Arbi-
traire_, le pouvoir d'un maître sur les esclaves
faits de cette maniere, ne vient pas uniquement
de la Coutume) avance ces mots : « Si un pri-
» sonnier de guerre trouvoit la condition d'esclave
» trop rude, il ne tenoit qu'à lui de l'éviter, en
» témoignant qu'il ne vouloit point reconnoître
» pour son maître celui qui l'avoit pris. Par-là il
» ne péchoit point, il ne violoit aucune Loi, à
» laquelle il fût tenu de se soumettre : tout ce qu'il
» y a, c'est qu'il s'exposoit à éprouver les effets
» de la fureur de l'ennemi, & à perdre la vie,
» dans la crainte de perdre la liberté ». Cela revient
à ce qu'a dit _Locke_ ; mais _Barbeyrac_ ajoute ce qui
suit : « Mais si le prisonnier ne faisoit aucune dé-
» claration de sa volonté contraire à la Coutume
» reçue entre les peuples ennemis, il étoit & pou-
» voit être par-là censé s'y soumettre tacitement,
» dès-là que le vainqueur témoignoit de son côté
» vouloir lui donner la vie, à condition qu'il le
» reconnût pour son maître, ce qu'il faisoit en ne
» tenant point le prisonnier lié ou gardé étroite-
» ment ; car il n'étoit pas non plus tenu, à la
» rigueur, en vertu de la Coutume, de donner
» la vie au prisonnier, encore même que celui-ci
» voulût, à ce prix, subir l'esclavage : il falloit
» seulement qu'il donnât à connoître suffisamment
» la volonté qu'il avoit de ne pas accepter les
» offres du prisonnier ». _Barbeyrac_, après ces
belles explications, conclut de cette sorte : » Ainsi

Deuxieme Raison, selon _Bar-
beyrac_ : _Le silence du prisonnier, quand le vainqueur témoignoit ne lui donner la vie qu'à condi-
tion qu'il le recon-
noîtroit pour son maître._

Troisieme Raison : _Le maître, pas même tenu, en ver-
tu de la coutume, de donner la vie au prisonnier, quand même celui-ci consentoit à être son esclave._

» la force de la coutume reçue , n'étoit fondée
» que fur le confentement réciproque exprès ou
» tacite du vaiqueur ou du prifonnier; d'où il réful-
» teroit un engagement, que l'on préfumoit, &
» l'on pouvoit aifément préfumer, à caufe des
» bonnes raifons pour lefquelles l'ufage s'étoit
» introduit, & dont notre Auteur (*Grotius*) par-
» lera plus bas ». Il approuve donc ces raifons :
or c'eft ce qu'il nous faut rapporter , pour achever de mettre en évidence tout le ridicule & le
faux d'un pareil fyftême.

« La raifon pourquoi, dit *Grotius* (1), tout ce
» dont nous venons de parler a été établi par le
» *Droit des Gens*, c'eft afin que l'efpérance de
» tant d'*avantages* qu'on retireroit de la poffeffion
» d'un efclave, engageât ceux qui étoient en
» guerre, à s'abftenir de faire mourir leurs pri-
» fonniers, ou fur le champ, ou quelque temps
» après, *comme ils pouvoient le faire* en vertu du
» droit fouverainement rigoureux que leur don-
» noient les *Loix de la Guerre* dont nous avons
» parlé ci-deffus ».

Or, ces avantages confiftoient en ceci ; & *les
effets d'un tel efclavage* (dit cet Auteur) *font fans
nombre.*

1. « Tout eft permis , *dit-il*, au maître, par
» rapport à fon efclave ; il n'y a rien qu'on ne
» puiffe impunément faire fouffrir à de tels efclaves:
» il n'eft point d'action qu'on ne puiffe leur com-

Quatrieme Raifon : L'engage-ment préfumé de droit, fur les bonnes raifons (au dire de Barbey-rac), pour lefquelles, felon Gro-tius , l'ufage de l'efclava-ge s'étoit introduit.

Ces bon-nes raifons réduites à celle-ci : engager à conferver la vie aux prifoners par l'efpé-rance des grands a-vantages qu'on reti-reroit de la poffeffion d'un efcla-ve.

Détail de ces avanta-ges.
Ibid.
P. 332,5.
V, 1.

(1) Tome II , p. 334, §. V, 1.

T iv

» mander, ou à laquelle on ne puiſſe les contrain-
» dre de quelque maniere que ce ſoit, &c ».

Ibid.
P. 333, 2.

2. « Tous les biens de l'eſclave qui ont été pris,
» ſont acquis avec ſa perſonne au maître ſous la
» puiſſance de qui il paſſe ».

Ibid.
P. 334, §.
V, 2.

3. « Le pouvoir illimité qu'on avoit acquis ſur
» de tels eſclaves, pouvoit paſſer à autrui, tout
» de même que la propriété des biens ».

Ibid.
P. 3.

4. « Les enfans nés d'une mere eſclave, étoient
» auſſi eſclaves ».

Ibid.
Juſtifiés,
ſelon Gro-
tius, par
les Loix de
la Guerre :
détail de
ces Loix,
par rapport
au droit de
tuer, éta-
bli par Gro-
tius. To-
me II, pa-
ge 276 &
277.

5. « Les enfans d'une mere eſclave, aſſujétis en
» naiſſant, à la même condition, ſans avoir égard
» à celle de leur pere ».

Et les loix de la Guerre, (dont parle Grotius,
en ſe rapportant à ce qu'il en a déja dit), étoient
les ſuivantes :

1. « Que le vainqueur étoit maître de la vie
» du vaincu ». Il y a un Chapitre tout entier ſur
ce droit de tuer les ennemis, dans une Guerre en
forme.

P. 278.

2. « Cette licence, dit-il, s'étend bien loin :
» car premierement, elle ne regarde pas ſeule-
» ment ceux qui portent actuellement les armes,
» ou qui ſont ſujets de l'auteur de la Guerre, mais
» encore tous ceux qui ſe trouvent ſur les terres de
» l'ennemi ».

P. 279.

3. « Pour ceux qui ſont véritablement ſujets de
» l'ennemi, on peut les tuer impunément, & ſur

» nos propres terres, & fur les fiennes, & fur
» une terre qui n'appartient à perfonne, & fur
» mer.

4. « Une preuve, au refte, *dit-il*, que la licence   280.
» de la *Guerre* s'étend fort loin, c'eft que le *Droit*
» *des Gens* n'en met point à couvert les enfans
» mêmes & les femmes, que l'on peut auffi tuer
» impunément. . . . . . . à plus forte raifon les
» vieillards.

5. » Les prifonniers même ne font point ici à   281.
» couvert du *Droit de la Guerre* dont nous trai-   *Ibid.*
» tons. . . . & on eft toujours à temps de tuer
» ces fortes d'efclaves ou de prifonniers de Guerre,
» à en juger par le *Droit des Gens*. Que fi ce
» pouvoir eft limité plus ou moins en quelques
» endroits, cela vient des Loix particulieres de cha-
» que Etat.

6. « On trouve même quantité d'exemples de   282.
» vainqueurs qui ont tué, fans miféricorde, ceux
» qui leur demandoient humblement quartier. . . .
» (*Saint Auguftin eft cité ici*) & on ne reçoit pas
» toujours ceux qui veulent fe rendre.

7. « Bien plus : on voit dans les Hiftoriens,   *Ibid.*
» que les vainqueurs n'ont pas laiffé de faire mou-
» rir ceux qui s'étoient rendus à difcrétion, & qui
» avoient été reçus fur ce pied-là.

8. « Enfin, *dit encore Grotius*, il paroît que c'étoit   P. 283.
» la coutume de traiter de même les otages, quand
» on vouloit : & non-feulement ceux qui s'étoient
» remis eux-mêmes entre les mains de l'ennemi,

» par une efpece de convention, mais encore
» ceux qui avoient été donnés par d'autres. . . .
» Et il eft à remarquer qu'on avoit accoutumé de
» donner pour otages des enfans même, & des
» femmes ».

*Réflexion
fur ce ridi-
cule fonde-
mentqu'on
donne au
droit de ré-
duire en ef-
clavage.*

Il eft clair, par cet horrible détail, que plus
on s'étoit accordé de pouvoir fur la vie des hommes, en vertu de ce *Droit de Guerre*, & plus on
fe croyoit autorifé à fe tout permettre, en la leur
confervant ; & que le titre précifément de l'avi-
liffement & de l'efclavage, où l'on plongeoit les
prifonniers, eft l'abus intolérable même qu'on faifoit de la force & de la puiffance. On diroit qu'on
n'avoit voulu être fi cruels à la guerre contre les
vaincus, & contre ceux qui couroient la même
fortune, que pour fe ménager des raifons de bien
maltraiter dans la fuite ceux qu'on rendroit efclaves, en leur laiffant la vie : ou plutôt pour la leur
faire perdre mille fois, & plus durement, par
tous les excès auxquels ils fe livreroient à leur
égard. Aveugles mortels ! que votre raifon eft ici
obfcurcie par les paffions qui vous agitent ! que
vous êtes en cela au-deffous de la brute ! vous ne
voyez pas que ceux que vous égorgez, font vos
freres, font vos égaux ; que le feul droit que vous
ayez fur leur vie, c'eft la confervation de la vôtre, & qu'il répugne que vous faffiez ufage hors
de là, d'une faculté deftructive, qui ne vous eft
permife que pour le moment préfent, & pour l'abfolu befoin.

*De l'idée
finguliere,
d'attribuer
l'efclavage
à un prin-*

III. On a voulu (1) nous dire, *qu'on pourroit*

---

(1) *Des Corps Politiques*, Tome I, p. 138. Voyez l'*Efprit des Loix*, Tome II, Partie I, p. 33.

absolument attribuer *l'esclavage à un principe d'humanité :* la tournure est singuliere ; mais n'est-ce pas joindre la plaisanterie à l'impudence & à l'inhumanité , & chercher à légitimer une mauvaise action par une autre encore plus grande? *On a pu ,* dit-on, *priver de la liberté , puisqu'il a été un moment dans lequel on a pu ôter la vie.* Je ne trouve pas ce raisonnement concluant : non , il n'étoit point question de la liberté là où il s'agissoit pour votre conservation d'ôter la vie à votre ennemi : on ne pouvoit pas priver de la liberté celui à qui l'on arrachoit la vie ; on la lui arrachoit par nécessité , & l'on n'auroit osé vouloir ne lui ôter que la liberté , qu'au risque de sa propre vie ou de sa liberté ; puisqu'alors en ce moment de l'action, (comme il est à supposer) on va au plus pressé, & que le péril où l'on se trouve, détermine à la cruelle extrémité où l'on se porte contre l'ennemi. Ainsi ce moment où l'on a pu ôter la vie, n'étoit pas celui où l'on pouvoit ôter la liberté. *Le Droit des Gens ,* continue-t-on, *ne sauroit être choqué lorsqu'on donne le toit, le vêtement & la nourriture à celui que l'on a pu massacrer.* Cette proposition ne peut être vraie, & se combat elle-même : il est faux qu'on pût massacrer, c'est-à-dire, qu'on en eût le droit, puisqu'on ne l'a pas fait. Dans les choses qui sont du moment, & où la nécessité nous dirige , on peut conclure sûrement qu'une telle chose n'a pas existé , dès-là qu'elle n'est point arrivée : le *droit* n'avoit pas lieu, puisque le *fait* ne s'en est point ensuivi. Ce n'est que dans ces instans urgens, dans ces momens rapides où la conservation de nous-mêmes nous commande, que le *fait & le droit* ne sont qu'un, pour ainsi dire : on peut toujours assurer l'un par

---

cipe d'humanité.

Réfutation de quelques pensées d'un Auteur moderne à ce sujet.

1°. *L'esclavage dû à un principe d'humanité.*

2°. *On a pu priver de la liberté, puisqu'il a été un moment, dans lequel on a pu ôter la vie.*

3°. *Le Droit des Gens ne peut être choqué lorsqu'on donne le toit, le vêtement & la nourriture à celui que l'on a pu massacrer.*

Ibid. Des CorpsPolitique, Tome I , page 138.

l'autre. Il eſt beau, ſans doute, de donner le toit, le vêtement & la nourriture; mais il eſt fort laid de réduire en ſervitude des gens qu'on ne pouvoit faire mourir, & à qui la liberté eſt auſſi précieuſe que la vie. *Pourroit-il n'être pas permis d'exiger du vaincu, les ſervices qui n'excedent pas ſes forces & ſes talens?* L'uſage des priſonniers de Guerre n'eſt que l'humanité portée à un plus haut degré de douceur. Cet uſage, quand il n'eſt que momentanée, & que les priſonniers ſont réellement & uniquement ce qu'ils doivent être, étant fondé ſur la néceſſité, il ne répugne point à la raiſon & à l'humanité qu'on le ſuive Mais tout a un terme, on ne peut pas garder éternellement des gens qui ne ſont pas de notre nation; on ne peut les contraindre à des travaux trop durs, & dont l'utilité générale leur eſt étrangere: il faut les rendre à leur patrie, & que la paix ſe faſſe. Il n'eſt donc pas queſtion là d'eſclavage, ni d'y trouver des raiſons qui le juſtifient.

4°. Ne peut être mal d'exiger du vaincu les ſervices qui n'excedent pas ſes forces & ſes talens.

IV. *Montesquieu* a dit (1) que *les politiques ont tiré le Droit de réduire en ſervitude, du Droit de tuer dans la conquête;* & un Auteur (2) plus moderne (qui eſt le même que je viens de citer), obſerve, à ce propos, *qu'il faut diſtinguer la conquête du combat: qu'il eſt naturel dans l'un d'ôter la vie; que ce droit ſeroit trop barbare dans le premier; qu'on en a le pouvoir & non pas le droit.* Il faut convenir, avec le Critique, qu'on ne comprend pas comment le célebre *Montesquieu*

Si la conquête eſt une acquiſition, à l'effet de légitimer l'eſclavage? Montesquieu examiné ſur ce qu'un Critique lui objecte, qu'il faut diſtinguer la conquête du combat,

(1) *Eſprit des Loix*, Livre X, Chap. III, Tome I.
(2) *Des Corps Politiques*, Tome I, p. 137.

ne parle ici du prétendu *droit de tuer*, felon les politiques, que relativement à la *conquête*, & que a diftinction qu'on fait eft fondée : car, s'il eft permis d'ôter la vie, ce n'eft que dans le combat & à mefure que l'on cherche réciproquement à fe garantir des coups meurtriers qu'on nous porte. La *conquête* eft un état paifible ; le feu de l'action eft paffé, & les raifons de verfer le fang humain n'exiftent plus.

Mais eft-il un Etat de conquête ? A-t-il des Droits ? Quel étonnement de voir, dans un Ouvrage fi eftimable que celui de *Montefquieu*, un Chapitre intitulé *du Droit de Conquête* ! « Du » Droit de la Guerre, *dit-il*, dérive celui de » Conquête, qui en eft la conféquence ; il en » doit donc fuivre l'efprit ». Eh! Quel étonnement plus grand encore de trouver établi dans le Chapitre précédent, d'où celui-ci dérive, ce principe énorme, fur quoi eft appuyé le *Droit de Guerre* ? « qu'entre les fociétés, le Droit de la dé- » fenfe naturelle entraîne quelquefois la néceffité » d'attaquer, lorfqu'un Peuple voit qu'une plus » longue paix, en mettroit un autre en état de » le détruire, & que l'attaque eft dans ce moment » le feul moyen d'empêcher cette deftruction ». Il faut pourtant dire, à la juftification de l'Auteur, qu'il dément, quelques lignes plus bas, ce terrible langage ; & qu'il y a tout lieu de croire, qu'il défavouoit en fon cœur ce que fa plume écrivoit alors comme par inadvertance. Je parlerai (1) ci-

par rapport au droit de tuer.

Etrange titre, dans Montefquieu, du droit de conquête.

Efprit des Loix, Tome I, page 187.

Plus étrange encore le principe d'où il le tire.

(1) Ci-après, Chapitre IV, vers le milieu.

après de fon *Droit de conquête*, & du ridicule ac‑
cord d'*utilité* qu'il voudroit y trouver pour le
Peuple conquis. En attendant, voici, au fujet de
l'*efclavage*, ce qu'on lui oppofe, tiré de fon propre
aveu, après qu'il a établi *qu'il n'eſt point permis
de tuer dans la conquête.*

**Son criti‑
que fonde
fur fes pro‑
pres paro‑
les, l'efcla‑
vage & la
durée de
l'efclavage**

Ci‑après,
Chap. IV,
vers le mi‑
lieu.

Ut fuprà,
p. 288.

**On va re‑
cherchet
d'où vient
la contra‑
riété qui eſt
entre les
deux fenti‑
mers quoi‑
quepartans
du même
principe;&
comment
Montef‑
quieu a pu
trouver
jour à l'ef‑
clavage.**

Aveuxqu'il
fait contre
l'*efclavage*

« Si la confervation, *dit l'Auteur des Corps Po‑*
» *litiques*, eſt le feul objet légitime de la con‑
» quête, comme le même Auteur l'établit, (*par‑*
» *lant toujours de Montefquieu*) comment, lorf‑
» qu'il a cherché les raifons de l'efclavage, ne
» les a‑t‑il point apperçues dans ce même droit
» de confervation ? Il eſt permis d'ôter à celui
» qu'on a vaincu, le moyen d'être encore enne‑
» mi, & de devenir vainqueur à fon tour. Il eſt
» dans la nature de la chofe, que la fervitude
» dure autant que la confervation l'exige, & qu'elle
» foit éternelle, s'il le faut ». *Montefquieu*-a dit
que *la fervitude n'eſt jamais l'objet de la conquête;
mais qu'il peut arriver qu'elle foit un moyen nécef‑
faire pour aller à la confervation.* Il a donc dif‑
tingué entre *l'objet* & le *moyen;* d'où il conclut,
au contraire, de fon Critique, *que cette fervitude
ne peut être éternelle;* mais toujours l'admet‑il pour
un temps : or, nous avons befoin de débrouiller
d'où vient cette oppofition étonnante qui eſt entre
les deux conclufions, & comment le célebre *Mon‑*
tefquieu peut ici donner jour à l'*efclavage.*

D'abord (2), il a dit expreſſément que l'*efcla*‑

(1) Tome I, p. 137.
(2) Livre XV, Chapitre IV, page 36 du Tome Deuxieme,
Premiere Partie.

vage est aussi opposé au Droit civil qu'au Droit naturel. En parlant de l'esclavage des Negres (1), *il est impossible*, dit-il, *que nous supposions que ces gens-là soient des hommes, parce que, si nous les supposions des hommes, on commenceroit à croire que nous ne sommes pas nous-mêmes chrétiens.* Il observe néanmoins plus bas, comme par conclusion, *qu'il faut borner la servitude naturelle à de certains pays particuliers de la terre.* « Dans tous les » autres, *dit-il*, il me semble que quelque pé- » nibles que soient les travaux que la Société y » exige, on peut tout faire avec des hommes » libres ». D'où vient donc ce passage subit, du décri de l'*esclavage* à son admission ? C'est qu'il a déja remarqué, dans le Chapitre précédent, que, « quoique l'esclavage soit contre la nature ; néan- » moins, dans certains pays, il est fondé sur une » raison naturelle, & qu'il faut bien distinguer ces » pays d'avec ceux où les raisons naturelles même » le rejettent, comme les pays d'Europe, où il a » été si heureusement aboli ». Ces pensées ne présentent que des vérités incertaines : C'est un jour de diverses couleurs, qui peint les objets, tantôt d'une façon, tantôt d'une autre. L'esprit humain ne s'accommode pas de ce qui ne le fixe ni ne l'instruit. Il y a ici plus d'imagination que de réalité. Cette *raison naturelle*, sur laquelle seroit fondé l'*esclavage* en certains pays, c'est, dit-il, *qu'il y a des Pays où la chaleur énerve le corps & affoiblit si fort le courage, que les hommes ne sont portés à un devoir pénible que par la crainte*

P. 43.
L'admet néanmoins en certains pays, pour raison naturelle.

P. 42.

Jugement de cette opinion.

Ibid.
Quelle est cette *raison naturelle*, dont il parle ?

_____

(1) *Ibid.* Page 40.

du châtiment : « l'efclavage, *conclut-il*, y choque
» donc moins la raifon ; & le maître y étant auffi
» lâche à l'égard de fon Prince, que fon efclave
» l'eft à fon égard, l'efclavage civil y eft encore
» accompagné de l'efclavage politique ». Que la
nature du climat détermine plus facilement à certains vices, comme à certaines vertus, en quelques
endroits de la terre que dans d'autres, cela peut
être vrai ; & c'eft en quoi confifteroit davantage
le mérite & le devoir du Légiflateur, de favoir
précifément mettre des bornes à cette influence
du climat, par rapport au vice qu'il appréhende
ou qu'il veut guérir. *L'efclavage* eft certainement
un mal, puifqu'il plonge l'homme dans un état,
qui n'eft, ni celui de la *nature*, ni celui de l'*Etat
civil :* il faut pourtant qu'il foit dans l'un ou dans
l'autre ; & le célebre Auteur, dont je remarque
les paroles, eft fi éloigné d'adopter l'*efclavage*,
& compte fi peu fur les *raifons naturelles*, qui
le fonderoient, felon lui, en certains Pays, qu'il
finit par dire, au Chapitre VIII : « Je ne fais fi c'eft
» l'efprit ou le cœur qui me dicte cet article-ci.
» Il n'y a peut-être pas de climat fur la terre,
» où l'on ne pût engager au travail des hommes
» libres. Parce que les Loix étoient mauvaifes, on a
» trouvé des hommes pareffeux ; parce que ces
» hommes étoient pareffeux, on les a mis dans
» l'efclavage ». Il le rejette donc fûrement. Mais
pourquoi le repréfente-t-il à fes Lecteurs comme
une fuite naturelle des chofes ? Et pourquoi ne
pas affeoir clairement fon propre fentiment fur
cette matiere ? Son efprit pénétrant & fententieux
voyoit de divers côtés & exprimoit bien les rapports ; mais font-ils tous naturels & vrais ? Et fon

cœur

Si elle eft vraie, à quoi feule-ment elle doit fervir ?

En *Mon-tefquieu*, quand il avance une maxime pernicieu-fe, le cœur femble dé-mentir auf-fi-tôt l'ef-prit.

cœur ne les défavoue-t-il pas auffi-tôt qu'il eft queftion de quelque maxime pernicieufe ?.

Il a ouvert ainfi, par un abus de fon génie, une porte à *l'efclavage*, en donnant un fondement au *Droit de conquête*, & en expliquant celui-ci de maniere que fon critique fonde là-deffus même, comme j'ai dit, fon objection, où il établit le même efclavage, & le rend éternel, s'il le faut, par les mêmes raifons qui l'ont fait borner ou anéantir par *Montefquieu*; & c'eft ce qu'il nous refte à voir.

Méchant effet néanmoins de cet abus de penfer.

Ce qui explique la contrariété qui eft entr'eux, c'eft l'établiffement férieux que celui-ci donne à la conquête. « On ne conquit pas, *felon lui*, pour » rendre, mais pour poffeder : la conquête, *dit-il*, » eft une acquifition; l'efprit d'acquifition porte » avec lui l'efprit de confervation & d'ufage, & » non pas celui de deftruction ». Il a penfé ainfi, en premier lieu, en vertu du principe affreux, que j'ai déja relevé, qu'*on peut attaquer une autre Nation dans la crainte qu'elle ne devienne trop puiffante & qu'elle ne nous nuife :* & en fecond lieu, parce qu'il a fenti avec raifon qu'il ne pouvoit pas être permis à la guerre de faire périr les prifonniers. Mais fon erreur eft immenfe : il eft d'avis qu'on peut s'aggrandir aux dépens de l'ennemi vaincu & qu'on a juftement attaqué. Il explique les quatre fortes de Loix que fuit, à fon avis, lorfqu'un Peuple eft vaincu, le Conquérant, en vertu du droit qu'il a fur lui; Les trois premieres font belles, fans doute, & dignes de l'Être incréé, de l'Être par excellence : « la Loi de la » nature qui fait que tout tend à la confervation » des efpeces : la Loi de la lumiere naturelle,

Siége de la contrariété qui eft entre les deux Auteurs : *l'établiffement férieux de la conquête.* Tome I, p. 286.

Des quatre fortes de Loix que fuivroient le droit du conquérant, felon *Montefquieu*; mais la quatrie-

me détrui-
roit les au-
tres, si ce-
la se pou-
voit.

La conquê-
te n'est pas
une *acqui-
sition.*

» qui veut que nous fassions à autrui ce que nous
» voudrions qu'on nous fît : la Loi qui forme
» les Sociétés Politiques, qui sont telles que la
» nature n'en a point borné la durée ». Enfin,
(& cette quatrieme est certainement de l'homme :
elle fait contraste avec les autres; ou plutôt, elle
les anéantiroit, si cela étoit possible). « La Loi
» tirée, *dit-il*, de la chose même, qui est, (*je
» l'ai déja rapportée*), que la conquête est une
» acquisition; que l'esprit d'acquisition porte avec
» lui l'esprit de conservation & d'usage, & non
» pas celui de destruction ». J'adopte de ceci la
conservation, mais non *l'esprit d'acquisition & celui
d'usage.* Et je nie fort que *la conquête soit une
acquisition.* C'est-là que se débrouille l'avantage
que prend sur lui le critique : on ne se bat point
pour conquérir, mais pour se défendre; du moins
je parle de ce qu'on peut en *droit*, & non en *fait.*
La nature ne nous arme que pour repousser actuellement une violence insupportable. J'ai posé ces
principes en tant d'endroits différens de mon Livre;
& je les ai si fort expliqués que ce seroit un ennui
que de les redire. Or, si l'on me force à *combattre*, mes succès ne peuvent mener à la conquête; c'est-à-dire, qu'après qu'on m'a attaqué
chez moi, je puis repousser l'ennemi jusques dans ses
terres, & l'y forcer même à me demander pardon :
j'appellerai cela, si l'on veut, *l'avoir conquis*, puisque j'aurai alors l'air de maître & l'autorité dans
son propre pays; mais le serai-je effectivement?
Et pourrai-je regarder comme un titre cette supériorité que la force ou les circonstances du hasard
m'auront procurée? Est-ce donc ainsi que l'on acquiert des terres & des sujets? & le mot *d'acquisition* a-t-il jamais pu être propre à signifier ce

qu'il eſt en lui-même, auprès de toutes les horreurs & les violences de la Guerre ? Je ſais que nos Auteurs Poliques les plus ſages, comme tous les autres, adoptent cette idée, & que c'eſt ſur la diſtinction de *Guerre juſte* ou *injuſte*, qu'ils en fondent la légitimité ; l'*Ecriture ſainte* même préſente des exemples & des raiſons dont on ſe prévaut pour appuyer ce *Droit de conquête*. Il eſt ici important d'examiner l'un & l'autre point. Pour détruire l'effet, il faut abattre la cauſe. L'on ne viendra jamais à bout de renverſer les partiſans de l'*eſclavage*, ſi l'on ne s'attaque tout premiérement au principe d'où ils le tirent : je commencerai par les Ecrivains Politiques.

Néceſſaire à préſent d'examiner ce que diſent, du droit de conquête, les Ecrivains Politiques & les Livres ſaints.

CHAPITRE IV.

Du Droit de Conquête. *Ce qu'en disent les Ecrivains Politiques. Horreurs de leur sysféme ; & combien les plus raisonnables errent sur cette matiere.*

Deux con-
ditions re-
quises, se-
lon *Puffen-*
dorf, pour
rendre la
conquête
légitime.

1°. *Que le*
vainqueur
ait eu un
juste sujet
de faire la
Guerre.

2°. *Que les*
vaincus se
soient en-
suite sou-
mis à lui
par une
conven-
tion.

SUR cette question : *Comment on s'empare légi-*
timement de la souveraineté en conséquence d'une
guerre juste , *Puffendorf* (1) s'explique en ces termes : « Lorsque l'on acquiert la souveraineté par
» les voies de force , cela s'appelle s'en empa-
» rer. Mais il faut bien se souvenir de ce que
» nous avons dit ailleurs , qu'il y a bien de la
» différence entre cette maniere d'acquérir du
» pouvoir sur les hommes , & la prise de possef-
» sion , par laquelle on s'approprie une chose
» qui n'a point de maître. Toute conquête légi-
« time suppose donc , que le vainqueur ait eu
» un juste sujet de subjuguer les vaincus ; & que
» ceux-ci se soient ensuite soumis à lui par une
» convention : autrement ils sont encore récipro-
» quement en état de guerre , & par conséquent
» il n'est pas leur Souverain ».

Principes
sur quoi
on se fon-
de.

Or l'on voit au Chapitre VI du Liv. IV (2) de
son même Ouvrage, qu'expliquant la raison pour

---

(1) Tome III , p. 209.
(2) Tome II , p. 296.

quoi les Jurifconfultes Romains mettent encore au nombre des chofes que l'on acquiert par *droit de premier occupant*, celles qu'on prend fur un ennemi, il dit : « Pour bien entendre cela, il » faut favoir que l'état de guerre fufpend l'effet » de la propriété, auffi bien que de tous les » autres droits de la paix, par rapport à l'en- » nemi ; en forte qu'on n'eft obligé de s'abftenir » de fes biens, qu'autant que les Loix de l'hu- » manité le demandent. Ainfi, pendant la guerre, » tout ce qui appartient à un ennemi, devient, à » l'égard de l'autre, comme un bien fans maître ; » non que l'un & l'autre ceffent pour cela d'être » légitimes propriétaires de leurs biens, mais » parce que leur droit de propriété n'empêche » pas qu'ils ne puiffent fe les ravir l'un à l'autre » & s'en emparer, comme on fait d'une chofe » qui n'eft à perfonne, avec cette différence » que l'on peut être & que l'on eft ordinaire- » ment repouffé avec la même vigueur ».

1°. Pour les chofes : *l'état de Guerre fufpend l'effet de la propriété, auffi bien que de tous les autres droits de la paix, par rapport à l'ennemi.* Voyez ci-après, p. 314, &c.

Voilà pour les chofes inanimées ou irraifon- nables. Voici pour les perfonnes mêmes : « La » guerre a encore ceci de particulier, *dit-il*, que » l'on peut, en fe faififfant de l'ennemi, acquérir » le droit de lui commander : car la prife de » poffeffion, par droit de premier occupant, ne » fuppofe par elle-même aucun confentement » dans la chofe dont on s'empare ; mais feulè- » ment que, fi c'eft une perfonne, elle n'ait au- » cun droit en vertu duquel on ne puiffe s'en » rendre le maître ».

2°. Pour les perfon- nes : *elles n'ont au- cun droit, étant en Guerre, en vertu du- quel on ne puiffe s'en rendre maî- tre.*

V iij

La seconde condition pour légitimer la conquête, renversée par le pouvoir donné au vainqueur dans une Guerre juste, d'arracher de force leur consentement. Puff. Tome III, page 209.

On convient, comme nous avons vu, qu'il faut absolument le consentement des vaincus pour leur commander : c'est un point que les plus sages ne cessent de requérir. Mais voici puis un expédient qu'on trouve à cette Loi rigoureuse. « Tout ce qu'il y a , *dit Puffendorf*, c'est qu'un » conquérant devenu tel par une guerre juste, » n'a pas besoin d'employer la brigue ou les » prieres, pour obliger les vaincus à lui pro- » mettre une fidelle obéissance ; mais qu'il peut » se servir des forces qu'il a en main, pour ar- » racher leur consentement, en les menaçant » des plus grands maux , s'ils refusent de le » donner..... On ne doit pas trouver désavanta- » geux le parti de se soumettre à l'empire du » vainqueur pour se conserver la vie ».

Singulieres raisons de ce pouvoir selon *Barbeyrac* & *Puffendorf* lui-même.

Là-dessus *Barbeyrac*, (1) en homme qui prend bien la chose, remarque que « ce n'est pas seu- » lement par cet acte de clémence que le vain- » queur exerce envers les vaincus, qu'il acquiert » sur eux un empire légitime : *que Puffendorf*, dans » l'Abrégé de son Ouvrage (2) ajoute une autre » raison : C'est que les vaincus s'étant engagés à » la guerre avec lui, après l'avoir offensé, & » lui avoir refusé la juste satisfaction qu'ils lui » devoient, ils se sont exposés par-là au sort » des armes, & ont tacitement consenti par avance

(1) Note 4, dans Puff. Tome III, p. 210.
(2) *Devoirs de l'homme & du citoyen*, Livre I, Chap. X, §. II.

» à toutes les conditions que le vainqueur vou-
» droit leur impofer ».

Que dire après des raifons auffi décifives ? On
avoit befoin que les vaincus donnaffent leur confentement à l'empire qu'on prenoit fur eux : mais
en le refufant, on les y force : ainfi l'on eft fûr
qu'il ne manquera pas d'une façon ou d'autre.
Voilà donc une des deux conditions effentielles
bien remplie ! Voyons s'il n'en fera pas de même
de l'autre. Il eft queftion *que le vainqueur ait eu
un jufte fujet de fubjuguer les vaincus* : Eh bien ,
le même *Barbeyrac,* dans *Grotius,* au Chapitre VIII,
qui traite du droit de fouveraineté qu'on acquiert
fur les vaincus, après avoir rappelé cette claufe,
*Pourvu qu'il y ait de la part des vaincus, un con-
fentement ou exprès ou tacite,* ajoute ces mots ;
*& en ce cas-là, l'acquifition eft cenfée légitime,
foit que la guerre fût jufte, ou non, de la maniere,
dit-il, que je l'expliquerai ci-deffous, fur le Chap.
XIX, §. 11, note 1.*

Or cette maniere dont il l'explique (1) eft qu'*il
faut diftinguer, fi celui qui a contraint l'autre à
traiter, par la fupériorité de fes armes, avoit entrepris la guerre fans fujet, ou s'il pouvoit alléguer
quelque raifon fpécieufe.* « Au premier cas, *dit-il,*
» comme feroit celui d'*Alexandre,* qui alloit cher-
» cher à conquérir des peuples éloignés qui n'a-
» voient jamais entendu parler de lui ; ou même,
» fi le fujet allégué eft un prétexte vifiblement
» frivole, au jugement de toute perfonne tant

La pre-
miere con-
dition pour
légitimer la
conquête,
renverfée
auffi par ce
que dit *Bar-
beyrac,*
*qu'avec le
confente-
ment
l'acquifi-
tion eft cen-
fée légiti-
me, foit
que la guerre
fût jufte ou
non,* de la
maniere
qu'on l'ex-
plique ci-
après.
Tome II,
p. 241, no-
te 1.

C'eft-à-
dire qu'*il
faut diftin-
guer fi le
vainqueur
qui a
forcé au
confente-
ment avoit
entrepris la
guerre
fans fujet,
ou s'il pou-
voit allé-
guer quel-
que raifon
fpécieufe.*

---

(1) *Ibid.* Page 463, note 1 du §. XI.

V iv

» foit peu raifonnable, on eft d'avis que le con-
» fentement du peuple vaincu ne le lie point.

Dans ce dernier cas, dit on, l'engagement tient. » Mais, fi le vainqueur avoit entrepris la guerre
» pour quelque fujet apparent, quoiqu'au fond,
» injufte, quand on l'examine fans prévention: alors
» on ne met point de doute, *ajoute-t-il*, que
» l'intérêt commun du genre humain ne de-
» mande qu'on mette ici quelque différence en-
» tre les promeffes extorquées par crainte de par-
» ticulier à particulier, & celles auxquelles un
» Prince ou un peuple fouverain eft contraint
Raifon de cela, felon Grotius: Il importe de finir les Guerres. » par le mauvais fuccès de fes armes, quoique
» jufte. La raifon de cela, dit *Grotius*, (1) c'eft
» qu'autrement il n'y auroit pas de moyen de
» mettre ni bornes ni fin à ces fortes de guerre, qui
» arrivent & qui font telles qu'il importe beaucoup
» au genre humain de chercher toutes les voies
» imaginables de les modérer & les terminer.
» Ici la raifon, *continue* (2) *Barbeyrac*, que notre
» Auteur allégue, eft très-bonne, & cela fans
» fuppofer un confentement tacite des peuples,
» qui ne fait que rendre plus fort l'engagement
» des vaincus. Car le droit même de nature, qui
» veut que les fociétés, auffi bien que chaque
» particulier, travaillent à leur confervation, fait,
» par cela feul, regarder, non pas proprement
» les actes d'hoftilité comme juftes de la part du
» vainqueur injufte, mais l'engagement du traité
» de paix, comme valide néanmoins; enforte
» que le vaincu ne peut fe difpenfer de le tenir
» fous prétexte de la crainte injufte, qui en eft

(1) *Ibid.* Au texte, §. XI.
(2) Note 1, dans Grotius, Tome II, p. 341.

„ la cause , comme il le pourroit d'ailleurs sans
„ la considération de l'avantage qui en revient au
„ genre humain. Cet intérêt de la tranquillité pu-
„ blique , *dit encore Barbeyrac* , demande aussi ,
„ que lors même qu'un traité de paix a été fait en
„ conséquence d'une guerre entreprise sans sujet ,
„ ou pour un sujet manifestement frivole , le
„ vainqueur injuste , qui n'avoit aucun titre légi-
„ time , l'acquiert ensuite , dans un espace de temps
„ raisonnable , lorsque le vaincu subit patiemment
„ le joug , sans y être forcé par la même crainte
„ qui l'a porté à traiter ». On renvoie ici au
Livre II , Chapitre IV , §. 12 & suiv. du même
Grotius , & l'on ajoute qu'*on peut joindre à ce
qu'on vient de dire, la raison qu'allegue Puffendorf* ,
Droit de la Nat. & des Gens , Liv. VIII , Chap.
VIII , §. 1.

Le même motif de la tranquillité du genre humain fait tenir tout de même , l'engagement dans le premier cas , après un certain temps de soumission.

Voyez ci-après, vers le milieu de ce Chapitre.

Cette raison (1) est celle-ci : « Autre chose est,
„ lorsqu'en prenant les armes l'un contre l'autre,
„ on a fait ensemble une espece de convention ta-
„ cite qui tient du contrat des jeux de hasard; ce
„ qui arrive , lorsque dans une affaire litigieuse ,
„ on en vient d'abord à la guerre , sans vouloir,
„ de part ni d'autre , tenter aucune voie de ter-
„ miner le différent à l'amiable , ou que l'on re-
„ met à la décision des armes la satisfaction des
„ injures & le succès des prétentions , dont on
„ pouvoit avoir raison par les voies de la justice ,
„ ou par un paisible accommodement ; car , en
„ ce cas-là , il est clair qu'on prend pour arbitre
„ le fort des armes , & que chacun des combat-
„ tans semble dire lui - même , au moment qu'il

L'engagement tient aussi , dit Puffendorf , par la raison du contrat des Jeux de hasard , lorsque de part & d'autre, on commet la décision de ses différens au sort des armes , comme dans un duel.

(1) Puffendorf, Tome III , p. 416.

» entre en guerre : Je veux me faire raiſon à la
» pointe de l'épée, ou riſquer plutôt de perdre
» au-delà de ce que je prétends. Quand on a du
» malheur (*continue Puffendorf*) dans une guerre
» où l'on s'étoit engagé ſur ce pied-là, on ne
» peut pas plus ſe plaindre que le vainqueur nous
» faſſe du tort en nous impoſant des conditions
» déſavantageuſes, qu'un homme qui eſt bleſſé
» dans un duel où il étoit allé de ſon pur mou-
» vement ; & il faut alors dire, comme *Soſie* à
» *Mercure*, dans l'*Amphitrion* de *Plaute* : *Tout ce*
» *que tu voudras ; tu peux me battre, s'il te plaît,*
» *tu es le plus fort* ».

Réflexions
ſur toutes
ces varia-
tions & ces
inconſé-
quences.

Je demande à préſent ce que ſont devenues les
conditions qu'on a dites néceſſaires pour légitimer
l'empire qu'on voudroit s'attribuer ſur un Peuple
vaincu ? Ce qu'eſt devenu le tempérament apporté
enſuite, en faveur du conquérant, *qu'il faut diſ-*
tinguer, ſi le vainqueur, qui a arraché de force le
conſentement, avoit entrepris la guerre ſans ſujet,
ou s'il pouvoit alléguer quelque raiſon ſpécieuſe ?
Tout tombe comme l'on voit : les conditions
n'exiſtent plus ; les inſinuations de la raiſon & de
la Loi naturelle, qui d'abord s'étoient fait entendre, ſont repouſſées ; le *droit* eſt entiérement
ſacrifié par le *fait* : tout tient de ce qui a été
opéré par la force ; tout doit ſubſiſter & ſubſiſte
en effet de ce qui a été produit par l'aveuglement
du haſard, ou les paſſions des hommes : ainſi
s'arrangent & s'entretiennent les Nations entr'elles.
En vérité, un ſyſtême, qui eſt ſi peu d'accord
avec lui-même, qui détruit à la fin ce qu'il a établi au commencement, ſauroit-il captiver notre
ſuffrage, & former notre bonheur ? Il eſt impoſ-

fible que la paix & la tranquillité du genre humain se rencontrent avec des variations aussi sensibles : des principes vrais se soutiennent tels jusqu'au bout. Il suffiroit d'avoir exposé ceux-ci pour les faire abandonner, par le ridicule accord qui est entr'eux ; on ne peut bâtir un plus mauvais édifice. Mais il y a pourtant quelques-uns de ces principes qui peuvent frapper par leur singularité : & il y a des raisons qui méritent, par elles-mêmes, de la considération. Il convient donc de s'y arrêter pour les approfondir & en reconnoître invinciblement le faux : je reviens.

Nous revenons sur quelques-uns des principes & des raisons, sur lesquels nos Ecrivains politiques légitiment la conquête.

On nous a dit, en premier lieu, que *pour les choses,* « l'état de guerre suspend l'effet de la pro- » priété, aussi bien que de tous les autres droits de » la paix, par rapport à l'ennemi. *On veut qu'on* » *ne soit* obligé alors de s'abstenir de ses biens » qu'autant que les loix de l'humanité le deman- » dent ». Mais ce principe, où est-il puisé ? Quel fondement donne-t-on à la *propriété*, si des débats & des querelles, si ordinaires parmi les hommes, & entre les Nations, sont capables de la renverser & de la détruire ? Est-ce donc ainsi que l'on donne de la solidité aux choses nécessaires & légitimes ? & le désordre pourra-t-il avoir cet empire, de soumettre l'ordre à ses caprices & à ses violences? Des effusions de sang & la contrainte seront-elles donc la base des possessions & de l'autorité ? Et tout ne devra-t-il s'arranger & prendre un état constant, du moins en apparence, qu'à la suite des plus grandes horreurs ? Je dis en apparence ; car les *traités de paix*, conclus de cette sorte, sont-ils donc bien solides ; & voit-on que quand une Nation se croira la plus forte, elle ne veuille

Premier Principe, que pour les choses, l'é- tat de guer- re suspend l'effet de la propriété, &c.

Réflexions générales là-dessus.

pas tenter de revenir dans fon premier état, & de reprendre, fur fon vainqueur, ce que celui-ci, comme *conquérant*, l'aura obligée à lui céder? Je traiterai amplement de la *propriété* dans les numéros V & VI de cette Section; mes principes feront plus légitimes, puifqu'ils feront inaltérables & toujours les mêmes; & l'on y verra mieux combien ce que je dis ici eft fondé. En attendant, voici quelques raifonnemens fur la queftion préfente.

Quelques raifonnemens, au contraire:

On ne peut faire la guerre que pour fe défendre. L'objet de la défenfe eft la confervation des biens & de la vie. Si on poffede donc légitimement les biens, que fait à la *propriété*, que l'ennemi nous attaque? qu'il nous vainque? qu'il nous fubjugue par la force de fes armes? Nous les enlever, n'eft pas fe les rendre propres: il les poffede, fans qu'ils lui appartiennent: la *propriété*, en un mot, eft fondée fur de meilleurs titres. On convient qu'*on eft obligé alors de s'abftenir des biens de l'ennemi autant que les loix de l'humanité le demandent*: on laiffe donc au vrai poffeffeur fon droit intact dans les chofes indifpenfables, & on reduit fa propriété à l'abfolu befoin & aux premieres néceffités de la vie. Mais la *propriété* va plus loin, & réclame tout fon dû, là où un autre n'eft pas lui-même dans l'indigence; & l'humanité n'eft pas un être divifible: fes loix font fimples, & embraffent à chaque fois, ce qui la conftitue, fuivant la nature des chofes qui la font naître. Or il eft de l'humanité de laiffer à chacun ce qui lui appartient. Il eft de la nature de la *Guerre*, qu'elle dérange, tant qu'elle dure, l'ordre & la tranquillité parmi les hommes; mais quand elle a

1°. Sur l'objet & la fin de la Guerre, qui font au contraire, pour le foutien de la propriété.

2°. Sur ce qu'on veut partager la propriété & l'humanité, qui font chofes indivifibles

3°. Sur la nature de la Guerre,

fini, tout doit rentrer dans son état primitif ; & c'eft précifément parce qu'elle n'eft plus, qu'il faut que chacun revienne à fes poffeffions & à fes droits ; bien loin qu'il en puiffe réfulter des changemens contraires aux premiers, dans la fuppofition que nous faifons que la crainte dans le principe a été la caufe de l'acquiefcement des vaincus ; car nous favons qu'après un débat & une guerre affez fanglante, les deux parties d'égale force font bien les maîtres de tranfiger entr'elles, & de s'arranger comme il leur plaît : les accords qu'elles auront faits feront certainement valables, parce qu'elles les auront confentis chacune volontairement, & fans y être contraintes autrement que par la convenance mutuelle : auffi n'eft-ce pas de quoi il s'agit. Nous difons que l'acquiefcement forcé eft nul de fa nature ; & que par la ceffation même de la Guerre, le vaincu comme le vainqueur, doit fe retrouver dans la poffeffion de fes biens, puifqu'il n'en a jamais pu perdre la propriété malgré lui. En confidérant ce que c'eft que *Guerre*, & ce que c'eft que *Paix*, on ne verra jamais dans la premiere idée, que confufion & renverfement ; mais c'eft en tant qu'elle exifte ; & elle n'eft telle que par fes moyens, & non par fon but & fes effets : il eft bien clair que n'étant que deftructifs, ils ne peuvent produire le moindre établiffement parmi les hommes. Quant à la feconde idée, elle nous repréfente tout le monde jouiffant de ce qu'il poffede, & en jouiffant fans regret & fans inquiétude. En rentrant en paix, on n'acquiert pas un degré de propriété de plus : on avoit déja auparavant tout ce qu'il étoit poffible d'en avoir ; & la retraite de l'ennemi, ou la pacification, n'a augmenté ni diminué nos Droits.

dont la ceffation emporte, de foi, que tout rentre dans fon premier état.

Exception, qui n'eft pas notre thefe.

4°. Sur la différence des idées de Guerre & de Paix, qui rend fenfible la fauffeté du Principe.

l'homme ; mais l'homme n'eſt pas pour l'uſage de l'homme de cette maniere qu'on entend : c'eſt-à-dire, qu'il ne dépend pas de ſes ſemblables de le ſoumettre à leur ſervice, & d'en tirer parti, comme on fait d'une bête de ſomme, ou d'un être purement paſſif. Ils ſont obligés réciproquement à ſe rendre de bons offices ; mais ils doivent être libres en cela les uns les autres ; & c'eſt en quoi conſiſte la tranquillité & le bonheur du genre humain.

Il eſt contre la nature de la choſe que des hommes ſoient la fin de la Guerre ; ils n'en peuvent être que les perſonnages.

Tout ce qu'il peut donc y avoir de troubles parmi eux, c'eſt par les biens & toutes les choſes uſuelles qui leur ſont naturellement deſtinées ; mais non à l'occaſion des hommes mêmes, puiſqu'ils ne peuvent avoir, tous tant qu'ils ſont, d'autre intérêt (1) que celui de s'approprier la partie de ces mêmes biens qui leur eſt néceſſaire pour vivre. Ils ſeront les perſonnages de la Guerre ; mais ils n'en peuvent être le but ni la fin. Il eſt ridicule d'eſtimer le *droit* qu'on s'eſt acquis ſur ſon priſonnier, par celui que donne l'*antériorité* de temps dans la *priſe de poſſeſſion* d'une choſe trouvée ; il eſt entr'eux un éloignement infini, & une différence comme de tout à rien. Quelle peut être l'illuſion de nos Auteurs en politique ? Prenons la

_____

(1) L'on ne doit pas m'oppoſer les Guerres entrepriſes pour raiſon de *Perſonnes ;* parce que là, au contraire, il s'agiſſoit & il ne pouvoit s'agir que de venger l'humanité outragée, & de punir de téméraires raviſſeurs, &c. au lieu que dans la queſtion que je traite, il s'agit toujours de détériorer les hommes & de les rendre malheureux, en les faiſant dépendre du vainqueur, & les ſoumettant à ſon uſage, comme les choſes inſenſibles.

peine de démêler la caufe plaifante, mais trop détestable, au vrai, de cette erreur.

Ils conviennent que « hors de la Guerre, la » prife de poffeffion par droit de premier occu-» pant, ne s'étend pas aux perfonnes, foit qu'elles » dépendent d'autrui, ou qu'elles vivent encore » dans l'indépendance de l'état de nature ; excepté » un feul cas, *dit - on*, lorfqu'un enfant expofé » tombe entre les mains de quelqu'un qui veut » l'élever » ; & là-deffus, en un autre endroit (1) de fon Ouvrage, *Puffendorf* redifant que *c'eft-là le cas où il femble que l'on puiffe acquérir quelque autorité fur une perfonne par droit de premier occu-pant ; Barbeyrac* remarque fort fagement, que « ce n'eft point là où l'on puiffe faire valoir un » pareil droit, qui fe rapporte, *dit-il*, à l'uti-» lité même de celui qui veut l'acquérir, & qui » a naturellement un autre objet que les perfon-» nes. *Il aimeroit* mieux dire le droit du plus cha-» ritable, ou de celui qui a prévenu les autres » dans l'exercice d'un des actes les plus éclatans » d'humanité ». Ainfi l'on a bien fenti que, dans l'ordre ordinaire, les perfonnes ne peuvent être faifies, & entrer en propriété en vertu du droit de premier occupant, comme les chofes. Les efclaves recouvroient leur liberté, lorfque leur maî-tre mourant n'avoit point difpofé de ce qui lui appartenoit, & ne laiffoit d'ailleurs aucun parent. L'on reconnoît donc que la liberté, comme tous les autres droits, ne fauroit, fans notre propre confentement, paffer, pour ainfi dire, fous la

Bien con-venu par les *Au-teurs poli-tiques*, que hors de la Guerre, le droit de premier oc-cupant, ne s'étend pas aux per-fonnes.

Grot. To-me I, pag. 432, §. I, note 3. Puff. Tom. II, p. 296, §. 14.

Grot. To-me I, pag. 432, §. I, note 3a

Puff. Tom. II, p. 296.

---

(1) *Ibid.* Tome III, p. 53, §. III, n. 1.

puiſſance d'un autre : mais l'on fait exception à ce grand principe , en faveur des Loix de Guerre , *qui autoriſent*, dit-on, *celui-ci à s'en emparer, bon gré, malgré qu'on en ait.* Véritablement ſur cela, Barbeyrac fait encore cette remarque, (1) de quoi, comme nous avons vu, les autres conviennent auſſi : « que *dans la guerre même ce droit eſt fondé ſur le conſentement des ennemis faits priſonniers* ; concluant que juſqu'à ce que le priſonnier ait conſenti, ou expreſſément, ou tacitement, à la perte de la liberté, la ſujétion où le tient celui qui l'a pris , n'eſt qu'une choſe de *fait* , & ne ſoutient que par la force ». Mais d'où vient qu'ils commencent tous par mettre les hommes qui guerroient, au rang des choſes inanimées & inſenſibles ; & que ſe modelant ſur les effets de ce droit du premier occupant, ils veulent qu'ils n'aient pour lors *aucun droit en vertu duquel on ne puiſſe s'en rendre le maître ?* C'eſt ici le lieu d'expliquer cette étrange illuſion.

Les choſes inſenſibles , & les animaux à l'uſage de l'homme , n'ont certainement pas ce dernier droit : car il ſuppoſe dans le ſujet la connoiſſance & le ſentiment. Le *droit* eſt une propriété , ou une prétention fondée d'une créature raiſonnable. Auſſi les choſes inſenſibles qui ſont, à juſte titre, incapables ar elles-mêmes de toute réſiſtance, ſont-elles l'objet du *droit*. Mais elle ne l'ont pas.

Cependant, comme à la Guerre, l'on cherche réciproquement à ſe rendre maître de l'ennemi,

Autre aveu de Barbeyrac ſur la néceſſité du conſentement pour être aſſujéti.

D'où vient donc qu'on commence néanmoins par ſoumettre ceux qui font la Guerre , au droit du premier occupant ?

Ce qui a pu faire illuſion en cela.

(1) *Ibid.* Note 5.

& qu'on ne peut y parvenir qu'en s'attaquant l'un l'autre, il faut effectivement que chacun des deux combattans. soit censé *n'avoir aucun droit en vertu duquel on ne puisse s'en rendre le maître.* Ils deviennent dès-lors, comme qui diroit *prenables.* Ils font bien tout ce qu'ils peuvent pour s'empêcher d'être pris; mais enfin il faut que l'un des deux succombe; & dans cette idée, on voit naître l'image du droit du premier occupant, qui marque d'un côté la supériorité & la possession, & de l'autre la soumission & le défaut de liberté : le vaincu semble être devenu alors une chose inanimée.

Mais, par la même raison que des prisonniers ne font nullement portés à rester dans cet état, & que leur tendance perpétuelle à briser leurs chaînes peut devenir fatale au maître; l'on a cru qu'on étoit autorisé de son côté à les traiter comme des êtres purement passifs, de qui on ne pût rien avoir à craindre; & conséquemment, qu'il falloit les contenir dans un esclavage perpétuel, si on ne leur ôtoit la vie. De sorte que ce qui devoit les affranchir d'un pareil asserviffement, a été précisément un titre pour les y soumettre; & ils n'ont été traités si inhumainement & mis dans la classe des biens & de toutes choses insensibles, que parce qu'ils étoient des hommes.

Ridicule maniere de raisonner là-dessus.

Cette maniere de raisonner comme, l'on voit, est toute des plus ridicules & des plus indignes d'êtres pensans. Les Peuples & les Nations font tombés dans cet égarement par le *fait,* & dans la *pratique;* mais nos Docteurs en *Politique & en Droit naturel* l'ont adoptée comme une regle : il n'est rien qu'ils n'aient dit pour la soutenir, malgré qu'il soit

Si les Peuples ont pu s'y tromper rien n'excuse nos Docteurs en Politique & en Droit naturel.

X iij

évident qu'on érige, par là, un trône à l'inhumanité & à la barbarie.

Examen du fondement qu'on donne au prétendu pouvoir qu'a le vainqueur dans une Guerre juste, d'obtenir de force le consentement des vaincus, pour les soumettre à son empire. Ci-devant, près du commencement de ce Chapitre.

On veut que le conquérant ait besoin du consentement des vaincus pour les soumettre à son empire ; mais que dans une Guerre juste, s'il le refusent, il puisse les y obliger par la force, en les menaçant des plus grands maux ; & la raison qu'on en donne, c'est que les vaincus ayant refusé la juste satisfaction qu'ils devoient, ont tacitement consenti par avance à toutes les conditions que le vainqueur voudroit leur imposer. Cette maxime est visiblement fausse : ce n'est pas ainsi qu'on peut améliorer les hommes & les instruire. Si l'on ne prend, pour fondement de nos droits, que leurs injustices, & que nous ayons d'autant plus de pouvoir sur eux, qu'ils auront été mauvais envers nous, tout est perdu : les plus affreuses conséquences suivront de la bonne cause ; & la justice même engendrera tous les maux. Il est bien vrai que si pour me défendre lorsque je suis attaqué injustement, l'ennemi reçoit de ma part des maux considérables, qui font une suite nécessaire de son action & de la mienne, il est censé, en prenant les armes, avoir tacitement consenti à ces inévitables effets. Mais voilà la seule regle véritable, la seule maxime qu'il soit permis d'alléguer au genre humain sur ce fait : sortez de-là ; prenez pour raison son injustice, & pour mesure & étendue des peines, la volonté du vainqueur, ce n'est plus que désordre & renversement de tout droit ; la Loi naturelle est éteinte jusques dans ses racines & sa profondeur.

Il ne peut que les forcer à se faire ren-

C'est le cas où l'on nous enseigne, que *les vaincus ont tacitement consenti par avance à toutes les conditions que le vainqueur voudroit leur imposer*. Ils

n'ont consenti qu'aux suites inévitables & nécessaires; qu'aux conditions que l'état des choses même demande : c'est-à-dire, qu'étant battus, ils verront bien qu'ils ne pourront pas refuser de donner une satisfaction raisonnable ; ils la donneront donc ; mais après l'avoir donnée, il faut que le vainqueur se retire. Il ne peut pas prétendre de régner sur eux, parce que la cause de la Guerre cessant, la victoire aussi, & qu'il ne peut pas acquérir plus de droit qu'il n'en avoit auparavant. Son *droit de conquête* est donc nul. Il ne peut user de force (1) que pour se faire rendre ce qui lui est dû, & nullement pour étendre jusques sur eux sa domination.

On veut encore que « là où le conquérant a eu une » raison spécieuse de faire la Guerre, quoiqu'injuste » au fond, le consentement qu'il a arraché de » force aux vaincus, de se soumettre à son obéis- » sance, tienne parce que l'intérêt commun du » genre humain demande, *dit-on*, qu'on mette » ici quelque différence entre les promesses extor- » quées par crainte de particulier à particulier, » & celles auxquelles un Prince, ou un Peuple » souverain est contraint par le mauvais succès de » ses armes, quoique justes ». Cruelle condition des hommes ! pitoyable sort des Nations ! l'intérêt même qu'on prend à vous, ou qu'on doit prendre, sert toujours de titre pour vous écraser ; vous serez toujours ainsi la victime de l'ambition & de la force ! Mais est-ce donc là le langage de la vérité & du bonheur ? Peut-on travailler à la félicité du genre

[marginal note:] dre ce qui lui est dû ; ce qui a pu seulement être le principe de la Guerre.

[marginal note:] Examen de la raison qu'*il importe de finir les Guerres*, au sujet du prétendu droit de conquérant pour régner sur des Peuples vaincus, dont on auroit arraché de force le consentement, même dans une Guerre injuste, pourvu qu'on eût eu une raison spécieuse de

_____

(1) L'on admet ici, par supposition, ce *droit d'user de force*, pour faire mieux sentir que le reste est sans fondement.

X iv

l'entre-
prendre.
Ci-devant,
près du
commen-
cement de
ce Chapitre
Réflexion :
L'intérêt
même du
genre hu-
main fe-
roit donc
un titre à
l'injuſtice !

Il eſt faux
que les pro-
meſſes ex-
torquées
par crainte
entre Na-
tions doi-
vent tenir,
tandis que
celles entre
particu-
liers ſont
nulles,
avec juſtice

Dans quel
eſprit on
avance ici
cette maxi-
me.

humain, en leur apprenant que des promeſſes extorquées par crainte de particulier à particulier ne
valent rien, & que celles, dans le même cas, de
Nation à Nation, ſont bonnes ? Les premieres
ſont déclarées nulles, & le moindre ſens commun
ſuffit pour le concevoir ; & les ſecondes doivent
tenir, & l'intelligence humaine ne ſera point bleſ-
ſée de cette différence ! Ce qui eſt mal d'un côté,
ne le ſera pas de l'autre ! Les particuliers ſeront
entr'eux réglés par un principe ; & ſur le même
fait, quand ils ſeront en corps de peuple, un
principe tout oppoſé les gouvernera ! Comment
eſpérer d'éclairer jamais les Nations, ſi l'on ne
commence par éclairer les hommes ? Je ſoutiens,
moi, que la vérité eſt une, qu'elle eſt invariable :
que la raiſon de finir les Guerres eſt fort bonne ;
mais que celle ſur quoi on la fonde eſt très mauvaiſe ; parce que le défaut de liberté, dans les
contrats, les rend tout auſſi nuls, de Nation à Nation,
que de particulier à particulier. S'il importe beaucoup de mettre des bornes à ces ſortes de Guerres,
il importe bien davantage de ne les pas commencer, & de ne rien préſenter aux eſprits ambitieux
ou téméraires, qui puiſſe leur faire eſpérer & regarder comme un droit, de jouir impunément du
fruit de leurs exploits, ſi la fortune leur eſt proſ-
pere. Je ne dis pas que le vaincu, qui ſera ainſi
ſoumis par force à la domination d'autrui, & qui
y aura conſenti bon gré, malgré, doive revenir
de ce qu'il aura fait, & ſe rebeller : à Dieu ne
plaiſe que j'aie cette idée : tout mon livre ne
roule que ſur la paix, & à éloigner le trouble &
l'effuſion du ſang : j'ai prêché par-tout l'obeiſ-
ſance. La faute des Monarques, ou de tout Etat
ſouverain, en pareil cas, ne fait pas le droit actif

des Peuples foumis ou fubjugués. La premiere Loi, eft la tranquillité générale, D'ailleurs, il vaut toujours infiniment mieux endurer un certain tort, ou même un certain mal, que d'entreprendre de s'en garantir, ou de s'en délivrer par des voies extrêmes. Mais, je dis que le conquérant ne doit point compter fur les regles qu'on établit pour l'affurer dans fes poffeffions injuftes, parce que ces mêmes regles font fauffes & contradictoires avec la raifon & la Loi Naturelle.

Il en eft de même de ce qu'on décide que, « lors même qu'un Traité de Paix a été fait en » conféquence d'une Guerre entreprife fans fujet, » ou pour un fujet manifeftement frivole, le vain- » queur injufte, qui n'avoit aucun titre legitime, » l'acquiert enfuite dans un efpace de temps rai- » fonnable, lorfque le vaincu fubit patiemment » le joug, fans y être forcé par la même crainte » qui l'a porté à traiter ». On ne peut jamais al- léguer en Droit, la tranquillité du genre humain, en faveur d'un principe foncierement injufte ; & il répugne à l'équité & au droit fens, qu'on dé- fende les intérêts de l'humanité de cette forte. Le vainqueur, qui a entrepris la Guerre fans fujet, eft fans titre : fa victoire eft un abus de la force, ou un effet du hafard ; il n'a jamais pu acquérir par-là, le droit de commander à des Peuples, qui ne lui étoient naturellement pas fou- mis. Si ceux-ci ont fubi patiemment le joug & fans qu'il paroiffe que la même crainte qui les porta à traiter, les y ait contenus, c'eft une raifon qui n'eft que préfumée : la crainte a dû être toujours dans le cœur d'une Nation fubjuguée ; ou bien cette Nation n'a point voulu tenter de recouvrer

Examen de ce qu'on a rapporté : qu'en vertu du même motif de la tranquilité du genre humain, lors même qu'un trai- té de paix forcé a été fait en con- féquence d'une Guer- re entrepri- fe fans fu- jet, &c. Le vain- queur in- jufte qui, &c. ac- quiert en- fuite dans une efpace de temps, &c. Ci-devant.

sa liberté par un moyen aussi violent & aussi horrible que la Guerre, ainsi que doivent toujours se conduire des Peuples sages en pareil cas. Mais le *conquérant* jouit toujours injustement ; & rien ne sauroit légitimer sa possession.

Examen de la regle des jeux de hasard, apporté en preuve.

Ci-devant pas loin du commencement de ceChapitre

Il y a ensuite, dans la regle des *jeux de hasard* qu'on nous cite, par rapport à la même question, quelque chose de vrai & quelque chose de faux ou d'extrême. En vérité, je le répete, les hommes ne s'instruisent pas de cette sorte : on les rend incorrigibles, ou on les rend pires, bien loin d'empêcher le mal, ou de l'arrêter. Si deux Nations, sans pouvoir s'entendre, veulent, chacune de son côté, terminer leurs différens par le sort des armes ; & qu'après que la victoire en aura décidé, celle qui est vaincue ne soit pas réduite à un état insupportable, c'est-à-dire, qu'elle ne manque pas du nécessaire ; sans contredit alors, elle endurera ses maux; & la position où elle se trouvera, par rapport à elle-même, sera celle uniquement où elle auroit pu se proposer de réduire l'autre : c'est l'exemple de l'homme qui est blessé dans un duel, où il étoit allé de son pur mouvement.

Ce que prouvent l'exemple du duel & les paroles de Sosie à Mercure, dans l'Amphitrion de Plaute.

Mais que le conquérant d'une Nation ait le droit de lui imposer des conditions défavantageuses à son gré, sans qu'elle ait à s'en plaindre, c'est ce qui est faux & manifestement dangereux. Le mot de *Sosie* (1) à *Mercure* ne contient vérité que dans le fait, & non pas dans le droit : & c'est par le *droit* que nous devons nous conduire. Il ne peut être permis, après qu'on a abattu son homme, de le

(1) Cité ci-devant, p. 314.

traiter comme on veut ; & la raison du plus fort, qui malheureusement n'est que trop puissante dans la pratique, sera toujours dépourvue de preuve & de solidité. Il pouvoit convenir au malheureux *Sosie* de parler ainsi au *Dieu*, pour appaiser son courroux : son propos dans la bouche de quiconque sera, comme lui, à la discrétion de l'ennemi, aura certainement son sens & son utilité ; mais hors de-là, c'est un faux & pernicieux langage, qu'il est honteux à des maîtres d'apporter en preuve de l'autorité que ne prend que trop un conquérant affamé de gloire & de sujets.

Il est maintenant prouvé, je pense, qu'à tort l'on a nommé la conquête une *acquisition*. La conquête n'est que la supériorité momentanée qu'on s'est aquise sur l'ennemi, en le réduisant, par la force des armes, à la nécessité de nous accorder la satisfaction qui nous est due, & de nous demander la paix. Mais, pour parler plus juste, le mot de *conquête* ne devroit être pris qu'en mauvaise part, puisque l'aveuglement ou l'injustice des hommes y a attaché des droits, qui, bien examinés, sont un vrai brigandage, & doivent être proscrits d'entre les Nations. Si *Montesquieu* n'avoit point suivi en cela l'idée commune, le Critique (1), dont j'ai parlé, n'auroit pas sur lui l'avantage de le battre par ses propres paroles ; mais, puisque ces paroles sont sans fondement, celles du Critique le sont aussi : étendons un peu plus cette conséquence.

L'Auteur du Livre de l'*Esprit des Loix*, en disant que *la conquête est une acquisition, & que l'esprit*

Les paroles de Montesquieu, citées, étant donc sans fondement que la conquête est une acquisition, celles de son Critique le font aussi.

Ci-devant quatre ou cinq pages avant la fin du précédent Chapitre.

Bon d'étendre un peu plus cicette conséquence par l'examen des

---

(1) L'Auteur *des Corps Politiques*, Tome I, p. 138.

d'acquifition porte avec lui l'efprit de confervation
& d'ufage, a entendu, par ces deux derniers mots
fur-tout, d'oppofer un effet contraire à celui
qu'on s'étoit cru permis de faire mourir les prifonniers de Guerre ; c'eft-à-dire qu'il a combattu la
deftruction : mais rien ne fauroit le juftifier d'avoir
été pour le *droit de conquête*, ni l'intention *d'en régler*
& d'en adoucir les effets, ni celle *de les rendre utiles aux*
Peuples qui en font les victimes. Jamais une mauvaife caufe, quoi qu'on faffe enfuite, ne pourra
convenir à l'humanité ; & je n'en abhorre pas
moins cet illuftre brigand de Rome dont notre
Poëte (1) Lyrique a dit :

> Qu'il n'eût point eu le nom d'Augufte,
> Sans cet empire heureux & jufte
> Qui fit oublier fes fureurs.

Le célebre Montefquieu en eft encore plus coupable d'avoir voulu allier le mal avec le bien,
& d'avoir travaillé, pour ainfi dire, à donner à
une entreprife criminelle, un air d'utilité & d'a-
vantage qui eft d'abord fort douteux en foi, &
dont la réalité d'ailleurs & le motif ne fauroient
jamais juftifier une telle entreprife.

Il déclare tout net, qu'il *eft contre la nature de*
la chofe que la fervitude foit éternelle ; mais il veut
qu'il puiffe *arriver qu'elle foit un moyen néceffaire*
pour aller à la confervation. Qu'importe qu'il me
dife, qu'il *faut que le peuple efclave puiffe devenir*
fujet ; que *l'efclavage, dans la conquête eft une chofe*

_____

(1) Jean-Baptifte Rouffeau.

d'accident, s'il est permis, en certains cas, d'établir *l'esclavage ?* Son adverfaire (1) a raifon de lui oppofer que *la fervitude doit durer éternellement, fi la confervation de la conquête l'exige.*

contre la nature de la chofe qu'elle foi éternelle.

Il propofe enfuite (2), que « lorfqu'après un » certain efpace de temps, toutes les parties de » l'Etat conquérant fe font liées avec celles de » l'Etat conquis, par des coutumes, des mariages, » des Loix, des affociations & une certaine con- » formité d'efprit, la fervitude doit ceffer; & il » en donne pour raifon, que les droits du con- » quérant ne font fondés que fur ce que ces chofes. » là ne font pas, & qu'il y a un éloignement entre » les deux Nations, tel que l'une ne peut pas » prendre confiance en l'autre ». Mais je ne vois pas, en premier lieu, comment la *fervitude* auroit jamais pu être, fi par toutes ces caufes dont il nous parle, elle a pu être amenée à ce point qu'on la doive faire ceffer tout-à-fait. Il y a en cela une efpece de con   ction : pour faire que ces caufes aient exifté, il faut avoir traité ces hommes efclaves différemment que des efclaves : & fi nous ôtons les effets de l'efclavitude, que reftera-t-il donc autre chofe que le nom ? Et en fecond lieu, je remarque que la raifon dont il fe fert pour y mettre des bornes, eft finguliere : elle démontre d'autant plus le peu de fondement du *conquérant,* puifqu'il n'en donne pas d'autre à fes droits, que le défaut de ces mêmes caufes, & l'éloignement qu'il y a entre les deux Nations, qui

Efpece de contradiction fur la fervitude ; par la liaifon que fu-pofe Montefquieu pouvoir & devoir fe faire, entre toutes les parties de l'Etat conquérant & celles de l'Etat conquis.

Et par le fondement même qu'il donne aux droits du conquérant, par rapport à cet état de fervitude.

(1) L'Auteur *des Corps Politiques,* déja cité.
(2) *Efprit des Loix,* Tome I, p. 288.

font des raisons pour lesquelles même la conquête ne doit pas durer, à moins de ne tomber dans l'injustice. L'état de méfiance où est la Nation conquise, à l'égard de l'autre, est un effet naturel de sa servitude : il est contre la nature d'aimer celui qui nous subjugue, & qui nous enleve notre liberté. Nous pouvons vouloir un maître ; mais nous ne voulons pas qu'il se donne lui-même : l'action de nous vaincre, ne donne pas le droit de nous gouverner ; l'autorité n'est que passagere ; & après les satisfactions données, chacun reste dans son premier état. De sorte que ces obstacles, qui, selon *Montesquieu*, autorisent le *conquérant* à réduire en esclavage, sont précisément les signes qui indiquent son défaut de titre, & que ce qu'il entreprend, est un vrai attentat. L'obéissance originelle doit être volontaire, en fait de peuples, par rapport à la légalité du Souverain : je n'en connois point d'autre qui soit solide & juste (1).

Des prétendus avantages selon Montesquieu, du Peuple conquis: sa définition du droit de conquête seule, renverse ce plan.

Ibid.
Pag. 289.

Je passe à l'utilité dont peut être, à son avis, la conquête au Peuple conquis. « Au lieu, *dit-il*, » de tirer du droit de conquête, des conséquen- » ces si fatales, les Politiques auroient mieux fait » de parler des avantages que ce droit peut quel- » quefois apporter au Peuple vaincu. Ils les au- » roient mieux sentis, si notre Droit des Gens » étoit exactement suivi, & s'il étoit établi dans

---

(1) Ceci est subordonné toujours au devoir indispensable d'obéir de la part des Sujets, qui, en toute cause, n'ont que le droit de représentation, & ne peuvent prendre titre de l'injustice du Prince, pour se rebeller, comme je l'ai dit si souvent dans cet Ouvrage, & notamment aux pages 168, 282, 328 de ce volume.

» toute la terre ». Je demande pardon à ce grand
génie ; mais *notre Droit des Gens* n'eſt que trop
bien ſuivi dans cette partie du *droit de conquête ;*
car cette fatale & déplorable erreur, qu'on peut
impunément régner ſur des Peuples vaincus, parce
qu'ils nous auront manqué ou autrement, & que
nous les aurons ſoumis par la force des armes :
cette erreur, dis-je, a été généralement répandue
& pratiquée. Eh ! quelle foi puis-je ajouter à un
pareil droit, quand ce même Auteur le définit lui-
même, en finiſſant ſon Chapitre : *Un droit..........* Tom. I,
qui laiſſe toujours à payer une dette immenſe, pour p. 291.
s'acquitter envers la nature humaine ! Il l'appele véritablement *néceſſaire* & *légitime ;* mais nous avons vu
qu'il n'eſt ni l'un ni l'autre ; & à l'égard de l'épithete
de *malheureux* dont il l'accompagne, s'il l'eſt,
c'eſt bien par la faute des hommes, & l'on ne doit
imputer qu'à eux tout le mal qu'il cauſe.

On diroit que *Monteſquieu* cherche même à *Premier*
juſtifier un pareil droit. « Les Etats que l'on con- *avantage :*
» quiert, *dit-il*, ne ſont pas ordinairement dans *le cas où un*
» la forme de leur inſtitution ; la corruption s'y *Gouverne-*
» eſt introduite, &c... Un Gouvernement parvenu *ment* (celui
» au point où il ne peut plus ſe réformer lui- du Peuple
» même, que perdroit-il à être refondu ? » Il vaincu)
perdroit ſa liberté d'une autre ſorte : on lui ra- *eſt parvenu*
viroit le droit d'avoir un Chef de ſa Nation & *au point de*
de ſa main ; l'eſperance raiſonnable que le Prince *ne pouvoir*
légitime, ou l'Etat ſouverain, rétabliroit l'ordre *plus ſe ré-*
de lui-même ; & la douceur de penſer qu'on *former lui-*
n'auroit pas pour ſe délivrer d'une tyrannie ſourde, *même.*
à uſer de moyens extrêmes & à s'expoſer à tous *Ibid.*
les troubles d'une rebellion, quelque injuſte qu'elle P. 289.
pût être par le *fait ;* car nous avons dit que les

Peuples doivent toujours rester soumis ; & cette obligation aggrave encore plus le tort du conquérant.

Il apporte encore un exemple : « Des Etats opprimés par des traitans, qu'on avoit vus soulagés par le conquérant, qui n'avoit ni les engagemens, ni les besoins qu'avoit le Prince légitime. Les abus, dit-il, se trouvoient corrigés, sans même que le conquérant les corrigeât ». Ne semble-t-il pas que ces abus trouvent en cela une voie naturelle à la correction ? Et qu'en leur place, une fois corrigés de cette maniere, il ne s'en établira pas d'autres ? Et y en a-t-il de pire, que de voir un Prince légitime dépouillé par un Étranger, ou un Etat souverain perdre sa souveraineté, par cela même qu'on a eu contre lui des forces supérieures, & qu'on se trouve avoir à son égard le titre de conquérant ?

Il ajoute un autre motif : « Quelquefois la frugalité de la Nation conquérante l'a mise en état de laisser aux vaincus le nécessaire qui leur étoit ôté sous le Prince légitime. » Heureux remede pour les Sujets souffrans » : mais terrible aiguillon pour les entreprises hasardeuses & violentes ! Et que ce tableau est propre à renverser les Souverains par l'envie même qu'ils auroient de rendre un pareil service ! Eh quoi ? Est-ce que ceux qui sont morts pendant la conquête, auront à jouir de tous ces avantages ? Quand il seroit vrai que ceux qui restent pourroient se trouver mieux d'un changement de maître, faut-il donc que ce soit aux dépens de tant de milliers d'hommes que le fer conquérant aura immolés ? Princes & Sujets,

vous

vous ne pouvez trouver votre repos & votre
bonheur dans un moyen de cette nature ; & c'est-
là la pire des leçons que d'ébranler la sûreté des
premiers, & de sacrifier partie des autres !

Que dire, après cela, du dernier avantage que
M. *tesquieu* attribue à la *conquête* ? Il prétend
qu'*une conquête peut détruire les préjugés nuisibles,
& mettre, s'il ose parler ainsi, une Nation sous un
meilleur génie.* Il nous parle du *bien que les Espagnols pouvoient faire aux Mexicains, & il ne trouve
au contraire que des maux à leur reprocher.* Mais
pour faire ce bien, il falloit venir chez eux comme
amis, & non comme ennemis ; comme freres,
& non comme tyrans ; comme Etrangers deman-
dant leur alliance, & non comme maîtres & des-
potes ; enfin, comme hommes, & non comme
des lions & des tigres. Il étoit, contre la nature
de la chose, que la *conquête* les menât à leur
donner une Religion douce, à rendre libres les
esclaves, à les éclairer sur l'abus des sacrifices humains, &c. *Ils les exterminerent ; ils rendirent esclaves des hommes libres ; ils leur apportoient une
superstition furieuse.* Cela devoit être ; ils avoient
voulu être conquérans, & régner sur une Nation
inconnue, avec qui ils n'avoient rien eu à démêler,
& entre laquelle & eux il sembloit que Dieu avoit
mis un assez grand espace de mer pour la garantir
de leur fureur.

Je laisse les autres réflexions que fait *Montesquieu*, sur le dessein & le bon usage de la conquête. Il la traite en divers Chapitres, relativement
aux trois sortes de Gouvernemens, qui la voudroient tenter ; & ses vues sur cette matiere, font,

Quatrieme & dernier avantage de la conquête, selon Montesquieu ; le cas où la Nation conquise auroit des préjugés nuisibles.

A tort, les Espagnols blâmés, de n'avoir pas comme conquérans opéré ce bien sur les Mexicains &c. : Ils étoient bien autrement blâmables!

Jugement de ce que Montesquieu ajoute sur la conquête, dans les

il en faut convenir, d'un homme judicieux & profond ; mais il ne dit jamais rien qui puisse *légitimer la conquête* ; & ses raisonnemens ne sont que des routes qu'il propose, en politique fin & habile, pour se conserver les Peuples conquis : ils tendent à s'attacher de nouveaux Sujets, & à se faire un Etat plus étendu, & qui soit solide ; mais toute la prudence d'*Alexandre* qu'il nous vante, ne justifie pas sa valeur ; & les mauvais succès qu'il reproche à *Charles XII* ne condamnent pas davantage son entreprise : ils avoient, l'un & l'autre, élevé leurs projets sur une ambition démesurée, qui ne s'accordoit point avec la justice, & que l'amour de l'humanité aura toujours en horreur. Ainsi, la *conquête*, encore une fois, n'étant point une *acquisition*, tout le raisonnement de *Montesquieu*, qui porte là-dessus, tombe de lui-même ; & par conséquent aussi celui du Critique, qui avoit fondé, sur ce même raisonnement, la légitimité & la durée indéfinie de l'*esclavage*.

Mais cet Auteur-ci examine, pour troisieme question : *Si l'on doit admettre des esclaves dans les Corps politiques* ; & bien que par mes principes, la négative soit assurée, & la question elle-même très-inutile ; néanmoins il n'est pas indifférent de rapporter ce qu'il en dit, pour montrer toujours mieux que l'édifice dont il s'agit s'ébranle de toutes parts, & se détruit par ses propres ruines.

L'Auteur, après avoir parcouru succinctement les inconvéniens de l'*esclavage*, en vient à ses avantages ; & tout bien examiné, il conclut que l'on peut donc décider, *que les vrais esclaves ne conviennent pas au Corps politique.*

Il s'oppofé cependant que « les *Parthes* fé fer-
» voient de leurs efclaves à la guerre ; & que
» l'année qui flétrit la gloire de *Marc-Antoine*,
» & celle du nom romain, n'étoit compofée que
» d'efclaves ; » à quoi il répond qu'*on lit en
même-temps que les Parthes traitoient leurs efclaves
comme leurs enfans* ; & là-deffus, il s'écrie:
« Ce n'eft donc pas comme je l'ai dit plus haut,
» l'efclavage en lui-même, qui eft pérnicieux,
» c'eft l'empire abufif que l'on exerce fur les
» efclaves ».

Mais pourquoi donc, fi l'efclavage en lui-même,
n'eft point pernicieux; fi ce ne font que les abus;
pourquoi le profcrire de la République ? *Une inftitution* (je me fervirai de fes termes) *peut être
permife & même bonne, & l'abus que l'on en fait
pernicieux.*

Il fent fi fort qu'il eft naturel d'abufer de cet
empire que l'on exerce fur les efclaves, qu'il
ajoute ce qui fuit : « Mais comment fe pourroit-
» il que la nature perverfe ne porte le général
» des hommes à pouffer à l'excès, les droits
» d'autorité qui font dans leurs mains ? Si on ne
» doit pas efpérer qu'ils fe corrigent, il faut
» profcrire l'efclavage ».

Cependant la conféquence feroit mauvaife, fi
la chofe en foi étoit bonne. On a prouvé (1) que
la renaiffance des lettres a été plus nuifible aux

Revient pourtant à dire, fur l'exemple des *Par-thes*, que *l'efclavage en lui-même n'eft point per-nicieux; mais feu-lement les abus le font.*

On peut le battre par fes propres paroles. *Ibid.* P. 139.

Avoue qu'*il eft im-poffible que les hommes fe corrigent fur les abus de l'efcla-vage*, & ne fonde que là-deffus la réfolution de le prof-crire.

La con-féquence feroit mau-vaife, fi l'efclavage étoit bon.

(1) Jean-Jacques Rouffeau.

Applica-
tion de cet-
te vérité aux
sciences
& aux *arts*,
dont les a-
bus ne doi-
vent pas les
faire rejet-
ter.

mœurs que profitable. L'expérience de tous les
jours nous montre combien les fciences & les arts
font mis à des ufages dangereux pour les hommes :
faut-il pour cela, fermer les colleges & les aca-
démies ? défendre les inftructions qui ne fe rapportent pas uniquement à la religion, & aux
premiers principes de la morale ; & imiter le Ca-
life *Omar*, qui fit brûler, pour pareil motif,
toute cette fameufe bibliotheque d'Alexandrie,
dont la perte a caufé tant de regrets aux favans ?
Non : la fcience n'eft point mauvaife par elle-
même ; elle eft néceffaire à l'efprit, comme la
nourriture au corps ; & l'invention des arts, outre
qu'elle procure des avantages réels à la fociété,
fournit des douceurs & des commodités dans la
vie, qui ne fervent pas peu à nous faire fupporter nos peines. Il faut faire un bon ufage de
la fcience, comme des alimens : de ce qu'il y a
des intempérans & des ivrognes, faudra-t-il interdire le manger & le boire ?

L'*efcla-*
vage n'a
point les
mêmes rai-
fons pour
fe foutenir.

Il n'en eft pas de même de l'efclavage : toutes
les chofes dont nous venons de parler font effentiellement propres à l'homme ; elles en font diftinctes & forment une claffe à part ; mais un
homme vaut autant qu'un homme, ils font d'é-
gale nature ; & bien loin que quelques-uns d'entr'eux puiffent être comparés à ces mêmes chofes, quant à l'ufage de l'homme, ils y ont tous,
au contraire, même prétention & mêmes droits,
& tous les bienfaits de la nature font autant le
partage des prétendus efclaves que des hommes
libres ; ainfi l'*efclavage* n'a point les mêmes raifons pour fe foutenir. L'auteur que je cite, con-

Ibid.
P. 104.

vient que « la nature a donné à l'homme une

» volonté, une faculté de choisir, qui ne dépend
» que de lui-même ; *Et que* dès-lors la nature
» l'a fait libre. *Et en vain remarque t-il plus bas,*
» *que* la question cesse d'être la même, lorsqu'on
» examine si l'esclavage est conforme ou con-
» traire à un Droit des Gens appuyé sur la raison »
Ce qu'il dit ici pour l'affirmative, ne prouve rien :
car il remonte à l'origine de cette condition, qu'il
attribue aux premieres guerres des hommes ; ce
qui n'établit pas le droit. Il touche ensuite les
raisons du fond, que nous avons déja discutées
& trouvé mauvaises, & finit en observant que
celles que l'on cite ordinairement contre l'esclavage, *se prennent des traitemens barbares, exercés*
sur ceux qui sont tombés dans cette malheureuse
condition. Il est vrai que c'est assez, jusqu'aujour-
d'hui, ce qu'on y a opposé de plus fort ; mais
je me flate d'être entré plus avant, & d'avoir découvert tout le faux de cet odieux systême.

Si les abus de cette étrange autorité sur des
hommes sont inévitables, comme on l'a pensé,
c'est qu'ils sont une suite nécessaire de la chose
même, ainsi que je crois l'avoir déja dit : & c'est
en quoi seul est à remarquer la différence totale
des bonnes institutions aux mauvaises ; parce que
tout étant susceptible d'abus, entre les mains d'êtres
libres & fautifs comme l'homme, il faut bien maintenir celles dont il ne peut se passer, quoiqu'il
en abuse ; mais abolir toutes les autres, qui n'é-
tant point nécessaires, ne lui laissent que les occasions de mal faire.

Si l'on trouve par l'histoire que l'*esclavage n'étoit*
point mauvais chez les Parthes ; c'est, ou que les

Y iij

L'Auteur
cité, pré-
tend en
vain que *la*
question de
l'esclavage
quoique
contraire
à la natu-
re cesse d'ê-
tre la mê-
me, lors-
qu'on exa-
mine s'il
est confor-
me ou con-
traire à un
Droit des
Gens, ap-
puyé sur la
raison.
Ibid.
p. 135.
Des Corps
Politiques.
(*Ut suprà*)
p. 137, &
ci-devant,
les quatre
ou cinq
dernieres
pages du
Chapitre
précédent.
Les *abus de*
l'esclavage
essentielle-
ment iné-
vitables :
en quoi dif-
ferent les
bonnes ins-
titutions
des mau-
vaises ; &
maniere de

se conduire à leur égard.

Ce que l'on doit penser de l'*esclavage* chez les *Parthes.*

L'idée de *cruauté* que ce mot réveille chez nous, n'est que trop bien fondée. *Ibid.* P. 134.

historiens en ont mal jugé, ou que si véritable-ment ce peuple traitoit ses esclaves comme ses enfans, ces *esclaves* étoient mal nommés & n'é-toient rien moins que ce que le mot signifie. « On » devroit, *dit cet Auteur*, dans la discussion, ou-» blier les préjugés. Nous connoissons à peine l'es-» clavage dans la plus grande partie de l'Europe, » & nous y avons attaché une idée de cruauté » que nous ne séparons pas de la chose même ». Il n'y a point ici de préjugé ; & notre mot d'*es-clave* en françois représente bien la condition de ceux qui de nos jours, ont le malheur de tomber entre les mains des corsaires de barbarie avec qui l'on est en guerre : ou bien dans les nôtres, lors-que nous faisons sur eux des prisonniers, ou que nous les achetons pour le service des ports de mer des nations voisines, qui les avoient faits elles-mêmes : le sort de ces sortes d'esclaves, très-cer-tainement n'est pas assez doux, quoiqu'on ne les maltraite pas, pour pouvoir dire ici qu'on se fait illusion.

L'Auteur des *Corps Politiques* varie beau-coup. Il veut au-moins ad-mettre l'*es-clavage* dans le cas d'une né-cessité ab-solue, qui est, selon lui, *la cul-ture de nos terres en Amérique.*

C'est apparemment cette idée, qu'en a l'Au-teur que je cite, contraire à la nôtre, & en même-temps peu certaine, qui l'engage à des va-riations sensibles sur l'*esclavage* : après l'avoir re-jetté, il voudroit l'admettre au moins dans un cas, qui seroit celui, dit-il, d'une nécessité ab-solue : on ne peut rien dire d'abord contre une exception de cette force : il n'est plus question que de savoir si elle existe ; voici l'exemple qu'il en apporte : *lorsque la terre demeureroit sans culture sans le secours des esclaves, comme dans les Colo-nies de l'Amérique ;* assurément c'est bien plutôt ici le lieu de lui opposer ses propres paroles,

qu'on devroit dans la difcuffion oublier les préjugés.
En eft-il un de plus confidérable & en même-
temps de plus fâcheux à l'humanité que la *traite* *Ridiculité*
des Negres, que l'ufage que nous en faifons dans *de ce pré-*
cette partie du Monde, où nous ne fommes point, *jugé, &*
où nous avons toujours l'air de maîtres étrangers, *traite des*
non-feulement, parce que des mers immenfes *Negres &*
nous féparent, mais par notre propre barbarie *l'ufage que*
envers ces negres que nous traitons comme des *nous en fai-*
bêtes; par l'incompatibilité abfolue qu'il y a en- *fons, font*
tre les Sauvages du pays & nous, & par tous *injuftes &*
les obftacles des faifons & des élémens, qui, *inhumains*
dans ces contrées, font payer bien cher à la *Inutilité*
plupart de nous, notre avidité & notre injuftice? *des Colo-*
Si nous voulons cultiver ces terres, tout éloignées *nies.*
qu'elles font, cultivons-les nous-mêmes : ou bien,
fi cela ne fe peut fans nuire à l'Etat, fans affoiblir la nation, abandonnons-les. Y a-t-il une
néceffité abfolue à fe fervir des negres? à faire
valoir les productions de ces pays, aux dépens
des bras & de la vie d'hommes, qui ne font pas
nés pour ces ufages, & dont l'emploi par nous
établi de cette forte, eft fans titre & bleffe les
droits les plus naturels? Mais en même-temps, eft-
il bien néceffaire d'entretenir ces Colonies? Som-
mes-nous par elles? Et les Royaumes d'Europe,
qui les entretiennent, ne font-ils pas déja dans le
continent, tout ce qu'ils doivent & peuvent être?
C'eft à quoi plus d'un Ecrivain, ami des hommes,
a déja penfé. Mais il eft rare qu'on revienne de
pareilles erreurs; & l'on ne fe rend que quand
les mauvais fuccès ou des événemens imprévus
nous dégoûtent, ou nous obligent à déguerpir.

Nous avons donc vu que nos Ecrivains politiques ne difent rien de fondé pour foutenir le

droit de réduire en fervitude ; & que le *droit de conquête*, d'où ils le dérivent, eft tout auffi dépourvu de juftice & de raifon. Seroit-il poffible qu'une condition fi affligeante pour l'humanité, & fi contraire à tous les vrais principes, trouvât dans les Livres faints, & dans des perfonnages qui ont dû les bien entendre, des défenfeurs & des apologiftes ?

CHAPITRE V.

Même sujet : (Le Droit de Conquête). *Ce qu'en disent les Livres Saints. On les a mal entendus ; Bossuet, lui-même, a donné à gauche, dans son Ouvrage de la Politique tirée de l'Ecriture-Sainte.*

Nous avons déja montré dans la Premiere Partie, l'horreur, si on peut parler de la sorte, que Dieu a témoignée en différens endroits de l'Ecriture , pour l'effusion du *sang humain*, & pour l'esprit de *conquête*. Nous avons vu qu'il n'avoit rien moins que formé son Peuple guerrier ; & s'il lui prescrivit des regles pour la maniere de combattre & de traiter son ennemi, où il paroît même de la cruauté, c'est un point dont nous parlerons dans le Chapitre suivant : on ne peut rien opposer à des cas uniques ; mais toujours, n'y trouverons-nous point ce que nous cherchons par rapport au *Droit de conquête ;* & là ou les Israélites ou les Juifs auront voulu user d'un droit qui ne leur avoit pas été donné, en tant que *droit de réduire en servitude*, il sera clair qu'ils auront passé les bornes qui leur avoient été prescrites ; leur conduite sera criminelle, & offensera, non-seulement le Droit naturel, mais la Divinité même ; dont les Loix positives, à moins qu'il n'y ait dérogé expressément & évidemment, n'ont rien de contraire à ce même Droit résultant de notre constitution humaine, & de la maniere dont elle nous a faits.

Les Livres saints, par rapport au droit de conquête.

Réflexions préliminaires sur cette connoissance.

Il nous faut considérer ici quel a été le vrai sens des Livres Saints & des Ecrivains chrétiens, dans ce qu'on y trouve au sujet des *conquêtes* : il nous faut voir, si l'on y découvre cette sorte d'*esclavage* qui vient par la Guerre, & si elle est légitime ; s'il fut permis de se procurer des esclaves par les voies de fait. Si cela n'est pas bien prouvé, ou apparent, & qu'au contraire, il n'y soit rien dit qui vienne au secours de cette idée ; il en doit résulter qu'on a eu tort de n'y pas reconnoître une improbation ; & plus encore d'avoir voulu, par des exemples mal appliqués ou mal entendus, autoriser les vainqueurs & les maîtres dans l'exercice & la jouissance de pareils droits ; quand d'ailleurs, dans tous les préceptes de morale qu'on trouve dans ces divins Livres, l'on ne voit que douceur, modération, désintéressement, charité, qui font les vertus essentielles & fondamentales de la Loi chrétienne.

Premier conquérant, selon l'*Ecriture.*
Sortoit d'une race maudite. *Politique, tirée de l'Ecriture sainte,* par Bossuet, *in-*4°. page 439, & *Ibid.* p. 65. *Hist. Un.* Tome I p. 10.
Comment l'*Ecriture* marque cet événement

Moyse nous apprend que bientôt après le Déluge, *Nembrod,* homme farouche, devint, par son humeur violente, le premier des conquérans. Mais » il est expressément marqué, *observe Bossuet,* » qu'il étoit des enfans de Chus, fils de Cham, » le seul des enfans de *Noé* qui ait mérité d'être » maudit par son pere ».

« Le titre de conquérant, *ajoute le même Bossuet,* » prend naissance dans cette famille ; & l'Ecriture » exprime cet événement en disant : *qu'il fut le* » *premier puissant sur la terre,* c'est-à-dire, qu'il » fut le premier que l'amour de la puissance porta » à envahir les Pays voisins ». Voilà sans contredit une profession réprouvée dès son origine ; aussi n'est-ce pas de celle-là précisément dont il s'agit : tous les Ecrivains Politiques la condamnent.

Il est une autre sorte de conquérans qu'on regarde bien différemment, & à qui l'on attribue, comme nous avons vu, de très-grands droits. L'Auteur, que je cite, ne fait pas difficulté (dans un Livre (1), qui n'est pas le meilleur des siens), d'établir comme une proposition assurée, qu'*il y a un Droit de conquête très-ancien, & attesté par l'Ecriture.* Il nous importe donc de bien examiner ce point, de la part d'un homme de son caractere & de sa science, & de reconnoître tout ce qu'il peut y avoir de vrai & de praticable dans un sujet de cette conséquence. Sans doute que le célebre *Bossuet* n'a point entendu ouvrir la porte à la licence, & favoriser l'ambition guerriere, comme on pourroit le craindre d'abord à la vue de sa proposition. Mais il en faut venir aux causes & aux effets. Il s'autorise de deux exemples pris dans les Livres Saints.

Premiere proposition de Bossuet, qu'il y a toutefois un droit de conquête très-ancien attesté par l'Ecriture.

Le premier, c'est celui de *Jephté*, à qui le Roi des Ammonites se plaignoit que le Peuple d'Israël, en sortant d'Egypte, avoit pris beaucoup de terres à ses prédécesseurs, & à qui il les redemandoit.

Premier Exemple dont il s'appuie : celui de Jephté à l'égard des Ammonites, &c.

Le second, celui de *Jacob*, usant de ce droit dans la donation qu'il fait à *Joseph*, en cette sorte : « Je vous donne, pour préciput, sur vos

Deuxieme exemple : celui de Jacob donnant à son fils Joseph, &c.

(1) Politique, tirée des propres paroles de l'Ecriture sainte, *ut suprà*, pages 76 & 65.

» freres, un héritage que j'ai enlevé de la main
» aux Amorrhéens , par mon épée & par mon
» arc ».

Réflexion.
Ces deux exemples ne peuvent servir de titre aux conquérans , aux ravageurs du monde.

Boſſuet prend ſoin d'en expoſer les motifs : du moins par rapport à *Jephté*, de rapporter les raiſons juſtificatives que lui-même alléguoit en faveur des Iſraélites. Que les amateurs de la domination & les envieux d'une fauſſe gloire, s'en tiennent préciſément à ces conditions; qu'ils faſſent câdrer, s'ils le peuvent, leur ambition déſordonnée avec la régularité des cas que ces deux exemples préſentent : & la terre n'aura point à trembler de leurs folles entrepriſes; les Peuples reſteront tranquilles dans leurs Etats!

Expoſition des *raiſons juſtificatives*, alléguées par *Jephté* lui-même.

Jephté établit le droit des Iſraélites par deux titres inconteſtables : l'un étoit *une conquête légitime*, & l'autre *une poſſeſſion paiſible de trois cens ans.*

Premier titre : légitimité de la conquête. Comment?

Pour montrer que cette conquête étoit légitime, il poſe pour fondement, *qu'Iſraël n'a rien pris de force aux Moabites & aux Ammonites ; au contraire, qu'il a pris de grands détours, pour ne point paſſer ſur leurs terres.*

Il fait voir enſuite, que « les places conteſtées, » n'étoient plus aux *Ammonites* ni aux *Moabites*, » quand les *Iſraélites* les avoient priſes; mais à » *Séhon*, Roi des Amorrhéens, qu'ils avoient » vaincu par une juſte Guerre. Car, il avoit le » premier marché contr'eux, & Dieu l'avoit livré » entre leurs mains.

Ce que fait remarquer ici *Boſſuet*,

» Là (*ajoute Boſſuet*) il fait valoir le Droit de » Conquête établi par le Droit des Gens & re-

» connu par les Ammonites, qui poſſédoient beau-
» coup de terres par ce ſeul titre ».

Mais, ou ce ſavant Evêque ſuppoſe que le
titre, en vertu duquel les *Ammonites* poſſédoient
beaucoup de terres, étoit tout auſſi fondé que celui
des *Iſraélites; &* en ce cas, la poſſeſſion auroit
été légitime : ou bien le *Droit des Gens* dont il
parle, qui légitimeroit, ſelon lui, ce *Droit de
Conquête*, ſeroit préciſément le droit défectueux
que j'attaque, qui eſt de l'invention des hommes,
& que je tâche de ramener aux véritables principes
& à l'Etat naturel.

du *Droit
des Gens*,
par rapport
au *Droit de
conquête*,
n'eſt ni
clair ni
exact.

Enſuite, *Jephté* paſſe à la longue poſſeſſion : il
repréſente que « les *Moabites* ne ſe plaignirent
» point des *Iſraélites*, lorſqu'ils conquirent ces pla-
» ces; où en effet, les *Moabites* n'avoient plus
» rien. Valez-vous mieux, diſoit-il, que Malac,
» Roi de Moab? Ou pouvez-vous nous montrer,
» qu'il ait inquiété les Iſraélites, ou leur ait fait
» la Guerre pour ces places » ?

Deuxieme
titre allé-
gué par
*Jephté : la
longue poſ-
ſeſſion.*

En effet, remarque *Boſſuet*, il étoit conſtant
par l'Hiſtoire, *que Balac n'avoit point fait la
Guerre, quoiqu'il en eût eu quelque deſſein.*

« Et non-ſeulement (*ajoute-t-il*) les Moabites
» ne s'étoient pas plaints; mais même les Ammo-
» nites avoient laiſſé les Iſraélites en poſſeſſion
» paiſible durant trois cens ans : pourquoi, diſoit
» *Jephté*, n'avez-vous rien dit durant un ſi long
» temps ?

» Enfin, le chef des Hébreux conclut ainſi : ce
» n'eſt donc pas moi qui ai tort; c'eſt vous qui
» agiſſez mal contre moi, en me déclarant la
» Guerre injuſtement. Le Seigneur ſoit juge en

» ce jour, entre les enfans d'Israël & les enfans
» d'Ammon ».

Grotius, parlant de ce fait, ne le cite que par
rapport à la longue possession, & pour repousser
l'opinion de *Vasquez*, qui pense que *le droit de
prescription établi par les Loix civiles, ne peut avoir
lieu entre deux Peuples libres ou deux Rois*, &c.
A quoi *Grotius* répond que « si on admet un tel
» principe, il en résultera un très-grand inconvé-
» nient; c'est qu'il n'y aura jamais de fin aux dif-
» putes touchant les Royaumes ou leurs limites :
» ce qui est, *dit-il*, non-seulement une source d'in-
» quiétudes, de troubles & de guerres parmi les
» hommes, mais encore une maxime contraire au
» sentiment commun des Peuples ».

Mais j'ai déja montré (1) le cas qu'on doit faire
de cette raison louable en apparence; & quoi qu'il
en puisse être, je soutiens que ce second titre,
que faisoir valoir *Jephté* par ses Ambassadeurs au
Roi des Ammonites, ne seroit rien par lui-même,
si l'autre étoit sans fondement : il n'en est qu'une
dépendance & comme un accessoire naturel; parce
qu'en effet, si *la longue possession* peut être un signe
favorable, cela ne convient jamais mieux qu'à la
bonne cause; mais aussi, comme elle se trouve
souvent avec la mauvaise, l'on ne peut pas dire
jusques-là que l'on ait *ce qui constitue le vrai Domaine*.

Aussi voit-on que *Jephté* allegue d'abord le vrai

---

(1) Vers le milieu du précédent Chapitre.

fondement de la propriété : il a tout dit, quand il a
exposé que les *Israélites* n'ont rien pris sur les
Moabites & les Ammonites ; mais sur un peuple,
que Dieu, par un terrible châtiment, avoit voulu
exterminer, & dont il leur avoit donné les terres
& les dépouilles. Le silence de ces Nations maudites durant un si long temps peut être encore regardé comme un effet de la toute-puissance divine ; car vraisemblablement sa main, qui présida
à cet événement, agit pour les disposer de la
sorte.

raélites n'avoient rien pris sur les Moabites & les Ammonites. 2°. que Dieu même leur a- voit com- mandé de prendre sur les Amor- rhéens.

Pour l'exemple de *Jacob : Bossuet* nous enseigne
« qu'il ne s'agit pas d'examiner ce que c'étoit, &
» comment *Jacob* avoit ôté cet héritage aux Amor-
» rhéens ; qu'il suffit de voir que Jacob se l'attri-
» buoit par le *Droit de Conquête*, comme par le
» fruit d'une juste Guerre ».

Deuxie- me Exem- ple : la do- nation fai- te à Joseph par Jacob.

Je ne suis pas tout-à-fait de cet avis : Il seroit à
souhaiter que l'Ecriture nous eût marqué les circonstances de ce fait ; & la raison seule, encore
une fois, tirée du succès & de la victoire, est commune à l'injustice comme à la bonne cause.

Bossuet se trompe ici de ne vou- loir pren- dre, pour preuve de la justice de Jacob dé- pouillant les Amor- rhéens, que le succès de ses armes.

« La mémoire de cette donation de Jacob à
» Joseph, *dit Bossuet*, s'étoit conservée dans le
» Peuple de Dieu, comme d'une chose sainte &
» légitime jusqu'au temps de notre Seigneur, dont
» il est écrit, *qu'il vint auprès de l'héritage que Jacob
» avoit donné à son fils Joseph* ». Le respect que l'on
doit à ce Livre saint, & la grande idée que l'E-
criture elle-même nous donne de ce grand Patriarche, ne nous laissent aucun doute sur la légitimité de sa conquête. D'ailleurs, les Amor-

Il faut aller à de plus hautes vues.

Jean, IV, §.

Raisons de croire a

conquête légitime; quoique l'Ecriture ne dife pas ce que c'étoit ni comment il la fit.

rhéens étoient une des fept Nations maudites que Dieu lui avoit ordonné d'exterminer, & dont il avoit promis les terres à *Abraham* & à fa poftérité. On peut bien, fans légéreté, préfumer qu'il ne s'étoit point laiffé aller en cette occafion, par d'injuftes motifs, à leur enlever quoi que ce foit; & fi *Jacob*, en parlant de cet événement, ne s'en glorifie que par fon *épée* & par fon *bras*, c'eft qu'il étoit encore tout plein de la force de ces avantages, qu'il avoit dû regarder comme une des marques les plus fenfibles de la protection finguliere de Dieu, de qui la juftice ne pouvoit être équivoque.

A quelle condition on peut admettre la conclufion de *Boffuet* fur le prétendu droit des armes.

Ainfi, voilà deux exemples du *Droit de Conquête*, qui font à l'abri de toute condamnation, & qui n'auront vraifemblablement pas leurs pareils; puifque le célebre *Boffuet*, dans toute l'Ecriture, n'en offre pas d'autre pour appuyer fa propofition. Concluons donc que toute autre Conquête, qui, femblable à ces deux exemples en un point, ne le fera pas dans tous les autres, fera illégitime & en exécration devant celui qui feul peut difpofer des Couronnes & des Empires. Ce n'eft qu'à ce prix que nous admettrons la conclufion du favant Prélat, *qu'on voit donc un Domaine acquis par ce droit des armes fur ceux qui le poffédoient.*

Ibid.
Pag. 78.

II. Propofition de cet Auteur, à l'égard du même *droit de conquête,*

Examinons maintenant fa feconde propofition. L'Auteur fort du cas unique & fouverain que nous venons de voir, où Dieu même ordonne la *Guerre* & la *Conquête;* il fe rapproche de ce qui eft plus particuliérement du reffort humain, & montre un
exemple

exemple & des conditions, qui font dignes de
fervir à jamais de regle aux Peuples.

« Il faut pourtant remarquer, *dit-il*, deux chofes
» dans ce droit de conquête : l'une, qu'il y faut
» joindre une poffeffion paifible, ainfi qu'on a vu
» dans la difcuffion de *Jephté* ; l'autre, que pour
» rendre ce droit inconteftable, on le confirme,
» en offrant une compofition amiable.

» Ainfi, *dit Boffuet*, le fage *Simon*, *le Machabée*,
» querellé par le Roi d'Afie fur les villes d'Iope
» & de Gazara, répondit : *pour ce qui eft de ces*
» *deux Villes, elles ravagoient notre Pays ; & pour*
» *cela, nous vous offrons cent talens* ».

Après cela, *Boffuet* fait cette réflexion : » quoique
» la conquête fût légitime, & que ceux d'Iope
» & de Gazara, étant aggreffeurs injuftes, euffent
» été pris de bonne guerre, *Simon* offroit cent
» talens pour avoir la paix & rendre fon droit
» inconteftable ». Cette vérité eft mal énoncée,
& il y auroit même dans ce difcours une contradiction : car fi la conquête étoit légitime, elle
étoit en même temps inconteftable ; & par conféquent, il étoit inutile d'offrir cent talens pour la
rendre telle, fi tant eft que cent talens puiffent
lui donner cette qualité.

Mais il y a ici une plus grande erreur : *Simon
le Machabée* favoit mieux que, de ce qu'on a vaincu
un Peuple, il ne s'enfuit pas qu'on puiffe dominer
fur lui. Sa conquête n'étoit point légitime, par
cela qu'il les avoit pris de bonne guerre ; elle ne
le devint que par l'accord qu'il fit avec le Roi

Tome II.   **Z**

mais fans
l'interven-
tionimmé-
diate de
Dieu.

Deux con-
ditions exi-
gées 1. la
longue pof-
feffion 2.
offrir une
compofition
amiable.

Ibid.
P. 79.
Exemple
de *Simon le*
Machabée.
1. Mach,
XV. 35.

Réflexion
de *Boffuet*,
qui n'eft ni
jufte, ni
exacte. Et
il y auroit
dep. contra-
diction
dans fon
difcours.

Simon le
Machabée
connoiffoi
mieux juf-
qu'où s'é-
tendoit fon
pouvoir fur
lesvaincus,

en offran°, comme il fit, une compofition amiable.

d'Afie. Il étoit jufte que *Simon* pourvût à fa fûreté; mais les moyens devoient être honnêtes. Les deux Villes dont nous parlons, qui étoient à fon voifinage, avoient en ce moment un maître & un Souverain; il traita donc avec lui. Leur injuftice à fon égard leur mérita bien qu'il repaffaffent forcément fous fon obéiffance. Ils s'en étoient tirés auparavant, & ne pouvant plus fe prévaloir de l'autorité de leur Roi, ou fe hafarder, fous la réputation de fon nom, à des entreprifes que celui-ci n'auroit peut-être pas défavouées, fi elles avoient eu du fuccès, elles fe trouverent précifément au point de ne pouvoir plus attaquer : ce qui étoit vraifemblablement le feul but du *Machabée*, en achetant, pour ainfi dire, ces villes moyennant une certaine fomme.

Conclufion, par rapport aux caufes de ces conquêtes.

Voilà à quoi fe réduifoit fon *Droit de Conquête;* & tel eft, à mon avis, le feul jufte moyen d'autorité qu'on puiffe prendre fur des vaincus. S'ils font maîtres & indépendans, on peut leur impofer des conditions raifonnables pour les empêcher de revenir à mal faire. Mais toujours la liberté politique doit leur être laiffée; & tout ce que la victoire nous permet en pareille occafion, c'eft de tranfiger, & d'entrer dans des arrangemens, où la charité & le Droit naturel ne foient point bleffés.

Quels en furent les effets ?

Nous avons vu les caufes de ces conquêtes, avouées par l'*Ecriture*. Voyons à préfent quels en étoient les effets.

La conquête de *Jacob* & l'autre

Dans l'exemple de *Jacob*, il s'agiffoit, fans doute, d'une fimple terre enlevée aux Amorrhéens.

Rien ne porte même à croire qu'il y restât des habitans ou des vaffaux ; tout fut laiffé défert pour être uniquement au fervice de ce Patriarche & de fon fils *Joseph*, à qui il la deftinoit. Et dans l'exemple de *Jephté*, ce font des villes, des habitations, grandes ou petites, qui avoient forme de Peuples & de communautés. On voit la même chofe à l'égard de *Simon le Machabée* ; mais dans les premieres, il y eut un maffacre général ; l'ordre de Dieu fur cette deftruction univerfelle étoit précis, cela ne fait poit exemple. Quant aux deux villes d'Iope & Gazara, qui furent fouftraites de l'Empire des Rois d'Afie ; ce fut moins une conquête fur ces Monarques, qu'une néceffité d'abord de ranger ces villes fous fon obéiffance, après les avoir vaincues, pour les empêcher déformais de nuire & de recommencer leurs attaques injuftes : & en fecond lieu, un rappel à leur devoir, puifqu'elles s'étoient féparées des Juifs pour fuivre le parti d'Anthiochus ; & la feule maniere dont on s'y prit pour les contenir, ce fut de les incorporer de nouveau au nombre de toutes celles du Gouvernement Juif. L'Hiftoire ne nous dit point qu'on en réduisît les Habitans à l'efclavage.

Auffi le fameux *Boffuet* n'a pas toujours trop bien appliqué fes exemples à fes réflexions, ou fes réflexions à fes exemples, quand il nous dit, en finiffant fa feconde Propofition : « Qu'ainfi on » voit que ce droit de conquête, qui commence » par la force, fe réduit, pour ainfi dire, au droit » commun & naturel, du confentement des Peu- » ples & par la poffeffion paifible ». C'eft ce que nous apprennent les Ecrivains politiques, que nous avons trouvés repréhenfibles, en ce que ces

dont parle Jephté, étant une fuite de l'ordre même de Dieu dans un cas unique, ne font point regle.

Ce que c'étoit au fond que la conquête des deux Villes d'Iope & de Gazara.

Boffuet applique fouvent mal fes exemples à fes réflexions, ou fes réflexions à fes exemples.

fortes de vérités font contre-le Droit & perni-
cieufes. Mais le cas de *Simon le Machabée* n'y va
point : on entend , par ce que je viens de citer du
Prélat, que l'effet dont il parle eft le fruit fouvent
de l'injuftice & de la mauvaife foi ; que le fuccès,
par le hafard des circonftances, n'a fait que cou-
ronner la mauvaife caufe ; que les innocens & les
foibles, retenus très-long-temps par la crainte, fe
font infenfiblement endormis fous le joug, en
donnant même , fi l'on veut , un acquiefcement
forcé dans le principe ; & qu'au fond , les motifs
du guerrier victorieux étoient injuftes : au lieu que
rien de tout cela ne convient à la conquête, ainfi
nommée , des deux villes d'*Iope* & de *Gazara*,
dont les habitans, outre qu'ils s'étoient féparés,
fans titre , du corps des Juifs, pour fuivre la fortune d'un Roi d'Afie leur ennemi, faifoient des
courfes dans les pays voifins ; & l'offre faite par
Simon le Machabée, de donner en équivalent une
fomme d'argent, eft encore une circonftance fi
relevante pour démonter la machine de nos politiques fur ce fujet, qu'il eft bien évident qu'elle
eft très-mal fecondée ici par l'obfervation de *Bof-*
fuet, & que ces deux chofes ne peuvent pas aller
enfemble.

Il faudroit trouver, dans l'Ecriture, fur la conquête & la fervitude, quelque chofe de plus analogue à la pratique ordinaire des Peuples.

Il nous faudroit donc trouver des cas plus analogues à la queftion du *droit des conquêtes*, relativement à l'ufage qu'en ont fait les Peuples ; &
voir fi les Ifraélites & les Juifs réduifoient en fervitude les prifonniers de guerre ; & fi , ayant des
efclaves, de quelle forte ils étoient.

Voir les loix mêmes

Pour reconnoître leur droit fur cette matiere,
on ne peut recourir qu'aux Loix mêmes que Dieu

leur donna (1) fur la maniere de faire la guerre, non-feulement contre les fept Nations maudites, mais encore contre tous les autres Peuples. *Bof-fuet* s'écrie à ce propos : « Enfin cet efprit d'é-
» quité, qui doit régner, même au milieu des
» armes, ne paroît nulle part avec plus d'évidence
» que dans la maniere de faire la guerre, que
» Dieu prefcrit à fon peuple, en lui mettant les
» armes à la main ». On ne peut que foufcrire à un jugement qui porte à refpecter des ordonnances divines ; & je fuis bien éloigné de ne pas admirer, comme lui, ce qu'il y a de grand & de beau dans ces Loix. Mais qu'il me foit permis de blâmer *Bof-fuet* de ce qu'il jette, pour ainfi dire, fon admira-tion au hafard & fans précaution ; de ne point faire remarquer dans cet exemple ce qu'il y avoit de particulier & de propre à ce peuple ; & de ne pas démêler ainfi ce qui ne convenoit qu'à lui, de ce qui n'étoit point permis à tous les autres. Epargner les femmes, les enfans, les animaux d'une ville affiégée, qui n'aura pas voulu recevoir les conditions de paix, c'eft un ordre tendre & humain, qui s'accorde bien avec la bonté infinie du Créateur & avec notre fenfibilité naturelle ; mais *paffer au fil de l'épée tout ce qu'elle aura de combattans*, c'eft un acte de rigueur dont Dieu feul connoiffoit la juftice, & qu'il n'étoit permis qu'à lui de pratiquer par fes miniftres, dans ce peuple qu'il s'étoit choifi, comme j'en toucherai encore quelque chofe dans le Chapitre fuivant.

Néanmoins, malgré la dureté qui nous frappe

que Dieu donna aux Hébreux fur la maniere de faire la guerre.

On s'arrête ici fur une de ces Loix Paffer au fil de l'épée &c. Boffuet blâmé

Grotius, diftinguant fur ce fujet dans le def-fcin de légi-

(1) Deutér. Cap. XX, 10 & fuiv.

Z iij

timer le
*droit de
faire la
guerre,*
ne s'en pré-
vaut ce-
pendant
pas, puiſ-
qu'il ne
préſente
que des
exemples
de la plus
juſte dé-
fenſe.
Ibid.
Pag. 94.

Réflexion
qui contre-
balance un
peu cette
cruauté.

Politique
ſainte, pa-
ges 472,
475, 476.

dans l'ordre divin que je viens de citer, & qui
avoit ſans contredit ſes juſtes motifs, on ne voit
pas que *Grotius*, travaillant à tirer parti pour
ſon ſyſtême du *Droit de la Guerre*, de ce que Dieu
même avoit prononcé la maniere de la faire ; on
ne voit pas, dis-je, qu'il trouve dans l'Ecriture,
à part les cas des ſept Nations maudites, d'autres
exemples terribles à citer, que ceux de la plus
légitime défenſe, comme ceux de *Jephté*, de *David*, au ſujet de ſes ambaſſadeurs, &c., & où il
n'eſt point queſtion, ou ne pouvoit pas être queſtion de ces cruelles boucheries & de ces maſſacres
terribles qui font frémir la nature. Auſſi « Dieu,
» *comme l'obſerve Boſſuet*, faiſoit la guerre pour
» ſon peuple d'une façon extraordinaire & mira-
» culeuſe ; & quand même cette faveur n'étoit
» pas perpétuelle, & que le Peuple combattoit à
» main armée, Dieu n'en donnoit pas moins la
» victoire. C'eſt Dieu toujours, *dit-il*, qui don-
» noit aux chefs, dans les occaſions, les réſolu-
» tions convenables, & aux ſoldats l'intrépidité &
» l'obéiſſance : au lieu qu'il envoyoit au camp
» ennemi l'épouvante, la diſcorde & la confu-
» ſion ». Un concours ſi marqué & ſi ſupérieur
tempéroit ſans doute ce qu'avoit de ſi terrible le
commandement ; & ce ne pouvoit guere être,
ce ſemble, l'ouvrage de l'homme, ſi Dieu ſe
mettoit, pour ainſi dire, en perſonne au-devant
d'eux pour ſoumettre les ennemis. De ſorte que
tout indique ici avec quelle réſerve il faut regarder
le commandement de *paſſer au fil de l'épée*, qui
étoit particulier à ce peuple, parce que nul autre
ne ſe trouve dans les mêmes circonſtances.

Mais enfin, pour venir à mon but, ces Loix,

telles qu'elles font, & toutes cruelles qu'elles fe
montrent, en ce point, ne contiennent cependant
pas la permiffion de réduire en fervitude les prifonniers de guerre. Il n'y a aucun article qui le
dife ; & la Divinité qui prefcrit à fon Peuple la
maniere dont il devoit faire la guerre & traiter
les ennemis, ne leur parle pas d'une chofe qu'elle
n'eût pas omife, fi elle l'eût defirée & trouvée
bonne ; preuve qu'elle eft condamnable, & que
la conquête, d'où on la tire, ne donne pas ce
droit.

(point de ré-duire en fervitude les prifon-niers de Guerre.)

Et en effet, il eft dit, au contraire, au on-
zieme verfet du même Chapitre XX du Deutéronome, que *fi la ville affiégée accepte la paix,
& qu'elle ouvre fes portes, tout le Peuple qui s'y
trouvera, fera fauvé & lui fera affujéti, moyennant
le tribut.* Or, comme ceci eft oppofé au cas que
nous avons vu, qui eft fuppofé enfuite, *que là
où la ville refufera la paix, tous les combattans
feront paffés au fil de l'épée ;* & que dans cette fuppofition, il ne peut y avoir d'efclaves ; il refte
donc évident qu'en aucun cas l'*efclavage* ne fauroit avoir lieu dans la guerre ; puifque le premier
cas fuppofé y répugne, & qu'il y eft expreffé-
ment dit au contraire que le *Peuple feroit fous tribut,* c'eft-à-dire, que fa dépendance confiftera à
payer un tribut en argent ou autrement, pour
marque de fa défaite. Il n'eft donc point queftion
là, & dans tout ce Chapitre, de *fervitude.* Il eft
plus que prouvé que quand les Ifraélites auroient
fuivi en cela l'ufage des autres Nations, ce feroit
fans ordre de leur divin Légiflateur, & un abus
feulement de la fupériorité & de la puiffance.

(Bien plus, le contrai-re fe déduit de la mê-me Loi.)

Z iv

Digref-
fionfur une
propofition
de Bof-
fuet, qui
n'eſt pas
abſolu-
menttétran-
gere ici,
favoir :

Je ne puis m'empêcher de m'arrêter un moment
à confidérer une propofition que je trouve dans le
même Ouvrage de *Boſſuet*, laquelle, fi elle n'a
rien de commun avec la fin que je recherche dans
ce Chapitre, a du moins cela de convenable à
mon fujet, qu'elle regarde les conquérans, &
qu'on y donne des exemples de cruauté, qu'on
eſt tout furpris de trouver joints à la Propofition
même : puifque l'Auteur, par une efpece de contradiction, eſt comme forcé de les défavouer par
les réflexions dont il les accompagne : preuve, ou
qu'il ne devoit point les rapporter, parce qu'ils
font mauvais & condamnables, ou qu'il avoit mal
connu la nature de fon fujet.

*Qu'il y
a des
moyens de
s'aſſurer
despeuples
vaincus
après la
guerre
achevée
avec avan-
tage.*

On eſt tout
furpris &
mal édifié
des exem-
ples de
cruautéque
l'Auteuren
donne.

Cette Propofition porte : *Qu'il y a des moyens
de s'aſſurer des Peuples vaincus après la guerre achevée avec avantage.* On croiroit qu'un Auteur, dont
le but eſt de régler l'ardeur guerriere, & de rendre un vainqueur tout humain, va propofer des
moyens auſſi tendres que fûrs ; qu'il va concilier
la prudence avec la bonté & la compaſſion, le foin
de fon intérêt avec l'amour du genre humain ;
voici pourtant ce qu'il nous apprend : « David,
» non-feulement crut néceſſaire de mettre des
» garnifons dans les villes de Syrie, de Damas
» & de l'Idumée qu'il avoit conquifes ; mais lorf-
» que les Peuples étoient plus rebelles, il les dé-
» farmoit encore, & faifoit rompre les cuiſſes aux
» chevaux ». Jufques-là l'écart n'eſt pas bien confidérable.

Second exemple : « On puniſſoit rigoureufement
» les violateurs des traités ; ainſi les Ifraélites,
» non-contens de détruire toutes les villes de

» Moab , ils couvroient de pierres les meilleures
» terres : ils bouchoient les fources ; ils coupoient
» les arbres , & démolissoient les murailles ». Cela
est un peu plus important.

Enfin , son troisieme exemple est celui-ci : « Dans
» les guerres entreprifes pour des attentats plus
» horribles , comme lorsque les Ammonites vio-
» lerent avec une dérifion cruelle , dans les am-
» baffadeurs de David , les loix les plus facrées
» parmi les hommes , on usa d'une plus terrible
» vengeance. Il voulut en faire un exemple , qui
» laissât éternellement dans tous ces Peuples une
» impreffion de terreur , qui leur ôtât tout cou-
» rage de combattre : *leur faifant paffer fur le*
» *corps dans toutes leurs villes des chariots armés de*
» *couteaux* ».

L'Auteur ajoute véritablement ces mots avant
de finir : « On peut rabattre de cette rigueur ce
» que l'esprit de douceur & de clémence infpire
» dans la Loi nouvelle ; de peur qu'il ne nous
» foit dit , comme à ces difciples qui vouloient
» tout foudroyer : *Vous ne fongez pas de quel*
» *efprit vous êtes.* Un vainqueur chrétien doit
» épargner le fang : & l'esprit de l'Evangile est
» là-deffus bien différent de celui de la Loi ». Mais
pourquoi préfenter des exemples , s'il ne faut pas
les fuivre ? Pourquoi montrer de la contrariété
entre la Loi nouvelle & la Loi ancienne , pour
des faits qui font l'ouvrage d'un grand & d'un
faint Roi, qui joue un principal rôle dans l'Ecriture ,
& dont la haute réputation feroit tout approuver ,
fi l'on n'a foin de diftinguer , d'entre fes œuvres ,
celles qui font felon l'esprit de Dieu & bénies ,
des autres qui ne partoient que de fon fond ter-

En vain
confeille-t-
il enfuite la
douceur
chrétien-
ne.

Luc IX, 55.

restre, je veux dire, de ses passions & de ses préjugés : apanage de l'homme, quand il est surtout enivré de gloire & de puissance. Le Prophete-Roi avoit pleuré ses péchés, il avoit reconnu ses fautes ; & Dieu même, dans l'Ecriture, comme le dit aussi *Bossuet*, l'a singuliérement blâmé de ses cruautés & de sa facilité à verser le sang humain. Ce passage a déja été cité. « David appella son fils Salomon, & lui parla en » cette sorte : Mon fils, je voulois bâtir une » maison au nom du Seigneur mon Dieu ; mais » la parole du Seigneur me fut adressée en ces » termes : Vous avez répandu beaucoup de sang, » & vous avez entrepris beaucoup de guerres : » vous ne pourrez édifier une maison à mon » nom ». Le même *Bossuet*, en finissant son article, fait la réflexion qui suit : « Dieu refuse à » David son agrément, en haine du sang dont il » voit ses mains toutes trempées. Tant de sainteté » dans ce Prince n'en avoit pu effacer la tache. » Qu'arriva-t-il (*dit-il en un autre endroit*) à David lui-même, & jusqu'à quel excès succomba-» t-il à la tentation de la puissance ? Encore fit-il » pénitence, & couvrit-il son ignominie par ce » bon exemple ». Il est certain que l'attentat des Ammonites contre la personne de ses ambassadeurs méritoit une punition sévere : mais, qui ne voit que la vengeance qu'il en tira est extrême, & qu'en cela il démentit le beau caractere donné aux Rois d'Israël, même par leurs ennemis, d'être *clémens*, & qui étoit le sien propre, comme il est désigné par ces paroles : *Souvenez-vous de David & de toute sa douceur* : ce que chantoit Salomon son fils, à la dédicace du Temple, au rapport de *Bossuet* encore, qui ajoute cette autre réflexion :

David lui-même avoit reconnu & pleuré ses péchés.

Ibid. P. 480.

Dieu lui avoit reproché sa facilité à verser le sang humain.

Bossuet en convient en un autre endroit, & l'acuse encore d'une autre sorte.

Ibid. P. 391.

Le tort insigne des *Ammonites* n'autorise pas sa cruauté.

Ibid. P. 419.

Et il sembloit que la clémence de David eût fait oublier toutes ses autres vertus. Mais il n'y parut pas affurément, je le répete, dans cette occasion terrible dont nous parlons, où il se comporta bien différemment de cet Empereur Chrétien, qui, d'abord extrêmement irrité contre le Peuple d'Antioche, coupable de rébellion & d'insignes mépris, lui pardonna néanmoins.

Se comporta bien différemment en cette occasion, de *Théodore,* Empereur de Conftantinople.

Et que dire de ce qu'il y a de moindre, de la part de David ? *Rompre les cuiffes aux chevaux,* outre la *deftruction de toutes les villes, couvrir de pierres les meilleures terres, boucher les fources, couper les arbres,* &c. Eft - ce donc ainfi qu'un Prince tendre & ami de l'humanité, cherche à s'affurer des peuples vaincus après la guerre achevée avec avantage ? Et n'eft-ce pas leur faire encore une guerre plus cruelle ? *Boffuet* a mis en propofition, que *Dieu ne veut pas que l'on dépoffede les anciens habitans des terres :* Il fuit donc qu'il ne faut pas les leur rendre infertiles & inutiles. Il cite encore, au fujet de l'efprit d'équité qu'il admire dans la maniere de faire la guerre que Dieu prefcrit à fon peuple; il cite, dis - je, ce que *Moyfe* recommandoit de la part de Dieu, « qu'en
» affiégeant long-temps une ville, & en l'envi-
» ronnant de travaux, l'on ne coupât point les
» arbres fruitiers, & l'on ne ravageât point les
» environs ; que l'on ne s'armât point de coi-
» gnées contre les plantes ; car c'eft du bois,
» difoit-il, & non pas des hommes qui peuvent
» accroître le nombre de ceux qui vous combat-
» tront ». Or, fi cette modération eft louable en cette rencontre, elle l'eft inconteftablement après la victoire : Que dis - je ? C'eft un devoir de la

Les autres excès, quoique moindres, bleffent toujours la nature, & font défendus dans l'Ecriture.

Ibid.
P. 434.

pratiquer ; les actions barbares ne feront jamais que des barbares de ceux que l'on auroit pu gagner par la douceur, ou contenir par des moyens plus humains. Comment appliqueroit-on donc ici ce que notre savant Prélat dit du Roi David, à-peu-près dans le même endroit, « qu'il avoit » compris que la justice doit être exercée avec » quelque tempérament : qu'elle devient inique » & insupportable, quand elle use impitoyable- » ment de tous ses droits : & que la bonté, qui mo- » dere ses rigueurs extrêmes, est une de ses par- » ties principales » ?

Le savant Prélat ne sauroit appliquer ici ce qu'il dit ailleurs de la grande modération du Prophete-Roi.

J'avoue que dans les actions de clémence, *il est souvent convenable*, comme il le dit dans une autre proposition, *de laisser quelque reste de punition pour la révérence des Loix*, & pour l'exemple ; & il auroit pu dire *nécessaire :* Je m'en suis assez expliqué ci-devant ; mais, ou ces exemples sont foibles, ou que ne voyoit-il dans les deux qu'il rapporte (du soin que l'on eut, de ne pas laisser entiérement certaines fautes impunies) la modération avec laquelle l'on en usa ; & combien une telle pratique condamne tacitement l'excès de rigueur auquel David se livra envers les Ammonites, & envers bien d'autres ?

Son autre proposition, que dans les actions de clémence, il est souvent convenable de laisser quelquereste de punition, &c. Je condamne encore. Ibid. P. 422.

Je reviens à la *servitude*, comme un effet de la conquête. Il est démontré que les Livres Saints ne donnoient pas le droit d'y réduire les peuples vaincus ; & que si l'on me montre des cas où les Israélites l'aient fait, (1) c'étoit sans titre, & par une

Conclusion : Que l'Ecriture sainte ne donne nulle part le droit de réduire en

_____

(1) Comme quand les enfans de *Jacob* (Gen. XXXIV , 29), emmenoient les femmes de la Ville de *Sichem ,* captives avec

imitation très-condamnable de ce qu'ils voyoient pratiquer à d'autres peuples, & contre eux-mêmes, quand ils avoient le malheur d'être vaincus. J'admire le fameux *Boffuet*, je loue fa science & fa bonne intention ; mais il ne connoiffoit pas affez, j'ofe le dire, les vrais principes du Droit naturel ; & *fa Politique tirée des propres paroles de l'Ecriture-Sainte*, en eût été bien plus utile & plus édifiante, s'il eût vu toute l'étendue & l'accord qui peut être, entre fes faintes maximes, & celles que la raifon dégagée des préjugés de la coutume & de nos injuftes établiffemens, eft en état d'enfeigner aux hommes. Il n'eût jamais montré ce *droit de conquête*, comme légitime, & fe fut religieufement abftenu de rien produire de tous ces exemples pernicieux au genre humain, que l'Ecriture, au fond, condamne, ou dont l'ufage ne devoit pas aller plus loin : ou s'il en eût parlé, il les auroit repréfentés pour ce qu'ils font, & comme ils doivent l'être (1).

Cependant il eft inconteftable que le Peuple de Dieu, fous fes différens noms d'*Hébreux*, d'*Ifraélites* & de *Juifs*, avoit des efclaves. Les Patriarches, & *Abraham*, fur-tout, en avoient eu grand nombre, puifque, fuivant la remarque de *Fleury*

fervitude les peuples vaincus.

Que Boffuet eût pu rendre plus utile & plus édifiant fon Ouvrage : De la Politique tirée des propres paroles de l'Ecriture fainte.

Les Ifraélites pourtant avoient des efclaves. Mœurs des Ifr. p. 8.

leurs petits enfans, après avoir tué tous les hommes & *Sichem* lui-même, pour le crime de celui-ci, d'avoir enlevé & violé *Dina* ; quoiqu'enfuite ils euffent fait la paix enfemble, moyennant la Circoncifion qu'ils engagerent les gens de ce pays d'embraffer. De forte que ce fut une tromperie de la part des enfans de *Jacob*, & que ni leur maffacre, ni leur fervitude, en laquelle ils mirent ces femmes & ces petits enfans, ne furent point des actions approuvées, comme les paroles de *Jacob*, après cela, le donnent à entendre. (*Ibid.* 30).

(1.) Je me crois obligé de parler ici de la forte, malgré le regret que j'ai témoigné (dans la Premiere Partie, page 273)

fur ce dernier, entre ceux qui étoient nés chez lui, & qu'il avoit exercés, *il arma jusqu'à trois cens dix-huit hommes.* Il devoit avoir, ajoute-t-il, à proportion, *bien des enfans, des vieillards, des femmes & des esclaves achetés.* Ensuite parlant des

Ibid.
P. 33.

Israélites, il dit : *Qu'il ne paroît pas qu'ils eussent grande quantité d'esclaves,* & il en rend la raison. Il apprend, après cela, qu'*ils avoient droit de vie & de mort sur les esclaves ;* ce que nous exa-

Ibid.
P. 130.

minerons bientôt. Dans sa Troisieme Partie, où il ne les nomme plus que *Juifs,* les considérant au retour de leur captivité, & dans leur état sous les Perses, il fait cette remarque, que *les premiers que Zorobabel conduisit, ne montoient pas à cinquante mille, les esclaves compris ;* & l'on peut voir, dit-il, *leur pauvreté par le petit nombre de leurs esclaves & de leurs bestiaux.*

C'est un des points des ordonnances de police que Moyse donna à ce peuple de la part de Dieu.
Exod.
Chap.
XXI. 2.

Ibid.
P. 5 & 6.

Cela est d'autant plus certain, qu'on voit cette condition servile entrer dans les vues du Législateur, & former la matiere des ordonnances divines. « Si vous achetez un esclave Hébreu, *y* » *est-il dit,* il vous servira durant six ans ; & au sep- » tieme il sortira libre sans vous rien donner.... » Il a cependant le pouvoir de rester s'il veut ! » alors son maître le présentera devant les Dieux; » & ensuite l'ayant fait acheter des poteaux de » la Porte, il lui percera l'oreille avec une alê- » ne, & il demeurera son esclave pour jamais ».

qu'un si habile homme n'eût pas entrepris de combattre le *Droit de la Guerre,* ce qu'il eût pu faire avec tant d'avantage : c'est que s'il s'en étoit réellement occupé, ses méditations l'eussent certainement conduit aux vrais principes du *Droit naturel,* & qu'il se fût préservé des méprises où nous venons de voir qu'l est tombé, dans celui de ses Ouvrages qui devroit le moins en être susceptible.

Voilà deux circonstances qui nous montrent qu'il
y avoit un esclavage à temps, & un esclavage
perpétuel ; mais ils étoient purement civils. D'où
il ne s'ensuit pas moins un argument bien fort contre mes principes ; & si j'ai cru qu'on ne pouvoit
s'autoriser de l'Ecriture pour faire des esclaves par
droit de guerre ou de *conquéte*, l'on m'opposera
sans doute, avec une grande apparence de succès, qu'on peut en avoir du moins par les *voies paci-
fiques*, & dans l'ordre ordinaire de la société;
puisque Dieu même le permettoit à son peuple.
C'est ici le dernier retranchement de nos adversaires : mais les simples principes de la lumiere
naturelle, nous ayant fourni de quoi nous convaincre, que la *condition d'esclave étoit essentiellement injuste*, il faut de toute nécessité que cette
derniere objection soit nulle, & que Dieu ne l'eût
permis alors que pour des raisons particulieres,
comme je me propose de le faire voir dans le
Chapitre suivant, où j'ai réservé de répondre
aussi à l'objection tirée de la même source,
contre mon sentiment, au sujet de la *peine de
mort.*

On trai-
tera cette
matiere
dansleCha-
pitre sui-
vant, avec
celle de la
*peine de
mort*, qui
étoit aussi
ordonnée,
avec les
*Loix de la
Guerre*,
&c.

N°. III.

De l'Efprit & du vrai Fondement du Droit Divin Volontaire dans la Loi de Moyfe, *fur bien des Points où elle s'écartoit de la Loi Naturelle, ou qu'on a détournés de fon vrai fens.*

CHAPITRE PREMIER.

Du Droit Divin Volontaire, dans la Loi de Moyfe, *par rapport à la* Peine de Mort *& à l'Efclavage.*

Courte expofition de ce que nous avons dit de l'accord de la Loi des Juifs, & de celle des Chrétiens avec la Loi Naturelle, par rapport à la défenfe de verfer le fang humain.

J'AI déja beaucoup parlé de la loi de *Moyfe*: je l'ai repréfentée comme fondée fur la loi naturelle, dans tout ce qu'elle n'avoit point de particulier au peuple Juif; & j'ai dit que la *loi chrétienne* qui n'eft que la perfection & non la deftruction de la loi de *Moyfe*, en prêchant une morale plus haute & plus relevée, n'avoit pourtant fait que confirmer cette vérité, & la rendre plus fenfible. Un trait encore bien frappant, qu'elle eft *divine*, comme nous avons dit, c'eft que cette religion des Juifs enfeigne qu'*après le Déluge, le Créateur lui-même défendit de verfer le fang humain, & de mettre à mort les homicides :* Loi de paix & de douceur, de bonté & de complaifance, qui feule eft propre à nourrir & entretenir dans nos cœurs l'horreur

naturelle

naturelle que nous avons pour les actions violentes & sanguinaires. J'ai rapporté à cette loi,
pour ainsi dire, toutes mes preuves contre la fausse
doctrine du droit de la guerre; & j'ai cru voir
bien clairement que la religion chrétienne étoit
parfaitement d'accord sur ce point avec cette
même loi.

Ensuite j'ai traité des *loix pénales*, & recher-
chant leur fondement, leur qualité & leur mesure,
j'ai trouvé que celle de mort étoit injuste, &
que les hommes n'avoient pas le droit de l'infliger. J'ai passé de-là à l'examen du droit de réduire en servitude. Il en a résulté également que
le droit naturel, ni le droit de conquête ne sauroient le légitimer : l'un pour répugner entiérement
à une inégalité pareille, l'autre pour être lui-
même injuste & contraire au bonheur de l'humanité.

Ainsi que de ce que nous avons dit des Loix pénales, & du préten-du droit de réduire en servitude.

Cependant, le même *Moyse*, qui rappelle au
peuple de Dieu la loi véritable dont j'ai parlé,
dictée à *Noé*, & en sa personne, à tous ses descendans, après le Déluge, *de ne point verser le
sang humain*, & *de ne point punir de mort les
homicides*, Moyse, dis-je, a donné en même-
temps à son peuple, de la part de Dieu, des
loix de gouvernement & de police, où l'on voit
la *peine de mort* établie, & la *servitude* mise au
rang des choses permises & d'usage; ainsi que des
loix en forme, sur la maniere de *faire la guerre*,
de *prêter à usure*, d'exercer le *divorce* ou la *répudiation*, d'être *vengeur du sang*, &c. Il me faut nécessairement dire, comment cela se peut accorder
& avec la sainteté & l'immutabilité du Législateur

Comment accorder a-vec cela, que Moyse ait donné au Peuple Juif, de la part de Dieu, des Loix de po-lice & de gouverne-ment, qui ordonnent la peine de mort, &c?

divin, & avec les principes du Droit naturel que j'ai expofés jufqu'ici : fans quoi, ou le récit de Moyfe feroit faux, ce qui ne fe peut ; ou les lumieres de la faine raifon dans les chofes qui font de fon reffort, nous induiroient à erreur, ce qui ne fe peut pas davantage. Expliquons donc cette efpece d'énigme ; il eft du devoir de tout homme de chercher toujours à juftifier en quelque forte les voies de la Providence.

On entre ici en ma-tiere.
1°. Le Droit na-turel.
Grot. To-me I, p.64. Droit dela G. & de la P.

Nous avons vu (1) que le *Droit naturel* réfulte des rapports de convenance ou de difconvenance néceffaires que Dieu, comme créateur de toutes chofes, a mis entr'elles & nous, & entre nous & nos femblables ; & que nous fommes plus ou moins conformes à ce droit, felon que nous fuivons de plus près dans nos penfées ou dans nos ac-tions & nos fentimens, ces mêmes convenances ou difconvenances établies.

Sur lui fe fait la dif-tinction du bien & du mal moral.
Droit dela G. & de la P. Tom.I, p. 69, N°. XIV, & pa-ge 75, N°. I.

C'eft là-deffus qu'eft fondée la diftinction du bien & du mal moral, de la vertu & du vice. Il étoit libre à Dieu (c'eft l'explication qu'en donne Grotius dans une de fes lettres) de ne pas créer l'homme ; mais du moment qu'il s'eft déterminé à le former, c'eft-à-dire, à produire une na-ture raifonnable & faite pour une fociété d'un or-dre excellent, il approuve néceffairement les ac-tions conformes à cette nature, & il défaprouve néceffairement celles qui y font contraires.

2°. Le Droit divin volontaire.

« Mais il y a, *dit-il*, plufieurs autres chofes » qu'il commande ou qu'il défend, parce qu'il l'a

(1) Chapitre IV, Section VI de la Premiere Partie.

» ainſi jugé à propos, & non pas qu'il ne puiſſe
» point agir autrement. Je ne vois pour moi,
» *ajoute-t-il*, quel nom plus convenable on au-
» roit pu trouver pour exprimer cette ſorte de
» droit, qui ne ſuit pas invariablement de la na-
» ture de l'homme, & dans l'établiſſement du-
» quel il intervient une libre détermination de la
» volonté divine».

Il eſt là queſtion du *Droit divin volontaire*, par oppoſition au *Droit naturel*, qui, en un ſens, ainſi que je crois de l'avoir déja dit, peut auſſi être qualifié de *divin*; mais l'autre mérite plus particuliérement ce nom, parce qu'il nous ſemble ſortir d'une maniere plus prochaine de la volonté divine : en ſorte que cela ſerviroit à faire entendre ce que diſoit le philoſophe *Anaxarque*, que *les choſes que Dieu veut, il ne les veut pas parce qu'elles ſont juſtes, mais qu'elles ſont juſtes, c'eſt-à-dire, qu'on y eſt indiſpenſablement obligé, parce que Dieu les veut.*

P. 75, de Grot. Tome I.
Comment celui-ci mérité plus particulierement le nom de divin?
Dans Grot. Ut ſuprà.

Ainſi la baſe des obligations humaines (pour ne point parler du droit *poſitif humain*, qui n'eſt juſte qu'autant qu'il ne contredit pas les deux autres, & les diſtinctions qui ſont néceſſairement à faire) eſt, ou la volonté de Dieu déclarée par les rapports de convenance ou de diſconvenance néceſſaires qu'il nous montre entre les êtres & nous : ce que nous nommons le *Droit naturel*; ou bien ſes *loix poſitives* à lui qu'il a notifiées en quelqu'endroit de la terre.

Tous les deux, baſe des obligations humaines.

Nous trouvons que ces *loix poſitives divines* ont été établies, ou pour tout le genre humain,

On diſtingue les

Loix pofi-
tives divi-
nes, en gé-
nérales &
particulie-
res.
Ci-devant,
p.
Grot. To-
me I, p.77.
Ibid.
P. 84.

ou pour un feul peuple : *Pour tout le genre humain,*
immédiatement après la Création ; puis après le
Déluge ; enfin fous l'Evangile ; & ces trois fortes de
loix obligent fans contredit tous les hommes, du
moment qu'elles font fuffifamment venues à leur
connoiffance. *Pour celles qui ont été établies pour
un feul peuple*, ce font les loix qui ont été données aux Hébreux, autrement dit les *Juifs* ; &
il eft décidé que celles-ci ne pouvoient impofer
aucune obligation directe aux autres hommes, &
n'avoient force de loix contr'eux que dans les
points qui étoient purement de la Loi naturelle.

Ibid.
P. 67.
On dif-
tingue en-
core les
droits de
Dieu,
(quant au
*Droit na-
turel*), de
ceux des
hommes
les uns par
rapportaux
autres.

Ibid.
P. 42, no-
te 3.

Or, l'on convient que le *Droit naturel* eft immuable, jufques-là que Dieu même n'y peut rien
changer. (1) L'on établit pourtant qu'il « ne (2)
» faut pas confondre les droits de Dieu, qu'il
» exerce quelquefois par le miniftere des hommes,
» avec les droits des hommes les uns par rap-
» port aux autres : car, *dit Barbeyrac*, ce que Dieu
» fait ou ordonne en vertu de l'autorité fuprême
» qu'il a fur la vie & les biens de fes créatures,
» ne tire point à conféquence pour les hommes,
» comme s'ils pouvoient en inférer que la même
» chofe leur eft ou commandée ou permife par
» le droit de nature : » Sur quoi il rappelle
l'exemple ; d'*Abraham* à qui Dieu commanda d'im-
moler fon fils ; des *Ifraélites* qui avoient reçu de
lui un ordre exprès d'emporter les vafes d'or &
d'argent ; des *Egyptiens* d'exterminer fans rémiffion
les fept nations des Cananéens, après s'être em-

(1) Voyez le Chapitre IV, Section VI de la Premiere Partie.
(2) Dans *Grotius*, Tome II, pages 42 & 68.

parés de leur pays, & de tout ce qui leur appartenoit.

Il fera donc vrai que le *Droit naturel* eft *im-*
muable par rapport aux hommes entr'eux qui font
obligés invariablement de s'y conformer dans tous
les temps, à moins de quelque exception bien
marquée ; mais non point par rapport à Dieu,
maître Souverain de toutes chofes.

Et il fuit que fi Dieu peut en certaines occafions faire faire, par le miniftere des hommes,
des actes contraires au *Droit naturel*, il peut inconteftablement ufer de ce pouvoir par forme d'é-
tabliffement civil, & d'une maniere durable en
un coin de la terre pour un certain Peuple ; &
exercer ainfi une autorité, que nous ne pouvons
point juger fur nos propres regles, ni prendre
pour modele.

Et qu'on ne s'offenfe point de cette conféquence :
Grotius ayant à parler des exemples rapportés
ci-deffus, nous en donne cette explication : « qu'il
» paroît quelquefois, dans les actions prefcrites
» ou défendues par le Droit naturel, une efpece
» de changement, qui trompe ceux qui n'y
» regardent pas de près ; quoiqu'au fond, le
» Droit naturel demeure toujours le même, &
» qu'il n'y ait alors rien de changé, que dans
» la chofe même qui fait l'objet de la regle éta-
» blie par le Droit naturel, laquelle chofe eft
» fufceptible de ce changement : comme fi un
» créancier, *dit-il*, me tient quitte de ce que
» je lui dois, je ne fuis plus tenu de payer,
» non que la maxime du Droit naturel qui

Conféquences : 1°. Le *Droit naturel*, immuable par rapport aux hommes entr'eux, & non par rapport à Dieu.

2°. Si Dieu s'eft tiré du *Droit naturel*, en des occafions particulieres, il le peut tout de même en forme d'établiffement durable & fur certains points. (P. 68.) Comment cela ?

Voyez auffi *Puff.* Tome I. page 216.

A a iij

» ordonne de payer ce que l'on doit, cesse alors » d'avoir force de loi à mon égard, mais parce » que je ne dois plus ce que je devois «. (1) Ce qui vaut donc pour des cas particuliers, vaudra sans doute pour un cas général & plus étendu: Il n'y a pas, je pense, à le contester.

Proposition certaine : La peine de mort, la servitude, les Loix sur la guerre, le divorce, le vengeur du sang dérogoient chez les Juifs au Droit naturel ; & cela devoit être ainsi.

Ces vérités mises premiérement en avant, je je pose en fait, sans hésiter, que Dieu, à l'égard de la *peine de mort* & de la *servitude* établies chez les Juifs, de même qu'au sujet des loix sur la guerre, le *divorce* & le *vengeur du sang* qui leur étoient prescrites, que Dieu, dis-je, en tout cela a dérogé au *Droit naturel* ; & que ce changement remarquable a eu sa nécessité qu'il convient d'étudier & de connoître, pour trouver encore mieux la condamnation des mêmes choses, qui hors de-là étoient naturellement défendues.

Ce qu'il paroît raisonnable de supposer dans l'intention de Dieu, quand il forma ses Loix positives particulieres; & qu'il voulut bien être lui-même immédiatement le Législateur & le

Or, il me semble qu'on ne peut se refuser de penser que ce souverain Être, en faisant des *loix positives particulieres*, n'a pu que vouloir deux choses qui sont bien raisonnables : l'une d'approprier ces loix à un certain peuple qu'il se choisissoit, & de les conformer en outre à la nature de son gouvernement ; & l'autre, qu'en même-temps qu'elles étoient particulieres à ce Peuple, elles ne le dispensassent pas de la pratique des autres points de la Loi naturelle, qui n'étoient pas exceptés : puisqu'au contraire, ils ne lui étoient par-là que plus formellement pres-

---

(1) *De Jure Belli ac Pacis*, Lib. I, Cap. I, Art. X, p. 4, vers la fin, de l'Edit. d'Amsterd. 1646.

erits ; mais qu'auffi ce qu'il y avoit de particulier
pour lui, quant à ces changemens faits au *Droit
naturel*, fût, par cela même évidemment réprouvé
pour tous les autres peuples, qui avoient en eux
cette raifon gravée par l'Auteur de la nature dans
le cœur de tous les hommes, par laquelle ils
font portés au bien & font détournés du mal :
Loi dont parle *Saint Paul*, & que *Saint Auguftin*
repréfente par ces paroles : *Votre loi, Seigneur,
eft écrite dans le cœur des hommes, & l'iniquité
même ne l'en efface pas.*

Chef d'un certain Peuple.
Catéc. de Montpel-lier, Tome I, p. 8.

Cette réflexion nous préfente la divifion naturelle des rapports, fous lefquels j'ai à prouver
maintenant ce que j'avance : & je commence par
la nature du gouvernement du peuple Juif, qui
étoit unique, & auquel nul autre ne pouvoit ref-
fembler ; *Moyfe*, plein de cette vérité, parloit ainfi
au peuple Hébreu : « Y a-t-il quelque nation auffi
» grande que la nôtre qui ait des Dieux auffi
» près que l'eft de nous le Seigneur notre Dieu,
» toutes les fois que nous lui adreffons nos vœux ?
» Y a-t-il quelque nation fi grande qui ait des conf-
» titutions & des loix juftes telle qu'eft toute cette
» cette loi, que je vous propofe aujourd'hui ? »

Comment *Moyfe* annonçoit cette fingu-larité ho-norable au Peuple Hé-breu.
Grotius, Droit de la Guerre & de la Paix, Tome I, page 77.

Auffi l'état politique du peuple Hébreu, &
nous l'avons dit ailleurs, (1) étoit une vraie
Théocratie : c'eft-à-dire, que Dieu même les gouvernoit immédiatement, par la loi qu'il lui avoit
donnée. « Aux moyens précédens, (*dit un Au-*

Premiere raifon, par rapport à Dieu, de déroger au *Droit na-turel* fur la peine de mort: *Dieu lui-même étoit Roi*

(1) Chapitre V, Section III de la Premiere Partie.

du Peuple
Hébreu ;
c'étoit une
théocratie.

Mœurs
des If. pa-
ge 108.

» teur (1) moderne, *dont la piété & les lumieres*
» *ont toujours été de concert avec l'utilité publique*,)
» *Moyfe* ajouta les menaces, les châtimens féve-
» res, & la mort même contre les contrevenans,
» fur-tout dans le cas d'idolâtrie. Cette con-
» duite, *dit-il*, étoit jufte : les Juifs, dans leur al-
» liance, avoient pris Dieu pour leur Roi (2) &c. »
C'eft donc ici le Créateur lui-même qui fe met,
pour ainfi dire, à la tête du Peuple, & fe charge
de conduire le troupeau. Sa juftice divine s'exerce
comme vifiblement & fpécialement dès cette vie :
la févérité dont il l'accompagna, eft une image
terrible de celle dont il devoit punir dans l'autre. Les Rois de la terre font des hommes. Ils
ne peuvent, en droit, trancher des jours qu'ils
n'ont point faits. Il n'appartient qu'à celui qui
nous a donné la vie, de nous faire mourir, de
la mort du corps, quand nous lui manquons.

Dieu vou-
lut le faire
fentir par
les circonf-
tances ef-
frayantes
avec lef-
quelles il
publia fa
Loi.

Catéc. de
Montpel-
lier, To-
me I, pa-
ge 104

Hift. Un.
p. 190.

Cette *peine de mort* étoit bien déja annoncée,
comme jufte, par les circonftances effrayantes
avec lefquelles ce fouverain Être voulut mani-
fefter fes volontés : remarquez avec quel fracas &
quels apprêts il donna fa loi aux Ifraélites fur le
Mont Sinaï : le Mont parut tout en feu; ils enten-
dirent des trompettes terribles ; & Dieu leur parla
au milieu des tonnerres & des éclairs. Il fit
publier fa loi en fa préfence, dit *Boffuet*, avec
une démonftration étonnante de Sa Majefté & de
fa puiffance. Quand Moyfe defcendit pour la

---

(1) *Pluche*, *Spectacle de la Nature*, Tome VIII, Partie I,
page 235.

(2) *Pluche* convient que c'eft par cette raifon, que la peine de
mort étoit jufte.

feconde fois de la montagne, fon vifage jetoit des rayons de lumiere ; en forte que les Ifraélites ne pouvant en foutenir l'éclat, il fut obligé de fe couvrir d'un voile toutes les fois qu'il leur parloit : figne frappant de la gloire du Très-Haut, dont il voulut bien, par une faveur finguliere, en faire envifager une partie à Moyfe, & que nul autre que lui n'auroit pu confidérer.

Catéc. de Montpellier, Tome I, page 117.

Ce n'étoient plus ces temps heureux où il étoit permis à l'homme de converfer avec fon Dieu face à face, & où il n'étoit point troublé par fa préfence : l'innocence avoit difparu de deffus la terre. Les crimes & l'idolatrie inondoient tout le Genre Humain, & achevoient d'y éteindre les reftes de la lumiere naturelle. Il n'y avoit prefque plus perfonne, nous eft-il dit, qui les obfervât, parlant des dix Commandemens, ou du Décalogue, qui ne contenoient autre chofe que cette même loi naturelle, & le péché les avoit prefque effacés du cœur de l'homme, où Dieu les avoit gravés en le créant : ce qui fit que Dieu voulut les donner de nouveau aux Ifraélites, & les graver fur la pierre.

L'homme avoit perdu le privilège de converfer avec Dieu face à face.

Hift. Un. p.169,191.

Catéc. de Montpellier, Tome I, pag. 105.

Mais il y joignit, comme nous l'avons dit, d'autres ordonnances, qui font précifément, que la loi de *Moyfe* eft particuliere au Peuple Hébreu ; & c'eft par cette raifon qu'il y a ici fon caractere & l'intention de Dieu à confidérer ; *fon caractere* : il nous eft dit dans les enfeignemens publics de la Religion, que « la raifon pourquoi » Dieu voulut donner fa loi aux Ifraélites avec » toutes les circonftances effrayantes dont nous » avons parlé, c'eft que les Juifs étoient un peu-

Deuxieme raifon, par rapport à Dieu, de déroger au Droit naturel, fur la *peine de mort*, &c. chez les Juifs : *le caractere de ce Peuple.*

Catéc. de Montpellier, Tome I, page 104.

Ibid. P. 106.

Spect. de la Nature, Tom. VIII Partie I, p. 226.

Ibid. Page 227.

» ple *dur* & *charnel*, que Dieu vouloit retenir » par la crainte des châtimens. .... Que le temps » de la loi d'amour n'étoit pas encore venu ». On l'appelle, en un autre endroit, *grossier* & *d'une intelligence très-bornée.* « Il falloit, *dit Pluche*, » aux Hébreux stupides & passionnés, comme » ils l'étoient, des ordonnances propres, sinon » à réformer leur cœur, du moins à les conte-» nir dans un ordre extérieur, &c., Ce n'est point » là (*parlant de la législation de Moyse*) le minis-» tere de vie qui doit redresser le cœur de l'homme » & le conduire par une vertu sincere à sa vraie » destination. C'est un ministere local, & une » disposition propre à faire exécuter les ordres » du Très-Haut par un Peuple revêche & sans » affection..... Tout est bon dans cette loi : mais » elle est donnée à des hommes dont elle ne » change point la volonté, & dont elle n'exerce » par sa lettre, que les démarches extérieures ».

Troisieme raison par rapport à Dieu, de déroger au Droit naturel : *le tenir séparé des étrangers, pour que le nom du vrai Dieu fût connu jusqu'au tems du regne de la justice.*

L'intention de Dieu : Il est convenu qu'une des premieres intentions de cette loi a été de te-nir les Israélites séparés des étrangers : « ce qui » caractérise, nous dit-on, (1) la législation de » Moyse, c'est d'employer des motifs & des régle-» mens particuliers à son Peuple, pour l'attacher, » malgré sa grossiéreté, au Dieu de ses Peres, » avec lequel il lui a fait contracter une nou-» velle alliance, & pour conformer une républi-» que où le nom du vrai Dieu fût connu jusqu'au » temps du regne de la justice ». Il l'attache donc par beaucoup de cérémonies & de pratiques qui

(1) *Ibid.* Page 229.

fixent fes fens , & l'intimide d'ailleurs par des châtimens rigoureux dès cette vie , qui lui montrent que le Dieu des Ifraélites eſt un Dieu jaloux qui ne ſouffre point de partage : & cette rigueur ne l'étonne pas en quelque forte : car ils favent qu'il eſt immédiatement leur Souverain , & leur propre légiſlateur , *Moyfe* n'ayant été que le fidele interprete de fes volontés & de fes ordres.

Et s'il m'eſt permis de remonter juſques dans les deſſeins éternels de fa fageſſe , & de toucher le point ineffable de fa miféricorde infinie , n'oſerons-nous pas y voir que la *peine de mort* impoſée aux Ifraélites, étoit comme un article indiſpenſable de la Loi, pour que, par cette préparation légale & de juſtice, les Prophéties s'accompliſſent, & le Sauveur du monde expiât ſur la croix nos péchés, & nous donnât par ce genre de fon ſupplice & de fon châtiment , non-feulement une idée de notre extrême indignité, mais encore le ſymbole certain de tous les ſacrifices que nous devons faire nous-mêmes pour arriver à la haute perfection qu'il nous a tracée? Il falloit que le *Juif* trouvât dans fon état civil la peine de mort établie, pour la croire juſte ; il falloit qu'il la crût *juſte*, pour pouvoir la décerner contre le *Meffie*, & commettre en fa perſonne la plus grande & la plus criminelle des mépriſes, mais en même temps , comme a dit un Pere de l'Egliſe, *la plus heureuſe, ô felix culpa!* Et il étoit néceſſaire auſſi que l'homme juſte par excellence , par la perte de la vie & fes ſouffrances, apprît aux hommes criminels à faire un bon uſage de la leur, s'ils ne veulent dans l'autre éprouver les plus grands châtimens.

Quatrieme raiſon, par rapport à Dieu, de déroger au droit naturel par la peine de mort, &c. qu'il falloit que cette peine fût établie chez les Juifs, pour qu'ils la fiſſent décerner contre Jeſus-Chriſt : en quoi s'accompliſſoit le myſtere de la rédemption & toute l'économie de la Loi Evangélique.

S. Auguſtin.

Jamais cette *peine de mort* mieux méritée si Jesus-Christ n'avoit été qu'un imposteur.

Jamais même la *peine de mort* n'auroit été plus juste, si *Jesus-Christ* n'avoit pas été réellement le Fils de Dieu. Dieu lui-même est le Souverain des Juifs ; ils sont immédiatement son peuple, ils l'ont pris pour Roi ; c'est une alliance qui a été acceptée dans les commencemens, scellée par les plus grands témoignages, confirmée par toutes les démarches subséquentes de ce peuple. Ils savent tous qu'ils sont *le peuple de Dieu*. En cet état, il paroît un homme qui se dit le Fils de Dieu, c'est-à-dire, leur Souverain ; il veut qu'on le reconnoisse pour tel, & qu'on lui attribue tout ce que les Prophetes ont annoncé du Messie tant promis. La mort seule pouvoit être le châtiment proportionné d'une imposture & d'une audace de cette force : on sent ici qu'il faut détruire le coupable ; & qu'il est, & d'une édification publique & de droit, de notifier, en le condamnant à la mort, qu'il n'est pas tel qu'il se qualifie ; mais ce genre de punition a besoin d'être autorisé par la Loi ; ce doit être un châtiment reçu dans l'Etat, & décerné dans le temps, en général, contre les plus grands crimes ; & l'on ne pouvoit le prendre que dans le Code même du Législateur, qui a tout prévu.

Et il falloit la prendre dans le Code même des Loix de *Moyse*.

Autrement l'on eût commis une double injustice, en le faisant mourir.

Or, avons-nous dit, cette *peine de mort* étoit bien méritée, si, pour le dire par supposition, *Jesus-Christ* n'avoit été qu'un imposteur ; mais c'est précisément parce qu'il ne l'étoit pas ; & que la peine, en elle-même, étoit légitime, quoique contraire au *Droit naturel*, parce que Dieu l'avoit ordonnée, que les Juifs le traitant sur le pied de la Loi & comme homme, tomberent dans le plus grand des crimes, je veux dire, le *déicide*. Il leur montra, bientôt après, par sa résurrection, qu'il étoit véritablement celui qu'il se disoit : en quoi la dérision qu'ils voulurent faire de sa personne, en lui donnant sur la croix, pendant qu'on le menoit au supplice, le nom de *Roi des Juifs ;* cette dérision, dis-je, se trouve entièrement contre eux-mêmes. Cette résurrection, au reste, étoit nécessaire pour prouver sa divinité ; mais la *peine de mort* l'étoit tout de même : car si elle n'avoit pas été fondée par le Législateur, elle n'auroit pas moins été injuste, quand même *Jesus-Christ* n'auroit été qu'un imposteur. Au lieu que s'étant trouvés en regle du côté de la Loi, leur indignité tomba toute sur la fausse application qu'ils en firent ; ce qui devoit être ainsi, pour que le crime ne fût point, en quelque sorte, partagé ; & qu'on ne pût pas dire qu'ils avoient, en outre, violé le *Droit naturel*, dans ce que les hommes ont de plus cher, qui est la vie, en quoi tout le reste des hommes auroit été blessé ; & il est de raison que leur crime fût seul un *déicide*, & rien de plus.

On voit que cette *peine de mort* entre nécessairement dans l'économie de Dieu, & que la *Loi de Moyse* avoit, en ce point, une sagesse que nous ne pouvons qu'admirer.

Et qu'on ne croie pas que cette sagesse divine ait pris davantage sur elle, en établissant la *peine de mort* chez les Israélites, qu'en leur permettant ou leur ordonnant, en certaines occasions particulieres, ou d'égorger son propre enfant, ou de voler, ou d'exterminer les habitans d'un pays pour s'emparer de leurs terres, & de tout ce qu'ils pos-

J. C ayant prouvé sa divinité par sa résurrection, il étoit néces-faire que parstant tout le crime des Juifs ne fût que le *déicide*, & rien de plus. C'étoit la cause de Dieu, & non pas celle des hommes.

Remarque : Que la *peine de mort* & *l'esclavitude* dérogent bien moins au *Droit naturel*, *par rapport à l'ordre de la société civile en général, que les choses que nous avons vues, comme d'égorger, de voler, d'exterminer, &c.*

sédoient : ces actes-ci sont beaucoup plus contraires au *Droit naturel* , ils y dérogent essentiellement ; & c'est par eux qu'il est très-vrai que l'on seroit dans l'impossibilité de rien reconnoître du *bien* & du *mal* , s'ils étoient reçus, & que le désordre & la confusion régneroient dans l'Etat civil. C'est pourquoi l'Être suprême , le Souverain des Juifs , ne les ordonna que très-rarement , & pour des occasions uniques , où il laissoit appercevoir facilement la justice de ses motifs. Au lieu que la *peine de mort* & la *servitude* sont encore susceptibles de quelque sorte de justice ; elles peuvent s'allier avec des regles ; & si , au fond , elles sont injustes par rapport au *Droit naturel* , c'est-à-dire , quant à l'exercice des droits des hommes les uns envers les autres , on les peut pourtant soumettre à des tempéramens équitables en ce point, qu'on ne les appliqueroit ou qu'on ne les dirigeroit qu'à propos , & qu'autant que les sujets seroient capables des mêmes crimes , ou tomberoient dans les circonstances pour lesquelles elles ont été établies : on auroit une bonne intention dans le particulier , mais l'on se serviroit d'un mauvais moyen ; & en faisant , pour ainsi dire , un acte de justice , on entreprendroit sur les voies de Dieu , & l'on passeroit les bornes de la puissance humaine qu'il nous a départie. *Ce droit* , encore une fois, *de punir de mort* , *& de réduire en servitude* , ne peut compéter que Dieu ; mais il est clair aussi qu'en en faisant usage dans le Gouvernement des Juifs , il a bien moins paru s'écarter du *Droit naturel* , &, si je l'ose dire , donner un exemple capable d'être mal interprété pour les mœurs , que quand il permit ou ordonna des choses qui sont directement des vices , & avec qûoi aucune forte de juftice humaine ne fauroit s'accorder.

Au refte, quand on réfléchit fur les puiffantes raifons qui ont rendu la *peine de mort*, non-feulement légitime chez ce peuple, mais néceffaire, on ne peut s'empêcher d'y remarquer que la *fervitude politique* en étoit comme la bafe, & que la *fervitude domeftique* en devenoit une dépendance : la punition par la perte de la vie, n'avoit été impofée au premier homme après fon péché, que comme un coup de la *nature*, c'eft-à-dire, un effet naturel & une fuite du dépériffement infenfible qui fe fait chaque jour de nos corps. Il fut *défendu* très-expreffément par le Créateur de *verfer le fang humain ;* & même il pouffa fa défenfe jufqu'en faveur de l'*homicide :* ce fouverain Juge, mais le plus tendre des peres, crut la race humaine affez punie, que de l'affujétir à une condition qui l'égaloit aux créatures irraifonnables, & qui formoit contre elle la preuve la plus complette de fa défobéiffance.

La *peine de mort* devoit attirer la *fervitude* chez les Juifs.

L'homme, en général, fur la terre, ne devoit plus mourir que de la mort naturelle.

Mais tel étoit l'ordre établi, l'état conftant & naturel que les hommes devoient garder entre eux dans les Gouvernemens civils qu'ils établiroient. Ce qui leur étoit défendu, ou ne leur étoit pas permis, relativement à cet acte d'abréger les jours de quelqu'un, de quelque maniere qu'on le fît, étoit, pour Dieu, un droit inconteftable & conforme à l'ordre, quand il lui plairoit de gouverner par lui-même & immédiatement un certain peuple.

Tel étoit l'ordre établi pour les hommes entr'eux.

Or, cette efpece de confolation pour le genre

Ce qui indique, en

*même-
temps, leur
destinée à
cet égard,
& combien
il avoient à
faire un
noble exer-
cice de leur
liberté & de
leur vie,
dans les
Gouverne-
mens civils
par eux
établis.*

humain, de ne pouvoir perdre la vie, autrement que par la commune Loi, & par un effet qui ne dépendoit pas des hommes, indiquoit en même temps la manière élevée & libre dont il devoit se conduire, & le noble exercice qu'il avoit à faire de ses facultés & de sa vie; puisque nulle autorité sur la terre n'avoit le droit d'y porter atteinte. Dieu lui déclaroit, ce semble, visiblement, que l'empire de la raison étoit encore plus redoutable que celui des hommes; & qu'une créature faite à l'image de Dieu, devoit agir en tout comme un être pensant & libre, encore plus décidée à l'obéissance par volonté & amour de l'ordre, que par contrainte & nécessité. Plus la vie parut un bien, que Dieu voulut soustraire à la domination d'autrui; (& en effet on ne sauroit la regarder autrement, à l'horreur extrême que nous avons de notre destruction, pour ne parler que suivant la nature) & plus il s'en suivit que nous la devions passer avec confiance & avec joie, en écoutant sur toutes choses les inspirations de la conscience, & nous prêtant aux lumieres pures de la raison; que nous ne devions pas avoir, en un mot, de plus grand maître que Dieu sur la terre, & de plus grande crainte que celle de faire le *mal*. Heureuse situation pour la félicité humaine! Vous étiez seule propre à dédommager nos premiers Peres & leurs descendans, de la fatale obligation où ils furent de mourir: ils savoient que le terme de la vie n'étoit point au pouvoir des hommes, & qu'en subissant la peine générale, ils ne faisoient que payer un tribut au Maître qui la leur avoit donnée.

*Maisquand
Dieu veut*

Le caractere, cependant, de liberté & d'indépendance

pendance qui reluit, à cet égard, dans la con-
ceffion divine, de ne pouvoir point être dépof-
fédé de la vie par un fait humain, fous quel prétexte que ce foit, à moins des cas forcés, où l'on
mettroit quelqu'un dans la néceffité de fe défendre, comme je l'ai expliqué en fon lieu ; ce caractere, dis-je, qui eft pour l'homme, du *Droit naturel*, & doit le fuivre dans toutes les fociétés civiles, n'en eft plus un, quand Dieu lui-même
prend comme les rênes vifibles d'un Gouvernement ; (car il eft auteur de la vie humaine, &
il peut punir par la perte de la vie, avant que
fon terme arrive) : il fe fit donc à l'égard du peuple élu, lorfque Dieu fe mit à le conduire, une
révolution fubite dans le privilege général, qui
regardoit la libre condition des hommes. J'ai
exprimé comme le Souverain Éternel annonça fon
regne fenfible ; & combien fes fujets nouveaux
furent faifis de terreur à la vue & à l'éclat d'une
pareille puiffance. Leurs yeux & tous leurs fens
n'étoient point faits pour leur donner cette noble
affurance des ames libres. Dieu ne voulut point,
dans le temps, faire un miracle en leur faveur,
qui ne fe feroit accordé, ni avec l'ordre des événemens, ni avec les moyens de fa fageffe. Ce
n'eft plus en ce monde que le Souverain de la
vie converfera avec des hommes ; que ceux-ci, à
leur tour, jouiront de la noble prérogative de
s'entretenir avec lui, & qu'une généreufe liberté,
fans rien ôter de la crainte & du refpect, les rem-
plira de courage devant leur Dieu, & pourra leur
faire confidérer, fans effroi, fa toute-puiffance &
fa gloire. D'un autre côté, c'étoit de cet état même
d'efclavage & de fujétion aux fens, à quoi étoient
livrés les Juifs, que Dieu vouloit tirer les plus

Tome II. B b

régner im-
médiate-
ment fur,
un Peuple
les rapports
changent :
la *peine de
mort* avant
le terme,
s'établit
pour punir
les infrac-
teurs de fa
Loi écrite.

Pourquoi
Dieu ne ré-
forma
point le
cœur des
Juifs : &
que s'ils
furent in-
contefta-
blement
fous un
meilleur
maître que
les autres
Peuples, ils
n'en furent
ni plus li-
bres, ni
plus fideles,

ni plus fa-
ges, ni plus
intellec-
tuels, &c.

grands & merveilleux effets pour notre inftruction
& pour fon culte. Son regne temporel fuppofoit
donc néceffairement que la Nation Juive feroit
groffiere, charnelle, revêche, crédule, fuperfti-
tieufe, ingrate, légere; qu'il devoit la mener par
la terreur autant que par la bonté; que toutes les
récompenfes lui devoient être promifes fous des
fignes fenfibles, & pour ainfi dire corporels; &
les châtimens être tous féveres & durs.

Analogie
néceffaire
entre la
*peine de
mort* & la
fervitude
en général.
Réponfe à
l'objection
*qu'on
ne voit
point la
fervitude
établie au-
jourd'hui
chez les
Nations
les plus li-
bres, où
l'on admet
pourtant la
peine de
mort.*

La *peine de mort*, en un mot, les rendoit tout
de fuite *efclaves* : il eft entre ces deux états une
analogie néceffaire. Tous les Gouvernemens humains, & ceux même où les Nations policées ont
tâché de conferver le plus de liberté naturelle,
fe font permis, il eft vrai, de porter la peine
jufqu'au dernier fupplice ; & l'on pourra dire que
la fervitude en général n'eft donc pas néceffairement liée avec cette extrême punition. Mais il ne
dépend pas des hommes de renverfer la nature
des chofes, en bouleverfant les regles ; & affurément il n'y a point de puiffance moins affermie
que celle d'un defpote, ni plus de reffort à la
liberté naturelle que dans les Etats d'un tel Souverain. Nous nous croyons libres dans nos Gouvernemens modérés & dans les Républiques où
cette peine eft encore établie : c'eft qu'en effet
l'autorité fuprême qu'on exerce, pour les affaires
criminelles, fur les jours des hommes, toute
injufte qu'elle foit au fond, marche par des fen-
tiers réguliers, & fuit de certaines formes qui an-
noncent la juftice & la bonne intention. Le défaut
cependant de légitimité intrinfeque, dans la puiffance humaine exceffive, laiffe toujours les hommes ce qu'ils font ; & il eft impoffible que les

plus grands efforts d'une telle autorité détruient les attributs essentiels de notre existence : ils ne décelent que mieux l'incompétence du droit.

Ce sentiment *de ne pouvoir être dépossédé de la vie*, par un fait humain, est inné dans tous les hommes, mais n'est pas également développé. C'est à l'appui d'un pareil titre, & sous de tels auspices que le genre humain a dû se distribuer en plusieurs corps de sociétés civiles, & s'étendre sur la terre. Les effets n'y ont pas répondu, j'en conviens ; la *peine de mort* & l'*esclavitude* se sont établies par-tout : mais il n'est pas de mon sujet d'expliquer cela pour le présent. Ce que j'ai à dire, c'est que Dieu, comme je l'ai avancé, ayant voulu régner immédiatement sur les Juifs, sa puissance *absolue*, & qui seule mérite de porter ce nom, fit disparoître tout-à-coup, chez ce Peuple unique en son espece, par un effet naturel, le noble avantage de sa liberté politique. La *peine de mort* fut le glaive dont la Divinité s'arma par ses ministres, contre les infracteurs de sa Loi ; & à côté de la *servitude de Gouvernement*, l'on vit la *servitude domestique*, qui en est inséparable.

Qu'il n'est pas de mon sujet de dire à présent comment ce sentiment intérieur, dans tous les hommes, de ne pouvoir être dépossédé de la vie & de la liberté, n'a cependant pas empêché que la peine de mort & la servitude ne se soient introduites presque par-tout.

En effet, c'est ordinairement sur les rapports d'institution qui sont entre les sujets d'un Etat, & celui qui le gouverne, que se forment les rapports suivis entre les sujets eux-mêmes : les premiers sont comme les images des autres ; on a vu, par tout ce que les histoires ou les relations des voyageurs nous apprennent, que l'*esclavage* & la *servitude* ont été d'autant plus régnans & poussés à l'excès, que celui qui régissoit l'Etat entier, avoit de puissance absolue & d'autorité de fait. Le

Raisons naturelles qui font que la servitude domestique va avec la servitude politique.

B b ij

Monarque despote ne regne plus fur des hommes
libres ; il les tient tous enchaînés à fes volontés
& à fon caprice. Il lui eft indifférent qu'il y ait
des efclaves particuliers , il commande aux uns &
aux autres ; & le défaut de titre en lui , pour
s'affujétir , de la forte , la maffe entiere des fujets, comporte le même défaut de titre (j'entends
celui de la nature) de la part du maître envers
fon efclave. Puifque le *Droit naturel* eft renverfé
dans le fait , par le defpote , il y a même beaucoup plus de convenance pour lui , que la plus
grande partie des fujets foient encore fpécialement

*Comment
Montef-
quieu l'ex-
plique ?
Efprit des
Loix*, To-
me II, Par-
tie I, p. 49.
dépendans de l'autre partie. *Montefquieu* le confidere relativement à l'avantage des fujets : on voit
que cela revient au même. « L'efclavage politique,
» *dit-il*, établi dans le corps de l'Etat, fait que
» l'on fent peu l'efclavage civil. Ceux que l'on
» appelle hommes libres, ne le font guere plus
» que ceux qui n'y ont pas ce titre ; & ceux-ci,
» en qualité d'eunuques , d'affranchis ou d'ef-
» claves, ayant en main prefque toutes les affaires,
» la condition d'un homme libre , & celle d'un
» efclave fe touchent de fort près ». On fent en-

Ibid.
core mieux cela par ce qu'il ajoute , que « Dans
» les Etats modérés, il eft très-important qu'il n'y
» ait point trop d'efclaves. La liberté politique y
» rend précieufe la liberté civile ; & celui qui eft
» privé de cette derniere, eft encore privé de
» l'autre. Il voit une fociété heureufe dont il n'eft
» pas même partie ; il trouve la fûreté établie
» pour les autres , & non pas pour lui. Il fent
» que fon maître a une ame qui peut s'agrandir ,
» & que la fienne eft contrainte de s'abaiffer fans
» ceffe. Rien ne met plus près de la condition des
» bêtes , que de voir toujours des hommes libres,

» & de ne l'être pas. De tels gens font des en-
» nemis naturels de la fociété, & leur nombre
» feroit dangereux. Il ne faut donc pas être étonné
» (*conclut-il*) que dans les Gouvernemens modé-
» rés l'Etat ait été fi fouvent troublé par la ré-
» volte des efclaves, & que cela foit arrivé (1)
» fi rarement dans les Etats defpotiques ».

Véritablement Dieu n'eut pas befoin, pour lui, de fuivre les raifons que nous venons d'expliquer, foit qu'elles regardent le Monarque ou les fujets ; mais on fent bien que cet Auteur de toutes chofes, quand il voulut comme tenir la place d'un Prince temporel, n'en dérangea pas la nature ; & que fous lui, ce qui, par une liaifon qu'il a faite & établie de tout temps, avoit une certaine fuite ou un certain effet dans les Gouvernemens formés par les hommes, paroiffoit fous les mêmes afpects, & avec les mêmes attributs ou dépendances, à la maniere d'un Être qui eft néceffairement immuable & qui ne fe contredit point. Il laiffa donc s'éta-blir (ou plutôt il l'établit lui-même) *l'efclavage domeftique* ; puifque *l'efclavage politique* s'établiffoit de *droit* & de *fait*, & que d'ailleurs, le premier convenoit également à fes merveilleux deffeins fur ce Peuple.

Pourquoi Dieu a fuivi cette regle.

Un tel état des chofes demandoit un ordre que Dieu feul pouvoit connoître & régler : auffi y pourvut-il par des réglemens proportionnés aux circonftances, & qui font tellement liés avec la

Relation fenfible qu'on remarque, ent. le caractère & le génie du Peuple Juif & fa fitua-

(1) Il met ici en note, que la révolte des *Mamelus* étoit un cas particulier ; c'étoit un Corps de Milice qui ufurpa l'Empire.

tion actuelle dans ce temps-la : & entre les Loix qui lui ont été, données, & ce même génie & ce même caractere.

nature de la conftitution Juive, & au rôle qu'elle devoit jouer dans le monde, qu'on y voit bien, (quant aux mœurs) cette belle fimplicité des premiers temps, & le tableau le plus naturel de la vie humaine ; & (quant à la Religion) la connoiffance du vrai Dieu, d'un Dieu unique ; tandis que l'idolatrie étoit répandue par toute la terre : mais non l'exercice marqué de la raifon & de la liberté ; des fruits généreux d'une réfolution toute décidée ; des effets conféquens & analogues à des caufes intelligentes ; des réfiftances & des combats, qui fuprofent qu'on balance les moyens avec les avantages & les démarches avec le devoir: on y fait le bien, parce que la Loi l'ordonne, &

Voyez ci-après Chap. IX, aux deux tiers à peu près.

l'on n'y fait que celui qu'elle dit. Heureux encore, fi on le démêle & qu'on y foit fidele ! Les yeux de la Nation ne vont pas au-delà de ce qui eft écrit ; & ce qui eft écrit renferme précifément tout ce qui eft à faire. D'un autre côté, ils s'attachent fi fort à la lettre, qu'ils ne reconnoiffent plus les droits imprefcriptibles de la raifon & de la Loi naturelle : ils fe laiffent égorger un jour de Sabbat, plutôt que de fe défendre ; ils portent la Loi écrite fur le front & fur les vêtemens ; ils conçoivent une haine & un mépris extrême pour toute Nation qui n'eft pas la leur ; parce qu'ils étoient un Peuple particulier & choifi de Dieu : comme fi Dieu avoit voulu étouffer en eux les fentimens naturels, & les difpenfer d'aimer tous les hommes, &c. Rien de pareil ne leur avoit pourtant été ordonné ; au contraire, c'eft que telle eft la condition des efclaves, & tel étoit le fort du Peuple Juif. Voyons comment les Loix fur la *fervitude* avoient été préparées & dirigées.

D'abord, la *circoncision*, que Dieu exigea de son Peuple, pour être la marque sensible & permanente de son élection, & qui dans la Loi nouvelle est regardée comme une simple figure de l'obligation de circoncire nos cœurs; c'est-à-dire, les dépouiller de toute affection vicieuse : la *circoncision*, dis-je, est l'indication & l'image parlante de cette *servitude politique*, dans laquelle vivoient les Juifs, par rapport à leur Souverain immédiat, & Dieu tout ensemble.

Comment les Loix sur la *servitude* furent préparées & dirigées.
1°. la *circoncision*

C'étoit-là, comme l'*aléne*, dont le maître perçoit l'oreille de l'esclave Hébreu, quand celui-ci, après six ans de service, aimoit mieux rester que de sortir pour être libre.

Exod. XXI, 6. *Deut.* XV, 17.

Dieu lui-même nous l'apprend par ces paroles (où il rend raison de la liberté accordée à celui que la pauvreté auroit réduit à se vendre, de sortir l'année du Jubilé avec ses enfans, & de retourner à la famille & à l'héritage de ses peres) : *Car ils sont mes esclaves : c'est moi qui les ai tirés de l'Egypte ; ainsi qu'on ne les vende point comme les autres esclaves.*

Lévit. XXV, 42.

L'on voit enfin que Dieu ordonne à ceux de son Peuple, *qu'ils lui consacrent les premiers nés de leurs fils, & que tous les mâles* (1) *se présen-*

2°. la Consécration des premiers nés.

---

(1) Voyez aussi nomb. III, 12, 13, où Dieu prend les *Lévites* d'entre les enfans d'Israël, en la place de tous les premiers nés. Et pour le prix (*Ibid.* 46, 47) de deux cens soixante-treize aînés des enfans d'Israël, qui passent le nombre des *Lévites*, Dieu exige qu'on donne à *Aaron* cinq sicles par tête.

Exod.
XXII, 29.
3°. *Tous*
les mâles
obligés de
se préſenter
trois fois
l'année de-
vant lui.

Ibid.
XXXII,
17.
L'eſprit
de ſervitu-
de ſe rema-
marque
par-tout
dans l'Ecri-
ture.

I. *Sam.*
XXII, 17.
I. *Rois*
IX, 22.
II, *Sam.*
X, 2.

Dans
Grotius.
Tom I, p.
168.

Réflexion
ſur ce qui
avoit don-
né lieu de
regarder
l'empire
d'un ſeul,
comme o-
dieux.

tent trois fois l'année devant lui. Il y a dans tout le cours des livres de l'ancien Teſtament , un cer- tain eſprit répandu de cet aſſerviſſement *politi- que* (1) , auquel on ne peut ſe méprendre , pour peu qu'on y faſſe attention : non-ſeulement , tout ce qui eſt directement rapporté , des volontés & des ordonnances divines , n'y laiſſe pas du doute ; mais cet eſprit paſſe juſques dans le rapport du Peuple à ſes maîtres particuliers , c'eſt-à-dire , à ceux que Dieu avoit placés ſur lui pour le con- duire extérieurement. Les ſujets d'un Roi , dans l'Ecriture-Sainte , ſont appelés *ſes eſclaves :* c'eſt que l'idée d'un maître auſſi abſolu que Dieu , s'étoit profondément gravée dans les eſprits , & qu'elle venoit ſe joindre , ſans y penſer , à celle des Souverains de la terre ; comme s'il pouvoit y avoir pourtant quelque choſe de com- parable , entre la puiſſance divine & la puiſſance humaine.

Cette erreur , qui s'inſinua de plus en plus chez les Nations étrangeres , & qui faiſoit bien plus in- jure au reſpect véritable qu'on doit à celui qui eſt ſi fort élevé au-deſſus des autres hommes , qu'elle ne lui eſt favorable : cette erreur , dis-je , avoit rendu l'empire d'un ſeul odieux ; & je ne m'étonne pas , ſi les *Stoïciens* & tous les Peuples qui vi- voient dans des Républiques , faiſoient de la *ſu- jétion* une ſorte d'eſclavage : on avoit été juſqu'à

Grotius.
Ibid.

_____

(1) La Loi dit (*Lévit.* 21, 23 , dans *Fleury, Mœurs des Iſr.* p. 32,) qu'ils n'étoient que les uſufruitiers de leurs terres, ou plutôt les Fermiers de Dieu, qui en étoit le véritable proprié- taire.

croire que les hommes & les souverainetés étoient des biens qu'on possédoit en pleine propriété, c'est-à-dire, dont les Souverains étoient maîtres comme de leur patrimoine. En Dieu, cela étoit vrai & sans inconvénient ; mais à l'égard des hommes, il n'y avoit rien de si insensé & de si dangereux. La Royauté donc, considérée dans les termes qui sont de sa nature, n'a rien que de très-légitime & de très-bon : elle paroît même d'autant meilleure au Gouvernement civil, qu'elle imite, en son unité, celle de Dieu, & que l'autorité n'est point partagée. Si l'on y trouve des inconvéniens, il n'en faut imputer la faute qu'à l'esprit humain, toujours capable de s'abuser, & porter trop loin les ressemblances.

La Royauté, bien réglée, paroît convenir davantage au bon gouvernement humain.

Mais, pour en revenir à l'empire de Dieu sur les Juifs, & à la préparation de la *servitude domestique*, il conste donc que le premier étoit, de sa nature & par choix, souverainement absolu ; & que l'autre étoit comme renfermée dans les conditions requises lors de l'élection de ce Peuple. Il est vrai que *la liberté ne consiste qu'à pouvoir faire ce que l'on ne doit pas vouloir ;* mais il faut convenir que ce qu'on devoit vouloir chez les Juifs, étoit infiniment étendu, & porté jusqu'aux plus petites minuties. De sorte que le judicieux *Fleury*, qui a parlé juste, en disant que *leur liberté réduite à ses justes bornes, consistoit à pouvoir faire tout ce que la Loi de Dieu ne défendoit pas, & à n'être qu'obligés à faire ce qu'elle commandoit, sans être sujets à la volonté d'aucun homme en particulier*, ne s'accordoit pas bien avec lui-même, après avoir dit auparavant, qu'*ils étoient parfaitement libres, principalement avant qu'ils*

Montesquieu, sur la liberté politique, en général.

Fleury, sur celle des Juifs en particulier.

Esp. des Loix, Tome I, page 313.
Mœurs des Isr. p. 108.

Ibid. page 107.

euffent des Rois. Cette liberté, dans fon rapport avec la conftitution, ne pouvoit pas être plus gênée. Je viens d'en montrer trois articles fondamentaux, & fur lefquels tous les autres portent. La *fervitude domeftique* étoit ainfi préparée, & comme dans fon centre ; mais fi la *fervitude d'Etat* étoit grande & proportionnée à la nature du Gouvernement, de façon pourtant que de la part d'un tel Souverain, il ne pouvoit en réfulter aucun préjudice pour les fujets : remarquons avec quelle précaution cet Être fuprême régla l'autre fervitude ; il y apporta des tempéramens & des compenfations fi juftes, qu'elles contre-balancerent le pouvoir extrême des maîtres, toujours trop dangereux.

Comment la *fervitude, domeftique,* fut tempérée par des réglemens & des compenfations équitables.
Deux fortes d'efclaves chez les Juifs, *Lévit.* XXV, 44, 45.
1°. *Les Etrangers, Ibid.* 46.
2°. *Les Hébreux* eux-mêmes en certai-

Il y avoit de deux fortes d'*efclaves* : les uns étoient étrangers : Dieu avoit ordonné aux Juifs de *refpecter leurs freres, & d'avoir des efclaves & des fervantes des Nations voifines.* Ils pouvoient prendre auffi les Etrangers qui étoient venus habiter parmi eux, & ceux qui étoient nés dans leur pays. On voit que la Loi ne ceffe de leur recommander *de ne point opprimer par fa puiffance les enfans d'Ifraël.*

Les autres étoient des *Hébreux,* eux-mêmes, que deux caufes mettoient dans cet état : la *pauvreté* qui les contraignoit de fe vendre, ou le *délit du larron* qui n'avoit pas de quoi payer. Il femble que cette derniere caufe s'étendoit aux autres dettes ; par exemple, de la veuve dont *Elifée* multiplia l'huile, afin qu'elle eût de quoi payer fes créanciers, & garantir fes enfans de l'efclavage. Les peres avoient encore le pouvoir de vendre leurs enfans à leurs créanciers. Les efclaves étoient tellement foumis, qu'il paroît que les maîtres commandoient par fignes, & que les ferviteurs devoient être attentifs jufqu'aux moindres geftes.

Mais, quoiqu'on dife que les Ifraélites avoient droit de vie, & de mort fur leurs efclaves, cela ne me paroît pas de même; puifque la loi déclare *coupable de mort*, (Exod. XXI, v. 20) *le maître qui battoit fon efclave au point de le faire mourir fous les coups*. Seulement elle le reconnoiffoit *innocent* (Ibid. 21) *quand l'efclave ne mouroit que quelques jours après* : Or, l'on voit combien cette limitation au pouvoir des maîtres étoit capable de garantir l'efclave de tout emportement, de colere, &c. L'Ecriture dit : *C'eft fon argent*, là où il ne falloit point punir le maître ; & l'on interprete ces paroles, comme fi elles vouloient dire, que *la perte de l'argent le puniffoit affez*. Mais ce fens n'eft point affez honnête à mon avis, en ce qu'il préfenteroit une raifon de juftification déshonorante pour l'efpece humaine ; & qu'il fembleroit que la perte de l'argent fût pour le maître, quelque chofe, en comparaifon de ce qu'étoit pour l'efclave la perte de la vie. Cette expreffion, *C'eft fon argent*, emporte feulement l'idée de la propriété, qui faifoit préfumer avec quelque fondement, comme on l'obferve, d'un autre côté, avec plus de raifon, que le maître, en ce cas-là, avoit eu feulement intention de le corriger : car c'étoit l'intention feule qui faifoit ou fon crime ou fon innocence, & non la raifon de l'argent, qui, quoiqu'elle fubfiftât toujours, tant d'une maniere que

nes occafions.
Mœursdes Ifr. p.109.
Lévit. XXV. 39, *Exod.* XXII, 3.
4. Rois, IV, I.
Mœursdes Ifr. p. 110.
Ibid.
Page 109.
Ibid.
Les Ifraélites n'avoient pas le droit de *vie & de mort*, fur leurs efclaves. Deux Loix remarquables, qui tempéroient fort l'autorité du maître fur l'efclave.
Premiere Loi: *Le maître puni de mort*, fi, &c.
Mœursdes Ifr. p.110. *Puff.* Tome III, page 72, note 5.

de l'autre, ne l'empêchoit pas d'être puni, quand l'esclave restoit sous les coups.

Deuxieme Loi : *Obli-gé de don-ner la li-berté à son esclave si*, &c.

Exode XXI, 26, 27.
Barbeyrac dans *Puff.* Tome III, p. 72, no-te 5, où il renvoie à Leclerc.
Grot. To-me II, pa-ge 422.

Grotius ici en dé-faut.

Une autre loi, qui tempéroit extrêmement l'autorité du maître, quand il usoit de correction envers son esclave, c'est celle qui veut que *si un maître a crevé un œil ou cassé une dent à son esclave ou à sa servante, il leur donne la liberté en dédommagement de cette perte.* Ce qui avoit lieu sans doute à plus forte raison, ainsi qu'on l'a remarqué à propos, lorsque la mutilation étoit plus considérable. *Grotius* cependant, au sujet de cette obligation du maître, de donner la liberté à son esclave quand il lui crevoit un œil ou lui cassoit une dent, ajoute ces mots : *Cela s'entend, sans avoir eu un juste sujet de le châtier ;* mais cette observation détruiroit toute la sagesse de la loi, & rien ne justifie ce sens. Car il étoit bien entendu que le maître n'avoit jamais le pouvoir de battre sans sujet ; encore le pouvoir de battre, quand il en avoit une juste cause, étoit subordonné à ce contrepoids de son autorité, qui le soumettoit lui-même à une peine, s'il poussoit la correction trop loin. Il n'y a rien de mieux imaginé pour garder une espece d'équilibre entre deux conditions si diamétralement opposées.

A l'obliga-tion de se faire esclave pour payer sa dette, Dieu avoit ajou-té de sages précau-tions, qui,

Quant aux esclaves *Hébreux*, qui passoient dans cet état, pour cause de dettes, soit qu'ils se vendissent eux-mêmes, ou vendissent leurs enfans ; ou bien qu'ils fussent vendus à la fois, eux, leurs femmes & leurs enfans pour la même cause, il est à remarquer, outre les sages précautions (1)

---

(1) Œuvres posthumes de M. de.... p. 136.

que la loi de Dieu avoit ajoutées à cet ufage, qui, en affurant la dette au créancier, mettoient en même-temps le débiteur à couvert de fes pourfuites trop rigoureufes ou trop violentes : il eft à remarquer, dis-je, que fi, d'un autre côté, cette jurifprudence (1) paroît extrêmement févere, la rigueur en paroîtra diminuer en faifant attention que, parmi les Hébreux, le prêt étoit gratuit, l'ufure abfolument défendue entr'eux ; & que comme ce font les intérêts qui accablent ordinairement un pauvre débiteur, & qui l'empêchent de ferelever après fa chûte, il n'étoi tpas rare, parmi ce peuple, d'amaffer par le travail de quoi payer fes dettes. D'ailleurs, il y avoit peu de pauvres ; *Moyfe* avoit eu un foin particulier de recommander, & même d'ordonner aux Hébreux la charité envers leurs freres.

De plus, les Efclaves Hébreux pouvoient devenir libres après fix ans de fervice, c'eft-à-dire, *à l'année Sabbatique :* Et s'ils ne vouloient pas ufer de ce privilége, ils avoient celui du *Jubilé* pour être libres, du moins après cinquante ans, & conferver à leurs enfans la liberté.

A l'année Sabbatique, le créancier ne pouvoit rien demander à fon débiteur : la dette étoit éteinte ; & il n'étoit pas au pouvoir du créancier de la faire revivre. Cette grace étoit même fi entiere, qu'on rendoit à l'efclave Hébreu tout ce qu'il avoit apporté chez fon maître. Mais ce privilege n'avoit point lieu en faveur des étrangers.; & même

---

en affurant la dette au créancier, mettoient le débiteur à couvert de fes trop rigoureufes pourfuites.

Réflexions qui montrent que cette jurifprudence, au fond, n'étoit pas fi févere qu'elle le paroît d'abord.

L'efclavage des Hébreux finiffoit à l'année Sabbatique c'eft-à-dire, à la feptieme année. *Mœurs des Ifr.* p. 109.

Œuvres pofthumes de M. de.. p. 140. La dette étoit éteinte pour lors.

---

(1) *Ibid.* Page 139.

ceux qui demeuroient parmi les Hébreux, & qui ne profeſſoient pas leur religion, n'y avoient aucune part.

Prévoyance de la Loi pour empêcher que cette rémiſſion de la dette &c. ne portât obſtacle à la charité.

Œuvres poſthumes p. 141, où le *Deutér.* eſt cité.

La Loi de *Moyſe* étoit ſi ſage, qu'elle alloit, en ce point, juſqu'au-devant de la fauſſe prudence de ceux qui, craignant la remiſſion de la dette à cette *année Sabbatique*, fermoient leurs bourſes, à meſure qu'elle approchoit. On a lieu pourtant de croire que la *rémiſſion* ne regardoit abſolument que les inſolvables, & non ceux qui n'avoient ſongé qu'à s'enrichir au dépens de leurs créanciers: Le débiteur aiſé n'avoit vraiſemblablement d'autre avantage que la ceſſation des pourſuites de ſon créancier par le privilége général du *Sabbat*, qui étoit le jour du Seigneur, & où tout devoit repoſer dans la nature.

L'année du *Jubilé*, encore plus favorable aux débiteurs ou aux eſclaves.

Œuvres poſthumes page 142. Réflexions qui font voir que les Iſraélites avoient peu d'eſclaves; & que cette condition ſi dure en

L'année du *Jubilé*, qui arrivoit tous les cinquante ans, étoit encore plus favorable aux *eſclaves* : non-ſeulement leur dette étoit éteinte, leurs chaînes briſées, la ſervitude finie ; mais encore ils rentrôient dans tous les biens qu'ils avoient hérités de leurs aïeux, à quel titre qu'ils les euſſent aliénés, ſoit qu'ils les euſſent vendus, ou qu'ils les euſſent relâchés à leurs créanciers.

On peut juger, d'une part, que cette difficulté, de ſe faire payer, rendoit les emprunts plus difficiles, & par conſéquent diminuoit les occaſions de s'appauvrir, qui étoit le but de la Loi; (Deut. 15, 4.) Que l'impoſſibilité de faire des acquiſitions durables, retranchoit auſſi l'ambition & l'inquiétude : chacun ſe bornoit au partage de ſes ancêtres & s'affectionnoit à le faire valoir, ſachant

que jamais il ne fortiroit de fa famille ; & d'autre
part, l'on fait qu'ils n'avoient pas une grande quantité d'efclaves : qu'ils n'en avoient pas befoin,
étant fi laborieux & en fi grand nombre dans un
fi petit pays : qu'ils aimoient mieux faire travailler
leurs enfans, qu'il falloit toujours nourrir, & ils en
étoient mieux fervis.

apparence,
ne l'étoit
pas trop
chez eux.

*Mœurs des
Ifr.* p. 32.

Ibid.
Page 33.

C'eft encore une chofe certaine qu'netre les
Ifraélites, il n'y avoit point de profeffions diftin-
guées : ils étoient tous laboureurs & pâtres, me-
nant eux-mêmes les troupeaux : les maîtres faifoient les mêmes travaux que les domeftiques &
les efclaves : & ces maîtres étoient bien mieux à
leur aife que nos ménages d'aujourd'hui. *Varron*
& *Collumelle* nous ont laiffé des defcriptions des
grandes fermes des Romains, où rien ne manquoit
pour la commodité & l'utilité, non-feulement des
maîtres, mais des efclaves, qui étoient la plupart
plus heureux que nos payfans, bien nourris, bien
vêtus, fans aucun foin de leurs enfans ; d'où l'on
peut juger, par comparaifon, du fort des efclaves
Juifs ou Ifraélites ; car le genre de vie de ceux-ci
étoit encore plus près de la nature. Et ce peuple
étoit bien autrement mené par des loix capables
de contenir l'autorité.

Ibid.
Page 18.
Autres ré-
flexions
fur le mê-
me fujet.

Ibid.
Page 23.

Anffi la liberté *civile*, que l'on nomme ainfi dans
le rapport des citoyens entr'eux, & où l'on doit
trouver fa fûreté perfonnelle, ne pouvoit pas être
plus grande & mieux cimentée. Ces mêmes loix
rigoureufes, qui, à mon avis, démontrent la *fervitude* de ce peuple relativement à leur fouverain ;
& qui en même-temps paroiffent fi gênantes puifqu'elles le brident en toutes chofes, & fouvent
même dans les actions les plus indifférentes : Ces

mêmes loix, dis-je, affuroient précifément la vie, l'honneur, les biens des citoyens entr'eux; & jufqu'à l'*efclavage*, tout fe rapportoit à les contenir dans les étroites obligations qui leur étoient impofées, foit par rapport au culte divin, foit pour les vues temporelles & leur établiffement fur la terre.

Mais, encore une fois, c'étoit-là un état d'un ordre tout particulier : Et ce que Dieu y a ordonné, défendu, ou permis, étoit en grande partie dirigé fur des principes & des motifs qui ne peuvent fervir de regle aux Gouvernements civils d'inftitution humaine. Il nous faut néceffairement efforcer d'en faifir les différences, & nous faire des regles qui foient fûres, pour connoître ce qui eft véritablement du *Droit naturel* dans la Loi de *Moyfe*, & ce qui y eft contraire.

On diftingue véritablement, entre les chofes que Dieu permet ou ordonne pofitivement celles qui font d'un acte paffager, de celles dont la pratique eft conftante.

Nos Auteurs (1) conviennent, il eft vrai, *qu'il n'y a point de Droit commun à Dieu & aux hommes*; mais l'on diftingue (2) néanmoins, au fujet des chofes que Dieu permet de contraire en apparence au Droit naturel (& je puis l'entendre à plus forte raifon des commandemens) entre *celles où il s'agit d'un feul acte paffager, & celles qui par elles-mêmes ou par leurs fuites, fe réduifent à une habitude & une pratique continuelle*; & l'on établit que *dans le dernier cas, la permiffion emporte toujours une véritable approbation* (3) *de la chofe dont il s'agit, comme licite par elle-même* : Et dans le

Mais l'on veut quelces premieres s'empor-

(1) Grot. *de Jure B.* ac P. Tome I, Chap. I, p. 53, note 7.
(2) *Barb.* dans *Grot.* Tome I, p. 86, note 3.
(3) Ceci fera difcuté ci-après, Chap. VIII.

premier

premier cas, que cette même permiſſion n'indique tent que
ſimplement que l'impunité ſans préjudice de la ſain- l'impunité,
teté de Dieu, qui répugne à une approbation de cette tres une
eſpece.

véritable
approba-
tion.

Cela eſt dit à propos de ce que conclut *Gro-*   Comment
tius, (parlant de la néceſſité qu'il y a de faire ainſi   Grotius
quelque diſtinction à l'égard des choſes poſitivement   s'explique
permiſes par la Loi divine, (1) & du Droit de   là-deſſus.
faire une choſe, enſorte que perſonne autre ne puiſſe
légitimement nous en empêcher) que « lorſqu'une   Tome I,
» choſe eſt permiſe abſolument & ſans réſerve dans   ticle III.
» la loi de Moyſe, il s'enſuit de cette permiſſion,
» auſſi bien que des commandemens, que la choſe
» en elle-même n'eſt point contraire au Droit na-
» turel : au lieu qu'on ne peut pas l'inférer, *dit-il,*   *Ibid.*
» de l'autre ſorte de permiſſion. Et cet Auteur re-   P. 85.
» marque qu'il arrive rarement qu'on y ait lieu
» de tirer ſûrement cette conſéquence, parce que
» les termes qui expriment la permiſſion, étant équi-
» voques, il eſt plus à propos (*ſelon lui*) d'avoir
» recours aux principes du Droit naturel pour dé-
» couvrir de quelle ſorte de permiſſion il s'agit,
» que de conclure de la maniere dont la permiſ-
» ſion eſt conçue, que la choſe permiſe eſt, ou
» n'eſt pas conforme au Droit naturel ».

Là-deſſus, *Barbeyrac* penſe qu'*il faut raiſonner*   *Ibid.*
autrement en matieres des Loix divines, qu'en ma-   Note ſuiv:
tiere des Loix humaines. Je ſuis ſans contredit de   *Barbeyrac*
dit bien
qu'il faut
raiſonner
autrement,
en matiere
des *Loix*
divines,

_____

(1) *Grotius* avoit déja obſervé que cette ſorte de *permiſſion* eſt
ou *pleine & abſolue*, & donne droit alors de faire quelque choſe
avec une entiere liberté à tous égards, ou *imparfaite*, qui aſſure
ſeulement l'impunité devant les hommes.

la part de Dieu, dans les Loix qu'il a données au Peuple Hébreu, est une marque certaine d'approbation.

Comment il faut entendre cette permission ?

que ces mêmes chofes peuvent avoir, au fond, de mauvais, *Dieu les approuve par rapport aux fins qu'il s'est propofées ;* puifqu'alors & relativement à lui, qui eft l'ordre & la juftice même, il n'y a plus de mal : tous ces cas, que nous fuppofons, ou particuliers ou perpétuels felon la Loi, n'étant que des exceptions de la Loi générale & naturelle qui regarde tout le genre humain ; *mais il ne les approuve pas, en tant que des hommes fe condui-roient de cette forte, fans qu'il le leur eût formelle-ment ordonné ou permis.*

CHAPITRE II.

Examen de la premiere Regle Générale de Barbeyrac ;
& de son premier exemple, la maniere de défense
en ôtant la vie. (*Il s'agit du Voleur de nuit*).

QUE si nous voulons nous faire quelque regle,
pour juger, dans ce que Dieu a prescrit ou permis à son peuple, non-seulement de ce qui est
contraire au *Droit naturel,* ou avec quoi les raisons tirées de la nature même des choses ne sem-
blent pouvoir s'accorder ; mais encore du plus ou
moins d'éloignement ou d'opposition qui s'y rencontre avec la *Loi naturelle,* nous ne dirons point
avec *Barbeyrac,* (qui ne parle néanmoins que
de la *rémission*) que *quand Dieu permet une chose
en certain cas, ou à certaines personnes, ou par rapport à certaines gens ;* (à plus forte raison des
commandemens) *on doit inférer de là que cette
chose permise n'est point mauvaise de sa nature.* Si
cette conclusion, pour les choses même qui sont
commandées, ne peut se soutenir, il est évident
qu'elle vaut bien moins encore pour celles qui
sont permises.

Or, raisonnant sur les choses commandées, je
dis que le *sacrifice d'Isaac, le massacre & l'expul-
sion des habitans de la terre promise,* sont des choses que Dieu ordonna, l'une en un certain cas,
l'autre par rapport à certaines gens, & toutes deux
à certaines personnes. Il étoit question là d'éprou-

*Comment
on doit ju-
ger des
Loix divi-
nes posi-
tives,* par
rapport à
ce qu'elles
ont eu de
contraire
ou de con-
forme au
*Droit na-
turel?*

Premiere
regle de
Barbeyrac
pour con-
noître, &c.
fausse & in-
certaine.
Voyez
dans *Grot.*
par lui tra-
duit, To-
me I, pa-
85, note
3, deuxie-
me colon-
ne.
Preuve de
cela, par

C c iij

l'applica-
tion des
mêmes cir-
conftances
aux deux
cas ordon-
nés, d'im-
moler fon
enfant, &
d'extermi-
nerdesgens
avec qui
l'onn'avoit
rien à dé-
mêler.

ver la fidélité & l'obéiffance d'un pere & d'un fils :
Ici, de punir des nations maudites, dont Dieu
s'étoit laffé, pour ainfi dire, de fouffrir les crimes,
& de donner en même-temps leurs terres à fon
peuple ; mais toutes ces violations du *Droit naturel*
font commifes par une nation qui n'a rien de commun avec toutes les autres, & eft féparée d'elles
comme par des barrieres, que la Divinité même
a pofées : ou plutôt ces mêmes violations ne font
qu'apparentes, parce qu'il y avoit dans de tels
actes une exception, qui laiffoit la *Loi Naturelle*
intacte & dans toute fa force. Donc on ne pourra
pas inférer, des deux exemples rapportés, *que les
chofes commandées n'étoient point mauvaifes de leur
nature ;* & la regle de *Barbeyrac* eft fauffe, puifque, manquant de rectitude pour la *permiffion,*
elle en manqueroit bien mieux, comme j'ai dit,
pour le *commandement*, fi elle pouvoit être reçue.

Quoiqu'il
n'applique
fa regle
qu'aux
Juifs, &
parrapport
à ce qui
leur étoit
permis en-
tr'eux, elle
n'en eftpas
meilleure.

Je crois toutefois devoir avouer que cet Auteur,
en mettant en avant cette regle, & dans les circonftances qu'il fuppofe, a, fans doute, entendu fe renfermer dans le peuple Juif, & ne point le regarder
commé agiffant, foit en corps ou en particulier,
avec d'autres peuples : les exemples qu'il cite le
font voir ; mais, outre qu'ils ne préfentent pas
trop bien la preuve de ce qu'il veut dire, ou qu'ils
prouvent plutôt le contraire, comme je vais le
montrer, il me femble que l'application, que j'ai
faite de fa regle, câdre parfaitement bien avec
mon fens : Enforte que, foit d'un côté, foit de
l'autre, il n'y auroit point de fond à faire fur une
méthode fi vifiblement dépourvue de folidité.

Dansfon

Le premier exemple qu'il prend pour appui,

eft tiré de l'*Exode, Chap. XXII, verf.* 2, 3, où il eft permis *de tuer un voleur de nuit, mais non pas un voleur de jour ;* & de-là il pofe cette affertion : « Qu'on peut certainement conclure, contre la » penfée de quelques Docteurs trop rigides, que » quand on repouffe un injufte aggreffeur jufqu'à » le tuer, quoiqu'il n'en veuille qu'à nos biens, » cette maniere de défenfe n'eft point vicieufe par » elle-même, & n'a rien de contraire au Droit » naturel ». Affurément, c'eft-là une fauffeté. *Tuer* eft une action très-mauvaife en foi de la part des hommes ; & rien ne fauroit la juftifier qu'un ordre exprès du Créateur, ou la néceffité de défendre fa propre vie : Je l'ai affez montré ailleurs. Or, quand on tue pour s'empêcher de l'être foi-même, ou pour obéir aux volontés bien déclarées du *Très-Haut,* l'on reconnoît en même-temps la défenfe de verfer le fang humain, & que cette action eft mauvaife. Il n'y a là qu'une exception de la Loi, qui ne fert qu'à la confirmer : exception qui eft faite pour obéir à un plus haut commandement; & il arrive alors ce que l'on dit communément, que *de deux maux, il faut éviter le pire.* C'eft donc nous induire à erreur, & favorifer l'ufage d'une mauvaife chofe, que de qualifier la maniere de fe défendre par la mort d'un homme, de *bonne* & de *non-vicieufe* par elle-même. La néceffité feule peut la faire admettre : comme on fe mutile foi-même pour conferver le refte du corps; ou qu'on avale une médecine pour rétablir l'harmonie des fonctions naturelles; quelque contraire d'ailleurs que tout cela foit par foi-même à la vie & à la bonne fanté.

premier exemple : *Tuer un voleur de nuit & non un voleur de jour,* il conclut mal que *la maniere de défenfe en ôtant la vie, n'eft point vicieufe par elle-même.*

Elle l'eft toujours ; mais de deux maux, il faut éviter le pire.

La néceffité la juftifie, fans changer la nature de l'action.

Cc iv

Cet exemple encore n'a rien de particulier, & eft du Droit naturel le plus univerfel.

De plus , l'exemple cité eft d'un ufage général & univerfel , il regarde tous les hommes; c'eft un des premiers privileges de la créature , & la bafe fondamentale du *Droit Naturel*. En cela , Dieu n'accordoit pas davantage à fon peuple que ce qui étoit permis à tous les autres. *Barbeyrac* n'auroit donc rien dit qui pût lui être particulier. C'eft le fentiment intérieur , c'eft le fens commun qui dictent la différente maniere de traiter *le voleur de nuit* & le *voleur de jour*. Si jamais la tranquillité publique & la fûreté perfonnelle font le plus blef-

L'on a difputé mal à propos fur le fens de cette Loi de *Moyfe*, par rapport à la différente maniere de traiter le voleur de nuit, & le voleur de jour.

fées , c'eft , quand tout dormant dans la nature , & les hommes fe trouvant moins en état de fe défendre ou d'être fecourus, quelqu'un ofe prendre ce temps de repos pour leur ruine , & faire des incurfions fur ce quils poffedent. On a beaucoup difputé fur le fens de cette Loi de *Moyfe* , dont nous parlons , comme s'il pouvoit être ambigu. Je trouve évident qu'on a bien plus à craindre pour fa vie de la part de celui qui tente d'entrer dans notre maifon la nuit , pour nous enlever nos biens ; que de celui qui ne fe décide à cette entreprife que le jour ; car , en même-temps qu'il fe flate de n'être pas connu pour le vol , il peut s'en flater

Grot. Tome I , pag. 257.

auffi pour le meurtre ; & cette derniere réflexion l'encourage à commettre ce fecond crime pour peu qu'il le croie néceffaire , foit pour enlever plus fûrement ce qu'il recherche , que pour fe garantir foi-même d'être pris. De forte que *Grotius* me

Ibid. *Grotius* donne au but en penfant que c'eft pour nous faire

paroît bien avoir raifon , quand il croit que les Légiflateurs (l'on remarque qu'ils ont prefque tous fait cette diftinction) ont voulu donner à entendre par-là que *l'on ne doit jamais tuer perfonne direc-*

tement & précifément pour la confervation de notre bien (1). Ce qui arriveroit, par exemple, dit-il, fi l'on tiroit fur un voleur qui s'enfuit, pour recouvrer, en le tuant, ce qu'il nous a pris. Mais, que fi l'on court rifque foi-même de la vie, on peut alors fe garantir du danger, en le faifant retomber fur la vie de l'aggreffeur.

Barbeyrac trouve ici, mais fans fondement, que cet Auteur ne s'accorde pas trop bien avec lui-même, parce qu'il ajoute immédiatement ces mots. « Et il n'importe qu'on fe foit mis foi-même dans » ce danger, en voulant fauver fon bien, ou l'en-» lever au raviffeur, ou prendre le larron. Car en » tout cela on ne fe rend coupable de rien, & l'on » ne fait tort à perfonne, puifque l'action eft licite, » & qu'on ufe de fon droit. Il ne veut pas, *dit le* » *Commentateur*, que l'on tire fur un voleur qui » s'enfuit, afin de recouvrer ce qu'il emporte, parce » que ce feroit le tuer directement & précifément » pour la confervation des biens. Et cependant il » dit dans la période fuivante, que l'on peut le » tuer pour lui enlever ce qu'il emporte, ou pour » le prendre lui-même. Or cela fuppofe (*con-* » *clut Barbeyrac*) que le voleur s'enfuit, & par » conféquent qu'on n'a rien à craindre de fa part

entendre que l'on ne doit jamais tuer perfonne directement & précifément pour la confervation de notre bien.

(Note 6). *Barbeyrac croit, fans fondement le trouver-là, peu d'accord avec lui-même.*

---

(1) Tout fe rapporte d'autant plus à ce fens, que l'on avoit encore plus à appréhender un voleur de nuit dans ce temps-là, puifqu'alors, comme cela fe voit encore aujourd'hui, la plupart des maifons de l'Orient, & à la campagne, & dans les villes, n'étoient bâties que de terre graffe, appliquée entre des poutres, mifes en travers & blanchies avec de la chaux. C'eft à quoi *Job* fait allufion (*Chap. IV, Verf. 9*). lorfqu'il repréfente les hommes logeant dans des maifons d'argile. *Note* 2, *de Barb.*, *dans Puff.*, Tom. **I**, **p. 337.**

» pour ce qui eſt de la vie ». Il me ſemble que c'eſt-là une chicane. De ce qu'il ne faut pas tuer un voleur, uniquement pour ſes biens, il ne s'enſuit pas qu'on ne doive courir après lui pour l'empêcher de les emporter; & de ce que ce voleur s'enſuit, il ne s'enſuit pas non plus qu'il ne puiſſe, comme on dit, faire volte face, quand il ſe voit près d'être pris, & ſe défendre. Dans le premier cas, on ne penſe pas à le tuer; mais on voudroit ravoir ce qu'il nous emporte; & dans le ſecond, il s'expoſe volontairement à perdre la vie, s'il fait le moindre ſigne de m'ôter la mienne, parce que la circonſtance où je me trouve n'eſt pas prévue, & qu'elle eſt une ſuite naturelle de la premiere. En l'une & l'autre je ſuis défendant, & lui aggreſſeur; je ſuis de bonne foi, & ne ſongeant qu'à rattraper ce qui m'appartient; & le voleur, par l'injuſtice qu'il me fait, m'entraîne, ſans y penſer, comme après lui, & me met à tous les inſtans dans cette poſſeſſion impreſcriptible de conſerver mes jours par les ſiens, s'il y porte atteinte. On voit

La remar-
que auſſi de
Puffendorf
peu fondée
Tom. I,
p. 338.

par-là combien peu eſt fondée la remarque de *Puffendorf*, & que *Barbeyrac* juge excellente : que « s'il n'étoit pas permis de tuer quelqu'un préci- » ſément & directement pour conſerver les biens » qu'il veut nous ravir, ou qu'il emporte actuelle- » ment, il ne ſeroit pas non plus permis de dé- » fendre ou de pourſuivre ſon bien juſqu'à ſe mettre » dans la néceſſité de tuer le voleur, qui plutôt que » de lâcher priſe, attaque notre vie, à laquelle » il n'avoit pas eu deſſein d'attenter ». Et la con-

Sa compa-
raiſon de
celui qui
court après

cluſion qu'il en tire n'eſt pas plus raiſonnable, *que la permiſſion de la Loi, par rapport aux voleurs nocturnes, ne ſeroit pas mieux fondée que l'excuſe d'un homme, qui étant allé de ſon pur mouvement* à un duel où on l'avoit appelé, allégueroit pour sa justification le droit que chacun a de se défendre soi-même. On ne peut pas abuser davantage de la permission de comparer. Il y a ici un accord volontaire entre ces deux hommes, & il n'y en a pas entre celui qui court après son bien & le voleur. Il dépend de celui à qui l'on propose un cartel, de le refuser, sans que, par cela même, il soit moins en état de se défendre, toutes les fois qu'on l'attaquera; au lieu qu'il ne dépend pas de celui à qui l'on vole quelque chose de pouvoir la conserver autrement qu'en poursuivant le ravisseur. Ce moment est celui de toute sa défense; s'il n'agit pas, il n'y est plus à temps. D'ailleurs, s'engager à un combat tout exprès sans nécessité pour sa vie, ou plutôt l'y aller mettre en risque, afin de contenter sa passion, ou suivre un honneur mal entendu, c'est visiblement une mauvaise chose que les Loix du bon sens, de la Religion & du Prince condamnent; mais il n'y a rien que de très-légitime, à empêcher qu'on ne nous vole, & à poursuivre même le ravisseur, quand ce ne seroit que pour lui ôter l'envie d'y revenir.

le voleur, avec un homme qui va à un duel où on l'a appelé, fausse & ridicule.

Je remarquerai ici, à ce sujet, que *Puffendorf* se trompe bien, & *Barbeyrac* aussi, qui le pense de même, d'approuver ce passage d'un Auteur Anglois. (1) « Dans un pareil cas; (*du voleur de* » *nuit*) l'on rentre en quelque manière dans l'état » de nature, où les moindres crimes peuvent être » punis de mort; & ici il n'y a point d'injustice dans » une défense poussée si loin pour conserver unique-

Barbeyrac & Puffen-dorf, dans l'erreur, d'approuver un pas-sage de Cumber-land, où cet Auteur décide, en dernier ressort, que la nuit on

(1) Cumberland. *De Leg. Nat. Cap. V*, §. 26.

a droit de tuer le voleur, précifément & directement pour conferver fon bien.

Puff. T. I, p. 337.

» ment fon bien ; car comme ces fortes d'attentats » ne parviennent guere à la connoiffance du Ma- » giftrat, le temps né permettant pas fouvent d'im- » plorer leur protection, ils demeurent auffi très- » fouvent impunis. Lors donc qu'on trouve moyen » de les punir, on le fait à toute rigueur, afin que » fi, d'un côté, l'efpérance de l'impunité rend les » fcélérats plus entreprenans ; de l'autre, la crainte » d'un châtiment fi févere foit capable de rendre » la malice plus timide ». Il eft vrai qu'on rentre en quelque maniere dans l'état de nature, puifque la puiffance publique en ce moment ne peut venir à notre fecours. Mais il eft faux, fuivant que je l'ai démontré ailleurs, que les moindres crimes, comme les plus grands, puiffent être punis de mort. Auffi, dans cet état, l'on ne peut ôter la vie préci- fément pour conferver fon bien ; & il faut nécef- fairement fuivre les regles de la défenfe naturelle que j'ai établies fur ce fujet, & non les motifs qui, felon l'Auteur Anglois, juftifieroient cette punition à toute rigueur : lefquels peuvent bien être une raifon, à ce voleur, de craindre qu'on ne le traite de la forte, encore qu'il voie qu'on n'en ait pas le droit, s'il n'en veut pas à la vie de celui qu'il vole ; mais non une raifon à ce dernier d'employer un moyen de défenfe auffi rigoureux ; tandis que le foin de fa propre vie ne l'y oblige pas. Comme les hommes ne font pas toujours ce qu'ils doivent, & que l'intérêt nous rend ardens dans les occafions où on le bleffe, c'eft tout ce que l'on peut raifon- nablement faire appréhender aux malfaicteurs, & non une exceffive punition qui n'aura aucune forte d'analogie, ni avec la faute, ni avec la néceffité. Permettre à l'attaqué une plus vive défenfe pour intimider davantage, c'eft déja avoir franchi les

Les mo- tifs qu'en donne l'Auteur Anglois, bons tout au plus pour le vo- leur, quant à la crainte qu'il peut en pren- dre ; mais non pour le maître qui n'a droit de le

bornes de la permiffion de la Loi , parce que la *tuer que pour conferver fa propre vie.* porte , dès-lors, eft ouverte à tous les excès de la vangeance , & aux abus infinis & défordonnés des précautions que l'on n'eft que trop porté à prendre , pour affurer fon repos & fon bien-être.

Mais , pour en revenir au principal fujet , *la Loi de Moyfe qui défend de tuer le voleur de jour , & permet de tuer le voleur de nuit* , eft tirée du fond même du *Droit Naturel* , & eft commune à tous les hommes , puifqu'on remarque en effet que tous les grands Légiflateurs l'ont établie. D'où je conclus donc qu'il n'y avoit pas lieu de l'apporter en exemple de la regle de *Barbeyrac* , que j'ai combattue , *pour connoître quand eft-ce que les Loix de Moyfe, portant permiffion pofitive de la part de Dieu , emportent une vraie approbation de la chofe.* Et il eft décidé en outre , que cette maniere de défenfe , toute néceffaire qu'elle eft alors , eft néanmoins mauvaife en foi ; & Dieu ne la regarde pas autrement.

Cette maniere de défenfe eft donc toujours mauvaife en foi, quoique permife & néceffaire ; & la regle de Barbeyrac fauffe & incertaine.

CHAPITRE III.

Autre Preuve que la premiere Regle Générale de Bar-
beyrac est fausse, prise de son second exemple, le
Prêt à intérêt, qui est mauvais en soi, & contraire
au Droit Naturel.

Le prêt à
intérêt, se-
cond
Exemple
de *Barbey-*
rac au sou-
tien de sa
premiere
regle.
Dans*Grot.*
Tome I,
p. 86, no-
te 3.
Premiere
colonne au
commen-
cement.

LE second exemple, que cite *Barbeyrac*, pour
appuyer sa regle, est que *Dieu défendoit aux Juifs*
de se prêter à intérêt les uns aux autres : mais qu'il
leur permettoit de prêter à intérêt aux étrangers,
sans excepter ceux qui étoient Proselytes de la porte.
D'où il conclut que le *prêt à intérêt* n'est donc
point déshonnête & illicite de sa nature, *quoi qu'en*
disent, ajoute-t-il, *certains Théologiens & certains*
Jurisconsultes, &c. Et il regarde cette conséquence
comme si démonstrative, qu'*il n'en faudroit pas*
davantage, selon lui, *pour justifier cette sorte de*
contrat, réduit d'ailleurs à ses légitimes bornes. Mais
il faut n'être nullement entré dans les principes
constitutifs du *bien* & du *mal* sur cette matiere, ni
dans l'esprit du Législateur divin à cet égard, pour
raisonner de la sorte (1). Montrons d'abord la
vérité du premier point, dont j'espere de m'ac-

_____

(1) Puffendorf, Tom. II, pag. 484, convient que *c'étoit*
pour des raisons particulieres, qui avoient leur fondement
dans la constitution de l'Etat & du Peuple d'Israël ; mais
il est bien éloigné de conclure, comme je fais, ainsi qu'on
le verra.

quitter fuffifamment, en réfutant les raifons que les Partifans du *prêt à ufure* alleguent pour le maintenir : ce qui nous fera d'un grand fecours pour paffer enfuite à l'intelligence de l'autre point.

Puffendorf, après avoir dit que la pratique d'un amour & d'une charité toute particuliere, étoit d'autant plus néceffaire aux Hébreux ou aux Ifraélites, qu'en ce temps-là, les dettes fe réduifoient ordinairement à de petites fommes empruntées par des gens pauvres, ou du moins très-peu accommodés, ajoute : « Mais il n'en eft pas de même » aujourd'hui; le plus fouvent les débiteurs gagnent » du bien en faifant valoir l'argent de leur créan-» cier, ou en achetant quelque chofe d'où ils » tirent un profit confidérable. En vertu de quoi » devroit-on prêter gratuitement à des gens qui » empruntent dans cette vue » ? Mais en vertu de quoi auffi, favorifer le *prêt* qui n'eft point néceffaire ? Pourquoi des gens qui ne font pas dans le befoin, empruntent-ils ? Pourquoi s'eft-on mis dans cet état où l'on ne fonge qu'à groffir fon bien fans mefure, ou bien qu'à vivre fans travail ? D'où vient qu'on s'eft fi fort tiré de cette belle fimplicité des premiers fiecles, la feule capable de donner entrée à la vertu ? « Ne feroit-» il pas au contraire bien déraifonnable, *continue-*» *t-il*, de nous refufer une partie du gain confi-» dérable qu'ils font avec notre argent » ? Eh ! Qui vous a dit que ce gain eft affuré pour eux ? Et s'il eft plus confidérable, comme vous l'annoncez, ne fera-t-il pas trop fort, ne fera-t-il pas injufte ? Car d'où viendra ce profit immenfe, fi ce n'eft de la fubftance du Peuple, fur qui tombent ordinairement tous ces excès ? « En effet, *ajoute-t-il*,

Examen des raifons par lefquelles Puffendorf *juftifie le prêt à intérêt.* Tome II, p. 486.

Premiere Raifon : Que le débiteur avec l'argent emprunté, gagne fouvent, &c.

Deuxieme Raifon : Qu'il eft jufte de partager le profit avec l'emprunteur, &c.

Troifieme
Raifon :
Que *l'obli-
gation de
l'emprun-
teur fait un
droit beau-
coup moins
confidéra-
ble que ce-
lui dont on
fedeffaifit,*
&c.

Ibid.
P. 487.

„ outre que l'on perd le profit qu'on auroit pu
„ retirer foi-même de cet argent, fi on ne l'eût
„ point prété, c'eft une chofe fufceptible d'eftima-
„ tion, ce qui mérite bien quelque petite récom-
„ penfe, que de donner fon bien pour une fimple
„ obligation, par laquelle on acquiert feulement
„ action perfonnelle contre le débiteur, c'eft-à-dire,
„ un droit beaucoup moins confidérable que celui
„ dont on fe deffaifit, puifqu'il y a de méchans
„ payeurs, de qui l'on ne tire jamais rien, ou du
„ moins fans en venir aux voies de la juftice; ce
„ qui coûte toujours bien de la peine & des cha-
„ grins „. Mais, en premier lieu, que ne faites-
vous fructifier vous-même votre argent, fi vous
le pouviez, au lieu de le donner à d'autres? Vous
êtes obligé de travailler, & cet argent eût pu vous
en faciliter le moyen. Son produit n'eft pas plus
à vous, fi vous n'en êtes pas l'agent & le metteur
en œuvre : je le prouverai bientôt; & en fecond
lieu, fi vous trouvez qu'en vous deffaififfant de votre
argent, vous acquérez un droit de pourfuite,
qui ne remplace pas fa poffeffion; que cela vous
expofe à des peines, des chagrins, &c.; vous me
prouvez par-là que le fondement de votre titre
ne vaut rien, qu'il porte fur une prétention de
votre part injufte; qu'à la place du fervice & de
la bénéficence, vous mettez l'intérêt & l'avarice;
que vous voulez, non être utile au prochain, mais
gagner fur lui en lui prétant. Changez de but,
prenez un deffein plus conforme au bien général
de l'humanité, & vous verrez toutes vos peines

Quatrie-
meRaifon:
Qu'*onpeut
perdre fon
capital par*

diffipées. « D'ailleurs (*dit Puffendorf*) il peut ar-
„ river mille accidens qui peuvent nous faire perdre
„ notre capital ». Cela eft vrai, qu'en voulez-vous
conclure ? Ou la perfonne qui emprunte eft véritablement

tablement dans le befoin ; & en ce cas, fi vous *mille acci- dens, &c.* pouvez lui prêter fans vous nuire à vous-même, vous êtes obligé de le faire. De forte que quelque événement qui arrive, cela ne vous donne aucun droit de vous prévaloir fur cette perfonne : que fi vous êtes hors d'état de l'affifter, l'obligation ceffe pour vous. Ou bien la même perfonne n'eft pas dans cette néceffité dont je parle, & alors vous ne devez point lui prêter. En lui prêtant pour retirer un intérêt, vous faites enfemble un accord illicite ; vous abufez l'un & l'autre d'une bonne chofe, ou plutôt vous la détruifez tout-à-fait, en transformant l'amour & la charité en un odieux commerce, en avarice. « Quelquefois même *Cinquié- me Raifon: On eft quel- quefois obligé d'a- voir des ménage- mens pour fon débi- teur, ou lui faire fa cour, &c.* » (*continue cet Auteur*) pour tâcher de retirer fon » argent, on eft obligé de ménager extrêmement fon » débiteur, ou de lui faire la cour ; & tel n'a fuivi » le parti & époufé les intérêts d'une perfonne, » que parce qu'il étoit fon créancier. C'eft ainfi » que Roquelaure, Gentilhomme François, s'étant » rangé du côté de la Ligue, difoit, pour excufer » fa rebellion, qu'il ne fuivoit pas le Duc de » Mayenne, mais fon argent, & que ce Duc feroit » très-méchant payeur, fi fes créanciers n'étoient » toujours à fes trouffes ». En vérité, c'eft désho- norer l'efprit humain que de prétendre l'éclairer par des raifons de cette forte. Qu'a de commun avec le précepte de prêter fans intérêt, de fe rendre réciproquement fervice & de fe dépouiller de toute efpece d'avarice & de vil attachement aux biens de la terre ; qu'a, dis-je, de commun avec tout cela, l'état d'un homme, qui, pour rattraper fon argent & fe faire payer de fon débiteur, fe croit obligé, ou d'avoir des ménage- mens & de le fupporter, ou de ne le pas perdre de vue, & le fuivre dans les diverfes révolutions de fa fortune ? Au contraire, le même commandement d'affifter fon femblable & de lui prêter gratuitement quand on le peut & qu'il eft dans le befoin, fuppofe, par une conféquence néceffaire, la défenfe d'avoir cette follicitude fi vive où l'on mettroit le prêteur, & fur-tout de porter la chofe au point d'agir contre fa confcience. Que fi, après avoir rendu fervice, l'on eft foi-même dans la néceffité, il eft bien permis de travailler pour obtenir de fon débiteur qu'il nous reftitue; mais nous ne pouvons employer que les voies honnêtes, que les moyens généreux & toujours conformes à l'efprit de charité & de défintéreffement qui a dû nous animer en lui prêtant. On appelle ce que difoit Roquelaure, *excufer fa rebellion* : on dit mieux qu'on ne penfe ; le mot d'*excufer* n'eft pas celui de *juftifier* ; il fuppofe le tort, mais un tort un peu adouci par certaines circonftances. De forte que cette citation eft tout-à-fait mal venue, & qu'elle prouve bien plutôt qu'on ne fauroit s'autorifer de pareilles raifons pour recevoir un falaire de l'argent que l'on prête.

Sixieme Raifon : Que le bien de l'Etat veut au moins qu'il ne foit permis de prêter de l'argent à intérêt qu'aux Négocians,

« Ce que nous venons d'établir (*dit Puffendorf*) » n'eft pas fort différent de la penfée de ceux qui » prétendent que le bien de l'Etat veut qu'il ne » foit permis de prêter de l'argent à intérêt qu'aux » Négocians; car, dit-on, de cette maniere, on » entretiendra l'induftrie des pauvres, & l'on obli-» gera à vivre d'économie ceux qui ne feroient » pas fcrupule d'employer à des dépenfes fuper-» flues l'argent qu'on leur auroit prêté. Pour les » riches, comme ils ne veulent pas laiffer leur » argent mort dans un coffre, ou ils en trafiqueront,

» ou ils le mettront à l'intérêt chez les marchands, *par plu-*
» ce qui fera fleurir le commerce, au grand avan- *fieurs mo-*
» tange de l'Etat ». D'abord, il paroît que la *tifs :*
permiſſion de prêter à intérêt qu'on faiſoit générale, eſt ici de beaucoup réduite, & ce n'eſt pas
ſans cauſe qu'on veut la reſtreindre, puiſque ſi
elle étoit fonciérement bonne, il faudroit qu'on
en laiſſât jouir tout le monde; mais il reſte à ſavoir
ſi elle eſt utile & néceſſaire aux Négocians; on *Premier*
prétend que *par-là on entretiendra l'induſtrie des* *Motif:Que*
pauvres. Les pauvres ne ſont pas faits pour faire *par-là on*
le commerce. On ne peut y venir que petit à *entretien-*
petit; & c'eſt avec ſes propres épargnes & ſon *dra l'in-*
argent, tiré ou de ſes journées, ou de ſon art, & *duſtrie des*
de ſon talent, qu'on doit tenter fortune par des *pauvres.*
achats & des reventes, & profiter des révolutions
ordinaires à toutes les choſes du monde. Mais le
prêt à intérêt fait à des pauvres, pour qu'ils ſe jet-
tent dans des opérations de négoce, c'eſt les pouſſer
à des entrepriſes ſouvent téméraires & dont les
mauvais ſuccès entraînent la perte du bien d'autrui.
L'ambition de quiconque n'a rien à perdre, eſt
violente de ſa nature & déſordonnée. L'argent
qu'elle tient en ſes mains eſt comme un verre qui
groſſit & embellit les objets. Quand on ne ſuppoſeroit pas, dans ce Négociant uniquement appuyé ſur des facultés étrangeres, cet amour du
luxe & ce penchant aux plaiſirs qui ſont le gouffre
de la richeſſe, le ſeul deſir de multiplier un argent
qui n'eſt point à lui, l'expoſe, ſans y penſer, à
perdre non-ſeulement le peu qu'il peut avoir en
propre, mais le bien de ſes créanciers. Autant
auroit-il valu qu'il jouât à des jeux de reſte; or,
l'on convient que les jeux de reſte ſont très-nuiſibles
à la ſociété. Au lieu que l'homme, qui poſſede

quelque chofe, qui ne l'a acquis qu'avec le temps, & par de petits profits accumulés, connoiffant, par la difficulté de l'amaffer, la néceffité de le conferver, en devient plus réfervé & timide, & ne tente jamais qu'à proportion de fa fortune & fans rifquer à la fois tout fon bien, loin de rif-quer celui des autres. Il agit donc avec plus de mefure & de fûreté, il agit avec fon argent ; je ne vois donc point qu'il ait befoin qu'on lui prête ; & fi le commerce ne fe faifoit que par des gens de cette efpece, les maifons deviendroient plus confidérables, les richeffes plus réelles & plus fo-lides ; moins de perfonnes s'en mêleroient ; mais l'on ne verroit pas des chûtes fi fréquentes, & des dérangemens à la fois énormes & fi déshono-norans : & quand je dis que moins de perfonnes s'en mêleroient, je me trompe ; celles dont la fortune auroit eu des commencemens fages & modérés, tiendroient fermes ; & comme ce feroit l'unique voie pour monter à un haut degré, & qu'on n'en tenteroit pas d'autre, il arriveroit que les bons Négocians feroient encore plus nombreux, & pro-cureroient bien mieux, par leur induftrie, de quoi fournir à tous les befoins de l'Etat & des par-ticuliers.

Deuxieme motif de la fixieme raifon de ne prêter du moins à intérêt qu'aux Né-gocians. Puff. To-me II, pa-ge 488.

L'on ajoute, pour fecond motif, de ne prêter à intérêt qu'aux Négocians : « qu'on obligera à » vivre d'économie ceux qui ne feroient pas fcru-» pule d'employer à des dépenfes fuperflues l'ar-» gent qu'on leur auroit prêté ». C'eft convenir ici au moins que la chofe eft mauvaife, puifque l'intérêt exigé feroit encore en outre du mauvais ufage qu'on auroit fait de l'argent ; & que fi l'on ne peut répondre de ce qu'ils l'emploient mal,

qui eſt une action étrangere à ſoi, l'on doit être
tenu de ce qui eſt notre fait, c'eſt-à-dire, d'exiger un ſalaire, & d'augmenter par-là la difficulté
de nous rembourſer. L'on convient de plus que le
prêt lui-même ne ſeroit pas néceſſaire; puiſque,
ſuivant la ſuppoſition, ceux à qui l'on ne préte-
roit point, qui ne ſeroient pas Négocians, trou-
veroient le moyen de ſubſiſter par leur propre
économie.

Troiſieme motif : « Pour les riches, comme ils
» ne veulent pas laiſſer leur argent mort dans un
» coffre, ou ils en trafiqueront, ou ils le met-
» tront à l'intérêt chez les Marchands ; ce qui
» fera fleurir le commerce au grand avantage de
» l'Etat ». Qu'ils en trafiquent, rien de mieux;
ils ſeront alors dans l'ordre naturel des choſes :
avec cet argent, qui eſt le repréſentatif de tout,
ils peuvent acheter ou des *immeubles ;* & alors ce
ſont des acquiſitions à demeure, que des mariages,
une multiplication d'enfans, ſans parler des autres
cauſes ordinaires, peuvent néanmoins faire paſſer
dans d'autres familles; ou bien, ils acheteront des
meubles : auquel cas , c'eſt le commerce, c'eſt
acheter pour revendre; c'eſt préciſément procurer
à l'Etat tout cet avantage dont on parle. Mais
mettre ſon argent à l'intérêt chez les marchands,
c'eſt commencer par ne rien faire d'utile de ſoi-
même, on eſt à cet égard, dans un état paſſif; &
pour les Marchands à qui vous le prêtez, ils agiſ-
ſent, mais, comme l'on diroit, avec des troupes
étrangeres : ce ne ſont point leurs propres deniers
qu'ils emploient: Il y a dès ce moment un riſque
qui n'eſt pas le leur ; car, enfin, la reſtitution
n'eſt jamais bien ſûre qu'après que l'entrepriſe a

*Troiſieme
motif de
la ſixieme
Raiſon de
ne prêter à
inté. et du
moins
qu'aux Né-
gocians.*

D d iij

réuffi & que les fonds en rentrent; & l'on ne peut raifonnablement que l'efpérer ou le préfumer avant ce temps-là. Il eft au contraire de l'effence du commerce que le fpéculateur emploie fes propres deniers, qu'il ne difpofe que de fes fonds. Il ne tombera point d'abord d'ans l'idée que quelqu'un tente fortune avec l'argent d'un autre, qu'il fe hafarde à mettre en péril ce qui n'eft point à lui, ou que d'autres lui prêtent fans avoir en main un équivalent qui leur en réponde, (car toutes les reconnoiffances & les obligations par écrit, font au fond infuffifantes à cet égard); & d'ailleurs, tandis que l'emprunteur n'eft pas là dans un befoin & une néceffité abfolus, on n'eft forti de ces bornes, que la juftice & la raifon impofent, & qui font dans la nature de la chofe, que pour ouvrir la porte à mille défordres; que pour groffir & enfler, pour ainfi dire, des corps, à un tel point, qu'il faut enfin qu'ils en crevent : ou s'ils fe foutiennent & fe confervent dans une parfaite vigueur, ce n'eft qu'au dépens de cent autres, qui couroient la même carriere, mais n'avoient pas eu la même induftrie ou la même tête, fi l'on veut, & le plus fouvent auffi, l'on peut ajouter la même audace qu'eux & leur peu de délicateffe. Voilà les gens à qui l'on veut qu'on prete à intérêt : les uns, dont la fortune fe dérange, & qui, dans leur malheur, entraînent celle de bie les particuliers; les autres, gras & extrêmement à leur aife, qui, par des reffources étrangeres, ajoutées aux leurs, envahiffent tout, & font voir une difproportion, une inégalité de fortune qui révolte, parce qu'elle prend fa fource dans un fond que réprouvent la raifon & la bonne regle.

Au refte, il n'eft pas mal de confidérer ici une note de *Barbeyrac*, dans ce Chapitre de *Puffendorf*, dont je viens d'examiner les paroles, parce qu'elle nous fournira de quoi fentir toujours mieux la fauffeté du fentiment que je combats fur le *prêt à intérêt*. Il remarque que l'intérêt dont nous nous fommes entretenus, s'appelle *intérêt lucratif*; au lieu qu'on nomme *intérêt compenfatif*, un fimple dédommagement du profit ceffant & du dommage naiffant. Il prétend qu'il n'y a point de difficulté, tant foit peu apparente, au fujet du dernier, & qu'il faut fe crever les yeux pour ne pas voir la juftice d'un tel intérêt; puifqu'en l'exigeant, on ne demande que ce que l'on avoit lorfqu'on a prêté. Il renvoie, pour ôter tout doute, à la lecture des Chapitres V, VI & VII du *Traité de l'Intérêt de la Placette*. Je veux croire que des raifons d'équilibre & d'égalité momentanée femblent venir au fecours de cette idée, & qu'il ne paroît pas jufte que quelqu'un autre profite, à mon préjudice, d'une chofe qui me rendoit à moi-même dans le temps que je la lui ai prêtée; mais cette hypothefe n'eft pas le *prêt à intérêt*; & c'eft fortir vifiblement des termes de la queftion, pour établir une forte de commerce de fervices purement arbitraires, & qui n'eft point fondé par le vrai état de l'homme, ni par les befoins de la fociété. Si cet argent que vous avez prêté, vous rendoit déja à vous-même, ou c'étoit parce que vous l'aviez déja prêté à un autre, & alors c'eft la pétition de principe, c'eft précifément de quoi nous difputons; il eft déclaré que *prêter* de cette maniere eft une action illicite : ou fi l'on faifoit profpérer foi-même, & par fon travail, l'argent ou la

(Tom. II, p. 486).
De l'intérêt *lucratif* & de l'intérêt *compenfatif*.

Voyez *Ibid.* P. 6, note 11.
Les raifons pour foutenir ce dernier intérêt ne font pas meilleures, quoi qu'en difent *Barbeyrac* & *la Placette*.

D d iv

chofe prétée, il refte à favoir fi l'on étoit alors dans le befoin de cette forte de revenu, produit par l'induftrie : auquel cas l'on a eu tort de prêter, parce que *charité bien ordonnée commence par foi-même ;* & fi l'on pouvoit s'en paffer, l'on a dû prêter fans intérêt, fi la perfonne qui a emprunté étoit dans la néceffité ; & au contraire, lui refufer tout-à-fait, fi elle ne demandoit ce fecours que pour fournir, ou à fon luxe, ou à fon ambition, ou à fon avarice, &c.

Examen de ce que dit la Placette eu faveur de l'intérêt lucratif.

Quant à l'*intérêt* lucratif, *Barbeyrac* convient qu'*on peut alléguer quelque chofe de plus fpécieux pour le combattre ;* mais il penfe qu'*au fond, fi l'on apporte ici un efprit libre de préjugés, on trouvera aifément que cet intérêt n'eft pas moins innocent en lui-même, ni moins légitime que le* compenfatif. Il trouve que ce que dit *la Placette* là-deffus, eft très-folide, & il en emprunte, dit-il, quelques réflexions. Voyons donc ces réflexions; ce que nous avons dit de l'autre intérêt, ne nous difpofe pas trop en faveur de celui-ci. " Comme

Sa premiere raifon, fondée fur une *compenfation* tout-à-fait fauffe.

» il dépend du créancier de prêter ou de ne pas » prêter, il dépend auffi de lui, lorfqu'il s'eft une » fois déterminé à prêter, de laiffer fon argent » entre les mains du débiteur, pour plufieurs » années, ou pour une feule, ou pour un mois, » ou pour une femaine, ou pour un feul jour » même. Suppofé donc que ce qu'il peut ne prê» ter que pour un jour, ou une femaine, il » veuille bien le prêter pour un ou deux ans, » s'engageant à ne pas redemander plutôt fa » dette ; pourquoi eft-ce qu'une telle renoncia» tion qui dépend de lui, & qui eft utile au » débiteur, ne pourroit être mife à prix » ?

L'Auteur donne pour exemples, que *lorsqu'on a un droit de servitude sur une maison, ou sur un champ, on peut y renoncer pour un temps ou pour toujours, & mettre à prix cette cession.* Que *la même chose a lieu en matiere d'hommages & de redevances ;* & il ajoute : *en vertu de quoi seroit-il donc défendu d'en user ainsi à l'égard du droit qu'on a de se faire rendre ce que l'on prête ?* En vérité, la fausseté de ces comparaisons, & la hardiesse avec laquelle on les fait, sont étonnantes : Qu'est-ce qu'il y a de commun, quant à leur nature, entre le *droit de redemander son argent,* ou toute autre chose prêtée, & le *droit de réclamer des hommages & des redevances,* ou bien *de vouloir user d'une servitude acquise ?* Quand celles-ci se contractent, ceux en faveur de qui elles sont, sont les maîtres de les faire durer aussi long-temps que le porte l'acte primitif de la sujétion : il ne dépend jamais de l'obligé d'y mettre une fin, qu'autant que les autres y consentiront, soit gratuitement, soit en se faisant payer le droit dont ils se départent : l'obligation est toute ici en faveur de ces derniers ; & pareils actes, dans leur naissance, n'envisagent absolument que leur avantage. Mais il en est tout le contraire dans le contrat du *prêt :* l'accord se passe naturellement au profit de l'emprunteur ; il a terme, il ne doit rien jusqu'alors ; & il se libere quand le terme est venu, sans qu'on puisse l'en empêcher. *Vous pouviez,* dites-vous, *quand vous vous êtes déterminé à lui prêter, ne vouloir lui prêter que pour un jour, une semaine, un mois, & vous l'avez fait pour un an,* &c. Et il vous semble de-là, que cette plus grande étendue de temps que vous lui accordez, *a un prix, & que vous pou-*

Sa deuxieme raison est une subtilité, & un pur sophisme.

vez le lui vendre (1) ? Mais c'eſt une pure ſubti-
lité, & un vain ſophiſme; car tout cela ne ſe
paſſe qu'à part vous; & l'emprunteur n'eſt pas
cenſé y entrer, encore qu'il conſente à vous
payer un intérêt, qu'il ne vous donne que par
une eſpece de violence que vous lui faites. Quand
il s'eſt préſenté à vous pour demander à emprunter, il a voulu avoir un terme; c'eſt même la
nature du *prêt;* on n'emprunte que pour garder
un certain temps; en ſorte que ſous l'idée du *prêt,*
on entend non-ſeulement d'accorder l'uſage d'une
choſe, mais une certaine durée à cet uſage. Inutilement ſongeriez - vous à une moindre durée,
comme d'un mois, d'une ſemaine, d'un jour, à
laquelle vous auriez été maître de vous fixer : ce
n'eſt pas celle que vous auriez deſirée, il ne s'en
agiſſoit pas entre vous. En lui accordant la ſien-
ne, comme c'étoit en même-temps la vôtre, de
vous à lui, vous n'avez pas pu la lui vendre,
puiſqu'il n'entendoit pas l'acheter, il entendoit ſeulement emprunter; & l'*emprunt* eſt une toute autre choſe que l'*achat :* vous ne pouvez pas confondre enſemble ces deux idées, ſans bouleverſer les
objets de nos connoiſſances & de nos raiſonne-
mens. D'ailleurs, je ne garantis pas trop la juſtice
des *ſervitudes,* des *hommages,* des *redevances,*
quoiqu'elles ſoient de toute autre nature, & il

---

(1) *Monteſquieu* eſt tombé dans la même erreur, en adop-
tant ce mot d'*Ulpien,* que *celui-là paye moins qui paye plus
tard;* finiſſant ſon dernier Chapitre, ſur cette matiere, par
ces paroles : *Cela décide la queſtion, ſi l'intérêt eſt légitime,
c'eſt-à-dire, ſi le créancier peut vendre le temps, & le débiteur l'acheter.* Voyez l'*Eſprit des Loix,* Tom. II, p. 376.

y auroit beaucoup à dire là-deſſus ; mais je prétends que , quand elles feroient fondées, il n'y
auroit rien à en conclure pour le *prêt à intérêt* ;
puiſqu'il y a , entre ces choſes & l'autre, des différences abſolues qui ne rendent pas applicable la
queſtion.

La Placette ſe fait enſuite une objection, qui
paroît d'abord ſpécieuſe, en ce qu'elle emporte
condamnation de l'intérêt *lucratif* dans un certain
cas, où il ne ſemble pas y avoir de réplique à
faire ; mais elle eſt tout auſſi infectée de vice que
la propoſition même qu'elle regarde : car elle ſuppoſe un tout autre fondement que celui que nous
donnons au *prêt*, & la réponſe qu'il y fournit,
tient de ſon principe erroné ; c'eſt-à-dire , qu'elle
réclame cette prétendue liberté que nous avons de
traiter , comme il nous plaît, le prochain pour
notre intérêt, pourvu que ce ne ſoit pas aux
dépens de la charité ni de la juſtice. Il s'objecte
donc que « du moins lorſque la ſomme prêtée,
» demeurant entre nos mains ne devoit vraiſem-
» blablement nous porter aucun profit , on a
» tort de faire acheter à ſon prochain l'utilité
» qu'il en pourra retirer, ſans qu'on y perde rien
» ſoi-même ». Il remarque là-deſſus que « cette
» réponſe ſuppoſe deux choſes également fauſſes :
» l'une que dans les traités qu'on fait avec ſon
» prochain, il n'eſt permis de chercher que notre
» ſimple indemnité ; l'autre, qui eſt une ſuite de
» la première, que l'on eſt tenu de faire en fa-
» veur de ſon prochain, tout ce que l'on peut faire
» ſans qu'il en coûte ». Il n'eſt pas extraordinaire
qu'il ſorte tout droit de la queſtion , puiſque l'objection elle-même s'en éloigne : mais il eſt éton-

*L'objec-
tion que ſe
fait la Pla-
cette, tient
de ſon er-
reur, com-
me la ré-
ponſe qu'il
y fournit.*
Puff. Tom.
II, p. 487,
note 7 ,
première
colonne.

nant qu'il n'ait point vu que ce n'eſt pas - là de quoi il s'agit : car nous n'avons pas à connoître *ſi le commerce eſt légitime , ni ſi l'on peut louer ou vendre un livre ou une maiſon ,* qui ſont les deux exemples dont il ſe ſert; mais *s'il eſt permis de prêter à intérêt.* L'Auteur confondant ces deux idées , & pouſſant ſa comparaiſon , trouve toujours plus extraordinaire que , « tandis que le » créancier permet au débiteur de ſe ſervir de » l'argent prêté, celui-ci ne lui donnât pas le » droit de s'en faire payer l'uſage , comme de » toutes les autres choſes qui entrent dans le » commerce ».

On confond toujours le prêt avec d'autres choſes tout-a-fait différentes & qui ſe gouvernent ſur d'autres principes.

Erreur encore de *la Placette* , de croire fauſſe la propoſition , que *dans les traités que l'on fait avec ſon prochain , il n'eſt permis de chercher que notre ſimple indemnité.*

Mais ſon erreur porte encore ſur un autre objet : au ſujet des deux propoſitions qu'il prétend que ſon objection ſuppoſe , je n'entends pas comme lui que la premiere des deux ſoit fauſſe : elle contient abſolument vérité. Hors des cas où il faut donner ſimplement pour donner , c'eſt-à-dire, pour aſſiſter ceux qui ſont dans l'indigence , ſans en rien attendre, ni en rien exiger en retour, l'on ne peut s'avantager ſur ſon prochain que de ce qui ſeroit un vrai dommage pour nous, ſi en lui étant utile à lui-même, nous nous faiſions tort à nous: je veux dire, que les profits que l'on peut faire dans les objets de commerce, ne ſont au fond que la récompenſe de nos peines, de nos ſoucis, de nos riſques, de l'emploi d'un argent par le moyen duquel toutes les néceſſités de la vie circulent ; mais tout ceci , en même-temps , en doit être la meſure : & vouloir porter les profits au - delà de ces juſtes compenſations, c'eſt cupidité, c'eſt vexation, c'eſt vouloir gagner plus que la juſtice & la raiſon ne demandent ; ainſi , la propoſition qui donne lieu à mon raisonnement, paroît fausse à *la Placette* comme à *Barbeyrac*, parce qu'à leurs yeux, elle n'accorderoit pas assez au droit d'acquérir, & de groffir son capital : & moi je la trouve juste, parce que je restreins ce droit aux bornes qui lui sont naturelles, & qui seules peuvent empêcher les abus, en proportionnant les effets aux causes & les salaires aux travaux.

Quant à la seconde proposition, qu'on déclare fausse aussi, comme étant une suite de la premiere, je pense encore que c'est à tort ; si l'on suppose que celui qui nous demande une chose à prêter en a véritablement besoin, & qu'il n'en trouve pas d'autre ailleurs ; car en ce cas, encore que cette chose ne soit pas pour lui de premiere nécessité, le lien de la société & l'amour de nos semblables demandent que, tandis qu'il ne vous en coûtera rien à vous en priver, vous la lui prétiez généreusement & sans intérêt ; parce que nous sommes faits pour nous rendre mutuellement service, même dans les plus petits besoins, & surtout quand nous pouvons le faire sans y rien perdre. Ne point admettre cette obligation, c'est ne point voir la source de nos désordres, de l'ambition, de l'avarice, de la cupidité, &c.

Autre erreur de la Placette, à l'égard de la seconde Proposition : De croire faux que l'on soit tenu de faire, en faveur de son prochain, tout ce que l'on peut sans qu'il en coûte.

La Placette pose ensuite cinq conditions pour rendre légitime l'intérê lucratif. 1°. *Que le créancier ne soit pas tenu d'ailleurs de prêter gratuitement.* Nous pouvons juger à présent, s'il est un cas où l'on ne soit pas tenu de le faire, quand on peut prêter. 2°. *Que le débiteur s'oblige volontairement à payer un tel intérêt.* Nous pouvons connoître aussi si l'acquiescement de l'emprunteur est, au fond,

Même note 7, colonne 2, dans Puffendorf Tome II, pag. 417. Des cinq conditions de la Placette pour

rendre lé-
gitime l'iu-
térêt *lucra-
tif* : Elles
font infec-
tées de vi-
ce comme
la chofe
même.

une vraie obligation ; & s'il conftitue un droit par
rapport à l'autre. 3°. *Que le débiteur doive vraifemblablement profiter du prêt.* Mais peut-on raifonnablement affeoir là = deffus une prétention de
gagner fur lui , c'eft - à - dire, que d'une chofe
vraiment incertaine l'on en tire une certaine ? car
l'emprunteur n'a pour lui que l'efpoir d'un gain,
& l'autre auroit déja l'affurance d'un profit : les
conditions ne font pas égales. 4°. *Que l'intérêt
n'excede pas le profit qu'il efpere de retirer de l'argent prêté.* Ceci, fous l'apparence de juftice, renferme pourtant une injuftice réelle : car, premiérement, celui qui emprunte, outre qu'il ne peut
fe flater de tel ou tel profit , ne s'en explique
pas d'ordinaire avec celui qui prête ; & quand il
s'en ouvriroit à lui, ce que nous avons dit fur la
précédente condition réprouve abfolument la prétention d'exiger de lui un intérêt. Mais, en fecond
lieu , comme il eft très-poffible que le profit qu'il
fera, (s'il en fait) foit moindre que l'intérêt auquel il fe fera foumis, il arriveroit alors que fon
créancier gagneroit plus que lui : fuppofition qui
feule démontre l'injuftice du procédé. 5°. *Enfin,
qu'il n'aille pas au-delà du pied-fixé par les Loix.*
Cette condition, en elle-même, eft fage ; & l'on
doit d'autant plus fe renfermer dans fes limites,
que la chofe même que ces loix permettent, eft
mauvaife. Or, tant que cette permiffion fubfifte,
on ne peut fans crime combattre ces loix, ou par
des déclamations indécentes, ou par des outrages,
foit relativement au Prince ou à l'Etat, foit relativement à ceux qui ufent de la permiffion donnée ; mais on peut n'en pas vouloir jouir, & on le
doit même , fans craindre de bleffer l'autorité ;
puifqu'au contraire, on doit préfumer de fa fagef-

fe, qu'elle ne fouhaite en toutes chofes que le bien ; & que la complaifance des loix pofitives, n'a pour fondement ordinaire que notre foibleffe : motif qui n'exclut point la pratique exacte du *Droit naturel* & de la *Loi divine*, quand on veut bien s'en pénétrer : les deux regles fouveraines de nos obligations.

Ainfi, toutes ces conditions que pofe *la Placette*, pour légitimer l'intérêt lucratif, ne portent que fur une mauvaife bafe, & tombent comme d'elles-mêmes, & par une fuite commune, avec la chofe qu'elles regardent.

Enfin, le même Auteur (Chapitre XVIII) remarque « qu'il y a deux fortes de profits : l'un, » que l'on peut appeler *pofitif*, lorfque par le » moyen de ce que l'on a emprunté, on acquiert » une chofe que l'on n'acquerroit point autrement : » l'autre, *négatif*, qui confifte, non à gagner ce » que l'on n'a pas, mais à ne pas perdre ce que » l'on a déja, ou même que l'on peut avoir dans » la fuite ; non à devenir plus riche, mais à s'em-» pêcher d'être plus pauvre. Le prêt n'a fort fou-» vent que ce dernier ufage, (*ajoute la Placette*) » & la chofe arrive en plufieurs manieres : par » exemple, un homme doit une fomme confidé-» rable, dont il ne fauroit fe décharger, & dont » il paie l'intérêt à fix pour cent. Je lui prête » cette fomme à quatre pour cent ; ainfi il ne » gagne rien à la vérité, mais il épargne actuel-» lement deux pour cent, qu'il paieroit fans moi » à fon créancier. Un autre a befoin d'argent, & » n'en trouvant point, eft contraint de vendre à » vil prix des marchandifes qu'il eft fûr de ven-» dre plus cher quelque temps après ; je lui

Des deux fortes de profits, felon la Placette : l'un pofitif, l'autre négatif.

Deux exemples de ce dernier, où il prétend qu'il n'y a non plus aucune injuftice à prendre à intérêt.

» prête cet argent dont il ne peut fe paffer, &
» par-là je lui épargne ce qu'il alloit perdre fur
» les marchandifes. Dans ces occafions, & autres
» femblables, (*conclut cet Auteur*) il n'y a non
» plus aucune injuftice à prendre intérêt ; *car enfin*
» *empêcher de perdre*, *n'eft pas un moins bon office*
» *que d'aider à gagner* ».

Illufion
étonnante
qu'on fe
fait ici.

Je réponds que c'eft-là fe faire illufion volontairement, & une illufion fi groffiere, qu'il femble
qu'on ait pris à tâche de déclarer la guerre à la
vérité. Trouveroit-on que ce fût une bonne action, que, tandis qu'on préferveroit quelqu'un
d'être affaffiné en chemin, en le défendant corps
pour corps, contre des voleurs qui l'attaqueroient,
on le dépouillât néanmoins foi-même, ou l'on le
maltraitât de coups, ce qui auroit été le motif
pourquoi on lui auroit fauvé la vie ? N'eft-ce pas
convenir qu'une chofe eft mauvaife, quand on
convient qu'elle l'eft moins qu'une autre ? Et fi fix
pour cent font à charge à celui qui les paie, ne
fe trouve-t-il pas encore fous le fardeau, en en
fupportant quatre ? Sauriez-vous être, par rapport
à lui, dans un état de juftice, fi vous le laiffez
dans la peine, & ne faites que la lui diminuer,
tandis qu'il dépendroit de vous de l'alléger entiérement ? Ne pouvez-vous donc guérir le mal
qu'en en exerçant un autre de même nature, &
qui ne differe du premier que dans la quantité ?

De la maxi-
me qu'*em-
pêcher de
perdre n'eft
pas un
moins
bon office
que d'aider*

Vous dites qu'*empêcher de perdre n'eft pas un moins
bon office, que d'aider à gagner*. Oui : mais c'eft
dans un autre fens que le vôtre, & en dépouillant la propofition de l'efprit d'intérêt qui l'anime
dans votre bouche ; & il faut de plus déterminer
le cas ; par exemple, empêcher quelqu'un de perdre

dre ce qu'il ne possede pas actuellement, lorsqu'il
est même alors dans un besoin pressant d'avoir,
n'est pas une si bonne œuvre que de l'aider à
gagner de quoi subsister en ce moment : ou plutôt
la premiere action seroit nulle, & l'on tomberoit
dans l'inhumatité barbare, si on ne lui fournissoit
pas tout premiérement le moyen de vivre. Que
si, au contraire, pouvant se passer de gain, mais
n'ayant tout juste que ce qu'il lui faut, vous le
lui laissez perdre en ne l'assistant point, vous com-
mettez un plus grand crime qu'en ne l'aidant point
à gagner : ou plutôt il n'y en a, qu'à ne le pas
empêcher de perdre ce qui lui est de toute nécessité. Mais dans le cas où le prochain n'est pas
vivement intéressé, ni à ne pas perdre, ni à gagner ;
& que le profit ou la perte sont des choses qu'il
peut également supporter, l'on sent que l'obligation de l'aider à gagner est beaucoup moindre que
celle de l'empêcher de perdre, & même qu'il n'y
a proprement que celle-ci qui existe ; car dans
cette supposition, il sembleroit que le bon office
qu'on lui rendroit à l'égard de ce dernier point,
se passeroit sans lui, & qu'au contraire on a besoin
de lui pour l'autre. Il est indubitable que l'amour
de l'humanité nous porte, en absence du maître
d'un bien quelconque, à empêcher qu'on ne le lui
dégrade, ou qu'on ne le lui emporte, quand cela
dépend de nous : au lieu que nous ne sommes pas
tenus de le lui faire fructifier, à moins qu'il ne
nous en prie, & qu'il n'y ait de très-bonnes raisons pour nous charger de ce soin; car autrement c'est son affaire, & chacun, comme j'ai
dit, doit être l'ouvrier & l'instrument de sa propre fortune : c'est-là l'état de la nature, & la loi
suprême de la raison.

à gagner.
Véritables
applica-
tions qu'on
en peut
faire. Celle
qu'on en
fait ici est
fausse.

La maxime suppose que le service est gratuit.

Or, après ces distinctions, il est aisé de remarquer que l'application qu'on a faite de cette maxime est fausse : *Qu'empêcher de perdre n'est pas un moins bon office que d'aider à gagner.* Elle suppose dans la personne qui agit, une vue désintéressée, & qu'elle ne veut point gagner sur celui-là même qu'elle oblige ; ce qui ne se voit pas dans la personne qui prête à intérêt, quoique dans une conjoncture, où son prêt en fasse cesser un autre beaucoup plus onéreux au débiteur, ou qu'on rende autrement sa condition moins dure : on ne peut se dissimuler qu'on n'y contribue toujours pour quelque chose, & qu'en relevant le mal dont on le préserve, l'on ne manifeste le mal qu'on lui fait. Aussi l'Auteur remarque-t-il de lui-

Aveu de *la Placette* & contradiction, de sa part, quant aux termes de *charité* & de *justice*

même que, *quoique cette sorte d'intérêt soit aussi peu contraire à la justice que l'autre, il est d'ordinaire beaucoup plus opposé à la charité.* Mais opposé à la charité, & aussi peu contraire à la justice, ne sont-ce pas des idées qui se détruisent ? & la *charité* n'est-elle pas une vertu qui marche avec la *justice*, en quel temps que ce soit, & la *justice* avec la *charité* ? Si on a bien senti les divers cas que j'ai supposés, y verra-t-on qu'on puisse jamais porter hors de la nécessité & du besoin, des actions, qui, par elles-mêmes, sont généreuses ; & que pour les accommoder à nos passions & à nos goûts, on les travestisse en un odieux trafic ?

Ce qu'il faut penser de l'établissement des Monts-de-piété.

L'exemple des *Monts-de-Piété*, dont l'auteur s'appuie pour justifier le *profit négatif*, n'est pas exempt de reproche (1) : on aura beau trouver

(1) On doit convenir pourtant que dans la corruption où sont les mœurs, & au sein des grandes villes, un tel établisse-

eet établiſſement utile & commode pour ceux qui
ſe trouvent dans la néceſſité , la choſe n'en eſt
pas meilleure pour être faite par un corps, & dans
une bonne vue ; & la double intention (1), &
d'obliger ceux qui ſont dans le beſoin en les garan-
tiſſant de plus mal faire, & de deſtiner même le
revenu des ſommes prêtées à pouvoir prêter à
d'autres gratuitement , ne légitime pas l'action : il
faut fonder le bien qu'on fait ſur le bien même ;
& nous avons déja vu ailleurs , que pour opérer
une bonne choſe , il n'eſt point permis d'en commettre une mauvaiſe (2).

Examinons maintenant ce qu'on répond aux
objections que font d'ordinaire , au rapport de
Puffendorf , ceux qui condamnent abſolument le
prêt (3) *à uſure* (4) : Ils diſent que « le prêt à

Examen de ce que l'on répond aux objections, qui ſe font communément contre le prêt à uſure.

Puffendorf Tom. II , Pag. 488.

1°. Ob-
jection: que
*le prêt à
uſage étant
gratuit ,
le prêt à u-
ſure doit
l'être auſſi.*

ment eſt très-bien imaginé pour préſerver d'une infinité de
funeſtes reſſources dont on uſoit. Mais on ne peut ſe diſſimuler que c'eſt un remede : or, les remedes en médecine
ſont toujours fâcheux : ils guériſſent en incommodant ; il
vaudroit bien mieux pouvoir s'en paſſer ; & l'on peut aſſurer ,
ſans trop dire, que le corps humain n'auroit jamais eu beſoin de remedes , ſi l'on avoit ſu vivre entiérement ſelon
la ſage & bonne nature. Je ſuppoſe , au reſte , dans le principe , des corps ſains & bien conſtitués, comme elle les fait ;
les difformités ou les incommodités ne ſont pas abſolument
ſon ouvrage. J'en dis autant de l'Etat civil : pour en guérir
véritablement les maux, il faut le rendre tel que la nature
le demande ; & la nature abhorre le *prêt à intérêt.*

(1) Puffendorf , Tome 494 , p. II.

(2) Voyez la note 10 , dans Grot. *Droit de la G. & de
la P.* , Tom. I , pag. 498 , où il y a des citations qui re-
viennent à ceci.

(3) Puffendorf dit qu'il s'eſt ſervi du mot *uſure* pour éviter
la cacophonie du prêt à intérêt, note 1, pag. 484, T. II.

(4) Voyez auſſi la note 1 , du §. XXI au même endroit ,

*La réponſe qu'on y fait eſt fondée ſur ce que l'on con-
fond deux choſes de*

» ufage étant gratuit, le prêt à ufure doit l'être
» auffi ». Et *Puffendorf* fur cela, foutient, au
contraire, « que, comme on peut accorder à au-
» trui l'ufage d'une chofe de deux manieres, ou
» gratuitement, ou moyennant une certaine ren-
» te, d'où il réfulte, ou un contrat de prêt à ufa-
» ge, ou un contrat de louage, rien n'empêche
» auffi qu'on ne prête de l'argent, ou fans inté-
» rêt ou à intérêt ». Le vice de cette réponfe,
comme l'on doit s'en appercevoir par tout ce que
j'ai dit jufqu'ici fur cette matiere, vient de ce que
l'on confond deux chofes de différente nature, &
qui n'ont rien de commun enfemble : & cet Au-

teur le fent fi bien, qu'il ajoute que « fi l'on s'opi-
» niâtre à vouloir que tout *prêt*, proprement ainfi
» nommé, foit *gratuit*, tout ce qu'il y aura à fai-
» re, c'eft qu'il faudra donner un autre nom au
» contrat, dans lequel un créancier ftipule quelque
» intérêt pour l'argent qu'il prête ». Mais c'eft
une échapatoire qui décele elle-même le peu de
fondement de la prétention, & combat ce qu'on
ofe affirmer, qu'*il ne s'enfuivra point de-là que
cette forte de contrat ait, par lui-même, rien d'illicite.*
Quel nom qu'on veuille donner à cet acte qui fe
paffe entre l'emprunteur, & celui qui donne fon
argent à intérêt, on ne dénaturera point l'efpece
de la chofe, qui eft, qu'on demande un profit
pour l'ufage d'un effet, qui, par lui-même, n'en
peut pas produire. On doit dire la même chofe

---

où l'on explique que le mot d'*ufure*, dans fon étymologie
latine, n'avoit rien d'odieux ; & qu'il n'y avoit que le mot
de *fœnus* qui fût pris en mauvaife part, c'eft-à-dire, quand
l'intérêt n'étoit pas un vrai dédommagement.

(1) de tout ce qui n'eſt point argent monnoyé,
& qui ſe conſume par l'uſage.

En effet, (c'eſt la ſeconde objection) « la mon-
» noie étant, de ſa nature, une choſe ſtérile, qui ne
» ſert de rien aux beſoins de la vie, comme ſont,
» par exemple, les habits, les bâtimens, les bêtes
» de ſomme, on ne doit rien exiger pour l'uſage
» d'un argent prêté ». *Puffendorf* répond ſur cela,
que « quoiqu'une piece de monnoie n'en produiſe
» pas par elle-même phyſiquement une autre ſem-
» blable, néanmoins depuis que l'on a attaché à
» la monnoie un prix éminent, l'induſtrie humai-
» ne rend l'argent très-fécond, puiſqu'il ſert à
» acquérir bien des choſes qui produiſent ou des
» *fruits naturels* ou des *fruits civils* ; & que c'eſt
» au rang de ces derniers qu'il faut mettre les
» intérêts qu'un débiteur paie à ſon créancier ».
Pour moi, je réplique que les conventions humaines ne font pas le droit & la nature des choſes;
qu'on a beau attacher un prix éminent à la monnoie, qu'elle n'eſt point de ſoi productive; que
ce *prix éminent* eſt la pétition du principe, puiſqu'il s'agit de ſavoir ſi l'on eſt fondé à lui donner
un tel prix. Veut-on dire que ſi l'on avoit laiſſé
l'argent dans ſa premiere inſtitution, & dans ſon
état de ſimplicité, il ne fût point permis alors de
le prêter à intérêt ? Mais n'eſt-ce pas nous-mêmes, qui en avons fait ainſi un nouvel être ?

Je ne me ſervirai point, pour fortifier ce que
j'avance, de ce que d'autres diſent : (troiſieme

2e. Objection : la monnoie eſt de ſa nature, une choſe ſtérile qui ne ſert de rien aux beſoins de la vie. &c.

Puff. Tome II, pag. 411, à la fin de la page.

On répond à cela par une pétition de principe en oppoſant le prix éminent qu'on a depuis attaché à la monnoie.

3e. Objection que ſi l'argent devient fertile entre les mains de

l'emprun-
teur, c'eſt
par ſon in-
duſtrie.
Puffendorf
Tom. II,
pag. 459.
note 3.
Ici la ré-
ponſe
prouve que
l'objection
n'eſt pas
bien tran-
chante.

Mais elle
eſt, elle-
même,
ſans fon-
dement.

objection) « qu'à la vérité , le débiteur trouve
» moyen de faire valoir l'argent qu'il a reçu ;
» mais que c'eſt ſon induſtrie qui le rend fertile
» entre ſes mains; d'où ils concluent qu'il doit ſeul
» en profiter ». Cette objection ne tranche pas
net la difficulté ; puiſque la Placette y répond,
(Ch. X.) que « l'induſtrie n'eſt pas la ſeule cauſe
» du profit qui revient de l'argent ; que comme
» l'argent ſans l'induſtrie n'apporteroit point de
» profit, l'induſtrie ſans l'argent n'en produiroit
» pas davantage. Qu'il eſt donc juſte d'imputer
» une partie de ce profit à l'argent, & une autre
» à l'induſtrie de celui qui le fait valoir ». Mais
cette réponſe elle-même n'eſt pas bien ſolide : l'on
ne peut pas dire, à parler exactement, que l'argent entre pour quelque choſe dans le profit que
l'on attire par ſon induſtrie. Il n'eſt que le repréſentatif des biens; & en l'échangeant auſſi-tôt avec
des effets, qui produiſent d'eux-mêmes, ou ont
une utilité propre, c'eſt de ceux-ci que l'on tire
des richeſſes effectives, comme les ſubſiſtances,
&c. Et c'eſt par l'induſtrie abſolument que tout
cela s'opere. L'argent eſt toujours de lui-même
infructueux, & il eſt contre ſa nature qu'il produiſe. La Placette confondant perpétuellement des
idées tout-à-fait différentes, allegue que l'on voit
la preuve de ce qu'il dit, dans quelques contrats
de louage; Un champ ne rapporte rien, s'il n'eſt
cultivé : oui, il ne rapporte rien préciſément de ce
que l'on ſouhaite ; mais en le cultivant, on fera ſortir de ſon ſein de quoi fournir à nos beſoins. Le
maître, en le donnant à louage, donne à coup
ſûr en lui, (autant que la terre, la commune
mere des hommes, en eſt capable) de quoi vous
entretenir. Pouvez-vous dire qu'il en ſoit de même

de l'argent ? Les *outils* que vous citez encore en exemple , sont plus propres véritablement par eux-mêmes, en passant par les mains de l'artisan, à procurer le fruit de son travail; ils contribuent personnellement , en quelque sorte , à son utilité , puisqu'ils entrent dans l'opération ; mais par cela même , ce qu'on dit d'eux ne peut rien prouver pour *l'argent*. Il résulte de la supposition , que l'ouvrier ou l'artisan est actuellement occupé à un ouvrage sûr ~ & qui fournit à sa subsistance. On ne peut ouvrir le sein de la terre sans bêche ou soc, indépendamment de ce qu'il s'ensuit, &c. Il est juste que du prix de sa journée ou de son ouvrage, cet artisan réserve une petite portion pour celui qui lui a fourni ces instrumens. C'est ici la nature de la chose qui légitime l'intérêt. On ne peut dire non plus absolument d'une maison , qu'elle soit stérile de sa nature : les hommes ne peuvent se passer d'en habiter : leur produit est encore plus sûr que celui des terres ; elles ne se consument point par l'usage : voilà des caracteres très-distinctifs à opposer à ceux de *l'argent ;* & c'est d'eux qu'on doit tirer la lumiere. Enfin , comme nous l'avons déja dit , le *louage* est une toute autre chose que le *prêt ;* & ce que l'on affirme de l'un, on ne peut pas le conclure de l'autre. Il sera donc vrai que vous pouvez louer un champ, des outils, une maison, & quelques autres choses, si vous voulez, qui n'ont pas une fécondité propre ; mais si on prête , l'on n'en devra retirer aucun salaire. Le mot de *prêter* est purement gratuit ; & il est contre la nature des choses , & la maniere de nos conceptions , de dire : *Prêter un champ , une maison ,* &c. Pourquoi ? Parce qu'une chose qui est de soi productive, n'est

Caracteres sensibles qui distinguent le louage du prêt.

pas faite pour cet ufage. Les hommes fur la terre font cenfés n'avoir que ce qui leur eft néceffaire pour vivre, & fe le réferver pour eux ; l'Etat civil n'a pas changé cette fource de nos jugemens : or, comme on ne peut préter de tels biens, par la raifon que je viens de dire, fi pourtant l'on eft venu à en avoir de trop, & qu'on n'ait pas voulu donner ce furplus, parce que perfonne n'étoit alors dans un befoin preffant, on a pu, moyennant une rétribution, le céder pour un temps à un autre que cet accord accommodoit, en ce qu'il l'aidoit, ou à fubfifter, ou à paffer fa vie avec plus d'aifance : & cette maniere de contracter s'eft appelée *louage*, qui n'a abfolument rien de commun, je le répete, avec le *prêt ;* parce qu'il fuppofe deux circonftances effentielles, qui l'affranchiffent de l'obligation où eft l'autre, de donner gratuitement : favoir, 1°. *Que la chofe louée eft de foi productive.* 2°. *Que celui qui la prend à louage, eft tout auffi fûr que le maître de la faire fructifier, fans courir d'autres rifques, que ceux qui font attachés à l'état naturel des chofes, & qui ne font pas une fuite immédiate de l'induftrie, comme eft celle qui s'applique à faire valoir l'argent.*

4ᵉ. Objection : que *l'argent monnoyé n'eft naturellement deftiné qu'a affortir les échanges, & non à fe multiplier.*

Voilà pourquoi (& c'eft une qnatrieme objection) *Ariftote* (1) parlant du *prêt à ufure*, a dit que « par ce contrat on fait de l'argent monnoyé » un ufage tout contraire à celui auquel il eft » naturellement deftiné, qui eft d'affortir les » échanges, & non pas de fe multiplier, pour

_____

(1) Dans *Puff.*, Tom. II, pag. 489,

„ ainſi dire lui-même » ; & la réponſe qu'y fait *Puffendorf* eſt fort mauvaiſe. *Qu'au moins une des parties, ſavoir, celui qui emprunte de l'argent à intérêt, le fait pour l'employer à quelque choſe où il entre de l'échange.* Ce que j'ai relevé dans la troiſieme objection, le démontre ; & j'y ajouterai qu'il ne ſuffit pas, qu'il y ait une des parties qui ſe propoſe d'employer cet argent à quelque choſe où il entre de l'échange : *l'échange demande que les deux Parties conviennent enſemble, l'une d'acheter, & l'autre de vendre,* & qu'actuellement l'argent ſerve à la compenſation & à l'équilibre : cette opération les requiert toutes les deux à-la-fois, & fait conſidérer l'*argent*, ce repréſentatif de toutes choſes, comme entre deux, pour balancer leurs droits & les mettre en état de ſe ſéparer l'un l'autre ſans ſe rien devoir. Il faut recourir, comme l'on voit, à un état qui n'eſt pas le ſien, pour attribuer au *prêt d'argent* la faculté de produire. L'autre raiſon qu'on allegue n'eſt pas meilleure ; ſavoir, *que la propriété a été originairement établie, afin que chacun ſe ſervît pour lui-même du bien qui lui ſeroit échu en partage.* Il eſt donné à chacun, ſans doute, de ſe ſervir de ſon bien ; mais on doit le faire, ſelon que le comporte la nature de ce bien, & ne point attenter ſur le bien d'un autre, comme c'eſt d'exiger un intérêt d'un argent prêté. Ce que remarque *Noodt*, au rapport de *Barbeyrac*, (1) *qu'on pourroit réfuter Ariſtote par Ariſtote même*, n'eſt par trop bien entendu. Ce philoſophe, dans le Chapitre qui précéde immédiatement celui d'où

La réponſe que *l'échange ſe fera du moins, par l'une des parties,* eſt fondée ſur le faux : ce que c'eſt que *l'échange ?*

L'autre réponſe tirée de la *propriété*, n'eſt pas meilleure.

Noodt dans l'erreur de croire pouvoir réfuter ſur cela *Ariſtote* par *Ariſtote* même.

_____

(1) Dans *Puff.*, Tom. II, pag. 489, note 4.

l'on a tiré ce que nous avons dit, obferve que « toutes les chofes qu'on poffede ont deux ufa- » ges : l'un propre & naturel : l'autre comme » étranger. Par exemple, *dit-il*, les fouliers font » faits proprement pour être chauffés : cependant » on s'en fert auffi pour avoir de l'argent ou » quelqu'autre chofe en échange ». Mais ce rai-

Comment il faut en- tendre ce qu'a dit Ariftote, que toutes les chofes qu'on pof- fede ont deux ufa- ges : l'un propre & naturel : l'autre comme étranger.

fonnement ne donne pas le moindre avantage aux partifans du *prêt à ufure* : c'eft en général, & par rapport à toutes les chofes en elles-mêmes, qu'*Ariftote* s'énonce de la forte : en ce fens, il appelle *étranger*, l'ufage que le Cordonnier fait de fon travail pour avoir de l'argent ; & *propre*, l'ufage naturel des fouliers qui eft de les porter. Mais relativement au Cordonnier, cet ufage étran- ger, eft propre au contraire, puifque fon véritable but eft de fe procurer, par cette forte de travail, de quoi fubfifter : l'ufage naturel des fouliers n'eft que fecondaire, & n'eft ici à fon égard, que le moyen préfent dont il fe fert pour arriver à l'au- tre. De plus, ce qu'*Ariftote* remarque de toutes les chofes que l'on poffede, ne peut conve- nir qu'à celles qui, directement & par elles, ont une utilité réelle, comme tous les ouvrages de l'art & de la nature, dont on retire fur le champ un fervice ; mais on ne peut l'appliquer à *l'argent*, en tant que *monnoyé*, parce que celui qui le donne à *intérêt*, n'a point fait cet argent : il n'a entre fes mains qu'un fimple ufage, qui eft d'être con- verti en quelque maniere, en des effets autres que lui - même, puifqu'il en eft le repréfentatif; & il n'a pas celui d'être employé matériellement par d'autres à leur fervice. Il n'en fera pas de même de l'*argent* comme *marchandife ;* parce ſ qu'alors n'étant plus ſigne, il rentre dans la claſſe de toutes les productions de la nature & de l'art, qui ſervent par elles-mêmes à l'homme : & cette diſtinction eſt lumineuſe, pour faire bien ſentir la mépriſe de tous nos Philoſophes, ſur cette queſtion.

Diſtinction eſſentielle à cauſe de cela, entre l'argent monnoyé, & l'argent comme marchandiſe.

Grotius & *Puffendorf* conviennent (1) (& c'eſt une cinquieme Objection.) « qu'il y a quelque
» choſe de plus ſubtil & de plus ſpécieux dans
» la difficulté tirée de ce qu'en matiere des choſes
» ſuſceptibles d'équivalent & qui ſe conſument
» par l'uſage même, on ne ſauroit diſtinguer la
» propriété d'avec l'uſage : de ſorte qu'auſſi-tôt
» que l'on accorde à quelqu'un l'uſage d'une choſe,
» on lui en transfere par cela même la propriété ;
» comme d'autre côté, en vain donneroit - on la
» propriété, ſi l'on refuſoit l'uſage : car, *pourſuit-*
» *on*, comme la ſubſtance du blé, de la viande,
» du vin, &c. ſe détruit par la comſomption qu'on
» en fait pour les beſoins de la vie, de même
» l'argent périt, moralement parlant, pour celui
» qui le dépenſe, puiſqu'il ceſſe d'être au nom-
» bre de ſes biens. Or, *dit-on*, l'uſage ne pou-
» vant être diſtingué ici de la choſe empruntée,
» il ſuffit que le débiteur en rende une pareille
» de même eſpece ; & le créancier n'a aucun droit
» de rien exiger de lui pour l'uſage qu'il en fait »
Voilà l'objection telle que *Puffendorf* la rapporte.
Et quoiqu'il avoue encore « qu'à proprement par-
» ler, l'uſufruit des choſes ſuſceptibles d'équi-

5°. Objection : Que *dans les choſes ſuſceptibles d'équivalent, & qui ſe conſument par l'uſage, on ne ſauroit diſtinguer la propriété d'avec l'uſage.* &c.

Grotius & *Puffendorf* trouvent en ceci quelque choſe de *plus ſubtil* & *de plus ſpécieux*, diſent ils, & conviennent que *l'uſufruit des choſes ſuſceptibles d'équivalent n'eſt*

(1) *Grot.*, Tom. I, pag. 494 : §. 20, 4 & note 4. *Puff.*, Tom. II, pag. 489.

point distinct de la consomption de leur subftance.

» valent n'eft point diftinct de la confomption » de leur fubftance, *il n'eft* point d'avis cependant » qu'il s'en fuive de-là qu'il foit illicite de mettre » à prix le droit que l'on donne à quelqu'un de » confumer une chofe qu'on lui prête, à con-» dition de nous en rendre une pareille au bout » d'un certain temps, par la raifon, *dit - il,* » que comme cette circonftance d'un terme ac-» cordé à celui qui emprunte, eft effentielle au » prêt à confomption, pendant tout ce temps-là » le débiteur peut acheter, de l'argent emprunté, » des chofes qui lui apportent du revenu, ou » en tirer du profit de quelqu'autre maniere ». Il

Néan-moins ils veulent pouvoir *vendre le temps,* & l'on fe fon-de encore fur des pro-fits quel-conques, que peu-vent faire ceux qui emprun-tent ou de l'argent, ou des den-rées.

pofe encore « qu'un homme à qui l'on a prêté » des denrées, ou autres chofes femblables né-» ceffaires à la vie, profite auffi, en ce que par-» là, on lui épargne la néceffité où il auroit été » de troquer défavantageufement, ou de vendre » à bas prix fes marchandifes, pour acheter du » blé par exemple; ou que même il fait valoir » plus avantageufement l'argent qu'il y auroit » employé ». Mais tout cela eft fondé fur des fuppofitions, & fur nos manieres même d'agir, qui font fans titre : & la bafe de l'objection porte fur la nature même des chofes, qui, ainfi que je l'ai développé dans les articles précédens, ré-pugne à cette façon de penfer. De forte que cette cinquieme objection eft toute vraie, & eft bien plus que fpécieufe. Mais il étoit befoin qu'on fût plus avant dans l'erreur, pour en connoître bien la folidité & la juftefle.

Réponfe pitoyable que fait

Il me faut ici relever encore une pitoyable comparaifon de *la Placette.* Au fujet de ce qu'on dit *que l'ufage des chofes fufceptibles d'équivalent,*

en transfère la propriété, &c. il répond « qu'une
» fomme d'argent que l'on prête à un homme
» pour la mettre dans le commerce, ne fe con-
» fume pas plus par-là, qu'une pareille fomme que
» l'on met entre les mains d'un fimple commis
» pour l'employer au même ufage, ou qu'une
» autre fomme que l'on confie à un affocié, à
» qui on en donne la direction. Ce débiteur,
» *dit-il*, ce commis, cet affocié s'en défont de
» la même maniere, & dans les mêmes inten-
» tions. On avoue, *pourfuit-il*, que le commet-
» tant & celui qui met fon argent entre les mains
» de fon affocié, demeurent toujours les maîtres
» de cet argent, & qu'il fubfifte toujours dans
» l'équivalent. Pourquoi la même chofe n'auroit-
» elle pas lieu à l'égard du créancier & de l'ar-
» gent prêté » ? Il m'eft toujours plus nouveau
de voir ainfi confondre fi groffiérement les objets :
Qu'a de commun avec le *prêt*, le mandat dont
on charge un commis, ou l'acte de fociété qu'on
fait avec une perfonne pour négocier ? Dans ces
trois cas, l'argent eft de la partie & fe délivre
à celui qui en doit faire ufage ; ils s'en défont,
fi l'on veut encore de la même maniere & dans
les mêmes intentions; mais n'eft-il pas clair que dans
les deux derniers, le *commis* & l'*affocié* ne font au fond,
par rapport à celui qui a donné l'argent, qu'une
même perfonne? Que celui-ci eft cenfé agir dans les
deux autres, puifque tout fe fait pour fon compte?
De forte que, fi la propriété des efpeces données fe perdoit, à parler exactement, par l'ef-
péce de confomption d'une chofe fujette à l'é-
quivalent ; du moins les chofes, en quoi on les
auroit converties, lui appartiennent : & quoi qu'il

encore ici
la Placette
Dans *Puf-
fendorf*,
Tome II,
page 490,
note 5.

Etrange
confufion
qu'il fait du
prêt, quant
à l'ufage de
l'argent,
avec le
mandat
donné à un
commis,
ou avec
une *con-
vention
de fociété*,
&c.

en foit, toujours eft-il fûr que les événemens la regardent, & qu'il court les rifques, comme les profits d'une telle aventure. Rien de tout cela ne peut convenir au *prêt :* fi réellement l'argent fe diffipe ; s'il eft impoffible, en effet, de rendre précifément la même monnoie donnée, il eft très-vrai, en même-temps, que celui qui le prête, n'a plus rien à voir dans les opérations que forme l'emprunteur : celui-ci en ufe comme il lui plaît, puifqu'il ne travaille que pour foi; au lieu que l'autre eft entiérement étranger à cet égard ; l'acte du *prêt* le bornant à réclamer fon argent au bout du terme, c'eft-à-dire, l'équivalent. Ainfi, il refte inconteftable qu'en en accordant l'ufage, il en transfere la propriété, & qu'il ne peut qu'obliger le débiteur à lui en rendre pareille quantité de même efpece.

De la diftinction, qu'on prête aux biens, & non point à la perfonne.

La diftinction de *Bafnage* (1), qu'on cite (2) ici, & qui fait le bon mot de *Martial*, ne prouve rien : *Qu'on ne prête point à la perfonne, mais aux biens : qu'on compte fur le pouvoir de rendre, & non point fur l'induftrie de l'emprunteur, ni fur fa bonne foi ;* ou plutôt, elle prouve l'étendue de l'abus, & laiffe la queftion dans tout fon entier. *Bafnage* d'ailleurs, n'en parle ainfi que comme à l'appui des argumens des cafuiftes contre *l'ufure;* quoiqu'au fond & véritablement, il ne foit point trop porté pour leur fentiment.

---

(1) *Hiftoire des Ouvrages des Savans,* Tom. VIII, Octobre 1691, pag. 66.

(2) *Puff.,* Tom. II, pag. 490, note 5.

Nous voici arrivés à un argument qu'on appelle *ad hominem*, contre ceux qui condamnent absolument le *prêt à usure*. Ils ont d'autant plus de tort, au sentiment de *Puffendorf*. (1) qu'ils « ne blâ- » ment point certains contrats où il entre quel- » que chose d'équivalent ; par exemple, *Pierre* » n'ayant pas de l'argent pour acheter une terre » qui l'accommode, *Jean* l'achete à sa priere, » & la lui donne ensuite à louage. Personne, *dit- » il*, ne trouve-là rien que de très-innocent. Sup- » posons maintenant qu'au lieu de cela, *Jean* » prête de l'argent à *Pierre*, afin qu'il achete lui- » même, la terre qui est à sa bienséance, & » qu'au lieu de la rente annuelle qu'il lui auroit » donnée pour le louage de ce fonds, il lui paye » la même valeur, pour l'intérêt de la somme » empruntée. Pour moi, *observe Puffendorf*, je » ne vois pas sur quel fondement on trouveroit » ici la moindre ombre d'injustice ». Et moi, je vais tâcher de faire voir qu'il y en a. D'abord cet Auteur se belouse étrangement de croire que ce dernier contrat est plus avantageux à Pierre que le premier, parce qu'il lui procure la pro- priété du fonds. Au contraire, c'est cette même propriété qui, dans les circonstances où il se trouve, empire son état. Payer comme fermier ou comme maître annuellement une même somme, il est vrai de dire que cela paroît d'abord fort égal ; mais il est d'autres considérations à faire, qui montrent, que ce n'est pas la même chose ; & l'on seroit moins prompt à comparer, si l'on

De l'argument que Puffendorf appelle ad hominem, *contre ceux qui condamnent absolument le prêt à usure.*

Cet argument de Puffendorf porte d'abord sur une erreur, que la condition de Pierre comme acheteur, soit plus avantageuse pour lui, que comme locataire.

(1) *Ibid.* pag. 491, §. 11.

se donnoit la peine de bien saisir les différences
essentielles ; ici il y en a une qui est décisive :
c'est que Pierre comme *fermier*, peut, à la fin de
son bail, rendre la terre à Jean, s'il n'y trouve
pas son compte : au lieu que comme *maître*, il
faut qu'il paye perpétuellement à Jean les intérêts convenus, tant qu'il ne sera pas en état de
rembourser le fonds. Au premier cas, il est libre,
il se débarrasse au terme, d'un fardeau, s'il le
trouve trop pesant ; tandis que dans l'autre, il
a contracté une obligation qu'il ne peut faire
finir ; puisque la supposition emporte qu'il n'avoit
pas de quoi acheter la terre. Or, l'intérêt de la
somme empruntée est fixe, connu & à l'abri de
tous les revers ; par rapport à Jean ; il n'en est
pas de même du revenu de la terre qui est sujet aux vicissitudes des saisons & à tous les accidens qui nous viennent ou du Ciel ou des hommes. Le prêteur a son intérêt d'autant plus assuré,
que les loix lui donnent une hypotheque expresse
sur cette même terre ; & qu'elle lui répond de
son argent ; avec cela l'entretien & les répara-
tions sont à la charge du possesseur ; les impôts
publics tombent principalement sur les fonds de
terre. Qui ne voit que cette condition est plus
dure ?

Et sur une fausse ap-plication du cas de donner son argent à un autre pour le faire fructifier & en retirer Dire après cela, par comparaison, que « de
» même, lorsqu'on met de l'argent entre les
» mains d'un honnête homme qui doit nous don-
» ner une portion raisonnable du profit qu'il en
» fera, il n'y a là rien que tout le monde n'ap-
» prouve ». C'est apporter en exemple une chose
vraie, mais qui n'a rien d'applicable à la
cause : il est question-là d'un homme qui donne
son

fon argent à un autre pour le faire fructifier ;
il devient alors affocié ; s'il retire une portion
du profit, c'eft qu'il court le rifque de la perte ;
l'autre travaille réellement pour tous les deux ;
leurs intérêts font en commun, & ce n'eft qu'une
même affaire. Mais dans le *prêt à intérêt*, c'eft
tout le contraire : les intérêts font divifés : comment veut-on qu'il y ait à conclure la même
chofe ? La demande de *Puffendorf* eft donc pré-
cipitée & fans fondement quand il dit : « Mais
» le traité ne feroit-il pas au fond fort femblà-
» ble, & du moins aufli légitime, fi l'on fti-
» puloit de celui chez qui l'on place fon argent,
» un intérêt fixe & modique pour le profit incer-
» tain qu'il peut en tirer » ? Il eft incompréhen-
fible comme un homme à réflexion peut s'abufer
de la forte ; & ces cas-là ne font point rares,
dans des Livres qui jouiffent de la plus grande
réputation.

une partie
raifonna-
ble du pro-
fit.
Puff. To-
me II, p.
491.

Enfin, (& c'eft ainfi que *Puffendorf* termine ce
Chapitre) « le prêt à ufure, *dit-il*, eft abfolu-
» ment néceffaire dans l'état où la fociété hu-
» maine fe trouve depuis long-temps. Il n'y auroit
» pas affez de gens qui vouluffent prêter gratuite-
» ment une aufli grande quantité d'argent que
» celle qu'on eft obligé tous les jours d'emprun-
» ter pour les befoins de la vie & pour le com-
» merce, tel qu'on le voit établi parmi la plu-
» part des Nations civilifées ». Et la preuve qu'il
en donne, *c'eft que l'on a inventé & que l'on tolere
par-tout divers expédiens qui fervent à éluder la décifion du Droit canonique au fujet du prêt à ufage*,
defquels il rapporte quelques exemples. Mais n'eft-
ce pas ici encore une pétition de principe ? N'eft-

Dernie`re
Raifon
des Parti-
fansduprêt
à ufure :
*Qu'il eft
abfolu-
ment né-
ceffaire
dans l'état
où la focié-
té humai-
ne fe trou-
ve depuis
long-temps
&c.*

Singulie-
re maniere
de raifon-

aer , que
d'alléguer
les progrès
du mal en
faveur du
mal mê-
me !

ce pas faire valoir au profit du vice , le vice même ?
Et affurer qu'on ne peut fe paffer du prêt à ufure ,
par cela même que nous l'avons généralement répandu ? Mais avant toutes chofes , ne falloit-il pas
rechercher dans la nature de la chofe , *fi cette
forte de prêt étoit légitime* ? Et c'eft ce que nous
avons fait , je penfe , d'une maniere qui ne laiffe
pas de doute à la négative. Or, ce point étant
une fois bien prouvé , qu'importe la prétendue
néceffité dont on parle ? Et fauroit-il y en avoir
contre la vérité & la juftice ? Il n'y a pas de milieu : quand un bâtiment eft mal affuré , qu'il peche
contre les regles fondamentales de l'art , on le dé-
molit pour le rétablir dans fon ordre naturel , &
le mettre en fon vrai état. Ainfi , faudroit-il faire
du *prêt à ufure* , & de tant d'établiffemens contraires à la perfection des mœurs.

Cri de *la
Placette*
en faveur
du *prêt à
ufure* , &
combien il
erre à pen-
fer que tout
fût perdu ,
fi l'on en
aboliffoit
l'ufage.
Ut fuprà ,
note 1 du
§. 11.

Eh ! d'ailleurs a-t-on bien raifon de crier , comme
l'on fait , que tout eft perdu fi l'on abolit le prêt
à ufure ? Prendrons-nous au pied de la lettre ce
que *la Placette* , entr'autres , débite des inconvéniens qui en naîtroient pour les diverfes conditions de la vie, avec une emphafe & une exagé-
ration ridicules ? Ces inconvéniens font la plupart
chimériques. Ils font fondés fur la néceffité prétendue de ces mêmes conditions , qui pour le
plus grand nombre n'exiftent que par notre luxe,
nos diffipations , notre fenfualité , nos fantaifies ,
je dirai prefque par nos débauches. J'aurai occafion d'en parler avant de finir cet Ouvrage. Toutefois j'avoue que d'abord , & dans les commencemens , la fuppreffion du *prêt à ufure* mettroit en
peine bien des gens ; mais le Légiflateur fage y
pourvoiroit par des réglemens proportionnés à

l'état des chofes, & qui faciliteroient à tout le
monde les moyens de vivre ; ce n'eft pas à moi à
les indiquer : il fuffit d'avoir montré l'injuftice de
cette manière de préter, par les feuls principes
de la Loi naturelle ; par où on peut voir que les
approbateurs de cet ufage n'y ont rien connu,
& qu'il n'eft donc pas étonnant qu'ils aient fi mal
entendu la *défenfe* que Dieu en fit à fon Peuple de
Juif à Juif, ainfi que la *permiffion* qu'il lui en
donna, à l'égard des Etrangers ; ce qu'il nous refte
à traiter dans le Chapitre fuivant.

CHAPITRE IV.

Les Partifans du Prêt à intérêt n'ont rien entendu à la défenfe faite, ni à la permiffion donnée fur ce fujet de la part de Dieu à fon Peuple.

Réflexions préalables.

MAIS faifons auparavant quelques réflexions générales fur la maniere dont il me femble que Dieu a pu fe conduire à l'égard de fes Loix *pofitives*, tant relativement à fon Peuple, qui devoit les fuivre, que par rapport aux autres Nations, qui ne devoient en prendre que ce qui étoit d'obligation commune & univerfelle à tous les hommes.

Différence, par rapport aux autres Peuples, de la *Loi*, qui permet aux Juifs de prêter à intérêt aux étrangers, d'avec la *permiffion* de tuer un voleur de nuit, quoiqu'au fond, ces deux chofes foient toujours mauvaifes.

Tandis que la permiffion de *tuer un voleur de nuit* étoit une loi générale & propre à tout le genre humain, quoique publiée feulement au Peuple Juif, l'action de *tuer* étant toujours au fond une mauvaife chofe ; ici au contraire, la permiffion de *prêter à intérêt aux Etrangers*, qui n'eft pas meilleure en foi, fe trouve à cet égard une loi très-particuliere à ce Peuple, & que les autres ne doivent point prendre pour regle : ce que dénote affez la défenfe qui lui eft faite, en même-temps, de fe prêter entr'eux à intérêt. Ainfi, parmi les chofes permifes, qui font l'objet de la Loi mofaïque, il y en a de mauvaifes par leur nature, dont la race humaine en général peut également faire ufage ; & d'autres mauvaifes auffi, qui ne regarderoient abfolument que les Juifs.

L'on ne trouvera point, par exemple, que Dieu, pour le gouvernement de son Peuple, lui ait défendu quelque chose de licite & de bon par sa nature ; mais l'on trouvera qu'il lui en a permis de contraires à cette idée : & cette distinction est essentielle pour nous conduire dans notre recherche. Ce qu'il a donc permis positivement aux Juifs, n'est pas une preuve que cette chose-là soit bonne en elle-même, & que les autres Peuples la puissent pratiquer ; mais ce qu'il leur ordonne aussi est bon, quoique pas toujours bon à suivre pour les autres. Il faut se guider ici sur des principes bien différens de ceux que nous connoissons. Nous avons déja vu (1) la *peine de mort* établie chez les Juifs : elle étoit juste, parce que c'étoit Dieu même qui les gouvernoit. Hors de-là elle est une injustice, parce que ce sont les droits seuls des hommes, les uns à l'égard des autres, qui décident de leur pouvoir respectif : c'est-à-dire, le *Droit naturel*, auquel les droits divins ne sont pas assujétis. Nous avons vu (2) aussi des Loix pour la Guerre, prescrites non-seulement pour la défense, mais pour l'attaque ; & ces réglemens dérogeant à ce dernier égard au Droit naturel, étoient encore en raison de l'autorité souveraine & sans égale du Législateur, & une suite de ses merveilleux desseins sur l'homme : le grand Mystere de la Rédemption, & l'événement futur du Messie dirigeoient, pour ainsi parler, toute l'économie.

Distinction essentielle à faire, pour les choses que Dieu défendoit, & celles qu'il permettoit.

Raisons de ses Loix pour la Guerre, & de sa dureté apparente pour son Peuple, comme pour tous les autres, avec qui celui-là avoit affaire.

---

(1) Ci-devant, Chap. I, cinq ou six pages après le commencement.

(2) Chap. V, Nomb. II, Sect. III, Part. I, & Chap. V, Nomb. II, Sect. II de cette Seconde Partie.

F f iij

de ces Loix, qu'il donna par *Moyfe*, où il paroît un mélange de févérité & de tendreffe ; & avec un foin vraiment paternel, une efpece de dureté, fi on l'ofe dire, qui, fur certaines chofes, s'étendoit jufqu'aux autres Nations. La même raifon de fupériorité infinie, au-deffus de tous les Rois de la terre, qui rendoit l'établiffement de la *peine de mort* licite & jufte, à l'égard des fiens, rendoit les traitemens rigoureux, permis ou ordonnés contre les autres, légitimes. Et puifqu'en agiffant en Monarque temporel il ne pouvoit fe dépouiller de fes droits imprefcriptibles & néceffairement liés avec fa nature, falloit-il bien que ces mêmes Nations fe reffentiffent de ces inévitables rapports, quand il exerçoit fes droits contr'elles, ou à caufe d'elles, par le miniftere de fon Peuple ?

Son attention marquée à établir chez lui l'union des cœurs & la charité, par fa défenfe de fe prêter entr'eux à intérêt.

Mais fi cet Être fuprême a mené les Juifs par des impreffions de terreur, & a voulu les punir de mort pour certains crimes : s'il a permis chez eux l'efclavitude, &c. l'on doit reconnoître en même-temps qu'il a eu pour eux des prédilections & des complaifances particulieres, quand elles ont pu s'allier avec fa fageffe : lefquelles ne fe rencontrent nulle autre part, & qu'il a travaillé furtout à lui infpirer l'union des cœurs, & à faire régner parmi eux la paix, la charité fraternelle. C'eft dans cet efprit qu'il leur défendit de fe prêter les uns les autres à intérêt. Eh ! comment un fi tendre pere, qui veilloit fans ceffe à les rendre bons, & qui n'en pouvoit ignorer le moyen, eût-il pu ne les pas foumettre à un point de cette importance, & fans lequel il eft impoffible d'accomplir la Loi ?

Grotius avoit d'abord senti cette vérité , & avoit pensé que pour juger *si le prêt à intérêt n'étoit point mauvais en soi* , il suffisoit de savoir *que la Loi divine le défendoit aux anciens Hébreux parmi eux.* Mais il ne persista point dans cette pensée , & voici comme il se réfuta lui-même dans la suite. « Ceux » qui veulent que tout prêt à usure soit contraire » au Droit naturel , prétendent que la permission » accordée ici , par rapport aux Etrangers , est une » simple permission de *fait* & non pas de *droit* ; » c'est-à-dire , une simple impunité. Mais , *ajoute-* » *t-il* , les termes ne souffrent pas cette explica- » tion ; & le Peuple , pour qui la Loi étoit faite , » ne l'a jamais entendue de cette maniere ». Il attaque là-dessus les témoignages de *Joseph* , de *Philon* , avec qui , dit-il , tous les Rabbins sont d'accord sur cet article. Pour moi je ne trouve pas que ces témoignages disent autre chose , si ce n'est que le *prêt à intérêt* est mauvais en soi ; & que s'il est mauvais parmi des compatriotes & gens de la même Nation , il l'est sans doute envers tous les autres hommes. Voici les paroles du premier de ces Auteurs cités : « Il n'est pas permis de prê- » ter à intérêt à aucun Hébreu , pas même quand » il s'agit de ce qui se mange ou qui se boit ; » car il n'est pas juste de se faire un revenu aux » dépens de ses compatriotes ; mais il faut les aider » dans le besoin , & tenir pour un gain la recon- » noissance qu'ils ont du service qu'on leur rend , » & la récompense que Dieu donnera à ceux qui » auront exercé cet acte de bénéficence ». Est-ce que ces motifs ne subsistent pas tout de même à l'égard des Etrangers ? Et que la bénéficence , qui se resserre dans les bornes de chaque Etat poli-

Tome I, pag. 496, note 9. *Grotius* avoit d'a- bord jugé mauvais le *prêt à in- térêt ;* mais il change ensuite de sentiment. Examen de la maniere dont il se réfute lui- même.

Les témoi- gnages de *Joseph* & de *Philon* mal enten- dus , & sont con- tre *Gro- tius* lui- même.

La *Béné- ficence,* une vertu qui s'étend sur tout le gen- re humain.

F f iv

tique, feroit une vertu ? Son ufage, il eft vrai, va naturellement plus de proche en proche ; & l'on fent bien que ceux qui font plus à portée de nous, ont droit d'y prétendre davantage, à mefure qu'ils font également dans le befoin ; mais le fond de cette vertu eft un bien qui appartient à tout le genre humain. *Philon* remarque que « dans » la Loi dont il s'agit, il faut entendre par le mot » de *frere*, non-feulement celui qui eft né des mêmes » parens, mais encore tout compatriote, toute » perfonne de la même Nation ». Il eft facile de comprendre que cette *extenfion* n'en exclut pas une plus grande ; & que *Philon*, qui ne parloit alors que de fa Nation, n'a pas prétendu qu'on n'y pût joindre toutes les autres, fi on changeoit de rapport. Il ajoute un peu plus bas, que « fi » l'on ne veut pas donner à ceux qui ont befoin » de quelque fomme d'argent, il faut du moins le » prêter volontiers & fans intérêt : car, *dit-il*, » de cette maniere, ni les pauvres ne feront pas » réduits à la derniere mifere, comme ils le fe- » roient, s'il leur falloit rendre plus qu'ils n'ont » reçu ; ni les créanciers n'y perdront rien, puif- » qu'ils auront ce qu'ils doivent avoir, & ce qu'il » y a de plus précieux au monde, la bonté, la » générofité, la grandeur d'ame, les louanges ». Que trouve-t-on dans ces paroles qui ne s'applique à tous les hommes, de quelque Nation qu'ils foient? *Philon* rend raifon du mal de la chofe ; il trouve que quand on prête, comme c'eft apparemment parce que l'emprunteur eft dans le befoin, fi on ne veut pas lui donner, il ne faut pas, du moins, tandis qu'on eft dans l'obligation de l'affifter, empirer pour la fuite fa condition, en exigeant audelà de ce qu'il a reçu. Ce raifonnement, qui

Les paroles de Philon expliquent précifément pourquoi le prêt à intérêt eft un mal.

explique le vice , est bien simple , & fait entendre en même-temps qu'une vérité de cette importance n'est pas telle , précisément , parce que le commandement qui la renferme a été fait au Peuple Juif , mais parce qu'elle intéressoit tous les Peuples de la terre (1).

Comment expliquer , cependant , pourquoi Dieu faisoit de ce beau précepte une exception contre les Etrangers , en permettant à son Peuple d'user envers eux d'une mauvaise chose ? Et comment cette même mauvaise chose , à l'égard de gens qui n'étoient pas Hébreux ou Juifs , pouvoit-elle être considérée d'un autre œil ? *Grotius* , comme tous les autres qui ont soutenu l'*usure* , s'en tire par cette belle découverte que « Dieu vouloit que » les Israélites observassent entr'eux , non-seule-» ment les devoirs communs à tous les hommes , » & qui regardent les choses que les autres peu-» vent exiger à la rigueur , mais encore plusieurs » devoirs de charité & d'amitié particuliere ; » comme il paroît , *ajoute-t-il* , par les Loix tou-» chant les esclaves , touchant les gages , tou-» chant la permission de glaner dans le champ » d'autrui , & sur plusieurs autres choses sem-» blables ». De sorte que , selon lui , ce ne seroit ici qu'une perfection de plus que le divin Législateur & conducteur des Juifs auroit exigé de ses sujets , pour les animer davantage à se dépouiller entr'eux de toute espece d'intérêt & d'attachement aux biens de la terre , qui sont la cause ordinaire

(Tom. I, pag. 497.) *Grotius* donne pour raison de la permission de prêter à intérêt aux Etrangers, *que Dieu ne le défendit à son Peuple de Juif à Juif , que pour le porter à une plus haute vertu.*

---

(1) Voyez note 2 , pag. 497 du Tom. I , de *Grot.* où *Arnobe* est cité pour le mot de *freres* , &c.

des diffentions & des brouilleries parmi les hommes. Mais ce n'eft pas-là un fimple confeil, comme nous devons le voir par toutes les raifons tirées de la nature même de la chofe : c'eft une Loi expreffe, parce que de fon obfervation réfulteroit le bonheur général de l'humanité. Le bien commandé de cette forte doit être regardé néceffairement comme indifpenfable & de droit abfolu : il eft fonciérement de devoir pour toute la race humaine, s'il n'y a pas une exception formelle qui y déroge ; & puifque Dieu a voulu, felon le fens ordinaire, qu'on pût fufpendre à l'égard de tous les hommes, qui n'étoient pas de la Nation Juive, l'effet d'une chofe naturellement & effentiellement bonne, cette exception même de fa part eft une preuve qu'il auroit eu une toute autre raifon que celle de vouloir une plus haute perfection dans les Hébreux, en leur défendant cette même chofe entr'eux. C'eft ainfi que tandis que *Barbeyrac* fe décide à croire que le *prêt à intérêt* n'eft point déshonnête & illicite de fa nature, parce que Dieu en permet l'ufage aux Hébreux envers les Etrangers ; moi, au contraire, je conclus qu'il eft déshonnête & illicite précifément par cette raifon.

Mais le commandement divin faifant une Loi expreffe d'une chofe fonciérement bonne, il fuppofe, fans contredit, que le contraire de cela eft mauvais.

Et en effet, cet Être fuprême ne pouvoit fe déterminer par une confidération fi foible & fi éloignée du fond des chofes que celle qu'on lui prête : comme, *que les principaux revenus du Peuple Hébreu fe tiroient du bétail & de l'agriculture..... Et que la plupart des Peuples voifins s'enrichiffoient fort par le négoce, comme les Sidoniens, les Tyriens, ceux qui demeuroient près de la mer Rouge & les Egytiens ;* encore que le plus

Les autres confidérations que cote Grotius, mauvaifes, puifqu'elles font tirées du fond même de nos inftitutions.

ou le moins de moyens que nous avons pour
exécuter ſes loix, n'échappent pas à ſa preſcience
infinie ; mais ce n'eſt point à raiſon de cette plus
ou moins grande facilité qu'on peut avoir à vivre,
que *l'action de prêter à intérêt eſt illicite.* Que le
voyageur que l'on détrouſſe en chemin ait de quoi
être volé ou non, ce n'eſt pas ce qui fait le crime :
le crime n'en eſt pas moins commis , quand on
n'aura rien trouvé (1) ſur lui ; & la juſtice humaine en cela eſt d'acord avec nous. Le vice eſt
de demander & de vouloir ravir une choſe à laquelle on n'a point de droit. Je ſais que le voleur
emploie la force & la menace , & que le prêteur
à intérêt, au contraire traite à l'amiable, & attend
qu'on vienne le ſolliciter ; mais au fond, il y a une
violence cachée, qui abuſe de la néceſſité ou du deſir
où eſt celui qui emprunte ; lequel ne ſe réſout à
rendre plus qu'il n'a reçu, que parce qu'on lui
impoſe la loi, dans une circonſtance où il ne
peut faire autrement que de la ſubir, pour venir
à ſon but. D'autant mieux que par-tout ailleurs,
il ne ſeroit pas mieux traité. On le vole donc
ainſi d'une maniere plus honnête ; mais on le vole,
on le dépouille, on le met à contribution pour le
ſervice qu'on lui rend : & par ce ſeul acte, on
étouffe dans le cœur humain, d'une part, la plus
utile des vertus, la *bénéficence ;* & de l'autre, la

Ce qui fait le crime du vol n'eſt point que le voyageur ait de quoi être volé ou non,

Le prêteur à intérêt exerce au fond une violence cachée.

---

(1) Quand *Puff.* (Tom. II, pag. 484) rapporte que les
Rabbins (Voyez *Selden, de Jure Nat. & Gent.*, ſecundùm
Hebr., Lib. VI, Cap. IX), tombent d'accord, qu'*en prenant intérêt*, on ne commet point de larcin, ce contrat étant
fondé ſur un libre conſentement des parties ; & par conſéquent, que l'intérêt n'eſt pas en ſoi contraire au Droit naturel : on peut juger de la force de cette raiſon, par tout
ce que nous avons dit juſqu'ici.

plus douce & la plus touchante, la *reconnoiſſance.*

C'eſt pourquoi Dieu défendit le prêt à intérêt aux Iſraélites entr'eux.

Tel eſt le vrai motif de détermination qu'on puiſſe raiſonnablement attribuer à Dieu, au ſujet de la défenſe qu'il fit aux Iſraélites de ſe prêter, entr'eux, à intérêt ; & non pas, ce motif vulgaire, & purement humain dont j'ai parlé, quand bien même la choſe ſur quoi il porte, feroit véritable. Les fondemens de nos obligations, les principes du bien & du mal, ſuppppoſent, il eſt vrai, nos facultés morales & phyſiques : il eſt bien entendu que Dieu n'exige pas de nous l'impoſſible ; mais ce que nous pouvons phyſiquement, n'eſt pas la

Diſtinction eſſentielle ſur la baſe de nos obligations par rapport à nos facultés morales & phyſiques.

regle de ce qu'il nous eſt moralement permis ; & nos acquiſitions & nos propres ouvrages n'entrent en rien dans l'eſſence conſtitutive de ce qui eſt bien & de ce qui eſt mal, laquelle ne ſe trouve que dans Dieu même ; comme ils ne ſauroient décider non plus de nos bonnes ou mauvaiſes actions, & du degré de mérite ou de démérite que nous pouvons avoir.

Réflexions ſur la contradiction qu'il y auroit en Dieu, contraire à ſa ſageſſe, à l'égard de *la défenſe* & de la permiſſion du prêt à uſure en expliquant la permiſſion commefait

Mais enfin, pourquoi Dieu permit-il aux Iſraélites de prêter à intérêt aux Etrangers, tandis qu'il le leur défendoit entr'eux ? Et d'où vient une différence ſi contraire à ſon immutabilité & à ſa ſageſſe ? Etoit-ce donc parvenir à ſes vues & amener les Juifs à l'état de rectitude où nous devrions tous être, que de les laiſſer maîtres encore d'exercer leur avarice envers d'autres hommes, pourvu qu'ils ne fuſſent pas de leur Nation? Et peut-on regarder comme une raiſon ſérieuſe, celle de *Puffendorf :* que « de tous les temps cette Nation ayant été » poſſédée d'un deſir très-ardent d'amaſſer du » bien, & remplie de préjugés qui lui faiſoient

» regarder les richeffes comme la fouveraine fé-
» licité, Dieu pour ne pas faire trop de violence
» à fon inclination dominante, en lui défendant
» abfolument tout prêt à intérêt, leur permit d'en
» ufer & de faire valoir toute leur adreffe dans
» le commerce, à l'égard des étrangers » ? Eft-
ce donc avoir de l'Être fuprême une idée qui
réponde à fon infinie fageffe, que de le faire agir
fi inconféquemment, & de montrer qu'il ait mis
deux poids & deux mefures entre les mains des
Juifs pour les rendre incapables d'y plus rien comprendre : puifqu'ils auroient vu qu'une même chofe
étoit tantôt bonne, tantôt mauvaife ? Que dire encore du méchant exemple qu'une telle permiffion
auroit donné à tous les Peuples de la terre ? qui,
voyant pratiquer par le Peuple élu à leur égard,
le *prêt à ufure*, étoient fondés à le croire bon, &
à en ufer, non-feulement envers lui, mais entr'eux
& avec tous les autres.

Ces difficultés, jointes à l'embarras d'accorder
la rigueur du précepte divin qui *défend*, avec nos
inftitutions fociales qui *permettent*, ont porté,
comme nous avons vu, les partifans de l'opinion
régnante, à penfer que *Dieu n'avoit exigé de fon
Peuple qu'une vertu plus relevée :* & pour s'autorifer dans leur croyance, ils ont interprété le mot
d'*étrangers* dans le fens le plus général, & comme
fignifiant tous les Peuples qui n'étoient pas Juifs :
en un mot, ils ont penfé que Dieu n'exigeoit pas
de ces Peuples étrangers, cette haute perfection
où il appeloit les Juifs, & que *la défenfe du prêt
à intérêt* ne les regardoit pas, puifqu'elle étoit
formellement renfermée dans les bornes de cet
Etat.

Puffendorf & fur les conféquences de cette même permiffion, fi elle eft férieufe, &c. Tom II, page 485.

Ridicule maniere de penfer, que Dieu ne voulut pas les autresPeuples auffi vertueux que le fien.

S. Ambroife ne rencontre pas bien dans fon interpréta- tion du mot étrangers, en l'enten- dant des fept Na- tions mau- dites, &c. Tome I, pag. 496, note 9. Barbeyrac note 3, dans Grot. Tom. I, p. 86, premiere colonne au commen- cement.

Saint Ambroife, & quelques autres avec lui, ont cru réfoudre la difficulté, en remarquant que « par les *étrangers* à qui il étoit permis de prêter » à intérêt, il ne falloit pas entendre abfolument » tous les Peuples, mais feulement les fept Na- » tions (1) maudites à qui les Ifraélites pouvoient » légitimement faire la guerre. Il ne faut pas s'éton- » ner, *dit ce Pere*, s'il étoit permis de prêter à intérêt » à des gens que l'on pouvoit impunément tuer » (*De Tobia, Cap. XV*) ». Mais « cette expli- » cation, *remarque Grotius*, ne s'acorde point avec » les termes de la Loi, parce que quand on parle » des *étrangers*, par oppofition aux *freres* ou à » ceux du même Peuple, il eft certain que cela » doit s'entendre de tous les autres Peuples fans » exception ». Un habile homme (2) répond « qu'il fuffit, pour ôter cette difficulté, de favoir » que ces *étrangers*, avec qui feuls ils puffent avoir » commerce, fe trouvoient mêlés avec eux, & » étoient les reftes de ces *fept Nations* que Dieu » avoit commandé d'exterminer entiérement, & » qu'il avoit prévu que les Juifs épargneroient par » une injufte miféricorde : *De forte*, dit-il, *qu'il* » *leur ordonne de les humilier, de les appauvrir par* » *l'ufure* (3) ». Deux confidérations s'oppofent, felon moi, à ce fens, qui marque bien plutôt de la part de cet Auteur, l'envie qu'il avoit d'établir la bonne doctrine fur cette matiere, qu'il n'eft une folution

(1) Voyez dans *Puff.*, Tom. II, pag. 483, où il parle d'un Rabbin (*Léon de Modene*) qui le prétendoit ainfi.

(2) L'Abbé *Duguet*, Auteur de trois *Differtations Théo- logiques* en un vol. in-12, pag. 319.

(3) On peut voir, note 4, dans *Puff.*, Tom. II, p. 484, où il eft parlé de l'application que fait *Saint Ambroife* du

raifonnable d'une difficulté qui n'eft pas petite : la première de ces confidérations eft, comme l'ob-ferve *Grotius* , « qu'il n'auroit pas été de la gra-» vité du Légiflateur, de faire une Loi par la-» quelle il permît de prêter à intérêt à des gens » qu'il falloit exterminer ». Quand on prête à un ennemi , dit un autre fameux Jurifconfulte, ou qu'on fait avec lui quelqu'autre contrat, on traite, non comme avec un ennemi, mais comme avec un homme *envers qui , par conféquent on doit obferver le Droit de la Nature & des Gens, & fuf-pendre à cet égard tout acte d'hoftilité.* Et la feconde confidération eft que l'Ecriture elle - même nous apprend quel fens il faut donner à ce mot d'*étran-gers* , par le précepte qui eft fi fouvent recom-mandé aux Hébreux, *de n'attrifter point & de n'affliger point l'étranger, de ne lui point faire de peine,* véritablement, en donnant à entendre que cet *étranger* vivoit parmi eux, puifque Dieu fe fert de leur propre exemple pour les y engager, en leur rappelant *qu'ils l'avoient été eux - mêmes en Egypte;* mais cette circonftance eft indifférente au fond de la chofe; & s'il les prend par le motif de leur ancien état, (ce qui en excluroit de plus entiérement le fens de regarder ces prétendus étrangers comme ennemis), l'on voit bien qu'à des efprits principalement fenfibles aux chofes de la terre, & à des hommes charnels, c'étoit une

Noodt dans Puff. Tome II, p. 484, note 4.

Exod. Chapitre XXII, 21.

Ibid. Chapitre XXIII, 9.

Dieu lui-même prefcrivoit aux Hé-breux de ne point affliger les *étrangers ,* de ne leur point faire de peine.

Voyez dans Puff. Tom. II, pag. 484, note 2.

---

mot d'*étrangers* , &c. L'on y voit encore que Dieu permet-toit auffi aux Juifs de prendre de l'argent à intérêt des étran-gers.... Que pendant un temps , le prêt à ufure étoit défendu à Rome, de citoyen à citoyen, quoiqu'il fût permis par rapport aux Peuples alliés du pays Latin. *Tite-Live cité, Lib. XXXV, Cap. VII.*

voie bien propre, que celle de les exciter à la bien-faifance & à la générofité, par le fouvenir de leur propre infortune.

Et la qualité d'é-trangers réfidant hors de l'E-tat ne change pas le précepte. Mais ces mêmes étrangers ne démériteroient pas en fortant de l'Etat pour aller vivre ailleurs ; & quand ils feroient dehors & formeroient un Peuple féparé, le précepte *de ne leur point faire de mal & de ne les point affliger*, fubfifte, ce me femble, dans tout fon entier. On ne voit point comment on pourroit avoir acquis contr'eux le droit d'être moins bons & généreux, & de leur refufer les mêmes bons offices qu'on étoit obligé de leur rendre, quand ils étoient au milieu de la Nation.

Cette attention marquée de Dieu en faveur des é-trangers, rejette l'ex-plication de S. Ambroi-fe, & aug-mente la difficulté d'expli-quer la per-miffion donnée de leur prêter à intérêt. Voilà pourquoi il eft encore plus difficile de concilier cet amour que Dieu témoigne pour eux, tandis qu'ils font encore parmi fon Peuple, avec la permiffion qu'il lui donne d'ufer, à leur égard, d'une chofe fonciérement mauvaife, qui eft le *prêt à intérêt*, laquelle il ne veut pas qu'il pratique de Juif à Juif. Il faut bien qu'il y ait un fens raifonnable à cela, pour que l'Être tout équitable & jufte, l'Être raifonnable par excellence, la raifon lui-même, femble allier des idées contradictoires, & vouloir & permettre en même-temps des actions qui fe contrarient l'une l'autre ? Il eft pofitif que l'explication de *Saint Ambroife* ne peut fe foutenir : les Peuples maudits ne fauroient ici entrer dans la penfée du fouverain Légiflateur; & le mot d'*étrangers* fignifie abfolument tous les Peuples qui n'étoient pas le Peuple de Dieu, comme les Adverfaires l'entendent.

Vraie ex-plication Dans cet embarras, que refte-t-il à faire? c'eft

de

de prendre une route toute nouvelle, c'eſt de dire, comme j'en ſuis perſuadé, que la permiſſion divine de prêter à interêt aux étrangers, tandis que cela leur étoit défendu parmi eux, étoit pure-ment ironique & ſymbolique, & tout-à-la-fois un indice d'un avertiſſement ſalutaire.

Elle étoit *ironique :* car, comment penſer que l'Être ſuprême, le pere de tous les hommes, voulût ſérieuſement permettre le mal à l'égard des Peuples qui n'étoient pas Juifs, en même-temps qu'il le défen-doit aux Juifs eux-mêmes entr'eux? *Le prêt gratuit* eſt certainement un vrai bien, comme on n'en peut diſ-convenir; & c'eſt en ce genre tout ce que ce ſou-verain Être peut deſirer de mieux de la part des hommes. Obſervons que ce n'eſt pas ici un comman-dement, auquel cas, comme Dieu, il eût pu preſcrire une action contraire, en apparence, au *Droit naturel*, qui n'a lieu que d'homme à hom-me : c'eſt la diſtinction que nous avons déja faite ; mais il permet, c'eſt-à-dire, qu'il n'uſe point de ſon ſouverain pouvoir; il laiſſe les Juifs jouir de leur libéral arbitre ; ils ſont ſeulement aſſujétis alors à ſuivre les regles étroites du *Droit naturel* qui régit les hommes. Si le *prêt à intérêt* n'y eſt pas contraire, ils peuvent uſer de la permiſſion ; mais ſi rien ne viole tant ces regles que d'en uſer, on ne peut la prendre à la lettre; & il faut néceſ-ſairement conclure que Dieu prétendoit, par cette eſpece de dériſion, confirmer davantage la défenſe, & avoit de plus, quelqu'autre bonne raiſon pour s'énoncer de la ſorte (1).

de la per-
miſſion de
prêter à in-
térêt aux
étrangers.
Trois qua-
lifications
qui lui con-
viennent.

1°. *Iro-
nique.*

_____

(1) *Fleury* obſerve (*Mœurs des Iſr.*, pag. 34), que l'uſure étoit défendue entre les Iſraélites, & permiſe avec

2°. Symbolique.

En effet, (& c'eſt la ſeconde qualificavion) cette permiſſion étoit *ſymbolique*. Dans la perverſité générale où étoient plongés les hommes, quand Dieu ſe choiſit un peuple à lui, il falloit, d'une part, faire ſentir à cette partie immenſe du genre humain, qui méconnoiſſoit ſon Dieu, & les plus eſſentiels devoirs de la Loi naturelle, le mépris, pour ainſi dire, que la Divinité elle-même en faiſoit, par l'uſage permis en apparence à leur égard, d'une choſe fonciérement mauvaiſe : & de l'autre, les forcer, en quelque ſorte, à remarquer, par la différence du traitément ſur cette matiere du *prêt à uſure*, qu'ils avoient donc déplu à la Divinité ; & que la Nation qui avoit pour regle dans ſon Gouvernement une loi ſi ſage & ſi pleine d'amour pour les freres & les citoyens, étoit donc la Nation bénite, la Nation privilégiée, dont on devoit s'empreſſer de pratiquer les bonnes maximes, & de croire les dogmes, comme étant la ſeule voie propre pour arriver au ſalut éternel dans l'autre vie, & au bonheur parfait dès celle-ci.

3°. Elle eſt un indice d'un avertiſſement ſalutaire.

C'étoit - là (comme j'ai qualifié en troiſieme lieu la permiſſion) cet *avertiſſement ſalutaire* que Dieu, par une bonté ſenſible, donnoit à tous les peuples de la terre pour ſe réunir à lui, ſoit pour éviter davantage ſa colere, ſoit pour participer aux précieux fruits de ſa loi & à la perpétuelle bienveillance qu'il faiſoit éclater avec tant de mer-

les étrangers ; mais qu'il n'étoit pas facile, ſuivant la Loi, (*Part.* 2, 17) d'avoir commerce avec ceux du dehors.

veilles fur fes enfans. On ne pouvoit méconnoître
ces favorables difpofitions, lorfqu'il recommandoit tant, comme nous l'avons vu, *de ne point
affliger les étrangers, de ne leur point faire de peine*, tous les hommes encore lui étoient chers, il
ne vouloit pas les perdre, & il auroit voulu les
ramener à lui par la douce & fecrete infinuation
de la confcience, jointe au penchant naturel à
fuivre fon mieux, tandis qu'on pouvoit s'appercevoir de la fupériorité & de l'excellence du commandement, *De ne point prêter à ufure*, & que fon
contraire avoit tout l'air d'un acte d'hoftilité qui
ne pouvoit qu'être pris, ou comme figne d'indignation & de reproche, ou comme une exhor-
tation tacite à rouvrir promptement les yeux à la
lumiere.

Ces indications étoient fûres; mais les hommes
fembloient détourner leur efprit des vérités les
plus importantes. Les Juifs eux-mêmes n'eurent
pas mieux que les autres peuples, la vraie intelligence de ce que nous venons de dire : ils prirent
à la lettre la *permiffion.* Sans ceffe la dupe du fens
matériel que les Ecritures leur préfentoient, leur
deftinée étoit de nous apprendre que les voies de
Dieu font intérieures; que la cupidité & les paffions ne font pas faites pour régler le cœur de
l'homme; qu'il faut vivre de l'efprit, & que ce
n'eft que dans le défintéreffement & la charité
qu'on peut trouver le fondement folide des Etats,
& de toute fociété civile. Le *genre humain* s'étoit
livré depuis long-temps à tous les défordres : il
ne connoiffoit d'autre principe que l'amour de foi
pouffé à l'excès, & la fatisfaction des fens. La

*Etat d'a-
veugle-
ment où é-
toient
plongés les
hommes à
la promul-
gation de
la Loi divi-
ne.*

*Les Juifs
fe trompe-
rent com-
me les
autres
Peuples fur
le vrai fens
de la per-
miffion de
prêter à in-
térêt aux
étrangers.*

Loi de *Moyfe* étoit pourtant propre à ouvrir les yeux, & le *Décalogue* renfermoit feul tout ce que nous pouvoit apprendre de bon la Loi naturelle. Avec de l'attention, & le fimple ufage de la raifon, l'homme auroit facilement apperçu ces vérités fondamentales à tout Gouvernement politique: il n'étoit befoin que de penfer, & de méditer tant foit peu. L'affaire de fon falut, & le bonheur même temporel, n'étoient pas attachés à une découverte impoffible à faire; Dieu n'avoit pas offert de grandes énigmes à expliquer: les Juifs trouvoient dans leur nation (à ne parler que du *prêt à ufure*) une regle fainte, qui, en le leur défendant parmi eux, leur enfeignoit à s'aimer réciproquement, & à fe rendre mutuellement fervice, fans aucun motif d'intérêt: elle ne leur laiffoit pas la liberté d'y manquer. Mais ils devoient comprendre que tous les hommes font freres: qu'étant iffus d'un pere commun, ce que nous nous devons comme citoyens de l'Etat, ou habitans d'une même ville, nous nous le devons comme citoyens & habitans du monde: enfin, ils devoient fentir que l'action de prêter à ufure étant défendue par le *Droit divin pofitif*, l'étoit encore par le *Droit naturel;* & qu'il y avoit bien loin, par rapport à Dieu, (au fujet de ce que nous avons à faire) *entre ce qu'il ordonne,* & *ce qu'il permet,* fuivant la remarque que nous avons déja faite. Ils fe feroient gardés alors du *prêt à ufure* envers les étrangers, avec autant de fcrupule & de crainte qu'envers eux-mêmes, & auroient regardé la permiffion divine, comme une parole, dont il falloit néceffairement reconnoître l'ironie, ou le fens caché, qui ne pouvoit aller à l'encontre

Grande vérité qu'ils méconnurent.

du commandement de s'abstenir de la même chose.

Ils tomberent précisément dans ce qu'il falloit éviter. Ils agirent comme pensent aujourd'hui nos Interpretes modernes, partisans du *prêt à usure*. Ils se permirent toute liberté à cet égard, sur ceux qui n'étoient pas de leur nation; ils crurent, bien plus, que c'étoit un acte de religion d'user contre tous les peuples étrangers d'un droit qui s'accordoit avec leur cupidité; & ils en prirent, outre un mépris extrême pour tout ce qui n'étoit pas Juif, un amour désordonné pour les richesses, qui leur a fait trouver bons tous les moyens d'en acquérir : passion qui, par rapport à l'usure, a été de leur part portée si loin, qu'elle les a fait passer, sur ce point, pour être les premiers hommes du monde.

Jusqu'où ils pousserent l'erreur sur le fait de *prêterà intérêt* aux étrangers.

Et qu'on ne dise pas qu'ils devoient s'y méprendre, puisque *Moyse*, pour exprimer la prospérité & l'abondance dont Dieu récompenseroit l'observation de ses Loix, dit, entre autres choses : *Vous prêterez à plusieurs Nations, & vous n'emprunterez de personne.* Il est parlé-là purement de *prêt*, & non d'*intérêt* ou d'*usure*; & nos bonnes traductions françoises ne le rendent pas autrement.

Puff. Tom. II, p. 485. Vaine excuse en leur faveur Deutéron. XXVIII, 12. Voyez aussi XV, 7, 8.

Quant aux peuples étrangers, il est moins étonnant, à la vérité, qu'ils n'aient pas connu le vrai sens d'une loi qui ne leur avoit pas été annoncée; mais ceux qui étoient le plus à portée d'en être instruits, ne pouvoient du moins ignorer la Loi : & cette connoissance en allant de proche en proche, devoit insensiblement prendre pied,

Rien ne justifie, non plus, les Peuples étrangers. *Fleury*, *Mœurs des*

If. p. 34. Il n'a pas con- nu la raifon de la per- miffion du prêt à ufure
& fe communiquer aux plus éloignés : fur-
tout depuis que le goût des voyages & le commerce avoient mis plus de relation entre eux , &
la Nation Juive. Dieu avoit voulu, il eft vrai,
féparer fon peuple de tous les autres , & empêcher, autant qu'il étoit poffible , qu'il fe diffipât
au dehors (1) ; mais il n'entendoit pas par cette
féqueftration , de mettre les autres dans l'impoffi-
bité de fe joindre à lui , pour l'imiter & dans fes
loix & dans fes cérémonies : au contraire , il auroit voulu les attirer par la beauté de fon gouvernement , & la fainteté de fon culte ; & en
outre , ils avoient en eux le germe de cette loi :
c'eft-à-dire , que Dieu avoit gravé dans le cœur
de tous les hommes les principes fondamentaux
de toute fociété civile , avant de les imprimer fur la
pierre, deffus le Mont Sinaï. Ainfi ces mêmes peuples étrangers avoient eu deux moyens certains
de revenir à la lumiere : la poffibilité de connoître
la Loi Divine pofitive dont nous parlons , & la voix
intérieure de la confcience, qui , en leur difant que
ce qu'il y avoit de bon & d'utile , par rapport au
prêt gratuit, dans la Loi Judaïque , étoit néceffairement d'obligation pour tous les hommes , leur
auroit appris que la permiffion du contraire ne
pouvoit qu'être mauvaife, & qu'il ne la falloit point
prendre pour ce qu'elle fignifioit en apparence.
J'applique ici la regle que j'ai pofée au Chapitre I, Nº. III de cette Section, page 374.

L'Auteur de la Réfutation d'un écrit fur l'*ufu-*

Pourquoi les Prophe- tes ne par- lerentplus, dans la fui-

_____

(1) *Ibid.* Pag. 54.

ce (1), duquel j'ai déja parlé , continuant d'après
l'explication de *Saint Ambroise*, ajoute : « Lorf-
» que le temps eut changé les chofes , & que ces
» refter de peuple foumis à l'anathême, furent ou
» éteints, ou réfugiés dans les villes des Philif-
» tins, ou convertis au Judaïfme , les Prophetes
» ne parlerent plus de l'ufure avec reftriction. Ils
» la défendirent en général, parce que la raifon
» de l'exception étoit ôtée ». Mettez ici mon explication à la place de la fienne, & la même
conféquence fera la mienne. A mefure que le
fens de la *permiffion* ne fut point entendu , &
que les peuples étrangers donnoient à connoître qu'ils étoient incapables d'y rien comprendre, les Juifs eux-mêmes les entretenans dans l'erreur en prenant à la lettre une permiffion qui
n'étoit que fymbolique ou dérifoire & dont la
fin n'étoit pas pour eux, les efprits infpirés du
ciel, & qui ne pouvoient fe méprendre à l'intelligence du texte, parlerent déformais de l'*ufure* fans
reftriction , ou plutôt ils n'y mirent plus de figure : l'homme de bien, dans *David*, ne prête
jamais à ufure ; & le jufte, dans *Ezéchiel*, ne le
fait jamais : au lieu que, felon encore l'un & l'autre , l'impie & l'injufte n'en font point de fcrupule , & que les villes font exemptes ou infectées
de ce crime, felon qu'elles font peuplées de juftes
ou d'infideles : *On ne voit qu'ufure & que tromperie
dans fes places publiques. Vous avez reçu un profit & un intérêt illégitime, & vous m'avez mis en
oubli*, dit le Seigneur.

(marginal notes:)
te, de l'u-
fure avec
reftriction:
& qu'iln'eft
nullement
fait men-
tion de la
permiffion
dans leurs
difcours.

Pfalm.
14.
Ezéch. 18.

Pfalm.
54, 12,
Ezéch. 2e,
12.

---

(1) *Differtations Théologiques*, en un feul vol. *in-* 12,
pag. 319.

CHAPITRE V.

Si Jefus-Chrift *n'a pas défendu le* Prêt à intérêt *?*
Erreur de Barbeyrac *fur ce fujet; & fa mauvaife*
humeur contre les Peres de l'Eglife.

Si Jefus-
Chrift n'a
pas défen-
du le prêt
à ufure ?

CET efprit s'eft foutenu conftamment parmi tous
les Prophetes qui ont précédé la venue du Meffie ;
& le *prêt à ufure* a été généralement profcrit.
Voyons fi *Jefus-Chrift* ne l'a pas vifiblement condamné, & s'il peut refter, à fon égard, quelque
doute fur cette queftion, d'abord qu'il eft véritablement le Fils de Dieu. Pour nous en convaincre,
il fuffit de pefer mûrement ce que répondent les
défenfeurs de cette pratique fur les paroles de ce
divin Maître, contre lefquelles ils tâchent de fe

Puff. Tom.
II, p. 416,
note 6.

raffermir. Voici comment *Barbeyrac*, entr'autres,
s'exprime : « Il ne faut, ce me femble, que les
» confidérer, (*ces paroles*) tant foit peu, & en
» elles-mêmes, & dans la liaifon qu'elles ont avec
» ce qui fuit & ce qui précede, pour reconnoître
» qu'elles ne regardent point du tout le prêt à ufure.

S. Luc VI,
34, 35.

» J. C. venoit de dire : *Si vous n'aimez que ceux qui*
» *vous aiment, quel gré vous en faura-t-on ?* Verf.
» *32. Si vous ne faites du bien qu'à ceux qui vous*
» *en font, quel gré vous en faura-t-on ? Les gens*
» *même de mauvaife vie, prêtent aux gens de mau-*
» *vaife vie, afin de recevoir la pareille. Mais aimez*
» *vos ennemis, faites du bien, & prêtez fans en*
» *rien efpérer ; vous en retirerez une grande récom-*
» *penfe, & vous ferez les enfans du* Très-Haut :
» *car il eft bienfaifant envers les ingrats & les*

» *méchans.* Ce *sans en rien espérer* (*observe Bar-*
» *beyrac*), ne se rapporte pas moins à *aimez vos*
» *ennemis,* & à *faites du bien,* qu'à *prétez ;* & je
» m'étonne, *dit-il,* que personne que je sache,
» ne l'ait remarqué. Ainsi, (*conclut - il*) *prétez*
» *sans en rien espérer,* signifie visiblement, *pré-*
» *tez,* quoique vous n'ayiez pas lieu d'attendre
» que celui qui emprunte de vous, vous rende
» la pareille dans l'occasion ». Il prétend même
que *la raison que Notre-Seigneur ajoute, tirée du*
noble motif d'imiter Dieu, qui est bienfaisant en-
vers les ingrats & les méchans : cette raison, dis-je,
met encore la chose dans une pleine évidence. Mais il
y a ici une illusion secrete qu'il faut que je développe : La question n'est pas tant de savoir, si
Jésus-Christ, en cet endroit, a parlé du *prêt à usu-*
re, que s'il a pu entendre, qu'en ne le trouvant
pas mauvais en lui-même, & le pratiquant, il fût
possible de remplir le précepte qu'il donne, *d'ai-*
mer ses ennemis pour eux-mêmes, de faire du bien,
& *de prêter sans en rien espérer.* Je demande premiérement, si après tout ce que j'ai exposé de
l'illigitimité du *prêt à usure,* fondé sur des raisons
prises de la nature même de la chose, l'on croit
que de prêter de cette forte ce soit, 1°. une action généreuse, 2°. un bon office rendu à l'emprunteur. Il est évident, sur la première question,
que quand on prête à intérêt, on ne songe qu'à
soi ; car ceux même, en qui la peine de refuser
peut concourir avec l'envie de faire valoir leur
argent, ne le préteroient pas s'il ne devoit leur
rien rendre ; j'en appele à la conscience de tous
les honnêtes gens qui se sont trouvés dans le cas ;
& j'affirme de plus, que si tel a voulu, en quelque rencontre, renoncer aux intérêts accoutumés,

Maniere dont *Bar-beyrac* explique les paroles de J. C.

Illusion de cet Auteur.

Question proprement qu'il faut examiner : Si J. C. a pu entendre qu'en permettant le prêt à usure, il fût possible d'entrer dans cet esprit de désinteressement où il veut que nous soyions tous, les uns à l'égard des autres.

Cette question se décide par les deux suivantes : 1°. *Si le prêt à usure est une action généreuse ?*

ça été, ou pour reconnoître des soins rendus, ou parce qu'on pouvoit lui en rendre de nouveaux. C'est ce motif d'intérêt, qu'on y prenne bien garde, que *Jesus-Christ*, pour nous attirer à la perfection des mœurs, a voulu qu'on bannît de son cœur : il ne veut pas qu'on prête, comme en forme de spéculation, & dans une vue d'utilité personnelle ; il exclut tout retour sur soi ; il ne nous applique qu'à soulager le besoin de notre prochain ; il étend même ce devoir jusques sur nos ennemis. Comment veut-on donc que nous agissions selon son esprit, si nous nous permettons le *prêt à usure*, qui nous paie l'action que nous faisons ? *Prêtez sans en rien espérer*, signifiera, je l'avoue, que *quoique l'on n'ait pas lieu d'attendre que celui qui emprunte de nous, nous rende la pareille dans l'occasion, nous ne devons pas moins lui rendre service.* Mais est-ce lui rendre un service que de commencer par s'assurer d'un profit ? que de demander un salaire ? que de faire, comme on dit communément, *une affaire avec l'emprunteur ?* Aussi est-il vrai, au fond, que celui-ci, en vous payant l'intérêt de votre argent, est déchargé strictement du devoir de reconnoissance. C'est un marché consommé, où vous l'en avez fait quitte par le moyen de la contribution exigée. J'avouerai encore, que si vous voulez pourtant appeler cela *un service*, il semble qu'il doit, en pareille occasion, vous en rendre un pareil à vous, si vous le lui demandez, & qu'il le puisse. Mais la reconnoissance, en premier lieu, comme toutes les vertus morales, doit se diriger au bien de l'humanité, & se gouverner par lui ; & ce seroit la placer mal, que d'user d'une condescendance criminelle envers quelqu'un, parce qu'il en auroit ufé envers nous. Or, nous avons prouvé que *le prêt à ufure* eft illicite, & mauvais de fa nature : & en fecond lieu, penfera-t-on que *Jefus - Chrift*, la perfection même, accepte des cœurs intéreffés, & qu'il ait cru qu'en cet état, ils rempliffoient le noble objet, par lui recommandé, *de ne faire jamais du bien à autrui, dans la vue qu'il nous en faffe à nous-mêmes ?* Ne trouvet-on point à cela une contradiction étonnante ? Et verra-t-on des fujets bien préparés pour cette haute vertu qu'il exige ?

Mais, outre ces raifons fi importantes, il nous refte à répondre à la feconde queftion que j'ai faite, favoir, *fi celui qui prête à ufure oblige effectivement l'emprunteur*, c'eft-à-dire, s'il lui rend un bon office ? Je foutiens que non. 1°. Comme nous devons décider cette queftion dans le général & par elle-même, on ne peut alléguer ici, contre nous, bien des cas particuliers, où moyennant un argent prêté à intérêt, l'on a tiré de prifon un homme enfermé pour dette civile : l'on a racheté un efclave : l'on a fauvé la vie à quelqu'un : l'on a confervé une maifon qui s'en alloit en ruine, réparé un champ qui étoit en friche, &c. Il fera vrai encore qu'avec des fommes empruntées, bien des perfonnes dans le commerce auront fait fortune, élevé une famille, fondé des établiffemens charitables, &c. Tout cela ne prouve rien : ces effets falutaires & avantageux ne font pas une fuite immédiate de l'argent ; des circonftances plus prochaines les ont produits, & un heureux hafard les a fecondés : 2°. L'on ne peut nier que ce ne foit la volonté de bien faire, jointe à la rectitude des moyens, qui faffe le mérite de nos actions.

2°. Queftions : Si *préter à ufure*, c'eft *rendre un bon office ?* Première confidération : qu'on doit mettre à part les fuccès que peuvent avoir pour l'emprunteur les fommes prétées à intérêt : il ne font pas immédiatement le fruit de l'argent.

Deuxieme confidération : qu'en fupposant dans le préteur à intérêt l'intention d'obliger, l'on doit distinguer nécessairement l'intention du moyen, & le bon effet moral du mauvais effet physique.

Or, je supposerai, si l'on veut, que le préteur à intérêt ait eu intention, en même temps, de procurer le bien dont nous parlons, ce sera son intention qui l'aura procuré, & non l'argent. Une bonne action morale produit un bon effet moral ; mais le moyen dont on se sert peut bien produire un mauvais effet physique : & c'est ce qui arrive à l'egard de l'argent donné à usure dans l'hypothese présente. Le *bon effet moral* est de tirer un homme de prison, d'esclavitude, &c. Le *mauvais effet physique* est de diminuer réellement les facultés de l'emprunteur, en exigeant de lui, outre la restitution des deniers prétés, une partie des siens, tandis qu'on n'est pas sûr absolument qu'ils prosperent entre ses mains. On le charge par rapport à l'intérêt, d'une obligation réelle : on veut lui rendre service, (comme diroient nos adversaires); mais on commence par lui faire un véritable mal. Le moyen dont on se sert pour l'obliger, sera toujours, du moins en soi, destructif, & opposé au but de la chose : c'est qu'on ne veut pas s'oublier soi-même ; & ce méchant effet que notre seule avidité produit, est donc bien celui du *prêt à usure*. C'est son fruit propre ; & voilà comment, il n'est pas vrai, exactement parlant, dans les cas même les plus favorables à l'*intérêt* du prêt, que ce soit rendre service à celui à qui l'on prête de cette maniere.

Troisieme considération : que les cas les plus généraux du

3°. Mais, si nous sortons de ces cas supposés, si nous embrassons la multitude des occasions où l'on n'envisage que son intérêt propre, & où le débiteur, par des infortunes au-dessus de sa puissance, ou par des fautes qu'il pouvoit éviter, n'a pas même gagné de quoi payer l'intérêt; *prêt à usure* si vous l'avez donné, votre argent, à des hom- *sont ceux* mes qui, en gagnant même, mais inappliqués, *où les inté-* adonnés au luxe, à leurs plaisirs, à la bonne *rêts appau-* chere, &c, ont dissipé insensiblement leur fortune; *vrissent* les aurez-vous donc obligés, en leur prétant à *l'emprun-* usure, en procurant à l'un de faire de mauvaises *teur, soit* affaires, & à l'autre de fournir à ses dépenses *qu'il ait eu* inconsidérées ? Ces fautes-là sont personnelles, *heur, ou* me direz-vous; mais du moins, en ce fâcheux état, *qu'il y ait* vous n'auriez pas à vous reprocher d'avoir aug- *faute.* menté leur décadence par des intérêts accumulés : si vous leur aviez prété gratuitement, ils vous devroient toujours les sommes prétées, mais ils ne vous devroient que cela.

Ainsi Jesus-Christ, en recommandant de faire *Les pa-* du bien à autrui, à ses ennemis même, de leur *roles de* préter sans espoir de retour, n'a pu entendre *J. C. en-* qu'on eût ces dispositions en leur prétant à inté- *traînent* rêt. Il est plus clair que le jour, que l'acte du *nécessaire-* prêt est ici purement gratuit ; & que c'est dans *ment la* cette premiere générosité que se doit trouver le *condamna-* germe pour arriver à l'autre. *La vérité est* (dit *à usure.* Barbeyrac) *que Jesus-Christ, dans le passage dont il s'agit, ne défend ni n'approuve le prêt à usure.* Il se trompe bien : la défense est renfermée dans le sens réfléchi des paroles que nous avons citées; & ce sens la suppose nécessairement. *Barbeyrac* ajoute : « Qu'aussi rien n'engageoit ce divin Maî- » tre à s'expliquer davantage aux Juifs, devant » qui il parloit ; puisqu'ils ne pouvoient, en vertu » de la loi politique de Moyse, préter les uns » aux autres que gratuitement ». Cela est vrai, & me fournit une nouvelle raison pour croire que

Jesus-Christ n'entendoit point approuver le prêt à usure ; car ceux à qui s'adressoit son discours, étoient déja réduits par la loi à cette heureuse obligation de déployer à nud la générosité envers leurs freres, & il leur disoit de *prêter sans en rien attendre*. Or, s'ils ne devoient en rien attendre, leur auroit-il permis de demander ? Enfin, (assure notre Commentateur) « c'est donc à ceux » qui condamnent sans restriction tout prêt à usure » à prouver qu'il est criminel par lui-même, ou » qu'il est incompatible avec l'esprit de l'Evan- » gile ». Je crois d'avoir suffisamment rempli ces deux vues, si toutes mes raisons ont été bien déduites, & celles de mes adversaires bien combattues, comme jai fait tout mon possible pour m'en bien acquitter.

Mauvaise humeur de Barbeyrac contre ceux mêmes de son parti, qui ne font pas pour l'opinion reçue; & contre les Peres & les Conciles qui ont interprété les paroles de Jesus-Christ dans le sens que nous leur donnons.

Cependant *Barbeyrac* ne veut point finir sa note, sans décharger un peu sa bile contre ceux qui ne sont pas de son sentiment : il ose assurer « qu'ils ne viendront jamais à bout de le ren- » verser, quand ils auroient tous étudié le Droit » naturel, & la morale avec autant de soin, que » quelques-uns d'entr'eux, *dit-il*, font paroître » là-dessus d'ignorance crasse, mais en même- temps vaine & présomptueuse ». Il tombe sur le corps de ceux qui, quoique Protestans, ne pensent pas néanmoins comme lui & s'élevent fortement contre les partisans de l'opinion reçue dans leur parti. Il ne peut souffrir qu'on fasse valoir encore les paroles de *Jesus-Christ*, par l'autorité des Papes & des Conciles qui les ont expliquées, comme nous faisons maintenant; & l'on voit bien, à la maniere dont il parle des *Peres*, qu'il n'étoit pas de sang froid à leur égard; & qu'il ne connoiffoit pas bien jufqu'où s'étend la lumiere du cœur, encore que celle de l'efprit ne brille pas toujours par des démonftrations & des découvertes fur les vrais principes des chofes, que lui-même n'a pas trop faifis, ainfi que les deux autres Auteurs fur qui il s'eft appuyé, & dont il donne les Ouvrages (1) pour être invincibles fur l'article du *prêt à ufure* (2). Il (3) eft néanmoins plus que prouvé qu'ils fe font tous égarés, & qu'ils n'ont connu ni les principes du *Droit naturel*, fur cette matiere, ni l'intention de Dieu, tant au fujet de la défenfe que de la permiffion qu'on en trouve dans les loix poſitives données à fon peuple. De forte que nous devons continuer de regarder la premiere regle de Barbeyrac *pour connoître quand une chofe eſt réellement bonne ou mauvaife en foi, à raifon de la défenfe ou de la permiffion divine*, comme fauffe & mal réfléchie.

Il ne me refte plus qu'à répondre à la note II, page 433, de Puffendorf, tome II, où Barbeyrac fe prévaut en faveur du *prêt à ufure* des paroles que *Jefus-Chrift* met dans la bouche du Maître de la Parabole, dans *Saint Matthieu*. Chap. XXV, ⍩. 26, 27, en ces termes : « Il auroit mieux valu » remarquer que dans cette Parabole même, il » y a de quoi prouver que le prêt à ufure eft » très-innocent. Car enfin, fi c'étoit une chofe

---

(1) Noodt *de fœnore & ufuris*. La Placette traité *de l'Intérêt*.
(2) Dans *Puff.*, Tom. II, pag. 426, note, 6 à la fin.
(3) Voyez auffi ce qu'il ajoute à la fin de fa treizieme note dans *Grot.*, Tom. I, (pag. 498), §. 20, *Chap. XII, Liv. II, de Jure Belli ac Pacis*.

» criminelle, on ne conçoit pas comment Jefus-
» Chriſt auroit pu mettre dans la bouche du Maî-
» tre de la Parabole, fous l'emblême duquel il
» repréſente Dieu lui-même, les paroles ſuivan-
» tes : *Méchant & pareſſeux eſclave, vous ſaviez*
» *que je moiſſonne où je n'ai point ſemé, & que*
» *je ramaſſe du lieu où je n'ai rien répandu. Il fal-*
» *loit donc remettre mon argent aux banquiers,*
» *afin qu'étant revenu, je retiraſſe avec uſure ce*
» *qui eſt à moi* ».

Dom Calmet obſerve ſur ce paſſage, dans ſon
Commentaire, (1) que *ſi l'on prend ici l'uſure dans*
» *la rigueur, il faut dire que Jeſus-Chriſt fait raiſon-*
» *ner ce Pere de famille, ſuivant tous les faux prin-*
» *cipes que ſon mauvais ſerviteur lui imputoit. Tu*
» *dis que je ſuis un homme dur, impitoyable,*
» *cruel, avare, uſurier. Que ne faiſois-tu donc*
» *au moins profiter mon argent, en le prêtant à*
» *uſure ? Il ne convient pas,* ajoute-t-il, *ni que le*
» *Maître ſoit cruel & avare, ni qu'il approuve l'uſure,*
» *mais il veut confondre ce mauvais ſerviteur par*
» *ſa propre réponſe* ».

Pour moi, j'aimerois mieux répondre d'abord,
que dans ces paroles de *Jeſus - Chriſt*, le mot
de *Banquier*, dont on s'eſt ſervi pour exprimer
le terme original, ne donne pas une idée juſte
de cet état de gens à qui, chez les Juifs, on portoit en certaines occaſions, ſon argent pour le
faire valoir. *Puffendorf* dit lui-même (§. VIII,
Chap. VII, Liv. V) en cet endroit des *intérêts*
& en rapportant le ſentiment des Docteurs Juifs

_____

(1) Sur l'Evangile de S. Matthieu, *vol. in-4°.*, *pag.* 548.

ſur

(1) fur ce fujet , que felon eux « d'Hébreu à
» Hébreu il étoit illicite, non-feulement de pren-
» dre intérêt , mais encore de le donner , &
» même de fervir d'entremetteur , de fecrétaire ,
» de notaire & de témoins dans un contrat de
» prêt à ufure. *Qu'on pouvoit néanmoins placer l'ar-*
» *gent d'un pupille chez quelque homme riche , qui*
» *s'engageât à lui donner une partie du profit*
» *qu'il en retireroit , & à prendre toute la perte*
» *fur fon compte* ». De-là il paroît que cet homme
riche ne s'engageoit à donner au-delà de la
fomme qu'il avoit reçue, qu'autant qu'elle prof-
péroit en fes mains ; & c'étoit alors comme un
acte de fociété entre lui & le prêteur , & non le
cas proprement dit du *prêt à ufure* ou *à intérêt.*
En fecond lieu le prêt à ufure étant certainement
impraticable , en vertu de la loi , parmi les Juifs,
il faut conclure que ces prétendus *Banquiers* de
la Parabole , étoient des gens publics & comme
les agens de la Nation , qui difpofoient à fon
profit ou à fa charge , des fommes qu'on portoit
chez eux en certaines occafions preffantes , dans
la vue d'en retirer un avantage. Mais alors, c'é-
toit proprement la Nation elle-même , qui faifoit
cette efpece de traité , & qui , en donnant quelque chofe en fus de l'argent reçu , procuroit
fans doute très-fouvent aux prêteurs un foulagement indifpenfable , puifque la loi étoit prohibi-
tive de Juif à Juif, & générale au fond, comme
nous l'avons expliqué au précédent Chapitre. Ce
n'étoit donc pas le cas , non plus , du *prêt à intérêt*

---

(1) Selden. *De Jure Nat. & Gent. fecundum Hebr. ,*
Lib. VI, Cap. IX.

tel que celui qui fait la matiere de notre
difcuffion : les pofitions ne font pas les mêmes.

Cela entendu, nous dirons que le reproche
que fait le Maître de la Parabole à fon efclave,
de n'avoir pas porté fon talent à l'homme public
pour en retirer un produit, n'a rien de commun
avec l'ufage que nous condamnons : ou il étoit
queftion-là de quelque particulier riche, à qui,
felon le fentiment des Docteurs Juifs, l'on pouvoit remettre l'argent d'un pupille, pour en partager avec lui le profit quand il y en avoit, en
quoi il ne faifoit rien de mauvais, comme nous
l'avons remarqué plus haut ; ou il s'agiffoit de
ces agens de la Nation, de ces hommes publics,
défignés par la verfion de *Saint Jérôme*, fous le
nom de *nummularii*, qui recevoient & payoient
pour l'Etat entier, ce qui n'a nul trait à la queftion préfente. Ainfi la Parabole de *Jefus - Chrift*
n'autorife point le *prêt à intérêt*, & toute la doctrine de ce divin Maître réfifte à ce méchant
ufage, comme le *Droit naturel*.

CHAPITRE VI.

De la Polygamie, *que* Barbeyrac *allegue pour troifieme & dernier Exemple de fa premiere Regle
Générale ; ni lui ni les autres qui ont parlé de la
Polygamie . n'ont pas connu, à cet égard , les
vrais Fondemens du Droit Naturel.*

IL s'agit ici de la Loi de *Moyfe*, (Deutéron. XVII,
17,) par laquelle il eſt défendu aux Rois , ſuivant la verſion de nos Auteurs , *d'avoir un trop
grand nombre de femmes, de peur qu'elles ne les
portent à violer la Loi.* « Par-là, *dit Barbeyrac,*
» le Légiſlateur permet tacitement , & à eux, &
» à tous les autres, d'avoir plus d'une femme;
» ſans quoi la défenſe feroit fort ſuperflue ». D'où
il conclut que *la Polygamie n'eſt pas mauvaiſe &
illicite de fa nature :* c'eſt préciſément ce qui eſt à
prouver ; car cette conſéquence qu'il tire, n'eſt
pas claire , & ne dépend pas abſolument des
prémices. Il en eſt ici comme de la permiſſion
du *prêt à uſure :* il faut ſe décider par des principes tout-à-fait éloignés de ceux que l'on ſuit
communément. J'eſpere de montrer encore , ſur
le ſujet de la *Polygamie,* que nos Auteurs n'ont
pas mieux connu les fondemens & les regles du
Droit naturel, non plus que le vrai ſens des
paroles de l'Ecriture (1) dans les endroits où

Paſſage de l'Ecriture ſur le quel Barbeyrac établit que la polygamie n'eſt pas mauvaiſe & illicite de ſa nature.

Deux points encore à prouver ici.

(1) Ce ſecond Chef ſe traitera dans le Chapitre ſuivant.

il femble que la pluralité des femmes étoit autorifée par la Loi. *Barbeyrac* renvoyant à ce qu'il
a dit fur *Grot.* Liv. II., Chap, V, §. 9, Note 10,
prétend que le parti qu'il a pris là, lui " paroît
" propre à contenter tous ceux qui fe payent
" de raifon, ou du moins à empêcher que les
" partifans de l'opinion contraire ne s'échauffent;
" comme fi la fienne étoit dangereufe pour les
" mœurs. Je me débarraffe, *dit-il*, en même-temps,
" des difficultés infinies que l'on trouve à prouver
" par la nature de la chofe, que la Polygamie
" foit effentiellement contraire au Droit naturel,
" & je préviens les inconvéniens de l'abus qu'on
" pourroit faire de ce principe, quand même les
" Loix civiles permettroient d'avoir plus d'une
" femme. J'évite fur-tout (*ajoute-t-il*) l'objec-
" tion accablante que forme l'exemple des Pa-
" triarches, fur quoi on n'a répondu rien de fa-
" tisfaifant; & je doute qu'on puiffe jamais en
" venir à bout ". Or ce qu'il a dit, dans cette
note où il renvoie, confifte à ceci : Après quelques citations, *comme plufieurs fages de l'antiquité
ont préféré le mariage d'un avec une, à la Polygamie*, il ajoute « à juger de cette queftion indé-
" pendamment des Loix civiles, il eft certain
" que fouvent on ne pourroit ufer de la liberté
" de la *Polygamie* & du *divorce* fans pécher con-
" tre quelque vertu, & s'engager dans des incon-
" véniens fâcheux, à caufe defquels la prudence
" des Légiflateurs a demandé qu'on défendît en-
" tiérement d'avoir plus d'une femme à la fois
" & qu'on ne permît de fe féparer d'elle qu'en
" certains cas, & pour certaines raifons. Mais
" on ne fauroit inférer de-là que la chofe foit mau-
" vaife en elle-même, felon le Droit naturel:

Puffendorf Tom. III, p. 26, note 6.

Avantages que Barbeyrac, croit avoir trouvés dans l'opinion qu'il a prife, & dans fa maniere de s'expri- mer.

En quoi confiftent cette opi- nion & cet- te manie- re.

» tout ce qu'on peut dire , c'est que c'est une de
» ces choses indifferentes de leur nature , dont
» il est facile d'abuser , comme le jeu , par exem-
» ple , & plusieurs autres divertissemens, dont le
» plus sûr est de se priver , pour peu qu'on se
» sente de la disposition à en faire un mauvais
» usage ». Et il renvoie de plus à ce qu'il a dit
Liv. I , du même *Grotius* , Chapitre I , §. 15,
Note 3 , & §. 17 , Note 3 , qui est celles où
il pose les deux regles de jugement qui donnent
lieu à mes examens.

Avant de peser ces raisonnemens , étudions les
paroles de *Puffendorf* qui , n'ayant pas voulu prononcer sur cette question , sur laquelle , dit-il ,
les Savans ne conviennent pas entr'eux , & se
contentent de rapporter les raisons qu'on allegue
de part & d'autre , pour mettre le Lecteur en état
d'en décider, fait pourtant cet aveu : « Qu'il faut
» convenir que le réglement le plus honnête, le
» plus avantageux, & le plus propre à entretenir
» la paix dans les familles , c'est que chacun n'ait
» qu'une femme à la fois ; & que cette sorte de
» mariage , qui impose au mari & à la femme
» une égale obligation de fidélité, est sans con-
» tredit le plus parfait. *Il ajoute* qu'une chose
» confirmée par l'expérience , c'est qu'ordinaire-
» ment un mari qui a plusieurs femmes, en aime
» une plus que (1) toutes les autres ; de sorte

Tome III,
p. 21.
Paroles &
aveux de
Puffendorf
qu'il con-
vient au-
paravant
d'exami-
ner.

Ibid.
Pag. 25.

Voyez
Gen.
XXIX,
29.
Note 4,
dans *Puff.*
Tome III,
p. 25.

---

(1) On peut même dire , suivant *Barbeyrac* , que souvent
l'amour du mari partagé entre toutes , devient extrêmement
froid pour chacune ; & il y a , remarque-t-il , une réflexion
de *Salluste*) qui dit , au sujet des Numides & des Maures qui
avoient plus ou moins de femmes à proportion de leur bien,

Deut.
XXI, 15.
Esther, 11,
17. Cantiq.
VI, 7, 8.
Questions
à appro-
fondir, qui
en résul-
tent.

» que *dans la pluralité même la Nature semble ré-*
» *duire le mariage à l'unité* ».

Je demande donc ce que c'est que le *plus hon-*
nête, le *plus avantageux* & le *plus propre ?* Peut-
il être indifférent ou arbitraire ici de prendre le
moins ? Mais en est-il de *moins ?* Et *l'état le plus
parfait* (disons-mieux) *l'état parfait*, en fait de même
d'union pareille, ne sera-t-il pas le seul qu'on ait
à suivre & à embrasser ? Tout autant de questions qu'il faut approfondir pour nous faire des
idées justes de la chose.

Base & fin
du *Droit
naturel.*

Il est certain que le *Droit naturel* ne dépend pas
de nos volontés ni de nos usages.; qu'il est fondé
sur les rapports de convenance ou de disconve-
nance (comme nous l'avons souvent remarqué)
qui sont entre les êtres & nous : que c'est de l'e-
xacte observance de ces rapports que se forme
l'honnête, parce que sa fin, du *Droit naturel*,
est le bonheur de l'humanité & de tout ce qui
respire : & il est évident aussi, que c'est dans
l'observation de ces rapports que se trouvent,
comme on s'exprime, le *plus avantageux* & le *plus
propre*. Or, qu'est-ce donc que ce *plus* attaché
aux mots d'*honnête*, d'*avantageux* & de *propre*,
selon le langage de nos modernes, si ce n'est un

De *l'hon-
nête* : Ce
que c'est
que le *pro-
pre* & *l'a-
vantageux*
par rap-
port à la
condition
humaine.

L'honnête,
un vrai de-
voir que
nous im-
pose la Na-
ture.

& des Rois sur-tout, qui en avoient toujours plus que leurs
sujets) : *Si bien que leur esprit dissipé par la multitude, ne
prend nul attachement particulier, & que traitant sans honneurs toutes ces femmes, ils n'en considerent pas une comme
leur compagne.* Bell. Jugurt. 122, Cap. LXXX, Edit., Cort.
(82, Wals).

défaut dans les idées , qui met divers degrés où il
n'y en a pas , & qui nous jete dans la confufion
& l'erreur ? L'*honnête* , comme je l'ai dit ailleurs ,
eft une obligation que nous impofe la Nature :
mais c'eft un vrai devoir ; & quand nous le regardons (par rapport à nos inftitutions fociales
qui nous impofent des devoirs de convention)
comme une pure générofité qui nous touche davantage , en ce que nous n'y fommes pas forcés :
c'eft que la *Nature* elle-même , fupérieure à tous
nos engagemens particuliers , fe fait ici jour , &
nous commande en maître : c'eft qu'elle regne
fouverainement alors , & que ce qu'elle nous dit
eft uniquement la regle que nous avons à fuivre.
Le *moins* , elle ne le connoît pas ; c'eft nous qui
le lui attribuons, en voulant la tourner felon nos manieres. A mefure que nous nous accordons des droits
& des facultés au-delà de ce que la *convenance*,
qui eft entre les chofes & nous , le demande ; nous
croyons faire un effort de libéralité , quand nous
ne faifons que remplir l'obligation qu'elle nous
impofe. C'eft de-là qu'eft venue la fatale & dam-
nable erreur , fource de relâchement & de défordre , qu'il y a divers degrés (1) dans le bien,

Nos inftitutions nous font regarder comme une généro-fité , ce qui n'eft au fond , qu'une o-béiffance aux Loix de la na-ture : qui ne connoît pas de moins en fait de bien, d'ordre , de de-voir , &c.

---

(1) L'on appelle ici la premiere de ces deux Propofitions
une *erreur* , dans le fens , que nous fommes tous obligés de
tendre au meilleur : ou plutôt , parce qu'il n'y en a pas
de *meilleur ;* en ce que chaque individu doit faire le *bien,*
felon toute fa puiffance & fes facultés , (voyez ce que nous
en avons dit à propos de la diftinction des *Confeils Evan-
géliques & des Préceptes* , Tom. I , pag. 380). Or, nos actions
libres à cet égard , n'ont , pour ainfi dire , qu'un terme ,
& il eft de rigueur : c'eft ce qu'exige la Nature ; il ne nous
eft pas permis de refter en deffous , & de nous perfuader
que nous fommes encore dans le *bien,* tandis que nous pourrions faire davantage. Voilà comme l'opinion, *qu'il y a*

L'admission de ce moins, source de relâchement & de désordre.

ou qu'il y a un milieu entre le bien & le mal ; de quoi j'ai déja parlé ailleurs (1) dans cet Ouvrage, & j'y puis renvoyer le Lecteur.

Application : le mariage, d'un avec une étant, comme on en convient le plus parfait, le plus, &c. il est le seul parfait le seul, &c.

Je dis donc que si cette sorte de mariage, qui impose au mari & à la femme une égale obligation de fidélité, est sans contredit le plus parfait, il est le seul parfait ; que si ce réglement est le plus honnête, le plus avantageux & le plus propre, il est le seul honnête, le seul avantageux & le seul propre ; mais qu'en même temps, si un pareil mariage a toutes ces qualités, le Droit naturel le rend nécessaire ; & s'il est nécessaire, il est un, & il ne peut pas y en avoir d'autres.

Preuve par la définition du mariage.

En effet, qu'est-ce que le mariage (2), sinon l'union de deux personnes de différent sexe, qui se donnent mutuellement l'une à l'autre pour vivre ensemble, & avoir tout en commun, & corps & biens, & former une société par le moyen de laquelle on puisse conjointement élever les

divers degrés dans le bien, est très-dangereuse, parce qu'elle donne lieu à tous les relâchemens des gens même vertueux, & ouvre la porte aux complaisances sans nombre de l'amour-propre : car, du reste, l'on doit convenir que tout de même qu'on a condamné, dans cet Ouvrage, l'opinion des Stoïciens, que tous les péchés sont égaux (bien que nous en ayons comme justifié le sens dans cette seconde Partie, Sect. II, n°. 1, Chap. IV), il est incontestable que les bonnes actions ont plus ou moins de mérite & de valeur, pour ainsi dire, intrinsèque, à proportion de la bonté de l'intention, & du genre & de l'étendue d'utilité qu'elles procurent.

(1) Premiere Part., Tom. I, pag. 202, 348, 484.

(2) Grotius donne une bien mauvaise définition du mariage, Tom. I, pag. 330.

enfans , & pourvoir aux besoins de la vie ? Je ne le considere encore que dans son essence. Entre-t-il dans cette définition, qui me paroît incontestable , l'idée de plusieurs femmes avec un seul mari ? Conçoit-on qu'un seul puisse se donner à toutes , & que chacune d'elles ait , par ce partage , tout ce qu'elle doit avoir ? Conçoit-on , en un mot, qu'il y ait *société* entre lui & chacune d'elles , & que l'objet & la fin du mariage soient remplis (1) ?

Son essence.

« De ce que , selon les Loix (*observe-t-on*) un
» mari doit nécessairement acquérir un droit en-
» tier sur le corps de sa femme , il ne s'ensuit pas
» que la femme , à son tour, doive toujours ac-
» quérir un droit entier sur le corps de son mari.
» L'égalité naturelle des hommes ne demande pas
» non plus que les engagemens réciproques soient
» égaux de part & d'autre : autrement il seroit
» contre le Droit naturel, qu'en conséquence d'un
» acte d'autrui , il y eût des gens qui sont desti-
» nés par leur naissance même , les uns à com-
» mander , les autres à obéir ». Je réponds que le mariage d'un seul avec une seule , à ne le regarder que par les yeux de la raison, est une institution de la Nature , & que la diversité des conditions où l'un commande & l'autre obéit, est d'institution humaine : par conséquent qu'il n'y a entr'elles aucune sorte d'analogie , puisqu'on n'est pas

Puff. Tom III, p. 23.
On se trompe, quand on dit que *l'égalité entre le mari & la femme,* (quant à l'acquisition d'un droit entier sur le corps l'un de l'autre) *n'est point de droit naturel, à la femme.*

La comparaisonde l'inégalité

---

(1) Les Hébreux appelloient celui qui gardoit le célibat, *une triste moitié de l'homme* : d'où il est aisé de conclure, qu'il n'a besoin que d'une autre moitié. Voyez dans *Basnage, Hist. des Ouv. des Sav.* Janv. 1688, Tom. II, pag. 27 , parlant des trois Dissertations de *Jean Mayerus* sur la Polygamie, &c.

des condi-
tions de la
vie civile,
n'y va
point.

maître, à l'égard de la premiere, de réformer les idées ; & que quant à l'autre, c'eſt affaire de convention ; & bien qu'il y entre en celle-ci de la néceſſité, c'eſt-à-dire, qu'il faille abſolument, ſi l'on admet une ſociété civile quelconque, que les uns ou un ſeul ſoient chargés du commande-ment, & que les autres obéiſſent ; néanmoins cela ne ſe rencontre pas de même entre deux époux, quant au don reſpectif qu'ils ſe font l'un l'autre de leurs corps, qui deviennent naturellement à cha-cun d'eux un bien commun, ſans qu'on puiſſe y mêler aucune idée de partage & de diviſion en faveur de tout autre, qui n'eſt pas de la ſociété.

Ce qu'on
dit encore,
qu'un mari
& une fem-
me ne peu-
vent com-
mander à
la fois dans
le mariage,
a beſoin
d'explica-
tion, &
ne fait rien
d'ailleurs
ici.

« Il n'y a point d'homme de bon ſens (dit-on » encore) qui voulût ſoutenir, qu'en vertu de » l'égalité naturelle des hommes, le mari & la » femme doivent tour-a-tour commander dans la » famille ». Oui, il n'eſt pas poſſible que tous les deux commandent à la fois ; mais chacun d'eux, dans ſon diſtrict, eſt le maître : c'eſt-à-dire, qu'il a la conduite de ce qui lui compete plus naturel-lement : & tous enſemble, en ſe tenant, dans le particulier, à l'autorité qui leur eſt propre, com-mandent & obéiſſent à leur tour ; parce que dans l'eſprit de la Loi & dans le ſens de la nature, ce n'eſt pas être aſſervi que de ſuivre la raiſon, & de ſe ſoumettre là où le bien de tous le demande.

L'inéga-
lité préten-
due ne dé-
ſigneroit
que la dif-
férence des
fonctions,
dont l'in-
feriorité,

De ſorte que cette inégalité prétendue entre le mari & la femme, n'eſt qu'une dénomination, qui déſigne la différence de leurs fonctions ; en ce qu'on regarde les occupations de la derniere & ſes reſſources, comme moins importantes, quoique ſouvent & à les conſidérer de près, elles le ſoient peut-être plus que celles de l'homme.

Mais que fait cette queſtion à l'eſſence & au conſ-
titutif du *mariage*, dont le propre eſt de lier *un*
avec *une* ; de maniere qu'ils ne faſſent, pour ainſi
dire, qu'un tout & une ſeule ame ? Il entre dans
cette ſociété quelque choſe de plus que l'uſage
matériel de leurs corps : ce n'eſt-là que le moyen
pour arriver à une fin plus noble & plus touchante, à laquelle ils doivent tous les deux tendre
également, comme nous le dirons bientôt : & ces
ſoins ne peuvent compatir avec des intérêts étrangers. Ils doivent naître entre les deux ſeules perſonnes engagées, & former leur unique objet tant
de l'une que de l'autre : je veux dire que tous
les ſoins du mari regardent la femme, & ceux
de la femme le mari, ſans qu'il puiſſe y avoir
pour chacun en particulier des intérêts qui ne
ſoient pas pour tous les deux enſemble.

quant à celles de la femme, n'eſt pas encore bien prou-vée.

Car, en effet, la propagation de l'eſpece, pour
laquelle le mariage a été établi, n'eſt pas la fin
unique des deux ſexes avant de s'unir ; & tout leur
objet, après cette union, n'eſt pas ſimplement
d'avoir des enfans. Le Créateur, qui a voulu perpétuer l'eſpece, s'eſt propoſé, de plus, de les
rendre heureux, de les tenir attachés l'un à l'autre
par des motifs réciproques & des intérêts égaux.
On n'eſt jamais plus ſatisfait dans tout commerce
& toute union, que quand les volontés & les raiſons de vouloir ſont les mêmes, qu'il y a parité
dans les moyens & dans l'emploi, que la confiance eſt entiere de part & d'autre, & la correſ-
pondance complete & mutuelle. Les hommes ſont
faits pour vivre enſemble & s'aſſiſter les uns les
autres en toute maniere : mais cette néceſſité ſe

La pro-pagation de l'eſpece n'eſt pas la fin uni-que des deux ſexes, en ſe ma-riant.

Le Créa-teur, par le *mariage*, a le plus aſſuré le bonheur, la paix, l'aſſiſtance mutuelle, parmi les hommes, fon premier deſſein.

Républi-que toute compofée d'hommes ou toute de femmes, vraie chimere.

Les Corps Monaſti-ques : cas particuliers, & l'infini-ment petit d'un grand nombre. Dans un état forcé, ne font cenfés vivre que pourleciel.

fait fur-tout remarquer dans la convenance (1) qu'il y a d'un fexe à l'autre, & aux propriétés & aux talens qui leur ont été diverfement répartis. On peut bien fe faire une idée d'une République toute compofée d'hommes, fans mélanges d'aucunes femmes ; mais c'eſt un fantôme, un corps chimérique, qui ne peut avoir de réalité, comme étoit celle des Amazones, dont l'hiſtoire ou la fable ont voulu nous donner un exemple, qui n'étoit compofée, dit-on, que de femmes. La conſtitution humaine s'oppofe à ces fortes d'établiſſemens, & l'on ne peut faire de quelques cas particuliers une regle générale, convenable à tous ; de maniere que chaque fexe reſtât féparé de l'autre, fans jamais fe communiquer. Les Corps monaſtiques ne prouvent rien contre ma thefe : ils font fans ceſſe dans un état forcé, & ils ne font d'ailleurs que les infiniment petites parties du genre humain. Il ne faut pas moins auſſi que le renoncement aux chofes du monde, que l'abné-

(1) *Puff.*, Tom. III, page 35 (contre *Milton* qui auroit voulu le divorce ou la Répudiation) dit que fans la propagation de l'efpece, & le plaifir que la Nature a attaché à l'union des deux fexes, les hommes fe feroient mieux accordés enfemble, & auroient pu fe rendre les uns les autres plus de fervices qu'ils n'en tirent des femmes ; & il donne pour exemple, que les enfans, avant que d'être en état de fentir les aiguillons de l'amour, & les vieillards qui n'y font plus fenfibles, fe plaifent plus à être avec des hommes qu'avec des femmes. Mais cette opinion eſt mal prouvée par-là. Les enfans & les vieillards fe lient chacun avec les perfonnes de leur âge, fans fe pouvoir être d'aucune utilité entr'eux ; ils ne font point affectés de ce motif ; & cependant, c'eſt *l'intérêt* & le *befoin*, que Dieu a voulu rendre agiſſans parmi les hommes (en y attachant un fecret plaifir) qui entretiennent véritablement le lien de la fociété.

gation de foi-même , & une perpétuelle tendance
au bonheur de l'autre vie , qui ont été l'objet des
fondateurs , pour y maintenir des hommes en forme
de fociété civile , mais qui n'en a que le nom ;
chacun y eft comme pour foi ; & les affections ne
devant aller qu'aux biens fpirituels , l'on peut
dire que la part que chacun d'eux prend aux intérêts de fon confrere eft bien foible & peu capable de rendre ce que Dieu a voulu , qui fût
l'admirable effet de la fociété conjugale : comme
le concours des deux à porter toujours le même
fardeau , à s'occuper du même but , à veiller aux
mêmes foins , à partager les mêmes rifques , comme
les avantages de l'état ; en un mot , à n'être jamais qu'eux deux de maîtres , & à trouver , en
cela même , fon plaifir & fon bonheur.

Effet que cela produit, dont la comparaifon, avec ce qui fe paffe entre deux époux, tourne à l'avantage du mariage.

Auffi eft-ce une vérité inconteftable que nous
avons traitée ailleurs , que le modele de tout
Etat politique eft dans le gouvernement domeftique
entre les deux époux & les enfans , & qu'il ne fauroit y en avoir d'autres. C'eft-là le commencement ou le diminutif d'un grand Empire : ce qu'on
y voit en petit , doit fe retrouver en grand ; &
les loix qui gouvernent une famille font abfolument l'image de celles qui doivent régir les Etats ,
puifqu'ils ne font au vrai qu'une infinité de familles
réunies. Il faut néceffairement remonter à cette
origine , pour connoître comment , en qualité
d'hommes & de citoyens , nous devons concourir
aux vues de la Providence fur le fujet de la propagation de l'efpece humaine : l'on y verra , à
coup fûr , que l'homme n'eft pas fouverainement
& uniquement chargé de produire fon femblable :
que cette multiplication qui fe fait par fon moyen ,

De-là vient que le modele de tout Empire eft dans le gouvernement d'une famille.

L'homme n'eft pas fouverainement & unique-ment chargé de produire fon femblable.

Méprise à cet égard de la plupart des Législateurs, ou Jurisconsultes.

Puff. T. III, pages 21, 24.

Leurs observations justes, quant à ce que peuvent davantage les hommes en ce point que les femmes sans qu'elles décident du fond de la question : Raison pourquoi ?

Dans quelle classe des devoirs est la *propagation* de l'espece humaine.

Voyez au Chap. VIII, dans les premieres pages.

n'est qu'accessoire & de convenance ; & que comme elle est inévitable & certaine dans le général, par le penchant extrêmement fort que Dieu y a attaché, & qui n'est point volontaire en nous, il exige sûrement de notre part que nous y procédions, ainsi que pour toutes les autres nécessités naturelles, comme des êtres raisonnables : ce qui suppose donc des devoirs préalables à cette fonction ; & par conséquent, ceux-là se sont bien mépris, quand rapportant tout à la population dans un Etat, & ne voyant que là la fin & les avantages de la bonne administration, pour montrer que la *Polygamie* n'est point contraire au *Droit naturel*, ils observent *que* « les hommes, » parmi plusieurs Nations, ont assez de vigueur » pour contenter plusieurs femmes : *que* dans les » pays mêmes où les hommes sont d'un tempérament plus froid, plusieurs femmes peuvent » devenir grosses d'un seul homme, sans qu'il » s'épuise beaucoup..... *Qu'*un pere s'acquitte bien » plus aisément de cet emploi, pendant que la » mere est exposée par-là à de grandes incommodités & à de violentes douleurs ». Ces observations sont vraies, sans qu'elles décident du fond de la question. De ce que nous avons le don de la parole, il ne s'ensuit pas que nous devions parler aussi long-temps, ni si souvent que nous le pourrions. De ce que les forces du corps seront assez grandes pour nous permettre de les exercer chaque jour, il ne s'ensuit pas que nous soyons obligés de le faire, & qu'une politique rafinée veuille en tirer parti pour sa satisfaction ou sa gloire. Il en est de la propagation de l'espece humaine comme du manger & du boire, qui sont des devoirs, mais non pas des devoirs absolus, ou dont on ne puiſſe pas ſuſpendre ou renvoyer l'exécution, quand on ne ſe ſent pas actuellement preſſé de les remplir, ou que quelque raiſon particuliere de ſanté ou de mortification, ou de bienſéance nous engage à les différer. Il n'eſt pas permis certainement d'être homicide de ſoi-même, en ſe privant d'une nourriture qui eſt abſolument néceſſaire pour vivre ; mais l'exercice de ce devoir ne nous eſt pas proprement commandé ; il eſt confié à notre propre intérêt, que Dieu nous a rendu aſſez ſenſible par l'apas qu'il y a mis, & la douleur que ſon inexécution totale nous cauſe. On peut bien s'en rapporter là-deſſus à ce ſage établiſſement au-deſſus de toutes nos volontés déréglées & de nos caprices.

De ſorte que ces paroles divines, adreſſées à nos premiers Peres : *Creſcite & multiplicamini*, ne forment pas un commandement & une loi abſolue, dont aucun homme ne puiſſe ſe diſpenſer : elles ſont ſeulement une invitation à la choſe, & indiquent la liberté que chacun a naturellement d'y travailler, ſelon les regles & la décence que le bon ſens & la raiſon, indépendamment de toute loi humaine ou divine, nous enſeignent (1).

Comment il faut prendre les paroles divines : Creſcite & multiplicamini.

D'où il découle que la multiplication du genre humain, quoique de devoir pour les deux ſexes, après s'être unis, n'eſt pourtant pas le principal but où ils doivent viſer ; & qu'il ne dépend pas d'eux, pour parvenir plus amplement à cette fin,

Abus qu'on en a fait, ſur-tout pour les ſérails des Peuples Orientaux.

(1) Voyez l'*Hiſt. des Ouv. des Savans*, Janv. 1688, Tom. II, pag. 85, où il eſt parlé de ce commandement & de la Polygamie.

de former des fociétés *inégales*, comme on dit ,
qui confiftent à *l'union de plufieurs femmes avec un
feul mari* (& à plus forte raifon de plufieurs maris
avec une feule femme) imitant, en ce premier
point, la pratique des Peuples d'Orient, qui
ont des ferails compofés d'autant de femmes qu'ils
en peuvent nourrir : ou bien fuivant la coutume
que nous avons nous - mêmes établie dans nos
baffes cours pour la multiplication de la volaille ,
ou de certains autres animaux domeftiques, dont
nous provoquons l'inftinct, en obligeant un feul
mâle à vivre au milieu de plufieurs femelles,
dans le but de fournir ou à nos tables, ou à nos
ufages de la vie civile, fondés le plus fouvent fur
la fenfualité, l'avarice, le luxe, &c.

L'Exemple de nos baffes-cours eft notre propre ouvrage.

Ces animaux domeftiques fe réduiroient à l'unité, s'ils étoient libres.

Ces animaux, plus fages que nous, fe borne-
roient à la fociété réguliere d'un avec une, que
nous voyons fuivie par tous les autres que nous
n'avons pas affervis, s'ils étoient livrés à eux-
mêmes, & mis dans l'état naturel où Dieu les
avoit placés (1). Mais l'homme gâte ordinairement
tout ce qu'il touche, quand il ofe porter la main
fur la deftination primitive des chofes, & fur un
arrangement qui n'eft point foumis à fon choix :
il attente fur Dieu même; mais ces entreprifes ne
font que des écarts d'une créature imbécille, ou

_____

(1) Mais quand les bêtes ne feroient pas toutes affervies,
en cela, à une conjonction réglée, & qu'elles tomberoient
naturellement dans le défordre, on peut repréfenter à l'homme, ce que dit Jean *Mayérus* dans fa. Differtation fur la
Polygamie, contre le Livre *de la Polygamie triomphante*,
citée dans *l'Hiftoire des Ouv. des Savans*, où j'ai renvoyé
dans la note précédente.

bien

bien supérieurement arrogante, & les Loix que la Divinité a faites, restent les mêmes & invariables.

Aussi le simple *Droit naturel* nous apprend, quand on veut raisonner de bonne foi & juger sans prévention, que la seule maniere *réguliere* (c'est même ainsi qu'on est forcé de la nommer) de travailler à la propagation de l'espece humaine, est par l'union simple d'un homme avec une femme, que nous appelons *mariage*, & en vertu de laquelle une même famille, toujours distincte & assurée, se présente sous les mêmes rapports, en partant d'une unique source, par une descendance qui est commune également aux deux chefs, & sans association d'aucune autre famille : car il est raisonnable de penser, & c'est une vérité physique, que les deux conjoints contribuent chacun de son côté à la production ; & l'ordre naturel, qui est ennemi de la confusion, demande qu'il n'y ait pas dans le même temps, de la part d'un des deux, un acte qui ne réponde pas à cette idée unique. Il répugne, en un mot, que l'on contracte à la fois des alliances différentes, & qu'on se procure des enfans qui n'ont pas en tout une origine commune.

La raison veut que les familles puissent se montrer toujours distinctes, par l'union simple d'un avec une ; & l'ordre exige qu'on ne trouble pas cet arrangement.

« Le but d'un mariage régulier, *dit-on*, c'est » d'avoir des enfans dont on soit assuré d'être le » pere, & une compagne en qui l'on trouve un » secours mutuel : or tout cela peut aussi bien » avoir lieu quand on a plusieurs femmes, que » lorsqu'on n'en a qu'une ». Le défaut de ce raisonnement vient de ce qu'on ne rapporte qu'au pere le principe, & qu'on le fait ici l'arbitre uni-

Le but d'avoir des enfans dont on soit assuré d'être le pere, qu'on affecte uniquement au mari, est commun à l'un & à l'autre.

Contraste dans la *Polygamie*, par rapport aux femmes, entre cet amour si tendre que la nature leur donne pour leurs enfans, & l'impossibilité où elles sont de le satisfaire.

que de la regle & du devoir ; mais dans le mariage, les obligations sont réciproques, & par conséquent les droits ; la mere entre nécessairement dans ce partage ; & s'il importe au pere qu'il puisse compter d'avoir des enfans à lui, il n'est pas moins essentiel à la mere qu'il ne lui donne pas, tandis qu'elle vit, des enfans qui ne sont point d'elle. Elle saura véritablement en ce cas ce qui en est, & le mari ne seroit point sûr de ce qui le regarde, s'il n'étoit point unique ; mais ce n'est point la certitude, ou l'ignorance du bien ou du mal, qui fait l'un & l'autre. Il existe indépendamment de ce que nous pensons, & il est très-vrai que la condition des meres dans l'état de *polygamie* est encore plus fâcheux, puisqu'elles voient le cœur de l'homme partagé, & qu'il est impossible qu'elles & leurs enfans ne se ressentent d'une division, qui affoiblit nécessairement l'amour ; & avec l'amour, les soins & les attentions, les caresses, &c. Un mal qu'on ignore, quand on veut bien en courir le risque, ne trouble pas notre repos, si nous n'aspirons d'ailleurs qu'à un plaisir passager, quoique criminel ; mais rien ne dédommage, à cet égard, le cœur d'une femme, que la nature a faite ardente pour tout ce qui intéresse ses enfans ; & qui, portant tout-là ses espérances & sa joie, se voit sans cesse contre-carrée ou barrée dans ses projets, qu'elle n'a pas même souvent lieu de former, parce qu'ils seroient inutiles.

Puff. Tome III, p. 22.

Absurdité énorme,

C'est par ces raisons qu'il est bien absurde de penser que « lorsque le mari ne s'est point enga-
» gé, en se mariant, de n'avoir commerce qu'avec
» sa femme, la femme doit se contenter de possé-

» der à son tour, un mari qui ne lui fait aucun
» tort, en partageant le devoir conjugal avec ses
» autres femmes, puisque par le contrat de ma-
» riage, elle n'y a droit que pour sa quote-part ».
Les conventions des hommes, je le dirai encore
ici, ne font pas l'essence de leurs obligations : il
est une regle supérieure qu'ils ne peuvent enfreindre, parce qu'elle suit de la nature même des
choses, & de la volonté du Créateur, marquée à
ces traits ; de pareils accords sont illicites de droit
& de fait ; de *droit*, je viens de le dire, l'essence
du mariage est de n'être qu'un avec une à la fois :
de *fait*, il n'y a point de liberté de la part des
femmes, qui, nées au milieu d'une constitution
qu'elles n'ont point faite, sont forcées d'adopter
des conditions outrageantes à leur sexe & aux
droits les plus chers de la nature, si elles ne veulent éprouver toute l'indignation de leur loi & celle
des hommes. *Boëcler* a donc raison, quand il dit
« qu'on ne sauroit présumer qu'une femme donne
» jamais les mains au tort que lui fait par-là son
» mari ; à moins qu'elle n'y soit portée par la
» crainte ou par la force, ou par une foiblesse ou
» un défaut de jugement : toutes choses qui ne
» sauroient produire aucun droit ». Ce qu'on fait
répondre à ceci par les partisans de la *polygamie*,
je l'ai déja combatu : on vouloit que la question
fût de savoir *si un mari fait par-là du tort à sa
femme* ; & j'ai suffisamment montré qu'il lui en fait.

Au reste, on est bien injuste quand
on reproche aux femmes qu'il n'y a que la sensualité & l'incontinence qui leur fassent tant haïr
la polygamie de leurs maris. Cette répugnance est
toute naturelle, & fondée sur les droits les plus

de ne faire dépendre en cela, le bien ou le mal, que de la convention faite en se mariant.

Pareils accords, illicites en *droit* & en *fait.*

Puff. Tome III, p. 23.

Ibid.

(*Ibid.* p. 21). Reproche mal fondé contre les femmes,

qui feroit
bien mieux
appliqué
aux maris.

Ibid.
P. 22, vers
la fin.

chers. C'eſt bien plutôt aux maris qu'il faut adreſ-
ſer la cenſure : eux qui ſeuls ont fait les Loix (1) ;
& qui, en ſe gouvernant mieux, par les regles de
la ſageſſe, comprendroient que les obligations ſont
réciproques entre le mari & la femme ; qu'ils ſont
pareillement ſujets à ſe garder fidélité, & à conſerver
leur honneur : & éprouveroient, en ſe perſuadant de
cette vérité, que l'union réguliere d'un avec une, eſt
la ſeule propre à fournir de quoi flater les ſens & la
raiſon, parce qu'ils s'appercevroient qu'il n'eſt pas
moins contraire à l'inſtitution primordiale & à la
bonne regle, *qu'une femme borne à devenir groſſe
les careſſes de ſon mari*, comme on prétend que ſai-
ſoit la Reine de *Palmyre*, que de permettre au
mari, pour ſatisfaire ſa ſenſualité, de contracter,
dans les mêmes temps, des engagemens pareils
avec d'autres femmes.

Ibid.
P. 21, vers
la fin.

La raiſon
du climat,
pour auto-
riſer la *Po-
lygamie*,
réduite à
rien.

*Eſp. des
Loix*, To-
me II, pa-
ge 67, Pre-
miere Par-
tie.

La débauche & l'oubli de la loi naturelle, peuvent ſeuls avoir autoriſé cet abus ; qu'on ne le
rejete pas ſur le *climat* : le célebre *Monteſquieu*
a un peu trop fait valoir cette cauſe, qui n'eſt pas
telle entiérement qu'il ſe l'eſt repréſentée ; les exemples d'une maturité extrêmement hâtive, dans les
perſonnes du ſexe, ſur quoi il ſe fonde pour croire
la pluralité des femmes naturelle en certains pays,
ſont des cas particuliers, qui ne prouvent point
pour le général : s'ils ſont auſſi avérés, ces exemples, qu'on le dit, ils forment un ſi petit nombre
dans la multitude, qu'on ne ſauroit établir là-deſſus aucune regle. D'ailleurs, la température du

_____

(1) *S. Grégoire de Nazianze*, cité dans l'*Hiſt. des Ouv.
des Savans.* Janv., 1688, Tom. II, pag. 87.

climat n'influe pas feulement fur un des deux fexes:
il agit fur tous les deux; & c'eft une vérité d'expérience que dans les pays chauds, les garçons y
font plutôt formés, & les hommes y vivent beaucoup moins, parce que l'ufage prématuré qu'ils
font des femmes, & l'abus qui s'en enfuit, à
caufe du plus grand penchant qui y porte dans
ces contrées, les entraînent de bonne heure à un
dépériffement qui équivaut la vieilleffe. On remarque même ce malheureux effet dans nos climats,
quand les hommes, par un efprit de débauche,
ofent fe porter bien au-delà des fimples befoins
de la nature. Ainfi les inégalités prétendues naturelles que l'Auteur remarque, entre ces hommes
des peuples du midi & leurs femmes, font réduites à rien, étant bien examinées; & les conféquences qu'il en tire font nulles. S'il y a, dans ces
pays-là, des filles qui foient nubiles à l'âge où les
autres ne font encore qu'en enfance, je foutiens
qu'il n'eft pas vrai que *la raifon ne fe trouve jamais chez elles avec la beauté* : elles n'auront pas
une certaine expérience; mais la raifon s'y développe à proportion plutôt, & leur efprit fuit affez
les accroiffemens du corps; mais de plus, il n'eft
pas impoffible (fi l'on veut que ces cas ne foient
pas fi rares), de trouver parmi les garçons de
quoi les affortir en ce genre; & je protefte que
fi les mouvemens de la nature n'étoient pas inter-
rompus par mille caufes, auxquelles nous donnons lieu, l'inftinct feul porteroit ces jeunes perfonnes à s'unir, & elles y réuffiroient; car virant
dans une certaine étendue de pays, qui ne feroit
ni trop grande ni trop petite, elles pourroient fe
connoître. Et puifque la raifon demande que nous
conformions nos regles à ce qui eft de *naturel*,

*La remar-
que de
Montef-
quieu,
fauffe: que
la raifon
dans ces
pays
chauds, ne
fe trouve
jamais
chez les
femmes
avec la
beauté.*

Voyez ci-
après, Ch.
VIII, quel-
ques pages
après le
commen-
cement.

Obliga-
tion des
peres &

meres dans ces pays-là, à l'égard de leurs filles fi-tôt nubiles, quant au choix du mari.

& par conféquent de propre à la volonté du Créateur ; c'eft une obligation, en pareil cas, aux peres & aux meres de faire eux-mêmes la recherche néceffaire pour affortir leurs filles, en les mariant, de maniere qu'il n'y ait pas entré elles & leurs maris, cette difproportion d'âge, qu'on dit avoir introduit la polygamie dans ces climats : par cette feule attention, les inconvéniens font levés; & il n'y aura jamais lieu à établir une fi indigne coutume.

Aveux qu'on fait contre la Polygamie, bien capables de montrer qu'elle eft un mal, & contraire au Droit naturel.

Un Auteur (1) eftimable, que j'ai déja relevé fur d'autres fujets, parce qu'il fuivoit les opinions reçues, fe trouve d'accord ici avec moi : il penfe que " quelque pouvoir que puiffe avoir le phyfi- " que pour porter à l'incontinence, jamais il n'a " dû être une raifon pour autorifer la polygamie, " qu'elle fera toujours un abus & une injuftice. La " nature, *dit-il*, parle également aux deux fexes, " & par conféquent leurs befoins font égaux. Ce " n'eft point la différence du climat qui fera que " l'individu d'une efpece ne pourra fuffire au defir " de l'autre ». *Montefquieu* lui-même, malgré fes

Efprit des Loix, Tome II, p. 71, Premiere Partie.

Ibid. P. 73, Ch. VI.

Ibid. P. 74. *Ibid.* P. 75.

obfervations, qui *tendent*, dit-il, *non à juftifier les ufages, mais à en rendre raifon*, eft obligé d'avouer " qu'à regarder la polygamie en général, (il au- " roit mieux fait de dire *en elle-même*) elle n'eft " point utile au genre humain, ni à aucun des " deux fexes, foit à celui qui abufe, foit à " celui dont on abufe. *Qu'elle n'eft pas non plus* " *utile aux enfans. . . . Que la pluralité des fem-* " mes mene à cet amour que la nature défavoue...

---

(1) *Des Corps Politiques*, Tom. I, p. 490.)

» *Que* la poffeffion même de beaucoup de femmes
» ne prévient pas toujours les defirs pour celle
» d'un autre », donnant pour raifon de ces deux
réflexions : (Sur la premiere), *qu'une diffolution*
en entraîne toujours une autre ; (& fur la feconde), *qu'il en eft de la luxure comme de l'ava-*
rice, qu'elle augmente fa foif par l'acquifition des
tréfors.

Tout cela eft plus que fenfible ; & cependant
"on n'a pas voulu y voir que , puifque la *polyga-*
mie étoit effectivement un mal , on ne pouvoit
jamais la permettre en aucun pays du monde ; &
que fi elle a de fi méchans effets , c'eft parce
qu'elle eft véritablement mauvaife en foi , & défendue par le *Droit naturel.* Les Avocats de cette
funefte inftitution prétendent que « la jaloufie
» des femmes , les diffenfions domeftiques , la
» haine de marâtre que chaque femme conçoit
» pour les enfans des autres femmes de fon mari,
» & qui fe perpétue entre les enfans eux-mêmes ,
» que tout cela n'eft pas une preuve qu'elle foit
» mauvaife ; mais feulement qu'elle eft fujette à
» quelques inconvéniens domeftiques ». On oppofe qu'il y en a dans les fecondes noces , & dans
tout mariage quel qu'il foit. Que d'ailleurs , ces inconvéniens n'ont pas lieu également par-tout ; mais
feulement dans les pays où les femmes font trop
hautaines , ou les maris trop efclaves ; qu'il y a
plufieurs peuples chez qui , par un effet de l'éducation ou du naturel , les femmes font fort foumifes à leurs maris ; & après tout , qu'il n'eft pas
difficile à un homme prudent & fage , d'entretenir la paix dans fa famille , même parmi plufieurs
femmes.

*Mauvai-
fes raifons
qu'on alle-
gue , en
même-
temps ,
pour ré-
pondre à
l'objection
tirée de fes
grands in-
convé-
niens.
Puffendorf
Tom. III,
p. 22.*

I i iv

Les inconvéniens de la *Polygamie* partent d'une source bien différente, que ceux qu'on reproche aux meilleurs établissemens.

Mais l'on se fait une terrible illusion, & l'on n'a pas bien distingué les especes : les inconvéniens dont nous parlons, sont d'une autre sorte ; ils partent de la nature même de la chose. Il est impossible qu'un mal ne produise un mal : *la pluralité des femmes* ne sauroit être une *dissolution*, & le *mariage*, avec toutes, *un monstre & un renversement d'idées*, comme je l'ai fait voir, sans qu'il en naisse nécessairement une multitude de maux, que rien ne sauroit réparer ou balancer. Il y a vice dans la constitution même, & ce vice est tel, qu'il fait manquer l'objet, & détruit la chose pour laquelle l'association avec une femme est établie, comme on en convient. Au lieu que les inconvéniens ordinaires à la plupart des bons établissemens, ne sont point invincibles en eux-mêmes, ou ne peuvent nous être imputés : ou ils sont le fruit de notre légéreté, de notre paresse, de notre trop de zele même, de notre ignorance, & de bien d'autres causes qui sont en nous : ou bien ils viennent de la rencontre inopinée & innocente de certains intérêts particuliers que la nécessité de vivre ensemble oblige de sacrifier au bien général. En tout cela, ce sont des effets naturels & qui naissent sans que nous y donnions formellement lieu par des entreprises ou des établissemens contraires à ceux que Dieu a voulu que nous suivissions ; Tandis que la *polygamie* est notre ouvrage ; qu'il est en notre puissance de n'avoir point plusieurs femmes ; qu'il faut, au contraire, pour y assujétir les personnes du sexe, faire violence à leur liberté & à leur égalité naturelle ; & pour nous y placer nous-mêmes, faire un assortiment bizâre, & associer des intérêts tout différens : ce qui décele, non-

Voyez les *Mœurs des Israël.* par *Fleury*, p. 62.

feulement l'aveuglement ou la petiteffe de notre efprit, mais la corruption de notre cœur, la débauche, la fenfualité, l'amour défordonné d'un plaifir, qui n'eft que l'invitation au mariage, & non fa fin.

On veut toujours que ces divifions, foit entre plufieurs femmes ou entre les enfans de chacune, (qui font, dit-on, à la vérité, des inconvéniens, à caufe defquels les Loix civiles font très-bien de défendre la *polygamie*) *ne foient pourtant pas des inconvéniens inévitables ;* & l'on ajoute que, « pour » ce qui eft des enfans en particulier, la même » chofe eft auffi à craindre & auffi fréquente » entre ceux de différens lits, lorfqu'on ne peut » époufer plufieurs femmes qu'après la mort l'une » de l'autre ». Il eft impoffible, je le répete, d'éviter ces noifes & ces débats qui s'élevent ordinairement entre les femmes d'un même ferrail, & qui occupent tant les maîtres & ceux qui les gardent ; parce que leurs intérêts font trop croifés, & qu'elles ne peuvent pas poffeder en entier, chacune, ce qui au moment de leur union eft engagé à toutes : un pareil affemblage n'eft point néceffaire ; & l'on voit bien, pour peu qu'on y penfe, qu'il ne fauroit l'être.

Barbeyrac dans Puff. Tom. III, p. 25, note 1, §. 19.

Les divifions dans un ferrail, inévitables parmi les femmes ; & la *Polygamie* non néceffaire.

Mais les *fecondes noces* le deviennent pour celui qui ne fauroit fupporter le veuvage & le célibat : ayant repris toute fa liberté, s'il eft veuf, par la mort de fa premiere femme, il peut certainement fe donner à une autre ; puifqu'il ufe en cela du feul moyen poffible & légitime d'avoir des enfans & une compagnie affurée. La plupart des Peu-

Les fecondes noces, au contraire, néceffaires à qui ne fe fent pas capable de fupporter le veuvage ;

& ce feul moyen de propre, bon en foi.

ples (1) & bien des *faints Peres* (2), ont regardé les fecondes noces (3) comme odieufes ; & ce fentiment part d'un fond de regle & d'humanité, qui s'eft excité, fans doute, à la vue des enfans du premier lit, ou peut-être d'une idée de pureté & de perfection qui n'a pas été bien réfléchie ; mais il n'y a pas, en tout cela, des raifons folides pour nous déterminer dans notre conduite ; car s'il n'y a pas déja des enfans, on ne voit pas ce qui peut être arrivé en celui qui a été marié une fois, pour l'empêcher de l'être une feconde : & s'il y a des enfans ; comme il n'avoit pris des engagemens pofitifs qu'avec la mere, & que ces engagemens font rompus par fa mort ; il fuffit qu'il s'acquitte envers les enfans du premier lit, des devoirs de pere, qui en font une fuite ; & du refte, il ne fait qu'une action toute du *Droit naturel*, en rentrant dans un état béni par le Créateur, quand il en ufe de la maniere & dans la forme

Les inconvéniens des *fecondes noces* ne font pas proprement l'ouvrage de l'homme, comme ceux de la *Polygamie.*

prefcrites. De forte que les inconvéniens qui en naiffent, par rapport aux enfans du premier lit, & encore à l'égard de ceux du fecond, à caufe des inimitiés qui peuvent s'élever entre les uns & les autres, & par rapport à la haine naturelle des marâtres pour les enfans qu'elles trouvent dans la maifon : ces inconvéniens, dis-je, ne font pas proprement de l'homme qui fe remarie : il eft en regle en faifant une chofe qui n'eft point mauvaife en foi, & qui eft néceffaire pour lui : &

(1) *Puff.* Tom. II, pag. 548, note 1, deuxieme colonne.
(2) *Grotius*, Tom. I, p. 128.
(3) *Ibid.* Pag. 125, note 19, deuxieme colonne.

c'eſt ici que l'on pourra dire, avec quelque fondement, qu'*il n'eſt pas difficile à un homme prudent & ſage d'entretenir la paix dans ſa famille*,
& non pas *parmi pluſieurs femmes*. S'il y manque,
ce ſera ſa faute, parce qu'il n'y a pas impoſſibilité dans la choſe, comme dans le cas où l'on a
pluſieurs femmes à la fois, & qu'on voudroit,
en quelque ſorte, leur faire regarder en commun
tout ce qu'elles poſſedent, puiſqu'en effet elles ne
poſſedent rien, pas même leurs propres enfans,
ſi cela peut ſe dire : leur état eſt une vraie *eſcla-
vitude*. Mais le cœur ne peut s'aſſervir : on ne le
force pas à n'avoir point de deſirs, & à ne s'occuper pas d'objets qui naturellement l'intéreſſent.
Comment étoufferoit-on des ſemences de diſcorde
& de diviſion que l'on répand ſoi-même, par l'oppoſition des intérêts à laquelle l'on donne lieu
chaque jour parmi des rivales ? *Barbeyrac* ajoute :
« qu'on ne doit pas d'ailleurs juger, comme on
» fait, de l'humeur des femmes qui vivent dans
» un pays où la polygamie eſt défendue, par
» l'humeur de celles qui ſavent que le mari qui
» les épouſe, en a ou en peut avoir d'autres : *que*
» celles-ci ſupportent bien plus aiſément un par-
» tage, auquel elles peuvent être préparées, &
» dont elles ont bien voulu courir les riſques ». Il
eſt vrai que ces femmes, nées dans un Gouvernement où leur condition doit être telle, ſont extérieurement moins frappées d'un établiſſement qui
viole tant le *Droit naturel ;* & que chez nous, ſi
nous y voulions aſſujétir nos femmes, ce ſeroit de
leur part des gémiſſemens & des plaintes qui ne
finiroient pas, parce qu'elles en ſeroient incon-
ſolables : mais quoiqu'on s'accoutume, à la longue, à une injuſte condition ou qu'on la ſupporte,

Dans *Puff.*
Tome III,
p. 25, no-
te 1.
Réflexion
de *Barbéy-
rac*, qui ne
prouve
rien.

La rebel-
lion inté-
rieure du

cœur fub-
fifte, con-
tre tout ce
qui bleffe
violem-
ment la na-
ture.

parce qu'on s'y eft toujours trouvé comme ceux
qui naiffent *efclaves* : on ne laiffe pas que de fentir la perte de fa liberté ; & avec le temps , tous
les fujets de la regretter fe préfentent, fans qu'on
les aille chercher : il fe fait alors dans le cœur de
ces infortunés un combat entre ce que la nature
demande , & ce que le maître barbare exige : leurs
penfées fe troublent, ou plutôt elles tendent toutes comme involontairement à les faire jouir de
leurs droits : ce qui ne fe paffe pas fans ébranler
fourdement la conftitution, & fans altérer la concorde , qui ne peut fe trouver avec un violent
état.

Rien de
compara-
ble dans la
*Polyga-
mie* , &
dans l'état
réglé des
*fecondes
noces* , par
rapport à
la haine
des meres
pour les
enfans qui
ne font
point à el-
les, & des
enfans en-
tr'eux.

Dans les *fecondes noces* , la femme qui entre
dans la famille n'aime pas ordinairement les enfans du premier lit ; mais ce n'eft guere que quand
elle en a elle-même : à quoi il eft poffible, comme
nous avons dit, que le mari remédie ; & pour les
enfans entr'eux, qui font de deux meres, il n'eft
pas vrai qu'alors ils ne s'aiment pas , & qu'il y ait
des divifions inteftines, fi le pere a fu conferver l'équilibre dans les intérêts ; car à mefure qu'il
n'y a pas deux meres à la fois pour foufler la
difcorde par les raifons que nous avons dites, les
enfans de la premiere fe laiffent aller fans mur-
mure à l'obligation de partager les careffes & les
biens du pere, quand il eft raifonnable & jufte à
leur égard : enforte qu'ils n'ont pas fujet alors de
témoigner de la froideur aux autres enfans, &
ceux-ci , par l'habitude où ils ont été de vivre
enfemble , par les bonnes manieres qu'ils ont reçues
des premiers , par les fages leçons & les bons
exemples de leur pere commun ; enfin, parce que
la mere qui n'a pas de rivale, n'a point à crain-

dre les rifques d'une concurrence, ni pour elle,
ni pour fes enfans : ces enfans, dis-je, du fecond
lit, ne font pas néceffairement induits par leur état
à haïr les autres ; & s'il s'éleve parmi eux quelques brouilleries, c'eft feulement à d'autres caufes
qu'il faut les rapporter, comme nous avons dit
que cela arrive dans toutes les fociétés d'hommes.

Au refte, quand l'obfervation qu'on fait contre
la *polygamie* feroit jufte, l'on ne fauroit, fans
déshonorer la raifon & les bonnes mœurs, la
faire valoir à cet effet : cette raifon politique
dont on parle, qui n'eft effectivement que trop
forte dans ces malheureux fiecles pour la plupart
des Peuples civilifés, depuis la multiplication du
genre humain, eft que « le grand nombre d'en-
» fans ruine les familles nobles, réduit à la men-
» dicité celles de médiocre naiffance, & remplit
» l'Etat de menu peuple qui, en le multipliant
» trop, eft capable de le détruire, & dont néan-
» moins on ne peut pas toujours commodément
» décharger le pays ». C'eft ainfi qu'on traite
les matieres les plus graves, par des idées conformes à nos préjugés & à nos vices ; & enfin
on les coud fur d'autres erreurs. Les Ecrivains
plus modernes fe font préfervés de ces écarts, en
réfléchiffant mieux fur les vraies caufes de la population. Ce que j'ai déja cité de *Montefquieu*,
au fujet de la *polygamie*, le prouve. Ils ont reconnu
qu'il n'y a rien de fi propre à multiplier l'Efpece
humaine, &, à donner des fujets à l'Etat que
l'union réguliere d'*un* avec *une*, qui fe fait par
le *mariage*. Diroit-on donc ici encore que c'eft

*De la rai-
fon Politi-
que qui re-
garde les
familles
nobles, par
rapport au
trop grand
nombre
d'enfans,
qu'on alle-
gue contre
la Polyga-
mie.*
Puffendorf
Tom. III,
p. 16.

un inconvénient pour ces familles nobles ? & faudra-t-il, à caufe d'elles, que nous baniffions notre forme de nous marier, par cette même raifon qui leur auroit fait rejetter la *polygamie* ? Il eft fenfible que ce motif eft criminel & tout-à-fait éloigné de l'intention de la nature. On ne peut donc pas juger par-là de ce qui eft *bien* & de ce qui eft *mal*, & l'on n'apprend jamais rien aux Lecteurs fi l'on ne remonte pas aux principes.

Autre ridicule maniere de combattre la Polygamie *par le calcul prétendu, qu'il naît plus de mâles que de femeles. Et réponfe à cette obfervation, qui n'eft pas plus raifonnable.*

Il eft ridicule encore de vouloir juger de l'illicité de la *polygamie* par le prétendu calcul, (1) *qu'il naît plus de mâles que de femelles.* On a raifon de répondre à cela que, pour en tirer quelque conféquence, il faudroit non-feulement avoir des obfervations conftantes & certaines d'une telle proportion, dans quelque peu de lieux où l'on dit en avoir été fait depuis quelque temps, mais encore dans tous les pays du Monde ; parce que s'il s'en trouvoit un feul, où la chofe allât autrement, dès-là la preuve tomberoit, puifque, dit-on, les fondemens des Loix naturelles doivent être les mêmes par-tout. Mais ce qu'on ajoute n'eft pas plus folide que le but, qu'on fe propofe en le difant, n'eft louable : *Qu'il n'eft ni vrai ni néceffaire que tous les mâles qui naiffent fe marient : qu'il y en a qui ne s'en foucient point : qu'il y en a peut-être plus que de femelles, qui meurent avant que*

_____

(1) *Puff.* Tom. III, pag. 24, note 6. *Derham*, dans la *Théologie Phyfique* citée, Liv. IV, Chap. X, pag. 253 de la traduction Françoife.

L'Efprit des Loix, Tome II, pag. 71, Premiere Partie; *Arbunot* cité pour fon calcul en Angleterre.

d'être en âge ou d'avoir occaſion de ſe marier : toutes raiſons qui regardent autant un ſexe que l'autre : & à l'égard de l'aveu *que les hommes ſont plus expoſés que les femmes à être tués à la guerre, à périr ſur mer, ou par d'autres accidens dangereux,* dont on ſe prévaut pour décréditer encore mieux la prétendue preuve du calcul dont il eſt ici queſtion, il ne ſert pas davantage au ſoutien de la *Polygamie* que la remarque elle-même ne for-tifie l'opinion pour la rejetter. Cette vérité de *fait,* ſur quoi porte l'aveu, eſt le fruit de nos propres réſolutions & de la volonté humaine : elle n'eſt pas néceſſairement dans la nature ; & par con-ſéquent elle ne peut rien établir en faveur d'une inſtitution qui choque ſi fort l'eſſence ſimple du mariage, & ſes précieux effets, qui ſont la paix & le bonheur dans les familles. Rien n'eſt ſi in-digne de la bonne cauſe, que de la défendre par de mauvaiſes raiſons. Mais *Barbeyrac* penſoit que la *polygamie* n'étoit pas contraire au *Droit naturel* : il croit triompher, en finiſſant par dire que « de plus, on ſuppoſe mal-à-propos, que » tous ceux à qui il ſera permis de prendre plu-» ſieurs femmes, le feront ; *que* bien des raiſons » les en empêchent & les en doivent empêcher » pour éviter certains inconvéniens. *Que s'ils paſ-*» ſent par-deſſus, cela prouve ſeulement que la » choſe eſt ſujette à abus, comme bien d'autres ». On n'a jamais raiſonné plus populairement & avec moins de ſoin de trouver la vérité : la bonté d'une choſe, ou plutôt ſa perfection eſſentielle ne ſe juge point d'après l'uſage plus ou moins commun que les hommes en feront. Le mariage régulier d'un avec une, eſt la ſeule union pro-pre à être la ſource du genre humain, & il n'eſt

Dans *Puff,* Tome III, page 25, note 6, déja citée.

Combien *Barbeyrac* raiſonne populaire-ment & avec peu de ſoin au ſujet de la *Polyga-mie.*

Réflexion.

pas de devoir pour cela, ni il n'arrive point que tous les hommes fe marient. Si l'on faifoit donc valoir par-là l'excellence du mariage conftitué de cette maniere, à propos des inconvéniens, l'on n'auroit pas mieux prouvé fa bonté intrinfeque, que fi l'on difoit : Que le *vol*, l'*affaffinat*, la *trahifon* ne font point mauvais en eux-mêmes, parce que tout le monde ne les commet pas. Il faut, je le répete, une regle fupérieure ou des raifons tirées de l'effence même de la chofe; ou la preuve certaine comme fes effets font généralement & principalement falutaires aux hommes.

Regle à fuivre pour connoître la vérité, ou l'apprendre aux autres.

Différence à faire entre les chofes que le Droit naturel condamne.

Il eft prouvé que la *Polygamie* eft effentiellement mauvaife, puifqu'elle n'a pour elle, en aucun de ces rapports, la regle dont je viens de parler; & par conféquent que le *Droit naturel* la condamne; mais tout ce que condamne le Droit naturel n'eft pas de même force; & bien qu'on ne voie pas d'abord en certaines chofes, des ravages frappans, ou des maux auffi faciles à appercevoir que dans d'autres, elles ne font pas moins toutes une violation & l'effroi de la nature. Le *vol*, l'*affaffinat*, la *trahifon*, la *guerre offenfive*, &c. fe préfentent d'eux-mêmes fous un afpect qui n'eft pas douteux : leur idée feule les déclare pour ce qu'ils font, c'eft-à-dire, mauvais & contraires à la juftice & au bonheur des Peuples; mais, c'eft qu'ils attaquent plus directement la fûreté publique; c'eft qu'ils rompent ouvertement ou fourdement le lien de la confiance; qu'on agit en ennemi, fans notre aveu, & en opérant la deftruction du corps ou de la fortune. La *Polygamie* n'a pas de telles enfeignes :

elle

elle ravit, il eſt vrai, aux femmes le droit d'être en part de l'autorité, & uniques dans la famille; & c'eſt bien aſſez, comme nous l'avons fait voir; mais elle les laiſſe d'ailleurs dans la jouïſſance de ce qui ſe paſſe entre un mari & une femme; elles ſont même entrées dans cet état ſans aucune violence apparente : On les nourrit, on les entretient, on les ſert : en un mot, l'on y voit encore une certaine idée de choix, d'ordre & de liberté qui offuſque. Des enfans viennent, on en prend ſoin : & l'on n'a des femmes qu'autant que l'on veut, ou qu'on en peut tenir. Comme les déſordres de cette coutume ne ſont pas d'abord ſi ſenſibles, & qu'on ne voit pas aiſément comment elle bleſſe la conſtitution naturelle du mariage, & les droits reſpectifs de la femme, on ne ſent pas un penchant décidé à la rejetter, que dis-je ? Comme ce ſont les hommes qui font les Loix, & que celle-là flatte extrêmement les ſens & la paſſion de dominer, on ſe figure qu'elle peut être bonne ; & l'illuſion va enfin juſqu'à ſe le perſuader. Mais un menſonge qui n'eſt pas même de conſéquence, bleſſe le *Droit naturel*. Des accords entre deux perſonnes, qui ne regarderoient qu'elles perſonnellement, pourroient le bleſſer auſſi. Celui qui attente ſur lui-même y manque également. Il ſuffit, pour aller contre ſes Loix, que l'on heurte les *convenances* & les *rapports* que le Créateur a mis entre les autres êtres & nous, & les choſes entre elles pour le repos & le bonheur de la terre. Je ne parle pas de ſa gloire : elle eſt au-deſſus de nos imperfections. Il n'eſt ici queſtion que de la fin qu'il s'eſt propoſée, qui eſt l'harmonie du Monde & la félicité du Genre humain.

Tome II. K k

Indigne comparaison de la polygamie, avec le jeu & autres choses indifférentes.

Or, la *polygamie* est du nombre des institutions humaines, qui sappent le *Droit naturel* sous des apparences trompeuses : elle fait à sa maniére, contre l'ordre & les droits du sexe le plus foible, ce que les crimes font à la leur, contre la société civile en général : & elle n'en est pas moins mauvaise, pour paroître moins terrible. Mais quelque illusion qu'elle nous fasse, pourra-t-on jamais entendre de sang froid, qu'elle soit *une de ces choses indifférentes de leur nature, dont il est facile d'abuser ?* Qu'on la compare *au jeu & à d'autres divertissemens, dont le plus sûr, dit-on, (1) est de se priver, pour peu qu'on se sente de la disposition à en faire un mauvais usage ?* Une institution qui donne naissance au Genre humain sera-t-elle donc un jeu, une chose indifférente ? Mais quand on pourroit comparer ensemble des choses si éloignées, il s'agit ici de l'essence & de l'ordre constitutif qui ne peut se changer. Il n'est pas question, si l'on doit s'abstenir de jouer ou de se marier ; mais si en jouant ou en se mariant, l'on peut en pervertir l'usage ou la forme, si l'on peut en faire l'application comme il nous plaît. Il est des regles établies : à l'égard du *mariage*, nous ne les avons point faites ; elles suivent de la nature de cet engagement : Et pour les *jeux*, si nous les avons formées, elles sont toujours analogues & relatives à leur constitution, quand elles sont bien faites ; mais tant qu'elles durent, nous y sommes

En considérant le *jeu* comme il faut, la comparaison seroit encore contre la polygamie,

---

(1) Voyez ci-devant au commencement de ce Chapitre. C'est *Barbeyrac* qui parle ainsi, suivant le passage que j'y ai rapporté.

affervis, & nous devons les fuivre. Ainfi il y a
une abfurdité de toute part, à comparer avec
les divertiffemens inventés par les hommes, la
feule maniere qui convienne au bonheur du Genre
humain & à la nature même de la chofe, pour
la propagation de l'efpece : laquelle eft le *ma-*
riage d'un avec une, exclufivement à toute autre
union, comme porte fon idée fimple : ce qui
n'eft point dépendant de notre inconftance &
de nos caprices : & à plus forte raifon, fomme-
nous affujétis à cette loi, fi dans les chofes que
nous avons nous-mêmes établies & qui font innocentes, nous en devons fuivre les regles. Mais
les jeux ne font pas *indifférens* par eux-mêmes,
fi le *jeu* en général peut fe dire tel. Le diver-
tiffement eft néceffaire pour quiconque eft trop
occupé : tout comme il ne convient point à qui
pafferoit fa vie fans rien faire, parce qu'il faut
que tout homme travaille, & que les délaffemens dans l'ordre des chofes, ne viennent qu'a-
près. Or, les délaffemens doivent être encore
réglés par la modération, la décence, le bon ordre :
Combien de jeux défendus, qui font la perte des
familles, & une fource de défordres pour les mœurs ?
Ce n'eft point, parce qu'on ne fera ni affez riche,
ni affez habile, pour en courir les hafards, qu'on
s'en abftiendra ; mais parce qu'ils font mauvais en
eux - mêmes & dangereux, à-peu-près, comme
le poifon.

En marge : A tort pourtant, l'on met le *jeu* parmi les chofes indifféren- tes.

L'on voit donc que l'idée du *jeu*, prife en
général, ne détermine rien par elle-même, fi
l'on n'entre dans le détail des efpeces, & qu'on
n'en juge par ce qu'elles font en effet : En quoi
l'on doit remarquer l'immenfe difproportion qui

En marge : L'idée du *jeu* eft va- gue : Il faut en ve- nir aux ef- peces pour en juger.

Celle du mariage, au contraire, est simple & individuelle. se trouve, entre cette idée & celle du *mariage*; laquelle auroit dû bannir toute comparaison, puisque celui-ci fait une idée unique, qui ne souffre point diverses especes, & est assujéti à une seule maniere d'être : caractere le plus distinctif qui se puisse, & d'où découle, par une analogie certaine, tout ce que j'ai dit pour combattre la *polygamie*, & montrer qu'elle fait injure au *Droit naturel* & à la raison. Il me reste cependant à repousser une objection qu'on appelle *accablante* : Nous allons la voir.

CHAPITRE VII.

On s'est mépris sur le vrai sens des Paroles de l'Ecriture, dans tous les endroits où il semble que la pluralité des Femmes étoit autorisée par la Loi.

CETTE Objection formée de l'exemple des Patriarches, dans l'Ecriture, est tirée de la Loi même de *Moyse, sur quoi,* dit-on, l'on n'a rien répondu de satisfaisant, & l'on doute qu'on puisse jamais en venir à bout. La vérité est qu'il est bien difficile d'admettre que si la pluralité des femmes est opposée à l'institution & au carac- tere essentiel du mariage, par conséquent défen- due par la Loi naturelle, la Loi de Dieu posi- tive l'ait permise ; & que les premiers hommes du Peuple chéri, avant qu'elle eût été promul- guée, en aient usé, sans aucune forte de blâme : ou bien, si Dieu n'a rien établi en cela, & que les Patriarches n'aient rien fait que de con- forme au *Droit naturel,* il faut donc que la plu- ralité des femmes soit un privilege accordé par l'Auteur de la nature au sexe masculin pour la propagation de l'espece humaine, & que tout ce que nous en avons dit soit une chimere.

Mais il faudroit renoncer à la faculté de pen- ser, & douter même des raisons qui nous feroient adopter l'opinion contraire, si nous ne regardions pas comme certains les principes & les conclusions

Deuxieme Point : Dans l'en- treprise de combattre la polyga- mie.

Voyez aux paro- les de Bar- beyrac, déja citées au com- mence- ment du précédent Chapitre.

Alternati- ve égale- ment em- barrassan- te.

Il ne se peut pour- tant qu'on n'acquies- ce aux preuves.

K k iij

que la raison nous fournit contre la *polygamie* *Mœurs des Isr.* p. 13 & suiv.

Ce que nous dit *Fleury* des Patriarches & des Israélites sur cette coutume d'avoir plusieurs femmes.

que les lumieres naturelles nous ont fournis contre la *polygamie* : ce point doit être assuré. D'un autre côté, il est très-certain aussi que l'objection qu'on nous fait est véritable, ou du moins jusqu'ici regardée comme positive. *Je ne prétends pas*, dit Fleury, *justifier tous les Patriarches sur cette matiere : l'histoire de Juda & de ses fils ne fournit que trop d'exemples contraires.* Il se contente seulement d'admirer la modération de ces mêmes Patriarches à l'égard des femmes, quand il considere la liberté d'en avoir plusieurs, & le desir d'une nombreuse postérité. Il loue *Abraham* de ce que ce ne fut que de la main de sa femme qu'il en prit une seconde, & à l'âge de quatre-vingt-six ans, comme ils n'avoient point eu encore d'enfans ; de n'avoir marié *Isaac* qu'à quarante ans, & celui-ci de n'avoir jamais eu d'autre femme que *Rebecca*, quoiqu'elle eût été vingt ans stérile, & ne lui eût donné que deux enfans d'une même couche. Il convient que *Jacob* a eu tout-à-la-fois deux femmes & deux concubines ; mais il explique comment : « Celui-ci demeura jusqu'à soixante-
» dix-sept ans auprès de son pere, attendant cette
» importante bénédiction qui lui étoit due par la
» cession de son frere. A cet âge il songe à se
» marier. Il demande *Rachel*, & ne l'obtient
» qu'après sept ans de services. Il se marie donc
» enfin à quatre-vingt-quatre ans. On lui donne
» *Lia* malgré lui. Il la garde, *observe Fleury*, pour
» ne la pas laisser déshonorée ; mais comme il
» n'y avoit point de loi, *dit-il*, qui lui défendît d'a-
» voir plusieurs femmes, ni d'épouser les deux sœurs,
» il prend aussi celle qu'il avoit promis d'épouser.
» Comme elle se trouva stérile, elle donna à son
» mari une esclave pour en avoir des enfans.

Gen 29.

» C'étoit (*continue l'Historien*) une espece d'a-   *Gen.* 31,
» doption pratiquée en ces temps-là, & sa sœur
» en fit autant pour avoir une plus grande fa-
» mille ». Il remarque que *Saint Augustin* tire de   De *S.*
tout cela cette conclusion : Que *nous ne lisons*   *Augustin*
point que Jacob ait demandé d'autre femme qu'une   sur *Jacob*
seule, ni qu'il se soit servi de plusieurs, qu'en gar-   à ce sujet.
dant exactement les loix de la fidélité conjugale. Il   18, *Civit.*
nous dit lui-même *qu'on ne doit point penser qu'il*   38.
ait eu d'autres femmes auparavant ; car, pourquoi
ne seroit-il parlé que des dernieres ? Il avertit que   *Mœurs des*
l'on ne peut accuser d'incontinence ceux que l'Ecri-   *Isr.* p. 13.
ture met au rang des Saints ; car du reste il avoue
que les hommes n'étoient dès-lors que trop cor-
rompus.

Mais enfin, cela même prouve que l'usage d'avoir   Consé-
plusieurs femmes à la fois étoit alors reçu ; &   quence
qu'on ne le regardoit pas comme violant le *Droit*   qu'on
naturel : puisqu'encore aujourd'hui l'on pense,   tirer, ce
comme nous venons de voir, *qu'il n'y avoit point*   semble, en
de Loi qui défendît d'avoir plusieurs femmes, &   faveur de
qu'en considérant la Religion & la suite du peu-   la puralité
ple de Dieu, selon les diverses époques qui leur   des fem-
font propres, l'on fait d'abord aller ensemble dans   mes.
la premiere, la *Loi de nature* & les *Patriarches :*   *Bossuet,*
Dans la seconde, *Moyse* & la *Loi écrite,* & ainsi   *Hist. Un.*
des autres. Par où il semble que ces premiers   P. 155.
hommes que Dieu s'étoit choisis de préférence
dans un Etat où il n'y avoit encore d'autre gouvernement que le paternel ; que ces premiers hommes, dis-je, ne connoissant d'autre regle de conduite que celle que la conscience & les lumieres
naturelles leur dictoient, pouvoient par cela même

être réputés, dans ce qu'ils faiſoient, *comme un ex-*
cellent modele de la vie humaine, ainſi que *Fleury*
le dit de tout le peuple de Dieu en général.

Ce judicieux Auteur, parlant des mœurs ſimples
des *Iſraélites,* beaucoup plus propres que les
nôtres à conduire ou à entretenir dans l'innocence, obſerve que « c'étoit le principal fonde-
» ment de la politique des Anciens que le grand
» nombre d'habitans dans un Etat, ſuivant cette
» parole du ſage : *La multitude du Peuple eſt la gloire*
» *du Roi, ou le petit nombre des ſujets eſt la honte*
» *du Prince. Qu'*ils s'appuyoient beaucoup moins
» ſur la fineſſe que ſur la force effective. *Que* de
» la maniere dont vivoient les Iſraélites, le ma-
» riage n'étoit pas un embarras pour eux : *que*
» c'étoit plutôt un ſoulagement, ſuivant ſon inſti-
» tution, les femmes étant laborieuſes comme
» les hommes, & travaillant dans les maiſons; tan-
» dis que les maris étoient occupés aux champs, &c. »
Samuel, dit-1, repréſentoit au peuple les mœurs
des Rois en ces mots : *Votre Roi prendra vos filles*
& en fera ſes parfumeuſes, ſes cuiſinieres, ſes bou-
langeres. « Que loin de craindre la multitude des
» enfans, les Iſraélites la ſouhaitoient : *qu'*outre
» l'inclination naturelle, 1 Loi leur en donnoit
» de grands motifs, &c. *Que* c'étoit donc une
» commodité & auſſi un honneur : *qu'*on regar-
» doit comme heureux celui qui ſe voyoit pere
» d'une grande famille, & qui étoit environné
» d'un grand nombre d'enfans & de petits-en-
» fans, toujours prêts à recevoir ſes inſtructions
» & à exécuter ſes ordres : *La couronne des vieil-*
» *lards,* dit l'Ecriture, *ſont les enfans de leurs*
» *enfans* ».

Il ajoute que « c'étoit par toutes ces raisons
» que les Israélites étoient portés à prendre plu-
» sieurs femmes à la fois, & qu'ils s'en faisoient
» aussi une marque de grandeur. Témoin ce
» que dit *Isaïe* pour marquer combien seroient
» estimés ceux que Dieu conserveroit entre son
» peuple, *que sept femmes s'attacheront à un seul*
» *homme, offrant de vivre à leurs dépens, pourvu*
» *qu'elles aient l'honneur de porter son nom ;* & cet
» autre exemple où il est dit que *Roboam avoit*
» *dix-huit femmes & soixante concubines, & qu'il*
» *donna plusieurs femmes à son fils* Abia *qu'il avoit*
» *choisi pour son successeur* ».

P. 61.

Isa. 4, 1.

2. Par.
11, 21, 23.

Enfin il remarque « qu'ils étoient assez réservés
» sur l'usage du mariage, s'en abstenant non-seu-
» lement pendant les grossesses & les autres in-
» commodités de leurs femmes, mais pendant
» tout le temps qu'elles étoient nourrices, c'est-
» à-dire, pendant deux à trois ans : & *qu'elles*
» ne se dispensoient pas souvent de nourrir leurs
» enfans, n'étant parlé que de trois nourrices dans
» l'*Ecriture ;* celle de *Rebecca*, celle de *Mophi-*
» *bosath*, & celle de *Joas*, Roi de Juda ».

P. 61.

Gen.
XXIV, 59,
2. Reg. IV,
4, 4, *Reg.*
XI, 2.

Tout cela est bien bon ; mais l'on ne croira
pas facilement que nous ne devions pas trouver
étrange que Dieu tolérât la *polygamie* qui s'é-
toit introduite dès avant le Déluge ; & puisqu'il
convient, cet Auteur, *qu'elle fut contraire à la pre-*
miere institution du mariage, il restoit toujours à
nous dire comment elle s'accordoit avec le *Droit*
naturel ; ou bien, si elle le violoit, comment
Dieu avoit pu non-seulement la tolérer, mais la

Pag. 62.
Mais cela
ne fait pas
que la *plu-*
ralité des
femmes,
s'accorde
avec le
Droit na-
turel, ni
que l'on
compren-

ne, comment Dieu même, à l'égard de David, l'a mise au nombre des bienfaits dont ce Prince lui étoit redevable.

permettre (1). On voit (2) que Dieu reprochant au Roi *David* son ingratitude, par la bouche du Prophete *Nathan*, met au nombre des bienfaits dont ce Prince étoit redevable à sa bonté : *Qu'il* (3) *lui avoit donné plusieurs femmes & d'un rang considérable.* Barbeyrac insiste donc ; & remarque (4) « qu'il y a dans le vieux Testament » des choses qui supposent manifestement que » Dieu permettoit la *polygamie.* D'où il résulte, » *dit-il*, encore un argument invincible auquel on » n'a répondu & on ne répondra jamais rien de » plausible, en suivant l'opinion de ceux qui » veulent que ce soit une chose absolument mau- » vaise de sa nature ».

Loco citato, p. 62. La réponse que fait ici *Fleury* n'est point satisfaisante.

J'avoue que je ne suis pas bien content de la réponse qu'y fait le sage *Fleury*, toute mesurée & raisonnable qu'elle paroisse : il dit que « quand le » mariage fut institué dans le Paradis terrestre,

(1) Voyez *Deut. XXI*, 15. C'est l'exemple *de filio odiosæ primo genito.* Ibid. *XVII*, 17. C'est celui au sujet des Rois : *Non habebit uxores plurimas*, &c.

(2) Dans *Puff.* Tom. III, pages 20 & 21, & un passage de S. Ambroise rapporté dans le Droit Canon, *Can. XXXII, Quæst. IV, C.* 3, 7.

(3) II. *Samuel XII*, 8. Voyez *Selden de Uxore, Habr.* Tom. I, Chap. IX, & *Léon de Modene, des Cérémonies & des Coutumes des Juifs.* Part. IV, Chap. II.

(4) *Puff.* Tom. III, pag. 23, note 2, où *Barbeyrac* ne cite aucun exemple.

Voyez aussi *Grotius*, Tom. I, pag. 330, §. 9, où il cite le *Deut. XXI*, 15, pour dire qu'il y a quelques préceptes donnés à ceux qui auroient plus d'une femme, comme dans le premier exemple ci-dessus ; & le même *Deut. XVII*, 17, où il est défendu aux Rois d'avoir un trop grand nombre de femmes & de chevaux, qui est le second exemple.

» il n'y avoit point encore de concupifcence ,
» & que depuis que par la Loi nouvelle , il a été
» élevé à la dignité de Sacrement , il eft accom-
» pagné de graces très-fortes ; mais *que* dans l'in-
» tervalle , lorfque la grace étoit beaucoup moin-
» dre , & que le péché régnoit , il étoit digne de
» la bonté de Dieu , d'ufer d'une plus grande
» indulgence. La *polygamie* étoit , *continue-t-il,*
» comme le divorce ; que *Jefus-Chrift* dit aux
» Juifs ne leur avoir été fouffert que pour la du-
» reté de leur cœur. Outre les femmes , *ajoute-*
» *t-il,* il étoit encore permis d'avoir des concu-
» bines , qui d'ordinaire étoient des efclaves. Les
» époufes légitimes n'avoient au-deffus d'elles que
» la dignité , qui rendoit leurs enfans héritiers.
» Ainfi , *conclut-il* , le nom de *concubinage* ne figni-
» fioit pas une débauche , comme parmi nous ;
» c'étoit feulement un mariage moins folemnel ».

Matth.
XIX, 8.

Quelqu'habileté qu'ait eu cet Auteur dans beaucoup d'autres connoiffances où il s'eft diftingué ,
fur-tout par fon difcernement & fon goût , l'on
ne peut fe refufer à croire qu'il n'avoit pas affez
médité fur ce fujet, & que quelque grande que
fût la concupifcence après le péché du premier
homme , & fi peu de grace dont le mariage fût
alors accompagné , il ne pouvoit être digne de
Dieu pour faire éclater fa bonté , qu'il agît contre
fa fageffe : que cette plus grande indulgence , dont
il auroit ufé envers les hommes , par la raifon que
leur penchant au mal étoit plus fort , ne pouvoit
s'accorder ni avec la régularité de fon premier
deffein & la regle qu'il avoit d'abord établie , ni
avec la vraie bonté d'un Dieu qui n'ufe jamais
d'une complaifance capable d'enfoncer toujours
plus dans le crime : qu'on a tort de mettre ici à

l'égal du *divorce*, dont je traiterai bientôt, la *po-lygamie* qui réunit les principaux caractères de désunion & de destruction de la chose même : le mariage devant être la société d'un seul avec une seule ; ou bien il n'y a point de mariage. Ce ne peut donc pas être là le dessein de Dieu, s'il a souffert sous la loi de nature que les Patriarches usassent de plus d'une femme à la fois, & sous la *Loi écrite*, s'il a donné ouvertement à entendre qu'il le permettoit. Quand on examine ce qu'en ont pensé quelques *Saints Peres*, l'on n'est pas plus content de leurs raisons. *Saint Chrysostome* disoit que « Dieu n'exigeoit pas de nous un

» si haut degré de vertu ; mais qu'il étoit permis
» & de se venger de ceux dont on avoit reçu quel-
» qu'injure, & de rendre outrage pour outrage,
» & de chercher à amasser de l'argent, & de ju-
» rer, pourvu que ce fût en bonne conscience,
» & de crever l'œil à celui qui nous en avoit crevé
» un, & de haïr son ennemi ; qu'il n'étoit pas
» non plus défendu de vivre dans les délices, ni
» de se mettre en colere, ni de répudier une
» femme pour en prendre une autre. Bien plus,
» *ajoutoit-t-il*, la Loi permettoit d'avoir deux
» femmes en même-temps ; & en un mot il pré-
» tendoit qu'à ces égards & à tous les autres, l'in-
» dulgence étoit grande alors ; mais que depuis
» la venue de *Jesus-Christ*, le chemin étoit devenu
» beaucoup plus étroit ». *de Virginitate*, cap. XLIV. *Grotius*, qui rapporte ce passage, & qui s'en appuie pour dire qu'*encore que la Loi de Moyse prescrive ou qu'elle conseille aux Hébreux les mêmes vertus que l'Evangile des Chrétiens, ce n'est pas pourtant dans un si haut degré, ni avec tant d'étendue : Grotius*, dis-je, trouve ce passage fort

L'on n'est pas plus content de ce qu'en disent quelques Peres de l'Eglise.

Voyez dans *Grot.* Tome I, pag. 104, note 5.

S. *Chrysostome* par ses paroles, détruiroit toute obligation de vertu avant *Jesus-Christ*, quelque éloigné que cela fût de sa pensée.

beau ; mais il y a bien loin de ce qu'il dit, à l'ex-
tenſion que donnent les paroles de *Saint Chryſoſ-
tome* à la liberté qu'avoient les Juifs d'être moins
parfaits que les Chrétiens. Touchant la regle des
mœurs, la perfection ne peut tomber que ſur des
privations qui ne ſont pas abſolument néceſſaires,
ou ſur une plus grande exactitude à faire les choſes
d'obligation ; mais la privation de la *polygamie*,
qui eſt une choſe réprouvée par la Loi de *Jeſus-
Chriſt*, eſt d'obligation auſſi, & commandée par
la *Loi de nature ;* parce qu'il ne s'agit pas là *d'un
peu plus ou d'un peu moins* dans le chemin de
la vertu. Il faut être entiérement dedans ou l'on
eſt dehors : *ſe venger d'une injure, rendre outrage
pour outrage, jurer, crever l'œil, &c. haïr ſon ennemi, vivre dans les délices, ſe mettre en colere,
répudier ſa femme, &c.* ſont encore des choſes par
elles-mêmes mauvaiſes, & que le *Droit naturel*
condamne ; mais la poſſeſſion de plus d'une
femme à la fois le contrarie davantage, en ce
ſens, qu'elle fait ceſſer toute idée de mariage,
& qu'elle détruit préciſément l'objet & le principal
but du Créateur, relativement à ſa ſageſſe, dans
l'union qu'il a voulu être entre l'homme & la
femme pour ſes deſſeins que j'ai expliqués plus
haut. *Fleury* n'avoit donc pas bien pénétré les raiſons naturelles de la choſe, quand il a regardé
la *poſſeſſion des concubines* dans l'ancienne Loi,
comme des *mariages moins ſolemnels* : il n'y en
avoit point de mariage : & ſi ce n'étoit pas un
vrai *concubinage*, parce qu'on ne croyoit pas que
c'en fût un, c'étoit toujours un renverſement de
l'ordre, & un égarement qui faiſoit inſulte à la lumiere naturelle & aux bonnes mœurs. *Tertul-*

Ce que c'eſt que le moins de perfection en fait de mœurs.

Les choſes qu'il au- roit été permis de faire, ſelon S. Chry- ſoſtome avant J. C. ſont des maux réels & contrai- res à la Loi naturelle : mais bien mieux en- core la po- lygamie.

Paroles de
Tertullien
sur la liber-
té chrétien-
ne qui'le di-
fent claire-
ment.

lien (1) parlant de la liberté Chrétienne, qu'elle n'a donné aucune atteinte à l'innocence & à la probité, ajoute que « les Loix de la piété & de la » fainteté, de l'humanité, de la vérité, de la fidé» lité, de la chafteté, de la juftice, de la mifé» ricorde, de la bienveillance, de la pudeur, de» meurent en leur entier, *cap.* VI *de Pudicitiâ* ». Cela fuppofe bien que toutes ces vertus étoient de devoir avant la Loi nouvelle : par conféquent les vices contraires étoient rejetés, & il n'eft pas poffible d'admettre qu'on eût alors cette liberté outrée dont parle *Saint Chryfoftome*, au fujet des mœurs. Lui-même dit, dans un autre

Voyez
dans Grot.
Tome I,
p. 204, n.
5, déja citée.
S. Chryfoftome a
contre lui,
au fujet de
la *polygamie*, le
Droit naturel, & la
Loi pofitive univerfelle donnée à
Adam concernant le
mariage.
Ibid.
Tom. I, p.
330, not. 1
du §. 9.

endroit du même Ouvrage, que « Dieu n'exigeoit » pas des anciens Juifs le même degré de vertu » qu'il exige des Chrétiens » : il les vouloit donc vertueux : Or, affurément rien n'eft plus oppofé à cet état que les imperfections que nous avons relevées. L'on voit encore que les idées de ce *Pere* n'étoient pas fort juftes, quand, après avoir dit, à propos de *Sara*, *qu'elle cherchoit à confoler fon mari de fa ftérilité, par les enfans qu'il auroit de fa fervante* (ce qu'adopte le favant *Fleury*, comme nous avons vu plus haut, au commencement du Chapitre), il en donne cette raifon : *que cela n'étoit pas encore défendu*. Entendoit-il par une Loi pofitive, ou par la Loi naturelle ? En ces deux cas, il fe trompoit : nous avons prouvé que la *polygamie* eft contraire au Droit naturel; & fur l'autre point, je fuis de l'avis de ceux qui mettent la défenfe de la pluralité des femmes au nombre des Loix *pofitives univerfelles*, données à

(2) Dans *Grotius*, Tome I, pag. 87, note 6.

Adam, ainſi que le *divorce :* ce que l'on trouve clairement contenu dans ce qui eſt dit (Geneſe 11 , 24): *Que l'homme quittera ſon pere & ſa mere pour s'attacher à ſa femme , & qu'ils deviendront une ſeule chair.* Barbeyrac veut que cela ne faſſe rien ni pour ni contre la polygamie ou le divorce ; que l'expreſſion *devenir une ſeule chair* ſignifie ſeulement par elle-même , *qu'il y auroit entre un mari & une femme une union très-étroite ; mais qu'elle n'importe point qu'un mari ne puiſſe avoir en même-temps une ſemblable liaiſon avec deux ou pluſieurs femmes.* On ne peut réduire ainſi le ſens des paroles divines , ſans ſe tirer du point de vue le plus naturel qu'elles renferment : l'homme , à l'égard du Créateur , eſt obligé de remplir les devoirs qui naiſſent de ſes rapports déterminés & inarbitraires de ſa part , avec les créatures ſes ſemblables & les autres. Dieu, en lui ſignifiant le nouveau lien auquel le mariage l'engage , ne pouvoit lui en faire mieux ſentir la force qu'en lui repréſentant la néceſſité , pour ainſi dire , de rompre celui qui le tenoit étroitement attaché à ſon pere & à ſa mere , pour n'être plus déſormais qu'avec ſa femme. Or, entrant dans le diſcours de l'Être ſuprême, il ſemble qu'il y a ici *ſimplification* & *unité de choſe* de part & d'autre : le pere & la mere ne ſont qu'*un* à l'égard du fils. Le fils eſt étroitement lié avec eux, tant qu'il eſt encore garçon : ils ſont dans ce rapport de convenance & de néceſſité , où les chefs de la famille peuvent bien avoir d'autres enfans ; mais où le fils ne peut pas reconnoître d'autre ſource d'où il ſoit ſorti : par conſéquent , quand Dieu dit qu'*il quittera ſon pere & ſa mere pour s'attacher à ſa femme* , il oppoſe unité d'un côté avec unité de l'autre. Comme on ne peut pas

Ibid. Tom. I, p. 76, note 3, à la fin de la premiere colonne.

Barbeyrac entend mal les paroles de cette Loi poſitive univerſelle

Il la faut conſidérer dans ſes deux parties : 1°. En ce qu'elle preſcrit l'unité d'action : 2°. En ce qu'elle marque la force & la maniere de cette union

avoir plufieurs peres & meres, on ne peut pas avoir non plus plufieurs femmes, s'entend à la fois; & cette vérité s'opere du moment qu'on en a une; c'eft-à-dire, qu'il faut être féparé de la premiere par une caufe invincible comme la mort, ou quelqu'autre fupérieure, pour pouvoir en prendre une feconde. Ainfi la premiere partie de la Loi divine défigne l'unité de lien, & la feconde (*devenir une feule chair*) la maniere dont ce lien doit être fait. C'eft à ces deux regards qu'il falloit fe porter, & non pas, comme a fait *Barbeyrac*, faire confifter uniquement fon obfervation à l'union étroite qu'il doit y avoir entre le mari & la femme.

On a tort de confondre encore ces deux expreffions, dans le ftyle Hébreu : *Tu es mon os & ma chair*, parlant d'un parent; & *devenir une feule chair* avec fa femme, au fujet du mariage.

Différence effentielle entr'elles.

Il ajoute que, « felon le ftyle des Hébreux, » le mot de *chair* marque toute liaifon, tant » d'affinité que de confanguinité, comme l'a re-» marqué, *dit-il*, M. *le Clerc*; que c'eft ainfi que » *Laban* dit à *Jacob* : *Tu es mon os & ma chair* : » Genefe XXIX, 14, c'eft-à-dire, je vous recon-» nois pour un de mes parens. Comme donc, » *dit-il*, tout autant de parens qu'a une perfonne » font ma chair : de même rien n'empêche qu'un » homme ne puiffe être dit, felon ce ftyle, une » même chair avec plufieurs femmes ». On lui paffera que le mot de *chair*, dans le ftyle Hébreu, s'applique (1) à toute forte de parens; mais il n'aura pas pour cela mieux rencontré felon moi : l'expreffion, *Tu es mon os & ma chair*, ne fignifie pas que celui, dont on parle, ne faffe qu'un avec nous, mais feulement qu'il eft du même fang : il eft

(1) Je n'en fais pourtant rien, n'entendant point cette Langue.

viſible

visible que *Laban* ne disoit pas autre chose à *Ja-cob.* Mais *devenir une seule chair,* c'est dire qu'ils ne sont plus deux corps séparés, & qu'ils sont tellement unis qu'on peut bien les regarder comme n'en faisant qu'un. Et en effet, cette vérité, qui absolument & au propre ne sauroit avoir lieu, a merveilleusement & singuliérement son existence dans le figuré : car, à l'égard d'êtres raisonnables comme l'homme, il est de devoir de penser que l'étroite union des *corps,* que la lettre de la Loi recommande, emporte à plus forte raison celle des *esprits ;* & que si l'Être créateur a entendu que l'autre étoit indispensable, celle-ci sur-tout a été jugée nécessaire pour la fortifier, & parce que ce n'est effectivement que par l'ame & par le cœur qu'il peut y avoir de véritable & solide union.

Sens figu-ré du com-mande-ment, de devenir une seule chair, combien plus propre encore à faire sentir la nécessité de n'être uniqu'avec une fem-me.

Ainsi le mot, *devenir une seule chair,* ne pou-vant signifier que cette intime liaison qui se fait entre un mari & une femme, au point qu'il faille ne les considérer plus que comme un seul tout, il s'ensuit que le mari est tout dans la femme, & la femme dans le mari ; de telle sorte qu'ils ne peuvent plus disposer d'eux-mêmes au préjudice l'un de l'autre ; & que le mari, par exemple, n'a pas plus la liberté de se donner à une autre femme, que la femme à un autre mari : ce qui détruit visiblement toute idée de polygamie, & renverse de fond en comble l'opinion de *Barbey-rac,* comme celle de *Saint Chrysostome* qui n'a-voit pas approfondi son sujet.

Confé-quence : Le mari aussi peu maître de se donner a une autre femme, que la femme à un autre mari.

Saint Augustin ne paroît pas l'avoir mieux connu :

S. Au-gustin éga-lement

Tome II.   L l

dans l'erreur sur l'idée de la polygamie, par rapport à ces premiers temps.

il (1) parle de la coutume d'avoir plusieurs femmes en ce temps-là, comme d'une chose innocente & qui étoit permise pour la multiplication de la postérité : *Sufficiendæ prolis caussâ erat uxorum plurium simul habendarum inculpabilis consuetudo.* De Doctrinâ Christi, Lib. III, Cap. XXII, *Quoniam multiplicandæ posteritatis caussâ, plures uxores lex nulla prohibebat, &c.* De Civit. Dei, Lib. XVI, Cap. XXXVIII. Voyez encore le Chap. XVIII, Lib. III, *de Doctrinâ Christi.* Il dit ailleurs, dans le même Ouvrage, « qu'on faisoit alors légitime- » ment des choses qui ne peuvent aujourd'hui être » faites que pour contenter sa passion. *Multa enim* » *sunt, quæ illo tempore officiosè facta sunt, quæ* » *modò nisi libidinosè fieri non possunt.* Ibid. Cap.

L'on avoit pris une fausse idée de l'état de nature & du Droit naturel : Comment?

XXII. Il est clair qu'on n'avoit pas alors une juste idée du *Droit Naturel*, & qu'on ne se ravisoit pas de chercher la raison de la *Loi divine* à l'égard du mariage, par la lumiere naturelle qui étoit bien propre pourtant à la faire connoître. On se figuroit alors que l'état de nature n'étoit qu'un état de corruption, ou qu'il compatissoit avec les vices ; comme s'il n'étoit pas juste de penser que l'homme, sortant des mains du Créateur, avoit d'abord trouvé dans son entendement & sa conscience, des regles de raisonnement & de conduite, dont il ne pouvoit s'écarter sans remords & sans honte : & comme si, pour rendre à la Loi de *Jesus-Christ* tout l'hommage qui lui est dû, & échauffer notre reconnoissance ou notre zele, il étoit besoin de déprimer la Loi ancienne ou la Loi de nature : façon de penser

---

(1) Dans *Grotius*, Tom. I, pag. 330, note 1, du §. 9.

qui feroit injurieufe au miniftere de *Jéfus-Chrift* ;
autant qu'à la fageffe éternelle , qui avoit tout
arrangé dès le commencement du monde , pour
que l'homme pût le connoître & marcher dans la
vertu. Or, les chofes qu'on ne pourroit faire *aujourd'hui que pour contenter fa paffion* , ne pouvoient alors être légitimes : l'effence des crimes
& des imperfections n'a point changé , & la maniere de concevoir & de fentir eft la même. Ce
qui fait qu'une telle action eft mauvaife, c'eft bien
parce que la *Loi de Jéfus-Chrift* la défend ; mais
elle la défend , parce qu'elle bleffe le *Droit Naturel* & les regles de la faine raifon. On ne trouvera jamais , dans les plus grandes vertus que cette
Loi exige , que la plus raifonnable maniere de régler fes penchans & de conformer fes actions, fes
penfées & fes fentimens , à la rectitude que notre
propre befoin & la gloire du Créateur exigent :
Ce feront ces *rapports néceffaires* qui décideront tout
auparavant de la vertu Chrétienne. Après la rédemption du genre humain , il n'y a pas eu felon
moi (& ces deux chofes font inféparables) de plus
belle fonction pour *l'Homme-Dieu* , que de ranimer
la *Loi Naturelle* dans les cœurs , & la dépouillant
de tout ce qui avoit pu la défigurer , la montrer
toute pure & toute vivante , ainfi que praticable
dans fa perfonne.

De plus, ce deffein de la multiplication de la
poftérité , qui portoit *Saint Auguftin* à regarder
comme innocente la coutume d'avoir plufieurs
femmes en ces temps-là, n'eft pas plus capable
de la juftifier, qu'il auroit été propre par les effets
à cette fin : Et une pareille croyance doit être
mife au même rang que celle que *l'obligation, de*

*Ce qui eft
mal aujour-
d'hui étoit
mal alors.
Regle pour
juger di-
gnement
de la Loi
chrétienne
à cet égard.
Son éloge
par fon
grand ac-
cord avec
les Loix du
Droit na-
turel & de
la faine
raifon.*

*Le deffein
de multi-
plier la
poftéri-
rité, par
la Polyga-
mie auffi
peu jufte
en lui-mê-
me que la*

contribuer *à la propagation de l'efpece, étoit beaucoup indifpenfable immédiatement après la Création & le Déluge, parce que le monde étoit un vafte défert.* Il eft avoué & reconnu que le meilleur moyen de multiplier l'efpece, ce font les mariages réguliers d'un feul homme avec une feule femme, ainfi que nous l'avons vu plus haut : Et c'eft une autre vérité certaine que la bonne intention ne légitime pas la conduite, fi elle ne câdre d'ailleurs avec le bien en lui-même. On peut encore comprendre, à ce que nous avons expofé du caractere du devoir commun à tous les hommes, de faire valoir l'aptitude que Dieu a mife en eux pour perpétuer leur efpece, que ce n'eft point à raifon de ce que le monde étoit plus ou moins peuplé qu'ils étoient fujets à cette obligation : le devoir dont il s'agit eft indépendant de cette circonftance, & il eft encore aujourd'hui tout le même qu'il étoit alors, parce que fa regle eft dans la nature du mariage & dans fa fin plus immédiate, qui eft l'utilité & le bonheur des deux fexes, pour opérer l'utilité & le bonheur de tout le genre humain.

Saint Ambroife étoit dans les mêmes préjugés, en penfant & difant en propres termes (1) que « Dieu, » dans le Paradis terreftre, approuvoit le mariage d'un » avec une, fans condamner pourtant le contraire. » *Deus in Paradifo conjugium laudaverat, non* » *adulterium damnaverat.* Lib. 1 de Abraham, » Chap. IV, « Ce paffage fe trouve rapporté dans le Droit Canonique Cauf. XXXII, Queft. IV,

(1) Dans *Grotius*, Tom. I, pag. 335, note 11.

cujus arbitrium aliqua sequatur, &c. Barbeyrac observe, à la suite de cette note de *Grotius*, que ce
Pere a raison de dire que la polygamie n'étoit point
défendue du temps d'Abraham : mais qu'il ne devoit pas l'appeler *un adultere*, par rapport à ce
temps-là ; moins encore avancer que l'adultere étoit
alors permis. Il y a là, dit-il, pour le moins une
grande confusion d'idées, & une inexactitude
d'expression capable de jeter dans l'erreur, des
Lecteurs peu éclairés. Il est vrai que les idées des
Peres sur cette matiere ne sont pas claires ; Mais
les siennes aussi sont bien peu justes. Et je le dis
d'autant plus volontiers de lui, que s'étant fait une
affaire sérieuse de les relever durement en toute
occasion, & n'ayant pas été comme eux, exposé
à des préjugés capables de faire illusion sur certains points du Droit naturel, il s'est pourtant mépris étrangement au sujet de la *polygamie* : Et
tandis qu'il ne leur fait point de quartier dans les
choses où ils se trompoient, mais où ils n'étoient
pas sans excuses, en aidant un peu à la lettre, &
se prêtant au défaut d'idées que l'indigence du
temps, par rapport à la maniere d'étudier ces
connoissances, occasionnoit : tandis, dis-je, qu'il
les a attaqués ainsi sans ménagement, il ne manque pas de se prévaloir de leur autorité, quand,
par un effet de cette cause générale dont j'ai parlé,
ils se trouvent favoriser ses opinions. Ici, par
exemple, il s'appuie de tout ce qu'ils ont dit sur
la polygamie ; mais cet avantage tombe, puisqu'il
est démontré que le fond de leur prétention commune est mauvais & insoutenable. Je conviendrai
que *S. Ambroise*, dont il est principalement question dans cet article, (& c'est une chose que
Barbeyrac ne lui reproche point, car il ne regar-

*Excursion
contre
Barbeyrac
de ce qu'il
attaque
sans ména-
gement les
Peres de
l'Eglise,
&c.*

*S. Am-
broise n'u-
soit pas à
cet égard
d'un prin-
cipe diffé-*

doit point la polygamie comme mauvaife en foi) je conviendrai, dis-je, que ce *Pere* n'a pas parlé affez dignement au fujet du mariage *d'Abraham* avec fa fervante, par rapport à la *Loi Naturelle*, puifque (& c'eft encore une façon de penfer de nos jours) il fembloit ne mettre de crime dans la chofe, qu'à caufe d'une Loi *pofitive* qui le défendroit, & que, n'y ayant point eu de pareille Loi, *Abraham* n'étoit point coupable : A raifon de quoi il prétendoit que Dieu n'avoit pas condamné la polygamie. *Grotius* fait un femblable raifonnement. *Où il n'y a point de Loi*, dit-il, *il n'y a point de violation de la Loi : Or, en ce temps-là, il n'y avoit aucune Loi là-deffus.* J'ai montré, contre S. Chryfoftome & contre *Barbeyrac*, qu'il y avoit-là erreur dans le *fait* & dans le *droit :* Car, par les feules lumieres naturelles, on peut découvrir que la pluralité des femmes eft contraire à l'établiffement & à l'effence du mariage : Et il y avoit eu, dès le commencement du monde, une Loi pofitive & univerfelle de la part de Dieu, qui fixoit toute croyance à ce fujet, & devoit régler la conduite. J'obferverai ici en paffant, (& ce n'eft peut-être pas pour la premiere fois,) que la maniere d'envifager la chofe, par un principe conforme à celui de *Grotius*, eft très-fujet à induire en erreur, nonfeulement celui qui s'en fert, mais encore tous ceux qui le lifent, à caufe de la facilité que l'on a de croire bon tout ce que les Loix pofitives ne défendent pas, par le préjugé naturel, qu'on n'auroit pas manqué de le défendre, fi le bien de la fociété l'avoit demandé : parce que tous les hommes jugent bien plûtôt par ce qu'ils voient des yeux du corps, pour ainfi dire, que par ce qu'ils ne voient pas de même. On n'a pu parler de la forte fi vaguement

---

Marginal notes (left column):

rent de celui de *Grotius* ; mais ce principe très-dangereux, s'il n'eft expliqué & entendu, au fujet de ce qui conftitue *l'innocent* & le *coupable*.

Tome I, p. 335, au commencement.

Quelques pages plus haut.

Comment cela ?

& fans explication, fans embrouiller davantage les idées naturelles du *jufte*, de *l'honnête*, du *bon*, &c. qui font indépendantes des loix arbitraires, lefquelles, au contraire, par rapport à l'homme Légiflateur, doivent néceffairement s'y rapporter pour être bonnes.

Or, pour en revenir encore à *S. Ambroife*, j'avoue donc qu'il s'eft ici mal exprimé, quoique fa maniere ne foit pas différente de celle de nos Jurifconfultes modernes. Mais ce que je dois dire à fa juftification contre *Barbeyrac*, au fujet du reproche *qu'il ne devoit pas appeler la polygamie un adultere*, & pour répondre en général à ce qu'il dit ailleurs, (1) *que les Peres de l'Eglife, fondés fur des expreffions figurées ou impropres, ont brouillé les idées d'adultere, de fornication, de concubinage, &c.* (2) : Ce que je dois, dis-je, obferver, c'eft que du moins on voit par-là qu'ils avoient en eux-mêmes une notion de la pureté & de la fimplicité du lien conjugal, regardant toute union avec une autre femme, même fous le voile toujours du mariage, comme un *adultere*. Ils avoient du moins cette notion, fi la néceffité prétendue des temps, l'ufage introduit & la fauffe raifon *que la pluralité des femmes n'avoit pas été défendue*, n'étoient pas des motifs capables de les autorifer. C'eft pourquoi, tout en croyant cette pratique innocente, ils l'appeloient *un adultere*, confondant, fous quelque apparence de raifon, un commerce illégitime avec la femme d'un autre, avec

S. Ambroife, cependant, & les autres Peres de l'Eglife, à qui Barbeyrac reproche de brouiller les idées d'adultere, de fornication, de concubinage,&c. peuvent être excufés : Exemple : la Polygamie.

_____

(1) Tome III, p. 23, note 3.

(2) Il renvoie ici à une Differtation de *Thomafius, de Concubinatu*, §. 19 & feq.

L l iv

celui qu'on se permet avec sa propre femme, qu'on a épousée tandis qu'on en avoit déja une : parce que cette nouvelle femme, par rapport à la premiere, n'est pas moins contraire à ses droits que si elle appartenoit à un autre mari. On trouve que ce qui caractérise l'adultere, *c'est que le mari alors souille la couche d'un autre mari ;* mais l'on ne prend point garde que les Loix de l'honneur & de la fidélité dans le mariage sont communes & réciproques, & qu'on doit dire tout de même, par rapport à la femme qui se trouve blessée par un second ou troisieme mariage de son vivant, comme il arrive dans la *polygamie*, que *ce sont tout autant d'adulteres à son égard*, parce que ces nouvelles femmes *souillent* effectivement sa *couche :* ce mot-ci n'est pas moins propre à la femme qu'au mari, s'ils sont astreints l'un & l'autre aux mêmes regles.

Et quand on voudroit supposer qu'il n'y auroit point de primauté entre toutes ces femmes, parce qu'elles auroient été épousées à la fois, cette maniere d'envisager la chose, sur laquelle je m'arrête, n'auroit pas moins lieu : Ou il faut dire qu'il n'y auroit point proprement de *mariage ;* & alors ce ne seroit qu'un mélange désordonné qui devroit être appelé *une vraie débauche :* ou bien, si nous y mettons l'idée d'union légitime, nous n'y verrons encore que des possessions sans titre & confuses, & nous ne pourrons nous empêcher de considérer toutes ces femmes ensemble, avec quoi l'idée *d'unité* répugne, comme tout autant *d'adulteres :* par la raison qu'étant engagées par une espece de lien conjugal, quoique leur mari soit le même ; elles jouent toutes pourtant, l'une à l'egard de l'autre, le rôle de *femme étrangere* & qui vient troubler la paix & les droits de la famille.

Puffendorf Tome III, pag. 23.

Le mot de *souiller* la couche d'un autre, pour signifier l'*adultere* qu'on n'applique qu'au mari, convient aussi à la femme.

Voilà comment les *Peres* ont été induits à confondre des chofes, qui effectivement font bien diftinctes ; mais voilà auſſi qui nous montre qu'ils étoient bien plus près de la vérité que nous enſeignons touchant l'*illégitimité* de la polygamie, que ces Auteurs modernes qui l'ont foutenue , comme n'étant pas contraire au *Droit naturel ;* en quoi l'on peut remarquer que , dans les illuſions même des temps & l'ignorance de certains principes néceſſaires pour pénétrer dans la raifon des chofes, *l'eſprit* de Dieu & la *fainteté* font bien plus capables de nous préferver d'un plus grand égarement, que la raifon toute feule.

Cependant il faut trouver le motif pourquoi, dans les Loix de *Moyſe,* Dieu n'a pas condamné l'uſage d'avoir pluſieurs femmes, puiſqu'on y voit au contraire quelques réglemens qui le fuppoferoient permis, de la maniere qu'on les explique : comme cette Loi remarquable, qu'on dit (1) trèsfage, par laquelle « il étoit défendu à un pere de » priver des Droits de la primogéniture l'enfant qu'il » avoit eu d'une femme qui lui déplaifoit, pour les » transférer à celui d'une autre femme qu'il aimoit, » de peur, fuivant la gloſe, que, gagné par les careſſes de la femme bien aimée, il ne fuppofât quelque fauffe raifon, ou ne cherchât de légers prétextes pour ôter à l'aîné les avantages que lui donnoit la naiſſance. Les termes de la Loi font clairs : *Si un homme a deux femmes* (difent nos verſions Françoiſes) *dont il aime l'une, & n'aime pas l'au-*

(1) *Puff.,* Tom. II, pag. 350.

Deut.
XXI, 15.
Grot. To-
me I, pag.
330, n. 2.

Manie:e
de s'expri-
mer de Jo-
feph fur
cette cou-
tume.

Manuel
lexique, T.
II, p. 269,
au mot Po-
lygamie.

Ce qu'en
penfoit
Prideaux,
conforme
à ce qu'en
a dit Saint
Auguftin,
Hift. des
Juifs, T.
II, p. 271.

tr:, &c. Je ne m'étonne donc pas que l'Hiftorien (1) Juif, dife que *c'étoit parmi eux la coutume d'avoir plufieurs femmes fi on vouloit :* D'où il femble pourtant qu'on peut, par ces derniers mots, con-clure que cela n'étoit pas un ufage fi généralement fuivi ; mais, en même-temps, l'on doit croire qu'il s'étoit affez répandu, puifque fous le regne de *Théodofe* le Grand, & *Arcadius*, & *Honorius*, il fut ordonné *que les Juifs n'auroient pas plus d'une femme.* L'Hiftorien *Prideaux*, qui regardoit la *plu-ralité* comme une pratique bien peu conforme à la nature, & pernicieufe à la fociété, & qui penfoit encore que Dieu le Créateur de toutes chofes, n'a jamais eu un tel deffein, étoit d'avis que « ce » Légiflateur fouverain avoit toutefois jugé à pro-» pos, par une permiffion pofitive, de difpenfer les » enfans d'Ifraël de l'obligation de n'époufer qu'une » femme à la fois ». S. *Auguftin* ne doutoit pas de cette permiffion pofitive, quand difant (Liv. 2. contre Faufte) que *ce n'étoit pas pour fatisfaire fes paffions qu'on avoit ufé de plufieurs femmes, mais pour multiplier le peuple de Dieu,* il fe fert de ce mot *ex Dei nutu.* Mais, felon moi, aucun des motifs qu'on prête à Dieu, ne peut lui convenir.

Aucun des
motifs
qu'on prête
à Dieu,
dans cette
p:étendue
permiffion
de la po-
lygamie,
ne peut lui
convenir.

1°. Il entroit bien dans fes deffeins économiques, *que fon peuple fe multipliât* ; mais il ne pouvoit vouloir que ce fût par un moyen ni bon en foi rela-tivement à cette fin, ni bon relativement à l'ef-fence du mariage.

2°. Il ne pouvoit donner une pareille permiffion

_____

(1) *Jafeph.*

positive , je ne dis pas sans autoriser le mal , car comme Dieu , les Loix *naturelles* qu'il a lui-même faites , ne le lioient pas , & il auroit pu en dispenser ; mais il ne le pouvoit pas sans enflammer cette dominante passion des sens , & sans donner lieu aux hommes d'en abuser d'une terrible force. Dans la *peine de mort* , cela se passe de sang froid & de sang rassis , puisqu'il s'y agit d'un jugement rendu sous des apparences de justice , & toujours pour le motif du *bien public* : On ne voit pas-là que l'autorité que Dieu prit , qui lui étoit incontestable , de punir de cette peine les criminels d'entre son peuple , fût d'une nature à être d'une pernicieuse conséquence pour les mœurs : ni qu'elle fût , pour ainsi dire , à l'encontre de la constitution des choses & formât une contradiction avec elle : mais il n'en est pas de même de la *polygamie* qui renverse l'idée de la société conjugale , & ne présente que celle de l'incontinence & de la confusion.

Je trouve donc plus raisonnable de croire que les Patriarches n'ayant (1) point de révélation , suivirent la coutume qui régnoit alors , sans que Dieu eût rien fait , ni dit , pour approuver ou blâmer leur conduite , & sans doute pour des raisons très-fortes qu'il ne nous est permis que de respecter. Et quant aux passages de la Loi écrite sous *Moyse* où il semble que Dieu y a donné son consentement , je réponds que toutes mes réflexions n'aboutissent qu'à me convaincre qu'on a abusé de ces passages , & qu'on leur a donné un sens qui

Solution de la difficulté à l'égard des Patriarches.

Solution encore à l'égard des passages de la Loi écrite.

_____

(1) Basnage, *Histoire des Ouvrages des Savans* , Tom. II, pag. 91.

n'y eſt point du tout : *Si habuerit homo uxores duas*, ne ſignifie pas qu'on eût eu deux femmes à la fois, mais ſimplement l'une après l'autre. Le Légiſlateur, conſidérant qu'un pere ſe décide ſouvent dans ſes préférences entre ſes enfans de divers lits, ſelon qu'il a plus ou moins aimé ou haï les meres, a voulu marquer combien il condamne des traitemens fondés ſur une cauſe ſi injuſte ; puiſque les enfans ne peuvent dépendre d'un caprice, d'un tort ou de tout autre motif auquel ils n'ont pas donné lieu, & que leur rang & leur condition doivent ſuivre de leur propre mérite. C'en étoit un alors d'être venu le premier : Dieu l'avoit ainſi ordonné pour des raiſons qui ſont inutiles ici. Je remarque que *S. Jérôme* employant, dans ce même Chapitre *du Deutéronome*, où la Loi ſuppoſe divers autres cas, le même temps paſſé du ſubjonctif, & que la verſion Françoiſe rend également par le préſent, c'eſt bien pour exprimer des choſes qui ſont arrivées & dont les effets ſubſiſtent ; mais ces choſes-là ſont uniques, c'eſt-à-dire, qu'il ne s'y agit que d'un ſeul acte : au lieu que l'état d'un homme qui auroit eu deux femmes à la fois, ne peut s'exprimer de la même ſorte, il faut néceſſairement marquer la choſe à un trait non méconnoiſſable, & qui n'ait rien de commun avec la maniere dont la Loi s'exprime ſur les autres cas. Il n'y a que le texte original Hébreu, qui nous puiſſe décider ſur ce qu'il en faut croire. Et s'il eſt tel que la verſion latine, on ne peut, ſans bleſſer la dignité de l'*Ecriture*, y ſuppoſer un ſens qui déroge tant au *Droit naturel* & aux bonnes mœurs ; tandis même qu'il faut pour cela ſe tirer de la lettre de la Loi.

L'autre exemple, au fujet des Rois, tiré auffi du Deutéronome, Chap. XVII, *v.* 17. *Non habebit uxores plurimas, &c.* qu'on rend en François par ces mots, *Qu'il n'aura point un trop grand nombre de femmes* (1) ne va pas, ce me femble, à ce fens ; & je crois y reconnoître qu'il ne s'y agit d'autre chofe que de rappeler les Rois au commandement primitif, *De fe contenter d'une feule femme.* Moyfe dénommoit plutôt les chefs de la Nation, pour faire voir, que ce qui ne leur eft pas permis, à plus forte raifon ne l'eft-il point aux fujets, parce que les Souverains font ordinairement plus expofés que les autres hommes à l'illufion du pouvoir : Et il fe fervoit de l'image de la *pluralité,* (plurimas) dans fa défenfe, comme étant celle qui frappoit actuellement les efprits en raifon de la coutume, pour l'oppofer, en idée, à celle d'unité, à laquelle il vouloit ramener. C'eft ainfi que l'on diroit, par exemple, pour exciter à la vertu : *Vous, un être raifonnable, vous livreriez-vous à tous les vices ?* Ce ne feroit pas dire qu'on pût être encore vertueux avec quelques vices feulement, & qu'on ne fût bien hors de la regle qu'autant qu'on fe jetteroit dans l'excès. La verfion de *Sacy* rend le mot *Plurimas* par *une multitude ;* ce qui ne s'écarte pas autant du fens que j'établis : mais toujours feroit-elle inexacte, fi *l'Auteur Sacré* n'a point entendu ce qu'on a voulu faire fignifier à fon expreffion. Et je dirai encore ici, que fi fon expreffion en langue Hébraïque eft de même nature que la latine, on ne peut en rien conclure non

Deuxieme Exemple : (parlant des Rois). Ci-devant, Chap. IV, en commençant.

___

(1) *Barb.* dans *Grot.* Tome I, p. 86, premiere colonne.

plus, pour le fens que je combats ; & qu'on ne s'eft laiffé aller, fans y penfer, à l'interprétation qu'on lui donne, qu'à caufe de l'ufage introduit alors de la *polygamie*, & de la perfuafion où l'on étoit qu'elle étoit permife. On penche toujours pour une explication qui s'accorde avec nos coutumes, & avec ce que nous penfons déja : Et cette difpofition étoit d'autant plus féduifante, qu'il faut avouer que la liberté d'avoir plus d'une femme à la fois, n'avoit pas, en ce temps-là, des fuites fâcheufes, ni trop dommageables pour les familles ; foit à caufe de la maniere dont les femmes vivoient & travailloient dans la maifon, conforme aux mœurs du temps, qui étoient fort fimples, que par la modé-

Ci-devant deuxieme ou troifieme pages de ce Chapitre.

ration qu'apportoient les Ifraélites & les Juifs à cette liberté d'en avoir plufieurs, fuivant la remarque de l'Hiftorien *Fleury*, de qui j'ai déja rapporté les paroles.

Dieu, fans doute, ne s'étoit pas expliqué plus clairement pour plufieurs raifons : 1°. parce que la maniere dont il s'énonçoit ne les induifoit pas néceffairement à prendre le change ; 2°. parce que fa loi, *De fe contenter d'une feule femme*, avoit été

Pourquoi Dieu ne s'étoit pas expliqué plus clairement dans la Loi écrite, au fujet de l'obligation de fe contenter d'une feule femme ?

fuffifamment notifiée dès le commencement du Monde, & après le Déluge ; 3°. parce que le *Droit naturel*, bien entendu & réfléchi, étoit capable de faire reconnoître l'excellence de cette loi & fa néceffité ; 4°. parce qu'il vouloit laiffer le mérite de s'en appercevoir & d'agir en conféquence, ou bien éprouver fon peuple, à qui les chofes purement fpirituelles n'étoient pas fort compréhenfibles ; 5°. parce que l'erreur de conduite fur cette matiere, quand elle eft accompagnée de quelque regle, comme de ne prendre

une feconde femme qu'en cas de *ftérilité* de la premiere, avec fa permiffion, ou de fa main, n'eft
point alors funefte, du moins par rapport au but
de perpétuer la poftérité, & qu'avec elle, peut
encore aller, & fe maintenir le genre humain : au
lieu qu'il eft impoffible qu'il fe foutienne avec les
vols, les rapines, les trahifons, les affaffinats,
& tant d'autres crimes de cette nature qui déchirent la fociété. Auffi voit-on que le divin Légiflateur des Juifs ne s'y eft pas oublié, & qu'il a
expliqué, à cet égard, fes volontés fuprêmes en
termes les plus clairs & les plus précis. Mais ce
n'eft pas à dire que la *polygamie* ne bleffe point
le *Droit naturel*, comme je l'ai déja montré, &
que l'Être fouverainement faint ait voulu l'excepter de toutes fes autres défenfes.

Les autres exemples tirés de l'Ecriture (1), où
l'on prétendoit trouver directement la preuve de
la permiffion de la polygamie, ne font que des
feconds mariages qui avoient lieu en fe féparant
de la premiere femme, foit en la renvoyant fimplement, ou la répudiant, fuivant un ufage dont
nous parlerons bientôt. On ne voit jamais-là qu'on
ait gardé plufieurs femmes à la fois.

De quelques autres exemples, ne fuppofant que l'union avec une nouvelle femme, la premiere étant renvoyée ou répudiée.

Et pour les cas (2) où il ne s'agit pas de
réglement & de loi, mais où il fembleroit que

Des autres Exemples qui ne font qu'un de ces langages qu'on ne doit pas prendre a la lettre, ou qui font métaphoriques.

---

(1) *Exod.* Chap. XXII, v. 9, 10.

(2) Le reproche à *David* par la bouche du Prophete *Nathan*,
de lui avoir donné plufieurs femmes, & d'un rang confidérable. II *Samuel* XII, 8. Voyez ci-devant pag. 5, vers le
comm. de ce Chap.

Ce que difoit *Ifaïe* pour marquer combien feroient eftimés

l'*Esprit-Saint* faisoit envisager la *polygamie* comme un état honnête & permis ; témoin les deux exemples cités ici & rapportés déja plus haut, il me paroît qu'on ne peut établir là-dessus aucune certitude sur la permission de cette coutume ; mais

Premier Exemple : Le reproche fait à David.

seulement qu'à l'égard de *David*, Dieu pour lui montrer davantage ses bontés & ses complaisances dont il avoit abusé, entrant en quelque maniere dans son sens, faisoit valoir contre lui les mêmes choses qu'il désapprouvoit, & qu'il lui avoit pourtant laissé faire, quoiqu'il eût pu l'en punir. *David* avoit mis son cœur à avoir plusieurs femmes, & à les avoir d'un rang élevé. Dieu lui rappele cet objet de son ambition & de sa foiblesse, & qu'il avoit obtenu comme un bienfait, selon l'idée qu'il s'en étoit formée, puisque lui, Être souverain, pouvoit l'en empêcher : mais c'est pour le mieux confondre. Il en est de ceci, comme de ces reproches, qu'un pere ou une mere feroit à son enfant, qui ne marquent que leur grande tendresse envers lui, sans aucune approbation de la chose : *Souviens-toi*, diroient-ils à leur fils, *de ce temps où nos bontés te laissoient le maître ; où tu prenois un empire qui ne t'étoit point dû ; où nous te laissions contenter tes caprices, & passer les jours dans les plaisirs & les jeux. Ingrat, tu méconnois l'excès de notre amour, & tu ne vois point que cela même que nous souffrions, & dont nous pouvions te priver, faisoit notre*

---

ceux que Dieu conserveroit entre son peuple : Que *sept femmes s'attacheront à un seul homme*, &c. Voyez ci-devant, pag. 4, à peu près du commencement de ce Chapitre.

grande

grande peine, & contrarioit entiérement nos prin-
cipes (1).

Dans l'autre cas, où *Isaïe* se sert de cette expression, *Que sept femmes s'attacheront à un seul homme*, &c. ce n'est qu'une image de félicité, laquelle ne peut pas être prise à la lettre : on voit, en premier lieu, que le Prophète éloigne toute idée de *volupté sensible*, en ne représentant ces femmes que comme aspirant à l'*honneur de porter le nom* de celui dont il dépeint ici le bonheur ; puisqu'elles offrent encore *de vivre à leurs dépens* : il y a là un concours de volonté & de desir purement gratuit qui ne se trouvent point dans l'union conjugale, parce qu'il n'est point dans la nature de ne se proposer d'autre but en se mariant : & en second lieu, cette image a quelque chose, ce semble, d'uniquement amené pour flater celui qui en est l'objet ; c'étoit peindre d'une maniere qui n'est point dans nos mœurs, mais qui revenoit aux mœurs antiques, le bonheur dont quelqu'un seroit environné. Le nombre de *sept*, qui est employé dans cette figure, n'est pas non plus significatif & de rigueur : le Prophete va jusques-là pour donner une certaine étendue à sa pensée ; & le tout ensemble n'est pas évidemment l'expression d'un usage qui eût lieu alors, ni qui se dût pratiquer. On ne peut donc pas en conclure que la *polygamie* fût permise.

Deuxieme Exemple : Les paroles d'Isaïe, &c.

(1) Ce langage pourtant seroit déraisonnable dans la bouche d'un pere ou d'une mere, dont l'obligation d'élever leurs enfans dans les bonnes mœurs, est des plus étroites & absolue ; parce que leur autorité, à l'âge où la liberté des enfans ne peut être livrée à elle-même, doit être inflexible & toute tournée vers leur utilité : les parens en cela ne sont

Du dernier Exemple, regardant Roboam & son fils, sur le grand nombre de femmes & de concubines.

Quant à ce qui eſt dit (1) du grand nombre de femmes & de concubines que *Roboam* avoit, & de celles qu'il donna à ſon fils, qu'il avoit choiſi pour ſon ſucceſſeur, ce n'eſt-là qu'une narration hiſtorique, qui n'emporte aucune approbation; c'eſt un point de fait, & non une preuve de droit. Il n'y a rien là qui donne à penſer que l'*Eſprit-Saint* ait trouvé bon, ou permis cet uſage. Après tout cela, je ne vois point comment on pourroit encore s'appuyer de l'*Écriture*, pour ſoutenir que Dieu n'avoit pas déſapprouvé les mariages avec pluſieurs femmes dans la loi Moſaïque. Les paſſages que je viens d'examiner, s'expliquent d'eux-mêmes, de la manière que je le penſe : & la

Réflexions ſur la morale de Jeſus-Chriſt.

morale de *Jeſus-Chriſt*, qui eſt venue enſuite, *non détruire la loi ancienne*, mais l'expoſer dans ſon véritable jour, en la dépouillant de toutes les mépriſes des hommes, a bien fait voir que, pour les regles du *Droit naturel*, & la loi intérieure gravée dans les conſciences, il n'y avoit rien à changer, puiſqu'elles étoient inaltérables, & avoient été tout auſſi parfaites dans les commencemens, & avant ſa venue qu'après. Ce ſublime & divin Précepteur du genre humain n'a fait que préſenter à nud les principes ſalutaires de la *nature*, & marquer les obligations qui y répondent.

---

point libres. Mais pour Dieu, la liberté qu'il nous laiſſe & les ſecours en même temps qu'il nous donne, font & notre mérite quand nous agiſſons bien, & notre indignité quand nous nous égarons. Il eſt le maître des pouvoirs & de la regle; & il connoît tout ce dont nous ſommes capables.

(1) Ci-devant, pag. 4, à peu près du commencement de ce Chapitre.

Il n'eſt donc pas étrange qu'il ait renouvellé la loi ſainte & eſſentielle du *mariage*, qui eſt *l'union d'un ſeul homme avec une ſeule femme*; & que cette vérité ſe ſoit maintenue juſqu'à nous dans toute ſa pureté : car c'eſt la baſe de tout l'édifice de la ſociété, & le principe & la regle des engagemens parmi les hommes.

Concluons que, ſur ce ſujet encore, la pre- miere regle générale de *Barbeyrac* eſt fauſſe, ou du moins non applicable ici : *Que quand Dieu per- met une choſe en certain cas, ou à certaines per- ſonnes, ou par rapport à certaines gens, on doit inférer de-là que cette choſe permiſe n'eſt point mau- vaiſe de ſa nature.* Nous nous en ſommes convain- cûs par les trois exemples mêmes qu'il citoit en preuve : Le *Voleur de nuit*, le *Prêt à uſure*, & la *Polygamie.*

Concluſion :

DansGrot. Tome I, p. 85, not. 3, deuxieme colonne.

CHAPITRE VIII.

Examen de la Seconde Regle Générale de Barbeyrac.
*Elle est encore un faux guide, ou ce qu'on y rapporte
ne peut y être appliqué : témoin son Exemple du*
Divorce. *Ce que font naturellement & en foi le*
Divorce *& la* Répudiation; *Vœu de la Nature &
intention préfumée du Créateur, fur la durée,
comme fur la diffolution du* Mariage.

Deuxieme
Regle gé-
nérale de
Barbeyrac
Dans*Grot.*
Tom.I, p.
86, not. 3.
premiere
colonne.

BARBEYRAC pofe donc pour deuxieme regle
générale : Que « *lorfque Dieu regle la maniere
» d'une chofe, ou qu'il fait, par rapport à cette
» chofe, quelqu'autre réglement qui fuppofe nécef-
» fairement qu'elle eft permife ; il faut voir s'il
» s'agit d'un feul acte paffager, ou d'une chofe
» qui, par elle-même ou par fes fuites, fe réduife
» à une habitude & une pratique continuelle.* Dans
» le dernier cas, *dit-il*, la permiffion emporte
» toujours une véritable approbation de la chofe
» dont il s'agit, **comme licite par elle-même.** Il
» eft impoffible, *ajoute-t-il*, que Dieu permette,
» par exemple, le métier de *Brigand*, de *Pirate*,
» d'*Affaffin*, de *Duélifte*, &c. fous quelques con-
Défaut de
cette regle.
» ditions que ce foit ». Cela eft vrai; mais dans
tout le refte où l'on voudroit appliquer fa regle,
je trouve, ou qu'elle eft un mauvais guide pour
nous faire connoître le *Droit naturel*, comme à
l'égard de la *Peine de mort*, de l'*efclavage* de la
Guerre, &c. qui y font abfolument contraires, ou
qu'elle ne fert à rien pour les cas dont on parle,
parce qu'ils ne font point tels qu'on les fuppofe;

(la *polygamie* qui eſt ici rappelée encore en exemple, en eſt une preuve), ou enfin, qu'elle ne feroit vraie que dans le ſeul cas du *divorce*, ce qui ne peut point la faire ſervir de *regle géné-rale*. *Barbeyrac* pourtant confond dans la même claſſe, & le *divorce* & la *polygamie*; mais il y a une différence totale entre leur nature, comme je vais le faire voir.

Juſqu'ici je n'ai enviſagé le *mariage* que dans ſon eſſence, & ce qui le conſtitue néceſſairement tel : c'eſt-à-dire, *qu'un ſeul homme ſoit uni avec une ſeule femme* ; mais il reſte à conſidérer ſi ce lieu eſt *indiſſoluble*, & ſi par le *Droit naturel* tout ſeul, les deux conjoints ne peuvent être ſéparés que qar la mort.

Du *divor-ce*: On va conſidérer le *maria-ge* dans ſa durée.

Les caracteres conſtitutifs de cette ſociété, la premiere de toutes, ſont bien différens de ceux qui n'en ſont qu'une ſuite. Que les deux époux ſoient uniques; qu'ils aient la volonté de s'unir; qu'ils ſoient l'un & l'autre propres à la génération, & n'aient actuellement ni dans l'eſprit ni dans l'hu-meur aucune ſorte de dérangement ou d'incompa-tibilité naturelle : c'eſt ce qui eſt néceſſairement re-quis pour établir un vrai mariage. On ne penſe point, en tout cela, à ſa *durée* : elle eſt ſuppoſée ; mais on ne voit point qu'elle doive abſolument ne point finir qu'avec la vie : cette condition-ci n'entre pas, ce ſemble, comme tout le reſte, dans la nature & l'eſſence de cette union.

Le *maria-ge* dès qu'il eſt, eſt tout ce qu'il peut être, indépen-damment de l'indiſ-ſolubilité.

Il paroît ſeulement (1) que l'objet & le but

Doit pour-tant duer long-temps.

(1) Voyez dans *Puff.* Tom. III, pag. 27, note 3, où *Bar-beyrac* a tiré ce qu'il dit, de la deuxieme partie du *Traité*

M m iij

d'une telle société demande qu'elle dure. On se
marie non-seulement pour avoir une compagne &
des enfans, mais encore pour les élever. Une
femme est capable de concevoir, & se trouve actuellement grosse, long-temps avant qu'un enfant qu'elle
a déja mis au monde, soit en état de pourvoir lui-
même à ses besoins. Le mari doit donc demeurer
avec elle jusqu'à ce qu'ils soient tous grands & en
âge de subsister ou par eux-mêmes ou par le bien
qu'il leur laisse. Je n'appuierai point ce *devoir*,
de l'exemple des animaux qui suivent constamment
cette regle, & où l'on remarque avec fondement un
effet admirable de la sagesse du Créateur : parce
que la raison des Loix auxquelles il les a assujétis, n'étant point en tout, la même que celle des
Loix qu'il a établies pour la conduite des créatures
raisonnables, on ne peut rappeler ces Loix faites
pour les animaux, en signe de ce que nous sommes
obligés de faire naturellement, sans donner lieu à
quelque méprise & à tirer des conséquences fausses
& qui ne nous conviennent point. Il est très-vrai
que parmi les bêtes qui se nourrissent d'herbe, la
société entre le mâle & la femelle, ne dure pas
plus long-temps que l'accouplement, parce que le
lait de la mere suffit pour nourrir les petits, jusqu'à ce qu'ils puissent brouter eux-mêmes l'herbe :
Qu'à l'égard des lions, par exemple, & des autres
bêtes carnacieres, comme la mere ne sauroit, de
sa proie seule, fournir à sa subsistance & à celle
de ses petits, le mâle a soin de chasser aussi pour
eux ; & qu'on remarque la même chose dans tous

Il n'est point bon de faire valoir trop l'exemple des animaux sur ce point, quoique vrai: pourquoi ?

Dans Puffendorf, note 3, citée au bas de la page ci-contre.

au *Gouvernement civil* par *Locke*, Chap. VII, §. 2 & suiv.
Il renvoie aussi au *Discours sur le Gouvernement* par *Algernon
Sidney*, Chap. II, Sect. IV, vers la fin.

les oiseaux, à la réserve de quelques oiseaux domestiques, qui se trouvent dans les lieux où il y a continuellement une grande abondance de pâture. Cette vue de la multiplication de l'espece est là tout le but de leur union : un pareil motif entre aussi dans la société conjugale d'un homme avec une femme ; mais il n'est pas le seul qui lie des êtres raisonnables & qui doive décider du temps qu'ils demeureront ensemble.

D'abord, on ne s'est pas pris réciproquement pour se quitter dans peu. Les desseins de deux personnes qui se marient, forment pour les deux époux comme une perspective, où ils envisagent dans le lointain, des établissemens auxquels ils travaillent chaque jour, & qui seront pour eux dans leur vieillesse une ressource à leurs infirmités, & un délassement de leurs peines passées, ainsi qu'un dédommagement pour les plaisirs dont ils ne pourront plus jouir. Ils sont ainsi occupés & du présent & de l'avenir. Ils n'aspirent à rien plus naturellement qu'à se faire une vie heureuse, & à se la rendre telle, l'un par l'autre. Il ne se présente donc point à leur esprit qu'ils doivent se séparer : cette idée, au contraire, n'est qu'affligeante pour des cœurs sensibles & des ames honnêtes, que les mauvaises mœurs n'ont point pervertis. Il est impossible qu'on ne porte pas là ses regards, & qu'on ne se propose point soi-même à soi-même, avant & dans cet instant où l'on forme un pareil lien, & qu'on s'engage réciproquement à vivre ensemble. Je l'ai déja dit : ce but est nécessairement de moitié avec celui d'avoir des enfans ; & je ne sais pas même, si dans l'ordre des choses, il n'est pas le premier des deux ;

L'homme en se mariant, jette ses regards dans l'avenir, & ne pense pas à une séparation, dont l'idée, au contraire, l'afflige-roit.

Naturel en cet état, qu'il s'occupe de son bien-

M m iv

être, avant le foin d'avoir des enfans.

parce que fi vous le retranchez, l'autre n'eſt plus qu'une paſſion aveugle, ou il fera manqué. L'attrait que Dieu a attaché à cette action de procréer ſon ſemblable, n'eſt dans les animaux qu'un penchant inſurmontable, & un inſtinct forcé auquel ils obéiſſent ſans détour. Les deux individus en chaque eſpece, ou ſe ſéparent d'abord après, ou ne reſtent unis qu'autant de temps que le Créateur l'a jugé néceſſaire, à raiſon de leur défaut d'intelligence, & des beſoins de leurs petits, ſemblables à eux.

Différence de lui aux animaux, par rapport à cet attrait puiſſantqui ſollicite les deux ſexes à s'unir pour la propagation de l'eſpece.

Combien ſa qualité, d'être raiſonnable, doit paroître ici.

Mais il en eſt autrement pour l'homme : ce ſecret plaiſir, ſans lequel toute union materielle n'auroit point lieu, parce qu'en effet il a fallu toute cette force victorieuſe pour l'entraîner à un acte, qui, ſans cela, n'auroit rien que de rebutant : ce ſecret plaiſir, dis-je, à l'égard de l'homme, n'eſt point fait pour l'attirer uniquement & excluſivement à toute autre fin : il reſſembleroit, en cela, aux bêtes ; & c'eſt même en ſe comportant différemment d'elles, principalement ſur ce point, qu'il ſe diſtingue pour être une créature raiſonnable & qu'il en porte la qualité : il eſt obligé, comme pour tous les autres penchans naturels dont l'exercice eſt accompagné de plaiſir, à uſer avec poids & meſure d'un goût & dune ſenſualité qui ne lui eſt accordée que pour la regle : or, c'eſt en cela que conſiſte la différence d'un homme ſage, & qui a des mœurs, d'avec celui qui n'en a point, & qui ſe livre à ſa paſſion brutale : diſtinction qui n'eſt point une chimere ; parce qu'elle a ſa ſource & ſes fondemens dans la nature de l'homme, & non dans ces bizâres & déſordonnées coutumes, que les relations nous apprennent exiſter en quelques pays de la terre, & qui ne ſe ſont introduites qu'à la faveur de l'ignorance ou des vains préjugés.

C'eſt même parce que l'homme eſt raiſonnable, & qu'il ne doit pas ſatisfaire ſes deſirs du moment qu'ils le ſollicitent, qu'il viſe, antérieurement à toutes choſes, à ſe faire un état heureux & tranquille. Je ne juge point de ceci par les faits, parce qu'il erre le plus ſouvent, & qu'il croit trouver le bonheur là où il n'eſt point : faiſant ainſi un mauvais uſage, & de ſa liberté, & de ſon diſcernement, qu'il ne doit s'imputer qu'à lui-même; mais je dis ce qui eſt convenable à ſa nature & ce qu'il devroit faire : par conſéquent ce qui eſt de droit naturel; car le *Droit naturel*, comme nous avons dit, n'eſt autre que les rapports néceſſaires de *convenance* ou de *diſconvenance* que Dieu a établi entre les choſes & nous, & entre nous & nos ſemblables. Or cet amour de ſon bien propre, nous ſuit dans le lien du *mariage*; & ſi nous ne pouvions l'y trouver par eſſence, il n'y auroit jamais de pareille union; on veut donc avoir des enfans, & c'eſt un devoir; mais on veut, avant tout, (& c'eſt une obligation encore plus ſenſible) travailler à ſa félicité & à un repos durable. C'eſt pour cela qu'on ſe propoſe un ménage où les facultés ſemblent augmenter, puiſque réellement on unit des forces & une induſtrie dont l'enſemble concourt au bonheur commun : le tout cimenté par un amour naturellement plus grand que celui qui eſt entre deux perſonnes du même ſexe. On bâtit ainſi l'idée d'une condition effectivement ſupérieure à celle que l'on quitte; & ſi l'on écoutoit bien la nature, on feroit généralement porté à ne trouver de bonheur que dans celle-là : tous

On n'en doit pas juger par les faits, mais par ſa nature : en quoi ſe reconnoît le Droit naturel.

Jamais il n'y auroit de mariage, ſi l'en n'y pouvoit trouver le bonheur par eſſence.

les vœux de l'enfance y tendroient, & il n'y auroit que quelques accidens particuliers qui en pourroient détourner. Mais, encore une fois, ce penchant n'eſt autre choſe que le plan lui même d'une vie plus heureuſe : le plaiſir ſenſuel ne vient qu'après lui.

La propagation de l'eſpece dépendante de cette vue.

La propagation de l'eſpece eſt donc néceſſairement dépendante de cette vue : & puiſqu'en étudiant notre nature, nous voyons que nous ſommes ainſi faits, il faut bien conclure que Dieu l'a ordonné de même, peut-être pour le plus grand bien de la multiplication elle-même.

Seconde vue dans le mariage : Avoir des enfans & les élever : deux objets qu'a l'éducation : l'eſprit & le corps.

En ſecond lieu, on ſe marie, comme nous l'avons dit, pour avoir des enfans, & pour les élever: & cette éducation, pour des êtres raiſonnables, va à deux objets : l'eſprit & le corps. L'enfance eſt longue, foible, ſujette à des maladies & à des accidens. Elle eſt, avec cela, ignorante & ſans expérience : il faut donc porter le corps à cet état de maturité & de force où il peut tout par lui-même, & verſer dans ſon eſprit les connoiſſances & les lumieres qui doivent lui ſervir de principes & de regle pour tout le cours de la vie.

Source des réflexions qui fourniſſent des caracteres diſtinctifs, pour nous conduire à la certitude ſur cette matiere.

C'eſt à ces deux points que je rapporte la néceſſité que le *mariage* ait une durée, & une durée aſſez étendue. Mais l'autre point, dont j'ai parlé, & qui ne regarde que le mari & la femme, n'y ſuppoſe point de terme : d'où je tire les réflexions qui ſuivent, & qui me paroiſſent fournir des caracteres diſtinctifs pour nous déterminer à quelque choſe de certain ſur cette matiere.

1°. Au sujet du mari & de la femme, il est dans la nature du mariage, qu'ils ne se proposent point d'autre terme en s'épousant, que celui de la mort ; & il est de sa nature aussi, que *l'indis-solubilité* n'entre pas dans son idée essentielle : il est, sans elle, tout ce qu'il peut être ; par consé-quent le *Droit naturel* ne répugne pas à ce qu'ils se séparent ; mais quand cela arrive, ce ne peut être que pour des causes les plus majeures ; & la mesure de leur liberté, à cet égard, est la moindre atteinte possible donnée à cette disposition naturelle, où l'on est en s'unissant de la sorte, de desirer que le nœud soit éternel.

Deux pro-positions certaines.

Consé-quence.

Principe certain.

De-là, la naissance & les regles de la *sépar.ation* dans le mariage ; mais aussi ses conditions essen-tielles, indépendamment de celles qu'introduit l'o-bligation d'élever les enfans, dont nous parlerons bientôt.

De - là, la sépa-ration ; les regles, ses conditions essentiel-les, &c.

Cette séparation s'est apelée tantôt *divorce*, tantôt *répudiation*. La différence qu'on met entre l'un & l'autre, c'est que *le premier se fait par un consentement mutuel à l'occasion d'une in-compatibilité mutuelle,* au lieu que *la répudiation se fait par la volonté & pour l'avantage d'une des deux parties, indépendamment de la volonté & de l'avantage de l'autre.*

Divorce & répudia-tion : Leur différence.

Espr. des Loix, To-me II, Pre-miere Par-tie, p. 85.

Le *divorce* suppose donc qu'on s'est mutuelle-ment mis d'accord pour se séparer : mais il est bien entendu que la volonté réciproque des deux parties ne suffit point pour légitimer cet acte ; il faut encore qu'il y ait des raisons essentielles : ce

Caractere principal du divor-ce : que la cause soit de la plus grande im-portance.

feroit un jeu & un mépris de la chofe la plus fainte
& la plus importante pour la fociété civile. Convenir
enfemble de rompre cette union pour le plaifir
feulement de changer, ou par inconftance, par
colere, par dépit, par mauvaife humeur, ou par
des motifs d'ambition & autres caufes, toutes plus
étrangeres & injurieufes au nœud de l'hymen : c'eft
débauche, paffion, aveuglement, amour défordonné des vains plaifirs, ou féduction criminelle ;
ce feroient des monftres dans l'état du mariage ;
la nature les méconnoît; mais quand ils exifteroient,
ils ne légitiment point une féparation. La raifon
veut qu'on les prenne pour des imaginations d'un
cerveau malade, & qu'on fe hâte d'y apporter

Hors ce cas, néceffité de fe fupporter ; & comment'y parvenir. remede; pour cela, il n'eft befoin que de les faire
regarder comme des vices & un dérangement lo-
cal, dont la réparation eft très-poffible & urgente :
& que, puifque le lien du mariage n'en peut être
rompu, il eft de l'intérêt & du devoir des deux
conjoints, de fe fupporter mutuellement & de re-
jeter bien loin de leur penfée & de leur cœur
tout objet capable de les entretenir dans des fentimens contraires à cet accord.

Unique caufe du Divorce : L'incompatibilité mutuelle ; mais fans doute la Nature toute feule n'en connoît point.

Voyez ci-devant, Chap. VI. Pour les caufes effentielles de féparation dans
le *divorce*, qu'on réduit à l'*incompatibilité* feule
mutuelle, je crois qu'effectivement il n'y en a point
d'autre ; mais je doute auffi qu'il y ait de véritable incompatibilité dans l'*État naturel* : c'eft-à-
dire, en laiffant agir les penchans & les convenances dans le choix des fujets, & lorfque les
deux individus de différent fexe fe recherchent.
Nous ne devons imputer qu'à nous - mêmes les
mauvais affortimens, dont nous voyons tant d'exemples, parce que fouvent, ou les peres & les

parens déterminent feuls l'inclination des enfans, vers le mê lieu. & que ceux-ci s'engagent fans fe connoître : ou bien , s'ils fe déterminent d'eux-mêmes , comme il arrive aux perfonnes qui font libres & ont de l'expérience , ils ne fe décident que par des mo-tifs étrangers , comme la richeffe , la fortune , l'alliance , &c. féduits par des ufages , ou une façon de penfer nationale , qui met un très-haut prix à tout, excepté à ce qui le mérite bien.

Mais la nature ne manque pas fes afforti- *La Na-ture*, dans fa liberté, plus fûrede fes afforti-mens. mens : On peut regarder comme impoffible qu'en cherchant à s'unir pour toute la vie, l'on ne trouve pas , hors de toutes ces caufes d'illufion qui nous entourent , cette perfonne chere qui nous con-vient précifément. Cette fage mere des hommes *Voyez* ci-devant, pag. 501. ne diverfifie tant fes ouvrages que pour donner à chacun ce qui lui eft propre ; & la bonté libé-rale du Créateur nous a placés de maniere que l'on feroit toujours à portée de faire un bon choix , fi nous n'étions affervis par nos cruels ou infenfés ufages. Puiffante & ineftimable regle des accords , pour unir deux cœurs qui fe deftinoient au mariage , qu'êtes-vous devenue ? Vous étiez le plus fûr garant de la félicité & de la folidité de cet engagement : On étoit affuré par vous de paffer fes jours tranquilles ; on fe portoit encore plus par un charme fecret, que par la raifon, à n'avoir qu'une volonté & qu'une ame : & les tendres empreffemens des deux époux, l'un pour l'autre , ne coûtoient plus rien !

Alors, la perpétuité du mariage étoit dans Voilà com-ment la *perpétuité du marià-* fon centre ; & c'eft fans doute en cet état que l'*indiffolubilité* a pu paroître naturelle ; & que *ge a paru propre à cet état; & comment J. C. l'y a ramenée.*

Jesus-Christ en a fait une condition essentielle dans ses préceptes, comme pour nous rappeler à notre origine, & nous avertir que nous ne pouvions trouver que là la raison du joug qu'il nous imposoit & son allégement. Qui mieux que ce divin Législateur a connu les Loix naturelles, & ce qu'elles avoient de force & d'aptitude pour nous conduire au bien, en les débarrassant de tout ce qui est de notre invention & de nos usages? Il vit bien que le mariage pouvoit avoir un terme, sans cesser pour cela d'être tel avant la séparation ; mais pénétré de tout ce que peut la *nature*, il en fit le sujet de notre obligation ; & nous présenta ainsi la perfection dans les mêmes mains, où les hommes ne pensoient trouver, ou plutôt, où ils n'avoient mis que désordre.

Absolument point de divorce légitime.

Si la *séparation* néanmoins, entre un mari & une femme en certains cas, ne viole pas le *Droit naturel*, parce qu'il n'entre pas dans l'essence du mariage d'être *indissoluble*, il suit donc de ce que nous venons de dire, que comme la nature tend au contraire par elle-même, à conserver l'union, il ne peut y avoir absolument de *divorce* qui soit légitime : parce que ceux - là même qu'on regardera comme les plus naturels, n'auront cette qualité qu'à cause qu'en effet dans le principe, nous avons manqué le point de convenance, & allié des choses tout-à-fait incompatibles. Ce n'est pas qu'il ne soit de l'humanité de se tromper ; mais il est encore plus ordinaire qu'on se trompe par négligence, par légereté, orgueil, présomption, &c. Dans tous ces cas,

Quand est - il le moins en-

le *divorce*, qui paroîtroit le plus nécessaire, parce qu'on regarde ces causes comme encore plus capables de nous porter à un mauvais choix, est néanmoins le plus injurieux à la nature, & peut passer pour le moins permis : Car, enfin les hommes ne pouvant mépriser un engagement aussi respectable, sont bien dignes, lorsqu'ils en usent de la sorte, de porter la peine de leur sotise, & d'apprendre qu'on peut encore, par la patience & de mutuels efforts à se supporter, rentrer dans l'ordre. Pour ceux, au contraire, qui marchant par les sentiers de cette bonne mere, la *nature*, pour trouver une compagne sûre & fidelle, (& la supposition est commune aux deux sexes) auroient le malheur, ce qui ne se peut croire, de s'unir à l'incompatibilité même ; ce seroit alors, souverain Maître du monde, que vous agréeriez leur séparation ; parce que vous n'imputez jamais l'erreur involontaire, & que vous ne voulez point maintenir des nœuds qui blessent autant la bonne foi que votre intention !

core, au gré de la Nature ?

Il en est différemment, s'il on se trompoit, en cherchant de bonne foi : Cas néanmoins comme impossible.

Le *divorce* est ainsi proprement un être de raison, un phantôme, un monstre pour l'état régulier de la nature ; mais nos vices & nos passions, détournés de leur juste fin par mille objets de notre convoitise, lui ont donné une existence effective : Il devient comme un malheureux remede, mais un remede à des maux que nous nous sommes faits. Par-là se montre la preuve de notre imperfection, & combien nous devons, non-seulement faire des efforts pour en sortir, mais regarder comme un crime toute idée de séparation, qui n'auroit pour cause que des motifs non essentiels à la constitution du mariage, & pour fondement, que le consentement mutuel.

Le divorce, un être de raison, un phantôme, un monstre, pour l'état régulier de la Nature.

Ouverture
à la *répu-
diation.*

❦

Cependant, la fragilité humaine nous accompagnant dans tous les états de la vie, il est fort possible encore qu'après avoir rencontré précisément celui ou celle qui nous convient le mieux, il se passe, entre les époux, des griefs assez grands pour exciter toute l'indignation & les plaintes de la nature. C'est ici, je pense, où il faut placer la *répudiation.* C'est elle – même qu'on a le plus souvent confondu avec le *divorce,* parce qu'on n'a jamais eu de celui-ci une juste idée.

Esp. des Loix, T. II, Premiere Partie, P. 89.

Les *divorces,* au fond, ne font que des *répudiations* mutuelles: mais, par cela même très - contraires aux mœurs.

On a entendu par *divorce,* la faculté de se quitter de concert, & par une volonté mutuelle; mais cette condition, toute revêtue de justice qu'elle soit en apparence, en ce qu'elle conserve l'égalité, est pourtant infectée de vice, parce qu'elle tient à un acte qu'aucune raison solide ne sauroit légitimer: j'ai dit que la nature absolument n'en connoît point de bonne. La *Loi des douze Tables,* chez les Romains, ne demandoit point qu'on donnât des causes pour cette sorte de séparation: L'on se quittoit donc du moment qu'on le vouloit, & l'incompatibilité mutuelle étoit toujours supposée. Les divers motifs qui pouvoient déterminer à une résolution pareille, quoique consentis de part & d'autre, avoient néanmoins le plus souvent, pour principe, des torts respectifs, & peut - être des plus graves, qu'on pouvoit bien convenir d'étouffer dans le silence pour ne point ternir sa réputation, à mesure qu'on se sentoit également coupables de part & d'autre. C'étoit donc au fond une répudiation mutuelle, déguisée sous une dénomination qui ne les obligeoit pas à publier leurs fautes; mais

qui,

qui, en les laiſſant impunies, répandoit de plus
en plus les vices & les mauvaiſes mœurs, par
la liberté qu'elle donnoit de ſe marier à d'autres.

L'on voit, par cet expoſé, que le grand caractere de la répudiation, dans l'état même le
plus pur de la nature, c'eſt d'être en ſoi une
punition & une punition durable. Il paroît auſſi qu'il
n'y a proprement qu'elle que la nature avoue;
mais il eſt indubitable encore qu'une condition
abſolument néceſſaire, c'eſt que la cauſe, qui
produit la punition, ſoit, de ſa nature, deſ-
tructive du fondement & de l'eſſence même de
la ſociété conjugale, en rompant le lien par lequel ſeul elle peut avoir de vie.

Grand
caractere
de la *répu-
diation :*
d'être une
punition &
durable.
Condition
eſſentielle
dont elle
dépend.

Ce lien eſt inconteſtablement le don qu'on s'eſt
fait l'un à l'autre, de l'uſage de ſon corps, &
la ſûreté reſpective en laquelle chacun s'eſt mis
de ſa perſonne. Il eſt entendu que les deux conjoints n'aient aucune défectuoſité corporelle qui
les rende inhabiles au mariage.

*Lien du
mariage ;*
en quoi il
conſiſte ?

Dans ce dernier cas, il y a un empêchement
dirimant qui ne peut être imputé à blâme ; mais
qui fait pourtant qu'on ne ſauroit vivre enſemble ſans une inconſéquence intolérable ; & alors
la répudiation de l'un des deux eſt bien moins
une rupture du lien, qu'une déclaration comme
il n'y en a jamais eu : c'eſt pourquoi auſſi l'idée
de *punition* n'y entre point.

Point de
lien où il
y a inha-
bilité au
mariage.

Mais dans les deux autres cas, il y a un vice
qui, venant après que tout eſt en regle, après

Cas qui
rompent le
lien.

Tome II.   N n

la conſtitution du mariage, l'attaque dans ce qu'il a de plus cher. Le mari ou la femme ſe font-ils infidélité ? Ils diſpoſent dès-lors ailleurs de ce dont ils ne ſont plus les maîtres ; ils coupent le fil qui les tient unis ; ils prennent autre part l'objet de leur tendreſſe, c'eſt ſortir entièrement de l'accord. Attentent-ils aux jours & à la ſûreté l'un de l'autre ? Dès-lors tout commerce eſt rompu : Il n'y a point de ſociété qui tienne contre le riſque d'être aſſommé ou empoiſonné, &c. On ne s'unit point pour paſſer ſa vie dans l'appréhenſion de la perdre, là même où l'on ſe propoſe de trouver ſon bonheur. Il ne reſte donc qu'à ſe ſéparer ; mais de telle ſorte, qu'on eſt dans le plein droit de ſe remarier à un autre : avec cette différence pourtant, que la partie coupable porte avec ſoi une flétriſſure humiliante.

La *répudiation*, Droit commun au mari & à la femme.

Regles dans la répudiation & pour la répudiation.

La ſéparation étant l'unique voie que connoiſſe la nature pour la ſatisfaction du tort que l'un des conjoints a fait à l'autre, ainſi que le ſeul remede qu'elle puiſſe employer pour rétablir l'ordre qu'elle deſire ; & chacun des deux étant capable de la troubler en ce point ; il ſuit de tout ce que j'ai dit : 1°. Que la répudiation eſt un droit commun à la femme & au mari. 2°. Que c'eſt une regle qu'ils ne puiſſent plus ſe reprendre, quand ils ſont une fois ſéparés. 3°. Que celui des deux qui veut répudier, allégue & mette au jour les raiſons qui le portent à le vouloir. 4°. Que bien que la *répudiation* ſoit un *droit*, & que dans tous les autres cas on puiſſe ſe départir de ſes droits, néanmoins il eſt contre l'inſtitution de la nature de ne pas uſer de la faveur qu'elle accorde, & d'aimer mieux pardonner que de ſe ſéparer :

parce que cette difpofition eft contraire aux
bonnes mœurs, & qu'elle ne fauroit elle-même
être bien pure, fi elle n'eft due, comme on
ne peut s'empêcher de le penfer, qu'à un grand
aveuglement pour la perfonne qui nous a fi cruellement outragés. La regle, en telles circonftances,
eft de remplir les vues de la nature, qui vont
toujours à maintenir les mœurs par l'exacte punition (1) de tout ce qui y porte atteinte. Ainfi
le droit de *répudier* eft, felon elle, une obligation.

Comme l'honnêteté eft la bafe de la fociété conjugale, & qu'il eft contre la juftice d'être puni pour
des fautes dont on n'eft point coupable : c'eft encore
une fuite néceffaire, qu'on ne peut point répudier pour caufe de *ftérilité*, de *démence* ou de
folie, parce que le nœud qui lie les deux époux
fubfifte : toutes ces caufes (2) n'allant point à
fa racine ; Et en fe conduifant autrement, ce
feroit témoigner aller contre, & la décence &
la dignité d'une fi fainte union (3), fuivant les
principes que nous avons déja pofés. Il n'eft plus
befoin que de prendre les précautions néceffaires
à l'égard des deux derniers accidens, pour qu'il
n'en méfarrive pas à l'un & à l'autre ; & c'eft
à quoi les *Loix civiles*, dans les Etats policés,
ont fagement pourvu.

*Autre fui-
te néceffai-
re.*

---

(1) Cette punition eft de celles de la Nature même, c'eft-à-
dire, une fuite des mauvaifes actions, & non un établiffement de la part des hommes.

(2) *Puff.* en convient, Tom. III, pag. 31.

(3) *Montefquieu* a un principe contraire, *Efp. des Loix*,
Tom. II, Part. I, pag. 87.

Du *divorce* & de la *répudiation* par rapport aux enfans.

Jusqu'ici, tout ce que j'ai dit fur le *divorce* & la *répudiation*, n'a trait qu'à l'effence même du *mariage* & aux intérêts refpectifs des Parties ; mais il peut y avoir des enfans, & cette nouvelle relation préfente des confidérations de la derniere conféquence.

Soin de les élever. La mere joue le premier rôle dans l'éducation *phyfique*.

Le foin d'élever ces tendres fruits de leur union eft fi important, qu'il n'y a pas d'obligation que la nature recommande davantage : Et les Loix, à cet égard, feront d'autant plus parfaites, qu'elles permettront moins aux hommes de s'en écarter. On devient ordinairement pere par le plaifir, mais on l'eft de choix & par volonté en rempliffant les devoirs que cette qualité impofe. La mere fur-tout dans les différentes fonctions pénibles attachées à l'éducation des enfans, joue d'abord le premier rôle : Ce n'eft que par fa fubftance que le nourriffon acquiert des forces & parvient à l'âge de pouvoir manger des alimens folides, fans laquelle préparation, tout accroiffement feroit nul ou impoffible, & le but manqué.

L'enfant à la mamelle doit donc la fuivre, &c.

Il fuit donc qu'en cas de répudiation, de quel côté qu'elle fe faffe, l'enfant à la mamelle doit fuivre la mere ; mais l'on peut pourtant affurer que dans cette circonftance, il eft comme impoffible que la nature connoiffe de vraie répudiation, fi elle n'a pas eu lieu plutôt, & que les défordres qui peuvent la faire naître, étant le fruit ordinaire des paffions extrêmes, & prenant leur fource d'un état où les mœurs font déja gâtées par des ufages & des manieres perverfes, on ne doit pas les attendre, ces défordres, d'une vie toute fimple, frugale & laborieufe, telle que l'on fait que la nature nous la dicte & telle que la menoient les premiers hommes, fuivant toutes les hiftoires.

Mais enfin, en fuppofant la chofe poffible, il fuivra encore de ce que j'ai dit, que l'enfant, après avoir été nourri, doit revenir au pere ; non parce qu'il lui appartient davantage qu'à la mere ; mais parce que celle-ci, par fa faute & par la répudiation, a perdu le droit commun qu'elle avoit de le pofféder.

Et après avoir été nourri, revenir au pere.

Auffi eft-ce une Loi, qui s'applique également au mari, que fi c'eft la femme qui l'ait répudié, elle ait feule le Droit de garder avec elle les enfans & qu'il n'y puiffe point prétendre.

Mais la mere auffi garde les enfans, fi c'eft elle qui répudie.

Les enfans font toutefois aftreints toujours à refpecter intérieurement leur pere ou leur mere répudiée : parce qu'il n'eft point dans la nature de ne point fentir fes entrailles émues à la vue des parens qui nous ont donné le jour, quand nous avons eu le bonheur de les connoître ; mais ils ne doivent de l'obéiffance alors qu'à celui au pouvoir de qui ils font.

Devoir des enfans en pareils cas, par rapport au refpect.

Mais l'un ou l'autre, du pere ou de la mere, venant à mourir, ou à tomber dans une incapacité phyfique de les élever & d'en prendre foin, celui qui refte, rentre dans fes droits, quoique répudié. Ses Droits à cet égard n'étant qu'une obligation de la nature, dont il ne fauroit fe difpenfer fans crime ; & la répudiation dont il

Cas de mort, ou d'incapacité phyfique arrivant, en celui qui a les enfans, l'autre ren-

N n iij

ere dans
fes droits.

est ici question, se rapporte à la personne offensée, & à l'objet de conserver les bonnes mœurs.

De l'éducation par rapport à l'esprit. La mere également capable.

Voilà pour l'éducation du corps. Mais il y a celle de l'esprit, qui n'est pas moins essentielle. Comme les vérités nécessaires à la conduite de la vie, & à ce qui en peut faire l'agrément, ne sont ni d'une difficile compréhension, ni ne consistent à un très-grand nombre de choses à savoir ; Dieu ayant gravé au dedans de nous des principes communs à tous les hommes, & mis en chacun d'eux une certaine adresse ou facilité à se procurer les commodités, &c : il résulte que la mere est également propre à servir à cet égard, de maître à ses enfans, & à leur donner le peu de connoissances qui leur sont utiles. La répudiation fondée, qu'elle fera de son mari, laquelle lui attribue le gouvernement de ses enfans, n'expose donc ceux-ci à aucun inconvénient, par rapport à cette partie si nécessaire de l'éducation ; & le Genre humain peut, à la faveur de ces regles, s'entretenir & se perfectionner au dégré que requiert sa nature.

Par son mariage, le nouveau mari obligé d'élever les enfans du premier lit : Adoption naturelle.

Toutefois l'enfance est longue, & il faut avouer que le pere est encore plus souvent libre de remplir cet objet, & de donner aussi ses soins à ce qui ne concerne que le corps ; puisque la mere est sujette à des grossesses ou à d'autres infirmités : De sorte que pour aller à cette fin, si elle répudie son mari, & qu'elle en épouse un autre, il faut que celui-ci, soit chargé, en même-temps, d'elle & de ses enfans, & obligé de donner à ces derniers l'éducation, tout comme s'ils étoient à lui. L'*adoption* se forme ici naturellement, parce qu'elle est toute fondée sur le besoin & la convenance, & non sur des vues d'amour propre, d'ambition, ou de satisfaction particuliere qui n'ont par elle-mêmes aucun mérite. La seule belle action est celle qui est dictée par l'amour de l'ordre & le devoir. Ainsi ce nouveau mari remplace à cet égard le véritable pere : Et c'est une loi aussi qu'il lui rende ces enfans, dans les mêmes cas où nous avons dit qu'ils retourneront à lui, sans que la mere se soit remariée. *Si la mere meurt, ils retournent au véritable pere.*

D'un autre côté, une pareille adoption se forme, & les mêmes regles s'en ensuivent, si nous supposons qu'une femme épouse un homme avec des enfans, dont il a répudié la mere : Elle entre dans la condition de la premiere, & ne peut cesser de partager les soins paternels au regard des enfans du premier lit, que dans le cas où nous avons dit que naturellement ils retournent au pouvoir de leur véritable mere. *Même adoption & mêmes regles, quand c'est le mari qui répudie, & qu'il se remarie.*

Telles sont quelques vues générales, où l'on peut, à mon avis, appercevoir que la *répudiation* est astreinte à des regles qui, comme celles qu'elle fait naître, ne sont point arbitraires, & dépendent du bonheur & de la conservation du Genre humain. C'est de leur exacte précision & de leur rigueur, si on peut le dire, que l'on peut se promettre un frein contre les penchans désordonnés, & ces fautes graves, qui elles-mêmes ouvrent la porte à la répudiation. La nature cherche toujours l'ordre, & s'évertue à tirer le bien du mal quand les hommes lui font injure. Des ames justes, des esprits calmes & dans le repos verront combien il en coûte pour user d'un *Ces regles étroites & rigureuses dans la répudiation, sont un remede, elles-mêmes, pour la prevenir.*

N n iv

droit qu'elle ne nous accorde qu'à la dernière extrémité, & dont l'usage est aussi fâcheux à celui qui l'exerce, qu'à l'autre contre qui il est. Ils apprendront à se contenir dans le devoir; & la vue de tout ce à quoi l'on s'expose, servira à diminuer les chûtes.

Rien de semblable pour le divorce: impossible d'y trouver des regles par rapport aux enfans.

Le *divorce* n'offre rien de semblable: je l'ai déja dit; il est toujours une fausse indication des vœux de la nature; elle le réprouve, parce qu'il n'est propre qu'à favoriser le libertinage & les caracteres changeans, & qu'il ne peut pas être, pour elle, un remede, quand elle est, pour ainsi dire, malade: dont tout l'objet alors est de guérir les mœurs. Mais si, par impossible, comme je l'ai dit une fois, il pouvoit y avoir de *divorce* au gré de la nature, je ne vois pas comment il seroit possible d'établir des regles, par rapport aux enfans.

L'intérêt des enfans, les droits communs du pere & de la mere, signes que la mariage ne peut souffrir, du moins, d'un très-longtemps de divorce ni de répudiation.

Il est sûr qu'ils font un bien commun au pere & à la mere, & qu'ayant tous deux contribué à leur existence, comme ils font de même également chargés de leur éducation, ils ont un droit égal sur leur personne. Le penser autrement, c'est ne point convenir de ce qu'il y a de plus sensible, & de plus nécessaire même à établir: Car l'on doit appercevoir qu'il en découle, comme d'un principe extrêmement salutaire aux hommes, que le mariage ne peut souffrir, du moins d'un très-long-temps, de *divorce* ni de *répudiation*: puisque assurément, il n'y a pas de meilleur pere ni de plus tendre mere, que ceux qui nous ont donné le jour; & qu'il est bien difficile d'admettre que d'autres, à qui ces enfans ne font

rien , s'acquittent avec le même soin des obligations qui les intéressent tant.

Comment accorder cependant leurs intérêts si
chers , avec une séparation volontaire ? Comment convenir qui des deux sera chargé des
enfans , & en prendra seul la peine ? Le fardeau est léger pour la tendresse naturelle ; &
l'on ne se dessaisit pas aisément d'un bien que
l'on a soi-même formé. Se les divisera-t-on, si
l'on en a plusieurs ? Mais ceux que l'on quitte
n'auront-ils pas du regret à être laissés? & si
vous les tirez au sort, n'est-il pas cruel de faire
dépendre leur condition d'une chose aussi incertaine , & que l'inclination ne soit comptée pour
rien ? La différence des sexes en décidera-t-elle,
c'est-à-dire , que la mere gardera les filles ,
& le pere les garçons , ou bien le contraire ?
Mais mêmes inconvéniens , même défaut de raisons : rien ne s'offre ici à ma vue pour légitimer ce partage ; il n'est fondé que sur l'arbitraire
ou l'aveugle hasard : puisqu'on se doit à ses
enfans, il ne peut pas être permis d'en disposer de
la sorte.

*Impossi-
ble d'ac-
corder les
intérêts des
enfans
avec la sé-
paration
volontaire
qui est le
divorce.*

On ne peut pas dire, comme dans la *répudiation*, qu'il y ait une nécessité à ce que l'un les
abandonne tous pour les laisser à l'autre. La
répudiation est une *peine ;* & si c'est un déplorable état, j'en conviens, & une extrémité dou-
loureuse pour la nature, c'est du moins un remede. Il faut , comme dit le proverbe, *que le
désordre amene l'ordre.* L'intérêt des enfans est
contraint de céder à des intérêts plus chers , qui
doivent même procurer ceux des enfans en gé-

*On n'a
pas dans le
divorce ,
les mêmes
raisons que
dans la ré-
pudiation,
soit pour
garder les
enfans par
préférence
soit pour
consentir*

Que l'autre les garde. néral : car toutes ces chofes font extrêmement liées. Mais dans le *divorce*, le motif de fe quitter n'eft point le même ; & puifqu'il n'eft pas queftion de *punition*, l'on ne peut fe féparer de fes enfans pour aucune raifon valable. Les obligations d'être auprès d'eux , de les affifter , de les élever , fubfiftent dans tout leur entier , & ne peuvent être énervées , puifque rien ne les fufpend.

On va paffer à ce qu'ont dit les Loix, & ce qu'ont penfé les Auteurs en Droit naturel, & du *divorce* & de la *répudiation*. Ainfi , je me raffermis toujours plus dans la penfée que le *divorce* eft entiérement illégitime aux yeux de la nature , & que les Loix humaines qui l'ont établi, l'ont bleffée dans ce qu'elle a de plus cher , qui eft *l'honnêteté*, feule capable de maintenir l'ordre public & la paix domeftique. Voyons à préfent ce que les Loix ont dit , & ce que les Auteurs en *Droit naturel* ont penfé de la diffolution du mariage , qui fe fait ou par le *divorce*, ou par la *répudiation*, afin de nous décider enfuite fur l'opinion que nous devons prendre , relativement à l'une & a l'autre, des réglemens que nous trouvons là-deffus dans la loi de *Moyfe*.

Le mot de *divorce* également employé par les Romains pour exprimer les cas de la *répudiation* : quoiqu'ils n'en confondif- Quoiqu'en général l'on fe fervît (1) du même mot de *divorce* pour exprimer le cas de la répudiation , il paroît néanmoins que l'idée n'en étoit pas confondue avec l'autre : Et les Romains appeloient cette féparation volontaire, *bonâ gratiâ divortium*. Mais un principe funefte , & qu'ils

(1) Voyez note 4, dans *Puff.* Tom, III, pag. 27.

adoptoient , c'est celui que la société conjugale
se formant par le consentement libre des Parties ,
il ne falloit , pour la rompre , qu'un consentement contraire. On ne doit donc pas s'étonner
des variations où ils tomberent à cet égard , tantôt en permettant, tantôt en défendant cette sorte
de séparation. C'est le propre de l'erreur , de
tenir toujours une route incertaine : La vérité ne
change pas de langage , ni de façon de penser.

sent pas l'idée avec celle-ci.

Faux & dangereux principe sur lequel ils appuyoient le divorce.

On peut comprendre aussi tout ce qu'a de vicieux & de mauvais en soi le *divorce* par cette
dispense qu'avoient les mariés , en se quittant,
de dire les causes de leur séparation. La raison même
qu'en donne *Montesquieu* , est une preuve qui dé-
pose contr'elle. L'incompatibilité mutuelle doit
être prouvée par des faits éclatans.

Esprit des Loix , Tom. II , Partie I , p. 90.

Je ne trouve pas , au reste , que cet Auteur
conclue bien au sujet de la *dispense ;* & je ne
vois, dans son raisonnement, qu'une inconséquence.
« Dès le moment, *dit-il* , que la femme ou le
» mari avoit séparément le droit de répudier,
» à plus forte raison pouvoient-ils se quitter de
» concert & par une volonté mutuelle ». Il n'y a
pas de la connexité d'une chose à l'autre : Le
mariage ayant un fondement beaucoup plus solide que la volonté humaine , qui est changeante ,
encore qu'elle y soit antérieurement requise &
nécessaire, il ne peut dépendre des parties con-
tractantes de le dissoudre quand il leur plaît. Ce
n'est point parce qu'elles sont d'accord là-dessus
qu'elles ont le droit de se quitter ; mais c'est
parce que réellement il y auroit une guerre
ouverte entr'elles , & impossibilité d'être jamais

Montes-quieu con-clud mal de la ré-pudiation au divorce. Ibid. Page 89.

Principe certain au sujet de la solidité du mariage.

Nécessité de rendre publique la cause de séparation par le *divorce*.

unies , fi l'incompatibilité mutuelle eft réelle , fuivant la fuppofition. Il faut donc toujours que cette caufe foit connue ; & ce qu'elle a même d'extraordinaire & de peu conforme au train de la nature rend cette connoiffance encore plus néceffaire. Comme nous fuppofons les hommes vivre en corps de fociété, ou du moins, une famille à portée d'une autre & ayant des relations enfemble , il devient indifpenfable que le motif de notre détermination, fur un point auffi important que celui-là , ne refte pas dans le filence. Il ne fuffit pas d'en être intérieurement convaincu ; il faut apprendre aux autres que l'intention eft pure & que la régularité même des mœurs le demande : Car autrement la bienféance eft bleffée, & l'innocence a toute l'apparence du crime. Nous nous devons ainfi compte, les uns les autres, de nos actions, d'abord qu'elles paroiffent fe tirer de la regle.

Cette néceffité a un degré de plus dans la *répudiation*.

De forte que dans le *divorce*, l'obligation de dire pourquoi on fe fépare, a pour objet les bonnes mœurs & l'édification publique ; & dans la *répudiation*, outre cet objet, celui d'affurer la condition refpective des parties.

De la réflexion de *Montefquieu*, fur la Loi du Mexique, qui défendoit de fe réunir fous peine de la vie.

On compare (1) la Loi des Maldives qui *permet de reprendre une femme qu'on a répudiée*, & la Loi du Mexique qui *défendoit de fe réunir fous peine de la vie ;* & l'on fait cette réflexion, pour prouver que la Loi du Mexique étoit plus fenfée que celle des Maldives, que « dans le temps

_____

(1) *Efprit des Loix ,* Tome I, Part. I, p. 87.

» même de la diffolution, elle fongoit à l'éternité
» du mariage ; au lieu que la Loi des Maldives
» femble fe jouer également du mariage & de
» la répudiation ». Mais quoique cette réflexion
foit jufte , par rapport à la Loi du Mexique ,
en elle-même, elle ne peut naître de la comparaifon de celle-ci avec l'autre ; puifque dans la
Loi des Maldives, il s'y agit de la répudiation
fimple ; & dans la Loi du Mexique, du divorce
feulement : Ce qui fait deux chofes tout-à-fait
différentes , & qui ont des effets bien différens
auffi.

La Loi des Maldives, qui permet de fe réunir, | De la Loi
étan: une Loi de la *répudiation* , elle choque la des Mal-
nature & l'objet de cet acte : elle rappelle le vice dives qui
auffi-tôt qu'elle le combat ; elle répare & elle permet cet-
détruit : elle fe contredit. | te réunion.

Mais la Loi du Mexique (1), qui n'accordoit | De la Loi
que le *divorce*, eft auffi inconféquente : Elle laiffe du Mexi-
le vice impuni, puifqu'il faut toujours le confen- que qui
tement des deux pour fe féparer , & qu'il eft à n'accor-
préfumer qu'on ne le donne point pour fe faire doit que le
répudier , ou que fi on le donne, comme c'eft *divorce.*
alors une féparation volontaire, la partie coupable ne fe regarde pas , ni en foi, ni aux yeux des
autres, comme punie ; & cette Loi du Mexique
a ce défaut effentiel , qu'elle fe prêtoit à la féparation , précifément là où il étoit le moins
preffant de l'accorder. Véritablement la défenfe
de fe réunir fous peine de la vie , indique affez

---

(1) *Ibid.* Page 88.

combien la légéreté ou les autres caufes infuffifantes font ici condamnables , & que ce n'eft pas un jeu que de rompre un engagement fi folemnel. Mais les hommes ne voient guere que le préfent ; & il manquoit au Mexique un frein pour contenir le mari ou la femme coupable.

En quoi encore je ne trouve pas de la jufteffe , c'eft dans la maniere dont *Montefquieu* envifageoit le divorce & la répudiation. « Le divorce , *dit-il ,* » femble être une affaire de confeil ; & la répu- » diation femble plutôt tenir à la promptitude » de l'efprit & à quelque paffion de l'ame ». Le divorce amené par des intentions criminelles de deux époux qui cherchent à fe féparer, ou que le libertinage mutuel a aliénés l'un de l'autre, peut être le fruit , je l'avoue, de la réflexion & du confeil ; mais c'eft un confeil à part foi. Et fi c'eft un divorce poffible au gré de la nature, il ne fera point l'ouvrage de la méditation , il fe montrera pour ce qu'il eft , fans fe préparer à l'avance. Les deux parties verront , fans aucune forme de deffein , qu'elles ne peuvent que fe féparer ; & les altercations qu'elles auront fi fouvent enfemble , les ameneront , comme malgré elles , à une réfolution violente dont elles fentiront tout le défagrément ; mais tout cela ne fe paffe pas pourtant de fang froid.

Défaut de jufteffe encore , dans la maniere dont Montefquieu envifageoit le divorce & la répudiation.

Au lieu que rien n'eft plus oppofé à l'idée de la répudiation , que de la déclarer *une promptitude de l'efprit, une paffion de l'ame.* Ces premiers mouvemens font aveugles, & l'on ne parle pas des tranfports qui agitent actuellement un cœur bleffé : Ce n'eft point là la répudiation ; c'eft

Diftinction à faire, entre ce qui eft de l'homme, & ce qui eft de

l'effet de l'homme. On entend par *répudiation* un acte libre & réfléchi qui s'opere après la conviction du crime : Et bien que les sujets qui la causent, allument dans l'instant la colere, c'est après ces terribles momens que nous supposons l'exercice d'un droit acquis par la faute du coupable ; & en un mot, c'est la faculté elle-même, tranquille & legale que la nature souhaite, & que les Loix supposent.

la Loi naturelle, en fait de répudiation.

On peut dire que la Loi d'Athenes (1) étoit sage, qui donnoit à la femme, aussi-bien qu'au mari, la faculté de répudier ; & que celle au contraire (2), de *Romulus*, qui ne l'accordoit qu'au mari, étoit non-seulement très-dure, comme le dit *Plutarque*, mais injuste. C'est encore (3) une extravagance, & une outrage à la nature, que de mettre entre les mains d'un tiers la faculté de rompre le mariage : « Un pere pouvoit, » chez les Romains, obliger sa fille à répudier » son mari, quoiqu'il eût lui même consenti au » mariage ». Quoi de plus contraire à la raison & à la liberté naturelle, dans un état ou condition où tout autre que les deux Parties intéressées & liées ensemble, est étranger au corps qu'elles forment, & incapable par conséquent d'en rompre le nœud ?

De la Loi d'Athenes de celle de Romulus, sur la répudiation ; Et de celle encore des Romains, par rapport au pere de la fille dans cette occasion.

Mais je n'aime pas mieux la réflexion de l'Auteur de l'*Esprit des Loix* sur ce sujet, qui porte

Fausse idée du mariage que donne la maniere dont Montesquieu rend une réflexion sur cette injus-

***

(1) *Esprit des Loix*, Tome II, Partie I, p. 89.
(2) *Ibid.* Pag. 88.
(3) *Ibid.* Tome III, p. 34.

te permif-
fion don-
née au pere
de, &c.

que « la faculté du divorce ne peut être donnée » qu'à ceux qui ont les incommodités du ma- » riage, & qui fentent le moment où ils ont in- » térêt de les faire ceffer » : Ou du moins, je ne l'aime pas à caufe de la maniere dont il s'énonce. Ce ne font point les inconvéniens du mariage qui autoriferoient à fe féparer. Il n'eft point d'état & de condition dans la vie, qui n'ait fes peines & fes contrariétés : On doit les fupporter par-tout où l'on fe trouve. Ces inconvéniens, que peut entendre *Montefquieu*, ne font pas ceux du *mariage*; on ne doit donc pas les lui attribuer, & ce qu'on a intérêt de faire ceffer dans le divorce ou la répudiation, c'eft le vice inhérent ou furvenu, qui dans l'un met une impoffibilité abfolue à vivre enfemble, & dans l'autre nous oblige à ne plus entretenir un nœud, qui eft rompu de droit par le forfait de l'un des deux.

Du fen-
timentd'un
Auteur mo-
derne fur
la perpétui-
té du ma-
riage.

Ce que dit l'Auteur des *Corps Politiques* (1) que *la perpétuité du mariage eft contraire à l'impreffion de la nature, & au principe de l'affociation entre les hommes*, eft bien oppofé à ce que j'ai dit ci-devant (2); mais auffi ne me paroît-il pas jufte. Il fe fonde fur ce que la Loi naturelle permet à l'homme de fuir le malheur & de s'en délivrer; que les fociétés civiles fe font établies pour lui procurer plus de commodité, & des jours tranquilles; & que leur objet n'a jamais été de faire de fa vie un fupplice continuel. Mais,

_____

(1) Tome I, p. 86.
(2) Au précédent Chapitre, près du commencement.

fi

fi c'étoit - là un vrai fondement pour conclure, comme il fait ; il faudroit donc conclure auffi que la perpétuité des fociétés civiles eft contraire à l'impreffion de la nature : car très-fouvent l'on s'y trouve gêné par des exactions & des injuftices, par des Loix rigoureufes ou qu'on étend trop loin, par les divers affujétiffemens où l'on eft les uns des autres, enfin, par mille accidens ou généraux ou particuliers qui dépendent de l'affociation, & qui quelquefois nous mettent dans cette difpofition étrange de regretter de ne pouvoir fortir de la fociété, & aller refpirer tout feul en un coin du monde, hors des atteintes des méchans & de la contrainte politique. Mais ce fentiment n'eft que paffager ; il n'eft pas celui de la fage nature, qui elle-même demande que nous communiquions avec des hommes, & que nous formions tous des corps de fociété civile, dont les membres réunis fe liguent pour la défenfe & les befoins communs : Or l'intérêt de tous eft que ces corps foient durables ; perfonne ne fouhaite affurément de les voir finir. Il en eft ainfi du *mariage*, & bien mieux encore : Le propre de cette affociation particuliere eft de tendre à la perpétuité ; le confidérer autrement & avec un terme, c'eft déja la détruire avant qu'elle exifte. Si on y éprouve des dégoûts & des chagrins, il y en a par-tout, comme je l'ai dit. Mais fi l'incompatibilité des humeurs eft telle & fi bien avérée qu'elle exige néceffairement la diffolution, c'eft un vice étranger à la nature du mariage ; il vient de l'oppofition qui eft entre les caracteres : c'eft, en un mot, un effet phyfique d'une caufe phyfique ; mais non, un réfultat de la conftitution morale du mariage, fous laquelle vue il faut le confidérer.   *Tome. II.*   O •

S'il est avantageux de souffrir la répudiation sans en alléguer la cause ?

Le même Auteur, parlant des avantages & des défavantages de rendre publiques les causes de la répudiation, fait cette réflexion (1), « qu'il semble » que la répudiation, soufferte sans en alléguer la » cause, mette l'honneur des deux parties à cou-» vert, & que chacune d'elles peut devenir une » seconde fois utile à l'Etat, par une seconde so-» ciété » ; *cet avantage*, dit-il, *seroit peut-être rare, si les raisons étoient divulguées de part & d'autre.* Mais non : il ne sauroit rien arriver de bon de se tromper les uns les autres. La bonne foi & la vé-rité doivent être le gage de l'association parmi les hommes, & les mœurs être mises à découvert. C'est par cette raison que les belles actions sont récompensées, & les mauvaises punies. Il est na-turel qu'une faute grave soit connue ; soit afin que celui qui ne craint pas de s'engager dans une pa-reille société avec la personne répudiée, puisse prendre ses mesures pour l'avenir ; soit pour que la personne elle-même se contienne mieux, & s'observe à proportion du besoin qu'elle a d'effacer le souvenir de sa faute passée, soit encore pour servir d'exemple aux autres. D'ailleurs, la *répu-diation* ne suppose jamais qu'une cause essentielle de désunion, dont la réticence ne peut que porter également contre l'honneur : & si l'on se quitte volontairement, comme dans le *divorce*, il ne se peut aussi que l'on ne suppose des motifs très-défavantageux à l'un & à l'autre. De sorte que, dans les deux cas, le Public se porte à des soup-çons peu honorables, mais très-naturels ; & même

(1) *Ibid.* Page 95.

il peut arriver que l'on en croie encore plus qu'il n'y en a ; parce que nous sommes faits de maniere que ce qui est contre l'état naturel & ordinaire des choses, réveille toute notre attention, & nous donne d'abord des idées du pire : comme si c'étoit pour nous tenir en garde contre ce qui pourroit troubler notre repos ou notre bonheur.

Cet Auteur convient (1) « qu'il paroît extraor- » dinaire qu'il fût permis de répudier, sans arti- » culer une bonne raison, & de voir autoriser » la pure fantaisie : mais, d'un autre côté, *dit-il,* » dans quels détails faudroit-il entrer ? Ira-t-on » révéler sa honte ? Comment justifier ce qui se » passe dans le secret, lorsque l'un des deux re- » fuse à l'autre une faculté accordée à tous les » deux » ? C'est qu'il faut dire que les Auteurs en *Droit naturel* (2), établissent comme un prin- cipe assuré, que, par ce droit tout seul, une *désertion malicieuse* ou un *refus obstiné du devoir conjugal,* sont un juste sujet de dissoudre le ma- riage. Mais je ne suis pas de cet avis, & je vais exposer mes raisons ; le Lecteur jugera si je suis fondé.

De la désertion malicieuse, & du refus obstiné du devoir conjugal.

Je n'ai mis que deux causes valables de dissolu- tion (3) : l'une *une infidélité avérée & complette,* qui consiste à donner l'usage de son corps à quel- qu'un qui n'est pas de la société ; & l'autre des *attentats* ou des *projets formés par l'un des deux*

Ces deux dernieres causes bien différentes des deux premieres pour la force & la vertu de dissoudre le mariage.

(1) *Ibid.* pag. 94.
(2) *Puff.* Tome III, p. 29.
(3) Ci-devant, à-peu-près au tiers de ce Chapitre.

sur la vie de l'autre. Pourquoi n'ai-je donc mis que ces deux caufes ? C'eſt que celles-là font actives, ou plutôt qu'elles ont déja produit leur méchant effet, en rompant *ipſo faĉto* le nœud de l'hymenée : au lieu qu'il n'en eſt pas ainſi des deux autres caufes, dont *Puffendorf* parle ; car l'on doit bien convenir que la *déſertion* par elle-même, qui n'eſt qu'une abſence, & le *refus* en foi d'accorder le devoir conjugal, qui n'eſt qu'un caprice, un entêtement, ou une répugnance, ſi l'on veut, bien forte, ne décident abſolument de rien, & que de leur nature, ils ne font point deſtructifs de la chofe ; puiſque ce n'eſt point dérober, enlever, trahir, que de ne ſe point livrer encore, ou de s'éloigner, quoique malicieuſement, quand d'une façon ou d'autre, l'on ſe conferve intact & fans deſſein d'être à un autre : juſques-là il n'y a point *infraction.* Dans le refus obſtiné, la chofe n'eſt pas livrée : on ne peut donc pas dire qu'il y ait rupture. Dans la déſertion malicieufe, il y a déja eu (pour m'exprimer de la forte) *priſe de poſſeſſion,* & l'on met une borne à l'uſage actuel par ſon éloignement : mais le droit de propriété ſubſiſte, & la violation n'eſt point encore arrivée, ſur cela préciſément qu'on s'eſt mis à une grande diſtance l'un de l'autre. Il eſt poſſible au *déſerteur* de revenir, & au *refuſant* de ſe rendre ; ils ſe préſentent dans leur intégrité. Or, cette poſſibilité de revenir ou de céder, eſt toujours à préſumer, tant qu'il n'y a pas des raiſons qui prouvent invinciblement le contraire. Si la perfonne abſente ne s'eſt pas remariée, ou qu'elle n'ait point autrement accordé à un autre l'uſage de ſon corps ; ſi l'obſtination du refus eſt jointe à l'incorruptibilité des mœurs ; s'il n'y a point eu de complot, ni de deſſein formé

d'attenter aux jours de celui ou de celle avec qui
le mariage nous a unis : que voit-on de capable
de rompre cette union, la premiere de toutes, &
dont on ne peut soumettre la durée à des accidens, qui, par eux-mêmes, ne disent pas qu'on
veuille ou qu'on doive se quitter ? Je dis qu'on *doive*,
parce que notre volonté, qui d'abord nous engage,
n'est pas propre ensuite à nous diviser : ce n'est
pas un devoir & une obligation de prendre un tel
ou une telle ; mais, quand on lui a donné sa foi,
& qu'en conséquence du traité (je ne parle ici
que de la forme simple de l'état naturel) la femme
est venue dans la maison du mari, & s'est revêtue
de toutes les apparences de sa véritable moitié, &
lui de son véritable époux : alors ils ne peuvent
se désunir que forcément & par devoir ; & ce devoir vient d'une infraction réelle & positive, qui
n'arrive que par le crime : Or, le crime n'est pas
de *s'absenter* & de *refuser*, en tant qu'on s'absente
& qu'on refuse, bien que ces deux actions ne soient
point belles, & qu'au contraire, elles méritent
fort d'être désapprouvées & peut-être punies, en
ce que non-seulement elles mettent obstacle à
l'exercice d'un droit légitime, mais encore ont l'apparence contr'elles : néanmoins elles n'attaquent
pas la vie & l'honneur, qui font les deux seuls
cas où il y ait *déchirement* & *division* par le propre
fait ; & par conséquent *nécessité* de se séparer &
de redevenir libres.

En vain diroit-on (1), contre l'absence malicieuse

(marginal note:) Les accidens, qui,
de Droit,
emportent
la dissolu-
tion du ma-
riage, en
font un de-
voir. Et ce
devoir ne
naît que
du crime.

(marginal note:) L'objection, que
se font les
partisans
de la disso-
lution pour
causes de

---

(1) Dans *Puff.*, Tom. III, pag. 30, note 1, colonne 1,
vers les deux tiers.

la défer-
tion & du
refus, nul-
le.

& le refus obftiné, que « ce feroit un véritable
» efclavage, fi la partie innocente devoit, non-
» obftant cela, fe croire encore liée & tenue par
» là de vivre dans un célibat, qui peut l'expofer
» à toutes les tentations de l'impureté ». Cet inconvénient n'eft pas infurmontable, & n'eft pas
un effet néceffairement lié avec le mariage : car,
en ce cas, ou il ne faudroit point contracter de
pareille union réguliere ; ou le moindre refus, ou
la moindre abfence, même à deffein, autoriferoit à en contracter une nouvelle. Ce n'eft pas le
plus ou le *moins* ici, qui fait le droit ni la faute.
Il y a cette différence effentielle entre les caufes
dominantes & uniques, de la *répudiation* ou du
divorce, & les autres dont il eft ici queftion, que
celles-là emportent, par un feul fait, la rupture, &
que les autres auroient befoin, comme l'on voit,
d'être entretenues, & de durer perpétuellement
pour légitimer la liberté de fe remarier : & cela
même eft un obftacle à pouvoir ufer jamais de
cette liberté. Car, quand eft-ce donc qu'il fera
temps de rompre cette union ? Comment connoître
que l'obftination à ne point revenir, ou à refufer
ce qu'on fe doit entre mari & femme, eft à ce
point d'équivaloir une rupture réelle ? S'il ne faut

Ibid.
Dans *Puff.*
colonne 2,
vers le mi-
lieu.

ni prendre d'abord au mot, ni négliger de faire
tout ce qui vous fera poffible pour ramener au
devoir ; fi l'on n'en doit venir qu'à la derniere extrémité ; & lorfqu'on ne verra plus d'efpérance
de réconciliation, à fe regarder comme entiérement libres : où fera cette derniere extrémité, &
qui pourra la fixer ? Voilà le nœud de la queftion ;
& c'eft ce qui prouve que tant qu'il n'y a pas
d'autre accident, de la part de la partie refufante ou
défertrice, qui prouve qu'elle a effectivement fait

fciffion, le mariage fubfifte, & doit fubfifter entre mariés, qui font dans les circonftances que nous fuppofons, quelque long temps qu'il y ait que cela dure.

Ainfi, la peine que fe faifoit l'Auteur dont j'ai parlé, (1) (à propos de la répudiation & du refus obftiné), d'être obligé, pour en dire la caufe, d'entrer dans de certains détails, de calmer fa honte, & de juftifier ce qui fe paffe dans le fecret ; cette peine, dis-je, eft levée, au moyen de ce que je viens d'établir ; puifqu'il n'y a point lieu à répudier, & que le mariage fubfifte, tant qu'il n'y a qu'une pareille caufe, ou celle de la défertion malicieufe. Et après tout, comme les fautes font perfonnelles, on ne fauroit faire valoir, contre la néceffité de donner des caufes de répudiation, *l'obligation de relever fa honte* ; puifqu'il ne peut y en avoir, en premier lieu, en celui à qui, au contraire, le tort eft fait ; & que, d'un autre côté, il n'y a pas moins de quoi bleffer l'amour-propre dans l'*adultere*, les *affaffinats*, les *empoifonnemens*, &c. qui ouvrent de droit la demande en répudiation, étant de la nature de celle-ci d'être une punition du crime : toutefois, il faut bien en répandre la connoiffance.

La peine d'entrer dans de certains détails, de relever fa honte, que fe faifoit l'Auteur cité, &c. tombe, &c.

Et l'on doit obferver auffi (au fujet de cette répugnance à juftifier de ce qui fe paffe dans le fecret, pour raifon des circonftances dont nous parlons) la fage ordonnance de la nature, qui ne nous met point à cette trifte épreuve pour les

Réflexion fur la fage ordonnance de la Nature quant à cette répugnance à divulguer, &c.

(1) Trois ou quatre pages plus haut.

occafions qu'on a prifes , mal-à-propos , pour caufes légitimes de répudiation , mais feulement pour les cas urgens & décififs , où la rupture eft faite d'elle-même , par la nature de l'atteinte portée au nœud conjugal.

Du fentiment de *Jean Milton*, dans fon Traité du *Divorce*, établiffant l'incompatibilité d'humeur & la conduite infupportabled'une femme , comme *caufes fuffifantes de diffolution* &c.

Le fameux *Jean Milton*, « qui avoit, *dit-on*, » reffenti (1) vivement ce que c'étoit qu'une dif- » fenfion domeftique, travailla de tout fon pou- » voir à établir, qu'*une conduite infupportable ou* » *une grande imcompatibilité d'humeur, font un* » *fujet fuffifant de divorce ; & que même, en ce* » *cas-là, il faut abfolument féparer des mariés qui* » *fe trouvent fi mal affortis* ». Mais fes raifons , quoiqu'elles portent fur cette diftinction que j'ai faite , que Dieu ; en établiffant la fociété du ma- riage , a eu effentiellement en vue que le mari & la femme véçuffent enfemble doucement , & s'en- tr'aidaffent , par une complaifance mutuelle , à fup- porter les charges & les chagrins de la vie : fes raifons , dis-je , fe trouvent néanmoins combattues par ce que j'ai expofé enfuite , de l'état & des vœux de la Nature fur le mariage , pour qu'un fi faint engagement ne dépende pas des caprices & de la légéreté des deux fexes. Il eft (2) étonné , cet Auteur, que le *Droit Canonique*, qui déclare fans balancer l'impuiffance naturelle, un fujet fuf- fifant de diffoudre un mariage, n'ait aucun égard à l'humeur des femmes. Il eft bien plus étonnant qu'il ait été furpris de cela. N'eft-il pas fenfible que cette fociété , ayant pour but de donner des

Combien il y a loin de-là à l'impuif- fancenatu- relle.

Ibid. Page 39.

(1) Voyez dans *Puff.*, Tom, III, pag, 34.
(2) Tom. III, p. 37.

enfans, il ſuit qu'on doit être habile à les avoir ?
Sans quoi, il y a une contradiction manifeſte, &
même un mépris énorme pour la choſe. Car il n'en
eſt pas de même de la *ſtérilité*, qui n'eſt pas un
défaut abſolu de la perſonne : pouvant toujours ſe
faire qu'elle vienne à ceſſer, quand on a de part
& d'autre tout ce qui eſt néceſſaire à cette fin :
au lieu qu'avec l'*impuiſſance réelle*, il eſt impoſſible
qu'il y ait jamais d'effet ; d'où vient que naturellement, comme je l'ai déja dit, le mariage eſt
tellement nul alors & diſſoluble, qu'il n'a jamais
été formé.

Ibid.
P. 31.

Mais, pour l'humeur & la conduite inſupportables
d'une femme, on ne peut les mettre dans la même
claſſe. Il y a toujours à eſpérer qu'elle reviendra à
elle ; ou bien il faut que le mari ſoit extraordinaire
lui-même, & d'un commerce à rebuter, ſi la femme
demeure réellement incorrigible, & toujours un objet
d'horreur pour lui : car les bonnes manieres attirent
les bonnes manieres ; & je ne fais point difficulté de
dire que, quand un mari prudent ſaura prendre
les voies douces & naturelles pour ramener celle
dont il ſe plaint, & qu'il donnera lui-même l'exemple de la douceur & de la modération, ſi néceſſaire
dans un pareil commerce, il eſt immanquable que
les cœurs ne ſe rapprochent ; & ces ménagemens
& ces égards doivent croître & être d'autant plus
marqués de ſa part (quand il ne s'agit pas de com-
plaiſances mauvaiſes en ſoi) qu'il y a de lui à ſa
femme une diſproportion d'âge & de goûts conſidérables.

C'eſt le
plus ſou-
vent la fau-
te des ma-
ris, quand
une fem-
me eſt in-
corrigible.

Milton, pour donner de la force à l'incompatibilité & à la conduite inſupportable d'une femme,

Abſurdi-
té de met-
tre à l'inſ-

tar d'un *affaffinat*, la mort d'un homme, dont les chagrins, pour raifon de cette incompatibilité, &c. auront abrégé les jours.

comme *caufe fuffifante du divorce*, les compare aux affaffinats : « Les Empereurs Chrétiens, (*dit-il*, » *au rapport de Puffendorf*) (1), ont jugé que » l'attentat fur la vie d'un mari, étoit un fujet fuf-» fifant pour rompre le mariage. Et *n'y a-t-il pas* » *eu bien des maris, dont les chagrins continuels* » *qu'ils recevoient de leurs femmes, ont manifefte-* » *ment abrégé les jours* » ? Mais peut-on, de bonne foi, confondre des chofes fi différentes ? L'action d'*affaffiner* eft propre à celui qui ofe commettre un tel crime, ou feulement le tenter : il en a voulu directement l'effet. Mais en eft-il ainfi de cette femme, de qui le mari, recevant des chagrins cuifans qu'il croit fondés, s'en affecte au point de perdre la vie ? Peut-on dire que la femme foit coupable de cette mort ? Eft-ce donc fur une pareille regle que l'on devra juger les actions criminelles de l'un ou de l'autre des deux époux, & même de tous tant que nous fommes, dans la fociété générale du monde ?

Ibid. Page 38. Comparaifon mal foutenue, & en même-temps contre lui, des mariages malheureux avec les maladies, &c.

Sur une objection qu'il fe fait, *qu'en vain on réplique que les mariages malheureux font des fléaux, que Dieu envoie pour exercer la patience des maris :* Il répond que *les maladies & les autres afflictions font auffi des châtimens du ciel, & que cependant il n'eft point défendu de fe fervir des remedes humains pour s'en délivrer.* Il y a là une comparaifon qui n'eft point foutenue, & qui feroit contre lui, fi nous voulions l'admettre : car, premierement, fi les mariages malheureux font des fléaux que Dieu envoie pour exercer la patience des maris,

---

(1) Tom. III, pag. 37.

cela fuppofe que le remede eft la patience même,
& non la diffolution ; que cette patience doit about-
tir à ce que mutuellement les deux époux s'ef-
forcent de fe fupporter, de fe rendre plus ai-
mables, d'avoir des manieres douces & com-
plaifantes : cela dit, en un mot, que le mariage
fubfifte & doit fubfifter. Et quant aux maladies,
elles ne font pas un état ; fi elles font un fléau de
Dieu, il eft permis de s'en délivrer ; l'on n'inter-
rompt en rien l'ordre naturel & établi, en en gué-
riffant : au contraire, l'on répare l'économie animale
qui eft troublée. Tout de même, on doit réparer
l'économie des mœurs, quand il y a diffenfion
domeftique : c'eft-là où git le vice, & c'eft où il
faut l'attaquer. Détruire le mariage, c'eft ne rien
faire d'utile. Ira-t-on, pour guérir les inimitiés,
les trahifons, les ingratitudes, les cruautés, & tant
d'autres crimes qui inondent la terre, féparer les
humains & brifer la fociété civile elle - même ?
Non : cette extrémité feroit pire, & elle eft même
inexécutable. Ainfi, impoffibilité femblable & excès
égal, fe rencontrent dans la diffolution du mariage,
pour caufe de mauvaife humeur & de conduite prétendue infupportable de la part d'une femme, en
tant que remede. Ce n'eft pas ainfi que la fage Nature fe gouverne pour des êtres raifonnables comme
l'homme, fujet plus que toute autre créature à
maintenir fes Loix & à les refpeƈter. On ne peut
prendre que les remedes relatifs à la chofe, &
qui, au lieu de l'anéantir, la confervent & l'entretiennent, quand elle eft, de fa nature, bonne &
néceffaire au Genre humain.

CHAPITRE IX.

Explication de la Loi de Moyse *, qui permettoit le Divorce, ou plutôt la Répudiation : Erreur grossiere de mettre, dans la même classe, le Divorce & la Polygamie, qui dépendent de differens Principes, & sont d'une toute autre nature entr'eux.*

De la Loi des Juifs, au sujet du divorce, ou plutôt de la *répudiation.*

Il paroît jusqu'ici que le divorce ou la répudiation sont des actes très-astreints à des regles séveres, que les hommes ne peuvent nullement fléchir au gré de leur penchant désordonné ou de leur caprice : il faut des causes les plus avérées & les plus graves. Le *Droit naturel* demande qu'on ne puisse se séparer, que quand les parties ont, elle-mêmes, rompu le lien par un fait absolument destructif de la société : toute autre cause n'opere pas cet effet. Cependant nous voyons, dans le *Deutéronome* (1), que les Juifs avoient pour Loi:

Dans *Puff.* Tome III, p. 33.

» Que si une femme déplaît à son mari, parce » qu'il trouve en elle quelque chose de vilain, il » lui donne un écrit, par lequel il la répudie & » la renvoie de chez lui ». L'on regarde comme certain que les Juifs croyoient de-là que le divorce étoit non-seulement permis, mais ordonné; & l'on pense même pouvoir conclure d'un passage de *Philon,* qu'il falloit, selon eux, répudier une

_____

(1) Chapitre XXIV, L.

femme à cause de sa stérilité. On ne met point
de doute aussi que le divorce ne fût fort commun
parmi eux : quoique l'on n'en trouve que peu ou
point d'exemple dans l'Histoire, tant sacrée que
profane, pendant plus de sept ans, par la raison
que les Historiens ne parlent guere que des faits
qui ont quelque chose de singulier. Quelques-uns
pourtant sont d'avis que la Loi de *Moyse*, sans
approuver ni désapprouver formellement le divorce,
exemptoit seulement de la peine devant le tribunal humain, & que c'étoit une simple tolérance ou
connivence, qui a été abolie sous l'*Évangile*. Enfin,
une grande secte (1), du temps de *Jesus-Christ*,
soutenoit que, pour peu qu'une femme déplût à son
mari, il pouvoit la répudier sans autre raison.

Ce qu'il me semble bien sûr à moi, c'est que
cette Loi de *Moyse*, qui permettoit, sous quelque
motif pourtant, à un mari de répudier sa femme,
le laissoit juge du sujet, & n'exigeoit autre chose
de lui, si ce n'est qu'il donnât par écrit un acte
authentique du *divorce ;* & la chose est tellement
ainsi, que *Jesus-Christ*, qui disoit aux Juifs que
» *Moyse* ne leur avoit permis de répudier leurs
» femmes, qu'à cause de la dureté de leurs cœurs,
» & qu'il n'en étoit pas de même dès le commen-
» cement »: leur rappelant, par ces derniers mots,
l'institution primitive du mariage, quand Dieu fit
un homme & une femme pour vivre ensemble,
& être si fort unis, qu'ils ne fussent plus deux, mais
une seule chair : que *Jesus-Christ*, dis-je, admet

Ibid.
Page 34.

Ibid.

Cette Loi
laissoit le
mari juge
du *sujet* de
répudia-
tion en
donnant à
sa femme
un *acte au-
thentique
du divorce.*
Ibid.
P. 35, no-
te 1.
Ibid.
P. 34, &
Matth.
XIX, 8.

(1) Celle de *Hillel*, opposée à celle de *Sammaï.*

Marc. X, 6 & suiv.
Matth. XIX, 9.
La femme *Adultere* punie de mort.
Deut. XXII, 22.
Puffendorf Tom. III, page 25, note 1.

pour cause légitime l'*adultere*. Or, l'adultere, comme l'on sait, étant puni de *mort*, suivant la même loi; & le mari, par cette punition, devenu libre de se remarier, il est clair que l'acte authentique de répudiation, qu'il étoit obligé de donner à sa femme quand il la renvoyoit, suppose qu'il avoit ce pouvoir de la renvoyer, sans qu'il fût question d'adultere; & que la décision des cas où la répudiation avoit lieu, lui étoit dévolue pleinement & entiérement : en quoi il faut avouer que la Loi s'éloignoit du sentiment de la nature & des droits réciproques, que les parties acquierent l'une sur l'autre dans le mariage, par l'effet simple & inévitable de cette union.

Cette liberté indéfinie, laissée au mari, de répudier sa femme, contraire au *Droit naturel*, selon nos idées, &c.

C'est en cela que nous pouvons d'abord remarquer une vive atteinte portée au *Droit naturel*, à en juger par les regles étroites qui fixent nos principes sur cette matiere, d'homme à homme, & sans aucune intervention particuliere de la Divinité : car si nous admettons cette intervention, comme elle a eu lieu à l'égard du peuple Juif, il en faudra juger autrement, & chercher au contraire les raisons pourquoi ce souverain Législateur l'avoit établie de même.

Autre atteinte au *Droit naturel*, que la femme n'eût pas le droit de répudier.

Nous voyons encore (1) que la femme n'avoit pas le même droit de répudier son mari : ce qui étoit une autre infraction au *Droit naturel*, ou, pour parler plus dignement, une autre exception à la Loi naturelle.

---

(1) Dans *Puff.*, Tom. III, pag. 35, citant I, *Samuel*, Chap. XXV, 44, & là-dessus le *Commentaire de Le Clerc.*

Toutefois la femme (1) avoit le pouvoir de le quitter, dans le cas où il l'avoit accusée mal-à-propos de ne l'avoir pas trouvée vierge la première nuit des noces, quoiqu'elle avoit la liberté de rester si elle vouloit; & lui, il étoit obligé de la garder.

La Loi (2) dit qu'*elle demeurera sa femme, sans qu'il puisse la répudier tant qu'il vivra.* Voilà une espece de punition pour l'injuste mari, qui étoit en outre condamné *à la peine du fouet & à payer cent sicles d'argent au pere de la fille, pour avoir déshonoré,* comme il est dit dans l'Ecriture, par une accusation d'infamie, *une vierge d'Israël.* Ainsi l'honneur & l'état des femmes étoient mis à couvert de ce côté-là.

D'autre part (3), le mari ne pouvoit plus reprendre sa femme répudiée; & c'étoit encore un nouveau frein à cette liberté indéfinie, qu'avoient les maris, de dissoudre le mariage par la répudiation (4).

Je remarque encore, que dans le cas où une femme étoit punie de mort comme adultere, l'homme avec qui elle avoit eu commerce, étoit puni également de mort.

Que si un homme avoit fait violence à une fille

Seul cas où elle pouvoit le faire.

Le mari, en ce cas, puni, &c.

Ne pouvoit plus reprendre sa femme répudiée.

L'homme Adultere puni de mort également avec la femme adultere. Deut. XXII, 22.

De celui qui abusoit d'une fille vierge, non fiancée. Deuter. XXII, 28, 29.

---

(1) *Ibid.* Citant *Philon, De special. legib.* p. 789, édition de Paris.

(2) *Deuter.* XXII, 19.

(3) *Deuter.* XXIV, 4.

(4) Voyez *Puff.*, Tom. III, pag. 41.

vierge, qui n'avoit point été fiancée, il étoit obligé de l'épouser, en donnant au pere de la fille cinquante ficles d'argent; & de sa vie il ne pouvoit la répudier.

Et si elle étoit fiancée, Ibid. 23, 24, 25.

Que si la même fille avoit été fiancée, l'homme étoit puni de mort pour avoir abusé de la femme de son prochain.

A l'égard d'elle, la Loi distingue. Ibid. 24 & 26.

Ibid. 24 & 26.

Et à l'égard d'elle, la Loi distingue; savoir: Si elle étoit dans la ville, elle subissoit le même sort que l'homme; & si elle se trouvoit à la campagne, elle étoit déclarée innocente, & ne souffroit rien: Distinction qui étoit appuyée sur cette raison, que dans la ville elle n'avoit pas crié; & que dans un champ seule, elle avoit crié, & personne n'étoit venu pour la délivrer.

Utilité de ces Loix séveres.

On sent combien toutes ces Loix particulieres, mais très-féveres, étoient capables de contenir pour des attentats contre la sûreté & l'honneur des filles; & combien en même-temps les maris avoient de puissans motifs de ne point corrompre la fidélité des femmes d'autrui. La Loi avoit pourvu à l'audace & à la témérité des uns, & à la foiblesse ou à l'imprudence des autres. Mais

Aussi, tout engageoit au mariage.

aussi tout engageoit au mariage chez les Juifs, comme nous l'avons déja vu; & cette facilité qu'ils y trouvoient, & l'honneur, que l'esprit de la nation, conforme à l'esprit de la Nature, y avoit attaché, faisoient qu'on se hâtoit de sortir du célibat; à moins que le tempérament ou quelqu'autre raison valable ne s'y opposât: car, d'ail-

Mœurs des Isr. p. 60.

leurs, c'étoit une gloire d'avoir beaucoup d'enfans. La *virginité*, considérée comme vertu, étoit peu connue,

connue, dit *Fleury*. On n'y regardoit que la *stéri-*
lité : & l'on estimoit malheureuses, les filles qui
mouroient sans être mariées. Les Docteurs Juifs étendoient fort loin l'obligation de se marier, à l'égard
des hommes, en vertu du principe divin, *croissez*
& multipliez; & ils alloient jusqu'à traiter *d'ho-*
micides, ceux qui en négligeoient la pratique.
Pour les femmes, elles ne devoient pas précisément se marier en un certain temps, comme les
hommes, parce que cela ne dépend pas d'elles;
mais aussi-tôt qu'il se présentoit un parti convenable, elles étoient indispensablement obligées de
travailler de leur côté à la propagation de l'espece.
C'est cet esprit de fécondité, & le désir d'étendre
la race humaine, qui avoit fait regarder comme
un opprobre, pour une femme mariée, selon la
remarque du même *Fleury*, d'être stérile : ainsi
que l'on voit, dit-il, en la mere de *Samuel*, &
en tant d'autres : on regardoit ce malheur comme
une malédiction de Dieu.

Ainsi, il faut entrer nécessairement dans les
idées de ce temps-là, & dans l'opinion publique
qui gouvernoit ce peuple, pour juger comme on
doit de la liberté qu'avoient les maris, par la Loi
divine, de répudier leurs femmes, sur un simple
écrit de divorce qu'ils étoient obligés de leur donner.
Nous avons dit (1) que la Loi les laissoit juges du
sujet; mais nous avons observé en même-temps,
qu'elle supposoit une cause; & nous ne saurions
croire qu'un homme de bien pût alors user de la
permission pour quelque cause que ce fût : il le

*La virgi-
nité com-
me vertu,
peu con-
nue alors.
Puff. To-
me III, p.
6.*

*Des Doc-
teurs Juifs
sur l'obli-
gation de
se marier,
à l'égard
des hom-
mes & des
femmes.*

*D'où la
stérilité,
dans une
femme
mariée,
regardée
comme un
opprobre,
&c.
Mœurs des
Isr. p. 61.*

*Le mari
seul juge
du sujet de
répudia-
tion; mais
la loi lui
détermi-
noit pour-
tant le gen-
re ou la na-
ture du su-
jet.
Puff. T.
III, p. 353,
note 1.*

—————————

(1) Au commencement de ce Chapitre.

Tome II.   P p

pouvoit devant les hommes, c'eſt-à-dire, qu'il n'avoit point de peine à encourir de la part du Tribunal de la Nation, pour renvoyer ſa femme injuſtement : mais il ne le pouvoit pas en conſcience. Il étoit obligé d'avoir un ſujet ; & ce *ſujet*, la Loi le lui preſcrivoit dans une imperfection du corps, quelle qu'elle fût, ſans en déſigner aucune en particulier : de maniere que le Légiſlateur lui déterminoit le genre des cauſes de répudiation, en l'en laiſſant ſeul le juge.

Nous devons voir que toute méchante humeur, toute incompatibilité de caractere de la part d'une femme, ne pouvoit être, ſelon la loi, un motif ſuffiſant de la renvoyer. L'*eſprit* ou le *moral* n'entroit pour rien dans ces motifs. Les mœurs en décidoient pour la peine de mort, dans le cas d'adultere ; & pour tout le reſte, c'étoit le *corps*, c'étoient certains dégoûts, certaines défectuoſités phyſiques, qui autoriſoient le mari à répudier, quand il ne pouvoit les ſupporter. *Milton* penſoit que l'incompatibilité d'humeur, une opiniâtreté incorrigible, qui prive, diſoit-il, du principal but du mariage, c'eſt-à-dire, du plaiſir & du ſecours que l'on a lieu d'eſpérer d'une femme, étoit un ſujet de divorce beaucoup plus conſidérable, qu'un défaut naturel, qu'une maladie, que quelque choſe de dégoûtant dans le corps : & il s'écrioit que le divorce avoit pourtant été permis aux Juifs, pour toutes ces raiſons. Mais ils ne faiſoit pas attention que les Iſraëlites ou les Juifs, comme ſont tous les peuples qui vivent plus ſelon la nature, c'eſt-à-dire, dont l'occupation n'a pas porté ſur tous ces arts purement de luxe, & toutes ces ſciences de ſimple curioſité,

Comment *Milton* s'abuſoit de croire (par comparaiſon avec la Loi des Juifs) que l'*incompatibilité du caractere* ou la *méchante humeur*, étoient un ſujet de divorce beaucoup plus conſidérable qu'une imperfection corporelle. *Puff.* T. III, P. 37.

qui, chez nous, ont fait une révolution étonnante dans les mœurs, & multiplié, pour ainsi dire, à l'infini, les goûts & les caractères : que les Juifs, dis-je, ou les Israélites, n'étoient pas exposés aux inconvéniens de la culture trop étendue de l'esprit ; & que, particuliérement attachés aux choses sensibles, le corps faisoit pour eux, dans cet ensemble merveilleux des deux substances, comme la partie principale, & où sembloient se rapporter, pour le moment, toutes les Loix que *Moyse* leur avoit données. De sorte que cette même cause de répudiation, que *Milton* auroit bien souhaité être valable, outre qu'elle n'a point en soi la vertu de rompre le nœud conjugal, n'étoit & ne pouvoit être d'aucune considération pour les Juifs, qui n'y pensoient pas seulement : car, il est encore à remarquer que rien n'étoit plus propre à contenir ou à corriger une femme de sa méchante humeur, ou de ses contrariétés journalieres, que le pouvoir qu'avoit le mari de la renvoyer pour un simple dégoût du corps ; & il n'étoit pas temps de s'amuser à faire la revêche, quand l'homme avoit, sous ce prétexte, la liberté de se délivrer d'elle quand il vouloit.

C'étoit donc cette tendance visible de toutes choses à ce but unique, je veux dire, le *corps*, sa conservation, la multiplication de l'espece, son établissement dans la Terre promise, & les lieux où la Divinité, protectrice & spécialement conductrice de ce peuple, vouloit le placer, pour en tirer comme d'une source, constamment visible & indubitable, les moyens à son merveilleux dessein de la rédemption, de l'incarnation & de la reproduction d'un nouveau peuple : c'étoit, dis-je,

Tout se rapportoit extérieurement au corps, chez les Juifs : sa conservation, &c.

cette tendance fenfible de toutes chofes à ce but unique, le *corps*, qui pouvoit donner l'intelligence de la *répudiation* chez les Juifs, telle que nous venons de la montrer; & qui explique auffi les autres Loix, concernant toute atteinte portée à la vertu des femmes & des filles, hors ou dedans le mariage; comme nous l'avons également rapporté.

Point de Peuple qui ait eu plus de Loix cérémoniel-les,&c.que les Juifs.

Jamais peuple n'a eu plus de Loix cérémonielles, & plus adaptées à tout mouvement fenfible & extérieur. Toutes les actions de la vie civile, les néceffités même, & toute l'habitude corporelle, étoient, pour ainfi dire, circonfcrits par des Réglemens prévus & ordonnés : enforte qu'on ne pouvoit faire un pas, qui ne fût déja permis ou défendu; & que l'Ifraélite ou le Juif étoit un être bien plus fubordonné que les autres hommes (1). Il ne leur étoit pas donné, en quelque forte, de fe livrer à leur libéral arbitre, & de fuivre uniquement les infpirations de la confcience dans les moindres chofes : *Moyfe* étoit entré dans les plus petits détails; & la Loi les traitoit, on pourroit dire, comme des enfans. Ce n'eft pas que la réflexion & la liberté leur fuffent interdites : mais que peut-on faire de foi-même, quand tout nous eft tracé ? Et qu'eft-ce qu'on peut s'attribuer de mérite, fi ce n'eft l'obéiffance ? C'étoit auffi tout ce que Dieu exigeoit d'eux. Si jamais ils pouvoient faire ufage de leur raifon & de la faculté d'examiner, c'étoit à bien connoître le fens des paroles de la *Loi*, & à ne fe point méprendre dans ce

En quoi feulement ils avoient à faire ufage de leur raifon, & de la faculté d'examen.

(1) Ci-devant, Chap. I, à un peu plus de la moitié.

qu'elle défendoit ou ordonnoit. Nous avons vu (1)
ce qu'il en étoit de la *polygamie* & de l'*usure* : ils
firent bien d'autres écarts, qui ont été comme un
développement aux merveilles qui se sont opérées
ensuite, & dont Dieu a tiré tant de sujets pour
sa gloire, & tant de profit pour le genre humain.
Par-là, ce peuple fut continuellement exercé, &
exerça à son tour, la main toute-puissante qui le
gouvernoit ; soit à raison de ses infidélités & de
ses désobéissances formelles, contre la Loi sensiblement connue ; soit à raison de son peu d'intelligence & de facilité à en saisir l'esprit, quand
elle n'étoit pas exprimée en termes les plus clairs,
par des raisons qui ne sont bien connues que de
Dieu seul.

Le regne cependant de l'esprit, n'étant pas
celui qu'avoient en partage les Juifs, c'étoit une
suite de cet arrangement que l'égalité fût moins
observée entre l'homme & la femme. L'homme,
dans cette nation, plus encore asservi par les Loix,
selon la nature du gouvernement & les vues par-
ticulières du Fondateur, avoit acquis sur la
femme, en se mariant, une autorité proportionnée :
c'est-à-dire, qu'à mesure qu'il s'étoit comme rap-
proché de l'état servile des animaux, il parut conséquent, par cette espece de ressemblance, (car
l'on sait que les animaux mâles ont une supériorité
sensible sur les femelles), que la femme passât
sous une plus grande dépendance de son mari,
& lui fût soumise dans les points & de la maniere
que nous l'avons rapporté : & sans doute, que le

*L'empire
de l'esprit
diminuant,
l'autorité
des maris
augmente.
Comparai-
son de cela
avec les
bêtes. Les
Juifs furent
ainsi faits.*

<hr>

(1) Ci-devant, quatre ou cinq pages avant la fin du septième
Chapitre.

Légiflateur trouva cet ordre, non-feulement néceffaire à fes deffeins, mais analogue à fes Loix
les plus fimples, en vertu defquelles il a établi &
entretient l'univers.

<table>
<tr><td>Le temps d'une Religion, qui devoit être toute amour & toute lumiere, n'étoit pas encore arrivé</td><td>Il n'étoit pas temps que l'homme, cet être in-telligent & libre, appelé à une religion, qui de-voit être toute amour & toute lumiere, & obligé, en attendant, de vivre comme fous le joug, jouît de fes hautes prérogatives. Il étoit actuellement affervi fous une Loi de contrainte ; & le fouve-rain Maître du monde ne vouloit de lui autre chofe, fi ce n'eft qu'une parfaite foumiffion & une do-cilité entiere.</td></tr>
<tr><td>En atten-dant, la répudia-tion n'étoit pas con-traire à la fageffe, ni aux princi-pes im-muables de Dieu.</td><td>Il avoit permis aux Juifs de répudier leurs femmes : mais c'eft qu'il n'eft pas de l'effence du ma-riage, comme nous l'avons dit, d'être éternel ; & que ce n'eft point bleffer l'ordre en lui-même ; & renverfer la nature, que de donner une fin à ce qui peut en avoir une. Par-là, Dieu ne faifoit rien contre fa fageffe & fes principes immuables. Mais pour que cette liberté de répudier ne tînt à rien de ce qui eft légéreté & inconftance, mé-chante humeur, & tout autre vice de l'efprit, dont les actes pouvoient être trop diverfifiés & trop fréquens, il en borna l'exercice à de fimples im-perfections corporelles, dont les termes étoient plus marqués, & les fuites, par rapport à cette même liberté, moins dangereufes. Et nous avons vu encore que les autres Loix, dont il accom-pagna celle-là, étoient de plus, fort propres à la modérer.</td></tr>
<tr><td>Pas même, auffi, ebfo-</td><td>Je veux donc dire, que, fi les vœux de la na-</td></tr>
</table>

ture, fuivant que je l'ai expliqué, font que le nœud du mariage ne foit diffous que par la mort; fous la Loix écrite, quand Dieu prononça fes ré- glemens & fes volontés à fon peuple, par le mi- niftere de *Moyfe*, la Loi de la répudiation ne fit pourtant alors que moyenner les mêmes vœux de la nature fans les combattre ; & qu'au fond, peut - être, elle concouroit au même but, tant que les Juifs n'en firent pas un mauvais ufage.

lument, aux vœux de la Na- ture.

Voilà comment je trouve à expliquer cette per- miffion divine, que Jefus-Chrift a dit *n'avoir été accordée qu'à caufe de la dureté de leurs cœurs.* Ce jugement de fa part étoit relatif à l'état actuel de cette nation, puifque l'Homme - Dieu rappeloit *qu'il n'en étoit pas ainfi dès le commencement ;* & en effet, lorfqu'il leur parloit, & du moment qu'il fe mit à montrer aux hommes fa miffion, il commençoit à tirer le voile qui leur cachoit l'état d'humiliation & de fervitude, difons mieux, de foibleffe & d'enfance, où ils étoient enfevelis depuis fi long-temps ; la raifon languiffoit dans le trifte efclavage des fens ; & les plus grands prin- cipes de la Loi naturelle n'étoient bien connus, qu'à raifon de la Loi écrite, qui les leur mettoit fous les yeux ; & bien pratiqués en général, que par la crainte, ou par une efpece d'inftinct, à la façon des animaux, qui vont au bien fans s'en apperçevoir ni s'en douter.

Puffendorf Tom. III, pag. 34. *Matth.* XIX, 8.

Ce que dit J. C. aux Juifs du divorce *qu'il ne leur avoit été accor- dé,* &c. re- latif à cet état de dé- gradation & de fer- vitude, tel que je l'ai repréfenté.

Mais encore une fois, la *répudiation* nétoit pas contraire à l'effence abfolue du mariage; & nous devons conclure que, de ce que Dieu la permit, on ne peut induire, 1°. ni qu'il dépende des hommes de la faire revivre, puifqu'elle n'a pu convenir

Conclu- fion de ce Chapitre.

qu'à un Gouvernement tel que celui des Juifs ;
ce qui étoit un cas unique ; 2°. ni que le *divorce*
ou la *répudiation* aient quelque chose de commun
avec la *polygamie*, pour pouvoir les juger par les
mêmes principes, comme a fait *Barbeyrac*, dans
la *deuxieme regle générale* que j'ai discutée, & dont
la fausseté & l'inutilité sont aussi démontrées que je
l'ai fait de la *premiere*, au sujet de la *polygamie*,
de *l'usure*, du *meurtre commis sur le voleur de nuit :*
Et cette deuxieme regle n'est ici véritable, au sujet du
divorce, que parce qu'il n'est pas fonciérement contraire au *Droit naturel* ; ce qui la rend une regle
particuliere, & par conséquent point propre au
but que *Barbeyrac* s'étoit proposé.

CHAPITRE X.

Explication de la Loi du Vengeur du Sang, *& de l'*Etabliſſement des Villes de Refuge, *que* Barbeyrac *apporte en Exemples, en faveur de ſa Deuxieme Regle Générale.*

JE ne dirai rien de la ſeconde partie de cette regle, portant qu'il « faut voir s'il s'agit d'un ſeul » acte paſſager, auquel cas, *dit Barbeyrac*, & lors » qu'il n'entraîne après ſoi aucune ſuite conſtante » de péchés, la permiſſion peut emporter ſimplement » l'impunité, ſans préjudice de la ſainteté de » Dieu », parce que cela eſt fondé; mais je m'y arrêterai un moment, pour mieux confirmer ce que j'ai expoſé de l'aſſerviſſement & de l'état d'enfance où étoit, pour ainſi dire, le Peuple Juif. *Barbeyrac* rapporte là la *permiſſion* que la Loi de *Moyſe* accordoit au *vengeur du ſang,* c'eſt-à-dire, au plus proche parent ou héritier d'une perſonne tuée par quelque cas fortuit, & ſans aucun deſſein de la part de celui qui avoit été l'auteur de ſa mort. Il étoit permis à ce vengeur du ſang, s'il trouvoit le meurtrier involontaire, hors des bornes de l'aſyle, de le tuer ſans autre façon, encore même qu'il eût été déclaré innocent par les Juges : *Il ne ſera point coupable de meurtre,* dit le Légiſlateur. Sur quoi *Barbeyrac* obſerve qu'il ne s'en ſuit point de-là néanmoins, que Dieu regardât ce meutre comme innocent devant le tribunal de la conſcience,

Nouvelle preuve comme la Nation Juive étoit dans un état d'aſ- ſerviſſe- ment & d'enfance abſolue. Grot. To- me I, p. 86, colonne 2, au com- mence- ment.

Nombres XXXV, 27.

& felon le *Droit naturel* : mais feulement qu'il avoit jugé à propos d'accorder l'impunité, en ce cas-la, devant les Juges Civils, à un homme qui en avoit tué un autre par un efprit de vengeance. Il a raifon.

La *Loi du Vengeur du fang*, bien dure envers le meurtrier involontaire.

J'ajouterai pourtant que cet attentat fur la vie d'autrui, par un efprit de vengeance, a quelque chofe de bien dur d'abord, & de bien cruel; qu'on n'y reconnoît point du tout le regne de la douceur & de la charité, difons mieux, ce qui convient proprement à un être raifonnable & intelligent : car remarquons que cette permiffion tomboit contre le meurtrier involontaire, & qu'affurément la premiere penfée, qui fe préfente à l'efprit d'un homme qui a des entrailles, c'eft de regarder celui à qui il eft arrivé un pareil malheur, comme déja bien à plaindre. C'eft encore une vérité, que la douleur dont on le croit pénétré alors, eft bien plus capable de nous intéreffer à lui, que le meurtre qu'il a commis involontairement, n'eft propre à nous indigner. D'où vient donc que la *Permiffion divine* eft fi contraire à cette difpofition naturelle? Et faurions-nous la juftifier par la feule diftinction de la fimple impunité, fans préjudice de la fainteté de Dieu, en difant qu'elle fubfifte intacte; attendu que l'acte eft paffager, & n'entraîne après foi aucune fuite conftante de péchés? C'eft qu'il a fallu à ce Peuple enfant ou efclave, des Loix de force & de fang.

Semble adoucie par l'établiffement des *Villes de refuge*.

La *peine de mort*, comme nous avons vu, étoit jufte dans la relation néceffaire du Légiflateur, Dieu & Roi, temporel tout enfemble, avec fes Sujets. Les Loix touchant la *fervitude*, en étoient une fuite encore. Ce n'étoit pas affez que le meurtrier involontaire fût touché en fon cœur d'avoir

par la Loi *positive Divine*, *sont bonnes ou mauvai-*
ses, *en elles-mêmes*, menent à faux, ou ne sont
d'aucun secours à notre instruction & à notre
conduite.

Concluons encore, de tout ce que nous venons
de voir de particulier dans la Loi de *Moyse*, que
ces mêmes exceptions de la Loi Naturelle, qui
étoient si essentiellement faites pour le Gouvernement du Peuple Juif, étoient par cela même, des
bornes que les autres Nations devoient respecter,
& des avertissemens salutaires, comme elles avoient
soigneusement à se garder d'avoir rien de semblable sur tous ces points, ni entr'elles, ni en chacune d'elles avec ce même Peuple ; puisque nul
autre sur la terre ne pouvoit être constitué ni réglé
de la sorte.

Autre con-
cernant les
Nations é-
trangeres.

C'est ainsi que toutes les Nations qui existoient
alors ou auparavant, comme celles qui sont venues
ensuite, n'ont pu tirer de la justification, sur les
choses où nous les trouvons en faute, de ce que le
Peuple de Dieu lui-même les pratiquoit. Nous avons
vu qu'elles interpréterent bien mal & aussi mal
que les Juifs, le sens du Législateur au sujet du
prêt à intérêt, permis, en apparence, à leur égard,
& de la *polygamie* introduite chez ce Peuple. Mais
les points décidément permis ou ordonnés par la
Loi, & qui répugnent évidemment au *Droit natu-*
rel, portoient d'eux-mêmes la lumiere, & devoient
frapper les esprits par leur propre opposition à
la Loi Naturelle, qui est la regle que tous les
Gouvernemens Civils ordinaires doivent suivre.

N'ont pu
s'autoriser
des Juifs.

En comparant ce qu'avoient de commun ces *Alternati-*

ve égale-
ment fauf-
fe, fur cet-
te efpece
de reffem-
blance.

Loix particulieres au Peuple Juif, qui dérogeoient tant au *Droit naturel*, avec la pratique des autres Nations dans les mêmes temps, il fembleroit, ou que *Moyfe*, par l'infpiration divine, trouvant déja toutes ces infractions au Droit naturel établies, en prît celles qui pouvoient convenir aux vues & à la fageffe éternelle du Créateur, pour les accommoder à fon regne vifible & temporel fur les Juifs : ou bien que les Peuples étrangers tirerent eux-mêmes quelques-unes de leurs méchantes inftitutions, de la Loi de *Moyfe* ; mais non : une chofe ne vaudroit pas mieux que l'autre.

Etat des
Peuples,
quandDieu
prit des
moyens
pour arrê-
ter le mal,
& établirfa
Religion.

Le genre humain étoit dans le plus profond défordre, quand Dieu laffé, en quelque forte (1), d'abandonner plus long-temps à la feule mémoire des hommes, le Myftere de la Religion & de fon alliance, il donna fa Loi par écrit à *Moyfe*. On en étoit venu jufqu'à adorer les bêtes & les reptiles. Toutes les paffions & tous les vices avoient des autels. Le fang hamain coula, celui même de fes propres enfans, avec celui des animaux, pour appaifer des prétendues divinités; & la terre n'offroit plus qu'un fpectacle de cruauté, d'ignorance & de diffolution.

Les mêmes caufes, qui avoient rendu néceffaire cette Loi écrite, avoient attiré primitivement le Déluge, & puis donné lieu à la vocation d'*Abraham*, pour être le Pere de la race bénite. L'idolatrie avoit gagné à proportion de la dépravation des mœurs; & toutes deux, elles étoient à leur comble, lorfque le Très-Haut fe détermina à punir

---

(1) Boffuet, *Hift. Univ.* p. 190 & 191.

ou à mettre des digues au progrès du mal, par des arrangemens divins de sa bonté infinie. Dans ces différens temps, les hommes perdoient la vraie idée de Dieu & regardoient les actions les plus contraires au *Droit naturel*, comme des actes les plus légitimes. La Guerre, la punition de mort, la répudiation, ou le divorce, la polygamie, le prêt à intérêt, les sacrifices humains, &c. passerent pour des points permis & des Droits incontestables.

La race humaine, en s'écartant des sentiers qui lui étoient tracés, ne pouvoit que tomber, ou dans les voies qui n'étoient dues qu'à Dieu, ou dans des écarts horribles, incompatibles avec la Sainteté divine. Les *Amorrhéens*, Peuple issu d'une race maudite, & dont Dieu commit la vengeance aux Israélites, fournissent un exemple de cette derniere sorte ; ayant cela de commun avec bien d'autres Peuples du Paganisme : les meilleurs de ceux-ci & les plus sages, comme les Egyptiens, mêlent à leur belle police, pour le Gouvernement Civil & les mœurs, une Religion pitoyable, & des Loix Humaines qui en même-temps démontrent cette haute sagesse qui les distinguoit.

La race humaine, en s'égarant, avoit deux précipices à craindre. Hist. Un. p. 191.

Dieu, au contraire, en formant sa Loi, & voulant diriger son Peuple, ne fit qu'user de sa puissance : il prit, dans son souverain empire, les regles qu'il prescrivit aux Juifs ; & il n'eut d'autre modele de ses ordonnances que lui-même, & ses vues infinies.

Dieu, au contraire, puisoittout dans lui-même.

Son Peuple étoit pourtant, comme les autres *Ses vues, à*

l'égard de
sonPeuple;
&nouvelle
explica-
tion de son
état.

hommes, enclin au mal, à la superstition, à l'idolatrie : il étoit sujet à toutes les imperfections ; &
les yeux de la Philosophie mondaine ne le voient
même que plus grossier & plus stupide.

Mais Dieu, nous l'avons dit (1), ne jugea pas
devoir faire un miracle en sa faveur : il voulut
toujours avoir à travailler sur un fond commun
à toute la race humaine, avec cette différence pourtant, que quelques-unes de ses institutions civiles
ou politiques, qui hors de là, suivant nos principes,
sont contraires au Droit naturel, étoient, dans ce
Gouvernement, de *Droit divin positif*, & justes ;
& que les défauts qu'on reproche aux Juifs, tenoient de la foiblesse naturelle au genre humain,
& n'étoient pas plus grands que chez tous les autres Peuples.

Ce Peuple,
moins im-
parfait en
général,
que tous
les autres.

Au contraire, leur imperfection en général,
étoit beaucoup moins considérable, si l'on examine que, par rapport au Gouvernement, ils
trouvoient établis chez eux des Loix & des usages
qu'ils avoient lieu de croire bons, puisque c'étoit
l'ouvrage immédiatement de Dieu ; & en cet
état, ils en abuserent : ils n'errerent qu'à ne pas
voir que ce qui étoit bien, en vertu de la Puissance & de la qualité divine, étoit souvent un mal
par rapport au *Droit naturel*, & qu'il falloit nécessairement faire cette distinction importante. Nés au milieu de ces singulieres institutions & familiarités avec

_____

(1) Ci-devant, vers le milieu du Chapitre I de ce Nº. III.

TABLE

DES

TITRES ET CHAPITRES

DE CETTE SECONDE PARTIE.

SECTION PREMIERE.

SECTION DEUXIEME.

Q q ij

N°. I.

elles par l'habitude, il leur paroiſſoit que telle étoit la regle immuable pour tous les hommes ; & ils la pratiquerent bien plus, comme ne pouvant pas y en avoir d'autre, que comme des exceptions dont il étoit convenable de s'appercevoir, pour avoir le mérite d'y adhérer par obéiſſance.

Car, du reſte, leur Loi fut invariable & toujours la même. Ils n'eurent de principal défaut que de la trop prendre à la lettre & d'en perdre ſouvent l'eſprit. Ils reconnoiſſoient un ſeul Dieu, tandis que l'*idolatrie* étoit répandue par-tout, & que les Nations les plus ſavantes adoptoient des idées monſtrueuſes en fait de *Religion.* Ils ne pratiquoient qu'un ſeul culte, & leur Théologie étoit digne de la majeſté du *Très-Haut.* Les mœurs étoient contenues par des Loix très-ſéveres ; ils avoient des jeûnes & des abſtinences. Si, d'une part, ils étoient charnels, c'eſt-à-dire, adonnés à tout ce qui étoit ſenſible & matériel, de l'autre ils avoient des obſervances légales qui les préſervoient de toute impureté, & le corps même avoit ſes peines & ſon joug. En ſorte qu'à tout prendre, il n'y avoit pas de Peuple qui méritât plus de conſidération, & qui fût plus en regle ſur la terre. Quand l'*Ecriture* leur reproche ſi ſouvent, dit *Fleury*, la dureté de cœur, *ce n'étoit pas d'être plus attachés aux choſes ſenſibles que les autres Peuples,* c'étoit de l'être autant qu'eux, après avoir reçu de Dieu des graces particulieres, & avoir vu de grands miracles. Cet Ecrivain ajoute qu'on doit convenir qu'il falloit de la force pour réſiſter au mauvais exemple de toutes les Nations ; & il entre, à ce ſujet, dans quelques réflexions très-juſtes.

Son excellence au-deſſus de tous les Peuples de la terre.

Mœurs des Iſ. page 105.

Tome IV.   Q q

Ainsi ces Nations étrangeres n'avoient rien pour elles, qui pût les justifier; & la raison humaine, livrée à son sens pervers, fit voir ce que c'étoit que l'abandon ou l'ignorance de Dieu, tant au regard des mœurs, que par rapport aux Institutions civiles ou politiques, avec lesquelles les mœurs ont tant d'affinité.

La suite de cette Seconde Partie se trouve au Troisieme Volume.

fûre que celle de Dieu, qui les gouvernoit. Dieu avoit eu en horreur le fang, il avoit au commencement défendu de le répandre ; il le défendit encore très-expreffément dans la Loi qu'il fit publier par *Moyfe* ; mais comme il étoit dans la nature de la chofe, qu'en étant lui-même le Souverain immédiat, les contraventions à fes ordonnances fuffent punies de la plus grande peine, il s'enfuivit que la perte de la vie devint la jufte punition de l'effufion du fang & de tous autres grands attentats ; & Dieu apprit, en même-temps par ces exemples de févérité, qu'à lui feul appartenoit un droit de cette conféquence. Ne mefurons donc point, foibles mortels que nous fommes, ce que nous pouvons, en fait de puiffance humaine, & de la part de l'autorité même la plus refpectable qui foit fur la terre : ne mefurons point, dis-je, ces actes vengeurs & défenfeurs de la caufe publique, fur ce que peut, à l'égard de nos vies & de nos biens, le *Dieu* qui nous a formés, le Roi des Rois, & ce fouverain Légiflateur, qui fe mit, pour ainfi parler, à la tête de la Nation Juive, pour en être le fpécial conducteur. Tout étoit d'un autre ordre fous un pareil Chef ; & néanmoins nous ne devons pas conclure qu'il pût changer l'effence des chofes, ni qu'il voulût rien qui fût contraire à l'immutabilité de fes deffeins. Ainfi, la *peine de mort*, *l'efclavitude*, *le divorce*, *la Guerre* pouvoient être pour lui des exceptions aux regles du *Droit naturel* ; mais la *polygamie*, comme *l'ufure*, en étoit abfolument ennemie, & y auroit été incompatible avec fa fageffe. Ainfi, enfin, les deux regles générales de *Barbeyrac*, pour connoître *quand & comment on peut s'affurer que les chofes permifes*

Ce qu'on devoit comprendre par ces févérités, & la maniere dont Dieu les permettoit ou ordonnoit.

Conclufion à l'égard des deux Regles générales de Barbeyrac

ôté la vie à quelqu'un ; il avoit toujours fait un
mal dont il devoit porter la peine ; & ce n'étoit
pas marquer fon repentir, que de fe produire par-
tout : il falloit donc qu'il ne pût point, ni être en
contradiction avec lui-même, en fe communiquant
au dehors & dans toutes les diftances comme auparavant ; ni manquer d'accorder aux parens du
mort, quelque fatisfaction, en même-temps qu'il
refpecteroit en cela l'opinion publique. Voilà pourquoi la *Lói* veut qu'il y ait fix Villes féparées,
pour fervir de refuge aux fugitifs, qui auront répandu contre leur volonté le fang d'un homme,
afin que (c'eft la raifon qu'en donne la Loi), *le*
parent de celui qui aura été tué, ne puiffe tuer le
fugitif lorfqu'il s'y fera retiré, jufqu'à ce qu'il fe
préfente devant tout le Peuple, & que fon affaire
foit jugée. Et après qu'elle l'avoit été juridique-
ment, le meurtrier étant reconnu innocent, étoit
ramené par fentence dans la Ville où il s'étoit
réfugié, & étoit obligé d'y demeurer jufqu'à la
mort du Grand-Prêtre, &c. Il étoit d'autant plus
néceffaire de donner un afyle au meurtrier involontaire, que la peine de mort, comme je le répete, étoit décernée contre celui qui tuoit quelqu'un ou par haine & inimitié, ou par quelque
coup qu'il lui donnoit dans la colere ou autrement,
& que dans l'un & l'autre cas, la Loi fait, pour
ainfi-dire, un commandement exprès au parent
de celui qui avoit été tué, *de tuer l'homicide, &*
fur le champ : car, y eft-il dit, *il le tuera auffi-*
tôt qu'il l'aura pris. Rien ne découvre mieux que ces
Loix, combien ce Peuple étoit tenu, pour ainfi dire,
comme dans les langes, & dans un afferviffement qui
fembloit ne rien accorder à l'ufage libre de la raifon : effet feulement légitime & point dangereux
de la part d'une Puiffance auffi univerfelle & auffi

Ufage de
ces Villes,
Nombres
XXXV, 6,
11, 12.
Ibid.
15.
Et Regle
à l'égard
du meur-
trier *invo-*
lontaire,
quant à ces
Villes.
Ibid.
25.
Ibid.
16, 17, 18,
20, 21.
Ibid.
19, 21.
La Loi
ordonne
au parent
de tuer d'a-
bord le
meurtrier
volontaire

N°. III.